高等院校精品课程系列教材

金融学
FINANCE
| 第 2 版 |

丁志国 赵晶 编著

图书在版编目（CIP）数据

金融学 / 丁志国，赵晶编著 . —2 版 . —北京：机械工业出版社，2019.9（2023.5 重印）
（高等院校精品课程系列教材）

ISBN 978-7-111-63625-0

I. 金… II. ①丁… ②赵… III. 金融学 – 高等学校 – 教材 IV. F830

中国版本图书馆 CIP 数据核字（2019）第 185430 号

  本书在兼顾宏观金融学内容的同时，更加侧重微观金融学内容的通识性，力求做到"重基础、宽口径、广适用"。本书以"平滑"的写作风格，即采用最简单的道理和身边的例子，将相对晦涩的概念和复杂的逻辑讲清楚，采用案例切入与逻辑总结相结合的叙述方式，力求达到平滑切入和逻辑清晰的效果。我们希望打造一部介于中西方教材固有风格之间，更容易被国内学生接受和使用，能够满足国内学生学习需求的金融学教材。

  本书适合用作经济类、管理类等专业本科生、研究生以及 MBA 的金融学基础教材。

出版发行：机械工业出版社（北京市西城区百万庄大街 22 号 邮政编码：100037）
责任编辑：邵淑君   责任校对：殷 虹
印 刷：固安县铭成印刷有限公司 版 次：2023 年 5 月第 2 版第 5 次印刷
开 本：185mm×260mm 1/16   印 张：29.25
书 号：ISBN 978-7-111-63625-0   定 价：69.00 元

客服电话：(010) 88361066 68326294

版权所有 · 侵权必究
封底无防伪标均为盗版

作者简介

丁志国（1968—）

吉林大学商学院"匡亚明"卓越教授、博士生导师，教育部"新世纪"优秀人才，吉林省有突出贡献专家，吉林省高等学校"学科领军教授"。中央电视台财经频道（CCTV-2）《理财教室》主讲人，主要教学及科研领域：金融学。

获得2015年第七届高等学校科学研究优秀成果奖（人文社会科学）二等奖、2020年第八届高等学校科学研究优秀成果奖（人文社会科学）三等奖、吉林省社会科学优秀成果一等奖4次（2017，2014，2012，2010）。主持国家自然科学基金面上项目、国家社科基金重点项目、国家社科基金青年项目和教育部基地重大项目等科研课题十余项。在《中国社会科学》《管理世界》《金融研究》《中国工业经济》《管理科学学报》《会计研究》和《数量经济技术经济研究》等期刊上发表学术论文80余篇，被引用1300余次。

在吉林大学、北京大学、清华大学、浙江大学、厦门大学、中山大学、南京大学、武汉大学、华中科技大学、西南财经大学和山东大学为EMBA和EDP学员讲授"财富管理""金融逻辑"和"投资逻辑"课程，深受赞誉。

赵晶（1984—）

东北师范大学经济与管理学院副教授，金融学博士，英国剑桥大学访问学者。主要教学及科研领域：金融学。

主持国家社科基金青年项目和教育部人文社会科学青年项目。获得高等学校科学研究优秀成果奖（人文社会科学）二等奖 1 次、吉林省社会科学优秀成果奖一等奖 1 次和吉林省社会科学优秀成果奖二等奖 1 次。在《中国社会科学》《管理世界》《金融研究》《会计研究》《中国工业经济》和《数量经济技术经济研究》等期刊上发表学术论文 20 余篇。

第2版前言

最近，我经常想起《中庸》里的一句话："君子居易以俟命，小人行险以徼幸。"君子之道，在于居易守正，坚持自己的原则，简单认真做好自己。

2004年，自我从海外回到吉林大学开启教学生涯的那一刻起，就有了一颗学者的初心——希望在自己的教学生涯中能够认真编写一本教材，仅此一本，历久经年不断完善，不断更新，最终成就一本好教材。

毋庸置疑，教材之于学者本身，经济效用十分浅薄，但它是学者对其所学领域科学体系的总结和传承。而教材之于学生，经济成本其实也十分浅薄，但它是学生所学知识体系的源头和启蒙。因此，教材之于教育本身重要至极，而认真编写教材需要学者的情怀。

事实上，认真编写教材本身是一件极其不易之事，学者不仅要对所学知识体系融会贯通，还要能够采用大道至简的表述方式，而不是简单地从别处转抄，又或者只是将知识平铺直叙。教材之所以是教材，就是因为它所阐述的知识是读者学习的起点，因而不能有半点差错，需要绝对的严谨和科学。同时，学者还必须从一个未知学习者，而不是一个知识已知者的视角，循序渐进地阐述科学知识和学术逻辑。因此，教材的知识体系搭建和阐述方式都会对学习者的知识掌握产生非常显著的影响。

2011年，历时18个月，经过不断的打磨和碰撞以及十几位老师和同学的共同担当与辛苦，终于出版了《金融学》的第1版。当把教材拿在手里的时候，伙伴们的最大感慨就是："心血与付出是值得的！"

我们虽然不敢保证能够做到出类拔萃，但是我们可以保证已经全力以赴了！因为书中的每一字、每一句、每一个标点符号、每一个公式的上下角标、每一个案例或者每一个小帖子都经过了10次以上的仔细推敲。我们可以秉承作为学者的职业操守和对教育工作的责任担当，坦荡地对自己，也对读者讲："我们确实很用心，我们确实很努力。"

历经8年的教学实践和思考，《金融学》第2版已经正式完成了编写工作。基于第1版教材在使用过程中发现的一些问题，以及金融学的最新理论发展，本书主要在以下几个方面进行了针对性的改进和调整。

第一，本书邀请了东北师范大学商学院金融学专业的赵晶副教授共同编写。

第二，每一章的内容结构为：导读、正文、本章小结、习题和思维导图5个部分。新增的思维导图总结了每一章的主要知识点和理论逻辑，可以帮助读者在学习完一章的内容后，对学习内容进行梳理和复习。

第三，为了方便检验读者对相关知识的掌握程度，本书针对每一章内容都配备了完整的课后习题和参考答案。课后习题的形式包括：选择题、判断题、名词解释、简答题、论述题和计算题等。习题内容几乎涵盖了所有的知识点和理论逻辑，能够全面、准确地考查读者对相关知识的掌握程度。名词解释和简答题直接体现在本书每一章后面的习题中，而全部的习题内容和参考答案，将作为《〈金融学〉学习指导与习题集》（赵晶和丁志国编著）专门出版。

第四，为了方便教师教学使用，本书按照统一的标准格式制作了全套的教学用课件PPT文件，可以在机械工业出版社华章课堂（http://www.hzcourse.com）下载，也可以在吉林大学丁志国教授主页（http://biz.jlu.edu.cn/info/1246/16213.htm）或者东北师范大学赵晶副教授主页（http://js.nenu.edu.cn/teacher/index.php?zgh=2012900255）下载。

第五，基于读者学习知识的便利性和金融学的最新发展，本书对第1版的第1章和第2章进行了重新编写，对金融知识的框架和逻辑进行了更加科学的梳理与总结，尤其是行为金融学部分增加了相当大的比重，以适应金融学发展的最新趋势。

第六，本书针对金融领域出现的一些典型事实，进行了全面的案例更新，同时，将涉及的相关数据信息全部更新到2018年以后。

第七，本书对术语表进行了全面更新，提供中英文对照，按照中文顺序进行了编排并给出了术语对应的具体页码，保证读者在遇到金融学名词时，能够轻而易举地在书中找到相关的解释和知识链接。

在第1版团队辛勤工作付出的基础上，本书得以按照既定的目标顺利完成，这完全依赖于我们有一个具有共同理想并且愿意认真付出的团队，感谢大家的精诚合作与共同努力，他们分别是：

徐德财博士，吉林大学商学院财务管理系讲师；

张炎炎，吉林大学商学院金融学博士研究生；

张宇晴，吉林大学商学院金融学博士研究生；

黄禹喆，吉林大学商学院金融学博士研究生；

刘欣苗，吉林大学商学院金融学硕士研究生；

张静，吉林大学商学院金融学硕士研究生；

杨家超，吉林大学商学院金融学硕士研究生；

高鹤宁，吉林大学商学院金融学硕士研究生；

王朝鲁，吉林大学商学院金融学硕士研究生。

此外，张洋博士、耿迎涛博士、金龙博士后、丁垣竹博士、李雯宁博士、任浩锋博士等人在本书的完成过程中做出了非常重要的贡献。由衷感谢机械工业出版社对本团队的信任，尤其是编辑老师等付出的辛勤努力和提供的宝贵意见。

由于团队水平和时间有限，书中的错误与问题在所难免，欢迎读者在使用过程中提出宝贵意见，以帮助我们再版时不断完善，最终打造出一部高品质的金融学教材。

最后，借用电影《无问西东》中的几句话，与大家共勉："给别人善意和温暖，坚信你的珍贵，爱你所爱，行你所行，听从你心，无问西东。"

丁志国

2019 年 6 月 27 日于北京

第1版前言

2011年3月9日、10日晚上是新学期的"金融学"第一次开课，我匆匆赶到复印社取回打印好的书稿，看着桌子上装订完成的3册样书，我心里突然异常激动。

一年半以前，我在广州白云机场候机的时候，收到了来自机械工业出版社编写金融学教材的邀请。我曾经有过的用心做一本好教材的冲动，再一次被点燃。我很快与出版社的编辑老师见了面，讨论这本教材的定位和基本框架，而后组建了一个有共同理想的团队，很快便开始进入编写阶段。历时18个月，经过不断的打磨和碰撞，尤其是在最后3个月闭门统稿的过程中，团队中的每一位成员都相当努力。几位老师的全力以赴与其所经历的煎熬，几位同学甚至在大年三十晚上收到短信通知"又有两章稿件需要尽快完成校对"时的担当与辛苦。

今天，初稿样书终于出来了，厚厚的一本。当样书在团队每一个人手中传阅时，大家心中的最大感慨就是："心血与付出是值得的！"

我们虽然不敢保证这本书能够出类拔萃，但能保证我们已经全力以赴了！因为书中的每一字、每一句、每一个标点符号、每一个公式的上下角标、每一个例子都经过了10个以上成员的仔细推敲。我们可以秉承作为教育工作者的职业操守，无愧地对自己讲："我们确实很努力。"

2004年，我从海外回到吉林大学，开始从事金融学的教学和科研工作，遇到的第一个困惑就是金融学教材的选用问题。国内绝大多数经济类、管理类等专业均开设了"金融学"课程，并且多作为重要的基础课程。但是，高校所采用的教材普遍是货币银行学，即使选用金融学教材，内容也主要以货币银行学为主。另外，国内还普遍将国际收支和汇率等国际金融的内容归于金融学的框架内。诚然，这种金融学研究范式的形成，与我国特殊的历史发展时期相关联。因为在20世纪80年代我国金融学教育体系建立的过程中，中国的金融业正处于几乎完全依赖商业银行作为中介的间接融资模式，并不存在真正意义上的直接融资的资本市场体系，并且刚刚开放的中国对外贸易活动加强，以国际收支和国际贸易为核心的国际金融也自然而然地成为金融学教学与研究的主要内容。

然而，事实上，英美教育体系通常将货币银行学和国际金融的内容归于宏观经济学的范畴，而将投资学和公司金融作为金融学的主要研究内容。随着我国的教学和科研领域与国外越来越接轨以及大量海外学者的回归，西方的金融学研究范式渐渐被我国学者所接受，以投资学和公司金融为主要内容的金融学范式在国内迅速崛起。于是，在我国形成了以货币银行学和国际金融为主要内容的宏观金融学范式，以及以投资学和公司金融为主要内容的微观金融学范式。两种研究范式相互碰撞和融合，共同形成了我国的金融学教育体系。本书的具体定位是兼顾宏观金融学内容，侧重微观金融学内容的金融学通识性教材，力求做到"重基础、宽口径、广适用"。本书适合用作经济类、管理类等专业本科生、研究生以及 MBA 的金融学基础教材。

另外，本书力争保留"平滑"的写作风格，即采用最简单的道理和身边的案例，将相对晦涩的金融学概念和逻辑讲清楚。国内已有教材的普遍特点是采用概念来解释概念，这比较符合国人严谨的思维逻辑等特点。但是，过于严谨的逻辑和叙事思路产生的结果是，具有一定金融学理论基础的同行看了受益匪浅，学生在复习过程中也会容易理解，但是作为初学者在刚切入时会比较难理解。与之相对应，国外教材主要通过各种例子的讲述来切入相关概念。由于外国人和中国人的传统思维方式存在差异，所以这样的学术逻辑并不能够达到事半功倍的效果。本书采用案例切入与逻辑总结相结合的叙事方式，力求达到平滑切入和逻辑清晰的教科书效果。我们试图通过团队成员的共同努力，打造一部介于中西方教材固有风格之间的更容易被中国学生接受和使用的教材。

本书还要力争达到的一个叙事思路是，帮助学生在学习过程中做到"先有森林，再有树木"。学习一门科学知识的过程就好比穿过一片森林，效率最高的办法应该是在要走进森林的时候，首先了解森林中究竟都有些什么，以便在学习过程中能够"集中优势兵力打歼灭战"。因此，本书在第一部分"导论"中，就对整个金融学的逻辑和范式进行了较为全面的介绍。虽然这样可能会使初学者在起步阶段面临理解上的困难，但这并不会影响他们后面的学习效果，这样做的目的并不在于开始时就完全掌握这些知识，而在于概览全书，其中绝大多数内容将会在随后的章节中逐渐展开。

本书得以按照既定的目标顺利完成，完全依赖于我们有一个拥有共同理想的团队以及大家的精诚合作与共同努力，他们分别是：

王倩博士，吉林大学经济学院金融系主任，教授、博士生导师；

董竹博士，吉林大学商学院应用金融系副教授；

顾宁博士，吉林大学商学院应用金融系副教授；

王计昕博士，吉林大学商学院应用金融系讲师；

丁一兵博士，吉林大学经济学院世界经济系教授、博士生导师；

赵宣凯，吉林大学商学院金融学博士研究生；

徐德财，吉林大学商学院金融学博士研究生；

朱欣乐，吉林大学经济学院金融学博士研究生；

张云，吉林大学商学院金融学博士研究生；

赵晶，吉林大学商学院金融学博士研究生。

此外，谭伶俐、周津宇、沈宾、程云龙、孙宇宁、李泽、孟含琪、邢程、覃基广和谭通等同学在本书的编写过程中都做出了非常重要的贡献。还要感谢机械工业出版社对本团队的信任，以及编辑老师的辛勤努力和提出的宝贵意见。

本书附有全部教学课件和教学方案，可以在华章公司的网站上下载，网址为 www.hzbook.com，也可以在网易邮箱内下载，邮箱地址：jinrongxue_jlu@163.com，邮箱密码：jinrongxue。

由于团队水平和时间有限，书中的错误与问题在所难免，欢迎您在使用过程中提出宝贵意见，我们在再版时会不断完善，最终希望打造出一本高品质的金融学教材。

丁志国

2011 年 4 月 17 日于长春万科·兰乔圣菲

教学建议

教学目的

本课程教学的目的在于让学生掌握金融学的核心概念与基本范式，了解金融活动的内在规律与主要特征，能够运用金融学知识和思维解读重要的金融事件。具体来说，通过学习本课程，学生应该了解金融体系的构成，掌握重点金融机构的功能、业务、发展趋势；了解金融市场的组织与微观结构，重点掌握股票市场、债券市场的业务类型与操作流程；对收益与风险有全面的认识和理解，掌握投资组合理论、资本资产定价模型、资本结构理论等重点内容；对国际金融知识有初步的认识。

前期需要掌握的知识

经济学和会计学的相关知识。

课时分布建议

教学内容	学习要点	课时安排		
		MBA 或金融专业硕士	金融专业本科	其他专业本科
第 1 章 金融与金融学	（1）了解什么是金融活动 （2）了解金融学的特征和发展趋势 （3）分析金融决策选择的基本逻辑和内容 （4）了解所有权与经营权分离的优缺点 （5）掌握货币层次划分 （6）掌握信用创造和财富创造的原理	3	5	4

(续)

教学内容	学习要点	课时安排		
		MBA 或金融专业硕士	金融专业本科	其他专业本科
第 2 章 金融学范式	(1) 掌握金融学的基本概念 (2) 了解金融学的理性范式 (3) 了解行为金融学的概念 (4) 掌握行为金融学的典型偏差和原理	3	6	4
第 3 章 金融体系	(1) 明确金融体系的内涵 (2) 了解金融机构的类型和基本业务 (3) 了解金融体系的类型 (4) 分析混业经营和分业经营的特点	—	2	—
第 4 章 中央银行	(1) 了解中央银行的资产与负债业务 (2) 掌握各种货币政策工具的内涵 (3) 了解货币政策目标的设定和选择	2	3	3
第 5 章 商业银行	(1) 了解商业银行的特征和基本组织结构 (2) 掌握商业银行的各项业务 (3) 了解商业银行的资产负债和风险管理	2	3	2
第 6 章 投资银行	(1) 了解投资银行的业务范式 (2) 掌握投资银行的证券承销业务 (3) 掌握投资银行的证券交易业务 (4) 了解兼并和收购的基本流程 (5) 了解风险投资的一般流程 (6) 了解资产证券化的产品类型和业务流程	2	3	2
第 7 章 金融市场概述	(1) 了解金融市场的结构和功能 (2) 了解金融市场的分类 (3) 了解金融市场的发展趋势	—	2	—
第 8 章 货币市场	(1) 了解同业拆借市场的运作模式 (2) 了解商业票据市场的基本特征 (3) 了解大额可转让定期存单市场的运作 (4) 了解回购市场的收益和风险 (5) 了解国库券市场的特征	2	3	3
第 9 章 债券市场	(1) 掌握债券的基本构成要素、种类和收益的度量 (2) 分析债券的发行和信用评级 (3) 分析债券的流通过程 (4) 了解债券的基本定价模型 (5) 了解利率风险的度量	2	3	3
第 10 章 股票市场	(1) 了解股票市场的形成过程 (2) 掌握股票的发行过程 (3) 掌握股票的流通过程 (4) 了解基本股票定价模型 (5) 了解股票价格指数的计算方法	2	3	3

(续)

教学内容	学习要点	课时安排		
		MBA 或金融专业硕士	金融专业本科	其他专业本科
第 11 章 衍生工具市场	(1) 了解衍生工具的分类和功能 (2) 掌握远期合约的运作原理 (3) 掌握期货合约的交易特点和功能 (4) 掌握期权的交易策略 (5) 了解互换交易的基本流程	2	3	3
第 12 章 投资基金市场	(1) 了解投资基金的分类 (2) 掌握投资基金的运作过程 (3) 了解投资基金的收益率和绩效评价	2	3	3
第 13 章 收益与风险	(1) 了解投资收益的度量方法 (2) 了解投资风险的度量方法以及分散化投资效应 (3) 了解投资者在投资选择过程中的风险偏好特征	2	4	3
第 14 章 投资组合选择	(1) 了解无差异曲线的特征 (2) 了解组合投资的可行集和有效集以及最优投资组合选择 (3) 分析无风险借贷对最优投资组合选择的影响	2	4	3
第 15 章 资产定价	(1) 了解资本资产定价模型 (2) 了解套利定价模型	2	4	3
第 16 章 期权定价	(1) 了解股票期权平价公式 (2) 了解期权组合交易策略的应用 (3) 了解二项式期权定价模型 (4) 了解布莱克-斯科尔斯公式	2	4	—
第 17 章 资本结构	(1) 了解公司资本结构的内涵 (2) 掌握 MM 定理 (3) 了解现代资本结构理论 (4) 了解公司的融资决策选择	2	3	3
第 18 章 国际收支	(1) 了解国际收支和国际收支平衡表的内涵 (2) 明确国际收支失衡的衡量口径、原因和调节措施 (3) 考察国际储备的构成、作用和管理	2	3	3
第 19 章 汇率机制	(1) 掌握汇率的概念和决定基础 (2) 掌握影响汇率变动的因素 (3) 了解汇率制度的类型和汇率制度选择 (4) 了解外汇交易的特点和功能 (5) 了解国际资本流动的特点 (6) 了解货币危机与债务危机的形成和发展	2	3	3
课时总计		36	64	48

说明：在课时安排上，MBA 或者金融专业硕士为 36 学时；金融学专业本科生为 64 学时；其他专业本科生为 48 学时。标注课时的内容建议要讲，其他内容可以考虑选讲，或者根据课程目的选择性补充一些金融学的经典案例。

目 录

作者简介
第 2 版前言
第 1 版前言
教学建议

第一部分　导论

第 1 章　金融与金融学 / 2

1.1　金融学界定 / 3
1.2　金融决策 / 8
1.3　信用创造与虚拟财富 / 16
本章小结 / 23
习题 / 23
本章思维导图 / 24

第 2 章　金融学范式 / 25

2.1　金融学的基本概念 / 26
2.2　金融学的理性范式 / 33
2.3　行为金融学 / 38
本章小结 / 44
习题 / 45
本章思维导图 / 46

第二部分　金融机构

第 3 章　金融体系 / 48

3.1　什么是金融体系 / 49

3.2　金融机构 / 50
3.3　金融体系类型 / 53
3.4　金融经营模式与监管 / 62
本章小结 / 70
习题 / 70
本章思维导图 / 71

第 4 章　中央银行 / 72

4.1　中央银行界定 / 73
4.2　中央银行业务 / 81
4.3　货币政策工具 / 85
4.4　货币政策目标 / 90
本章小结 / 97
习题 / 98
本章思维导图 / 99

第 5 章　商业银行 / 100

5.1　商业银行概述 / 101
5.2　商业银行业务 / 105
5.3　商业银行管理 / 115
本章小结 / 120
习题 / 120
本章思维导图 / 121

第 6 章　投资银行 / 122

6.1　什么是投资银行 / 123
6.2　证券承销 / 127

6.3 证券交易 / 130
6.4 企业并购 / 132
6.5 风险投资 / 136
6.6 资产证券化 / 139
本章小结 / 144
习题 / 144
本章思维导图 / 145

第三部分 金融市场

第 7 章 金融市场概述 / 148

7.1 什么是金融市场 / 149
7.2 金融市场分类 / 152
7.3 金融市场发展趋势 / 157
本章小结 / 160
习题 / 161
本章思维导图 / 162

第 8 章 货币市场 / 163

8.1 同业拆借市场 / 164
8.2 票据市场 / 167
8.3 大额可转让定期存单市场 / 170
8.4 回购市场 / 173
8.5 国库券市场 / 177
本章小结 / 181
习题 / 182
本章思维导图 / 183

第 9 章 债券市场 / 184

9.1 什么是债券 / 185
9.2 债券发行 / 188
9.3 债券流通 / 192
9.4 债券定价 / 195
9.5 利率风险 / 198
本章小结 / 202
习题 / 202
本章思维导图 / 203

第 10 章 股票市场 / 204

10.1 什么是股票 / 205
10.2 股票发行 / 210
10.3 股票流通 / 213
10.4 股票定价 / 217
10.5 股票价格指数 / 224
本章小结 / 229
习题 / 229
本章思维导图 / 230

第 11 章 衍生工具市场 / 231

11.1 衍生工具概述 / 232
11.2 远期合约市场 / 239
11.3 期货市场 / 241
11.4 期权市场 / 249
11.5 互换市场 / 257
本章小结 / 261
习题 / 261
本章思维导图 / 262

第 12 章 投资基金市场 / 263

12.1 投资基金概述 / 264
12.2 投资基金运作 / 275
12.3 投资基金评价 / 280
本章小结 / 286
习题 / 287
本章思维导图 / 288

第四部分 资产定价与资本结构

第 13 章 收益与风险 / 290

13.1 投资收益 / 291
13.2 投资风险 / 294
13.3 投资者风险偏好 / 301
本章小结 / 303

习题 / 304
本章思维导图 / 305

第 14 章　投资组合选择 / 306

14.1　无差异曲线 / 307
14.2　投资组合选择 / 309
14.3　无风险借贷的影响 / 313
本章小结 / 320
习题 / 321
本章思维导图 / 322

第 15 章　资产定价 / 323

15.1　资本资产定价模型 / 324
15.2　套利定价理论 / 329
本章小结 / 337
习题 / 337
本章思维导图 / 338

第 16 章　期权定价 / 339

16.1　股票期权平价公式 / 340
16.2　期权组合交易策略 / 345
16.3　二项式定价模型 / 350
16.4　布莱克–斯科尔斯公式 / 354
本章小结 / 357
习题 / 358
本章思维导图 / 359

第 17 章　资本结构 / 360

17.1　什么是资本结构 / 361
17.2　MM 定理 / 363
17.3　现代资本结构理论 / 368
17.4　融资决策 / 374
本章小结 / 377
习题 / 377
本章思维导图 / 378

第五部分　国际金融

第 18 章　国际收支 / 380

18.1　什么是国际收支 / 381
18.2　国际收支调节 / 386
18.3　国际储备管理 / 393
本章小结 / 404
习题 / 405
本章思维导图 / 406

第 19 章　汇率机制 / 407

19.1　什么是外汇 / 408
19.2　汇率制度 / 414
19.3　外汇市场 / 421
19.4　国际资本流动与金融危机 / 425
本章小结 / 437
习题 / 438
本章思维导图 / 439

术语表 / 440

参考文献 / 450

第一部分

导 论

第1章

金融与金融学

如今,我们在报纸、杂志和电视上随处可以看到或听到人们谈论诸如股票投资、对冲基金、央行加息和汇率升值这样的话题。显然,我们生活在一个充斥着金融的世界里,学习金融知识对于我们的生活来说越来越重要。作为本书的第1章,将对金融活动和金融学的主要知识体系做一个概括性介绍。

1.1 金融学界定。介绍什么是金融活动,对国内外金融学研究内容方面的差异进行分析,并讨论金融学的基本特征及发展趋势。

1.2 金融决策。从居民和企业两个层面分析金融决策选择的基本逻辑与内容,介绍企业的三种组织形式,讨论企业所有权与管理权分离的优点和导致的问题。

1.3 信用创造与虚拟财富。介绍货币层次的划分,讨论商业银行体系的信用创造功能和投资市场的虚拟财富创造功能,并分析货币乘数和财富乘数的作用。

无论对研究者还是实践者而言，金融领域都是一处最值得冒险的乐园。诺贝尔经济学奖不断眷顾这个领域的佼佼者，金融系统构成了整个经济运行的核心。金融学的核心问题是研究资本和资产的配置效率，这种配置主要通过金融市场来进行。

1.1 金融学界定

随着金融活动在经济发展过程中扮演的角色越来越重要，人们对金融学的研究也进入了鼎盛时代，尤其是华尔街不断创造出来的财富神话，使金融学成为 20 世纪发展速度最快的学科领域。要想了解什么是金融学，首先要了解金融活动的特定含义。

1.1.1 金融

资本与金融 简单地说，金融就是资金的融通，或称融资。由于收入增加、延迟消费或者预防性准备等原因，社会体系中总是存在一些人，他们手中拥有暂时没有明确使用意愿的盈余货币，这些拥有盈余货币的人可以被称为**盈余单位**（surplus units）。与之相对应，因收入减少、提前消费或者意外发生，一些人存在消费意愿但手中没有所需要的货币，可以被称为**短缺单位**（deficit units）。盈余单位和短缺单位同时存在，使社会体系中的货币出现了一种流动倾向。但要想让货币真正流动起来并不是一件简单的事情。人们与生俱来的流动性偏好，会使他们即使在货币没有明确使用目的的情况下仍然愿意持有货币，也就是说人们更愿意持有货币而不是借出货币，除非有利可图。而且，当盈余单位将货币借出后，还将面临一种不确定性，即无法收回的风险。于是聪明人开始以在归还本金的同时支付利息作为利诱，使货币在盈余单位与短缺单位之间流动，这就形成了最早的融资活动。这种能够带来收益的货币，被称为**资本**（capital），而资本的融通活动就是**金融**（finance）。

最开始的资本流动，主要是盈余单位与短缺单位之间的直接流动，但是这种流动方式的缺点很快就暴露了出来，即资本之间总是在时机和数量匹配方面遇到问题。于是，一种专门帮助资本流动，并从中盈利的职业——掮客出现了。掮客可以在任何时间从盈余单位手中接受任何数量的资本，同时可以在任何时间向短缺单位提供任何数量的资本。显然，"天下没有免费的午餐"，掮客解决了资本流通的时机和数量问题，同时从中获得了利息差价的收入，但他们在降低了资本流动摩擦的同时，又增加了新的摩擦——**资本漏出**（leakage of capital）。

金融的演进 17 世纪初，公司作为一种全新的经济组织形式出现在欧洲⊖，改变了过去资本流通主要以储蓄 - 贷款形式存在的局面。股票作为一种新的融资方式出现在当时欧洲最发达的国家——荷兰。这时掮客的业务已经不仅仅是简单地吸收储蓄和发放贷款了，他们同时可以通过买卖公司的股票来帮助融通资金。这时的融资活动有两种主要形式：一种是掮客以储蓄的形式接受资本，同时以贷款的形式借出资本，掮客作为融资中介；另一种是掮客帮助资本供求双方沟通信息，进而获得佣金，而掮客本身并不参与到融资活动中（见图 1-1）。第一种融资形式被称为间接融资，掮客作为融资中介；第二种融资形式被称为直接融资，掮客表现为经纪人。事实上，金融就是货币资金的持有者与需求者之间直接或间接地进行资金融通的活动。而融资和投资其实是金

⊖ 世界上第一家现代公司制企业是 1602 年成立的荷兰东印度公司。

融活动的两个方面：对于资本的需求者而言，金融是一种融资活动，目的是获得其所需要的资本，利息是他们使用资金的代价；对于资本的供给者而言，金融是一种投资活动，目的是获得资本的增值部分，即他们暂时放弃资本的使用权所获得的补偿。自17世纪以来，随着航海业的迅猛发展，融资活动越来越重要，掮客也在金融活动中起到越来越重要的作用，并且数量和业务规模迅速扩大。当掮客聚集在一些固定的场所从事融资活动时，就形成了金融市场。1602年，荷兰人开始在阿姆斯特尔河大桥上买卖荷兰东印度公司的股票，这是世界上第一只公开交易的股票，阿姆斯特尔河大桥则成为世界上最早的股票交易所。随后，1688年的"光荣革命"使英国迅速崛起，取代荷兰成为欧洲强国，伦敦也随之成为世界金融中心。

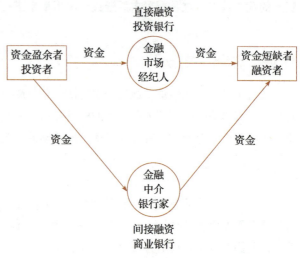

图1-1 金融活动的两种主要形式

20世纪美国的经济腾飞，使华尔街成为世界瞩目的"金融帝国"。随着金融在社会发展进程中起到的作用越来越大，金融学的研究也日趋鼎盛。随着时代的发展，掮客的角色和提供的服务变得更加专业化，专门从事间接融资的融资中介，逐渐演化成了现代商业银行，而专门在金融市场上为直接融资提供服务的经纪人，则演化成了现代投资银行。现阶段，美国和英国是以直接融资范式为主导的金融体系，金融市场相对较为发达；德国、日本和中国则是以间接融资范式为主导的金融体系，商业银行也因此在金融体系中占据主导地位。

信用与金融　金融是信用货币出现以后形成的一个经济范畴，与信用是两个不同的概念：①金融不包括实物借贷，专指货币资金的融通，人们除了通过借贷货币融通资金之外，还可以通过发行股票来融通资金；②信用指一切借贷活动，既包括货币资金的融通，也包括实物资产的借贷活动。之所以在"信用"之外创造一个新的概念——金融，来专指货币资金的融通，是因为金融活动在一定意义上已经开始在世界范围内主导经济的运行。

1.1.2　金融学

广义上讲，**金融学**（finance）就是研究金融活动的学科领域。但由于各种原因，关于金融学的具体定义，国内与国外存在巨大差异，因此金融学的具体研究内涵和研究范围也存在巨大差异。

国内对金融学的界定　国内学术界通常认为，金融学是从经济学中分化出来的应用经济学科，是以融通货币和货币资金的经济活动为研究对象，具体研究个人、机构和政府如何获取、支出以及管理资金和其他金融资产的学科。就金融学的理论内涵而言，在国内具有明显转轨经济背景下的典型特征，通常包括基于货币、信用、银行、货币供求、货币政策、国际收支和汇率等专题的传统式金融学研究内容。关于金融一词，国内的代表性定义是"货币流通和信用活动以及与之相联系的经济活动的总称"（刘鸿儒，1995）。显然，国内对金融学内涵的理解并未突出反映资本市场的地位，而是主要以**货币银行学**（money and banking）和**国际金融**（international finance）

两大代表性科目为主。这种研究范式的形成，主要是因为当时人们对资本和证券了解甚少，商业银行作为金融中介的间接融资构成了金融实践的核心内容。因此，针对银行体系的货币金融活动研究成为金融学的绝对主导。而发端于20世纪70年代末的改革开放，促使我国的对外贸易活动加强，因此关于国际收支和国际贸易的研究成为当时金融学的另一个主要内容。总而言之，国内所确定的金融学的内涵，大致属于西方学术界宏观经济学、货币经济学和国际经济学领域的研究内容。

国外对金融学的界定 有趣的事实是，国内基于货币银行学和国际金融两大学科领域界定的金融学的研究内涵，并不是西方学术界强调的金融学的核心内容。斯蒂芬·A. 罗斯（Stephen A. Ross）为《新帕尔格雷夫货币金融大辞典》（*The New Palgrave Dictionary of Money and Finance*）撰写的 finance 词条称："金融学以其不同的中心点和方法论而成为经济学的一个分支，其中心点是资本市场的运营、资本资产的供给和定价，其方法论是使用相近的替代物给金融契约和工具定价。"罗斯还概括了 finance 的四大核心课题："有效市场""收益与风险""期权定价"和"公司金融"。罗斯的观点体现了西方学者在界定 finance 时注重的是微观内涵及资本市场的特质。总体上讲，西方学术界对 finance 的理解，主要集中在两个方面：一是以公司财务、公司融资、公司治理为核心内容的 corporate finance，即**公司金融**；二是以资产定价为核心内容的 investments，即**投资学**。值得注意的是，国内许多学者将 corporate finance 译作"公司财务"或"公司理财"，很容易使人误解其研究对象为会计项目。事实上，更为确切的译法应该是"公司金融"，研究以公司作为主体的金融决策问题。

近年来，国内学术界通常将金融学划分为宏观金融学和微观金融学两大门类。

微观金融学（micro finance） 微观金融学即西方学术界通常理解的 finance，主要包含公司金融、投资学和证券市场微观结构三个大的研究方向。微观金融学学科通常设在国内各高校的商学院或者管理学院。

宏观金融学（macro finance） 国内学术界通常把与货币相关的宏观问题研究称为宏观金融学。宏观金融学是国内学术界界定的传统意义上的金融学，包括货币银行学和国际金融两个主要方向，涵盖有关货币、银行、国际收支、金融体系稳定性和金融危机的研究。这一学科通常设在国内高校的经济学院。

鉴于我国金融学研究和教育的发展历史与现实需要，本书内容以微观金融学（西方学术界定义的金融学内涵）为主导，同时包括主要的宏观金融学内容。

1.1.3 金融学的特征

默顿的金融学界定 诺贝尔经济学奖得主罗伯特·默顿（Robert C. Merton）对现代金融学给出了一种全新的解释：金融学研究的是如何在不确定条件下对稀缺资源进行跨期分配。默顿强调金融理论的核心是研究在不确定环境下经济行为人在跨期配置和利用资源方面的行为，既包括跨越空间也包括跨越时间的情况。跨期和不确定性是影响金融决策行为的中心因素，两者相互作用的复杂性成为刺激金融学研究发展的内在动力，因此需要借助更为复杂的分析工具来捕获两者之间相互作用的机理。金融学理论发展史上被载入史册的伟大成就包括 MM 定理、投资组合理论（portfolio theory）、资本资产定价模型（CAPM）、套利定价理论（APT）、期权定价理论（B-S 公式）和行为金融学（behavioral finance）等，而建立这些学说和理论的学者大多数人也因此荣获了诺贝尔经济学奖。毫不夸张地讲，金融理论与金融实践的结合改变了整个人类社会经济运行的轮廓。

金融学领域的诺贝尔经济学奖

1990年，诺贝尔经济学奖被授予三位学者——哈里·马科维茨、默顿·米勒和威廉·夏普，以表彰他们对金融理论和实践产生重大影响的学术贡献。

哈里·马科维茨是现代投资组合理论之父。投资组合理论，是关于投资选择过程中对风险与收益进行权衡与取舍的科学逻辑。马科维茨于1952年在《金融》(Journal of Finance)杂志上发表的论文《资产组合选择》(Portfolio Selection)，被认为是现代金融学的开篇之作，他利用数学模型分析了在给定目标收益率的条件下，投资者如何确定最低的风险承担。投资组合理论已经成为现代金融学最重要的基础理论之一，而且被广泛应用于资本市场实践。

威廉·夏普在马科维茨的研究结论的基础上，引入市场投资组合的概念，证明了风险资产的预期收益率与系统性风险之间存在线性关系，即资本资产定价模型（CAPM，1964）。如今，CAPM已经成为现代金融理论研究和资本市场实践中应用最广泛且影响最深远的资产定价模型。

默顿·米勒最主要的贡献是在公司金融理论方面。他和弗兰科·莫迪利亚尼（一位更早的诺贝尔经济学奖获得者）在一系列学术文章中论证了股利政策和资本结构对企业价值的影响，被称为MM定理，它是现代公司金融理论的基本支柱之一。

1997年，诺贝尔经济学奖被再次授予金融经济学家，获奖者为罗伯特·默顿和迈伦·斯科尔斯。评奖委员会还提到了第三位学者——费希尔·布莱克（1995年在57岁时猝然辞世，无法分享奖项）。他们给出了针对期权和其他衍生证券进行定价的数学方程（期权定价公式，B-S公式），对衍生工具定价和投资产生了非常深远的影响。

2002年，诺贝尔经济学奖授予了美国普林斯顿大学的丹尼尔·卡尼曼和美国乔治梅森大学的弗农·史密斯，以表彰他们在行为金融学方面的研究成就。卡尼曼综合经济分析与认知心理学的基本理论，研究投资者在不确定性条件下的行为特征，奠定了金融学研究新的理论基础。史密斯建立了实验室测试方法，作为经验性经济分析（尤其是替代市场机制）的工具，有助于进一步理解和刻画人们的经济行为。他们开创了行为金融学的研究范式。

2013年，诺贝尔经济学奖获得者为尤金·法玛、拉尔斯·彼得·汉森和罗伯特·希勒，以表彰他们在资产价格的实证分析方面为金融学发展做出的巨大贡献。20世纪60年代，法玛认为即使在较短的时间内，股价的变动也无法预测，因为新信息的影响能够及时而准确地反应在股票价格上，市场是有效的。到了80年代初，希勒发现股票价格能够在一段较长的时间内得到预测，并因此认为市场效率是低下的。而1982年，汉森开发了一种统计方法来测试法玛和希勒的理论，证明了希勒的结论不能在模型中得到充分印证。不管怎样，法玛的研究结果影响了指数基金的发展，希勒基于行为和数学两个方面分析金融市场的研究范式促进了行为金融学的发展，汉森的统计方法现在已经被普遍应用于经济学研究的不同领域。

2016年，奥利弗·哈特和本特·霍姆斯特罗姆因其在契约理论方面做出的贡献而荣获诺贝尔经济学奖。由于企业契约理论的出现和不断完善，金融学家开始基于信息不对称条件，引入委托代理成本和交易费用等因素，研究企业的资本结构问题，形成了委托-代理理论和信息不对称理论，极大地促进了公司金融理论的发展。

> 2017年，诺贝尔经济学奖再次授予了行为金融学家——理查德·塞勒。塞勒研究人们的有限理性行为对金融市场的影响，将投资者心理上的现实假设纳入经济决策分析中，通过分析有限理性、社会偏好和缺乏自我控制等特征的经济后果，研究人格特质如何系统地影响个人决策及其市场反应。

按照默顿的观点，金融学是一项针对人们怎样跨期配置稀缺资源的研究。金融决策区别于其他资源配置决策的两项特征为：第一，金融决策的成本和收益是跨期分摊的；第二，无论决策者还是其他人，都无法预先准确地知道金融决策的成本和收益。例如，在决定是否开办自己的餐馆时，你必须在将要付出的可能成本（如购买炉灶、桌椅、装饰酒杯的小纸伞及其他必需设备）与未来的可能收益之间进行权衡，这种不确定收益是预期未来可能获得的现金流。

金融学的设定　金融理论由一组概念以及一系列数量化模型构成。这些概念帮助人们厘清怎样跨期配置资源，而一系列数量化模型帮助人们进行评估选择、做出决策以及实施决策。这些基本概念和模型能够应用于不同的决策层次，从租赁轿车或开办企业的决策，到一家大型公司的首席财务官是否进入其他行业的决策，甚至包括世界银行为哪些发展项目提供融资的决策。实施金融决策的过程需要借助金融体系，而金融体系是指金融市场以及其他金融机构的集合，人们借助金融体系完成金融合同的签订以及资产与风险的交换。金融体系包括股票市场、债券市场和其他金融工具市场、金融中介（商业银行、保险公司和投资银行等）以及相关的监管主体。另外，金融理论将人们的偏好看成是给定的，理论体系不能解释的基本构成要素被称为外生因素；与之相对应，理论体系能解释的基本构成要素被称为内生因素。在金融学中，假定人们的偏好是外生因素，企业运营的目标是内生因素。虽然人们的偏好可能随时间的推移而变化，但金融理论并不设法解释它为什么变化以及怎样变化的问题。人们的行为是为了满足那些偏好的尝试，而企业和政府的行为更加关注人们福利的增加。

金融的趋势　自20世纪80年代以来，金融市场经历了迅猛发展，产生了令人瞩目的变化，货币市场、债券市场和股票市场日交易量均达到数万亿美元。放松金融管制导致的自由化和全球化产生了更大规模的资产流动，并且在世界范围内引发了许多问题，如1997年的东南亚金融风暴和2008年的全球金融海啸。金融数据的大量存在与市场规模不断增长带来的复杂性和综合性，促使金融机构不断寻找和利用数据建模等更有效的工具手段，对市场行为进行判断。为了规避金融监管和迎合投资者的需求，基于数量化估值模型和风险评估模型的复杂金融工具不断被创造出来。同时，金融机构和投资者也在寻求可以对收益与风险进行数量化分析的系统性方法，帮助他们进行金融决策。因此，金融领域出现了一些明显的趋势化特征。

（1）金融资产证券化。金融资产证券化是指将流动性较差的资产，如金融机构的一些长期固定利率放款或企业应收账款等，借助商业银行或投资银行进行集中重组，以这些资产作为抵押发行证券，提高金融资产的流动性。例如，2007年以前美国基于次级房屋抵押贷款发行的次级债，最后导致了全球金融海啸的爆发。

（2）金融市场全球化。金融市场全球化趋势已经成为当今世界发展的一个重要特征。金融市场全球化是指国际金融市场正在逐渐形成一个密切联系的整体市场，在全球任何一个主要市场中都可以进行相同品种的金融交易，并且由于时差的原因可以实现24小时不间断的金融交易，例如由伦敦、纽约、东京、中国香港和新加坡等国际金融中心组成的市场。金融市场全球化趋势提高了资金的运用效率，但同时也使金融风险可以轻而易举地在全世界范围内迅速传播。

（3）金融监管自由化。金融监管自由化是指自20世纪70年代中期以来，在西方发达国家出现的一种逐渐放松甚至取消对金融活动进行严格管制的趋势。其主要表现为：减少或取消国与国之间对金融机构活动范围的限制；对外汇管制的放松或解除；放宽对金融机构业务活动范围的限制，允许金融机构的业务活动适当交叉；放宽或取消对银行利率的管制。尤其是1986年时任英国首相撒切尔夫人发动的"金融大爆炸"（Big Bang）改革，引发了全球范围内的金融自由化改革浪潮。

（4）金融科学数量化。任何一门学科现代化和精确化的进程，都必然以数学作为重要的描述工具和语言。毋庸置疑，现代金融学从经济学中独立出来的重要标志之一，就体现在金融科学的数量化上。金融科学数量化是指金融理论研究模式趋向于数学化（推理演绎数学化）、应用研究定量化（建立相应的数学模型）和运用计算机技术求解模型数值问题的广泛化，从而促成了金融数学的诞生和发展。金融数学是一门新兴的金融学与数学（特别是最优化理论、高等概率论、随机微积分和偏微分方程等）的交叉学科，又称数理金融学。现在世界上绝大多数高校金融学专业的学生，都要学习数理金融方面的课程。

（5）金融工具工程化。金融工具工程化是指将工程学的思维引入金融领域，综合采用数学建模、数值计算、网络图解以及仿真技术等设计、开发和实施新型金融产品与工具，进而创造性地解决资产定价等方面的问题。从本质上讲，金融创新就是设计一种新型证券或新型程序，能够帮助发起人或投资者实现某些以前无法实现的目的，从而增加财富和价值。现在，金融工程方法已经成为资产定价及新产品设计过程中必不可少的工具和手段。

1.2 金融决策

无论你是普通居民还是大公司的总裁，金融决策几乎无处不在。你至少需要在以下几种情况下做出金融决策：

A. 你已经开始为未来储蓄，是将所有的储蓄存入银行账户，还是投资共同基金呢？应当投资哪种类型的共同基金？

B. 你想要一辆轿车，你会选择购买还是租赁呢？

C. 你准备开一家餐馆，这个决定是正确的吗？需要多少资金？如何获得这笔资金？

D. 你作为一家上市公司的首席财务官（CFO），正在考虑是否应该建议公司将业务拓展到信息行业。进入信息行业需要公司在未来一年增加投资10亿元人民币，此后5年预期利润每年增加3亿元人民币。你应该给出什么样的建议？

E. 你现在服务于世界银行的资金管理团队，正在审核拉丁美洲某个国家的水电项目贷款申请，你如何给出建议？

这些金融决策的正确做出，都不得不依赖于你对金融学基本概念和原理的掌握。本书将在随后的章节中讲述金融学的基本概念和原理。

1.2.1 居民金融决策

居民金融决策的类型　随着社会的不断发展，居民参与经济活动的程度也在不断加深，金融决策是居民参与经济活动过程中最常遇见的问题。居民金融决策是指居民在资产配置过程中必须面临的取舍问题。居民通常至少会遇到四类金融决策问题。

消费与储蓄决策：居民现有的财富中多少用于消费，多少用于储蓄？消费能够带来当期的效用（满足感），但是放弃暂时的消费并将资金存储起来，所获得的利息可以使他们在未来拥有更多的财富，进而获得更高的效用。如何在当期消费与未来消费之间进行取舍，成为几乎每一位居民不得不面对的金融决策问题。

投资决策：居民如何安排节省下来的资金，以使这些资金在未来能够产生更多的财富，成为其面临的另外一个十分重要的金融决策问题。随着金融的不断发展，金融创新工具不断涌现，投资者的投资决策变得越来越困难。

融资决策：居民为了实施自己的消费和投资计划，必须面对在什么时间、以什么方式获得和使用别人的资金，才能够使自己付出的代价最少的问题。

风险管理决策：金融活动最大的特点之一就是不确定性，即风险。例如当你把资金借给别人时，便存在无法如期收回本金和利息的可能性；当你投资股票或基金时，未来你的现金流也是不确定的，你既可能获得收益也可能遭受损失。因此，居民在金融决策时必须在收益与风险之间进行权衡。

资产与资产配置　居民所面临的金融决策主要集中在资产配置方面。这里的资产是指具有经济价值的任何东西。作为将收入存储起来以保证未来消费的资产配置方式，居民能够以不同的形式和数量持有一个财富组合。财富组合一般可能包含两类账户：一类是固定收益证券账户，包括银行储蓄和各种债券等未来具有确定现金流的资产形式；另一类是风险资产账户，包括股票、基金、房地产投资、黄金投资和外汇投资等未来现金流不确定的资产形式。针对不同资产的收益与风险特征，投资者具有不同的偏好，并基于偏好选择自己的资产配置组合。必须说明的是，在居民的所有资产中，还有另外一项最重要的资产形式——人力资本。**人力资本**（human capital）是指劳动者基于教育和培训、实践经验、迁移及保健等方面的投资而获得的知识和技能的积累，也称非物力资本。由于知识和技能可以在未来为居民带来工资等收益，因而形成了一种特殊的资本形式。

事实上，居民的资产配置形式主要集中在金融资产（股票、债券⊖等）和实物资产（房地产、黄金、珠宝等）两大类。虽然金融资产越来越深刻地影响着人们的生活，甚至金融活动已经开始主导整个经济的运行，但金融资产的实际数量和规模并没有想象中的大。据统计，2016年，全世界所有股票和债券的总价值约为166.5万亿美元，略低于房地产的总价值，如果把贵金属和珠宝加入房地产价值中，全世界实物资产总价值远远超过金融资产的价值。还有一个必须注意的事实就是，全世界来自金融资产和实物资产所有权的收入仅占总收入的20%，而人力资本收入占总收入的80%。

居民的资产核算　当居民借入一项资产时，对他而言就形成了一笔负债。居民的净财富（或称财富的净值，net worth）是由居民的总资产减去负债来计算的。假设你拥有价值100万元人民币的房地产，还拥有80万元市值的股票。同时，你以房屋抵押贷款的形式欠银行70万元，并且还有当月未偿付的信用卡账单3万元。这时你的财富净值是107万元，具体计算

⊖ 考虑到未来现金流具有相同的特征，这里将银行储蓄归入债券的范畴。

$$(100+80)-(70+3)=107(万元)$$

从本质上讲，全部的社会资源都归属居民。他们直接拥有企业，或者通过持有股票而拥有企业，又或者通过退休基金和保险基金拥有企业，并向政府缴纳税金。

消费与投资的区别　当居民分别以消费者和投资者的身份进行购买活动时，其所追求的目标完全不同，因此对标的买卖的判别依据也完全不同。当他们以消费者身份进行购买时，目的是拥有或使用标的，追求的是拥有或使用标的给其带来的满足感，这种满足感在经济学上被称为效用（utility）。以追求效用为目的所购买的标的，被称为商品或者服务，是否购买的判别依据就是性价比，即商品或者服务能够带来的效用与价格之间的权衡，购买者犯错误的概率本身并不大。例如，没有人会花巨资购买路边一块普通的石头。当他们以投资者身份进行购买时，目的与拥有或使用毫无关系，仅仅是为了利用买卖价差实现财富增加的目的，追求的是投资收益。此时购买的标的被称为投资品，是否购买的判别依据是买卖价差，至于标的本身是什么其实根本就不重要。例如，如果一个标的今天的价格是10万元，明天的价格将会是20万元，那么投资者会毫不犹豫地买入，至于它是一片地、一套房、一块石头、一张纸、一个算法或者仅仅是空气，根本就无所谓。此时，只要给一个足够让你相信明天标的价格会上涨的理由，那么你花费巨资购买路边一块普通的石头成了可能。唯一需要做到的就是，明天标的价格上涨的理由足够有说服力，比如生命品质、文化品位或者人生境界等。

击鼓传花式投资骗局　正是因为投资需求的广泛存在，才让击鼓传花式投资骗局有了可乘之机，即有人恶意地让你相信某一个投资标的明天价格会出现上涨，蛊惑你今天以一个荒谬的价格买入，而你信以为真的更高的价格其实永远不会出现，你成了接最后一棒的傻瓜。这种击鼓传花式投资骗局由来已久，比如历史上荷兰的"郁金香风潮"和英国的"南海泡沫"，近年来华尔街的"庞氏骗局"和国内一些P2P平台的"暴雷"。这些投资骗局的标的形式可能存在差异，过去是"郁金香"和"南海股票"，后来是收益奇高的收益凭证，但它们背后的逻辑本质上其实是一样的，都是利用了人们追求收益的冲动和过度贪婪的欲望，采用击鼓传花的方式引诱投资者入局。必须强调的是，随着中国经济的高速发展，人们手中积累了越来越多的可投资财富，内心的投资冲动也愈发强烈，加上国内财富管理的途径和机会相对匮乏，因此击鼓传花式投资骗局层出不穷。例如，曾经红火一时的普洱茶、冠以文化与品位的花梨木、稀世珍品的和田玉、游资操纵的股票价格还有惊世骇俗的代币。这些标的本身没有任何非议之处，但是它们被疯狂炒作的过程就是彻头彻尾的击鼓传花式投资骗局。

著名的击鼓传花式投资骗局

荷兰的"郁金香风潮"　作为当时世界上最富裕的国家，17世纪的荷兰社会是培育投机者的温床。人们的赌博和投机欲望是如此的强烈，美丽、迷人又稀有的郁金香成为人们猎取的对象，机敏的投机商开始大量囤积郁金香球茎以待价格上涨。在舆论的鼓吹之下，人们对郁金香的倾慕之情越来越浓，最后对其表现出一种病态的倾慕与热忱，以至于拥有和种植这种花卉逐渐成为享有极高声誉的象征。人们开始竞相效仿，疯狂地抢购郁金香球茎。起初，球茎商人只是大量囤积以期在价格上涨时抛出，随着投机行为的蔓延，一大批投机者趁机炒作郁金香。一时间，郁金香迅速膨胀为虚幻的价值符号，令千万人为之疯狂。

1634年，炒买郁金香的热潮蔓延成为荷兰的全民运动，当时1 000元一朵的郁金香球茎，不到一个月就升值为2万元，郁金香的价格简直骇人听闻。比如，一种名叫奥古斯特的珍贵品种，1636年年初，这个品种在全荷兰仅有两株，人们为了得到它们竞相出价。有人甚至以12英亩①的地产作为交换条件，只为换取其中的一株。到了1637年，一株奥古斯特的价钱足以买下阿姆斯特丹运河旁边的一栋豪宅。从1636年到1637年，短短一年时间，郁金香的价格就暴涨了5 900%。面对如此暴利，所有人都冲昏了头脑。他们变卖家产，只是为了购买一株郁金香，几乎每一个人都在为郁金香而疯狂。

其实，投机者并不想真的占有他们所买的东西，他们只是希望能以更高的价格转手卖给后面的接盘者。郁金香的价格因此以令人目眩的速度攀升，不断加入的买方力量推动着郁金香的价格以更快的速度上涨。疯狂的人们将自己拥有的值钱之物都变成钞票，然后不惜一切代价，毫不犹豫地买下天价的郁金香，梦想得到更多的钞票。事实上，当1636年年底郁金香泡沫达到鼎盛时，傻瓜都知道天价的郁金香早已不合理性，但大家都相信自己身后还会有更大的傻瓜接手，于是在这场"博傻"的游戏中，郁金香的价格还是持续走高。

但是，极度的泡沫膨胀终于不堪重负，历史悲剧徐徐拉开。郁金香依然是郁金香，1637年郁金香的价格普遍下跌超过99%，无数人因此倾家荡产，荷兰也从世界头号帝国的宝座上跌落，从此一蹶不振。

英国的"南海泡沫" 从17世纪末到18世纪初，长期的经济繁荣使英国私人资本不断集聚，社会储蓄不断膨胀，投资机会却相对不足，拥有大量暂时闲置资金的人迫切寻找出路，而当时股票的发行量极少，拥有股票几乎是一种特权。

在这种情形下，南海公司于1711年创立。它表面上是一家专营英国与南美洲等地贸易的特许公司，但实际上是一所协助政府融资的私人机构，分担政府因战争而欠下的债务。南海公司在市场上夸大自己的业务前景。当时，人人都知道秘鲁和墨西哥的地下埋藏着巨大的金银矿藏，只要能把英格兰的加工商送上海岸，数以万计的"金砖银块"就会源源不断地运回英国。尤其是1720年南海公司通过贿赂政府，向国会推出以南海股票换取国债的计划，促使南海公司的股票大受追捧。投资者趋之若鹜，其中包括半数以上的参众议员，就连国王也禁不住诱惑，认购了价值10万英镑的股票。由于购买者非常踊跃，股票供不应求，公司股票价格狂飙，从1月的每股128英镑上升到7月的每股1 000英镑以上，短短6个月时间涨幅高达700%。

在南海公司股票示范效应的带动下，全英国所有股份公司的股票都成了投机对象。社会各界人士，包括军人和家庭妇女都卷入了漩涡。人们完全丧失了理智，他们不在乎这些公司的经营范围、经营状况和发展前景，只相信发起人对他们的公司如何能获取巨大利润的说法，人们唯恐错过大捞一笔的机会。一时间，股票价格暴涨，所有股票的平均涨幅超过5倍。

1720年6月，为了制止各类"泡沫公司"的膨胀，英国国会通过了《泡沫法案》，许多公司被解散，公众开始清醒，他们对一些公司的怀疑逐渐扩展到南海公司身上。从7月开始，首先是外国投资者抛售南海股票，然后国内投资者纷纷跟进，南海股票的股价很快一落千丈，9月跌至每股175英镑，12月跌到124英镑。"南海泡沫"由此破灭。

---

① 1英亩≈4 046.86平方米。

南海泡沫事件使投资者遭受了巨大的损失，许多财主和富商损失惨重，不少人血本无归，也导致大众对政府的诚信产生了空前的怀疑。南海泡沫事件给英国带来了很大的震荡，此后相当长一段时间内，民众对于新兴的股份公司闻之色变，对股票交易也心存疑虑。历经一个世纪之后，英国股票市场才走出"南海泡沫"的阴影。

华尔街的"庞氏骗局" 庞氏骗局其实就是对投资者承诺高额的回报，然而只是用另一个新投资者投进来的钱，支付给老投资者作为回报，即"拆东墙补西墙"。庞氏骗局最初是在1919年由一个叫查尔斯·庞兹的意大利投机商创造出来的。他到美国以后，在报纸上发出广告，声称自己的项目在3个月之内能让投资者赚到40%的利润回报。因此，有3万名左右的投资者被吸引了，但是不到一年的时间骗局暴露，庞兹也由此锒铛入狱。

犹太人伯纳德·麦道夫，曾经是美国华尔街的传奇人物，担任过纳斯达克股票市场公司董事会主席。在2008年美国金融危机发生之前，他曾一直是华尔街最炙手可热的"投资专家"之一。其实麦道夫在成为金融巨骗之前，也是规规矩矩在美国金融市场寻找着暴富的机会，比如在1987年美国股市大崩盘的时候（10月道琼斯指数从2 746点跌到了1 600多点），他由于提前买入了看跌期权，赚得盆满钵满。到了1989年，麦道夫的公司已经掌握了纽约证券交易所超过5%的交投量，同时还与金融巨鳄——索罗斯一起被《金融世界》杂志评为华尔街最高收入人物之一。1990年，麦道夫顺理成章地成了纳斯达克的非执行主席。

1992年，麦道夫开始鼓吹他的"可转换价差套利策略"，并对外承诺18%~20%的年回报率。麦道夫最主要的营销渠道就是富人俱乐部和犹太人社团等。在富人眼中，钱只不过是符号，他们追求的其实不是一种更高的绝对收益，而是一种身份的象征。正是抓住了富人这样一种心理，麦道夫开始全力打造自己神秘、高贵的形象。到后来，那些有钱人似乎根本不在乎麦道夫能不能帮他们赚钱，而是只要能把钱交给麦道夫打理，就是一种身份的标志，一种踏入了更高端上流社会的象征。事实上，大部分人的投资逻辑都比较简单，甚至直到现在还有许多投资者依旧相信：如果对方许诺的高额回报已经到手，谁还会在乎这钱到底是怎么来的呢？

在长达20年的时间里，麦道夫利用他良好的口碑和超额回报，编制出一个惊世骗局，把金钱与财富玩弄于股掌之间。截至2008年金融危机前夕，他的投资公司在纳斯达克排名第23位，平均每日成交量约为5 000万股。客户遍布全球，比如全球顶尖对冲基金、各国知名银行、全球名校的大学募捐基金、好莱坞明星和导演、社会权贵名流、犹太人社团以及海外的富婆和遗孀等，其中就包括梦工厂总裁卡森伯格、好莱坞导演斯皮尔伯格以及中国"打工皇帝"唐骏。

由于金融危机的爆发，2008年12月，投资者集中要求赎回资金，麦道夫面临70亿美元的赎回压力，实在是无法承受。就这样，美国著名的伯纳德·麦道夫投资证券公司董事长、与"股神"巴菲特齐名的投资大师、犹太人的"基金教父"、纳斯达克前主席——伯纳德·麦道夫，因诈骗650亿美元被判150年有期徒刑。而据统计，他的个人总资产竟然高达1 700亿美元。

1.2.2 企业金融决策

金融学的一个基本信条是，金融体系的终极功能在于满足人们的偏好，包括衣、食、住、行等全部基本生活必需品。为了便于实现这种终极功能，企业和政府等组织机构得以产生和演进。

企业（enterprise）是具有生产产品和提供服务功能的经济实体。与居民一样，企业同样存在不同的类型与规模。其中一个极端是小作坊、小零售店以及个人或家庭拥有的小餐馆；另一个极端是巨型公司，如日本三菱公司和美国通用公司，都拥有数十万劳动力和更多数量的所有者。研究企业金融决策的金融学分支被称为公司金融。

为了生产产品和提供服务，所有企业无论规模大小都需要资本。厂房、机器设备以及再生产过程中使用的其他中间投入品被称为物质资本；股票、债券以及贷款被称为金融资本。

企业的金融决策 任何企业必须做出的第一项决策就是它希望进入哪一个行业，这被称为**战略规划**（strategic planning）。因为战略规划涉及对不同时期的成本和收益进行评估，所以它在很大程度上也是一项金融决策。企业经常拥有由其主要产品生产线界定的核心业务，而且这种核心业务可以延伸到相关行业。例如，生产计算机硬件的企业也可以选择生产软件，同样可以选择为计算机提供服务。企业的战略目标可能随时间的推移而发生变化，这种变化有时候是极其剧烈的。一些公司进入看上去不相关的行业，甚至可能完全放弃原有的核心业务，导致公司名称不再与现有业务存在任何关联。例如，作为一家电话公司，美国国际电话电报公司（ITT）从1920年开始运营。20世纪70年代，国际电话电报公司成长为一家大型跨国企业集团，开始在一系列分散化的行业经营，包括保险、军需品、旅馆、面包店、汽车租赁、矿山开采、林产品、园艺产品和电信行业。20世纪80年代期间，国际电话电报公司裁撤了很多业务，同时专注于经营旅馆与赌场。到1996年，它已经放弃了原有的生产电话设备和提供电信服务的核心业务。

一旦企业的管理者已经决定进入哪个行业，为了获取厂房、机器设备、研究实验室、商品陈列厅、仓库以及其他诸如此类长期存在的资产，同时为了培训运营所有这些资产的人员，企业的管理者就必须做出一项规划，这就是**资本预算**（capital budgeting）过程。资本预算过程中的基本分析单位是投资项目。资本预算过程包括鉴定新投资项目的构思、对其进行评估、决定哪些投资项目可以实施，然后贯彻执行。

当企业已经决定了希望实施的项目，就必须清楚怎样为其融资。与资本预算决策不同，**资本结构决策**（capital structure decision-making）的分析单位不是个别的投资项目，而是整个企业。进行资本结构决策的出发点是为该企业确定可行的融资计划。企业一旦得到一项可行的融资计划，就可以设法解决最优融资组合的问题。企业可以发行一系列广泛的金融工具和索取权（claims）。在这些金融工具和索取权中，有些是可以在有组织的市场中进行交易的标准化证券，例如普通股、优先股、债券和可转换证券；另外一些则是无法在市场上交易的索取权，例如银行贷款、雇员的股票期权、租赁合约以及退休金债务（pension liabilities）。公司的资本结构决定了谁将如何得到公司未来的现金流。举个例子，债券承诺固定的现金偿付，同时，股票支付剩余的残值，这些残余价值是其他所有拥有索取权的人已得到偿付后剩余的价值。另外，资本结构部分决定了谁将有机会控制该公司。一般而言，股东通过选举董事会对公司进行控制。但是，债券和其他贷款经常包含约束公司管理活动的合同条款，这些合同条款被称为承诺。这些承诺性约束赋予债权人对该公司事务的某些控制力量。

营运资本管理（working capital management） 对企业的成功是极其重要的。如果公司管理层不参与企业的日常金融事务，最好的长期计划也可能会失败。即使在一家具有明显成长性的成功企业里，现金的流入与流出也可能在时间上并不完全匹配。为了保证能够为运营过程中出现的现金流赤字提供融资，同时使运营现金流的盈余得到有效投资，从而获得良好的收益，管理者必须关注向客户的收款以及到期需要支付的账单。

企业在所有金融决策领域——投资、融资和营运资本管理中做出的选择，都依赖于它的生产技术以及特定的规制、税收和企业运营的竞争环境。

1.2.3 企业组织形式

人类的经济活动最早是以居民个人或者家庭形式出现的，但是随着社会的进步和经济活动的复杂程度不断加深，人们更希望以一种组织形式来完成这些经济活动，于是企业出现了。企业包括三大类基本组织形式：独资企业、合伙企业和公司。

独资企业（sole proprietorship） 它是指个人出资经营、归个人所有和控制、由个人承担经营风险并享有全部经营收益的企业。独资企业的资产和负债是出资人的私人资产和负债，出资人对企业的债务承担无限责任。也就是说，如果企业不能偿付对外的债务，那么债权人有权要求出资人以其他私人资产偿还。许多企业以独资企业的形式起步，然后在经营稳固并扩张规模后改变组织形式，也有企业在整个存续期间一直保持独资企业的组织形式，如餐馆、房产代理或小作坊等。因为独资企业不具有独立的法人资格，所以在盈利时并不需要缴纳企业所得税，投资者只需要在分红过程中缴纳个人所得税。

合伙企业（partnership） 它是指由合伙人签订合伙协议，共同出资、共同经营、共同享有收益、共同承担风险，并对企业债务承担无限连带责任的营利性组织。合伙企业分为普通合伙企业和有限合伙企业。普通合伙企业由2人以上的普通合伙人组成，合伙人对合伙企业债务承担无限连带责任。有限合伙企业由2人以上的普通合伙人和有限合伙人组成，普通合伙人和有限合伙人都至少有1人。普通合伙人对合伙企业债务承担无限连带责任，有限合伙人以其认缴的出资额为限对合伙企业债务承担有限责任，一般而言，普通合伙人主要负责企业的日常运营和管理。有限合伙企业已经成为国内外私募基金的主要组织形式，我们耳熟能详的黑石集团和红杉资本都是有限合伙企业。

公司（corporation） 它是投资者（股东）出资建立、自主经营、自负盈亏且具有独立法人资格的经济组织，包括有限责任公司和股份有限公司。公司制企业具有如下特征：①公司制企业以独立法人身份存在，即公司与它的所有者（股东）是截然不同的法律主体，公司可以拥有财产、借入资金和签订合同，也可以提起诉讼或者受到指控；②公司制企业作为独立法人主体，在实现盈利时必须首先缴纳企业所得税，然后股东在分红过程中还要缴纳个人所得税，即双重征税；③股东（投资者）有权基于其所拥有的股份比例，享有公司的任何分配份额（例如，现金红利和剩余资产）；④股东以出资额为限，对企业债务承担有限责任，即如果公司无法偿付对外的负债，债权人可以剥夺公司的资产，但没有权利征用股东的其他私人资产；⑤股东大会是公司的最高权力机构，股东大会选举董事会，董事会进一步选择经营企业的管理者；⑥股东可以在不影响企业正常运营的条件下，转让代表所有权的股份。

公司的类型　在美国，拥有广泛分散化的所有权，并且股票可以在交易所或场外市场自由交易的公司被称为公众公司（public corporations），包括上市公司（listed corporations）和非上市公众公司（unlisted public corporations）。而私人公司（private corporations）由少数股东或公司成员所拥有，不向社会公众提供股票，股票也不在交易所上市，股票的发行和交易均在非公开的条件下完成。在中国，在上海证券交易所和深圳证券交易所上市交易的公司被称为上市公司，而在新三板挂牌交易的公司为非上市公众公司，两者均为公众公司。

1.2.4　所有权与管理权分离

在独资企业和许多合伙企业中，所有者与企业的管理者通常是同一群人。但在许多企业尤其在大企业中，所有者并不亲自管理企业。他们把管理责任委托给职业经理人，这些职业经理人可能并不拥有企业的任何股份。当然，企业的所有者之所以将公司交由他人进行管理，是因为这样做的好处十分明显。

第一，职业经理人运营企业的才能可能更胜一筹。事实可能就是这样，因为职业经理人拥有更好的技术和知识、更丰富的从业经验或者更适宜的人格魅力去运营企业。在所有者同时也是管理者的架构中，所有者必须拥有管理者的天赋以及实施管理所必需的资源；在所有者与管理者分离的架构中，则不需要这些。这种分离的设计能够保证企业所有者和管理者都有机会发挥各自的能力与优势，而不是要求企业家必须拥有运营企业的能力。同时，这种所有权与管理权分离的模式，使大型企业有机会拓展业务范围到企业家并不熟悉但有很好的盈利机会的行业。举个例子，在文化产业中更适合管理一家电影制片厂或电视网络的人，可能没有金融资源拥有企业，而拥有财富的人可能并没有管理文化企业的能力。因此，有管理能力的人成为职业经理人，运营管理公司，而富人仅仅提供资本，成为老板。

第二，为了达到企业运营的有效规模，企业可能不得不聚拢众多的金融资源。聘请职业经理人管理公司的方式，能够使资源的聚集更加容易。例如，一家汽车制造企业需要聚拢大量的资金来购买设备和生产线，单个投资者是不可能完成的，但并不是全部所有者都能够和愿意积极地参与企业的运营管理。这些投资者可能更愿意聘请职业经理人或者由某一个股东代为管理公司，他们放弃了作为所有者对公司的管理权，只是分享投资收益。

第三，在不确定的经济环境中，投资者希望利用众多的企业股权来分散风险。为了最优地进行分散化，投资者需要持有一个证券种类较多，但每一种证券的数量未必一定很多的资产组合。没有所有权与管理权的分离，这种有效分散化组合很难实现。如果投资者必须管理其所投资的企业，那么就不存在可以在众多企业之间分散风险的任何机会。公司制企业的组织形式尤其适合帮助投资者实施分散化投资，进而分散风险、提供便利，因为公司制企业允许投资者持有企业的股票份额相对较小。

第四，所有权与管理权的分离结构，考虑到了节省信息搜集成本。管理者可以搜集企业的生产技术、投入成本和产品需求的最精确的信息，而企业的所有者只需要相对较少地了解这些信息即可。例如，成功管理一部电影的制作和发行需要大量的信息，虽然影视公司的管理人可以低成本且便捷地得到关于可能雇用的顶级演员和导演的信息，但是对于影视公司的大多数所有者而言完全不需要掌握这些。对于绝大多数人来讲，建立经纪人和演员信息网络的成本极高，而对专门的电影公司管理者而言，这项费用相对较低。

第五，企业所有权与管理权分离的组织结构设计，存在持续经营效应。假设所有者希望出售全部或部分股份，如果所有者同时必须是管理者，那么为了更有效地管理这家企业，新的所有者就不得不从前任所有者那里了解它。如果所有者并不必须是管理者，那么在企业出售后管理者还可以继续为新的所有者工作。当一家企业向公众发行股份的时候，即使原来既是所有者又是管理者的人所持有的企业股份被稀释了，他们也经常会继续管理这家企业。

因为公司制企业可以在不影响企业正常运营的条件下，通过股份转让使所有者发生相对频繁的变化，所以公司制企业尤其适合所有者与管理者分离的企业制度设计。在全世界范围内，很多公司的股份正在转售，极少存在因股份转移而对企业的管理和运营产生影响的现象。因此，所有权与管理权分离已经成为现代企业制度最重要的特征之一。这样的制度安排保证了大型企业与现代化大生产模式的出现和发展，也改变了世界经济运行的轨迹。

当然，所有权与管理权分离能够带来好处，同时也容易引起所有者与管理者之间潜在的利益冲突。因为公司的所有者仅拥有关于管理者是否有效地为其利益服务的不完全信息，所以管理者可能会忽视自己应该对股东承担的责任。在极端情形下，管理者甚至可能违背股东的利益行事。但是，一个有效的金融市场能够解决所有者与管理者之间潜在的利益冲突，因此企业的所有者并不是企业的管理者变得非常常见，企业的所有权能够在众多投资者之间进行分散，而且随着时间的推移，所有权构成的变化比管理层构成的变化更加常见。

1.3 信用创造与虚拟财富

信用创造是商业银行最独特的功能，其奥秘就在于它可以创造出比原始存款高出数倍的派生存款。信用创造使市场中流通的货币规模大幅度增加。而虚拟财富创造表现为投资交易过程能够凭空创造巨额虚拟财富的现象，这些虚拟财富会使市场中的总需求水平大幅提高，资产的整体价格水平被抬高。两者共同作用导致价格水平的升高，这在实体经济领域就成了困扰现代经济生活的难题——通货膨胀，而在金融市场中则表现为资产泡沫。货币数量的大幅增加和虚拟财富的凭空创造，最终导致金融危机的频繁爆发和整个金融体系的脆弱性特征。

1.3.1 货币层次

由于货币在现代信用经济中扮演着极其重要的角色，而且货币的种类和形式繁多，因此有必要对货币进行层次划分。货币是一切商品的一般等价物，现代经济中各种信用工具和金融资产种类繁多，如现金、活期存款、定期存款和大额存单等。它们各自都有一定程度的"货币性"特征，究竟哪一类或哪一种组合才应被视作货币呢？货币供应量的范围又应该如何确定呢？

目前，学术界普遍认为应根据金融资产的流动性来定义货币，并以此来确定货币供应量的范围。金融资产的流动性取决于买卖的便利程度和买卖的交易成本，是指一种金融资产能迅速转换成现金且持有人不遭受损失的能力，也就是变为现实的流通手段和支付手段的能力，也称变现力。流动性程度不同的货币在流通中形成的购买力不同，从而对商品流通和经济活动的影响程度也不同。比如现金和活期存款，直接表现为流通手段和支付手段，直接引起市场商品供求关系的变化，因而具有完全的流动性，货币性最强。而定期存款和大额存单流动性较低，它们也会形成一定的购买力,但因需要转化为现金才能变为现实的购买手段,提前支取要遭受一定程度的损失,所以对市场的影响力不如现金。

中国人民银行通常会根据金融资产的流动性来划分不同层次的货币供应量,但究竟流动性多大才算货币,多小则不算货币,金融学家持有不同的观点。中国人民银行从1994年开始,定期公布按照流动性划分的货币规模统计数据,统计口径包括通货M0、狭义货币供应量M1和广义货币供应量M2。另外,中国人民银行还统计M3数据,但是并不对外公布。

通货:M0 = 流通的现金

狭义货币供应量:M1 = M0 + 银行活期存款

广义货币供应量:M2 = M1 + 定期存款 + 储蓄存款 + 证券公司客户保证金

更广义的统计口径:M3 = M2 + 金融债券 + 商业票据 + 大额可转让定期存单等

其中,M2 - M1是准货币,M3是根据金融工具的不断创新而设置的。

货币供应量的经济含义　M1反映经济社会的现实购买力;M2不仅反映现实的购买力,还反映潜在的购买力。若M1增速较快,则消费市场和终端市场活跃;若M2增速较快,则投资市场和中间市场活跃;M2过高而M1过低,表明投资过热而市场需求不旺,存在发生危机的风险;M1过高而M2过低,表明市场需求强劲但投资不足,存在通货膨胀风险。

各国具体的货币层次划分是不断变化的,没有一个关于货币量的定义能符合所有时期的特点或被所有人认同。迄今为止,关于货币供应量层次的划分并无定论,但根据资产的流动性来划分货币供应量的层次,已被大多数国家政府和学术界所接受。并且,狭义货币供应量M1和广义货币供应量M2的基本内容已经得到普遍接受。

货币是引起经济变动的最重要的因素之一。随着社会的发展,货币与经济的联系日益密切,货币供求的变化对国民经济的运行产生了重大的影响。调控货币供应量,使其适应经济发展的需要,已成为各国中央银行的首要任务。因此,货币供应量层次的划分具有重要的经济意义。通过对货币供应量指标进行分析,我们能够观察和判断国民经济的运行特征。考察各种货币性资产对经济运行的影响,并选定一组与经济变动关系最密切的货币资产作为中央银行的控制目标,有利于中央银行调控货币供应并及时判断货币政策的执行效果。

1.3.2　信用创造

信用创造(credit creation)　它是商业银行的特殊职能。商业银行在收到储蓄存款后,通过日常业务活动能够创造出是原始存款数倍的派生存款,扩大社会的信用规模。因此,在货币当局增加基础货币时,由于商业银行具有信用创造的功能,所以会导致市场中实际的货币规模增加是基础货币增加的数倍。与之相对应,商业银行的信用创造功能,同样也会在基础货币减少的时候,导致市场中的实际货币规模出现数倍于原始货币的减少。

在金融体系中,商业银行最重要的特征就是能够以派生存款的形式创造和收缩货币,从而非常强烈地影响货币供应量。商业银行通过其经营存款的机制,创造出新存款,进而创造了货币。这个特征也是商业银行与其他金融机构的最重要的区别。

1. 信用创造的几个基本概念

原始存款(primary deposit)　它是指商业银行吸收的能够增加其准备金的存款,包括银行吸收的现金存款和中央银行对商业银行贷款所形成的存款。对单个商业银行来说，存款的增加并不仅仅是因为现金的流入，也可能是接受其他商业银行的支票存款所致。单个商业银行接受其他商业银行的支票存款，仅代表整个商业银行体系的存款结构发生了变化，并不会使整个商业银行体系的存款准备金总额有任何的增加，因此不属于原始存款增加。

派生存款（derivative deposit） 它是与原始存款相对应的概念，是指商业银行以原始存款为基础，用转账结算的方式发放贷款，或在进行其他资产业务时所引申出来的超过原始存款的新增存款部分。

将存款划分为原始存款和派生存款，只是从理论上说明这两种存款在银行经营中的地位和作用不同。事实上，在银行的存款总额中根本无法区分哪一部分是原始存款，哪一部分是派生存款。但可以肯定的是，派生存款必须以一定量的原始存款为基础，原始存款量的大小，与派生存款量的大小有直接的关系，任何一笔存款都不可能被凭空创造出来。另外，派生存款只能在商业银行体系内部形成，只能在银行体系内部的现实信用活动中，通过信用流通工具大量的反复使用以及转账结算的条件下才能形成。还有，派生存款的产生是这个过程整体运行的结果，如果只从任何一笔单一的存贷款业务来看，都是有实实在在的货币资金内容的经济行为，没有任何"创造"的痕迹。也就是说，就单个银行来讲，它并不认为自己通过这种行为创造了货币。但当把单个银行不认可的行为贯穿成一个系统之后，就看到了明显的不同，即的的确确形成了信用创造的机制，而这正是现代银行体系的奥秘所在。

存款准备金（deposit reserve fund） 它是限制商业银行信贷扩张和保证客户能够提取存款，以及为资金清算需要而准备的资金。商业银行只要经营存款业务，就必须提留存款准备金。它的初始意义在于保证商业银行的支付和清算能力，随后才逐渐演变成为中央银行的货币政策工具。中央银行通过对存款准备金比率进行调整，可以影响商业银行的信用创造能力，进而调节货币供应量。商业银行的存款准备金以两种具体的形式存在：一是商业银行持有的应对日常业务所需的库存现金；二是商业银行在中央银行的存款。

法定存款准备金是中央银行在法律赋予的权限范围内，为了影响商业银行的信用创造能力和货币供给规模，要求商业银行按规定比率上存中央银行的资金，具有法律效力。存款准备金、法定存款准备金以及超额准备金之间的数量关系是

$$存款准备金 = 库存现金 + 商业银行在中央银行的存款$$

$$法定存款准备金 = 法定存款准备金率 \times 存款总额$$

$$超额准备金 = 存款准备金 - 法定存款准备金$$

在存款总额一定的条件下，法定存款准备金率越高，商业银行可用于放款的份额就越少，反之则越多。因此，法定存款准备金率的高低，对商业银行的信用创造能力有重大影响。

2. 信用创造的前提条件

现代银行采用部分准备金制度和非现金结算制度构成商业银行创造信用的基础条件。

部分准备金制度又称法定存款准备金制度，是国家以法律形式规定存款机构的存款必须按一定比例，以现金或在中央银行存款的形式留存准备金的制度。也就是说，对于商业银行吸收进来的存款，银行必须按一定比例提留准备金，其余部分才可以用于发放贷款。如果在100%的全额准备金制度下，则从根本上排除了商业银行利用所吸收的存款发放贷款的可能性，商业银行也就

没有创造存款的可能。部分准备金制度的建立，是银行信用创造能力的基础。对一定数量的存款来说，准备金比例越大，银行可用于贷款的资金就越少；准备金比例越小，银行可用于贷款的资金就越多。

非现金结算制度使人们能通过支票或者其他非现金的方式进行货币支付，又或者商业银行的经济往来通过转账结算，而无须使用现金。如果不存在非现金结算，银行不能用转账的方式发放贷款，一切贷款都必须付现，那就无法创造派生存款，银行也就没有创造信用的可能。非现金结算制度也是商业银行创造信用的前提条件。

3. 商业银行创造信用的过程

为了便于说明商业银行体系是如何创造信用的，首先给出如下假定。

- 银行体系由中央银行及多家商业银行组成。
- 活期存款的法定准备金率为20%。
- 准备金由库存现金以及在中央银行的存款组成。
- 公众不保留现金，并将一切货币收入都存入银行体系。
- 各商业银行都只保留法定准备金而不持有超额准备金，其余全部用于发放贷款。

下面讨论商业银行体系信用创造的过程。

第一步，投资者A向中央银行出售证券获得10 000美元（注意，必须是中央银行支付现金给投资者，否则不会形成商业银行的原始存款），并以活期存款的形式存入甲银行。由于法定准备金率为20%，所以甲银行只需以 10 000×20% = 2 000 美元作为准备金，其余的 10 000×(1 - 20%) = 8 000 美元全部贷出。

第二步，甲银行将8 000美元贷给客户B，B借到的8 000美元全部用来向C购买商品，C将收到的8 000美元存入乙银行。乙银行在接受C的8 000美元的活期存款后，依照20%的比率保留8 000×20% = 1 600 美元作为准备金，其余的 8 000×(1 - 20%) = 6 400 美元全部贷出。

第三步，乙银行将6 400美元贷给客户D，而客户D又全部用来购买E的商品。E将收到的6 400美元全部以活期存款的形式存入丙银行，丙银行依法保留20%的准备金，即1 280美元，并将其余的 6 400×(1 - 20%) = 5 120 美元全部贷出。

第四步，丙银行将5 120美元贷给F，F又用于购买……

这个过程可以无限地继续下去，并且最终形成如表1-1所示的信用创造过程。

表1-1　信用创造过程　　　　　　　　　　　　　　　　（单位：美元）

银行	存款增加额	贷款增加额	法定准备金增加额
甲	10 000	8 000	2 000
乙	8 000	6 400	1 600
丙	6 400	5 120	1 280
丁	5 120	4 096	1 024
戊	4 096	3 277	819
⋮	⋮	⋮	⋮
合计	50 000	40 000	10 000

由此，我们可以看出，各银行增加的存款额，构成了一个递减的等比数列，经过银行系统的

反复划转，由最初的 10 000 美元原始存款，变成了 50 000 美元的整个银行体系的存款总额。原始存款的信用创造和扩展过程为

$$10\,000 + 10\,000 \times (1 - 20\%) + 10\,000 \times (1 - 20\%)^2 + 10\,000 \times (1 - 20\%)^3 + \cdots$$

$$= 10\,000 \times \frac{1}{1-(1-20\%)} = 10\,000 \times \frac{1}{20\%} = 50\,000(\text{美元})$$

结果就是，最初的 10 000 美元原始存款经过银行体系的不断划转，最终形成 50 000 美元的存款总额，其中原始存款 10 000 美元，派生存款 40 000 美元。贷款货币的规模增加了 4 倍。

存款乘数（deposit multiplier） 银行存款创造机制所决定的最大存款扩张倍数。从上面的例子中不难发现，存款乘数是法定准备金率的倒数，其含义是每一单位原始存款的变动所能引起的存款总规模的变动。由此可见，整个商业银行创造存款货币的数量会受到法定存款准备金率的限制，其倍数与存款准备金率呈倒数关系。

显然，如果投资者从商业银行中取出 10 000 美元，并从中央银行买入一只债券，则会出现与上述例子完全相反的过程，即投资者只是提取了 10 000 美元的商业银行储蓄，但整个银行体系存款总额会减少 50 000 美元，货币乘数也是 5 倍，即存款准备金率的倒数。

1.3.3 虚拟财富

在金融体系中，商业银行能够以派生存款的方式创造或者收缩货币规模，从而非常强烈地影响整个市场上的货币供应量。而与之相对应，投资市场能够通过非完全交易过程，凭空创造或者消灭虚拟财富，进而使社会体系的总需求猛烈增加，从而对经济社会产生影响。以往人们更关注商业银行的信用创造过程，而关于投资市场中的虚拟财富创造则很少涉及。下面我们就以股票市场为例，分析投资过程中的虚拟财富是如何被凭空创造出来的。

显然，股票市场交易并不是有人赚钱就必须有人亏钱的游戏，赢家所赚到的钱也不是刚好等于输家所亏的钱，即股票投资并不是一个零和博弈过程。换句话说，股票市场的牛市真的可以凭空创造财富，而熊市真的可以凭空消灭财富。在股票市场中，最典型的现象就是牛市来了，市场非常红火，大家都赚到了钱；一旦市场出现下跌，投资者非常悲观，大家又都赔钱了。可是，牛市中的钱是从哪里来的，熊市中的钱又到哪里去了呢？

1. 虚拟财富创造的前提条件

投资者的财富核算方式和非完全交易制度是投资过程中虚拟财富创造的前提条件。

首先，市场中的投资者究竟是如何对自己的财富进行核算的？假设，有一天投资者小王带着 100 万元现金来到股票市场，并以每股 10 元的价格买入了 10 万股股票。这时小王已经没有任何现金了，但他还是会认为自己拥有 100 万元的财富，这里的 100 万元财富就是小王所持有的股票的市值（100 万元 = 10 万股 × 10 元/股）。随后，小王手中的股票价格上涨到了 20 元，这时他就会认为自己已经拥有了 200 万元的财富，当然这里的财富还是以股票市值来表示的（200 万元 = 10 万股 × 20 元/股）。由此可见，投资者通常采用股票市值来核算自己的财富。

其次，投资过程中资产价格的形成具有非完全交易的特征，即一个新的资产价格的形成，并不依赖于所有资产 100% 全部的交易。也就是说，不管多小的一笔交易，都会在市场中形成一个新的资产价格，人们又依据这个新的资产价格来确定自己的财富。例如，中国石化一共发行了

955 亿股 A 股，每一次中国石化股票的价格变化，并不需要将 955 亿股都进行交易。任何一笔交易，哪怕只是两个投资者之间买卖了 1 股中国石化的 A 股，也会形成一个新的价格，而中国石化所有 A 股投资者则按照这个新的价格来核算自己的财富。

2. 虚拟财富的创造过程

下面我们就采用一个小例子，来分析股票市场的财富创造过程和财富消灭过程。

第一步，上市公司 X 在股票市场上首次发行 10 股股票，每股 10 元，总市值 100 元。假设这 10 股股票被两个投资者所持有，其中投资者 A 持有 1 股（10%），市值 10 元；投资者 B 持有 9 股（90%），市值 90 元，两个投资者共同拥有的总财富是 100 元。

第二步，投资者 C 来到市场，希望以 20 元的价格买入股票。于是，他先找到了投资者 B，B 拒绝了投资者 C 20 元的出价。于是，投资者 C 去找投资者 A，投资者 A 同意了投资者 C 给出的价格，将 1 股股票卖给了投资者 C，因此市场中形成了一个新的交易价格——20 元。

显然，在投资过程中交易完成和价格形成是基于投资者的价格分歧实现的，只有当买卖双方对某一个价格存在分歧时，才会完成交易并形成价格。投资者 C 之所以愿意用 20 元的价格买入股票，是因为他认为 20 元的价格低，将来他能够以更高的价格卖出股票；投资者 B 不卖股票的原因，是因为他也认为 20 元的价格低了。因此，在双方具有一致性判断的情况下，交易无法完成。与之对应，因为投资者 A 和投资者 C 在 20 元这个价格上存在分歧，投资者 C 之所以希望买入，是因为他认为 20 元的价格便宜；投资者 A 之所以同意卖出，是因为他认为 20 元的价格已经很高了，未来他不可能遇到更高的价格。因此，分歧使投资者 A 和投资者 C 之间的交易完成，20 元的价格出现。这就是股票交易的"博傻"过程，投资者 A 认为投资者 C 是个傻瓜，20 元还敢买入股票；投资者 C 也认为投资者 A 是个傻瓜，才 20 元就把股票卖了。买卖双方都认为对方是傻瓜，但是既然存在完全对立的两种判断，那么将来的结论一定可以证明其中有一个投资者是傻瓜。

第三步，投资者 D 来到市场，以 40 元的价格从投资者 C 手中买入了 1 股股票。这时，关于投资者 C 和投资者 A 之间的博傻游戏已经有了结果，投资者 A 被证明是傻瓜。

第四步，随后市场开始出现恐慌情绪，投资者 D 受到恐慌情绪的影响，惶惶不可终日，非常后悔当初的买入选择，并决定卖出手中的股票。这时市场中有一个投资者 E 愿意以 32 元的价格买下投资者 D 手中的 1 股股票。

下面我们看一下在股票交易过程中，真实的货币变化和投资者财富的变化。

第一步，因为上市公司 X 首次发行股票，所以是一次完全交易过程，即市场中进行了 100% 的换手。投资者 A 和投资者 B 一共花了 100 元现金，获得了 100 元的总财富，财富的获得与货币数量相等。

第二步，投资者 A 与投资者 C 进行的是非完全交易，即只有 1 股股票成交，也就是换手率为 10%。此时市场中新增加的真实货币只有 10 元（由投资者 A 的 10 元变成了投资者 C 的 20 元），但是投资者 B 和投资者 C 两个人用市值表示的总财富由原来的 100 元变成 200 元，增加了 100 元。

第三步，投资者 D 与投资者 C 之间的交易，也只有 10% 的股票成交（1 股）。增加的货币数量是 20 元（由投资者 C 的 20 元变成了投资者 D 的 40 元），但是用市值表示的总财富增加了 200 元（由之前的 200 元变成了 400 元）。

第四步,投资者 D 实际只损失了 8 元,即他把以 40 元买入的 1 股股票,以 32 元的价格卖出了。但是,市场中以市值表示的总财富损失表现为 80 元(由 400 元变成 320 元)。

从上面的例子我们可以知道:第一,股票市场的交易过程是非零和博弈,财富能够被虚拟创造出来,同样也可以被凭空消灭;第二,市场上涨的条件是资金增加,而下跌的条件是资金减少;第三,财富乘数刚好等于交易过程中换手率的倒数。投资过程中虚拟财富的创造如表 1-2 所示。

表 1-2 投资过程中虚拟财富的创造

	股票价格	投资者的财富结构	投资者总财富	货币数量	货币的变化	财富的变化
第一步(IPO)	10 元	A:1×10=10 元 B:9×10=90 元	100 元	100 元		
第二步	20 元	C:1×20=20 元 B:9×20=180 元	200 元	110 元	10 元	100 元
第三步	40 元	D:1×40=40 元 B:9×40=360 元	400 元	130 元	20 元	200 元
第四步	32 元	E:1×32=32 元 B:9×32=288 元	320 元	122 元	-8 元	-80 元

财富乘数(wealth multiplier) 它是投资过程中由于非完全交易所导致的财富变化与真实货币变化之间的比率关系。财富乘数是交易过程中换手率的倒数。

毋庸置疑,真实的投资市场交易过程通常就是一个非完全交易过程。因此,财富能够在投资交易过程中被虚拟创造出来,同样也可以被凭空消灭。于是,我们能够看到当股票市场火的时候,大家都赚钱了,其实以市值表示的财富增加只不过是在非完全交易过程中被虚拟创造出来的;当市场经历熊市时,大家都赔钱了,财富也只不过是在非完全交易过程中被虚拟消灭了。

投资与虚拟财富创造 正是由于投资过程中非完全交易导致财富乘数的客观存在,因此投资市场常常被归为虚拟经济的范畴。显然,财富创造效应不仅存在于股票市场,也同样存在于所有以投资为目的的交易过程中。例如,在房地产市场中,某一套住房房价出现上涨,会导致所有房地产的持有者获得财富增加的幸福感,而房地产开发商凭借在换手率极小的情况下拉抬房价,巨大的财富乘数能够使他们一夜之间进入富豪榜的榜单。同样的例子随处可见,邮票市场、艺术品投资市场、古董家具投资市场等,所有以投资为目的的非完全交易行为均可以出现财富创造效应。财富创造效应也成为投资品交易与普通商品交易最大的区别。不过,当投资者正在因为别人的交易而获得财富增加的幸福感的时候,一个残酷的现实就是,如果他们真的企图以他们认为的财富水平换回等量现金,财富泡沫就会瞬间破碎。"郁金香风潮"和"南海泡沫"等经典案例声犹在耳。

不管怎样,货币乘数使商业银行实现了信用创造,增加了货币的数量;财富乘数在投资过程中实现了虚拟财富创造,使人们的需求膨胀。两者共同作用的结果就是,经济活动变得更加活跃,但同时金融体系也变得更加脆弱,甚至不堪一击。

本章小结

本章主要围绕金融学的基本概念展开,重点介绍了金融的基本内涵、金融学的界定、金融决策选择、商业银行的信用创造和投资过程的虚拟财富。

1. 金融就是资金的融通,又称融资。

2. 金融学就是研究金融活动的学科领域。由于历史原因,国内外对于金融学的研究内容的界定存在巨大差异。国内学术界通常将金融学的研究内容界定为货币银行和国际金融的范畴,而国外学术界通常将金融学界定为公司金融和投资学的范畴。

3. 金融学理论由一组概念以及一系列数量化模型构成。这些概念帮助人们厘清怎样跨期配置资源,数量化模型帮助人们进行评估选择、做出决策和实施决策。

4. 居民通常至少会遇到四类金融决策选择问题:消费与储蓄决策、投资决策、融资决策和风险管理决策。企业的决策内容主要包括战略规划、资本预算、资本结构决策和营运资本管理等。

5. 企业通常有独资企业、合伙企业和公司三种组织形式。其中,公司凭借其独特的优势,成为最常见的大企业组织形式。

6. 公司制企业通常会出现所有权与管理权分离的运营模式,这能够在不影响公司正常运营的条件下实现所有者的频繁变动。

7. 信用创造是商业银行体系创造出数倍于原始存款的派生存款的功能,货币乘数是法定存款准备金率的倒数;投资过程中的非完全交易使虚拟财富能够被凭空创造和消灭,财富乘数是交易过程中换手率的倒数。

习 题

1. 什么是金融?为什么资金在供求双方之间的流动并不是一件简单的事情?
2. 金融中介在提供资本流动便利的同时也带来了资本漏出,为什么?
3. 信用与金融的区别是什么?
4. 斯蒂芬·罗斯强调的金融学的四大课题是什么?
5. 内生因素和外生因素分别具有什么特征?
6. 金融决策区别于其他决策的最主要的特征是什么?
7. 近年来,金融领域出现了哪些明显的趋势化特征?
8. 居民的主要金融决策包括哪些?企业的主要金融决策包括哪些?
9. 世界上什么类型的资产占比最高?什么类型的资产带来的收益最多?
10. 当居民分别以消费者和投资者的身份进行购买活动时,其所追求的目标有什么不同?为什么会出现击鼓传花式投资骗局?
11. 企业有哪些组织形式?它们在税收方面分别具有哪些特点?
12. 什么是现代企业制度最为重要的特征?为什么?
13. 什么是货币层次?如何利用货币供应量指标观察和判断国民经济的运行特征?
14. 什么是货币乘数?说明商业银行信用创造的前提和原理。
15. 什么是财富乘数?说明投资过程财富创造的前提和原理。

本章思维导图

第1章 金融与金融学

金融学界定
- 概念——金融就是资金的融通
- 金融学的研究差异
  - 国内金融学（宏观金融学）
  - 国外金融学（微观金融学）
- 特征和发展趋势
  - 货币的时间价值
  - 不确定性

金融决策
- 居民金融决策
  - 消费与储蓄决策
  - 投资决策
  - 融资决策
  - 风险管理决策（购买目的差异：击鼓传花式投资骗局）
- 企业金融决策
  - 战略规划
  - 资本预算
  - 资本结构决策
  - 营运资本管理
- 企业组织形式
  - 独资企业
  - 合伙企业
  - 公司
- 所有权与管理权分离问题

信用创造与虚拟财富
- 货币层次
- 信用创造
  - 关键概念
  - 前提条件：非现金结算制度、部分准备金制度
  - 货币乘数
- 虚拟财富
  - 前提条件：以市值来度量财富、非完全交易制度
  - 财富乘数

第2章

金融学范式

在半个多世纪的发展历程中,现代金融学凭借着特有的分析方法和思维逻辑成为最具发展潜力的经济学分支。本章将介绍现代金融学的基本概念、理性范式和行为金融理论。

2.1 金融学的基本概念。介绍货币时间价值、净现值准则、企业运营目标、收购约束以及委托代理问题。

2.2 金融学的理性范式。介绍金融学框架下的理性分析模式,包括无套利分析、有效市场和噪声交易。

2.3 行为金融学。介绍行为金融学的基本逻辑、与传统金融学的分歧,以及典型的认知偏差和经典的分析理论。

经济学以其严密的逻辑和数学推理而有别于其他社会科学,它基于一系列严格的公理化理性假设,运用逻辑和数学工具,构筑起宏伟而优美的理论大厦,被称为"社会科学的皇冠"(斯蒂格利茨,2006)。包括 MM 定理、资本资产定价理论(CAPM)、套利定价理论(APT)和期权定价理论(OPT)等一系列经典理论的传统金融学,承袭了经济学的理性范式,逐渐发展成为现代金融学的主流力量。随着金融实践的日益深化,金融市场中不断出现的异象无法得到合理的解释,现代主流金融理论开始受到质疑。随着 20 世纪 80 年代行为金融学的崛起,市场中的各种异象通过行为范式的分析得到了较好的解释。因此,行为金融学的发展给传统金融理论带来了前所未有的挑战。

2.1 金融学的基本概念

金融学研究的是如何在不确定环境下对资源进行跨期最优配置的问题,是一门关于时间和风险的学科。金融学的两个基本概念分别是货币时间价值和风险。货币时间价值反映了资金所有者暂时让渡资金使用权而获得的收益;金融风险一般被理解为金融变量的各种可能值偏离期望的概率及幅度。在金融学理论中,货币时间价值和风险最终都体现在资产收益方面。

2.1.1 货币时间价值

严格来说,货币是没有时间价值的,有时间价值的是资金。因为在不考虑通货膨胀的情况下,放在桌子上的一元钱货币,一万年后还是一元钱。而就资金而言,今天的一元钱与明天的一元钱的价值不同。这里的资金就是指能够带来收益的货币。本杰明·弗兰克曾经说过:"钱能生钱,并且所生之钱会生出更多的钱。"在商品经济条件下,即使不存在通货膨胀,等量货币在不同时点,其价值也不相等。从这个意义上讲,今天的一元钱要比未来的一元钱具有更大的经济价值。

货币时间价值(time value of money)是指作为资金的货币在使用过程中,随着时间的推移而发生的增值,也称资金的时间价值。金融学家认为,人们目前拥有的货币比未来收到的同等金额的货币具有更大的价值,因为目前拥有的货币可以进行投资,并在未来获得收益。即使没有通货膨胀的影响,只要存在投资机会,货币的现值就一定大于它未来的价值,这就是货币时间价值的本质。

货币时间价值的应用贯穿于金融决策的各个方面。在融资决策过程中,货币时间价值帮助人们理解资金的获取是需要付出代价的,即资金成本。资金成本直接关系到企业的经济效益,是融资决策需要考虑的首要问题。在项目投资决策过程中,项目投资的长期性也决定了决策者必须考虑货币时间价值,净现值准则和内含报酬率等都是在考虑货币时间价值的基础上,进行投资决策的判别依据。在证券投资过程中,未来现金流贴现的方法是证券估价最主要的方法,贴现考虑的就是货币时间价值。

货币存在时间价值的原因 货币之所以存在时间价值,来自于三方面的原因。第一,货币时间价值是资源稀缺性的具体表现。经济和社会发展要消耗社会资源,现有的社会资源构成了现实的社会财富,利用这些现有的社会资源能够创造出物质和文化产品,这些又构成了未来的社会财富。由于社会资源具有稀缺性,并且现实资源能够在未来带来更多的社会产品,所以现有资源的效用要高于相同数量未来资源的效用。在信用经济条件下,货币是商品价值的体现,现在的货币用于支配现在的商品，未来的货币用于支配未来的商品，所以现在货币的价值自然高于未来货币的价值。市场利率水平是平均经济增长和社会资源稀缺性的反映，也是衡量货币时间价值的重要标准。第二，货币时间价值是信用货币制度下流通中的货币的固有特征。在信用货币制度下，流通中的货币由中央银行的基础货币和商业银行体系的派生存款共同构成。由于信用货币具有增加的趋势，所以货币不断贬值，通货膨胀成为一种普遍现象，因此现有货币总是在价值上高于相同数量的未来货币。市场利率水平还是可贷资金状况和通货膨胀水平的反映，同时反映了货币价值随时间的推移而不断降低的程度。第三，货币时间价值是人们认知心理的反映。由于人们在认识上存在局限性，总是对现实事物的感知能力较强，对未来事物的认识较模糊，结果人们存在一种普遍的心理，即比较重视现在而忽视未来。例如，人们常说："百鸟在林，不如一鸟在手。"现在的货币能够支配现在的商品，满足人们的现实需要，而未来货币只能支配未来的商品，满足人们未来的需要，又因为未来的货币存在不确定性，所以现在单位货币价值要高于未来单位货币的价值。为了使人们放弃现在的货币价值，必须付出一定的代价，利息便是这一代价的具体形式。

金融学家认为，人们当前持有的货币比未来获得的等量货币具有更高的价值。从经济学角度而言，现在的一单位货币与未来的一单位货币的购买力之所以不同，是因为如果人们不消费现在的一单位货币而改在未来消费，那么在未来消费时必须有大于一单位的货币用于消费，以作为延迟消费的补偿。通常情况下，这种补偿相当于在没有风险和通货膨胀的情况下社会的平均利润率。货币时间价值是一种客观存在的事实，并且根据货币时间价值可以考察资金的当前价值（现值）和未来价值（终值）。在计算货币时间价值的过程中，必须考虑单利和复利两种情况。

1. 单利

单利（simple interest）是指本金在投资期限内获得利息，不管时间多长，所生利息均不加入本金重复计算利息。

假设小王准备投资 1 张面值为 100 万元的国债，期限为 2 年，票面利率为 5%。按照单利计算，这张债券的到期价值为 110 万元。其中，100 万元就是国债的现值，而 110 万元就是国债的终值，货币的时间价值就是 10 万元。具体计算为

资金现值：100 万元

资金终值：$100 \times [1 + (5\% \times 2)] = 110$（万元）

货币的时间价值：$110 - 100 = 10$（万元）

由上述计算过程可以得出，单利条件下资金现值与终值之间的关系为

$$FV = PV(1 + Tr) \quad \text{或} \quad PV = \frac{FV}{1 + Tr} \tag{2-1}$$

式中，FV 是终值；PV 是现值；r 是单期利率，有时也直接采用 R，且 $R = (1 + r)$；T 是投资周期；货币时间价值表现为利息，具体表示为 $I = FV - PV$。

显然，这一计算忽略了所产生的利息的货币时间价值，应该采用更加精确的计算方法，即复利。爱因斯坦曾经说过："世界上最伟大的力量就是复利。"

2. 复利

复利（compound interest）也称复合收益率，是指将本金在贷款期限内获得的利息加入到本金中再计算利息，并且逐期滚算，俗称"利滚利"。

如果按照复利计算上例，则

资金现值：100 万元

资金终值：$100 \times (1+5\%)^2 = 110.25$（万元）

货币的时间价值：$110.25 - 100 = 10.25$（万元）

与单利计算相比，多出来的 2 500 元是复利计算过程中，利息本身产生的货币时间价值。我们同样可以得出在复利条件下，资金现值与终值之间的关系为

$$FV = PV(1+r)^T \quad 或者 \quad PV = \frac{FV}{(1+r)^T} \tag{2-2}$$

事实上，通过资金终值扣除货币时间价值来核算现值的计算过程被称为**贴现**（discount），也称折现，这时的利率又称**贴现率**（discount rate）。票面为未来终值的证券，按照扣除货币时间价值后进行折价发行的方式被称为贴现发行。

显然，利率刻画的就是单位货币的时间价值。但是，有一点必须注意，因为现实世界中货币数量不断增加，会导致商品价格不断上涨，即通货膨胀。这样，利率又可以分为名义利率和实际利率。美国耶鲁大学教授欧文·费雪（Irving Fisher，1867—1947）给出了通货膨胀与利率之间的关系，被称为费雪公式，表示为

$$名义利率 = 实际利率 + 通货膨胀率$$
$$实际利率 = 名义利率 - 通货膨胀率$$

其中，名义利率是指市场利率，即公布在银行利率公告栏里面的没有考虑通货膨胀的利率水平；而实际利率是扣除了通货膨胀因素，能够反映货币实际购买力的利率。

例如，小王将 10 000 元存入中国建设银行，期限为 1 年，银行公布的一年期存款利率是 3%，而同期通货膨胀率是 4.6%，一年后小王能够从银行获得的本金和利息总额为 10 300 元，这是否就表示小王的财富增加了呢？

显然不是，因为通货膨胀率是 4.6%，表示现在需要 10 460 元才能够买到一年前 10 000 元就能够购买的商品，而银行只给了小王本金和利息 10 300 元。也就是说，小王将钱存在银行里，不但没有获得财富的真实增加，实际财富反而减少了 160 元。其中银行公布的 3% 的利率就是名义利率，而 -1.6%（$3\% - 4.6\% = -1.6\%$）表示的是实际利率。

按照费雪的观点，在某种经济制度下实际利率往往是不变的，因为它代表的是实际购买力。于是，当通货膨胀率发生变化时，为了求得公式的平衡，名义利率，也就是公布在银行利率表上的利率，会随之而变化。名义利率的上升幅度和通货膨胀率完全相等，这个结论被称为**费雪效应**（Fisher effect）或者**费雪假设**（Fisher hypothesis）。

2.1.2 净现值准则

前面讨论了金融学最重要的概念——货币时间价值，下面开始分析一个投资方案是否具有投资价值的判别依据——净现值准则。

净现值（net present value）是一项投资所产生的未来现金流的折现值与项目投资成本之间的差值。决策者可以根据净现值的大小来评价投资项目：净现值为正值，投资项目可以接受；净现值为负值，投资项目不可接受；净现值越大，投资项目越好。净现值准则是一种比较科学，也非常实用的投资评价方法。

由净现值的定义可知，净现值是将投资项目未来所有的现金流收入贴现到期初，减去期初的投资成本，即

$$NPV = \sum_{t=1}^{T} \frac{F_t}{(1+r)^t} - F_0 \tag{2-3}$$

式中，NPV 是净现值；F_t 是项目在第 t 期收回的现金流；r 是贴现率；T 是产生现金流的期数；F_0 是项目期初投入的现金流，如果期初投入的现金流是多期投入的，可以将每一期的投入贴现到期初，并计算总投资的初值。

假设小王是一家公司的 CFO，公司现在有机会投入 10 亿元购买一条高速公路 3 年的收费权，预计未来 3 年内每年可以收回资金 4 亿元，贴现率为 10%，3 年后收费权无偿归还原公司。小王的决定应该是什么？

显然，例子中的现金流情况如下。

项目期初投入现金流：F_0 = 10 亿元

第 1 年现金流：F_1 = 4 亿元，贴现后的现值：3.636 4 亿元（$F_{01} = \frac{4}{1+10\%} = 3.6364$）

第 2 年现金流：F_2 = 4 亿元，贴现后的现值：3.305 8 亿元（$F_{02} = \frac{4}{(1+10\%)^2} = 3.3058$）

第 3 年现金流：F_3 = 4 亿元，贴现后的现值：3.005 3 亿元（$F_{03} = \frac{4}{(1+10\%)^3} = 3.0053$）

未来 3 年现金流现值的总和：9.947 5 亿元（3.636 4 + 3.305 8 + 3.005 3 = 9.947 5 亿元）

净现值（NPV）：-0.052 5 亿元（9.947 5 - 10 = -0.052 5 亿元），即

$$NPV = \sum_{t=1}^{3} \frac{F_t}{(1+r)^t} - F_0 = \frac{4}{1+10\%} + \frac{4}{(1+10\%)^2} + \frac{4}{(1+10\%)^3} - 10 = -0.0525$$

判别结果：按照净现值准则，本项目的净现值为负，因此不应该投资。

事实上，净现值准则不仅能够在投资项目评估中得到应用，在证券投资过程中也有明确的判别意义。例如，一张债券或股票是否具有投资价值，只要计算它的净现值就可以了。其中，期初投入的现金流就是证券的价格，选择合适的贴现率将未来所有的现金流收入贴现到期初，并计算两者之间的差值即得净现值，最后根据净现值准则就可以判断该证券是否具有投资价值。需要说明的是，债券的未来现金流是确定的，而股息存在不确定性。

净现值准则的经济学原理　假设预计的现金流入在期末肯定可以实现，并把原始投资看成是按预定贴现率借入的，当净现值为正时偿还本息后该项目仍有剩余的收益，当净现值为零时偿还本息后将一无所获，当净现值为负时该项目收益不足以偿还本息。

净现值准则的优点和缺点　第一个优点是它使用现金流量，使判别逻辑十分清晰，并且数据容易获得；第二个优点是包含项目的全部现金流量；第三个优点是净现值对现金流量进行了合理的折现，有些方法在处理现金流量时往往忽略货币时间价值。当然，净现值准则也存在两个明显的缺点。第一个缺点是确定贴现率比较困难，而且通常具有主观选择的色彩；第二个缺点是不能反映投资的效率。例如 A 项目原始投资规模为 10 亿元，净现值为 1 亿元；B 项目原始投资规模为 5 亿元，净现值为 6 000 万元。单纯根据净现值准则判断，显然 A 项目的净现值优于 B 项目，但是就投资效率而言，是 B 项目优于 A 项目。

净现值准则具有广泛的适用性，许多企业都使用它来评估投资方案。净现值准则考虑了货币的时间价值和投资的风险价值，通过贴现率使不同时点的资金有了能够比较的基础。但在实际应用中，企业使用净现值准则进行投资方案评估时往往受到一些人为因素的影响（例如必须人为确定贴现率），因此造成资产投资项目的判别差错。

净现值准则应用时最主要的问题就是如何确定贴现率，常见的一种办法是根据资金成本来确定，而另一种办法是根据企业要求的最低资金利润率来确定。

2.1.3 企业运营目标

净现值准则能够帮助企业从理性的角度判断投资项目的优劣。那么，是否企业的管理者都会按照理性的判断结果进行选择呢？答案是：也许不会！

企业管理者的目标　因为企业的管理者通过董事会受雇于股东，所以管理者的基本行事原则应该是按照股东利益最大化进行决策。当然，企业也和其他自然人一样必须遵守法律，并且同样应该尊重道德规范，也应该在对股东而言合理的成本下服务于社会，推进理想的社会目标。

然而，即使将企业管理者的目标只限定于为股东利益最大化服务，管理者如何能够实现这一目标仍不明确。原则上，管理者应该与企业所有者共同审查诸如项目选择和资金获得成本等每项决策，同时询问所有者更偏好何种选择。但是这要求所有者必须像管理者管理企业那样具备相同的知识，并且花费同样多的时间，这样雇用管理者运营企业就失去了意义。更进一步地，虽然当企业所有者较少时，这一流程似乎可行，但是随着股东数量的增加，这一流程将变得完全不切实际。实际上对于大型跨国公司而言，股东人数可能超过百万，而且这些股东可能位于不同的国家。因此，探寻企业管理者应该遵从的"恰当"经营目标和原则，而不必在决策过程中针对所有者进行"民意测验"，显得十分必要。

如果能够找到管理者应该遵从的"恰当"原则，那么该原则必须能够引导管理者做出与每位所有者自己做决策时相同的选择。从现实的角度出发，"恰当"原则不应当要求管理者知道每一个股东的风险偏好，因为获得这些数据几乎是不可能的。而且即使这些数据在某一时点能够得到，它也会随时间的推移而发生变化。实际上，公司的股份每天都在转手，公司的所有者每天都在变动。因此，"恰当"原则应当与所有者是谁无关。

金融学家认为，最大化当前股东的财富，就是企业管理者应当遵循的"恰当"原则。

举个例子，假设你是一家公司的管理者，你试图在两项相互替代的投资项目之间做出抉择，其中项目 A 极具风险，而项目 B 极其安全。某些股东可能希望避免冒险，而另外一些股东可能是风险偏好者，那么管理者怎样才能从现有全部股东利益最大化出发做出"恰当"决策呢？

不妨再假设，选择风险项目 A 比选择安全项目 B 更能增加公司股票的市场价值，即股价会上涨。如果公司管理者选择安全项目 B，即使那些偏好安全项目 B 的股东，其利益也没有增加。如果选择风险项目 A，就能够增加所有股东的利益。因为在有效率的资本市场中，那些偏好安全项目 B 的股东，可以在股价上涨后出售公司股份，获得额外收益。事实上，任何单个股东都希望管理者选择风险项目 A，以最大化他们的财富。此时，公司管理者就应该通过选择风险项目 A，来保证包括厌恶风险的股东在内的所有股东的利益最大化。这样，股东所拥有的财富将增加（股票价格上涨后的市场价值），从而实现利益最大化。因此，管理者在选择过程中唯一需要关心的问题就是股票的市场价值，因为股票的市场价值将决定股东们的财富。

股东财富最大化原则能够帮助公司管理者做出正确的金融决策，这种决策能够保证与单个所有者自己做出的决策一致。并且，股东财富最大化原则不依赖于所有者的风险态度及其个人财富规模，于是管理者可以在没有任何关于企业所有者特定信息的条件下做出决策。因此，股东财富最大化原则就是管理者在运营企业的过程中应该遵从的"恰当"原则。管理者可以简单地遵从这个原则，而不是在每次决策时都对全部所有者进行"民意测验"。

财富最大化与利润最大化　有时候，人们认为企业管理者的目标应该是利润最大化。在某些特定条件下，利润最大化与股东财富最大化能够产生相同的决策结果。但是一般而言，利润最大化准则会有两个模糊之处：①如果生产过程需要多个时期，那么哪一期的利润将被最大化呢？②如果未来的收入是不确定的，即当利润具有概率分布特征时，那么利润最大化又将被如何定义呢？

第一个例子：假设企业面临在两个项目之间做出选择，两个项目都需要 100 万元的初始投入资金，但是在不同的年限内存续。项目 A 预期 1 年后回报 105 万元并终止。项目 B 将存续 2 年，第 1 年没有任何回报，第 2 年回报 110 万元。

第二个例子：加入项目 C，它拥有不确定的未来回报，即 1 年后可能的现金回报分别是 120 万元和 90 万元，每项回报都拥有 0.5 的概率，即项目 C 既可能产生 20 万元的利润，也可能产生 10 万元的亏损。

在上述两种情况下，利润最大化准则的运用都变得十分困难。

然而，代表所有者财富的股票市场价值是一个十分容易确定的事实，例如，中国石化的未来现金流是不确定的，但是存在确定的当前股票价格。因此，与利润最大化原则相比，当企业的未来现金流不确定时，股东财富最大化原则并不会引起任何歧义。当然，管理层必须能够准确地估计出其所做的决策对企业股票市场价值的影响。正如在前面的例子中，为了在项目 A 和项目 B 之间，或者项目 A 和项目 C 之间进行选择，管理层不得不判断哪个项目可能最大限度地增加公司股票的市场价值。这种判断并不容易，但判断标准是明晰的，即如何实现股票市场价值最大化。

股票市场的存在使得管理者能够用相对容易获得的外部信息集合——股票价格，来替换另外一项几乎无法获得的内部信息集合——关于股东的财富规模、偏好以及其他投资机会的信息。因此，运转良好的股票市场，为企业所有权与管理权的有效分离提供了便利。

2.1.4　收购机制

现代企业制度最为典型的特征之一，就是企业的所有权与管理权分离。在这样的情况下，什么力量能够驱使管理者按照股东利益最大化原则进行决策呢？

显然，股东在准确了解公司运营状况的前提下，可以通过投票罢免的方式解雇不负责任的管理者。但是，因为分散型股权结构的主要好处之一就在于，所有者可以保持对企业运作并不知情的状态，所以希望这些所有者准确了解公司的管理现状并不现实。尤其是在公司的所有权被广泛分散的情况下，任何单个所有者持有的份额可能非常小，以至于他们既无法承担知情成本，也无法承担将这些信息传递给其他所有者的传递成本。因此，仅仅依靠投票权来约束公司的管理者收效甚微。

竞争性股票市场的存在，为保证管理者的决策动机与股东利益保持一致提供了一项重要机制——**收购约束**（acquisition restriction）。

因为如果企业管理者进行了不恰当的选择，会导致公司股票价值明显低于该企业资源所能实现的最大市场价值，此时收购者将会出现。如果收购者成功购买了这家价值被低估的企业足够数量的股票，从而获得了公司的控制权，那么他可以雇用能够做出正确选择的管理者来代替现有的管理者。新的管理者会改变原来的选择，使公司股票的市场价值上涨，从而收购者能够以新的市场价格出售公司股票获得收益。因此，事实上收购者不需要增加任何有形资源来获得这种收益，其所要承担的支出仅包括识别一家企业管理混乱的成本，以及获取这家企业股票的成本。虽然要判断一家企业管理是否混乱并不容易，但如果收购者恰好是这家企业的供应商、客户或者竞争对手，那么这种判断的成本可能就会非常低。因为它们可能已经基于其他目的搜集到了所需要的大部分信息。因此，即使没有为判断企业管理是否混乱的明显动机和资源投入，收购机制依然可以发挥作用。

如果企业管理明显混乱的现象普遍存在，那么投入资源寻找管理混乱的企业，可能比发现新的投资项目更加有吸引力。在现实市场中，确实存在专门针对管理层实行恶意收购的机构，因此收购威胁是真实存在的。被收购所带来的管理层更换威胁，会迫使那些原本企图按照自我利益行事的现任管理者，愿意按照股东财富最大化原则进行决策。市场收购机制确实能够在保证股东利益方面对管理层的行为实施一项强有力的约束。也就是说，企业管理者即使出于自我保护的目的，也会按照使企业股票市场价值最大化的原则进行选择。有一点需要说明的就是，企业管理混乱的根源是管理者不称职还是管理者和股东对不同目标的追求并不重要，收购机制对矫正任何一种错误都十分有效。

2.1.5 委托代理问题

金融理论认为，虽然现代公司制企业存在所有权与管理权分离的制度设计，但是企业管理者还是能够做出理性的决策，因为市场机制能够保证管理者与股东和其他外部投资者的利益目标保持一致。也就是说，作为代理人的企业管理者能够始终维护股东和债权人的最大利益。显然，市场机制能够有效发挥作用的前提条件是，市场中不同利益主体之间具有完全信息，即不同利益主体所拥有的信息相同。然而，在现实市场中，不同利益主体之间却存在显著的信息不对称问题。

1. 信息不对称

信息不对称（asymmetric information）是指在经济活动中，一些成员拥有其他成员所无法拥有的信息，由此造成信息的不对称，即不同的经济成员针对相关信息的了解程度存在差异。掌握信息比较充分的人往往处于有利的地位，而信息贫乏的人经常处于比较不利的地位。

在现代企业所有权（股东）与管理权（经理人）分离的制度框架下，所有者（委托人）委托职业经理人（代理人）代理行使部分决策权，并付给其相应的报酬，委托代理关系由此形成。把企业交由经验丰富的职业经理人管理，一方面所有者可以从烦琐的管理工作中解放出来，也更利于企业的长久发展；另一方面，由于所有者追求企业价值最大化，而经理人追求自身收入最大化，且两者之间存在信息不对称问题，经理人可能会产生工作懈怠或在职消费等所有者不愿看到的行为倾向。因此，双方既有合作共赢的愿望，又存在利益冲突，这就出现了委托代理问题。

2. 典型的委托代理问题

存在三种典型的委托代理问题。一是股东与管理者之间的利益冲突，由于管理者努力工作带来的收益绝大部分都归股东所有，管理者能得到的只是属于自己的薪酬，因此管理者倾向于过度投资，营造企业欣欣向荣的假象，以提高自己的薪酬，或者通过在职消费变相为自己加薪，这些都是与股东利益相悖的。二是股东与债权人之间的利益冲突，由于无论企业业绩如何，债权人能得到的都只是利息收入，剩余利润全部归股东所有，因此债权人更希望把资金投入到低风险项目中，以免面临血本无归的窘境，股东则更倾向于投资高收益项目，因为低收益项目的盈利在扣除债务成本后，股东几乎无利可图。即使项目失败了，有限责任也决定了损失将主要由债权人来承担，而一旦高收益项目成功了，就可以为股东带来巨额收益。三是在股份集中在少数大股东手中的情况下，小股东的利益往往容易受到大股东的侵害，大股东有能力也有动机通过各种方式将公司资源转入自己手中，这种现象被定义为"隧道效应"，也称为"掏空效应"。

3. 委托代理成本

企业管理者（经理人）、企业所有者（股东）和债务所有者（债权人）都是理性的，他们的行为都以维护自身利益为出发点，在信息不对称条件下，他们之间的利益目标未必能够始终保持一致，因此会产生相应的成本，即**委托代理成本**（agency cost）。委托代理成本通常包括三部分。第一部分是股东对管理者的监督成本，即股东为了防止出现管理者出于自身利益的考虑进行过度投资或者在职消费等损害其利益的行为，他们或者耗费成本对管理者实施严密的监督，或者花费成本对管理者尽职给予激励，因此而产生的成本，如监事会成本和业绩激励等。第二部分是管理者的担保成本，又称守约成本，管理者承诺不会损害股东的利益，由此造成的费用，即经理人实施自我约束以保证为委托人利益尽职勤勉的成本，例如审计费用和业务流程控制费用等。第三部分是剩余损失，即管理者的经营决策没能达到股东财富最大化所造成的机会成本，例如管理人基于自身利益考虑，而不是按照股东财富最大化原则进行项目选择，此时的企业价值与企业最大化价值之间的差就是剩余损失。显然，监督成本和担保成本是制定和实施委托代理契约的实际成本，而剩余损失是契约最优效用与其不完全被遵守和执行的实际效用之差，即契约执行的机会成本。

监督机制、激励政策、独立董事、信息披露和外部审计等方法都能够在一定程度上缓解委托代理问题，但是也必须为此付出成本。因此，委托代理成本始终是现代金融学一个非常值得关注的问题。

2.2 金融学的理性范式

斯蒂格利茨（2006）指出："一种理论包括一组假设（或称假说）和由这些假设推导出的结论，理论是逻辑推理，只有假设正确，结论才可能是正确的。"20世纪80年代以前，金融学研究中最重要的前提假设就是：投资者是理性的，且在面对相同的信息时具有相同的预期。基于这样的假设，Fama（1969）总结出了有效市场假说，金融学家在此基础上建立起了现代金融学的主流理论体系。

2.2.1 无套利分析

现代金融学最具标志性的研究方法就是无套利分析，甚至有学者认为，以无套利分析方法的出现为标志，现代金融学已经从经济学中分离出来，成了一个独立的学科领域。因为在金融学的分析框架下，经济学中的"数量－价格"机制并不存在，无法根据均衡数量导出最优价格。因此，无套利分析方法就成为金融学逻辑中确定资产价格的最重要的选择。无套利分析方法不再考虑价格变化背后的数量因素，而是根据资产之间的相对价格关系确定资产的定价。金融学家认为，金融产品之间具有高度可替代性，投资者随时可以在供给方和需求方之间切换，他们需要关心的只是各种金融产品之间的相对价格水平。无套利分析方法就是以"相对定价"为核心，寻求各种近似替代品的价格之间的合理关系，通过无套利条件确定均衡的资产价格。

无套利条件是诺贝尔经济学奖获得者莫迪利亚尼和米勒于1956年在《资本成本、公司财务与投资管理》中提出的，主要用于论证MM定理的假设条件。要了解无套利分析方法，首先要了解什么是套利。

1. 套利

套利（arbitrage）是指同时买进和卖出两张近似的合约来获得收益的交易策略。交易者买进"便宜"的合约，同时卖出那些"高价"合约，利用合约价格间的差价获利。在进行套利交易时，交易者注意的是合约之间的相对价格关系，而不是绝对价格水平。

例如，投资者小王同时拥有在A地和B地买卖商品的便利，小王发现大豆在A地的价格是每公斤10元，在B地的价格是每公斤8元，且两地种植的大豆的品质完全一样。于是，在假设不存在交易、运输和存储费用的情况下，小王就可以利用大豆在两地之间的价格差异进行套利交易，即小王可以在B地购入大豆，同时在A地卖出相同数量的大豆，进而获得盈利，这就是套利交易。

当然，套利交易不可能一直进行下去。因为随着小王在两地之间进行套利交易，B地的大豆需求增加，价格上涨；同时A地大豆供给增加，价格下跌。直到A地和B地的大豆价格一致（也许都是9元/公斤）时，套利机会消失。此时的市场处于无套利均衡状况，满足无套利条件。

2. 套利交易的特点

从上述套利交易过程中我们能够看到套利交易本身的几个重要特征。第一，套利交易本身并不存在消费的动机，而是简单的以盈利为目的的买卖活动，即小王将大豆看成是投资品而不是消费品，大豆仅仅是一种投资标的（或者投资工具）而已。第二，大豆的供给和需求完全取决于两地的相对价格，供给和需求总是在无穷大与零之间转化。当B地相同品质的大豆的价格高于A地时，基于套利交易的目的会导致A地的大豆需求为无穷大，而此时B地基于套利交易的供给也会是无穷大。因此，经济学"数量－价格"机制中两条倾斜的供给曲线和需求曲线并不存在，均衡价格决定机制也就无从谈起了。第三，套利交易的结果就是不同地域或者不同市场中相同商品的价格将保持一致，即相同的商品将会拥有单一价格。套利交易保证市场中扭曲的价格回到合理的水平，并增加了市场的流动性。显然，套利活动导致单一价格的机制同样可以推演到时间概念上，也因此为金融资产跨期定价提供了理论依据。第四，套利交易的风险相对较小，与之相对应，套利交易的盈利能力也较弱。因为当限定风险的时候，同时就限定了收益。第五，绝好的套利机会很少频繁出现。套利机会的多少与市场的有效程度密切相关，市场效率越低，套利机会越多；市场效率越高，套利机会越少。

金融学家认为，套利交易的存在，保证了在市场均衡条件下套利机会的消失，并因此可以对投资品进行定价，即**无套利分析方法**（arbitrage-free analysis method）。事实上，无套利分析方法不仅可以应用于金融学领域，在其他许多领域的定价过程中都有应用。例如，劳动力市场的定价问题也是采用的无套利分析方法。

假设某大型零售类企业的经理人 X，每年能够为企业创造利润 1 000 万元，那么他的工资应该如何确定呢？

按照通常的逻辑，X 的工资收入应该由他创造利润的能力来决定，但金融学的无套利分析方法给出了完全不同的答案。如果劳动力市场中存在另外一位具有相同利润创造能力的经理人 Y，那么 X 的工资收入就完全取决于 Y 愿意接受的工资水平。如果 Y 愿意接受的工资水平是 30 万元，则 X 的工资收入就将是 30 万元，因为如果 X 提出任何更高的要求，都将会被 Y 取代。如果市场中存在多个具有不同收入意愿的 Y，则 X 的工资收入则由多个潜在的替代者中工资意愿最低的 Y 所决定。因此，有时潜在从业者的数量直接决定了行业的整体工资水平，潜在从业者的数量越多，行业的整体工资水平越低。或者换句话说，我们的工资收入水平取决于我们的不可替代程度。

3. 套利交易与博傻游戏

上述例子中的职业经理人的工资定价和大豆定价过程，揭示出无套利分析方法的一个最大特点就是：价格的确定与标的本身的价值无关，只与替代品的相对价格相关。这种定价模式容易导致的一个严重后果就是，完全脱离自身价值的价格出现成为可能。因为只要存在机会，投资者就会基于套利目的进行买入或者卖出，而忽略标的自身的价值。于是，投资活动有时就会演变成一场"博傻"游戏。例如，在郁金香风潮中，只要人们认为郁金香的价格还会上涨，就会出于套利目的继续买入，而完全忽略其价值。结果，郁金香的价格在未来价格上涨预期和套利交易冲动的共同作用下不断被推高，并演化成了空前的泡沫。当 1636 年年底郁金香泡沫达到鼎盛时，连傻瓜都已经知道天价的郁金香早已不合理性，但大家还是相信自己身后会有更大的傻瓜接手，于是买入行动还是导致郁金香的价格持续地被推高。事实上，郁金香风潮就是由人们的跨期套利冲动引发的"博傻"游戏。

2.2.2 有效市场

有效市场假说（efficient market hypothesis, EMH）最早是由 Samuelson（1965）和 Fama（1965）提出的，并由 Fama（1970）进行了全面阐述，其核心内容是证券价格总是可以充分反映信息，证券的价格等于其"内在价值"，即预期未来现金流的现值。这里的"充分反映"可以理解为两层含义：①信息反映是即时的；②信息反映是准确的。从本质上讲，证券市场效率讨论的就是证券价格对信息的反应速度和程度，如果信息能够即时、准确地反映在证券价格中，那么市场就是有效的。市场效率越高，价格对信息的反应速度越快，也越准确。必须指出的是，并不是所有信息都会对证券价格产生影响，只有可以影响公司基本价值的信息才会对证券价格产生影响。在一个有效市场中，任何可以改变公司未来价值的信息都将被即时、准确地反映在证券价格中，而影响公司未来价值的新信息是随机产生的，因此证券价格应该服从随机游走（random walk）。Fama 还根据证券价格对信息的反映程度，给出了市场有效的三种划分形式。

1. 弱式有效

如果市场中的证券价格充分反映了历史价格信息，则市场达到了**弱式有效**（weak form efficiency）。这里讨论的历史价格信息包括历史交易价格、成交量和短期收益等。由于历史价格信息是最容易获得的信息，因此弱式有效是证券市场能够表现出的最低形式的效率。如果能够从证券的历史价格信息中发现可以获取超常收益的信息，那么市场中的每一个参与者均可以做到，因为获得证券历史价格信息成本较低且比较方便，对于任何一个懂得计算机基本操作和统计学知识的人来说都不是难事，其结果就是超常收益将在竞争中消失。由于所有的历史价格信息已经反映在价格中了，因此基于历史价格信息进行的对未来价格趋势的预测是无效的，也就是说依照历史价格信息所进行的技术分析（technical analysis）将无法使投资者获取超常收益。

2. 半强式有效

如果市场中的证券价格不仅充分反映了历史价格信息，而且反映了所有的公开信息，则市场达到**半强式有效**（semi-strong form efficiency）。公开信息包括公司公布的财务报表、股利信息、融资信息和其他影响其未来价值的信息。与弱式有效相比，半强式有效要求更加复杂的信息收集和处理能力，投资者不仅需要掌握经济学和统计学的知识，还要对各行业和公司的特征有深入的了解，掌握这些知识与技术需要才华、能力和时间。金融学家认为这种努力需要付出昂贵的代价，同时成功的机会非常少。由于所有的公开信息已经反映在价格中了，因此基于公开信息对未来价格趋势的预测也是无效的，也就是说，基于公开信息所进行的基本分析（fundamental analysis）将无法使投资者获取超常收益。

3. 强式有效

如果市场中的证券价格反映了所有的信息，包括历史价格信息和公开信息，甚至内幕信息，那么市场就达到了**强式有效**（strong form efficiency）。与其他两种形式的市场有效相比，强式有效市场还有很长的路要走，人们很难相信市场已经达到了如此高的效率，以至于某些获得真实且有价值的内幕信息的投资者都不能够利用这些信息来获取超常收益。即使是有效市场理论的忠实支持者们，也不会因为发现市场尚未达到强式有效而感到意外。另外也很难发现有关市场达到强式有效的证据，已有的研究似乎仍没有证实哪个市场已经达到了强式有效。在强式有效市场中任何针对信息的收集和处理工作均是徒劳无功的，被动投资策略（passive strategy）是唯一理智的选择。

4. 有效市场的前提假设

有效市场理论已经成为半个多世纪以来金融学理论的核心命题。有效市场假说认为：①投资者是理性的，可以基于其所获得的信息做出最优投资决策，对信息可以做出无偏估计；②投资者是同质的，对未来的预测是客观且公正的，面对不同资产的风险态度是一致的，表现为风险厌恶，即在投资过程中针对既定的收益总是选择风险最小的投资组合，在相同风险条件下总是选择收益最大的组合。因此，市场将达到有效，证券价格反映了所有的信息，此时资产价格为理性价格，即公司的价值。资产价格只对新信息做出反应，而新信息是随机产生的，因此资产价格服从随机游走。后续研究放宽了对投资者的理性要求，提出了套利理论。

事实上，有效市场假说建立在三个逐渐放松的前提假设之上。第一，投资者是理性的，他们能够对证券做出合理的价值评估，且不同投资者的价值评估具有同质性特征，此时市场是有效的。第二，在一定程度上某些投资者并非理性，但由于他们之间的交易是独立且随机进行的，非理性会相互抵消，证券价格不会受到非理性的影响，因此市场仍然是有效的。第三，在某些情况下，非理性投资者会犯同样的错误，但是他们在市场中会遇到理性的套利者，后者会消除前者对证券价格的影响，市场最终还是有效的。显然，有效市场假说认为：由完全理性投资者组成的市场，有效是市场出现均衡的必然结果；即使存在非理性投资行为，由于他们之间的交易大量存在且投资策略相互独立，证券价格还是会保持在基本价值附近；即使非理性交易策略并不相互独立，竞争选择和套利行为也会使市场保持有效。套利者在买入被低估的证券的同时卖出被高估的同质证券，从而阻止了证券价格大幅或长期偏离其基本价值，同时由于非理性投资者在交易过程中总是亏损，他们的财产一天天减少，最终他们会从市场中消失，市场的有效性会一直持续下去（Friedman，1953）。

2.2.3 噪声交易

噪声学派的 Grossman（1976）认为，如果市场揭示了太多的信息，由于竞争机制的作用，交易者就不可能凭借信息获取超常收益。他认为市场中通常存在两类投资者：**拥有信息投资者**（informed investor）和**无信息投资者**（uninformed investor）。拥有信息投资者知道价格的真实概率分布，他们基于其所拥有的信息选择在市场中的交易策略。当他们知道证券价格被低估时，会增加买入行为，导致证券价格升高，反之亦然。无信息投资者没有进行信息收集和处理，但是他们相信当前的价格已经包含了拥有信息投资者所了解的信息，因此会基于当前的价格所反映的信息对未来价格做出估计。价格体系要想包含全部信息是不可能的，因为如果价格体系已经包含了全部信息，人们就失去了信息收集的动力。如果信息收集是有成本的，那么价格体系就一定会包含噪声，这样投资者才能够基于其所收集的信息获取收益。如果价格体系不包含噪声，而信息收集又有成本，那么一个有效市场将被打破，因为信息收集者基于其拥有的信息无法获取超常收益，他们就会放弃信息收集，而在没有人收集信息的市场中有效同样不存在。当投资者企图基于信息收集获取超常收益时，价格才可能较好地反映信息。如果市场价格揭示了太多的信息，就会消除人们进行信息收集的动因。只有价格体系中包含足够多的噪声，才能够刺激投资者进行信息收集，价格体系才能够得以维持。

Grossman 和 Stiglitz（1980）认为，获取信息是有成本的活动，当信息存在效用时，即能够利用信息改善投资收益，理性投资者才会追求信息。由于信息存在成本，投资者利用有成本的信息进行投资决策时，会比随机选择证券获取更高的收益，但是去除获取信息所付出的成本后，两种投资策略的净收益是相同的。如果将竞争均衡定义为价格达到能够消除所有套利机会的水平，那么竞争市场不可能总是处于均衡状态。因为如果市场总是处于均衡状态，存在信息成本的套利者就不能够获取套利收益。显然，只有拥有信息投资者基于其所拥有的信息处于有利地位时，才可能凭借信息获取套利收益。因此，有效市场假说强调的在任何时间价格总是可以充分反映所有信息的观点并不成立。

Black（1986）认为，噪声交易使金融市场成为可能，也使其不完善。如果没有基于噪声的交易，投资者将持有单个资产，很少进行交易。例如，交易者基于信息看涨某一资产未来的价格，决定买入，而市场中的其他投资者也拥有同样的信息，这样显然不会有人成为交易对手，交易根本无法实现。事实上，投资交易的完成，依赖于投资者对未来价格的预测存在分歧，即买方认为未来价格会上涨，而卖方认为未来价格会下跌。因此，市场中要想达成交易，必须有基于信息的交易者，同时也要有基于噪声的交易者。在存在噪声交易的市场中，基于噪声的交易者认为自己是基于信息进行交易的，他们的损失刚好等于基于信息的交易者的收益。噪声交易者总是高买低卖，所以噪声交易者作为一个整体是亏损的，而套利者作为他们的交易对手在财务上保持盈利，噪声交易越多，套利者就有越多的获利机会，市场的流动性也会越好。基于噪声的交易将噪声融入价格之中，使证券价格既反映了信息，同时也反映了噪声。随着噪声交易的增多，基于信息的交易者的收益增加，因为此时证券价格中包含了更多的噪声成分，基于信息获取收益的机会将会增加。事实上，投资者并不清楚自己是基于信息还是基于噪声进行交易的（他们都认为自己是基于信息交易的），基于噪声的交易者使价格远离价值，基于信息的交易者将价格拉回价值，于是价格总是围绕价值波动。因此，在一个具有流动性的市场中，价格并不总是等于价值，价格体系既包含信息，同时也包含噪声，市场并不会达到有效。

2.3 行为金融学

有效市场假说在提出后的十几年里获得了惊人的成功，Jensen（1978）甚至声称有效市场理论已经成为最成功的经济学理论，在随后的 40 多年里，金融学家从市场中存在的传统金融学理论无法解释的"异象"入手，开始分析投资者行为对资产定价的影响，并最终发展成了行为金融学派。

行为金融学（behavioral finance）是结合经济学和心理学理论，尤其是将行为科学理论融入金融学来研究人们决策行为的科学。行为金融学重点关注人类心理存在的共性规律和特征，并借助这些心理规律与特征来分析和解释金融市场现象。行为金融学强调了市场参与者的心理因素在决策、行为以及市场定价中的重要作用和地位，拒绝了传统金融理论关于理性投资者的前提假设，认为市场中的投资者是有限理性的。事实上，有限理性假设也更加符合金融市场的实际情况，行为金融学理论更好地解释了资本市场存在的一系列异象。随着时间的推移，行为金融学已经不再是一个微不足道的分支，而是逐渐成为金融理论的中心支柱之一。近年来行为金融学发展迅猛，已经开始与传统金融理论并驾齐驱，并且成为当代金融学研究的热点和前沿。

2.3.1 与传统金融学的分歧

经济学的发展建立在理性人假设基础之上，经济学各个学科的一系列严格的理论假设都与其关系密切。传统金融学的理论框架，也是以理性人假设和有效市场假说为基础的，如投资组合理论、资本资产定价模型、期权公式和套利定价模型等。但自 20 世纪 80 年代以来，诸如规模效应、小盘股效应、封闭式基金之谜和一月效应等金融市场异象被发现，而传统金融学理论无法给出关于这些异象的科学解释。因此，人们对建立在理性人假设和有效市场假说基础上的传统金融学理论产生了一定的质疑。学者们开始基于经济学的分析范式，放宽传统金融学的部分假设，吸取行为学和心理学的相关理论，对这些市场异常现象进行研究与解释，并由此演化成了行为金融学。

1. 对理性人假设的质疑

尽管理性人假设促进了经济学理论的发展，并且仍然作为现代经济学理论研究的基础，但从心理学、社会学及行为学视角来看，理性人假设值得认真推敲。首先，人类行为会受到社会价值观的制约，因此会做出最大化集体利益而非个人利益的行为决策，即投资者并不总是利己的。其次，由于人本身并不是理性的，所以社会经济活动也不应该是理性的。Simon（1972）针对理性人假设的质疑提出了有限理性理论，"在现实情况下，人们所能获得的信息、知识和能力是有限的，能够考虑的方案也是有限的，未必能够总是做出使其效用最大化的决策"。有限理性假设启发了行为金融学家利用实验室方法对投资者的认知限制、动机限制及其影响的理论研究。

行为金融学与传统金融学在投资者假设方面存在重大分歧，行为金融学的研究几乎全部建立在有限理性的基础之上，相关理论的建立大多基于实验室研究方法。而以理性人假设为前提的传统金融学一直拒绝实验室研究方法的引入，传统金融学的多数研究都是通过严谨的数理推导得出的。

2. 对有效市场假说的质疑

有效市场假说自提出后在理论和实证方面都取得了巨大的成功。然而，市场中的实际情况与传统金融理论的分析结果存在差异，致使有效市场假说的三个基本前提假设受到了质疑。

第一，投资者并不能严格满足理性人假设，因此以理性人假设为基础的有效市场假说的正确性值得推敲。Kahneman 和 Tversky（1973，1979）提出，人们的风险态度并不符合理性人假设，投资者的效用函数具有非对称性，即投资者的亏损函数的斜率比盈利函数的斜率大，也就是说，一单位损失给投资者带来的负效用的绝对值，大于一单位盈利带来的正效用的绝对值。同时，人们行事常常会违反效用最大化原则，一个典型的事实就是人们经常会利用短期历史数据来预测不确定的未来，并试图寻找这些过去发生的事情的代表性意义有多大。因此，投资者并不是理性的，他们的投资决策往往不是根据信息而是噪声，更应该被称为噪声交易者（noise traders, Kyle, 1985；Black, 1986）。非理性投资者的典型例证就是，投资者更愿意守住亏损的股票，而避免面对损失（Odean, 1998）。

第二，无论个人投资者还是机构投资者，投资决策都表现出明显的趋同性，因而无法相互冲抵。心理学研究已经清楚地表明人们并不是偶然偏离理性，而是经常以同样的方式偏离，非理性投资者的行为并非随机且独立发生的。投资者相互模仿，交易行为存在社会性特征（Shiller, 1984）。Scharfstein 和 Stein（1990）发现，为了避免业绩低于标准投资组合，职业投资经理所选择的投资组合非常接近标准投资组合，基金经理们的业绩总的来看比缺少信息的消极投资策略还要差，他们其实是标准的噪声交易者（Ippolito, 1989；Lakonishok 等, 1992）。

第三，由于套利活动充满风险且受到诸多限制，市场中的套利行为起到的纠偏作用非常有限，市场无法达到有效。套利机制的有效性关键在于能否找到受噪声交易影响的证券的替代品。对于某些衍生证券而言，替代品容易找到。但大多数情况下，证券并不存在明显合适的替代品，所以即使证券存在定价偏差（misprice），套利者也无法进行无风险的对冲交易（Figlewski, 1979；Cabell 和 Kyle, 1993）。这种由于没有完全替代品而充满风险的套利行为被称为风险套利（risk arbitrage）。即使可以找到完全替代品，套利者也将面临未来价格不确定性的风险，即价格偏差在消失前会继续存在的风险，这种风险被 De Long 等（1990）称为噪声交易风险（noise trade risk）。既然套利充满风险，Friedman 的市场选择观点就存在明显的问题。噪声交易者与套利者同样面临风险，他们的预期收益率将依赖于各自的风险承受能力和市场给予他们的风险补偿。因此，套利者未必永远强大，而噪声交易者也不一定必然灭亡。噪声交易者因为判断有误而承担了更大的风险，市场将会给予他们更高的风险补偿，反而使他们因祸得福（Merton 和 Samuelson, 1974）。在现实世界的证券市场中，由于替代品难以发现以及套利本身存在风险导致套利机制的作用不可能充分发挥作用，这一现象被行为金融学定义为有限套利。有限套利可以解释为什么证券价格对信息变化的反映不会恰如其分，同时还可以解释价格会在无基本面信息的情况下发生变化。

总之，行为金融学与传统金融学的分歧表现为两者研究的前提假设不同，传统金融学的研究基于理性人假设和有效市场假说，而行为金融学的研究假设为投资者有限理性和市场非有效。前提假设不同，导致两者在研究方法和解释市场现象的方式上存在巨大差异。在研究方法上，行为金融学偏向于利用实验室研究方法对投资者心理和行为进行解释，但并没有摒弃数理研究方法（比如行为资产定价模型和行为组合理论），而传统金融学的研究多数依赖于数理推导和实证检验证明，拒绝实验室研究方法。两派理论都是基于各自的前提假设和理论逻辑，对市场中存在的现象给出经济学解释。

2.3.2 典型的认知偏差

人们的决策是一种思维活动过程。认知心理学研究表明，人们拥有的知识和经验会影响其决策的方式与结果。因此，人们在决策过程中常常会以某些方式偏离理性，进而形成诸多的认知偏差和心理偏差。

Tversky 和 Kahneman（1974）认为，投资者在面临复杂且模糊的问题时，因为缺少行之有效的判断方法，经常会走一些思维捷径（比如依赖过去的经验），这种因寻找捷径而导致的判断偏差就是启发式偏差，只是不同投资者的偏差具有不同的概率和幅度。典型的启发式偏差包括代表性偏差、可得性偏差和锚定效应。除了启发式偏差，还存在另外一些典型的认知偏差，包括禀赋效应、框架效应和证实偏差等。

1. 代表性偏差

人们在对事件做出判断的时候，过度关注于这个事件的某个或者某些特征，认为这些特征具有代表性，能够用于预测未来，而忽略了这个事件发生的大环境概率以及出现这些特征的样本的大小，这就是认知的**代表性偏差**（representative bias）。事实上，人们倾向于假定历史会重演，并且喜欢选择自己熟悉或者容易理解的特征作为事件的代表性特征，进而对未来进行预测。

例如，一个在去年投资业绩优异的基金经理发行的新基金产品会成为"爆款"，就是因为人们用他去年的业绩作为代表来预测新基金产品的未来业绩，而事实上新基金产品的未来业绩是由许多因素共同决定的，他去年的优异业绩只来自于一个小样本数据，完全不能够用于预测未来。另外，投资者愿意相信连续几次给出正确预测的分析师，就是将连续几次的正确预测作为代表性特征来判断分析师是否能够正确预测未来，但即使连续几次出现正确预测，仍然不能够将其作为判断他未来预测是否正确的依据。还有，连续几年业绩好的公司更容易被投资者所接受，也是因为投资者将连续几年好业绩理解为代表性特征。

2. 可得性偏差

可得性偏差（availability bias）指个体由于受记忆力或知识的限制，在进行判断和决策时大多采用自己熟悉的或能够凭想象构造出的信息，赋予那些易得的、易见的和容易回忆的信息以过高的权重。事实上，这些可得性高的信息只是应该被利用的信息的一部分，还有大量其他信息必须被考虑，它们对于正确的判断和决策同样具有重要影响，但人们的直觉推断和经验忽视了这些因素，从而造成判断的偏差。

例如，长生生物"疫苗造假"事件曝光后，许多妈妈不敢再给孩子注射国产疫苗，就是因为妈妈们在判断国产疫苗的质量时基于可得性给予长生生物"疫苗造假"事件过高的权重。还有，投资者总是喜欢关注连续涨停的股票，就是给予了连续涨停这样容易获得的信息过高的权重。另外，即使宣称信奉价值投资的投资者，也只是根据上市公司几个最简单的财务指标（如 PE、PB 和 ROE 等）来预测未来，他们在预测过程中给予了这些容易获得的指标过高的权重。再有，有些投资者采用波浪、均线或者缺口之类的技术指标来预测市场未来，也是因为这些信息容易获得并且被过高地赋予了权重，但还没有任何科学证据能够证明这些指标真的具有预测功能。

3. 锚定效应

锚定效应（anchoring effect）是指人们在做出判断时，容易受到第一印象或第一信息（初始锚）的支配，并以初始锚作为参照点进行调整，但由于调整不充分而使最后的判断偏向初始锚的一种判断偏差现象，也称沉锚效应。

例如，卡尼曼（Kahneman）的著名实验，他让两组实验者分别口算 $1\times 2\times 3\times 4\cdots \times 8\times 9$ 和 $9\times 8\times 7\times 6\cdots \times 2\times 1$，结果第一组估计的结果明显小于第二组，就是因为两组都锚定前面数字的缘故。另外，售价并不高的 Polo Ralph Lauren 品牌店总是与 LV 和 Prada 等世界一线品牌开在同一条街上，就是给人们一个高端奢侈品牌的锚定。还有，优衣库的打折商品上永远标着原价，即使可能从来没有按照原价卖出过一件，却能够给顾客一个心理锚定，进而增加其购买的冲动。

4. 禀赋效应

禀赋效应（endorsement effect）是指当一个人一旦拥有了某项物品，那么他对该物品价值的评价要比未拥有之前增加许多。换句话说，人们不愿意割舍那些已经属于自己的东西。同样一个东西，如果我们已经拥有了，那么愿意卖出的价格更高，如果我们本来并没有，那我们愿意支付的买入价格会相对较低。禀赋效应是一种心理倾向，使得人们对物品的评价不仅来自于物品自身的特性，也来自于物品所有权，即因为拥有而更加看好。

例如，驾驶奔驰的人，当被问到应该买什么车时，总是会毫不犹豫地推荐奔驰，就是因为禀赋效应。还有，投资者一旦买入某一只股票，就会立刻对这家公司产生好感，涨了舍不得卖，跌了也舍不得卖，这种好感就来自于非理性的禀赋效应。

5. 框架效应

框架效应（framing effect）是指针对同一个问题，两种逻辑意义相似但方式不同的表述，会导致完全不同的决策判断。或者说，当一个人描述同样一件事情的时候，不同的表达方式会给倾听者不一样的感觉，从而使倾听者做出截然不同的决策。

例如，如果医生告诉一名绝症患者"手术后一个月内的死亡率是 10%"，患者吓得要死；而如果医生告诉患者"手术后一个月内的存活率是 90%"，患者会非常高兴地配合。同样的事情因为不同的表达方式，会产生不同的反应效果，这就是框架效应。基于框架效应，芝加哥大学行为金融学教授理查德·塞勒（Richard Thaler）提出了关于信息的四个原则。第一，如果你有几个好消息要公布，应该把它们分开公布。因为两次分别得知好信息所带来的高兴程度之和，大于一次得知两个好信息所带来的总高兴程度。第二，如果你有几个坏消息要公布，应该把它们一起发布。因为一次得知两个坏消息所带来的痛苦，要小于两次分别得知坏消息所带来的痛苦之和。第三，如果你有一个大大的好消息和一个小小的坏消息，应该把这两个消息一起告诉别人。这样，坏消息带来的痛苦会被好消息带来的快乐所冲淡，负面效应也就少得多。第四，如果你有一个大大的坏消息和一个小小的好消息，应该分别公布这两个消息。这样，好消息带来的快乐不至于被坏消息带来的痛苦所淹没，人们还是可以享受到好消息带来的快乐。

6. 证实偏差

证实偏差（confirmation bias）是指当人们已经确立了某一个观念或判断后，在收集和分析信息的过程中，会倾向于寻找支持这个观念的证据，即人们很容易接受支持自己既有观念的信息而忽略否定的信息，甚至还会花费更多的时间和认知资源去贬低与他们观念相左的观点，这种证实而非证伪的倾向就是证实偏差。证实偏差是人们愿意自圆其说的思维陷阱，人们只愿意相信那些他们相信的东西，而不愿意承认错误，因此总是倾向于证明自己是对的。这导致人们过分相信自己判断的准确性，结论一旦形成便不轻易改变，对新信息也不会给予足够的重视。也就是说，当人们面对一大堆证据的时候，总是会更容易注意、记住和相信对自己初始判断有利的证据，忽略对初始判断不利的证据。

典型的例子就是，当市场上形成一种"股市将持续上涨"的信念时，投资者往往会对支持"股市上涨"的信息或证据特别敏感且容易接受，而对关于"股市下跌"的信息或证据则视而不见，从而继续买进，进一步推动股市继续上涨。相反，当市场形成下跌恐慌时，人们就只能看到不利于市场的信息了，进而持续卖出，以至于进一步推动股市下跌。另外，市场分析师总是不停地寻找支持自己判断的信息，而忽视那些与自己的判断不一致的信息，进而证明自己最初的判断是正确的。

2.3.3　经典的分析理论

行为金融学在发展过程中，已经累积了许多特有的分析范式和理论，但仍然没有形成一个完整的理论体系。行为金融学家发表的研究成果较为分散且独立，主要由各种认知偏差和一系列理论共同构成。由于认知偏差的存在，行为金融学研究扩展到了个体层面和群体层面两个方向。个体层面的经典理论有前景理论（Kahneman和Tversky，1979）、心理账户理论（Thaler，1980）、沉没成本误区理论（Arkes和Blumer，1985）和过度自信理论（Grifin和Tversky，1992）。群体层面的研究发现，由于经济个体具有从众心理，当市场上的投资者缺少相关的预期或信息时，他们会根据其他投资者的行为来改变自己的行为，进而形成羊群效应。

1. 前景理论

前景理论（prospect theory）也称预期理论，研究发现，人们在面对获得与损失时的风险偏好并不一致，在面对损失时表现出"风险追求"，而在面对获得时却表现出"风险规避"，并且人们对损失带来的痛苦比对获得带来的喜悦更敏感。Kahneman和Tversky的前景理论，已经成为行为金融学大多数理论分析的基础。前景理论的两大定律如下。

- 人们在面临获得时，往往小心翼翼，不愿冒风险；而在面对损失时，人人都变成了冒险家。
- 人们对损失和获得的敏感程度不同，损失的痛苦要远远大于获得的快乐。

实验一：有两个选择，A是肯定赢1 000元；B是50%的可能性赢得2 000元，50%的可能性什么也得不到。你会选择哪一个？大部分人会选A，这说明人们是风险规避的，称为"确定效应"。在资本市场中典型的确定效应就是，当大多数人处于收益状态时，他们往往厌恶风险，喜欢见好就收，害怕失去已有的利润，存在强烈的获利了结倾向，喜欢将正在赚钱的股票卖出。

实验二：有两种选择，A是肯定损失1 000元；B是有50%的可能性损失2 000元，50%的可能性没有任何损失。结果大部分人会选B，这说明人们是风险偏好的，称之为"反射效应"。在资本市场中典型的反射效应就是,当人们买入股票亏损后,即使知道企业的情况已经非常糟了,但还是捂着股票不卖,愿意赌运气博资产重组。

另外,白捡100元所带来的快乐,难以抵消丢失100元所带来的痛苦,称之为"损失规避"。典型的损失规避就是,当股票市场由牛市转为熊市时投资者的过激反应。因为,熊市中人们承受损失的痛苦,远大于牛市中获得收益的喜悦。

前景理论已经成为行为金融学的理论基石,运用前景理论能够有效地解释金融市场的许多异象。例如,多数投资者的表现是"赔则拖,赢必走",即投资者卖出获利的股票的意向,远远大于卖出亏损股票的意向。

2. 心理账户理论

心理账户理论(mental accounting theory)是指人们在心里无意识地把财富划归不同的账户进行管理,并且每一个心理账户互不相关,独立核算每个心理账户的损失和收益,并非进行全局考虑,因此个体的决策结果常常违背理性经济法则。

例如,你晚上打算去听一场音乐会,票价是200元,在马上要出发的时候,发现你把最近买的价值200元的电话卡弄丢了。那么你是否还会去听这场音乐会?实验表明,大部分回答者仍旧会去听。可是如果情况变一下,假设你昨天花了200元买了一张今天的音乐会门票,在你马上要出发的时候,突然发现你把门票弄丢了。如果你想要听音乐会,就必须再花200元买张门票,你是否还会去听?结果却是,大部分人回答说不去了。再有,如果年终发了10万元奖金,就很容易计划一次豪华旅行,而如果是需要从日常工资中拿出10万元参加豪华旅行,这几乎无法想象。事实上,200元的电话卡和门票以及10万元的年终奖和工资,两者的效用应该是一样的,但由于被放在了不同的心理账户里面,因此得出的结论就完全不同了。

3. 沉没成本误区理论

沉没成本误区理论(sunk cost fallacy theory)是指人们在决定做一件事时,不单单是看这件事会给自己带来的好处以及由此引发的成本,还会考虑过去已经投入的成本,尽管这些成本已经无法收回。在决策评价过程中,人们过于把注意力集中在过去消耗的时间、金钱和精力等沉没成本上,而忽视未来的结果,即人们不但没有忽略沉没成本,甚至给予它们非常高的权重。人们在决定是否做一件事情的时候,不仅看这件事情对自己有没有好处,还要看过去是不是已经在这件事情上有过投入,一旦对某件事情有了投入,就会继续在这件事情上追加投入。从理性的角度讲,前期投入已经成为沉没成本,不应该对决策产生任何影响。但是,在实际决策评价过程中,前期投入的沉没成本往往是促使人们继续投入的重要影响因素,人们往往会为了弥补或挽回那些根本无法挽回的沉没成本而继续投入,这种现象就被称为沉没成本误区。

例如,花100元买了电影票发现电影无聊透顶,人们依然会坚持看完,绝不中途退场,因为已经投入了100元成本。一个项目前期投入了5亿元,即使前景不容乐观,但企业家通常还是会继续投钱,只因为成本已经投入了。股票买入后,企业状况变坏,股价下跌,投资者还是会捂住不卖,也是因为过度关注买入价格这个沉没成本了。事实上,成本已经投入了,这是既定的事实,不可能改变,永远也无法收回,形成了沉没成本。例如,电影票买了、项目投资了还有股票已经买了等。人们在做决定时往往会陷入沉没成本误区,考虑过去既定的成本,而忽略了未来才是决定是否继续的关键。从理性的角度出发,是否继续看电影仅仅取决于电影是否有趣,项目是否应该继续投入仅仅取决于项目是否有前景，而股票是否应该卖出仅仅应该考虑未来股价是否会涨。但是电影票钱、已经投入的资金和股票买入价格这些沉没成本，却在人们的决策中扮演了十分重要的角色。

4. 过度自信理论

过度自信理论（over confidence theory）是指人们过于相信自己的判断能力，认为自己知识的准确性比事实中的程度更高，即对自己的信息赋予的权重显著高于其真实权重，进而高估自己成功的机会和能力。受过度自信心理的支配，人们在成功的时候，往往将其归因于自身实力和努力程度，而忽略客观条件；但在失败的时候，人们往往将其归咎于外部因素变坏或运气不佳，而不认为是自身实力不足或努力不够。过度自信常常导致人们表现出事后聪明的特点，夸大自己预测的准确性，尤其在他们期望一种结果而这种结果确实发生的时候，往往会过度估计自己在判断方面的能力，将成功归因于自己知识的准确性和个人能力出众。

例如，基金经理、股评家以及投资者总认为自己有能力跑赢市场，绝大多数司机都认为自己的驾驶技术高于平均水平，显然事实并非如此。股票市场的上涨往往导致人们更加过度自信，投资者会认为自己非常精明，具体表现为：第一，已经获得收益的投资者在未来的决策中会倾向于更加过度自信；第二，已经获得收益的投资者在遭受损失时痛苦较小，因为他们相信损失的钱本来就来自市场，如果在接下来的投资中出现亏损，他们心里也会认为这些钱本来就不是自己的，痛苦也会比较小，而且痛苦容易被获得收益所带来的愉悦感对冲掉；第三，投资者在实现了收益后，会追加更多的资金进行更大的投资活动，不再回避风险。

5. 羊群效应理论

羊群效应理论（herding behavior theory）是指由于投资者所拥有的信息不充分或者缺乏必要的理解能力，很难对市场未来的不确定性做出合理的预期，往往会通过观察周围人群的行为来获取信息，在这种信息的不断传递过程中，许多人的信息大致相同且彼此强化，从而产生从众行为。显然，人们都有一种从众心理，从众心理很容易导致盲从，而盲从往往使人容易陷入骗局或遭遇失败。羊群本来是一种很散乱的组织，平时在一起也是盲目地左冲右撞，而且一旦有一只羊动起来，其他的羊也会不假思索地一哄而上，全然不顾前面可能有狼，还是不远处有更好的草。

例如，资本市场中的投资者往往相互模仿和学习，单个投资者总是根据其他同类投资者的行动而行动，在他人买入时买入，在他人卖出时卖出，导致市场出现剧烈的趋势性波动。再有，上市公司会一窝蜂地进入5G、VR和AI等前沿科技领域，而忽视了自身的技术基础和能力。还有，炒房热、收藏热、比特币热以及P2P热等，都是由于投资者缺少足够的知识信息和判断能力，而基于从众心理产生的羊群效应。

本章小结

本章主要围绕金融学的基本概念、理性范式和行为金融学三个方面的内容，介绍了金融学的基本分析逻辑和主要的前提假设。

1. 资金在使用过程中随着时间的推移而发生的增值，被称为货币时间价值。计算货币时间价值有单利和复利两种办法，其中复利是指将本金在贷款期内获得的利息加入到本金中再计算利息的方式。

2. 净现值是一项投资所产生的未来现金流的折现值与项目投资成本之间的差值。项目的净现值为正则可以投资；净现值为负则不应该投资；净现值越大，投资项目越好。

3. 金融学家认为，最大化当前股东的财富（股票的市场价值），是企业管理者运营企业时应该遵循的"恰当"原则。这样的原则可以使管理者在不了解所有者偏好和财富信息，甚至不必知道所有者究竟是谁的情况下，做出正确的选择，且选择的结果与每个单个所有者直接进行选择的结果一致。

4. 在有效的股票市场中，当企业管理者的决策动机与股东的动机不一致的时候，收购机制将会提供有效约束。事实上，无论企业管理混乱是源于管理者动机问题还是能力问题，收购机制对市场错误的矫正均十分有效。

5. 信息不对称是指在经济活动中，一些成员拥有其他成员所无法拥有的信息，由此造成信息不对称，即不同的经济成员针对相关信息的了解程度存在差异。掌握信息比较充分的人往往处于有利的地位，而信息贫乏的人经常处于比较不利的地位。

6. 存在三种类型的委托代理问题：股东与管理者之间的利益冲突、股东与债权人之间的利益冲突以及大股东与小股东之间的利益冲突。因此存在三种委托代理成本：股东的监督成本、管理层的担保成本和剩余损失。

7. 套利是指同时买进和卖出两张近似的合约来获得收益的交易策略。套利交易者买进"便宜"的合约，同时卖出那些"高价"合约，利用合约价格间的差价获利。在进行套利交易时，交易者注意的是合约之间的相对价格关系，而不是绝对价格水平。

8. 有效市场假说认为市场是有效的，即证券的价格总是能够充分反映信息，证券价格等于其内在价值。这里的充分反映可以理解为价格对信息的反映是即时和准确的。有效市场可以分为三种状态：弱势有效、半强势有效和强势有效。

9. 噪声学派认为，获取信息是有成本的活动，因此价格并不总是等于价值，价格体系既包含信息，也包含噪声，市场并不会达到有效。

10. 行为金融学关注人类心理存在的共性规律和特征，并借助这些心理规律与特征来分析和解释金融市场现象。典型的认知偏差包括代表性偏差、可得性偏差、锚定效应、禀赋效应、框架效应和证实偏差等。而经典的行为分析理论有前景理论、心理账户理论、沉没成本误区理论、过度自信理论和羊群效应理论。

习 题

1. 为什么货币具有时间价值？货币时间价值一般用什么来刻画？
2. 解释什么是费雪效应？
3. 什么是净现值？解释净现值准则的经济学原理，并说明净现值准则的优缺点。
4. 管理者应当遵循什么样的原则运营企业？为什么？
5. 为什么管理者的决策动机能够与股东利益保持一致？
6. 什么是信息不对称？存在哪三类委托代理问题？具体表现为哪几种委托代理成本？
7. 什么是套利？套利交易具有哪些特点？
8. 具体说明什么是有效市场假说，存在哪几种形式的市场有效，为什么市场能够有效？
9. 如何理解噪声交易学派的说法："价格体系既包含信息，也包含噪声。"
10. 行为金融学与传统金融学的主要分歧表现在哪些方面？
11. 什么是启发式偏差？举例说明三种典型的认知偏差。
12. 什么是前景理论？举例说明两种行为金融学的经典分析理论。

本章思维导图

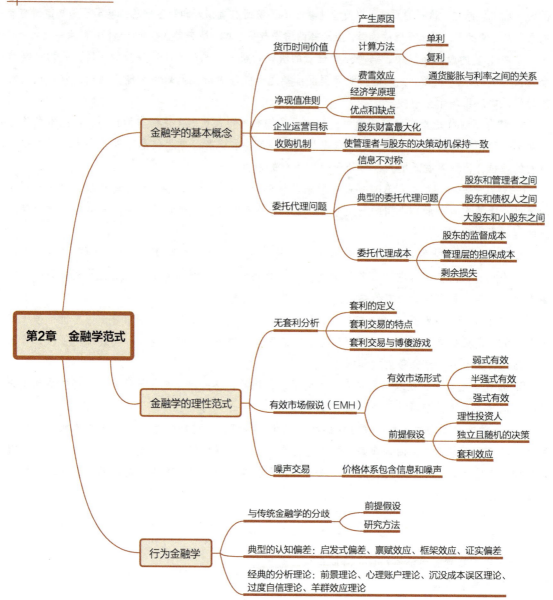

第二部分

金融机构

第3章

金融体系

人们常常戏称"金钱不是万能的,但是没有钱是万万不能的"。在信用经济的今天,对于个人而言,金钱是我们生存和发展的重要媒介;而对于一个国家的经济运行来说,金融一直被人们形象地称为经济运行的血液。因此,以华尔街为代表的金融帝国的鼎盛与危机,常常成为牵动人们神经的焦点。本章重点分析金融体系的构成和特征。

3.1 什么是金融体系。分析资金从盈余者手中转移到短缺者手中的过程与环节。

3.2 金融机构。分别介绍直接融资金融机构与间接融资金融机构的类型和基本业务。

3.3 金融体系类型。以中国、日本、美国和英国为例,分别说明以金融中介为主导的金融体系和以金融市场为主导的金融体系的具体结构及其特征。

3.4 金融经营模式与监管。重点介绍混业经营和分业经营两种金融模式的特点,分析我国金融业的经营模式和发展趋势,并介绍主要国家金融业监管的特征。

当人们在野外森林中迷失方向时，沿着河流走是走出森林的基本方法之一。在高度发达的市场经济中，每个人都可能身陷金融体系的迷宫，迷失于金融体系的复杂与晦涩之中。为了让大家顺利地走出迷宫，了解金融体系中各类交易对象和中介机构，本章以资金的流动为主线，与大家一起探寻金融体系的全貌。

先来看一个日常生活中的例子。小李运用自己的知识和经验设计了一款可以打扫卫生、清洗汽车甚至修剪花园的机器人，但他没有足够的资金使这个产品付诸生产。小张和妻子通过几年的积攒有了一定的储蓄。如果小张夫妇能够为小李提供资金，再加上小李的自有资金，他们就会拥有一个光明的未来，而且大家的生活也会变得更美好：拥有一个可以打扫卫生、清洗汽车也可以修理花园的机器人。如果让小李和小张自行交易，他们可能都会因此付出较高的搜寻成本，于是他们需要一个"中间人"来帮助沟通信息。

3.1 什么是金融体系

从一般意义上看，**金融体系**（financial system）是一个经济体中资金流动的基本框架，是由保证资金流动的参与主体、金融工具、中介机构和交易市场等要素构成的整体。通过各种金融要素，资金从盈余者（支出小于收入者）手中流入到短缺者（支出大于收入者）手中（见图3-1）。

金融体系的具体参与者可以是个人、家庭、企业和政府。参与者又可以分为两大类，一类是收入大于支出，拥有资金盈余的人，即贷款-储蓄者；另一类是收入小于支出，必须为支出筹资的资金借取人，即借款-支出者。图3-1中的箭头显示出：资金沿着直接融资和间接融资两条路线从贷款-储蓄者向借款-支出者流动。

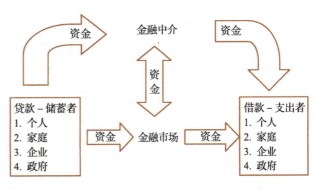

图3-1 金融体系中的资金流动

资料来源：米什金. 货币金融学[M]. 北京：中国人民大学出版社，1998：19.

在直接融资过程中（下半部分的资金流动路线），借款者在金融市场上直接向贷款者出售证券（也称金融工具），从贷款者那里获取资金。对于贷款者而言，这些证券是资产，记录了他们对未来收入或资产的索取权。而对于借款者而言，这些证券是一种负债。在间接融资过程中（上半部分的资金流动路线），借款者和贷款者之间并不直接进行资金融通，而是通过居于贷款者和借款者之间的金融中介机构来帮助实现资金的转移。金融中介机构从贷款者手中借得资金，然后向借款者发放贷款，实现其中介职能，并从中获取收益。绝大多数情况下，金融中介机构能够提供更加便利的资本流通渠道，有效降低借款者和贷款者之间的搜寻成本。因此，利用金融中介机构进行的间接融资过程，通常构成了资金从贷款者手中转移到借款者手中的主要渠道。

例如，中国石化需要资金建设新的石油冶炼厂。中国石化既可以选择通过中国工商银行获得贷款，也可以在证券市场上出售公司的债券来获得资金。这两种方式的最终资金提供者都是居民，区别只在于第一种方式是间接融资，即中国工商银行从居民手中以储蓄存款的方式聚集资金，再将资金贷给中国石化；而第二种方式是直接融资，即居民直接将资金借给中国石化。

事实上，世界上包括中国在内的绝大多数国家，均以间接融资方式为主。

3.2 金融机构

金融机构（financial institution）是专门从事各种金融活动组织的统称。在直接融资领域中，金融机构是帮助筹资者和投资者双方沟通信息的证券公司、证券经纪人以及证券交易所等；在间接融资领域中，金融机构是资金盈余者与资金短缺者之间的中介机构，如商业银行和非银行金融中介机构。间接融资过程中的中介机构通过负债业务集聚资金，然后再通过资产业务对资金进行投资，获得贷款利息与存款利息之间的息差收入。直接融资机构主要是促成贷款人与借款人之间的直接接触，提供信息服务进而获取佣金，但并不参与借贷活动本身。

3.2.1 间接融资金融机构

通过金融中介机构进行的间接融资过程，是将资金从贷款者手中转移到借款者手中的主要渠道。它之所以重要，是因为金融市场中存在着交易成本和信息不对称。金融中介机构能够发挥其专业优势和成本优势，大幅降低交易成本，利用规模经济提升经济体系的效率。另外，金融中介机构在甄别风险、防范由于信息不对称所造成的损失以及监督借款者从而减少道德风险造成的损失等方面有丰富的经验。因此，金融中介机构在向借款者提供利息收益和大量服务的基础上，仍然能够获得经营利润。

1. 融资过程中的风险

（1）**交易成本**（transaction cost）。交易成本是指从事金融交易所花费的时间成本和资金成本。例如确立金融合约所需支付的律师费，以及所耗费的时间和精力等。金融机构能够依托规模经济降低交易成本，并借此为客户提供流动性服务。例如，金融中介机构通过为客户提供支票账户和储蓄存款等服务，促进金融交易的顺利进行。金融市场中存在的交易成本，只是金融中介机构及间接融资在金融市场上发挥重要作用的部分原因，另外的原因来自于金融市场中的信息不对称。

（2）**信息不对称**（information asymmetry）。金融机构在市场上做出决策时，无法全面了解对方的全部信息，由于信息存在不对称性，影响金融机构做出正确决策，进而导致运行效率降低的现象。例如，对于贷款项目的潜在收益和风险，借款者通常比贷款者更了解项目的情况，因此贷款者要想做出准确的判断非常困难。这种由于信息不对称导致的判断问题既可能发生在交易完成前，也可能发生在交易完成后。

逆向选择与"柠檬"原理

乔治·阿克尔洛夫、迈克尔·斯宾塞和约瑟夫·斯蒂格利茨3人,由于在"对充满不对称信息市场进行分析"中所做出的重要贡献,共同获得了2001年诺贝尔经济学奖。

乔治·阿克尔洛夫(George Akerlof)在1970年发表了名为《柠檬市场:质量不确定性和市场机制》的论文,被公认为是信息经济学中最重要的开创性文献,并开创了逆向选择理论的先河。在美国俚语中"柠檬"的含义是次品,这篇研究次品市场的论文因为被认为内容浅显先后被三四家杂志社退稿。阿克尔洛夫指出,在旧车市场上既定的卖者和关心旧车质量的买者之间存在信息不对称,即卖者知道车的真实质量,而买者不知道。在买者不能确切知道所购车辆内在质量的情况下,他只愿意根据所有旧车价值的平均值来支付价格。但这样一来,旧车质量高于平均值的卖者就会退出交易,只有旧车质量低的卖者愿意进入市场。于是市场中只有低质量的旧车出售,而没有高质量的旧车交易,结果就是低质量旧车将高质量旧车挤出二手车市场。由此,阿克尔洛夫解释了为什么即使是只使用过一次的"新"汽车,在柠檬市场上也难以卖到好价钱——它是"逆向选择"的必然结果,即消费者由于所处的信息劣势而被迫做出的逆向选择。这一过程不断持续,最后二手车市场上只剩下质量差的旧车,所有高质量的旧车都会从市场上消失。于是,市场上只剩下了劣质商品——"柠檬"。

"柠檬"原理对经济学的贡献在于,它揭示了许多传统市场都存在的信息不对称现象,深化了人们对真实市场现象的了解。市场经济的有效运行,需要买者和卖者之间有足够的共同信息。如果信息不对称非常严重,就有可能限制市场功能的发挥,引起市场交易的低效率,甚至会导致整个市场的失灵。

逆向选择问题普遍存在于信贷市场、保险市场和人才市场,并严重制约了市场效率。

1)**逆向选择**(adverse selection)。在交易发生前由于信息不对称,那些最有可能造成不利逆向结果的借款者,常常是那些寻找贷款最积极而且也是最可能得到贷款的人。逆向选择是交易之前的信息不对称所造成的"劣币驱逐良币"现象,即最终的结果就是好的借款者退出市场,留下的多是质量差的借款者。

2)**道德风险**(moral hazard)。在交易发生后出现的信息不对称,借款者可能在获得贷款后从事以贷款者的观点来看所不希望从事的风险活动,以追求自身利益最大化,产生损人利己的机会主义行为,而这些活动很可能会最终导致贷款无法偿还。

逆向选择和道德风险问题阻碍了金融市场正常发挥功能,使直接融资活动受到了一定的限制,而金融中介机构可以很好地解决这一问题。值得信赖的金融中介机构从小额储蓄者手中获得存款,再通过贷款或者购买股票、债券等证券将资金贷放出去。可见,金融中介机构能够更有效地将储蓄者的资金贷放给借款者,从而在提升经济效率方面发挥着重要作用。成功的金融中介在甄别贷款风险、防范由逆向选择造成的损失方面经验和能力更加丰富,同时在监督借款者的运作从而减少道德风险造成的损失方面也更有专长。因此,金融中介与个人投资者相比通常可以提供更加高效的资本融通机会,并且获得更加丰厚的运营收益。

2. 间接融资金融机构的类型

间接融资过程中主要存在三种类型的金融中介机构:存款机构(银行)、契约型储蓄机构和投资型机构。

（1）**存款机构**（depository institution） 是从事接受个人和机构存款并发放贷款业务的金融中介机构，其经营行为在决定货币供应量方面发挥着至关重要的作用。存款机构主要包括商业银行、储蓄贷款协会、互助储蓄银行和信用社。**商业银行**（commercial bank） 主要通过发行支票存款、储蓄存款和定期存款来筹措资金，用于发放商业贷款、消费者信贷和抵押贷款，或者购买政府债券和市政债券，是最典型的金融中介机构，拥有最丰富多样的资产种类（组合）。**储蓄贷款协会**（savings and loan association） 是在政府支持和监管下专门从事储蓄业务和住房抵押贷款的非银行金融机构。储蓄贷款协会与商业银行之间的区别日渐模糊，它们之间的竞争也越来越激烈。**互助储蓄银行**（mutual savings bank） 主要依靠接受存款筹措资金，并主要从事发放抵押贷款业务，其组织结构是"互助"的，即由存款者所有的合作组织。**信用社**（credit union） 是围绕一个特定的社会集团组织起来的小型合作贷款机构，通常发行被称为股份的存款获取资金，并发放贷款。

（2）**契约型储蓄机构**（contractual savings institution） 是在契约的基础上按期取得资金的金融中介机构。特点是能够非常精确地预计未来年度必须向受益人支付的金额，因此资产流动性并不那么重要。它们主要把资金投入长期证券，如公司债券、股票以及抵押贷款等。契约型储蓄机构包括以下三种。

1）**人寿保险公司**（life insurance company） 向人们提供保险，以弥补因死亡而遭受的财产损失，并销售养老金。它从人们为保持保单有效而支付的保费中获取资金，主要把资金用于购买公司债券和抵押贷款，股票的购置必须限于一定的数额。目前，它是最大的一种契约型储蓄机构。

2）**财产保险公司**（property insurance company） 为保单持有人因失窃、火灾及意外事故而遭受的损失提供保险。资金来源与人寿保险公司相似，但一旦发生重大灾害，它损失资金的可能性很大。也因为如此，它购置的资产的流动性相对要大得多，主要是市政债券、公司股票和政府债券。

3）**社会养老保险基金**（social pension insurance fund） 向参加养老金计划的雇员提供年金形式的退休收入。其资金来源是雇主或雇员的缴款，后者或从雇员的工资中自动扣除，或由雇员自愿缴纳。社会养老保险基金持有最多的资产是公司债券和股票。

（3）**投资型机构**（investment intermediary institution） 一般有以下三种类型。

1）**金融公司**（financial corporation） 是凭借出售商业票据和发行股票、债券筹措资金的投资中介机构。它将资金贷放给消费者和小型企业，也有一些金融公司由其母公司组建，目的是帮助它们出售商品。

2）**共同基金**（mutual funds） 是向个人出售基金份额以获取资金，并把资金用于购买多样化的股票和债券投资的金融中介机构。它的优点在于可将股份持有者的众多小额资金汇总，购买大规模的股票和债券，从而获得低廉的交易成本。共同基金能够使其份额持有者的投资组合相对于其他投资而言更具多样性。份额持有者可以在任何时候出售（或买入）基金份额，而份额的价格是由共同基金持有的证券价值决定的。

3）**货币市场共同基金**（money market mutual funds） 是相对较新的金融机构，既有共同基金的特征，也在一定程度上发挥着存款机构的功能——它提供一种存款账户，将出售基金份额获得的资金投资于安全又富有流动性的货币市场工具，并将资产的利息收入支付给份额持有者。所以，货币市场共同基金的股权（基金单位）是一种支付利息但签票权受到限制的支票账户。

3.2.2 直接融资金融机构

通过证券市场进行的直接融资过程，也牵涉到金融机构，如证券经纪人、证券交易商、投资银行以及证券交易所等。

投资银行（investment bank）是在一级市场上帮助企业首次发行证券的金融机构，虽然有银行之名，却不能吸收存款。投资银行会对公司应该发行债券，还是发行股票提出建议。如果建议公司发行债券，那么投资银行一般还会对债券的期限以及利率水平等给出专业建议。在针对拟发行的具体金融工具做出决定后，公司就会把这些金融工具委托给包销人，而包销人就是一些向公司保证能够按照预先商量好的价格将证券出售给公众的投资银行。如果发行规模小，一般只需要一家投资银行来包销（通常就是最初提供发行建议的投资银行）。如果发行量过大，就必须由几家投资银行组成一个"辛迪加"（证券包销团的别称）来联合包销。投资银行的活动及其在一级市场的经营业务，受到证券监管部门的严格监管。

证券经纪人（securities brokers）和**交易商**（dealers）是在二级市场上协助证券交易的金融机构。经纪人是纯粹的中间人，他们充当投资者买卖证券的代理人，并由此获得佣金。证券交易商则随时按规定的价格买卖证券，进而将买卖双方联系起来。交易商通常也会持有证券的存贷，并以稍高于买价的价格出售证券，从买卖价差中获得收入。因为证券价格的变动通常比较频繁和剧烈，因此证券交易商承担的风险比较大。许多证券经纪公司通常会在金融市场中同时扮演三种角色，既是证券经纪人也是证券交易商和投资银行家。

证券交易所（stock exchange）事实上是拍卖市场（买方和卖方在一个中心场所彼此进行交易）和交易商市场（证券交易商按既定价格买卖证券）的混合物，是二级市场的一部分。交易所的场内交易通过一种专门的经纪（交易）商协助进行。有组织的证券交易所也受证券监管部门的监管。

3.3 金融体系类型

一国的经济要从充分贸易中获得收益，金融系统的发展至关重要。没有金融系统，货物只能在现货市场上交易，且每一个家庭只能依靠自身的资源来聚集资本，这是内源融资的极端情形。金融系统越发达，一国经济从贸易中获得的收益就越多，包括从风险分担、资产多元化、保险、消费跨期平滑、产业内和跨产业的资源有效配置、大规模的投资机会以及地区和国际性贸易中获得的收益。同时金融体系结构也需要不断适应经济结构发展的需求，从而为经济发展不同时期具有比较优势的企业和产业提供金融服务及资金支持。各国经济发展水平、法律和制度环境的差异，使得各国的金融体系不尽相同。而且一国的金融体系也会随着实体经济及金融环境的变化而发生改变。其中，美国、英国和日本的金融体系常常被认为是世界上比较先进的，对其他国家有着较强的示范效应。因此本节将在介绍中国金融体系的基础上，同时介绍美国、英国和日本的金融体系，其中中国和日本的金融体系是典型的银行主导型金融体系，而美国和英国则是金融市场主导型金融体系的代表。

3.3.1 中国金融体系

中国的金融体系目前已形成了以金融管理机构为核心、以国有商业银行为主体、多种金融机构并存、分工协作格局。具体包括金融管理机构、政策性银行、国有控股商业银行、其他商业银行、农村信用合作社、其他非银行金融机构、保险公司和在华外资金融机构。

1. 金融管理机构

金融管理机构（financial regulatory institution） 主要由负责制定和执行货币政策以及进行微观审慎监管的中国人民银行（央行）、强化中国人民银行宏观审慎管理和系统性风险防范职责的国务院金融稳定发展委员会（金稳委）、对金融业实施分业监管的中国银行保险监督管理委员会（银保监会）和中国证券监督管理委员会（证监会）构成。

2. 政策性银行

政策性银行（policy bank） 是由政府投资设立的，根据政府的决策和意向专门从事政策性金融业务的银行。它们的活动不以盈利为目的，并根据具体分工的不同，服务于特定的领域，所以也称政策性专业银行。1994 年以前，中国的政策性金融业务，分别由四家国有专业银行承担。1994 年，为了适应经济发展的需要以及政策性金融与商业性金融相分离的原则，相继成立了国家开发银行、中国进出口银行和中国农业发展银行三家政策性银行。它们从事业务活动时均贯彻不与商业性金融机构竞争、自主经营与保本微利的基本原则。虽然国家开发银行在 2008 年 12 月改制为国家开发银行股份有限公司，树立了商业化运营的模式，但仍发挥着重要的政策性银行职能。

3. 国有控股商业银行

国有控股商业银行（state-owned holding commercial bank） 在中国的金融机构体系中处于主体地位，具体包括中国工商银行、中国农业银行、中国银行、中国建设银行、中国交通银行和中国邮政储蓄银行。前四家国有银行的前身是政策性银行组建前的国家四大专业银行，其主体地位在作为专业银行时就已奠定。从 2005 年至今，这四大商业银行已顺利完成了股份制改造，从国有独资转变为国有控股。中国交通银行在 1987 年经过重新组建后，成为中国第一家全国性的国有股份制商业银行。中国邮政储蓄银行是在邮政储蓄管理体制改革的基础上组建的商业银行，前身是邮政储蓄机构，2019 年 2 月，银保监会将其列为国有大型商业银行。目前，无论人员数量及机构网点数量，还是资产规模及市场占有份额，国有控股商业银行不仅在整个金融领域处于举足轻重的地位，而且在世界大型银行排序中也处于前列。虽然就资产规模来说，国有控股商业银行的绝对优势毋庸置疑，但其市场份额已经出现了明显下降的趋势。这是国家广开融资渠道、打破垄断、引进竞争以及深化改革的必然结果。当然，在今后一段相当长的时期内，国有控股商业银行在中国金融领域举足轻重的地位不会改变。在我国，商业银行可以跨省设立分支机构，因此形成了分支机构遍布全国的大银行，虽然银行的数目较少，但整体规模庞大。

4. 其他商业银行

1986 年，国家陆续建立了一批商业银行，如中信实业银行、中国光大银行、华夏银行、中国投资银行、中国民生银行、广东发展银行、深圳发展银行、招商银行、福建兴业银行、上海浦东发展银行、海南发展银行（已于 1998 年清理）、烟台住房储蓄银行和蚌埠住房储蓄银行等。它们在筹建之初大多由中央政府、地方政府、国有企业集团或公司以及集体或合作组织等出资创建，近几年先后实行了股份制改造。伴随着对外开放的不断深入，中国已开启允许国外资本参股国内银行的大门，国际性金融企业已经开始入股中国的商业银行。尽管这些商业银行在资产规模等方面还远远不能同国有控股商业银行相比，但其资本、资产及利润的增长速度已经高于国有控股商业银行，并表现出了强劲的增长势头和良好的经营效益，成为中国银行体系和国民经济发展中的一支重要力量。20世纪90年代中期，中央以城市信用社为基础，组建了一批城市商业银行。城市商业银行是在中国特殊历史条件下形成的，是中央金融主管部门整合城市信用社、降低地方金融风险的产物。经过近十几年的发展，城市商业银行已经逐渐发展成熟，相当多城市的商业银行已经完成了股份制改革。

全球银行业排名

英国《银行家》杂志发布了"2018年全球银行1 000强"榜单，就全球1 000大银行来看，2017年合计税前利润达1.1万亿美元，同比增长15.57%；一级资本总额合计8.2万亿美元，同比增长近12%，除拉丁美洲和加勒比海地区以外，全球其他所有地区的一级资本增速均突破两位数，是自2010年低谷以来最为显著的增长，这表明全球银行业发展将进入人们期待已久的强劲阶段。

中资银行在全球银行业的位次进一步提升，资本实力不断增强。一方面，中资银行在全球前5名中占据4席。中国工商银行以一级资本3 241.26亿美元，继续位居全球第1位。中国建设银行、中国银行和中国农业银行分列以2 722.15亿美元、2 244.38亿美元和2 181.04亿美元，排名第2、3、4位（见表3-1）。另一方面，共有11家中资银行进入全球前30强，较2017年增加了1家，即中国邮政储蓄银行（邮储银行），它在全球银行中排名第23位、中资银行中排第7位，分别上升了8位和4位。自2016年9月在香港上市之后，邮储银行的综合竞争力持续增强。在业务布局方面，邮储银行坚持"一体两翼"策略，巩固核心业务优势，针对客户需求和市场情况，积极拓展新兴业务领域，提升中间业务占比，实现收入多元化。2017年9月21日，邮储银行成功发行72.5亿美元的境外优先股，成为迄今为止亚洲最大的金融机构优先股发行，进一步提升了其国际影响力。

表3-1 全球银行业排名前10名

排名	银行名称	总部所在地	一级资本（10亿美元）
1	中国工商银行	中国	324
2	中国建设银行	中国	272
3	中国银行	中国	224
4	中国农业银行	中国	218
5	摩根大通	美国	209
6	美国银行	美国	191
7	富国银行	美国	178
8	花旗集团	美国	165
9	三菱日联金融集团	日本	153
10	汇丰控股	英国	151

资料来源：中国新闻网，http://www.sx.chinanews.com/news/2018/0705/129377.html。

全球金融危机后银行业风险状况逐步稳定，复苏态势开始强劲，而中国银行业继续稳步增长，并在全球银行业中保持举足轻重的地位。

5. 农村信用合作社

农村信用合作社（rural credit cooperatives）作为一种农村集体金融组织，特点集中体现在由农民入股、由社员民主管理、主要为入股社员服务三个方面。其主要业务活动是经营农村个人储蓄以及农户和个体经济户的存款、贷款和结算等。贯彻自主经营、独立核算、自负盈亏和自担风险原则是基本要求。在几十年的发展中，农村信用合作社一度作为国家银行的基层机构存在，由农业银行管理，在相当大程度上丧失了它原来应有的合作制性质。1996年下半年进行了改革，一是农村信用合作社与农业银行脱离行政隶属关系（即脱钩），农村信用合作社与农业银行在平等自愿的基础上继续发展业务往来；二是按合作制原则重新规范农村信用合作社，使其绝大部分恢复合作制性质，在股权设置、民主管理、服务对象、财务管理及运行机制上体现合作制面貌。2003年6月27日，在江苏省农村信用社改革试点的基础上，国务院出台了《深化农村信用社改革试点方案》，扩大了试点范围，将山东省等8个省市列为试点单位，自此拉开了新一轮农村信用合作社改革的大幕。这次农村信用社改革重点解决两个问题，一是以法人为单位，改革信用社产权制度，明晰产权关系，完善法人治理结构；二是改革信用社管理体制，将信用社的管理交由地方政府负责，成立农村信用社省（市）级联社。在此次改革过程中，产生了农村合作银行和农村商业银行两类金融机构，它们都由农村信用合作社改制而来。在政策导向上，国家不再组建农村合作银行，全面取消资格股，鼓励农村合作银行和符合条件的农村信用合作社改制为农村商业银行。2003年银监会成立，农信社的监管职能转入银监会。截至2016年4月，北京、天津、上海、重庆、江苏、安徽和湖北等已全面完成农村商业银行组建工作，农村商业银行的数量占农村合作金融机构的比例达44.4%。

6. 其他非银行金融机构

目前，中国的**其他非银行金融机构**（other non-bank financial institution）主要包括信托投资公司、证券公司、财务公司和金融租赁公司等。

（1）**信托投资公司**（trust and investment corporation）是在经济体制改革后创办的，继1979年中国国际信托投资公司（即现在的中信集团）成立以后，又陆续设立了一批全国性信托投资公司。信托业务主要包括资金信托计划、企业年金信托业务、信贷资产证券化、不动产信托和事务管理型信托等；兼营业务包括并购重组、财务顾问、投资咨询、证券承销和代保管等投行业务以及中介业务。中国信托业曾经历过多次治理整顿，其频率之高、次数之多是其他行业所没有的。信托投资公司的主要代表有中国国际信托投资公司和平安信托投资有限责任公司（平安集团的成员之一）。

（2）**证券公司**（securities company）的业务范围一般包括代理证券发行业务、自营或者代理证券买卖业务、代理证券还本付息和红利的支付、证券代保管和签证、接受委托代收证券本息和红利、接受委托办理证券的登记和过户、证券抵押贷款及证券投资咨询等业务。可见，中国的证券公司可同时经营证券市场上的三种业务，即证券公司同时是证券经纪人、证券交易商和投资银行，主要代表有中信证券、国泰君安、申银万国、国信证券、招商证券、光大证券和广发证券等。

（3）**财务公司**（financial company）是由企业集团内部集资组建的，其宗旨和任务是为本企业集团内部筹资和融通资金，促进技术改造和技术进步。财务公司在业务上受中国人民银行和银监会领导、管理、监督与稽核,在行政上则隶属于各企业集团,是自主经营及自负盈亏的独立企业法人。财务公司的主要代表有华能集团财务有限公司、中国化工进出口财务公司、中国有色金融工业总公司财务公司和一汽集团财务公司等。

(4) **金融租赁公司**(financial leasing company) 创建时大都是由银行、其他金融机构及一些行业主管部门合资设立的。根据中国金融业实行分业经营及管理的原则,租赁公司也要求独立经营。金融租赁公司的主要代表有交行租赁、上海融联租赁股份有限公司等。

7. 保险公司

保险业是个极具特色又具有很大独立性的系统,之所以将保险业纳入金融体系,是因为按国际惯例经办保险业务的大量保费收入用于金融投资,而运用保险资金进行金融投资的收益又可积累成为更雄厚的保险基金。**保险公司**(insurance company) 的业务范围分为两大类,一是财产保险业务,二是人身保险业务。目前中国有代表性的保险公司包括中国平安、中国人寿、中国太保、中保国际、民安控股和安华农业保险等。

8. 在华外资金融机构

随着对外开放的不断深入,中国开始引进外资金融机构(包括外资独资、中外合资)。目前在中国境内设立的外资金融机构有两类。一类是外资金融机构在华代表处。一般只可设在北京和中国经济特区,其工作范围包括工作洽谈、联络、咨询和服务,不得从事任何直接营利的业务活动。还有一类是外资金融机构在华设立的营业性分支机构,主要设在经济特区等经国务院批准的城市。**在华外资金融机构**(China-based foreign financial institution) 的发展前景是:逐步建立以外资银行分行为主,以独资银行、中外合资银行和财务公司为辅,并有少量保险机构和投资银行的多样化结构体系。

3.3.2 日本金融体系

一直以来,虽然日本的证券业较为发达,但也同中国一样实行的是以银行为主导的金融体系。其组织机构可以归纳为三大类:中央银行、民间金融机构和政策性金融机构。日本的金融体系是典型的"专业化"金融制度,金融机构在业务上有严格的分工界限,并且商业性与政策性金融业务和机构分立。另外,民间金融机构的服务对象也有明确分工。民间金融机构较为特别,将是本节介绍的重点。

1. 中央银行

日本的中央银行是**日本银行**(Bank of Japan),是基于《日本银行法》建立的法人机构,并不从属于日本政府或是个人。《日本银行法》规定日本银行的业务包括:①发行货币;②制定货币政策;③确保资金在银行与其他金融机构之间平稳运行。同时,法案还规定为使国民经济获得发展,日本银行在制定和颁布货币政策时以稳定物价为首要目标。在日本银行内部,**政策委员会**(The Policy Board) 作为最高决策机关,决定货币政策建立的指导方针,制定银行运行的准则,并同时担任监管银行官员(包括审计师和法律顾问等在内的所有人)的角色。日本银行总部包括15个部门、32个分支机构和14个地方办事处。

2. 民间金融机构

日本民间金融机构主要包括普通银行、特殊金融机构和其他金融机构。

（1）**普通银行**（ordinary bank）。日本的商业银行按区域可划分为两类，即城市银行和地方银行。城市银行是全国性银行，以东京、大阪和名古屋这样的大都市为中心，全国分支机构众多、业务范围广，并且主要面向大企业。日本最大的三家城市银行分别是三菱东京银行（UFJ）、瑞穗银行和三井住友银行。地方银行是地区性银行，一般设立在中小城市，原则上只能以总行为中心，在一个地区开展经营活动，并且业务对象主要面向中小企业。

（2）**特殊金融机构**（special financial institution）包括长期金融机构、中小企业金融机构和农业渔业金融机构。

（3）**其他金融机构**（other financial institution）包括保险公司、证券公司和投资信托公司。

3. 政策性金融机构

政策性金融机构（policy financial institution）包括"两行八库"。其中，"两行"是指日本开发银行和日本输出入银行；"八库"是指国民金融公库、中小企业金融公库、林渔业金融公库、住宅金融公库、环境卫生金融公库、公营企业金融公库、北海道东北开发金融公库和冲绳振兴开发金融公库。

3.3.3　美国金融体系

为了适应高度发达的市场经济的要求，美国拥有一个规模庞大的金融体系，形成了金融管理机构、众多银行与非银行金融机构并存的格局。关于银行机构，从机构的组成来看，主要可分为中央银行、存款货币银行和各式各样的专业银行三大类。非银行金融机构，也称其他金融机构，构成更为庞杂。

金融管理机构（financial regulatory institution）与其他国家相比，美国的银行业监管比较复杂，形成了权利重叠的多重管理部门，即联邦存款保险公司（FDIC）、货币监理署（OCC）、联邦储备体系（FRS）和州银行监管局。联邦存款保险公司向会员银行征收保费，管理存款保险基金，对银行进行检查并在银行破产时负责清算。而银行破产决定本身是由发照机构（例如OCC）做出的。货币监理署成立于1863年，隶属财政部，是美国最古老的银行监管机构，有权批准国民银行的设立、合并和破产，并进行日常检查。同时，银行也可以向州银行监管局申请执照，这就形成了所谓的"双元银行体制"。一般来讲，大型银行绝大多数属于国民银行。联邦储备体系和州银行监管局共同对作为美联储成员的州银行负责。按照1999年的《金融服务现代化法案》，联邦储备体系还单独对银行持股公司负责。联邦证券交易委员会（SEC）负责对证券业进行监管，而州保险厅则对保险业务实施监管。2010年7月通过的《金融改革法案》，建立了金融服务监管委员会，以加强对所有大型以及相互关联的金融机构的联合监管。为消除银行监管中的漏洞，美国还成立了全国银行监理会，同时为加强对保险业的监管，成立了全国保险办公室。

存款性金融机构（deposit financial institution）主要包括商业银行、储蓄机构和信用合作社。其中商业银行占主要地位。企业贷款曾一直是商业银行的主要资产，但随着商业票据市场和贷款证券化的发展，企业贷款占商业银行资产的比重自20世纪80年代以后出现了较为明显的下降，而与之相对应的是抵押贷款的上升。由于《麦克法登法案》（McFadden Act）以及各州关于设立分支机构的法律限制，使得美国没有分支机构遍布全国的银行，而是拥有数量众多但规模较小的商业银行。

> **《麦克法登法案》**
>
> 为了避免国民银行和州注册银行在分行设立及证券承销上的不公平竞争,于是有了1927年的《麦克法登法案》。具体内容如下。
> 1. 在同一座城市,如果州注册银行可设立分行,国民银行也可设立。
> 2. 同一座城市,分行的数量有限制。
> 3. 银行改制或合并,可保留分行。
> 4. 联邦储备会员银行不准在同一城市之外的地区设立分行。州注册银行如果参与联邦储备制,必须撤销城市之外的分行。
> 5. 联邦储备会员银行承做不动产额度放宽。
> 6. 联邦储备会员银行承做不动产可以承销。
>
> 此法案取消了国民银行与州注册银行的不同待遇,国民银行可设立分行及进行承销,但不可跨州设立分行。

《麦克法登法案》限制设立分支机构的规定,使得美国的银行持股公司(持股不同银行的公司)快速成长。银行持股公司(花旗银行公司、美洲银行公司、摩根大通银行公司和富国银行公司等)几乎拥有了所有的大型银行。银行持股公司拥有的银行,拥有全部商业银行90%以上的存款。《麦克法登法案》也使得美国成为单一银行制的代表国家。

美国主要有两类储蓄机构,即**储蓄贷款协会**(savings and loan association)和**储蓄银行**(saving banks)。储蓄贷款协会的主要业务是用短期储蓄存款发放长期住房抵押款。在20世纪70年代末期之前,其经营较为活跃,80年代则由于通货膨胀压力和金融管制的放松而出现了大量的破产,而后业务严重萎缩。传统意义上的储蓄银行是互助性金融机构,存款者在法律上同时是银行的所有者。储蓄银行主要集中在东海岸,如纽约和新泽西等地。

信用合作社(credit cooperatives)是由会员存款者所有的非营利性存款机构。一般是基于共同的地域或职业属性,例如同为大学学生、雇员、警察机构或军事基地。宗旨是满足会员的存贷款需要、盈利用于提高会员的存款利率、降低会员的贷款利率或吸收新的会员。由于信用合作社的资金主要用于对会员的小额消费贷款、小额住宅贷款以及持有政府债券,因此很少出现商业银行和储蓄贷款机构那样的经营危机。信用合作社的基本特点是数量大、规模小,股东通常分散在许多州。因此,联邦注册的信用社可以跨州甚至跨国设立分支机构。比如海军联邦信用社,其股东是美国海军和海军陆战队的队员,分支机构遍布全世界。

保险公司(insurance company)是美国最早的金融机构。美国保险公司有两种类型,即寿险公司与财产、意外险公司。前者主要针对早逝、疾病和退休带来的资金问题;后者主要防止意外伤害和财产损失,如事故、盗窃和火灾等。事实上,保险公司也像存款性金融机构和后面要提到的共同基金一样,提供各种投资产品。

人寿保险公司的组织形式主要有两种:股份公司和互助公司。股份公司由股东所有,而互助公司则在法律上由保险单持有者所有。虽然迄今为止,大型寿险公司大多是互助性的,但是一些公司正在积极向股份制转变,以便从资本市场筹集更多的资金扩充资本,并与大银行等金融机构竞争。从业务范围看,虽然传统寿险还是核心业务,但是现代寿险公司同时也出售年金合约,管理年金计划，提供意外和健康保险。寿险公司固有的特点是负债期限长，资金运用主要集中在长期资产上。投资原则是"收入稳定、本金安全"，通常的投资策略是"买入并持有"，而不是在二级市场上频繁交易。美国国际集团旗下的美亚保险（American International Group，AIG）是全美最顶尖的人寿保险机构。

财产、意外保险公司与寿险公司相比规模较小，但是险种很多，有"保险超市"之称。它们除了经营传统的火灾、财产、海运和意外伤害等险种外，近年来积极开拓健康与医疗保险，与寿险公司开展正面竞争。其资产运用结构与寿险公司大致相同，主要是各种债券以及公司股票。

证券公司与投资银行（securities company and investment bank）主要从事证券的承销、交易及咨询等业务。虽然大公司可以提供多种服务，但是众多的中小公司业务大多集中在某一个领域。通常，证券公司主要从事证券购销和经纪等零售业务，而投资银行主要从事发起、承销和分销等批发业务。

美国的证券业可以从多种角度进行分类。第一类是在全国范围内提供全方位服务的大公司，例如美林和摩根士丹利等；第二类是在全国范围内更侧重公司财务和证券交易的大公司，例如高盛和花旗集团的投资银行部；第三类是银行控股公司的附属专业投资银行（如 J. P. 摩根）、专业贴现经纪商（如 Charles Schwab）和区域性的证券公司。自 1975 年 3 月美国取消证券交易固定手续费以来，业界的激烈竞争导致交易手续费在证券公司总收入中的比重不断下降。21 世纪初迅速发展的金融创新以及金融监管的滞后，使得证券公司纷纷加入金融衍生品的创新与交易行列，具有高杠杆率、高风险性的业务成为美国证券公司的利润来源。这使美国各大投行在吹大资产泡沫享受资产盛宴之后，又因泡沫的破灭而遭受了毁灭性的打击。2008 年 9 月 15 日，美国第四大投行雷曼兄弟宣布破产，成为引发全球金融危机的导火线。雷曼兄弟破产之后，摩根士丹利、美林和高盛均受到冲击。2008 年 9 月，摩根士丹利和高盛将公司注册性质由投资银行更改为"银行控股公司"。美林公司也被美洲银行（Bank of America）收购。

共同基金（mutual fund）将个人或企业的资金集中起来，由职业投资家进行分散投资，有助于中小投资者降低投资风险和投资成本。1924 年 3 月 21 日，美国第一家开放式共同基金——马萨诸塞投资信托基金在波士顿创立，它在此后的几十年中发展一直较慢，但从 20 世纪 70 年代以后急剧发展。有两个跳跃性的阶段：其一是 1972 年货币市场基金的出现，使得大量短期资金从受到利率管制的商业银行转移出来，追求短期市场利率；其二是 20 世纪 90 年代美国股市持续走强，引起各种特殊目的的共同基金（股票、债券、衍生工具）爆发式增长。共同基金主要有三种类型：货币市场基金、股票基金和债券基金。货币市场基金是短期基金，主要投资于政府、企业以及金融机构发行的短期、生息有价证券，例如国外存款、短期国债和商业票据等。后两者是长期基金，主要投资于美国国内外各种股票和债券。按份额是否固定可以分为开放式基金和封闭式基金。目前美国大部分基金是开放式的，投资者可以随时按基金资产净值申购或赎回基金份额。美国大约一半的家庭持有不同类型的基金份额。调查显示，他们持有基金的主要目的是用于退休保障、子女教育以及其他较为谨慎和长期的目的，例如购房和购车的定金等。

融资（金融）公司（finance company）诞生在大萧条时期，当时通用电气公司为了向缺乏现金的客户推销产品，成立了通用电气资本公司。后来这项业务受到商业银行竞争的影响，于是融资公司开始向自己的母公司之外拓展业务。美国的融资公司在 20 世纪 90 年代以后发展迅速。由于融资公司不能吸收存款，因此只能通过发行债券来获得资金。目前，融资公司是美国短期商业票据市场上最大的发行者。这些票据很多是直接卖给共同基金等投资机构，期限大多在 30 天左右。美联储将融资公司定义为"主要资产是个人资金和商业贷款的企业"，而非存款性金融机构。尽管它们也是依靠资金利差生存的金融中介，但其贷款利率不得高于一定限度。一方面，由于它们不吸收存款，因此受到的监管比银行等存款性金融机构少得多，这使得融资公司可以节省很多监管成本，从事更多类似银行的业务；另一方面，融资公司是资本市场的重要借款人，鉴于其较为特殊的资产负债结构，它们必须及时向投资者报告其清偿能力和经营安全状况。与商业银行相比，融资公司资金的杠杆率较低。

3.3.4 英国金融体系

英国的金融体系（见图 3-2）与美国一样都以金融市场为主导，拥有最典型的中央银行制度，伦敦是最早的国际金融中心。商业银行一直坚持以发放短期贷款为主，并且在现有的金融体系中依然保留传统金融机构的痕迹，如商人银行（一般分为承兑所和发行所，主要分布在伦敦的金融交易市场，目前伦敦大约有 100 家商人银行，其中 16 家成立了承兑商委员会）和贴现所等。在该体系中，英格兰银行以中央银行的角色管理下面的一级银行、二级银行和非银行金融机构。

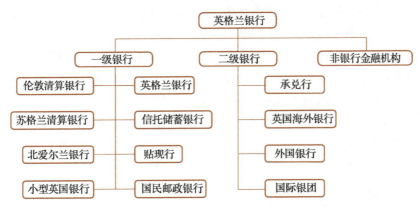

图 3-2　英国金融体系结构图

英格兰银行（Bank of England）是英国的中央银行，负责召开**货币政策委员会**（Monetary Policy Committee，MPC），管理英国的国家货币政策，在中国香港也称英伦银行。英格兰银行成立于 1694 年，它最初的任务是充当英格兰政府的银行，这个任务至今仍然有效。英格兰银行大楼位于伦敦市的针线大街（Thread Needle），因此又被人称为"针线大街上的老妇人"或者"老妇人"。

英格兰银行位于伦敦金融城的中心，是世界上最早形成的中央银行，被认为是各国中央银行体制的鼻祖。1694 年由英国皇室特许成立，股本 120 万镑，向社会募集。它成立之初就取得了不超过资本总额的钞票发行权，主要目的是为政府垫款。1833 年，英格兰银行取得了钞票无限法偿的资格。1844 年，英国国会通过《银行特许条例》（即《比尔条例》），规定英格兰银行分为发行部与银行部，发行部负责以 1 400 万镑的证券及营业上不必要的金属贮藏的总和发行等额的银行券，其他已取得发行权的银行的发行定额也规定下来。此后，英格兰银行逐渐垄断了全国的货币发行权，至 1928 年成为英国唯一的发行银行。与此同时，英格兰银行凭借其日益提高的地位承担商业银行间债权债务关系的划拨冲销和票据交换的最后清偿等业务，在经济繁荣之时接受商业银行的票据再贴现，而在经济危机的打击中充当商业银行的"最后贷款人"，由此取得了商业银行的信任，并最终确立了"银行的银行"的地位。伴随着伦敦逐渐成为世界金融中心的实际需求，英格兰银行制定了有伸缩性的再贴现政策和公开市场活动等调节措施，成为近代中央银行理论和业务的样板及基础。1933年7月英格兰银行设立"外汇平准账户"代理国库。1946年之后，英格兰银行被收归国有，仍为中央银行，但隶属于财政部，掌握国库、贴现公司、银行及其他私人客户的账户，承担政府债务的管理工作，其主要任务仍然是按政府要求决定国家金融政策。英格兰银行总行设于伦敦，分为政策和市场、金融结构和监督、业务和服务三种职能机构，设15个局（部）。同时英格兰银行还在伯明翰、布里斯托、利兹、利物浦、曼彻斯特、南安普顿、纽卡斯尔及伦敦法院区设有8个分行。

英格兰银行享有在英格兰和威尔士发行货币的特权（苏格兰和北爱尔兰的货币由一般商业银行发行，但以英格兰发行的货币作为准备金）。作为银行的最后贷款人，英格兰银行保管商业银行的存款准备金、作为票据的结算银行并对英国的商业银行及其他金融机构进行监管；作为政府的银行，它代理国库、稳定英镑币值并代表政府参加一切国际性财政金融会议。因此，英格兰银行具有典型的中央银行的"发行的银行、银行的银行、政府的银行"的特点。

英格兰银行的领导机构是理事会，由总裁、副总裁及16名理事组成，是银行的最高决策机构，成员由政府推荐、英王任命，至少每周开一次会。正副总裁任期5年，理事为4年，轮流离任，每年2月底离任4人。理事会选举若干常任理事主持业务。理事会下设五个特别委员会：常任委员会、稽核委员会、人事委员会、国库委员会以及银行券印刷委员会。理事必须是英国国民，65岁以下，下院议员和政府工作人员不得担任。

非银行金融机构包括建筑社、投资信托公司、小额信托公司、金融公司、保险公司、养老基金组织和国民储蓄投资局。

3.4 金融经营模式与监管

金融监管是金融监督和金融管理的复合词。狭义的金融监管是指金融主管当局依据国家法律法规的授权对金融业实施监督、约束和管制，使金融行业依法稳健运行。广义的金融监管除主管当局之外，还包括金融机构的内部控制与稽核、行业自律性组织的监督和一级社会中介组织的监督等。

市场竞争日趋激烈以及新技术在金融业的广泛运用等，使各种金融机构的业务不断交叉和重叠。这就使得原有各种金融机构的差异日趋缩小，相互之间的界限越来越模糊，形成由分业经营向混业经营转变的趋势，而且进程不断加速。

3.4.1 金融经营模式

分业经营（separate business）是指对金融机构的业务范围进行某种程度的分业管制。分业经营包括三个层次：第一个层次是指金融业与非金融业的分离；第二个层次是指金融业中的银行、证券和保险业三个子行业的分离；第三个层次是指银行、证券和保险各子行业内部有关业务的进一步分离。我们通常所说的分业经营是指第二个层次的银行、证券和保险业之间的分离，有时特指银行业务与证券业务之间的分离。

分业经营的形成过程始于美国的金融市场。早在1864年，美国就根据《国民银行法》限制了在联邦注册的国民银行经营证券和保险等非银行业务。到了 20 世纪 20 年代末,随着经济的发展,美国的商业银行与投资银行几乎融为一体,商业银行在证券市场上扮演着越来越重要的角色。1929～1933 年的大萧条使商业银行和投资银行混业经营的弊端暴露无遗,于是《格拉斯－斯蒂格尔法案》(Glass-Steagall Act)应运而生。这部旨在分离商业银行和投资银行业务的法律,奠定了金融体系分业经营的基本格局。1956 年的《银行控股公司法》以及 1970 年的《银行控股公司法修正案》增加了银行与保险业务分离的条款,进一步完善了美国金融体系分业经营的格局。美国的金融分业经营体制,对很多国家金融体系的形成产生了巨大的影响。日本在 1948 年的《证券交易法》中复制了美国的银行与证券业务分离制度。韩国后来也实行了类似的分业经营模式。

混业经营(universal business)是指商业银行及其他金融企业以科学的组织方式在货币和资本市场进行多业务、多品种、多方式的交叉经营和服务。混业经营广义上是指所有金融业务之间的经营关系,即银行、证券和保险等金融机构可以进入任何一个业务领域甚至非金融领域,进行多元化经营。混业经营狭义上是指银行业和证券业之间的经营关系,即银行机构与证券机构可以进入对方领域进行业务交叉经营。

混业经营的早期模式开始于 19 世纪末 20 世纪初,随着证券市场日益繁荣和膨胀,证券市场中的投资、投机和包销等经济活动空前活跃,商业银行与投资银行各自凭借雄厚的资金实力大量地向对方行业扩张业务。1933 年美国的《格拉斯－斯蒂格尔法案》出台后,各银行严格限制自己的业务界限。到了 20 世纪 80 年代,科技进步与世界金融市场的不断发展,促使各种金融衍生工具推陈出新,金融业之间的渗透融合力度逐步加强,原来的分业经营与监管机制阻碍了金融业务创新和服务效率的提高。在这种背景下,西方各国金融当局,如英国、日本和瑞士等纷纷进行了旨在打破证券和银行业界限的改革,形成了现代银行混业经营的趋势。美国国会于 1999 年 11 月 4 日通过的《金融服务现代化法案》(格莱姆－里奇－布莱利法案),从法律上取消了商业银行和证券公司跨界经营的限制。以此为标志,现代金融业务走上了多样化、专业化、集中化和国际化的发展方向。银行、证券、信托和保险等跨行业联合、优势互补的购并,加快了世界范围内金融业向混业经营模式的转变。

历经 70 年的发展,非银行金融业务,如证券、保险、信托及期货、期权等衍生金融工具得到巨大发展,非银行金融机构通过拓展向银行业务渗透,使金融企业面临的压力越来越大。它们不得已采取兼并收购来扩大自身规模以提高竞争力。商业银行与投资银行之间的相互控股与兼并收购,促使混业经营局面成为事实。混业经营通过多样化和综合化的业务经营,可以分散风险。金融企业可以充分利用现有的很多银行机构网点,为客户提供全方位的金融服务,降低信息搜集成本与金融交易成本。商业银行业务的发展已进入了微利时代,必须努力降低成本以获取利润。而混业经营为银行提供了这样一个途径,使得它们能够在保证利润增加的同时降低经营风险,有利于银行业务的稳健经营以及银行内部不良资产的盘活。

股权制度的发展促使企业更偏好于直接融资方式。进入 20 世纪 70 年代以后,西方主要工业化国家的经济从第二次世界大战结束后的高速增长开始转入滞胀。经济增长速度的放慢使企业对资金的需求相对减少,客观上要求银行重新配置资源,寻求新的利润增长点。与此同时企业更愿意发行股票和债券在资本市场上筹集资金,使银行业受到来自投资银行业的强烈挑战。投资银行与商业银行发展的不平衡,造成混业经营局面的必然形成。

3.4.2 经营模式选择

金融业混业经营凭借其综合竞争力强、效率高和风险互补等方面的优势,获得了世界上多数国家政策制定者的青睐。纵观当今国际金融业的发展,大多数国家采取的都是混业经营模式。世界各主要发达国家金融格局的发展,基本上都经历了一个从混业经营到严格的分业经营与分业管理,再经过长达一二十年的金融创新与融合的演变,最后通过修改立法的形式,过渡到以综合金融为代表的混业经营模式的过程。

1. 美国金融业的经营模式

美国作为世界第一经济大国,在经济领域的改革探索一直都为其他国家的政策制定提供着重要的参考。美国金融业在经营模式上是从最初的自然混业经营到分业经营,再回归到目前的混业经营。其混业经营模式的形成不是一蹴而就的,而是走过了一条漫长的探索道路。

在 20 世纪 30 年代以前美国的金融业一直是一种自然的混业经营模式,从最初的自由银行时期到后来银行从事证券投资业务,并兼营工商业务。投资银行不仅承担着股票承销和债券包销的业务,还开办某些银行业务。政府对这些金融机构开展的业务并没有太多的限制。1929~1933 年发生的大萧条,给美国金融业带来了灾难性的打击。当时有 11 000 多家银行倒闭、破产和合并,金融体系遭到毁灭性破坏。经济学家将危机发生的根源归结于银行的混业经营。公众、金融业及政府决策部门都强烈希望能有一种新的制度安排来维系银行体系的安全和稳健运行。这促成了 1933 年美国通过了著名的《格拉斯-斯蒂格尔法案》,该法案确立了银行业与证券业分业经营制度和存款保险制度,从此美国金融业进入分业经营时期。在随后的时间里,美国继续巩固和完善分业经营制。1956 年通过了《银行控股公司法》,禁止银行控股公司通过持有的证券机构股份间接从事证券业务,进一步隔离了商业银行和投资银行业务。分业经营在银行与证券市场之间建立起一道防火墙,有效地隔离了风险,防范了风险的关联效应。美国银行业经历了一段相对平稳的时期。从 20 世纪 70 年代开始,随着金融自由化和科技的不断发展,各国金融业逐渐取消和放松了金融管制,追求效率优先。1999 年美国通过《金融服务现代化法案》,结束了 66 年的银行、证券和保险分业经营历史,金融业重新开始混业经营。《金融服务现代化法案》允许银行控股公司以及国民银行的子公司从事证券业务和保险业务,允许银行、证券公司和保险公司以金融控股公司的方式相互渗透。金融控股公司可以拥有银行、投资银行、保险公司和互助基金等从事不同业务的下属公司,其业务范围不仅可以涵盖传统的银行、证券、保险和信托业务,还可以包括不动产中介和电子商务等新的业务范围。但是,金融控股公司所从事的金融活动,受到不同政府监管机构的监管,美国金融业务的监管关系如图 3-3 所示。

2. 中国金融业的经营模式

中国金融业的发展,也经历了从混业经营到分业经营,再逐步向混业经营过渡的三个阶段。

第一阶段是 20 世纪 80 年代中期,中国实际上实行的是混业经营制度。尤其是 1992 年之后,受国内经济高涨气氛的影响,各商业银行都提出了全方位、多功能的发展目标。四大国有商业银行都相继开办

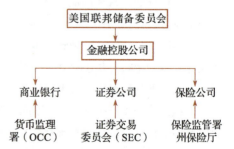

图 3-3 美国金融业务的监管方式

了证券、信托、租赁、房地产和对外投资等业务，大多数商业银行也都不同程度地通过全资或参股的方式从事证券和投资业务，人民银行各级分行也开始介入证券、股票和保险等非银行业务，形成了金融业混业经营的局面。但是，由于银行内部缺乏相应的内控机制和风险防范意识，致使从 1992 年下半年起，银行大量信贷资金通过同业拆借进入证券市场，引发了证券投资热和房地产投资热，扰乱了金融秩序。

第二阶段始于 1993 年，为了防范金融风险进一步加剧，我国开始大力整顿金融秩序，并在 1993 年年底中央金融工作会议上提出分业经营的金融业发展思路。1995 年颁布了《中华人民共和国商业银行法》，以法律的形式确立了中国金融业分业经营的模式，形成了金融业分业经营的格局。1997 年年底，国务院进一步强调分业经营和分业管理的原则，相继颁布实施了《中华人民共和国证券法》（以下简称《证券法》）和《中华人民共和国保险法》（以下简称《保险法》）等。1992 年首先成立证监会，1998 年成立保监会，2003 年成立银监会，基本上把最初设想的分业经营的框架建立了起来。

第三阶段为中国加入 WTO 以后，我国的金融市场最终要全部对外开放，国际上的金融混业经营将从外部对中国的金融市场产生冲击。所以，我国要逐渐顺应金融自由化和经济全球化的浪潮，放松金融管制，逐渐向混业经营模式过渡。自 2001 年 10 月 8 日起开始实行的《开放式证券投资基金试点办法》规定，商业银行可以接受基金管理人委托，办理开放式基金单位的认购、申购和赎回业务，可以受理开放式基金单位的注册登记业务。2004 年修改的《保险法》，允许保险资金直接进入股票市场。2005 年 2 月 20 日，中国人民银行、中国银行业监督管理委员会和中国证券监督管理委员会共同发布了《商业银行设立基金管理公司试点管理办法》，该办法规定了商业银行可直接投资设立基金公司。2005 年 10 月 27 日通过的新《证券法》，放松了对国企资金和银行资金进入股票市场的限制。2008 年 12 月 6 日银监会发布的《商业银行并购贷款风险管理指引》强调："允许符合条件的商业银行开办并购贷款业务，规范商业银行并购贷款经营行为，引导银行业金融机构在并购贷款方面科学创新，以满足企业和市场日益增长的合理并购融资需求"。2014 年《保险法》放开对保险投资标的的限制，允许资金用于买卖债券、股票、证券投资基金份额等有价证券。这些政策的出台，使得货币市场与资本市场得以相互融通，使银行、证券和保险业的资金可以直接流动、渗透和补充。国家金融与发展实验室理事、交通银行首席经济学家连平在 2019 年国家金融与发展实验室年会上表示，如何突破银行业资源进入证券业的制度障碍来推动直接融资发展，是一个重要问题。这在某种程度上也意味着中国分业经营的金融框架将会发生变化，为下一步实现规范的混业经营奠定了基础。

3. 中国金融业经营模式改革

从西方国家金融混业经营的实践来看，各国在金融监管的法律和市场环境上存在差异，因此形成了金融控股模式、全能银行模式和银行母公司－非银行子公司模式三种不同的混业经营模式。

（1）**金融控股模式**（financial holding company）。有多元化经营需求的金融机构组建金融控股公司执行资本运作，通过并购或投资控股独立的子公司分别从事银行、证券及保险等业务。这一模式的特点表现在：首先，控股公司可以通过资本的调度和不同期限综合发展计划的制订，调整集团在各个金融行业中的利益分配，形成最大的竞争力；其次，子公司之间可以签订合作协议，实现客户网络、资信和营销能力等方面的优势互补，共同开发多样化的金融产品，进而降低经营成本，加快金融创新。金融控股公司存在规模经济和范围经济效应，可以减少不同业务部门之间的利益冲突，扩展证券部门的安全网，在市场和分销网络上实现协同效应。通过频繁的并购，金融集团的规模更容易摆脱单个机构资金实力的局限，向超大型金融企业发展。鉴于金融控股公司的优势明显，国际上大多数国家均采用金融控股公司模式进行混业经营。

（2）**全能银行模式**（universal banking）。全面放开阻碍不同金融行业之间交叉经营的法律限制，发展综合性的全能银行，即由国家监管当局出台新的法规政策，取消分业制下的严格限制，允许金融机构跨行业经营金融业务，鼓励开发交叉型的金融产品，促进金融业务多样化。这种模式完全打破了商业银行与投资银行之间的界限，形成了"金融百货公司"，使金融机构能提供最广泛的金融服务，既包括资本市场服务和货币市场服务，也包括外汇市场、不动产市场、保险市场、其他资产交易及衍生工具交易的服务。目前德国实行的就是这种全能银行模式。但是，这种模式不利于协调利益集团之间的利益冲突，不利于金融安全网的扩展，如果一个环节出现问题将会影响到整个集团的利益，属于混业经营中风险较大的一种商业模式。

（3）**银行母公司－非银行子公司模式**（bank of parent-non-bank subsidiary）。金融机构通过直接出资设立新的公司，来涉足其他金融领域，如商业银行组建保险公司。这种模式在日本金融改革中的运用较为典型。自 1993 年起，日本金融监管当局就允许银行、证券或信托公司通过设立子公司来从事其他金融领域的业务，但规定了银行母公司和非银行子公司之间严格的法律界限。证券业务、保险业务或其他非银行金融业务，都由银行的子公司进行。在母公司与子公司之间建立"防火墙"有助于减少利益冲突和扩展银行证券活动安全网，但是一旦子公司出现问题，风险也必然会传递和影响到银行声誉，从而带来一系列的负面效应。

虽然中国目前仍然实行分业经营的金融模式，但是银行机构与非银行金融机构之间的广泛合作与金融创新，早已将分业经营界限悄然打破。在香港上市的交通银行作为中国金融业综合经营的试点行，已得到了国务院的特许，可以进行试点混业经营。交通银行在国内首先设立了银行自己的保险公司，新设立的交银保险是一家寿险公司，这是银保合作的典型案例；中国工商银行则建立了境内自己的基金公司——瑞信基金管理公司，目前已经管理多只共同基金；中国建设银行也建立了境内自己的基金公司——建信基金公司，发行了建信恒久基金、建信优势动力股票型基金、建信优选成长股票型基金和建信深沪 300 指数基金，成为银基合作的典型案例。中国的商业银行正是通过这种银证合作、银保合作、银基合作和银期合作进行业务拓展，开展混业经营的。国内大型商业银行还通过设立境内外控股子公司，开展混业经营。三大国有股份制商业银行（中国工商银行、中国银行、中国建设银行）均独资或合资成立了境外金融控股公司，通过在境外注册非银行子公司，绕开了中国《商业银行法》禁止商业银行办理投资银行业务的限制，实现了混业经营。

在我国实行混业经营的机构一般都采取金融控股公司的组织模式，这实际上是中国金融业现状演进自然选择的结果。中国金融业目前仍然实行分业经营和分业监管。但国际金融市场中混业经营的大趋势，已经开始影响中国金融业未来的经营模式选择。金融控股公司作为一种联系混业经营与分业经营的重要模式，在中国现阶段分业经营的制度框架下，表现出很大的优越性。金融控股公司模式不失为中国金融业由分业经营迈向混业经营的现实选择。

最早发展金融控股公司的是中国银行（以下简称中行），1979 年中行便在香港成立了一家财务公司——中国建设财务（香港）有限公司，涉足资本市场业务。后来以此为基础，中行于 1998 年在英国注册了中银国际（中国银行国际控股有限公司），并于 1998 年将总部迁回香港，标志着其市场重心的回归。中银国际是中行在海外设立的全资附属的全功能投资银行，说明中行的金融控股公司架构已经展开。1999年，中行又与英国保诚集团合资成立了资产管理公司和信托公司，开拓香港的公积金市场业务。比较典型的还有光大集团先后成立的光大国际信托投资公司、光大银行和光大证券，并收购了申银万国证券。2000年12月，光大集团投资人保公司，逐步向金融控股公司模式发展。过去十几年里，中国出现的金融控股公司包括中信集团、平安集团和光大集团等。这些都是中国金融混业模式的不断尝试。

金融控股公司在中国主要有三种表现形式：模式一是集团型金融控股公司，如中信集团、平安集团和光大集团；模式二是以金融机构为母公司的经营型金融控股公司，如三大国有银行通过在海外注册非银行子公司，以及通过独资或合资成立的金融控股公司，如中国国际金融有限公司、工商东亚和中银集团；模式三是以实业公司为主体控股金融企业形成的经营型金融控股公司，由于企业集团对金融机构的投资不受限制，这类金融控股公司发展很快，其中既包括国有企业集团（如宝钢）的投资，也包括民营集团（如新希望）的投资。2002年7月，中信金融控股公司成立，它是中国金融业自实行分业经营以来，第一家经批准设立的可以跨金融业务领域经营的金融控股公司，预示着金融业将逐步探索以金融控股公司为主的混业经营模式。

在现有监管体制的情况下，金融控股公司是比较适合中国金融监管体制现状和金融发展水平的。金融控股公司有利于全面推进金融业综合经营，既能发挥金融企业集团规模经济和范围经济优势、业务多元化优势、风险分散优势和金融创新优势等诸多综合优势，又能在不同金融业务之间形成"防火墙"，从而有效地控制金融风险。中国虽然已经建立了金融控股公司，但没有完全发挥资源整合的优势，而且现阶段正处于监管的薄弱环节，公司在组织架构和法人治理结构等方面尚不规范。因此中国应加强监管力度，配合制定相应的法律法规，同时全面提升金融机构的核心竞争力，银行、证券和保险公司应尽快发展自己的优势业务，提高专业化水平，早日建立适合中国金融业发展的金融控股公司。

3.4.3 金融监管模式

1. 英国由分业自律监管向单一监管的演变

1986年，英国的金融改革取消了对商业银行投资证券的限制，开始了混业经营的局面。而与之相对应的金融监管体系是以《1987年银行法》为基本框架持续10年实行的分业监管体制。直到1997年英国进行金融改革，成立了金融服务局（FSA）负责对金融业的全面监管。2000年《金融服务与市场法》又对英国金融分业监管模式做出了根本性的规定，FSA取代了英格兰银行对银行业的监管职能和财政部对保险公司的监管职能，形成了以FSA为核心的单一混业监管体制。2013年，英国金融监管体系改革，废除了FSA，赋予英格兰银行全面监管职责，设立审慎监管局（PRA）和金融行为监管局（FCA）。PRA为英格兰银行的附属机构，新设的FCA取代了FSA，直接向英国议会与财政部负责，成了独立的监管机构。英国在继续保留混业统一监管体制的前提下，形成了"双峰监管"模式。

2. 日本由行政指导型监管向单一混业监管的演变

在第二次世界大战后的50多年里，日本的金融监管体制一直保持行政指导型监管模式。大藏省负责全国的财政与金融事务，下设银行局、证券局和国际金融局。1997年日本实行混业经营，成立金融监督厅，专司金融监管职能。2000 年金融监督厅更名为金融厅，拥有原大藏省的检查、监督和审批备案等全部职能。金融厅成为日本单一金融监管机构，日本也形成了单一化混业金融监管体制。

3. 欧洲向统一金融监管的演变

欧洲是国际金融监管的核心主体。一些著名国际监管组织发布的带有指导原则的报告，对欧洲监管框架产生了重要影响。欧洲金融监管的发展方向就是统一金融监管标准，建立欧洲统一的中央监管联盟。越来越多的欧洲国家在考虑实行金融混业经营和混业监管。英国、挪威、丹麦、瑞典、匈牙利和卢森堡等国相继采取了统一混业监管的模式，把金融监管权统一于一个金融监管当局。

4. 中国向混业监管的探索

随着金融的不断创新，金融机构之间跨行业合作更加密切，并且金融控股公司日益增多，中国金融机构的发展模式已经从分业经营向混业经营转变，分业监管模式的弊病逐渐显现出来，原先"一行三会"的组织架构落后于现有混业经营发展的现实，系统性金融风险大大增加。2017 年 7 月，全国金融工作会议宣布设立国家金融稳定发展委员会，履行"发展"与"稳定"职责，弥补分业监管漏洞，填补监管空白，逐步推进协调监管。2018 年 3 月，银监会与保监会合并为银保监会，这意味着银行业和保险业开始了混业监管模式，对监管体系缺陷的修改拉开序幕，成为中国对混业监管模式探索的重要标志。自此，中国金融的监管体系主要由负责制定和执行货币政策以及进行微观审慎监管的中国人民银行（央行）、强化中国人民银行宏观审慎管理和系统性风险防范职责的国务院金融稳定发展委员会（金稳委）以及对金融业实施分业监管的中国银行保险监督管理委员会（银保监会）和中国证券监督管理委员会（证监会）构成。中国金融监管架构转变为"一委一行两会"的新监管模式（见图 3-4）。金融监管模式的

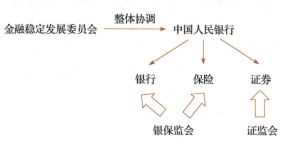

图 3-4 中国金融业务的监管方式

转变，一方面，深化了金融监管体制改革；另一方面，在一定程度上解决了现行体制存在的监管职责不清晰、交叉监管和监管空白等问题。

英国的大爆炸金融改革

英国伦敦长期以来是世界上外汇交易量最大的国际外汇交易中心，它不仅是纽约与东京的主要外汇业务来源，而且东欧、非洲、亚洲及中东等地区的外汇业务也汇聚于此。然而，第二次世界大战之后，英国推行了欧洲最广泛的国有化计划，实行严厉的政府管制，伦敦的金融业务由此开始逐渐萧条。撒切尔夫人执政时，金融服务业的产值虽占英国 GDP 的 15%，但如果不进行大刀阔斧的改革，伦敦将失去其作为世界金融中心的地位，英国经济也将因此蒙受巨大损失。更为重要的是，改革能大幅度提高英国金融市场的功能和效率，为撒切尔夫人的一大执政纲领——国有企业私有化提供服务。私有化的主要渠道就是通过证券市场向私人企业和公众出售国有股。

1986年10月27日，撒切尔夫人发动了一场规模宏大的金融改革，被称为"金融大爆炸"。英国金融业改革的核心内容是金融服务业自由化，具体内容包括：①取消经纪商和交易商这两种职能不能互兼的规定，经纪人与出场代理人互相兼任，放开交易所会员资格的限制；②取消证券交易的最低固定佣金限制，实行证券交易代理手续费自由化；③取消非交易所成员持有交易所成员股票的限制，所有的金融机构都可以参加证券交易所的活动；④废除各项金融投资管制，银行开始提供包括证券业务在内的综合性金融服务。在监管方面，英格兰银行将监管银行业的职能移交给英国金融服务监管局。

英国的商业银行纷纷收购和兼并证券经纪商，逐渐涌现出一批超级金融机构，业务领域涵盖银行、证券、保险和信托等各个方面，成为与德国相似的全能金融集团。

如同撒切尔革命引发全球市场化改革浪潮一样，伦敦的金融"大爆炸"引发了全球范围内的金融自由化浪潮。日本的金融自由化改革就直接复制英国，叫作东京金融大爆炸，即1998年4月1日桥本内阁改革的核心是通过放松金融管制，促进金融自由化，放宽外汇交易限制，外汇交易的场所并不局限于特许银行，甚至连超级市场也可以从事货币兑换业务。

经过席卷各国的以自由化为宗旨的金融大爆炸，金融家的创造性被释放出来，金融业组织形态发生巨大变化，各种金融产品层出不穷，全球金融业迎来了20世纪90年代的繁荣，在普通投资者从中受益的同时，也成为信息技术革命的助推器。

5. 中国金融监管面临的问题

我国监管模式迈向了新阶段，但仍存在一些问题。主要表现在以下几个方面。第一，监管体系仍存在协调障碍，容易导致重复监管。在银保监会和证监会合作关系越来越密切的过程中，各监管部门仍自成体系，相互之间缺乏沟通和信息共享。同时，也没有明确在危机状态下对有关风险的判断、识别通报以及协调处理的规定。分业监管制度会导致重复监管问题，增加监管部门和金融机构双方的监管成本。第二，监管与发展可能存在目标冲突。在金融监管领域，我国的金融监管者往往也直接承担发展职能，在监管与发展的二元目标激励下，监管者自然会倾向于成绩更容易观测的发展目标，而忽视质量不易观测的监管目标。从长期来看，监管与发展是统一的，即金融体系稳定高效运行和发展，并能够有效地服务实体经济。但短期内监管与发展可能出现政策倾向的不一致，存在目标冲突，就会导致监管者以发展为重、监管激励不足的问题。第三，监管者可能出于个人利益考量偏离公共利益目标，导致监管失灵。金融监管是公共物品，但监管者并不会毫无成本、毫不犹豫地按照公共利益提供公共物品。金融监管存在寻租现象，只要政府通过监管干预资源配置，私人部门就有租可寻，进而导致资源配置效率下降。第四，金融创新缺乏有效的约束机制。当前，相当多的交叉性金融工具属于金融企业自发性的摸索，在操作过程中没有明确统一的风险标准，对风险的评价几乎完全取决于开展业务的金融企业自身，普遍存在新开办的业务操作与现有的政策规定不相符的现象。政策法规的不完善与执行的不严格，使交叉性金融工具在出现之初就绕开了政策与法规的约束，其行为的性质往往会发生变化，产生了一些违规现象，掩盖了问题的本质，使监管机构在监管中经常陷于被动局面。

本章小结

本章对金融体系的特征和发展趋势进行了详细的介绍,主要内容如下。

1. 金融体系是经济体中资金流动的一个基本框架,是由保证资金流动的参与主体、金融工具、中介机构和交易市场等要素构成的整体。通过各种金融要素,资金从盈余者(支出小于收入者)手中流入到短缺者(支出大于收入者)手中。

2. 金融机构是专门从事各种金融活动组织的统称。在直接融资过程中,金融机构包括协助筹资者和投资者双方沟通信息的证券公司、证券经纪人、证券交易商以及证券交易所等。在间接融资过程中,金融机构是作为资金盈余者和资金短缺者之间进行金融交易的中介,包括各种类型的商业银行和非银行金融机构。

3. 由于金融市场中存在着交易成本和信息不对称,而金融中介机构能够大大降低交易成本,发挥其专业优势和成本优势,利用规模经济获得效益。同时,金融中介机构在防范逆向选择和道德风险等方面具有丰富的经验。因此,金融中介机构在金融体系中发挥着重要作用。

4. 中国的金融体系以商业银行为主体,分支行制度使得我国拥有覆盖全国、规模庞大的商业银行。美国的金融体系以金融市场为主体,2008年金融危机后美国的投资银行体系发生了巨大的变化。

5. 分业经营是指对金融机构业务范围进行某种程度的"分业"管制。混业经营是指商业银行及其他金融企业以科学的组织方式在货币和资本市场进行多业务、多品种以及多方式的交叉经营和服务。从各国金融业发展的实践上看,混业经营已成为必然趋势,并且各国也设置了适合各自国家发展特点的监管体制。

习 题

一、名词解释

1. 道德风险　　　　2. 逆向选择　　　　3. 信息不对称
4. 分业经营　　　　5. 混业经营　　　　6. 交易成本

二、简答题

1. 简述金融中介机构存在的必要性,并列举三种类型的间接融资金融机构。
2. 举例说明三类直接融资机构。
3. 什么是分业经营?什么是混业经营?我国目前是否具备实现混业经营的条件,并解释你的观点。
4. 比较直接融资市场和间接融资市场上金融中介的差异,并分析这两种金融中介在我国的发展现状和未来机会。
5. 什么是直接融资和间接融资,解释金融中介在间接融资模式中的角色和作用,并具体分析融资过程中"逆向选择"和"道德风险"产生的原因、导致的结果以及解决方法。
6. 中国金融监管体系由哪些机构构成?分析我国金融监管体系的现状以及面临的问题。

本章思维导图

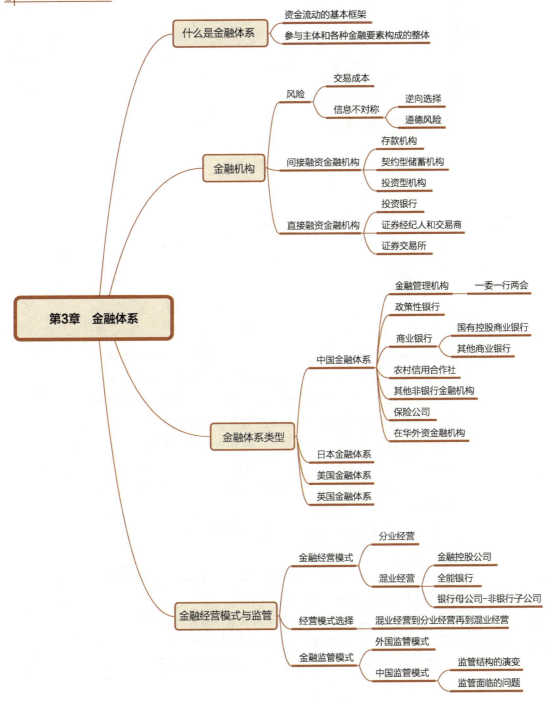

第4章

中央银行

作为金融体系的核心,中央银行通常被形象地称为整个经济运行的心脏。各国中央银行的政策及业务操作不仅影响各金融机构的经营和利润,对于各国宏观经济的运行也起到至关重要的作用。在对次贷危机引发全球金融海啸的原因探究中发现,美国联邦储备银行的错误政策是罪魁之一。本章将从中央银行的概念入手,基于中央银行的具体业务分析中央银行的货币政策选择。

4.1 中央银行界定。介绍什么是中央银行以及中央银行的职能和类型。

4.2 中央银行业务。介绍中央银行资产负债表的构成,以及具体的负债业务和资产业务的内容。

4.3 货币政策工具。介绍一般性货币政策工具、选择性货币政策工具和其他货币政策工具的内涵。

4.4 货币政策目标。说明货币政策最终目标的矛盾统一性以及最终目标、中介目标和操作指标的选择原则。

本章章末介绍了中国人民银行和美国联邦储备体系。

中央银行制度被西方人称为与火、轮子并重的三大发明之一。中央银行是一国最高的货币金融管理机构，在各国金融体系中居于主导地位。中央银行的职能是宏观调控、保障金融安全与稳定以及提供金融服务。成立于1694年的英格兰银行被认为是全世界中央银行的鼻祖。

4.1 中央银行界定

在现代经济活动中，中央银行是一种非常独特的政府性金融机构，承担着国家宏观经济调控、调节货币流通和信用活动以及维护全社会金融稳定等职责。当今世界上大多数国家都实行中央银行制度。

4.1.1 什么是中央银行

中央银行（central bank）既是为商业银行等普通金融机构和政府提供金融服务的特殊金融机构，又是制定和实施货币政策、监督管理金融业、规范与维护金融秩序以及调控金融和经济运行的宏观管理部门。中央银行自身的特有属性，是由其业务活动的特点和发挥的作用所决定的。

1. 中央银行是一国金融体系的核心

中央银行、商业银行、各种专业银行和非银行金融机构共同构成一国的金融体系，中央银行在金融体系中处于核心地位。中央银行就像"总指挥官"，是管理一国金融运行的中心。中央银行通过调节利率水平等方式，控制一国的货币供给总量，把握经济发展的冷热程度。中央银行通过颁布各种规章制度对各种金融机构的经营活动进行监管和规范，以贯彻国家政策意图。中央银行还通过与其他国家的金融管理机构以及国际金融组织的往来与合作，参与金融全球化发展中金融问题的解决，在强化一国金融主权的基础上，促进本国经济与金融发展。由此可见，其他金融机构与中央银行相比在经济运行中的地位是不能够相提并论的。

2. 中央银行是经营金融业务的特殊金融机构

中央银行代表国家履行金融管理的职责，是通过办理具体的金融业务来实现的。中央银行并不是普通的金融机构，它有着不同于普通商业银行的特征。

第一，中央银行处于一国信用活动的枢纽地位，是国家干预和调控宏观经济的重要工具，由此决定了中央银行的活动领域属于宏观经济范围。中央银行可以根据国家经济发展状况，制定和执行货币政策、控制货币供给量、调节信贷的投向和流量、把握经济发展的冷热程度以及把国家宏观经济决策和宏观经济调节的信息传向其他金融机构与国民经济的各个部门。普通商业银行的活动领域属于微观领域，仅限于企业和个人的资金往来活动。

第二，中央银行负有特殊的社会责任，其业务活动不以盈利为目的，出现盈余时则上缴国库。中央银行对货币发行权的独家垄断，决定了任何商业银行在经营过程中都无法与其相匹敌。更重要的是，中央银行负有调节经济和金融的特殊使命，其调节机能大多要以雄厚的资金力量为后盾。事实上，中央银行通过其资产业务实现货币供给职能，并对全社会的货币供应量进行控制。因而，如果中央银行的运营以盈利为目的，可能会因过分膨胀其资产业务而削弱对金融市场的控制能力，从而无法有效地执行对经济和金融的调节，甚至诱发通货膨胀。同样，因为货币发行能够得到铸币税收入，增发贷款可获得利息收益，如果中央银行的运营是为了追求利润，则它可能增发货币或增加贷款，从而削弱对经济和金融的控制力。还有，中央银行如果以追逐利润为目的，还会与既定的货币政策相冲突，导致货币政策手段失灵。例如，当经济发展需要紧缩银根时，中央银行必须收缩其资产业务，这会减少其自身利润，如果中央银行对货币政策的实行产生忧虑，则会影响货币政策作用的正常发挥。而且，中央银行的利润不能等同于企业的利润，中央银行的利润是其依靠特权获得的，利润盈余要上缴财政。因此，中央银行的运营是为了履行调节经济和金融的责任，而不是为了获得运营收益。即使中央银行出现运营利润，也只是实现货币政策手段过程中的副产品，必须上缴国库。

第三，与普通商业银行以工商企业和个人为服务对象不同，中央银行以政府和金融机构为服务对象。以政府为服务对象表现在为政府代理国库，充当政府经济金融顾问等；以金融机构为服务对象表现为接受商业银行等金融机构的存款，向金融机构提供再贷款、再贴现和资金清算服务等。

第四，中央银行资产具有较强的流动性。中央银行负有调节全国金融活动的职责，中央银行的宏观调控最终是通过变动其资产实现的，无论使用哪种货币政策工具，最终结果必然是中央银行资产的变动引起社会货币供应量的变动，以达到国家所要求的政策效果。因此中央银行资产只有保持较强的流动性，才能根据市场变化随时回收或者投放基础货币，调节社会体系中的货币供给。许多国家的央行法都明确规定了中央银行持有资产的范围，以限制其持有流动性较差的资产。

第五，中央银行具有相对独立的地位。中央银行代表国家执行金融政策，是国家权力的一部分或是政府的一个部门，理所当然要受到国家政府的控制或制约，不能凌驾于政府之上。由于币值的稳定是整个经济体系正常运行的关键，中央银行的货币发行规模是决定一国币值是否稳定的重要因素，这就要求中央银行应该相对独立地制定货币政策。中央银行要代表社会公众的利益，对所有的经济和金融事务提供公正的服务，不应成为财政赤字的支持者。否则，中央银行的业务就会受到政治周期的影响，从而影响整个社会的稳定和发展。

第六，中央银行不在国外设立分支机构。《国际法》明确规定："他国的中央银行，在派生驻地不能发行钞票，不得经营商业银行业务，不能与各地的不同国家的商业银行发生联系，仅能有因为进出口贸易而发生的外汇联系。"这是因为中央银行作为一国政府在金融方面的代表，无权在他国境内干涉他国金融业务，因而中央银行在国外不能设立分支机构。但中央银行可以根据需要和可能，在国外经济和金融中心设立驻外代表处，就地观察研究经济和金融形势以及本国银行在当地或其他邻国分支机构的活动情况，并增进各国中央银行间的交流与合作。例如，中国人民银行就在伦敦、法兰克福及纽约等地设立了驻外代表处。

世界上主要的中央银行

中国人民银行——中华人民共和国

香港金融管理局——中华人民共和国香港特别行政区，行使中央银行部分职能，除了10元纸钞的发行由它负责外，发钞权由汇丰银行、渣打银行及中国银行负责

澳门金融管理局——中华人民共和国澳门特别行政区，1989年6月12日成立，行使中央银行部分职能，发钞权由大西洋银行和中国银行澳门分行负责

韩国银行——大韩民国
日本银行——日本
印度储备银行——印度共和国
欧洲中央银行（ECB）——欧盟
英格兰银行（BOE）——英国
瑞士中央银行（SNB）——瑞士共和国
德意志银行（DB）——德国
美国联邦储备委员会（FRB）——美国
加拿大中央银行（BOC）——加拿大

3. 中央银行是管理全国金融事业的国家机关

几乎所有国家的法律都明确规定，中央银行是国家管理全国金融事业的国家机关。作为国家管理金融业和调控宏观经济的重要部门，中央银行自然具有国家机关的一般性质，即负有重要的公共责任。随着国家对金融和经济干预或调控的加强，中央银行的国家机关性质也在不断强化。但是中央银行作为管理机关，又不同于一般的国家行政管理机构，有其特殊性，具体表现在：第一，中央银行履行职责是通过金融业务进行的，对金融和经济的管理调控基本上采用经济手段，这些手段的运用更多地具有银行业务操作的特征，与主要依靠行政或计划手段进行管理的一般政府机构有本质的区别；第二，中央银行宏观调控是分层次实现的，通过操作货币政策工具调节金融机构的行为和金融市场的运作，然后再通过金融市场和金融机构影响各经济部门，因此货币政策发挥效应存在时滞问题，而一般行政机构的行政决策直接作用于经济主体，并且具有强制性；第三，中央银行在政策制定上有一定的独立性。

4.1.2 中央银行的职能

中央银行的职能是中央银行的性质在其业务活动中的具体体现。尽管世界各国的政治与经济制度、社会历史背景、商品经济与信用制度的发展水平各不相同，但中央银行的基本功能差异不大。一般而言，中央银行具有四大职能：发行的银行、银行的银行、政府的银行和管理金融的银行。

1. 中央银行是"发行的银行"

"发行的银行"是指国家赋予中央银行集中与垄断货币发行的特权，中央银行是国家唯一的货币发行机构。中央银行集中与垄断货币发行权是中央银行最基本也是最重要的标志，是其发挥全部职能的基础。几乎在所有国家中，垄断货币发行权都是与中央银行的产生与发展直接相连的。中央银行一般来源于两种途径：其一是由一般的商业银行逐步演化为中央银行，货币发行权的垄断是其性质发生变化的基本标志；其二是由国家直接设立中央银行，垄断货币发行权是国家赋予它的最重要的特权之一，是所有授权中首要的也是最基本的特权。

作为发行的银行，中央银行要根据国民经济发展的客观需要，掌握货币发行规模，调节货币流通，即中央银行的货币发行量要以经济发展的客观要求为依据，保持良好的货币供应弹性，使中央银行的货币供应与流通体系的货币需求相吻合，为经济稳定和持续增长提供一个适宜的金融环境。中央银行还必须掌握货币发行准备，根据流通的实际需要，印刷、铸造或销毁钞票和硬币，进行库款调拨，调剂地区间的货币分布和面额比例，满足社会对钞票和硬币提取及支付的不同要求。

2. 中央银行是"银行的银行"

"银行的银行"是指中央银行与商业银行和其他金融机构发生业务往来，与商业银行发生存贷款关系及资金往来清算，是全国存贷款准备金的保管者、金融票据交换中心和全国银行业的最后贷款者。这一职能的产生和发展，也是中央银行从一般商业银行脱颖而出的重要标志。银行的银行这一职能，最能体现中央银行是特殊金融机构的性质，也是中央银行能够对商业银行和其他金融机构的活动施加影响从而成为金融体系核心的基本条件。

作为银行的银行，中央银行充当法定存款准备金的唯一保管者，即通过法律规定要求商业银行及有关金融机构必须按存款的一定比例向中央银行交存存款准备金，以保证商业银行和其他存款机构的支付与清偿能力，并借此调节信用规模和控制货币供应量。中央银行还充当商业银行等金融机构的"最后贷款人"，即当商业银行和其他金融机构无法通过其他资金来源筹集资金时，中央银行为其融通资金。中央银行还组织、参与和管理全国的资金清算，通过对全国各金融机构在中央银行的存款账户进行转账和轧差，直接增减其存款金额便可完成金融机构间的资金清算。中央银行负责全国资金清算，既节约资金的使用，减少清算费用，解决单个银行资金清算所面临的困难，同时有利于中央银行通过清算系统对商业银行体系的业务经营进行全面及时的了解、监督和控制，强化其在整个银行体系中的核心地位。

3. 中央银行是"政府的银行"

"政府的银行"是指中央银行既作为政府管理金融的工具，又为政府提供金融服务。中央银行无论是从商业银行逐渐演变而来的，还是依照法律制度创建的，都是一种政府行为，并基于政府的需要而存在。中央银行作为政府的银行具体体现在三个方面。

第一，中央银行代理国库并向政府融通资金。国家财政收支的管理一般通过财政部门在中央银行开立的账户进行，中央银行充当国库的总出纳，为政府管理资金提供服务。具体包括接受国库存款，政府各种税收和其他方面的收入都存入中央银行的账户，由中央银行代为管理；政府用于社会保障、行政管理、教育和国防等方面的支出由中央银行代办支出；中央银行为政府代办公债认购、推销以及还本付息等业务；同时中央银行还向政府部门反映预算收支执行情况，协助财政和税收部门收缴库款等。

第二，管理和经营国家储备资产。中央银行代政府保存和管理国际储备，即黄金、外汇、在国际货币基金组织的储备头寸和特别提款权等，其中以管理黄金和外汇储备最为重要。中央银行根据国际和国内货币政策的需要适时、适量买卖黄金和外汇，控制储备资产总量，使之适应国内货币发行和国际贸易的发展，起到稳定物价、稳定汇率以及促进国际收支平衡的作用。

第三，中央银行是政府的金融顾问和国际金融组织的代表。中央银行处于社会资金流通的中心环节，拥有迅捷、灵敏的信息，能够及时、全面掌握国家经济和金融活动的基本情况，能对经济发展做出客观独立的判断和反应，为政府提供经济预测和决策建议，在政府经济决策制定中扮演着极其重要的角色。同时，在国际金融事务中，政府往往赋权中央银行作为自己的代表，参加国际金融组织，包括世界性金融组织（如国际货币基金组织和世界银行）和区域性金融组织（如亚洲开发银行），积极促进国际金融领域的合作与发展，参与国际金融重大决策。中央银行还代表本国政府与外国的中央银行进行两国金融以及贸易事项的谈判、协调和磋商等，进行政府间的金融事务往来，管理与本国有关的国际资本流动以及办理外汇收支的清算和拨付等国际金融事务。

4. 中央银行是"管理金融的银行"

"管理金融的银行"是指中央银行有权制定和执行货币政策，并对商业银行和其他金融机构的业务活动进行领导、管理和监督。这一职能是在上述三个职能的基础上产生和发展起来的。正是因为中央银行是发行的银行、政府的银行和银行的银行，在一国金融体系中居于核心主导地位，所以它担负着管理国家金融的特殊使命，这也是现代中央银行的重要特征之一。随着中央银行制度的发展，管理金融在中央银行的职能中显得越来越重要。

作为管理金融的银行，中央银行担负的职责主要包括以下几方面。首先，负责制定和执行货币政策，达到稳定物价、促进经济增长的目的；其次，制定和执行金融法规与银行业务基本章程，具体包括货币发行制度、现金管理制度、银行管理条例、外汇管理制度以及票据贴现制度等；最后，中央银行对金融业实施监督和管理，对银行等金融机构的设置、业务活动以及经营状况实施监督和管理，以防止金融秩序紊乱给社会经济生活造成冲击。1913 年美国《联邦储备法》出台，初步建立了中央银行对商业银行进行监管的组织体系。1999 年美国《金融服务现代化法案》确立了联邦储备体系中的联储理事会作为新建金融控股公司"牵头监管人"的地位，美联储也成为伞形监管体系的"伞尖"，成为金融监管体系的统领者。2010 年美国《多德－弗兰克华尔街改革和消费者保护法案》的通过，使中央银行成为自危机以来引领国际监管改革浪潮的先行者。考虑到美国监管机构的多头并立，建立由各主要监管机构负责人组成的委员会对于保证美国金融体系的完整和稳定尤为重要。该法案促成了金融稳定监管委员会（FSOC）的建立，该委员会是协调美国各主要监管机构的研究和咨询性机构，但并不具有相应的监管权。因此，美国的联邦储备银行仍发挥着重要的金融监管职能。

中国金融监管体制体现了金融监管职能从中央银行分离的趋势。在 1998 年以前，中国人民银行统一实施金融监管。从 1998 年开始，对证券业和保险业的监管从中国人民银行统一监管体系中分离出来，分别由中国证券监督管理委员会和中国保险监督管理委员会负责，形成了中国人民银行、证监会和保监会三家分业监管的格局。2003 年，中国银行监督管理委员会正式组建，接管中国人民银行的银行监管职能，由此正式确立了中国金融业监管的"一行三会"制度，实行分业经营和分业监管。2018 年 3 月，《国务院机构改革方案》宣布，将中国银行业监督管理委员会和中国保险监督管理委员会合并，组建中国银行保险监督管理委员会，作为国务院直属事业单位，为强化中国人民银行宏观审慎管理和系统性风险防范职责，设立国务院金融稳定发展委员会。同时，将银监会和保监会拟定银行业、保险业重要法律法规草案和审慎监管基本制度的职责划入中国人民银行。2018 年 4 月 8 日，中国银行保险监督管理委员会的新牌揭牌，这意味着 1998 年成立的保监会和 2003 年成立的银监会正式退出历史舞台，中国金融业监管架构步入了"一委一行两会"时代。

在世界范围内，次贷危机后金融监管职能从中央银行分离的趋势出现了不确定性。目前英国的金融监管体制是在 1997 年工党执行以后形成的。2000 年 6 月，英国通过了《金融服务与市场法》，将金融监管职能从英格兰银行剥离出来，由 2001 年成立的金融服务管理局（FSA）实施统一监管。2010 年 5 月保守党和自由民主党联合执政以后，工党之前提出的金融监管改革方案被大幅调整，并在联合声明中提出英格兰银行负责宏观审慎监管和微观审慎监管，货币政策与金融监管相互分离的时代很可能就此画上句号，从而兑现保守党关于撤销金融服务管理局以及赋予英格兰银行更广泛的监管权力的竞选承诺。可见，关于中央银行是否应承担金融监管职能并没有定论，各国都是根据自身国情做出的选择。

4.1.3　中央银行的类型

虽然目前世界上各个国家和地区基本上都实行中央银行制度，但并不存在一个统一的模式，各国的不同制度选择使中央银行的组织结构设置也不尽相同。

1. 中央银行基本制度

归纳起来，中央银行制度大致有单一式中央银行制度、复合式中央银行制度、准中央银行制度和跨国中央银行制度四种类型。

（1）**单一式中央银行制度**（single central bank system）是指国家建立单独的中央银行机构，使其全面行使中央银行职能的中央银行制度。这种类型又分为两种情况。

1）**一元式中央银行制度**（unit central bank system）是指一国只设立一家统一的中央银行，它行使中央银行的权力和履行中央银行的全部职责，中央银行机构自身上下是统一的，机构设置一般采取总分制，逐级垂直隶属。这种组织形式下的中央银行是标准意义上的中央银行，目前世界上绝大多数国家的中央银行都实行这种体制，如中国、英国、法国和日本等。

2）**二元式中央银行制度**（dual central bank system）是指中央银行体系由中央和地方两级相对独立的中央银行机构共同组成。中央级中央银行和地方级中央银行在货币政策方面是统一的，中央级中央银行是金融决策机构，地方级中央银行要接受中央级中央银行的监督和指导。在货币政策的具体实施、金融监管和中央银行有关业务的具体操作方面，地方级中央银行在其辖区内有一定的独立性，与中央级中央银行并不是总分行的关系，而是按法律规定分别行使其职能。这种制度与联邦制国家体制相适应，如目前美国和德国就实行这种中央银行制度，欧洲中央银行体系也属于此种类型。

（2）**复合式中央银行制度**（compound central bank system）是指国家不单独设立专司中央银行职能的中央银行机构，而是由一家集中央银行与商业银行职能于一体的国家大银行兼行中央银行职能的中央银行制度。这种中央银行制度往往与中央银行初级发展阶段和国家实行计划经济体制相对应，如苏联、早期东欧以及 1983 年以前的中国。

（3）**准中央银行制度**（quasi-central bank system）是指国家不设立通常意义上的完整的中央银行，而设立类似于中央银行的金融管理机构执行部分中央银行职能，并授权若干商业银行执行部分中央银行职能的中央银行制度。采取这种中央银行组织形式的国家有新加坡、马尔代夫、斐济、沙特阿拉伯、阿拉伯联合酋长国和塞舌尔等。这类准中央银行制度通常与国家或地区较小同时又有一家或几家银行在本国一直处于垄断地位相关。中国香港地区实行的也是准中央银行制度。

（4）**跨国中央银行制度**（multinational central bank system）是指由若干国家联合组建一家中央银行，并由这家中央银行在其成员国范围内行使全部或部分中央银行职能的中央银行制度。这种中央银行制度一般与区域性多国经济相对一致和货币联盟体制相对应。这些跨国的中央银行为成员国发行共同使用的货币和制定统一的货币金融政策，监督各成员国的金融机构及金融市场，为成员国的政府提供融资，办理成员国共同商定并授权的金融事项等。最典型的跨国中央银行制度就是欧洲中央银行。欧盟（原欧共体）早在1969年就提出要建立欧洲经济与货币联盟，以实现统一货币、统一央行以及统一货币与金融政策的目标。1979年计划开始正式实施，1998年7月成立欧洲中央银行，1999年欧元诞生。其他跨国中央银行还有西非货币联盟的中央银行、中非国家银行和加勒比海货币当局等。

2. 中央银行的资本结构

中央银行的资本结构是指作为中央银行营业基础的资本金的构成方式，即中央银行资本的所有制形式。中央银行的资本组成有以下几种类型。

（1）**全部股份为国家所有**。目前大多数国家中央银行的资本金是为国家所有的。具体情况又可分为两种类型：一是国家通过购买中央银行资本中原来属于私人的股份而拥有中央银行全部股权；二是在中央银行成立时，国家就拨付全部资本金。现在世界上绝大多数国家的中央银行属于第一种类型，如英国、法国、德国和荷兰的中央银行均是通过国有化实现的国家所有。而中国人民银行的资本来源属于第二种情况。

（2）**公私股份混合所有**。这种资本组成类型的中央银行也被称为半国家性质的中央银行，其资本金一部分股份由国家持有，一般占资本总额的50%以上，而其余部分由民间持股，非国家资本，即民间资本包括企业法人和自然人的股份。在采取这种所有制结构的中央银行体制中，民间股东的权限受到很大的限制。例如只允许他们有分取红利的权利，而无经营决策权，其股权的转让也必须经中央银行同意后方可进行。总之，不论国家资本与民间资本的比例关系如何，拥有民间资本的股东不能影响中央银行的宏观金融政策。例如，日本银行，其55%的股权由国家认购，其余45%由民间认购，私人股东拥有的唯一权利就是每年领取5%的股息。

（3）**全部股份私人所有**。这种类型的中央银行，全部资本由私人持有。美国、意大利和瑞士等少数国家的中央银行属于此种类型。美国联邦储备银行的股本全部由联邦储备体系的会员银行所拥有，会员银行按照自己实收资本和公积金的6%认购其所参与的联邦储备银行的股份，美联储是典型的私人股份的中央银行。

（4）**无资本金的中央银行**。中央银行在建立之初根本没有资本，由国家授权其执行中央银行职能。中央银行运用的资金主要是各金融机构的存款和流通中的货币，自有资金只占很小一部分。韩国的中央银行是目前唯一没有资本金的中央银行。

（5）**多国共有资本的中央银行**。跨国中央银行的资本不为某一国家所独有，而是由跨国中央银行的成员国所共有，如西非货币联盟、中非货币联盟和东加勒比海货币管理局就属于这种类型。货币联盟成员国共同组建的中央银行的资本金是由各成员国按商定比例认缴的，各国以认缴比例拥有对中央银行的所有权。

无论中央银行的资本金是国家所有还是公私混合所有，都不会对中央银行的性质和业务活动产生实质性的影响。因为国家对中央银行拥有直接控制和监督的权力，私人持股者既无决策权，也无经营管理权。

3. 中央银行的独立性

中央银行的独立性是中央银行在法律授权范围内制定和执行货币政策的自主程度。中央银行的独立性集中反应在中央银行与政府的关系上。两者的宏观经济目标是一致的，但又存在分工与协作，在实现目标的措施选择上存在差异。当面对重大问题时，政府往往要求中央银行能够按照政府的安排行事，但中央银行认为只有保持中央银行政策的条理性才能解决特殊的金融问题，以实现国家的经济目标。

第一次世界大战前，西方各国普遍实行金本位制，社会金融形势稳定。此时，政府对中央银行的控制和干预不多，而中央银行也为政府服务。第一次世界大战爆发后，为了筹集战争费用，各国政府加强了对中央银行的控制和干预，并且赋予中央银行更多的货币发行权。战争结束后，各国借此机会加强了对中央银行的控制，期望能够以此尽快恢复国民经济。因此，中央银行大量地发行货币导致许多国家通货膨胀率急剧上升，金融市场也受到波及，反而使经济更加窘迫。

1920 年在布鲁塞尔举行的中央银行会议呼吁政府减少对中央银行的干预，从而使中央银行增强自身的独立性。此后，许多国家在法律上赋予了中央银行独立性。但事实却是各国并没有因为法律的出台而赋予中央银行更多的独立性，反而对其施行更加严格的控制。20 世纪 30 年代的经济危机过后，凯恩斯主义的盛行使得政府对中央银行的控制继续加强。直到 20 世纪 70 年代，布雷顿森林体系崩溃，世界金融市场频繁波动使政府不得不重新思考中央银行的独立性问题，这才逐渐开始放宽对中央银行的干预，中央银行的独立性逐渐提高。

中央银行与政府的关系，主要是指中央银行对政府的独立性程度，大致可以划分为三类。

（1）**独立性较大模式**。中央银行直接对国会负责，直接向国会报告工作，获得国会立法授权后可以独立地制定货币政策及采取相应的措施，政府不得直接对中央银行发布命令和指示，不得干涉货币政策。如果中央银行与政府发生矛盾，双方通过协商解决。美国和德国属于这一模式。

美国联邦储备体系享有较大的独立性，被誉为中央银行独立性的典范。它的独立性表现在以下几个方面。第一，联邦储备体系直接向国会报告工作，向国会负责，但会计不受国会审核，有相对独立性。第二，美国总统征得国会参议院同意任命联邦储备委员会理事以及该委员会的主席和副主席，但由于理事任期与总统任期不一致，总统无法在其任期内更换绝大多数理事，从形式上制约了总统完全控制联邦储备体系委员会的可能。第三，联邦储备体系委员会经国会授权，无须经总统批准，有权独立制定货币政策，自行决定采取的措施和运用的政策工具。第四，总统未经国会授权不能对联储发布任何指令。第五，联储与财政部相互制约，形式上相互独立，联邦储备体系没有长期支持财政融资的义务。

德意志联邦银行也是具有独立性和权威性的典型的中央银行。它的独立性和权威性表现在：一是联邦官员无权对联邦银行发布任何命令；二是财政部可以参与中央银行委员会，但没有表决权，对联邦银行的决议，财政部只有令其延缓两周执行的权力；三是联邦银行可以独立地制定和执行国内的有关金融政策，当其他经济政策与稳定通货政策相矛盾时，联邦银行为完成自己所担负的任务，有权独立地运用货币政策手段，并采取相应的措施。

（2）**独立性稍弱模式**。中央银行名义上隶属于政府，实际上却保持着一定的独立性。有些国家的法律规定财政部拥有对中央银行发布指令的权力，事实上并不使用这种权力。政府一般不过问货币政策制定，中央银行可以独立地制定和执行货币政策。英格兰银行和日本银行属于这一模式。

英格兰银行表面上隶属于财政部，根据《英格兰银行法》，财政部对英格兰银行有管辖权，可以直接向英格兰银行发布命令，但此项权力财政部实际上从未使用过。英格兰银行和政府始终保持着密切的合作，政府也一贯尊重英格兰银行的货币政策意见，不参与理事会的评议，也不过问货币政策的制定。由于政府的授权，英格兰银行在货币金融政策方面实际享有相当大的独立性，比法律规定的要大得多。

日本银行隶属于大藏省，但在制定和执行金融政策方面仍具有独立性。日本银行金融政策的制定由日本银行政策委员会负责，该委员会是一个比较超然的机构，代表政府的委员对金融政策有发言权，但没有表决权。

（3）**独立性较小模式**。这一模式的中央银行接受政府的指令，货币政策的制定及采取的措施要经政府批准，政府有权停止和推迟中央银行决议的执行。这种模式的典型是意大利银行。

意大利银行总裁由理事会提名，由总统任命。意大利银行受财政部统辖，财政部代表出席理事会会议，并且有权在认为会议决议与国家法令不符时暂时停止决议的执行。有关的货币政策措施必须先经信用与储蓄部委员会批准，意大利银行才能执行。意大利银行如果与政府出现意见分歧，政府在与其磋商后仍不能解决，便可根据法定权限指示银行执行政府的既定政策，同时向议会汇报。

4.2 中央银行业务

作为经济运行的心脏，中央银行通过其资产负债业务来决定银根的松紧，影响资金流的流量及流向。中央银行特有的资产负债业务使其承担调节货币供给以及实施货币政策的职责。中央银行的资产负债表是中央银行在履行职能时其业务活动形成的债权和债务存量报表，通常能够反映其资产负债业务的种类、规模和结构。

4.2.1 资产负债表

中央银行的资产负债表（balance sheet of central bank）是中央银行在履行职能时的业务活动所形成的债权和债务存量表。中央银行资产负债业务的种类、规模和结构都综合地反映在资产负债表中。

在经济全球化的背景下，为使各国之间了解彼此的货币金融运行状况及分析它们之间的相互作用，国际货币基金组织定期编印《货币与金融统计手册》刊物，以相对统一的口径向人们提供各成员国有关货币金融和经济发展的主要统计数据。中央银行的资产负债表就是其中之一，被称作"货币当局资产负债表"。各国中央银行在编制资产负债表时一般主要参照国际货币基金组织的格式和口径，从而使各国中央银行资产负债表的主要项目与结构基本相同，具有可比性。表4-1给出了中国人民银行2019年第一季度的资产负债表。

表 4-1　2019 年第一季度中国人民银行资产负债表

2019.03　　　　　　　　　　　　　　　　　　　　　　　　　　　　（单位：亿元人民币）

资产	金额	负债	金额
国外资产（foreign assets）	218 109.66	储备货币（reserve money）	303 711.03
外汇（foreign exchange）	212 536.65	货币发行（currency issue）	81 310.67
货币黄金（monetary gold）	2 663.61	金融性公司存款（deposits of financial corporations）	
其他国外资产（other foreign assets）	2 909.41	非金融机构存款（deposits of non-financial corporations）	12 752.22
		其他存款性公司（other depository corporations）	209 648.14
对政府债权（claims on government）	15 250.25	其他金融性公司（other financial corporations）	
其中：中央政府（of which: central government）	15 250.25	不计入储备货币的金融性公司存款（deposits of financial corporations excluded from reserve money）	4 693.39
对其他存款性公司债权（claims on other depository corporations）	93 667.54	发行债券（bond issue）	315.00
对其他金融性公司债权（claims on other financial corporations）	4 708.59	国外负债（foreign liabilities）	819.25
对非金融性公司债权（claims on non-financial corporations）	26.97	政府存款（deposits of government）	31 407.14
其他资产（other assets）	16 789.62	自有资金（own capital）	219.75
		其他负债（other liabilities）	7 387.06
总资产（total assets）	**348 552.63**	**总负债（total liabilities）**	**348 552.63**

资料来源：Wind 中国宏观数据库。

4.2.2　负债业务

中央银行的负债业务是指金融机构、政府、个人和其他部门持有的对中央银行的债权。中央银行的负债业务主要由存款业务、货币发行业务、债券发行业务、对外负债业务和资本业务构成。

1. 中央银行的存款业务

收存存款是中央银行的主要负债业务之一。中央银行的存款一般可分为商业银行等金融机构的准备金存款、政府存款、非银行金融机构存款、外国存款以及特定机构和私人部门存款、特种存款等。

（1）**准备金存款**。**准备金存款**（deposit reserve）是中央银行存款业务中数量最多、作用最大的一项。准备金存款业务与存款准备金制度直接相关，主要目的是配合中央银行实施货币政策和宏观调控。尽管各国由于政治、经济及历史文化背景不同，存款准备金制度有不同之处，但准备金存款业务差异不大。

各国准备金存款业务一般包括以下几个方面的内容。

首先，规定存款准备金比率，即法定存款准备金率。如果法定存款准备金率为 10%，商业银行每吸收 100 万元存款就必须拿出 10 万元作为法定准备金缴存中央银行，剩余的 90 万元可以向外发放贷款。存款准备金率的高低，直接制约着商业银行创造派生存款的能力，所以调高或调低存款准备金率,可以直接影响商业银行资产的流动性,实际上也就控制了放款与投资的规模,从而起到调节货币供应量的作用。

其次,规定可充当存款准备金的资产形式。在许多国家,存款准备金又分为第一准备金和第二准备金。第一准备金是商业银行为应对客户提取现款的需求时随时可以兑现的资产,主要包括库存现金及存放在中央银行的法定准备金,一般称为"现金准备"或"主要准备"。第二准备金是指银行容易变现而又不容易遭受重大损失的资产,如国库券及其他流动性资产,也叫"保证准备"。在存款准备金制度建立初期,能够充当法定存款准备金的只能是存在中央银行的存款,商业银行持有的其他资产还不能算作存款准备金。随着经济的不断发展,能够充当存款准备金的金融资产的种类不断丰富。在中国,商业银行的库存现金不能充当法定存款准备金,只有上存到中国人民银行的存款才能充当法定存款准备金。

最后,确定存款准备金计提的基础。这一业务操作的核心是确定计提基础,即如何确定存款余额以及如何确定缴存存款准备金的基期。通常情况下,存款余额有两种确定方法。一种是商业银行存款的日平均余额扣除应付和未付款项后作为计提准备金的基础;另一种是以月末或旬末的存款余额扣除当期应付和未付款后作为准备金的计提基础。以什么时间的存款余额作为缴存准备金的基期,一般也有两种做法。一种做法是采取当期准备金账户制,即一个结算期的法定准备金以当期的存款额作为计提基础;另一种做法是采取前期准备金账户制,即一个结算期的法定准备金以前一个或前两个结算期的存款余额作为计提基础。

(2)**政府存款**。各个国家**政府存款**(government deposit)的构成存在某些差异。有些国家的政府存款就是指中央政府的存款,而有的国家则将各级地方政府的存款和政府部门的存款也列入其中。即便如此,政府存款中最主要的仍是中央政府存款。中央政府存款一般包括国库持有的货币、活期存款、定期存款及外币存款等。

(3)**非银行金融机构存款**(non-bank financial institution deposit)。在中央银行的存款中,有些国家的中央银行将非银行金融机构存款纳入准备金存款业务,按法定要求办理。而有些国家的中央银行则将其作为一项单独的存款业务,因没有法定的存款缴存比率,这类存款业务就有较大的被动性。此类存款主要用于清算,存多存少由非银行金融机构自主决定,但中央银行可以通过存款利率的变动进行调节。目前中国各种非银行金融机构在中国人民银行都有存款,主要也是出于清算目的。

(4)**外国存款**(foreign deposit)。这项存款的债权人属于外国中央银行或外国政府。这些存款属于外国的外汇储备,随时可以用于贸易结算和清偿债务,存款数量取决于各国的具体需要。所以,对于本国中央银行来说,这种存款业务的被动性较大。虽然外国存款对本国外汇储备和中央银行基础货币的投放有影响,但通常情况下外国存款规模较小,实际影响力并不大。

(5)**特定机构和私人部门存款**(specific institutions and private sector deposits)。特定机构是指非金融机构,中央银行收存这些机构的存款,或是为了特定的目的,如对这些机构发放特别贷款;或是为扩大中央银行资金来源。

(6)**特种存款**(special deposit)。特种存款是指中央银行根据商业银行和其他金融机构信贷资金的运营情况,以及银根松紧和宏观调控的需要,以特定的方式从这些金融机构集中一定数量的资金而形成的存款。特种存款业务作为调整信贷资金结构和信贷规模的重要措施,成为中央银行进行直接信用控制的方式之一。特种存款业务有如下特点:一是非常规性,中央银行一般只在特殊情况下为达到特殊目的而吸收特种存款;二是特种存款业务的对象具有特定性,一般很少面向所有的金融机构;三是特种存款期限较短,一般为一年;四是特种存款的数量和利率完全由中央银行决定,具有一定的强制性,特定的金融机构只能按规定的数量或比率及时、足额地完成存款任务。

2. 中央银行的货币发行业务

货币发行是中央银行最基础也是最重要的负债业务。从发行操作看,货币发行是指货币从中央银行的发行库,通过各家商业银行的业务库流到社会。从数量看,货币发行是指货币从中央银行流出的数量大于从流通中回笼的数量。流通中的现金都是通过货币发行业务流出中央银行的,货币发行是基础货币的主要构成部分。中央银行通过货币发行业务,一方面满足社会商品流通扩大和商品经济发展的需要;另一方面可筹集资金,使中央银行履行各项职能。中央银行的货币发行是通过再贴现、贷款、购买证券、购买金银和外汇等中央银行业务活动将货币注入流通领域的,并通过同样的渠道反向组织货币的回笼,从而满足国民经济发展、商品生产与流通、扩张和收缩流通手段及支付手段的需要。

按性质划分,货币发行一般分为经济发行和财政发行两种:货币经济发行指中央银行根据国民经济发展的客观需要,增加现金流通量;货币财政发行指中央银行为弥补国家财政赤字而进行的货币发行。

3. 中央银行的债券发行业务

发行中央银行债券是中央银行的一种主动负债业务,其发行对象主要是国内的金融机构。中央银行债券是为调节金融机构多余的流动性而向金融机构发行的债务凭证。许多发展中国家在由直接调控转向间接调控的过程中,由于金融市场不发达,尤其是国债市场不发达,中央银行债券往往成为其公开市场操作的主要工具。中央银行债券发行时可以回笼基础货币,到期清算则表现为基础货币投放。

4. 中央银行的对外负债业务

中央银行的对外负债业务主要包括从国外银行借款、对外国中央银行的负债(不同于外国中央银行的存款,虽然存款也是负债,但这里的负债是一种外币借款)、国际金融机构的贷款和在国外发行的中央银行债券等。各国中央银行进行国际筹资通常是为实现平衡国际收支、维持本币汇率的既定水平以及应付货币危机或金融危机等目的。

5. 中央银行的资本业务

中央银行的资本业务是中央银行筹集、维持和补充自有资本的业务。中央银行的资本业务与中央银行的资本金形成有关,中央银行的资本来源决定了一国中央银行的资本业务。中央银行的资本来源,即自有资本的形成主要有四个途径:政府出资、地方政府或国有机构出资、私人银行或部门出资以及成员国中央银行出资。由于中央银行出资方式不同,各国中央银行补充自有资本的渠道和方法也不同。全部由政府出资的中央银行通常从中央财政支出中补充自有资本。由各种股份构成自有资本的中央银行在补充自有资本时,通常按原有股份比例追加资本,以保持增资后股权结构不变。需要强调的是,由于中央银行拥有特殊的地位和法律特权,其资本金的实际作用要比一般金融机构的资本金小得多,像韩国的中央银行甚至没有资本金。

4.2.3 资产业务

中央银行的资产是指中央银行在一定时点所拥有的各种债权。中央银行的资产业务主要包括再贴现业务、贷款业务、证券买卖业务、黄金外汇储备业务等。

1. 再贴现业务

中央银行的再贴现业务是指商业银行通过贴现业务将其所持有的尚未到期的商业票据，向中央银行申请转让，中央银行据此以贴现方式向商业银行融通资金的业务。这项业务之所以被称为"再贴现"，是为了区别于企业或公司向商业银行申请的"贴现"业务，以及商业银行与商业银行之间的"转贴现"业务。

2. 贷款业务

中央银行的贷款业务是指中央银行向商业银行提供贷款的业务。在中央银行的资产负债表中，尤其是在原来实行计划经济的国家，贷款是最大的一个项目，它充分体现了中央银行作为"最后贷款人"的职能作用。中央银行的贷款是向社会提供基础货币的重要渠道。

3. 证券买卖业务

在公开市场上买卖有价证券，是中央银行货币政策操作的三大基本工具之一。此项业务操作能够在调控货币供应量的同时，为中央银行调整自己的资产结构提供手段。中央银行买卖证券会直接投放或者回笼基础货币，调节金融体系的流动性，并保持货币市场利率稳定，同时优化收益率曲线，传达货币政策意图。尽管中央银行在买卖证券的过程中可能会获得一些证券买卖的价差收益，但就中央银行自身的行为而言，目的只在于通过对货币量和利率的调节影响整个宏观经济，而不是为了获取盈利。

4. 黄金外汇储备业务

国际经济交往使国与国之间产生债权和债务关系。国际债权和债务关系的清偿主要通过黄金和外汇所有权的转移来实现。因此，各国将黄金和外汇作为储备资产，由中央银行保管和经营，以便在国际收支发生逆差时用于清偿债务。黄金外汇储备业务一方面要确定合理的黄金外汇储备数量，既能满足国际支付，又不会造成资源的浪费；另一方面要保持合理的黄金外汇储备的构成，即从安全性、收益性和可兑现性三个方面考虑其构成比例。在黄金与外汇储备比例一定的条件下，各国外汇储备管理主要从外汇资产多元化入手，争取分散风险、增加收益，获得最大的灵活性。

4.3 货币政策工具

通过前面关于中央银行资产负债表和中央银行资产负债业务的介绍，我们可以得到一个简要的公式，即

$$资产总额 = 负债 + 资本总额$$
$$= 存款机构准备金存款 + 其他负债 + 资本总额 \qquad (4\text{-}1)$$
$$存款机构准备金存款 = 资产总额 - (其他负债 + 资本总额) \qquad (4\text{-}2)$$

也就是说，在中央银行资产负债表的其他项目不变时，任何资产的增加或减少都会导致存款机构准备金存款增加或减少，即中央银行的资产决定了中央银行的负债，而中央银行其他负债的增加或减少，也会使存款机构的准备金减少或增加。可见，中央银行资产负债表上个别项目的变动，在决定商业银行体系准备金存款的规模上起着非常重要的作用，而商业银行体系准备金存款

的规模决定着其放款的能力,也就决定了货币供应总量。

货币政策(monetary policy)也称金融政策,是指中央银行为实现特定的经济目标,运用各种政策工具调节和控制货币供应量,进而影响宏观经济的方针和措施的总和,也可以简单地理解为货币有关政策,或者国家利用货币供给以实现特定目标的政策。当然,现代货币政策的贯彻不仅靠调节货币供给,还要靠调节利率等手段。因此,中央银行的资产负债业务就成为其实现既定经济目标所运用的主要政策工具。中央银行通过对货币供给规模和利率水平进行调节,进而影响宏观经济运行。货币政策工具按其影响的范围和实施方式通常可分为:一般性货币政策工具、选择性货币政策工具及其他货币政策工具。

4.3.1 一般性货币政策工具

一般性货币政策工具,是对整个宏观经济运行产生影响的政策工具,具体包括法定存款准备金、再贴现和公开市场业务三大政策工具,俗称中央银行的"三大法宝"。

1. 法定存款准备金

法定存款准备金(required deposit reserve)是指中央银行对商业银行等存款货币机构规定的存款准备金,强制要求商业银行等存款货币机构按规定比率上缴存款准备金。中央银行通过调整法定存款准备金率,增加或减少商业银行的超额准备金,以收缩或扩张信用,实现货币政策所要达到的目标。法定存款准备金政策通常被认为是货币政策中效果最强的工具之一。

法定存款准备金的政策效果,通常表现在以下几个方面:首先,由于法定存款准备金率是通过货币乘数影响货币供给的,因此即使准备金率调整的幅度很小,也会引起货币供应量的巨大波动;其次,即使存款准备金率维持不变,也会在很大程度上限制商业银行体系创造派生存款的能力;最后,即使商业银行等存款机构由于种种原因持有超额准备金,法定存款准备金的调整也会产生效果,如提高准备金率实际上就是冻结一部分超额准备金。法定存款准备金政策也存在明显的局限性:第一,由于准备金率调整的效果较强,不宜作为中央银行日常调控货币供给的工具,并且调整法定存款准备金率对整个经济和社会心理预期都会产生显著的影响;第二,法定存款准备金政策对各类商业银行以及不同种类存款的影响并不一致,因而货币政策实现的效果可能因这些复杂情况的存在而不易把握。

2. 再贴现

再贴现(rediscount)是指中央银行通过提高或降低再贴现率的办法,影响商业银行等存款货币机构从中央银行获得再贴现贷款和超额准备金,以达到增加或减少货币供应量,进而实现货币政策目标的一种政策措施。再贴现政策一般包括两方面的内容:一是再贴现率的调整;二是规定向中央银行申请再贴现的资格,即对再贴现业务做出的行政性规定。

中央银行通过调整再贴现率,以及规定可向中央银行申请再贴现票据的资格来引导资金的流量和流向。前者主要着眼于短期,即中央银行根据市场的资金供求状况,随时调低或调高再贴现率,通过"告示板"影响和改变商业银行借入资金的成本来刺激或抑制商业银行的资金需求,从而调节货币供应量。后者着眼于长期,对准备再贴现的票据种类和申请机构加以规定,实行区别对待,能够起到抑制或扶持的作用,从而改变市场资金的流向。

再贴现政策工具的局限性表现为:首先,中央银行在政策的效果方面是居于被动地位的,商业银行是否愿意到中央银行申请再贴现，或再贴现多少，取决于商业银行本身，中央银行只能等待借款者"上门"；其次，再贴现率的高低有限度。在经济高速增长时期，无论再贴现率多高，都难以遏制商业银行向中央银行再贴现或借款的冲动；在经济下滑时期，无论再贴现率多低，也不见得能够调动商业银行向中央银行再贴现或借款的积极性。由此可见，再贴现是中央银行被动性较大的政策工具，甚至市场的变化可能违背其政策意图。同时，相对于公开市场业务，再贴现政策的效果更难控制，再贴现率也不能经常反复变动，因此缺乏必要的灵活性。

3. 公开市场业务

公开市场业务（open market operation）是指中央银行在金融市场买进或卖出有价证券，以改变商业银行等存款货币机构的准备金，进而影响货币供应量和利率，实现货币政策目标的一种政策措施。同前两种货币政策工具相比，公开市场业务具有明显的优越性：第一，运用公开市场业务，中央银行能够直接影响商业银行的准备金，从而影响货币供应量；第二，中央银行能够随时根据金融市场的变化，进行经常性和连续性的操作；第三，中央银行可以主动出击，不像再贴现政策那样处于被动地位；第四，由于公开市场业务的规模和方向可以灵活安排，所以中央银行可以对货币供应量进行微调，而且不会像存款准备金率的变动那样产生震动性影响。

然而，公开市场业务要有效地发挥其作用，必须具备一定的条件：第一，中央银行必须具有强大的、足以干预和控制整个金融市场的金融势力；第二，金融市场必须具有全国性特征，必须具有相当的独立性，证券种类必须齐全并具有相当的规模；第三，必须有其他政策工具的配合，例如如果没有存款准备金制度，这一工具就无从发挥作用。

4.3.2 选择性货币政策工具

传统的三大货币政策工具，都属于中央银行通过对货币总量的调节来影响整个宏观经济。除了一般性政策工具之外，中央银行还可以有选择地对某些特殊领域的信用加以调节和影响。其中有消费者信用控制、证券市场的信用控制、不动产信用控制、优惠利率以及预缴进口保证金制度等。

消费者信用控制（consumer credit control）。中央银行根据需求状况和货币流通状况，对消费者信贷量进行控制，以达到抑制过度消费需求或刺激消费量增长的目的。这种控制手段主要包括规定最低首期付现比率和最高还款期限。提高法定的首期付现比率，实际上就降低了最高放款额，从而抑制对此种用途的贷款需求。反之，则可提高这种需求。调整还款期限，就能改变贷款者每次分期付款所需的支付额，相应调整对这类放款的需求。

证券市场的信用控制（security market credit control）。中央银行通过对购买证券的贷款规定法定保证金比率，以控制对证券市场的信贷量。规定法定保证金比率，实际上也就是间接地规定了最高放款额。中央银行通过调整这个比率，就能影响这类放款的规模。

不动产信用控制（control of credit on real estate）。为了阻止房地产投机行为，中央银行限制银行或金融机构对房地产的放款，其主要内容包括规定最低付现额和最高偿还期限两方面。

优惠利率（favorable interest rate）。中央银行对国家重点发展的经济部门，如出口工业、重工业和农业等，制定较低的贴现率或放款利率，作为鼓励这些部门增加投资、扩大生产的措施。优惠利率多在发展中国家采用。

预缴进口保证金制度（prior import deposit）。为抑制进口过分增长，中央银行要求进口商预缴进口商品总值一定比率的外汇存于中央银行，以减少外汇流失。比率越高，进口换汇成本越高，其抑制作用就越大。反之，则越小。这一措施主要在国际收支经常处于逆差状态的国家使用。

4.3.3 其他货币政策工具

除此之外，中央银行还可以运用直接信用控制和间接信用指导来影响货币供应量。直接信用控制是指从质和量两个方面，以行政命令或其他方式，直接对金融机构尤其是商业银行的信用活动实施控制，具体手段包括利率最高限、信用配额、流动性比率管理和直接干预等。间接信用控制是指中央银行采用直接控制以及一般信用控制以外的各种控制，用各种间接措施对商业银行的信用创造施以影响，主要措施有道义劝告和窗口指导等。

利率最高限（interest rate ceiling）的目的在于通过对存款利率上限进行限定，抑制金融机构滥用高利率作为谋取资金来源的竞争手段。商业银行总是企图利用高利率吸引更多的资金来源，并因此诱使银行业发放高风险的贷款。同时银行为争夺资金来源而进行价格竞争，也增加了银行业的经营费用。

信用配额（credit allocation）是中央银行根据金融市场的供求状况及经济发展的需要分别对各个商业银行的信用规模加以分配和控制，从而实现对整个信用规模的管制。信用配额是一种计划控制手段，在资金供给相对紧张的大多数发展中国家应用相当广泛，也是中国计划经济时期和从计划经济向社会主义市场经济转轨初期主要的控制手段，但随着市场经济的发展以及金融市场逐渐发达，这种手段的作用已经大大降低。

流动性比率管理（liquidity ratio management）是中央银行要求商业银行必须遵守流动资产与存款额之间最低比率的措施。该比率被称为流动性比率，比率越高说明商业银行能够发放的贷款，尤其是长期贷款的数量就越少，因此可以起到限制信用扩张的作用，并且高比率也可以降低商业银行出现经营风险的可能，但比率过高不利于商业银行自身的经营管理和发展。

直接干预（direct intervention）是中央银行直接对商业银行的信贷业务和放款范围等加以干预，如对业务经营不当的商业银行拒绝再贴现或采取高于基准利率的惩罚。

道义劝告（moral suasion）又称道义劝说，是中央银行利用其地位和权威，通过对商业银行和其他金融机构发出书面通告、指示或口头通知，甚至与金融机构直接负责人面谈等形式向商业银行通报经济形势，劝其遵守金融法规、自动采取相应措施并配合中央银行货币政策的实施。例如，在通货膨胀恶化时，中央银行劝导商业银行和其他金融机构自动约束贷款或提高利率；在房地产投机风气盛行时，劝导各金融机构缩小这类贷款的审批与放款。道义劝告的优点是灵活方便，无须花费行政费用。但它缺乏法律约束力，各个银行执行的效果如何就要看其是否与中央银行配合。

窗口指导（window guidance）是中央银行根据产业行情、物价趋势和金融市场动向，规定商业银行每季度贷款的增减额，并要求其执行。如果商业银行不按规定的增减额对产业部门发放贷款，中央银行可削减向该银行贷款的额度，甚至采取停止提供信用等制裁措施。虽然窗口指导没有法律约束力，但其作用有时也很大。第二次世界大战结束以后，窗口指导曾一度是日本货币政策的主要工具。

价格型货币政策工具与数量型货币政策工具

价格型货币政策工具主要是通过改变资产的价格（利率或汇率等），影响微观主体的财务成本和收入预期，使微观主体根据宏观调控信号调整自己的行为，间接调控宏观经济。数量型货币政策工具通过使用存款准备金率、公开市场业务、再贷款和再贴现等工具控制货币供应量来直接调控宏观经济。数量型货币政策工具与价格型货币政策工具都是中央银行为影响经济活动所采取的措施，以达到特定的政策目标，如抑制通货膨胀、实现充分就业、促进经济增长以及维持币值稳定等。

总的来说，价格型货币政策工具是一种互动型的调控方式，通过影响市场参与者的经济活动成本来实现对经济变量的宏观调节，通过调整货币的价格来影响微观主体的市场预期，更便于调节。而数量型货币政策工具（如存款准备金率等）通过调控货币的"数量"来实现对产出的宏观调节，具有可操作性，但是难以做到"收放自如"，过度调控容易给经济造成消极影响。在数量型货币政策工具或价格型货币政策工具的选择之争中，有着很丰富的历史背景和具体的政策内涵，不可形而上学地贴以"孰优孰劣"的标签。实际上，货币政策经常体现为组合形式，既包括数量型货币政策工具也包括价格型货币政策工具，根据不同情况组合使用。

4.3.4 货币乘数

中央银行能够运用上述货币政策工具，通过其资产负债业务影响基础货币数量，进而影响商业银行的信用创造能力，调整货币供应总量或结构。基础货币也被称为高能货币或强力货币，通常指商业银行保有的存款准备金和流通于银行体系之外的通货的总和。前者包括商业银行持有的库存现金和除中央银行规定的法定存款准备金以外的超额存款准备金。基础货币常以下式表达

$$H = R + C \tag{4-3}$$

式中，H 为基础货币；R 为商业银行保有的存款准备金；C 为流通于银行体系之外的通货。基础货币直接表现为中央银行的负债。

作为货币供给之源的基础货币，可以引出数倍于自身的货币供给量。货币供给量与基础货币的比值就是货币乘数。用 M_s 代表货币供给，H 代表基础货币，则货币供给公式为

$$M_s = m \times H \tag{4-4}$$

式中，m 为货币乘数。

基础货币是由通货 C 和存款准备金 R 这两者构成的。通货 C 虽然能成为创造存款货币的基础，但它本身的规模受到限制，中央银行发行多少就是多少，不可能有倍数的增加。引起倍数增加的只是存款货币 D。基础货币与货币供给量的关系可用图 4-1 表示。

$C+R$ 是基础货币量，$C+D$ 是货币供给，所以

$$m = \frac{C+D}{C+R} \tag{4-5}$$

如果这个式子中分子、分母均除以 D，则成为

$$m = \frac{\frac{C}{D}+1}{\frac{C}{D}+\frac{R}{D}} \tag{4-6}$$

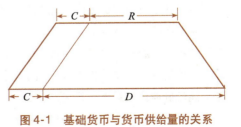

图 4-1 基础货币与货币供给量的关系

C 与 D 的比称为现金漏损率,其大小取决于私人部门——居民和企业的持币行为。R 与 D 的比称为存款准备金率,其大小取决于存款货币银行的行为。这两个比率决定货币乘数的大小,再加上基础货币规模,即可以决定货币供给量。而基础货币的多少取决于中央银行根据货币供给的意向对公开市场业务、贴现率和法定准备金率等政策工具的运用。同时,存款货币银行向中央银行的借款行为也会影响基础货币 H 的数量。在其他变量保持不变时,如果中央银行提高支票存款的法定储备率或银行增加超额储备的持有额,银行必须收缩贷款,存款以及货币供给就会相应减少。相对于没有变动的 $m \times H$ 水平来说,货币供应水平下降表明货币乘数也下降了。当储备率降低时,同一水平的储备可以支持更多的支票存款,所以支票存款的扩张倍数将会增加,货币乘数提高,从而使货币供给增大。货币乘数及货币供给同存款储备率负向相关。在其他变量不变时,如果存款人的行为导致现金漏损率(C/D)上升,说明存款人将部分支票存款转化为通货,支票存款会发生多倍扩张而通货不会,所以这时货币供给中能够发生扩张的部分转化为不发生扩张的部分,使得扩张的总体水平下降,货币乘数和货币供给也必然下降。因此,货币乘数和货币供给同现金漏损率(C/D)负向相关。可见,货币供给过程中的中央银行、存款货币银行、存款者和借款者这四个参与者都可以影响货币的供给,其中发挥核心作用的是中央银行和存款货币银行。

4.4 货币政策目标

货币政策目标由最终目标、中介指标和操作指标三个层次目标的构成。货币政策目标的正确选择、决策程序的科学合理和对政策工具的正确使用,是货币政策有效发挥作用的重要前提。

4.4.1 货币政策目标体系

图 4-2 清楚地给出了货币政策目标体系中各层次目标的位置和关系。

最终目标(final targets)是中央银行通过货币政策操作而最终要达到的宏观经济目标,如币值稳定、经济增长、充分就业、国际收支平衡和金融稳定等。实际上,中央银行只能通过货币政策工具对最终目标进行间接影响和调节。

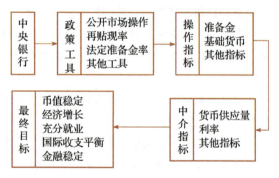

图 4-2 货币政策目标体系

资料来源:王于谦. 中央银行学 [M]. 北京:高等教育出版社,1999:197.

操作指标(manipulative targets)是中央银行通过操作货币政策工具能够有效准确影响的直接政策变量,如准备金和基础货币等,如进一步细分,还有法定储备、超额储备、借入储备以及非借入储备等。这些变量对货币政策工具的变动反应较为灵敏,是政策工具操作直接引起变动的指标,也是在中央银行体系内首先变动的指标。

中介指标(intermediary targets)处于最终目标和操作指标之间,是中央银行在一定时期内或在某种特定的经济状况下,能够以一定的精度达到的目标,主要有货币供给量和利率。在一定条件下,信贷量和汇率等也可以充当中介指标。中介指标与货币政策的最终目标联系紧密,它们的变动能较好地预测最终目标可能的变动。

最终目标、中介指标和操作指标的宏观性从强到弱,而可控性从弱到强,共同构成一个完整的目标体系。中央银行通过对操作指标、中介指标再到最终目标的跟踪，理论上可以及时有效地监测和控制货币政策的实施效果。

4.4.2 最终目标

货币政策的最终目标包括币值稳定、经济增长、充分就业、国际收支平衡和金融稳定。

在货币政策的最终目标中，抑制通货膨胀、避免通货紧缩、保持价格稳定和币值稳定是货币政策的首要目标。通货膨胀特别是严重的通货膨胀，将导致社会分配不公、借贷风险增加以及相对价格体系被破坏，甚至可能导致货币体系的彻底崩溃。但是抑制通货膨胀，并非通货膨胀率越低越好。价格总水平的绝对下降，即负通货膨胀率，将会带来通货紧缩。事实上，通货紧缩在某种程度上是经济危机的代名词，它会通过消费和投资链条降低总产出和就业率。货币政策所追求的经济增长目标，强调的是可持续的经济发展。度量通货膨胀的指标主要包括消费物价指数（CPI）、批发物价指数（WPI）和GNP平减指数。

作为国家干预经济的重要手段，货币政策在保持国民经济长期稳定增长方面承担着不可推卸的责任。衡量经济增长的指标主要有国民生产总值或国民收入，或二者的人均数。

充分就业是指任何愿意工作并有能力工作的人都可以找到一份有报酬的工作，这是政府宏观经济政策的重要目标。非充分就业表明存在社会资源特别是劳动力资源的浪费，失业者生活质量下降，并导致社会不稳定。一般以失业率指标来衡量劳动力的充分就业程度。由于各国的社会情况不同，民族文化和传统习惯有差别，因此各国可容忍的失业程度不同。有的经济学家认为，失业率在3%以下即为充分就业。也有的经济学家认为失业率长期维持在4%~5%之间，就算充分就业。而美国的大多数经济学家认为，失业率在5%左右就可以认为是充分就业。因此，失业率究竟为多少才算是达到充分就业的政策目标，是一个很难用具体指标度量的问题，只能根据不同的社会经济条件和状况来判断社会就业状况的大致趋势。

国际收支平衡是指一国对其他国家的全部货币收入和货币支出大致相抵，略有顺差或略有逆差。保持国际收支平衡是保证国民经济持续稳定增长和经济安全甚至政治稳定的重要条件。货币政策在调节国际收支方面具有重要作用。在资本项目自由兑换的情况下，提高利率将吸引国际资本的流入，降低资本项目逆差或增加盈余，反之亦然。汇率的变动对国际收支平衡也有重要影响。本币贬值有利于促进出口、抑制进口，降低贸易逆差或增加盈余，但不利于资本项目的平衡。反之，本币升值将吸引资本流入，有利于资本项目平衡，但会抑制出口、鼓励进口，不利于经常项目平衡。因此，货币政策的目标之一就是要通过本外币政策的协调，实现国际收支平衡。

保持金融稳定是避免金融危机和经济危机的重要前提。特别是在当今世界经济一体化、金融一体化的浪潮冲击下，保持一个国家的金融稳定已成为各国中央银行的重要目标之一。例如为应对2008年的金融危机，美联储不仅迅速降低联邦再贴现率，还创新性地运用定量宽松型货币政策稳定信贷市场，并拯救危机中的金融机构。以欧洲中央银行、日本银行、澳大利亚银行和中国人民银行为代表的各国中央银行也迅速调低利率，以扩张型的货币政策应对危机的冲击。同时各国货币当局还在积极通过货币政策的国际协调，商讨危机过后宽松货币政策的退出时机和方案。

货币政策最终目标之间的关系比较复杂，一些政策目标之间存在协同效应，而其他一些政策目标之间存在相互矛盾的关系。根据奥肯定律，充分就业与经济增长通常存在正相关关系，但由于经济增长可以采取劳动密集型、资本密集型、资源密集型以及知识密集型等不同模式，除劳动密集型外，其他几种增长模式都与充分就业存在一定的矛盾。物价稳定与充分就业和经济增长之间也存在一定的矛盾。根据菲利普斯曲线，失业率和物价上涨率之间存在着此消彼长的替代关系。中央银行的货币政策目标只能根据当时的社会经济环境，在物价上涨率与失业率之间寻求适当的组合，而很难做到两全其美。从物价稳定与国际收支平衡的关系看，为了贸易平衡而对外贬值可能导致国内通货膨胀加剧。而在固定汇率制度下，国际收支非均衡会通过影响外汇储备渠道，影响基础货币和货币供应量，从而影响物价稳定。从经济增长与国际收支平衡的关系看，经济增长通常会增加人们对进口商品的需要，同时由于国民收入增加带来支付能力的增强，有可能提高人们对一部分本来用于出口的商品的需求。两方面作用的结果是出口减少而进口增长，这就可能导致国际收支不平衡。就资本项目来说，要促进经济增长，就需要增加投资，在国内资金来源不足的情况下，必须借助于外资的流入。外资流入可能使国际收支中的资本项目出现顺差，在一定程度上可弥补贸易逆差造成的国际收支失衡，但不一定能保证经济增长与国际收支平衡共存。金融稳定与其他四个目标总体上统一，但有时为了拯救濒临破产的银行而增发货币，可能引发通货膨胀。

五大货币政策目标之间既有统一性又有矛盾性，货币政策不可能同时兼顾这五个目标。这就出现了货币政策目标的选择问题。不同的国家、不同的时期，货币政策的目标是不一样的。即使同一个国家，在社会经济发展的不同阶段，货币政策目标也是有所侧重的。这是由货币政策目标之间的矛盾性所决定的。20 世纪 30 年代大危机之前盛行金本位制度，各国要维持金本位制度，维持黄金的固定兑换关系，因此稳定货币是唯一的货币政策目标。然而，在世界性大萧条之后，各国纷纷放弃了金本位制，各国面对的头号经济问题是如何解决货币短缺和增加就业，使经济尽快摆脱危机的阴影，因此充分就业就成为当时货币政策的唯一目标。自 20 世纪 60 年代末以来，各国又重新被通货膨胀所困扰，通货膨胀与失业不会并存的传统神话被打破。在这种情况下，货币政策目标虽然有多个，但其核心是维持物价稳定。由此可见，货币政策目标的选择是由社会经济环境状况决定的。

相机抉择与单一规则

如何处理货币政策与经济周期的关系，最早的原则是"逆风向"调节：当经济过热时，采用紧缩性货币政策抑制经济；当经济萧条时，采取扩张性货币政策刺激经济。这种模式的货币政策被称为反周期货币政策，"相机抉择"（discretionary）即为这种模式。相机抉择的货币政策又称权衡性货币政策，是指中央银行依据对经济形势的判断，为达成既定的货币政策目标而采取的权衡性措施。

反周期的政策指导思想先后受到两方面的批评。一方面，货币主义学派不主张国家干预经济，他们认为，由于干预的时滞性等原因，反周期的干预会导致更剧烈的周期波动。根据货币需求理论，货币主义学派主张货币政策应该遵循固定的货币增长率的规则，即"单一规则"（single rule）。另一方面，理性预期学派认为公众会根据自己的预期采取相应行动以应对宏观干预政策，结果会使政策不能实现既定的目标，即政策无效命题。

4.4.3 中介指标

从货币政策工具的运用到货币政策目标的实现，有一个相当长的作用过程。在这个作用过程中货币当局有必要及时了解政策工具是否得力，估计政策目标能不能实现，就需要借助于中介指标的设置。事实上，货币当局本身并不能直接控制和实现诸如稳定和增长这些货币政策目标，而是要借助于货币政策工具，并通过对中介指标的调节和影响最终实现政策目标。因此，中介指标就成为货币政策作用过程中一个十分重要的中间环节，对它们的选择是否正确以及选定后能否达到预期调节效果，关系到货币政策的最终目标能否顺利实现。

1. 中介指标的选取原则

货币政策中介指标的选取主要参考可控性、可测性和相关性原则。

（1）**可控性**（controllability）是指中央银行通过各种货币政策工具的运用，能对作为操作指标与中介指标的金融变量进行有效的控制和调节，能较准确地控制金融变量的变动状况和趋势。

（2）**可测性**（measurability）是指中央银行能够迅速获得有关中介指标的准备数据，而且这些指标具有较明确的含义，便于观察、分析和测算。

（3）**相关性**（relativity）是指中介指标必须与最终目标密切相关，操作指标必须与中介指标密切相关，其变动必然对最终目标或中介指标产生可预测的影响。

2. 可供选择的中介指标分析

（1）**利率**（interest rate）。其优点包括：一是可控性强，中央银行可直接控制再贴现率，通过公开市场业务或再贴现政策调节市场利率的走向；二是可测性强，中央银行在任何时候都能观察到市场利率的水平及结构；三是货币当局能通过利率影响投资和消费支出，从而调节总供求。但是，利率作为中介指标存在明显的不足：作为内生经济变量，利率的变动呈现顺循环特征，即经济繁荣时，利率因信贷需求增加而上升，经济停滞时，利率随信贷需求减少而下降；作为政策变量，利率与总需求应沿同一方向变动，即经济过热时，应该提高利率抑制经济，而经济疲软时，应降低利率刺激经济。因此，利率作为内生变量还是政策变量往往很难区分。例如，中央银行原本为了抑制需求而确定一个提高利率的目标，但经济过程本身也可能把利率推高到这个水平，于是利率成为一个内生变量，并很难直接抑制需求。在这种情况下，中央银行很难判明自己的政策操作是否已经达到了预期的目标。

（2）**货币供应量**（money supply）。以货币供应量作为中介指标，首先遇到的问题是确定何种口径的货币供给作为中介指标：是现金，还是M1，抑或是M2？就可测性和可控性来说，三个指标均能够满足。它们随时都会分别反映在中央银行和商业银行及其他金融机构的资产负债表上，方便进行测算和分析。现金直接由中央银行发行并注入流通，通过控制基础货币，中央银行也能有效地控制M1和M2。问题在于相关性，到底哪一个指标更能代表一定时期内社会的总需求和购买力，并通过对它的调控直接影响总供求。现金在现代经济生活中显然已经起不到这样的作用了。问题是关于M1与M2的优劣比较，人们存在颇不相同的见解。就抗干扰性来说，货币供应量的变动作为内生变量是顺循环的，而作为政策变量则是逆循环的。因此，政策性影响与非政策性影响，一般说来不会互相混淆。

货币供应量和利率是市场经济国家常用的中介指标，但这两个指标不能同时作为中介指标。如果同时选择两个指标，可能使中央银行处于进退两难的境地。如果中央银行将货币供应量作为中介指标，则利率将随着货币需求的变动而失去控制，如果中央银行将利率作为中介指标，则货币供应量将随货币需求的变动而变动。

一般来说，各国都会根据一定时期的经济状况和中央银行操作的方便程度来选取中介指标。在较多情况下，当把抑制通货膨胀看作主要任务时，往往选择货币供应量为中介指标。当通货膨胀不是主要矛盾，而以经济增长为主要目标时，往往选择利率为中介指标。因为在通货膨胀的情况下，利率这一价格指标已经被扭曲，中央银行所能影响的只是名义利率，而影响消费者利益的主要是实际利率。因而，通过利率指标调节社会货币需求量的政策就会存在困难和问题。所以，在通货膨胀的情况下往往选取货币供应量作为中介指标。

此外，在一些经济、金融开放程度高的国家和地区，通常以汇率作为货币政策的中介指标。这些国家或地区的货币当局确定本币同另一个经济实力较强的国家货币之间的汇率水平，并通过货币政策操作，钉住这一水平，以此实现最终目标。在计划经济条件下或金融市场发育程度较低的市场经济条件下，一些国家以贷款量作为货币政策的中介指标。

4.4.4 操作指标

中央银行货币政策可选择的主要操作指标有**准备金**（reserve）和**基础货币**（base currency）。

1. 准备金

商业银行通过贷款可以创造出成倍的派生存款。在其他条件不变时，存款创造的倍数（即存款乘数）取决于法定存款准备金率。因此，法定存款准备金政策可以从两方面影响货币供应量：一是影响商业银行的超额存款准备金，进而影响商业银行的贷款规模；二是影响货币乘数。

当中央银行调低法定存款准备金率时，就是实行扩张性的货币政策；当中央银行调高法定存款准备金率时，就是实行紧缩性的货币政策。究竟是实行扩张性的货币政策还是紧缩性的货币政策，取决于具体的经济形势及货币政策的最终目标。一般来说，在经济处于需求过度和通货膨胀的情况下，中央银行可以提高法定存款准备金率，以收缩信用规模及货币供应量；如果经济处于衰退状况，中央银行就可以降低法定存款准备金率。如果中央银行降低法定存款准备金率，商业银行就会有较多的超额存款准备金可用于发放贷款，同时货币乘数增大，通过银行体系的连锁反应就可以创造出更多的派生存款。反之，如果中央银行提高法定存款准备金率，货币乘数相应变小，商业银行的超额存款准备金也会减少，从而减少贷款规模，在必要时还必须提前收回贷款或出售证券，以补足法定存款准备金。在这种情况下，商业银行只能创造出较少的派生存款，甚至引起存款货币的紧缩。因此，法定存款准备金率的变动与货币供应量之间呈现反向变动关系。

2. 基础货币

基础货币也被称为"高能货币"，充分显示了其在货币创造中的重要作用。由于货币供应量等于基础货币乘以货币乘数，因此在货币乘数一定或货币乘数变动可预测的情况下，控制基础货币也就控制了货币供应量。

基础货币由准备金和流通中的现金组成，两者均是货币创造的基础，因而作为操作指标，综合考虑由两者共同形成的基础货币规模更为恰当。特别是在金融市场发育程度较低，同时现金流通比例较高的情况下，控制基础货币显然比单纯控制准备金更为重要。当中央银行通过公开市场业务购买证券时，其对准备金的影响取决于证券出售人将其所得款项以现金的形式持有还是存入中央银行。如果以现金的形式持有，中央银行在公开市场的出售对准备金就没有影响；如果存入中央银行，则准备金总额增加。不管以现金形式持有还是存入中央银行，其对基础货币的影响都是一样的。因此，中央银行通过公开市场业务对基础货币的控制要比对银行准备金的控制确定性强得多。公开市场业务形成的那部分基础货币，中央银行的控制力较强。由再贴现和贷款创造的那部分基础货币，中央银行的控制力较弱。

通货膨胀定标规则 (inflation target rule)

通货膨胀定标规则是指中央银行直接以通货膨胀作为目标，并对外公开通货膨胀目标，以此规划货币政策操作的货币政策制度。在该体系下，中央银行直接设定物价稳定作为最终目标，并设定控制通货膨胀率的具体目标值，而不是像传统货币政策操作那样先设定中介指标的目标值，并借助于中介指标与最终目标的稳定对应关系，通过中介指标的变化来影响最终目标。

自新西兰率先采取通货膨胀定标规则以来，许多工业化国家相继接受了这一货币政策框架。20世纪90年代末，实行通货膨胀定标规则的国家数量已经达到两位数。通货膨胀定标规则作为货币政策框架的做法日益流行起来，如大洋洲的澳大利亚和新西兰；欧洲的英国、瑞典、波兰、捷克；非洲的南非；南美洲的智利和巴西；北美洲的加拿大；亚洲的韩国、泰国和日本。

中国人民银行

中国人民银行是1948年12月1日在华北银行、北海银行以及西北农民银行的基础上合并组成的。1983年9月，国务院决定中国人民银行专门行使国家中央银行职能。1995年3月18日，第八届全国人民代表大会第三次会议通过了《中华人民共和国中国人民银行法》，至此，中国人民银行作为中央银行以法律形式确定下来。

1. 中国人民银行的制度类型

我国实行一元式中央银行体制，由中国人民银行执行中央银行的全部职能。按照《中国人民银行法》（修正）的有关规定，中国人民银行是我国的中央银行，在国务院领导下制定和执行货币政策，防范和化解金融风险，维护金融稳定。中国人民银行就年度货币供应量、利率、汇率和国务院规定的其他重要事项做出的决定，报国务院批准后执行。中国人民银行应当向全国人民代表大会常务委员会提出有关货币政策和金融业运行情况的工作报告。中国人民银行在国务院领导下依法独立执行货币政策，履行职责，开展业务，不受地方政府、各级部门、社会团体和个人的干涉。

2. 中国人民银行的资本结构

目前大多数国家中央银行的资本金都是为国家所有，国家直接拨款建立中央银行或国家购买中央银行的私人股份，目的在于加强对中央银行的控制，从所有制上保证中央银行为国家整体经济目标服务。中国人民银行的全部资本由国家出资，属于国家所有。

3. 中国人民银行的机构设置

中央银行为了有效地履行职责，需要有自身的组织机构作为保证。目前中国人民银行的机构设置分为三层。

（1）最高权力机构。目前实施的《中国人民银行法》对中国人民银行是否设立理事会或董事会的问题没有做出明确的法律规定，而是根据我国的国情以及新中国成立以来中国人民银行组织机构的情况规定中国人民银行设行长一人、副行长若干人。中国人民银行行长的人选，根据国务院总理的提名，由全国人民代表大会决定，副行长由国务院总理任免。中国人民银行实行行长负责制，行长领导中国人民银行的工作，副行长协助行长工作。

（2）货币政策委员会。中国人民银行设立货币政策委员会。货币政策委员会的职责、组成和工作程序由国务院规定，报全国人民代表大会常务委员会备案。中国人民银行货币政策委员会应当在国家宏观调控、货币政策制定和调整中发挥重要作用。

（3）分支机构。中国人民银行根据履行职责的需要设立分支机构，作为中国人民银行的派出机构。中国人民银行对分支机构实行统一领导和管理。中国人民银行的分支机构根据中国人民银行的授权，维护本辖区的金融稳定，承办有关业务。

美国联邦储备体系

美国联邦储备体系（The Federal Reserve System）简称美联储，是根据《联邦储备法》（Federal Reserve Act）于1913年成立的。美联储由位于华盛顿的联邦储备局和分布美国各地区的12个联邦储备银行组成，共同履行中央银行的职责。

1. 美国联邦储备体系的组织结构

美国联邦储备体系与一般国家的中央银行不同，是一个比较复杂的组织。它由以下四种组织组成。

（1）联邦储备银行。在各地区设立了12家联邦储备银行。每家区域性储备银行都是一个法人机构，拥有自己的董事会。各联邦储备银行都由所在储备区的成员银行入股。联邦储备银行是执行货币政策的机构，履行发行货币、代理国库、制定货币政策和管理金融等职能。12家联邦储备银行都是其所在地区的中央银行。纽约联邦储备银行是联邦公开市场委员会进行证券买卖的场所，因此在某种意义上起着总行的作用。

（2）联邦储备委员会。联邦储备委员会是联邦储备体系的核心机构，作为一个联邦政府机构，它是整个联邦系统负责全面政策制定的最高决策机关。该委员会由7名成员（其中主席和副主席各1位，委员5名）组成，须由美国总统提名，经美国国会参议院批准方可上任，任期为4年（主席和副主席任期为4年，可连任），其办公地点位于美国华盛顿特区。美国联邦储备委员会负责制定和执行法定存款准备金和再贴现政策。

(3)联邦公开市场委员会。联邦公开市场委员会是联邦储备体系内部制定政策的中心部门。它由12名成员组成,包括联邦储备委员会全部7名成员、纽约联邦储备银行行长,其他4个名额由另外11个联邦储备银行行长轮流担任。该委员会设一名主席(通常由联邦储备委员会主席担任),一名副主席(通常由纽约联邦储备银行行长担任)。联邦公开市场委员会最主要的工作就是利用公开市场操作在一定程度上影响市场上的货币数量。另外,它还负责决定货币总量的增长范围,并对联邦储备银行在外汇市场上的活动进行指导。

(4)联邦咨询委员会。联邦咨询委员会由联邦储备区各派一人参加,委员都是各储备区有声望的银行家,他们每年在华盛顿开4次会,与联邦储备委员会共商有关经济与金融问题并提出建议。

2. 美国联邦储备体系的性质

美国联邦储备体系是兼具联邦机构、公司和银行性质的中央银行。首先,联邦储备体系依联邦法律而创设,行使公共机构权力,与其他联邦机构分工合作,联邦储备委员会成员都是政治任命产生的,联邦储备委员会属于联邦机构,各联邦储备银行在法律上和事实上处于联邦储备委员会的控制之下,而且依法履行联邦公共职能,因此具有联邦机构的性质。其次,12家联邦储备银行的资本来源于成员银行,各联邦储备银行拥有自己的资产和负债,有收入并承担成本,也产生盈利,并向成员银行分红,因此各联邦储备银行具有公司性质。再次,联邦储备银行在其他银行开立账户,与其他银行发生资产、负债业务关系,并经办银行间支付清算业务,各存款机构在美联储存放准备金,因此美联储是银行的银行。最后,美联储还经营美国的国库,并代理政府干预外汇市场,在此意义上是政府的银行。各联邦储备银行虽然使用银行的名字,但作为银行的银行和政府的银行,不对公众开办业务,因此属于美国的中央银行。

3. 美国联邦储备系统的职责

虽然联邦储备体系的组织结构与世界各国的中央银行不同,但基本职能是一致的,即政府的银行、银行的银行以及发行的银行。具体表现在:制定并负责实施有关的货币政策;对银行机构实行监管,并保护消费者合法的信贷权利;维持金融系统的稳定;为美国政府、公众、金融机构和外国机构等提供金融服务。

本章小结

本章对中央银行制度及货币政策进行了较为详尽的介绍,主要内容如下。

1. 中央银行既是为商业银行等普通金融机构和政府提供金融服务的特殊金融机构,又是制定和实施货币政策、监督管理金融业、规范与维护金融秩序以及调控金融和经济运行的宏观管理部门。

2. 作为发行的银行,中央银行要根据国民经济发展的客观需要,掌握货币发行规模,调节货币流通;作为银行的银行,中央银行与商业银行和其他金融机构发生业务往来,与商业银行发生存贷款关系及资金往来清算,是全国存款准备金的保管者、金融票据交换中心和全国银行业的最后贷款者;作为政府的银行,中央银行既作为政府管理金融的工具,又为政府提供金融服务;作为管理金融的银行,中央银行有权制定和执行货币政策,并对商业银行和其他金融机构的业务活动进行领导、管理和监督。

3. 中央银行的负债业务主要由存款业务、货币发行业务、其他负债业务和资本业务构成；中央银行的资产业务主要包括再贴现业务、贷款业务、证券买卖业务、黄金外汇储备业务及其他一些资产业务。与商业银行不同，中央银行的资产业务决定其负债业务。

4. 中央银行运用的货币政策工具主要有一般性货币政策工具（法定存款准备金、再贴现和公开市场业务）、选择性货币政策工具（消费者信用控制、证券市场的信用控制、不动产信用控制、优惠利率和预缴进口保证金制度）以及其他货币政策工具（直接信用控制和间接信用指导）。

5. 中央银行通过资产负债业务直接影响基础货币量，通过货币政策工具影响货币乘数。

6. 货币政策目标体系由最终目标、中介指标和操作指标三个层次共同构成。最终目标通常包括币值稳定、经济增长、充分就业、国际收支平衡和金融稳定等。操作指标是中央银行通过货币政策工具能够有效准确影响的直接政策变量，如准备金和基础货币等。中介指标处于最终目标和操作指标之间，是中央银行在一定的时期和某种特定的经济状况下，能够以一定的精度达到的目标，主要有货币供给量和利率。

7. 货币政策最终目标之间存在着矛盾统一性，目标的选择由社会经济环境所决定。中介指标和操作指标的选择遵循可控性、可测性和相关性原则。作为中介指标，货币供应量和利率各有优缺点，但不可同时作为中介指标。

习 题

一、名词解释

1. 中央银行
2. 法定存款准备金
3. 再贴现
4. 公开市场业务
5. 道义劝告
6. 窗口指导
7. 基础货币
8. 相机抉择
9. 单一规则
10. 价格型货币政策工具
11. 数量型货币政策工具

二、简答题

1. 各国的中央银行制度有哪些重要的类型？
2. 中央银行为什么要保持独立性？独立性如何体现？
3. 中央银行的资产业务主要包括哪些？
4. 一般性货币政策工具与选择性货币政策工具的基本区别是什么？
5. 货币政策的最终目标包括哪些？请举例说明。
6. 为什么中央银行作为"发行的银行""银行的银行""政府的银行"以及"管理金融的银行"？具体表现在哪些方面？
7. 中央银行的最终目标是什么？这些最终目标是完全一致的吗？不同目标之间存在哪些冲突与矛盾？
8. 中央银行货币政策的最终目标究竟是什么？请具体列举不少于5种中央银行可以选择的货币政策工具，并说明它们的作用原理。
9. 什么是中央银行的一般性货币政策工具？其各自的优缺点有哪些？

本章思维导图

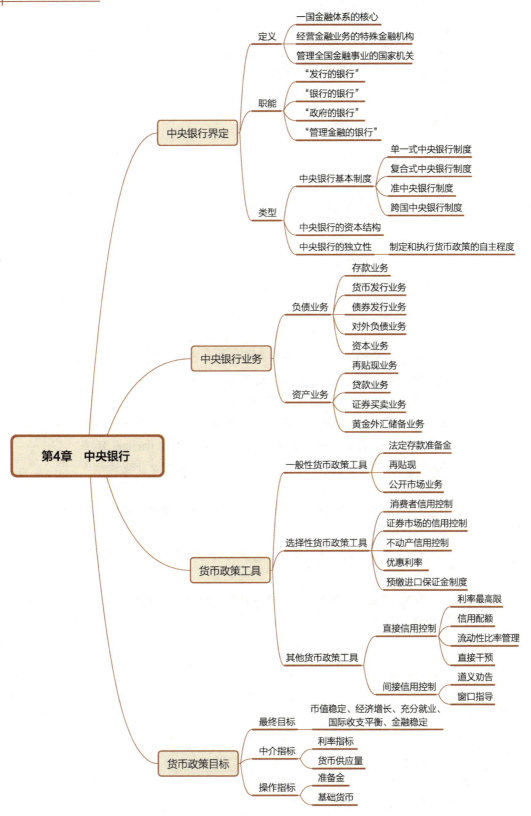

第5章

商业银行

作为与我们的日常生活联系最为紧密的金融服务机构，商业银行因为其业务开展的广泛性而成了整个金融体系的主体。在这个行业中，出现过一些令人仰望的"庞然大物"，包括美国的花旗银行（Citibank）、摩根大通（J. P. Morgan Chase）、德国的德意志银行（Deutsche Bank）和英国的巴克莱银行（Barclays Bank PLC）等。本章将对商业银行的定义、业务范围以及管理进行详细的介绍。

5.1 商业银行概述。介绍什么是商业银行以及商业银行的组织结构。

5.2 商业银行业务。详细介绍商业银行的负债业务、资产业务和表外业务的基本内容。

5.3 商业银行管理。介绍商业银行的资产负债管理和风险管理问题。

喜剧演员鲍勃·霍普（Bob Hope）曾经调侃地讲："银行这种地方，只有当你能证明你不需要钱时，才能从那里借到钱。"这里面提到的银行就是我们非常熟悉的商业银行。今天的商业银行正在世界范围内向数以百万计的公众、企业和政府提供着数百种服务，这些服务都与我们的生活密切相关。并且，其中的一些金融服务对个人福利、我们所处的社区乃至整个国家的福利都至关重要。

当我们贷款购买房屋或汽车、开办新企业或筹集大学学费的时候，都少不了要与银行打交道。银行通过支票、银行卡、电话或者电子网络等手段处理我们对货物或服务进行支付的指令。信用卡可以方便地记录我们的花费，并允许我们先购买后付款。银行通过保护和管理储蓄帮助我们应对财务上的意外，并帮助我们在退休后度过体面的晚年。银行还为我们提供投资理财建议，并为企业策划系列融投资思路。

5.1 商业银行概述

当今社会，没有人会否认金融市场在经济发展中起到的重要作用，甚至"一个国家的金融市场越发达，国民经济就越发达"也已经成为人们的共识。但人们必须明白"商业银行与其他类型的金融机构的存在，是金融市场能够正常运行的基础和保证"。如果没有诸多的商业银行和金融机构，资金从盈余者向短缺者的转移将会变得十分困难。事实上，商业银行等金融机构通过其功能的有效发挥，实现了资金从盈余者向短缺者调剂的中介作用。

在诸多的金融机构当中，我们最为熟悉、打交道最多的就是商业银行。事实上，商业银行也是最早出现的金融机构。

5.1.1 什么是商业银行

意大利是商业银行的发源地，1587年在意大利水城威尼斯建立的威尼斯银行是世界上最早的商业银行。从17世纪开始，公司制企业的兴起和融资需求的迅猛增加，使银行业从意大利迅速传播到欧洲其他国家。

金匠的收据

使用黄金需要花费一定的费用，特别是在储存、保护和携带方面。为了节约一些花费，有些人乐意支付一定的费用让其他人来为他们储存黄金。金匠们和一些商人会备好能够保存大量黄金的设备，因此可以使保存更多黄金的边际费用相对较低。他们发现，接受需要保存的黄金，向黄金持有人收取其乐意支付的费用，然后向储户发行其拥有要回黄金权利的收据，这样做是有利可图的。随着黄金储存活动的增多，情况逐渐发展为：当两名储户同意交换的时候，其中一人会取回他的黄金支付给另一人，另一人会迅速将那些黄金再一次储存，时常储存在同一名金匠那里，金匠会继续履行其偿还黄金的承诺。对于储户来说，只接受金匠的收据会更便利，因为这将省去每个人再次取回黄金和储存它的麻烦。因此，金匠的收据就自然而然地作为交易媒介流通起来。后来，收据变成了钞票，发行收据的金匠变成了银行家。

> 与此同时，金匠（银行家）也注意到，在大多数时期，新储存进来的黄金能够抵偿赎回的需求，因此净提款量通常是相当低的。他们意识到可以贷出更多的黄金存款，从而赚得利润，而且几乎不会有不能满足储户兑换需求的风险。因此，他们开始贷出黄金（也就是说，他们将准备金率降到100%以下），然后为增加更多可供贷出的黄金存款而展开竞争。他们的竞争消除了早期收取的存款费用，取而代之的是，他们很快就为吸收存款而支付利息费用了。
>
> 为了使它们的存款更吸引人，银行也会为储户提供转账业务，储户能通过转账来支付或清偿他们的债务。举例来说，通过签发支票这种做法，银行使储户能够使用或利用他们的存款作为交易媒介。而且，通过减少它们提供的转账存款利息或者直接对转账服务收费，银行同样有利可图。
>
> 由此可以看出，商业银行在其产生的过程中逐渐具备了支付中介和信用中介的基本职能。

"银行"（bank）一词来源于古意大利语"banca"或"banco"，意思是早期货币兑换商在办理业务时所使用的板凳。在14世纪和15世纪的欧洲，经济发展速度很快，各国之间的商业往来迅速扩大。但由于当时封建割据，不同国家所使用的货币在名称和所含金属的成色等方面存在很大的差异，对这些货币进行真伪的识别和兑换就成为商业活动中不可或缺的重要组成部分。因此，货币兑换业务和货币兑换商应运而生。

当时，各国商人为了避免携带和保存大量货币，把货币交给货币兑换商保存或者委托他们办理支付和汇兑。由于货币供应商经常能保管大量的货币以及代办支付和汇兑，因此手中积累了大量货币资金——这形成了贷款业务的基础。货币兑换商逐渐开始从事信用活动，商业银行的雏形由此出现。

原始银行演变为现代商业银行，具备三个重要特征：①全额准备金制度演变为部分准备金制度，使商业银行的信贷业务得以扩大；②保管凭条演化为银行券，使现代货币得以产生；③保管业务演化为存款业务，支票制度和结算制度得以建立，使商业银行具有了创造货币和信用的功能。于是，现代商业银行成了现代金融体系的主体。

我们知道，中央银行是特殊的金融机构，通常又被称为货币当局，以强调其具有的政府性。商业银行则不然，商业银行首先是企业，因而具有一般企业的共性，即必须拥有业务经营所必需的自有资本，独立核算，自负盈亏，并且商业银行的经营目标是实现自身利润最大化。商业银行开办某项业务与否，主要看这项业务能否带来现实的或潜在的盈利。商业银行是否接受某个客户，同样也要看这一客户能否带来现实的或潜在的盈利。

> ### 中国的商业银行
>
> 中国银行体系的建立，是在各解放区银行的基础上组建中国人民银行，没收官僚资本银行，改造民族资本银行，发展农村信用合作社，从而形成了以中国人民银行为中心的金融机构体系，并一直延续到20世纪70年代末。

1979年2月,为适应开始于农村的经济体制改革,振兴农村金融事业,国务院恢复了中国农业银行,中国人民银行的农村金融业务全部移交中国农业银行经营。1979年3月,专营外汇业务的中国银行从中国人民银行中分设出来,完全独立经营。同年,中国建设银行也从财政部分设出来,并于1983年进一步明确建设银行是经济实体,是全国性的金融组织。1983年9月,国务院决定,中国人民银行专司中央银行职能,另设中国工商银行办理中国人民银行原来所办理的全部工商信贷业务和城镇储蓄业务。1984年1月,中国工商银行正式成立。

1994年,国家开发银行、中国进出口银行和中国农业发展银行三家政策性银行从原有的四大国有专业银行中分离出来,承担原来由国家专业银行办理的政策性金融业务,推动了国有专业银行向真正的商业银行转化。

此外,继1987年重新组建交通银行后,陆续新建了中信实业银行、中国光大银行、招商银行、华夏银行、广东发展银行、福建兴业银行、深圳发展银行、上海浦东发展银行和中国民生银行等一批商业银行。1995年后,在对城市信用社进行整顿和改组的基础上,在全国大中城市建立了城市商业银行。这些银行大都采取股份制形式,一开始就借鉴国际通行做法,按照商业银行的原则运作。

经过近20年的改革和发展,到1996年年底,中国已形成了以四大国有商业银行为骨干的庞大的商业银行体系,在支持中国经济和社会发展方面起到了重要的作用。2003年之后,银行股份制改革全面拉开。2004年8月,中国银行正式改为股份制公司,实现了由国有独资商业银行向国家控股的股份制商业银行的转变。2006年6月和7月,中国银行先后在上海和香港上市,成为首家实现两地同时上市的国有商业银行。

2008年金融危机后,中国商业银行体制进入了新阶段,主要以产权制度改革方案的落实和金融产品市场化程度的提高为标志。到2013年,中国形成了一个较为完整的商业银行体系,包含大型国有商业银行、城市商业银行和农村商业银行等多种组织形式。

商业银行与一般的企业不同,它是一种特殊的金融类企业,经营的是货币资本。商业银行的活动范围不是一般的商品生产和流通领域,而是货币信用领域。由于资本属性要求其代理价值增值,因此商业银行在日常经营中必须避免损失和保证经营标的的安全。商业银行经营的基础是信用,而信誉又是信用的基础,这就意味着商业银行必须保证资本在到期时能够连本带利地偿还。因此,商业银行在资本期限临近的时候必须保证自身有足够的资金进行支付或偿还,即有足够的清偿力或流动性。和其他金融机构相比,商业银行能够提供更多、更全面的金融服务。其他金融机构只能提供某一方面或某几个方面的金融服务,例如,其他金融机构一般不能吸收活期存款,而商业银行能够吸收活期存款。同时,随着金融自由化和金融创新的发展,商业银行经营的业务种类和提供的服务范围越来越广泛。现代商业银行正在向"万能银行"和"金融百货公司"的方向发展。

总之,商业银行是以追求利润最大化为目标,通过筹集资金并对其加以有效的投资和运用,向客户提供多功能及综合性服务的金融类企业。

5.1.2 商业银行的组织结构

商业银行在现代社会经济发展中承担了多种角色，经常被视为信贷供应商、支付渠道、公众储蓄集散地、家庭及企业现金收支经管人以及客户财产委托人等。多年来，为开展这些业务和满足客户要求，商业银行逐渐演化发展出多种组织形式。其中最典型的商业银行组织形式包括单一银行制、分支银行制和银行控股公司制。

1. 单一银行制

作为银行业最古老的一种组织结构，单一制银行通过一个营业部门提供全部的服务，不设立或不允许设立分支机构，但其中少量业务（如吸收存款和支票兑现）可以通过专门性服务设施来提供，如便利窗口、自动取款机以及银行的网站。

单一银行制（unit banking system）在美国最为典型。2004 年，全美约有 2 100 家拥有两个或两个以上业务运作部门的商业银行，大约有 5 500 家全国性商业银行采用这种单一制银行的经营方式。美国从 1927 年开始实行《麦克法登法案》，该法案不允许银行跨州设立分支机构，并且在银行总部所处的州内设立的分支机构不能超过本州的州银行数量。美国 12 个州的州银行也不允许设立分支机构。由此，越来越多的金融业务就被越来越多新成立的银行所承担。

大规模的银行兼并和金融管制的放松逐渐减少了美国单一制银行的数目。然而，新开业银行的数量仍在快速增长。大约有 15% 的社区银行成立的时间不到 10 年。众多客户似乎仍钟情于小型银行，因为小型银行更了解客户，并为其提供个性化的服务。1980～2005 年，全美超过 4 800 家新开业的银行取得了营业资格，也就是说，平均每年超过 200 家——这个数字远远超过同期破产银行的数量。

2. 分支银行制

随着规模的扩大，单一制银行通常会决定建立一个分支银行，特别是当银行所在地处于经济快速发展阶段时，其面临的形势就是要么在进入新地区时遵循企业及家庭客户的特点和需求，要么将市场拱手让给地理位置更优越的竞争者。在分支银行组织结构下，银行通过一些营业点提供服务，包括一个主要营业部门，还有一个或多个全功能型分支银行。虽然**分支银行制**（branch banking system）银行的高层管理人员通常在总行办公，但是每个全功能型分支银行也有自己的领导部门，这些管理人员在批准客户的贷款申请和其他日常业务的运作上有一定的决策权。例如，一个分支银行的行长可能有权发放数额不超过 100 万元的客户贷款，但当贷款额超过这个数目时，就必须报送总行决定。

中国的银行制度属于分支银行制。中国工商银行、中国建设银行、中国农业银行和中国银行等的分支机构遍布全国各地，经营规模很大。但正由于经营规模太大、层次太多，总行对各分支银行的控制力不强。

由于历史原因，美国大多数分支银行制银行的规模比世界其他地区的银行要小，但近几十年来发展速度比较快。在 20 世纪的后 50 年中，美国银行的数量从大约 14 000 家下滑到 7 500 家，而分支银行制银行的数量从 3 000 家左右上升至 70 000 多家，这还不包括遍布全美的 3 000 多家金融服务网站。

虚拟银行

网络的迅速发展以及公众每天数以千计的网络交易很快就把数千家银行和其他金融机构带进了网络。起初，大多数网站只提供信息，例如，描述提供的服务或者如何联系最近的支行。随着 21 世纪的到来，增长最快的金融服务网站是客户可以从中获得各种基本金融服务（如核对账户、转账和付账）以及处于增长中的扩展服务（包括贷款和投资）的网站。

最初，这些网站大多是由具有全功能型支行的有形传统银行建立的。然而，近年来出现了大量不经营传统支行的虚拟银行，它们主要通过网络运营。尽管很多虚拟银行仍无法盈利，但其中一些已经获得了联邦存款保险公司的保险资格，并提供存款、贷款和其他服务等业务。

这种虚拟银行的运营成本要比传统的有形支行低得多，至少日常交易是这样的。例如，通过网络进行的存款，其成本要比通过 ATM 存款节约近 10 倍。以网络为基础的银行吸引客户的方式是提供比传统有形支行更高的存款利率和收取较低的服务费以及贷款利率。尽管网络银行可以很大程度地削减成本，但并没有显示出持续的盈利能力。随着数百万新网络客户从传统银行转向网络银行，这种局面正在改变。

3. 银行控股公司制（bank-holding company system）

银行控股公司于 20 世纪初在美国诞生，但真正的发展是在 20 世纪 70～90 年代。早在十几年前，当政府禁止或严格限制开设分支行时，控股公司就逐渐在美国和其他一些国家成为最具吸引力的组织结构。银行控股公司是至少持有一家银行的股份（权益股）而获得特许经营的公司。大多数控股公司仅持有一家或多家银行权益股份的很小一部分，以便绕过政府的监管。但当一家控股公司试图控制一家美国银行时，就必须获得美国联邦储备委员会的许可，由此方可注册成为一家银行控股公司。根据《银行控股公司法》的有关条例，如果一家控股公司购买的至少一家银行的权益股份占该行权益股的 25% 或更多，或者有权选择一家银行董事会的至少两名董事，即认为存在控股。一旦注册，该控股公司必须定期上报由联邦储备委员会所做的稽核记录，并且兼并其他公司要获得美联储的许可。

银行控股公司的优势十分明显。首先，与小银行相比，大银行的资金利用效率更高，母公司可以统观全局，统一调配资金；其次，银行控股公司可以同时控制大量的非银行类企业，为其所控制的银行提供稳定的资金来源和客户关系；最后，通过银行控股公司的持股行为，集团可以同时经营银行和非银行业务，增强了盈利能力。

5.2 商业银行业务

如果你有暂时不需花费的资金，存到银行里形成存款并因此获得利息收入时，你所接触的就是商业银行的存款业务。如果你想买房子或买车，而当前的收入无法达到支付购房款或购车款的标准，于是去银行商借一定数额的款项，为此你也要付出相应的利息，此时你所接触的就是商业银行的贷款业务。我们现在缴纳水费和电费等费用时，通常都是将这些费用存入银行的账户，再由银行将钱款转入水务集团和电力公司等企业的账户，银行将从这些公司获得手续费收入，这类业务属于商业银行的表外业务。

社会公众对商业银行的熟悉程度远远高于其他金融机构，其原因就在于商业银行开办的各项业务是与广大社会公众息息相关的。这些业务既服务了社会，满足了经济发展的需要，同时也使商业银行获得了经营利润。本节主要介绍商业银行的各项主要业务。

5.2.1 负债业务

商业银行作为信用中介，负债是其最基本、最主要的业务。在商业银行的全部资金来源中，90%以上来自于负债。负债结构和成本的变化，决定着银行资金转移价格的高低，从而极大地影响着商业银行的盈利水平和风险状况。

负债对商业银行来说是最重要的，因为它是银行经营的先决条件。商业银行作为信用中介，首先表现为"借者的集中"，即通过负债业务广泛地筹集资金，然后才可能成为"贷者的集中"，即通过资产业务将资金有效地贷放出去，因此负债业务是商业银行开展资产业务的基础和前提。不仅如此，商业银行在发生流动性危机时，在变卖资产的基础上，还可以通过各种负债业务获得所需资金，以满足流动性需求。此外，商业银行的各种负债业务是其建立客户关系网络的重要途径，社会体系中所有经济单位的闲置资金和货币收支都离不开银行的负债业务。市场的资金流动、企业的经营活动以及机关事业单位、社会团体或居民的货币收支，每时每刻都反映在商业银行的账面上。

我们通常认为，商业银行吸收的资金就是它的负债。商业银行的负债作为债务，是其所承担的一种经济业务，银行必须用自己的资产或提供劳务来偿付。因此，银行负债是银行在经营活动中尚未偿付的经济义务。银行负债业务主要包括自有资本、存款和借款三大类。

1. 自有资本

作为企业，商业银行具有一般的企业特征，即拥有业务经营所必需的**自有资本**（equity capital），其大部分资本来源于股票发行，包括筹建银行时股东的投资，以及银行为扩大经营而追加的投资。商业银行在开业登记注册时，必须有一定的资本额，亦称法定资本。《巴赛尔协议》规定：银行自有资本与风险加权资产的比率必须大于或等于8%。

2. 存款

道琼斯历史上最著名的总裁和《华尔街日报》前任主编巴尼·基尔戈（Barney Kilgore）曾经提醒他的员工："不要为银行家而要为银行的顾客写银行的故事，因为存款者远比银行家的数量多。"的确，全世界平均每个银行家就对应成百上千个存款者，存款是大多数（虽然不是所有）银行的第一资金来源。

《巴塞尔协议》

1987年12月，国际清算银行召开中央银行行长会议，通过了"巴塞尔提议"。在该提议的基础上，1988年7月，巴塞尔银行监管委员会通过了《关于统一国际银行的资本计算和资本标准的协议》，即有名的《巴塞尔协议》。

《巴塞尔协议》的目的在于通过制定银行的资本与其资产间的比例，定出计算方法和标准，以加强国际银行体系的健康发展；制定统一的标准，以消除国际金融市场上各国银行之间的不平等竞争。该协议的主要内容如下。

第一，关于资本的组成。把银行资本划分为核心资本和附属资本两档：第一档核心资本包括股本和公开准备金，这部分至少占全部资本的50%；第二档附属资本包括未公开的准备金、资产重估准备金、普通准备金或呆账准备金。

第二，关于风险加权的计算。协议确定了资产负债表上各种资产和各项表外科目的风险度量标准，并将资本与加权计算出来的风险挂钩，以评估银行资本所应具有的适当规模。

第三，关于标准比率的目标。协议要求银行经过5年过渡期逐步建立和调整所需的资本基础。到1992年年底，银行的资本对风险加权化资产的标准比率为8%，其中核心资本至少为4%。

无论对于银行本身还是国民经济，**存款**（deposit）都非常重要。银行管理人员与一般工作人员能否从企业和居民处吸收存款，可以作为银行受公众认可程度的重要标准。存款构成了贷款的主要资金来源，因而也构成了银行盈利和发展的源泉。因此，衡量银行管理效率的重要指标就是银行能否以尽可能低的成本吸收存款，以及是否有充足的存款支持银行想要发放的贷款。

随着金融创新的不断发展，银行吸收的存款种类有了较大的发展，商业银行吸收的存款可以大致划分为传统存款和创新存款两大类。

（1）**传统存款**。传统存款主要包括以下几类。

1）**活期存款**（demand deposit）。当存款人开立活期存款账户后，就意味着他可以随时提取所存入的款项，不需要提前和银行约定提款日期。持有活期存款账户的存款人可以用各种方式提取存款，如开出支票、本票或汇票、电话转账、使用ATM或其他电信手段等。活期存款不仅允许存款人随时提取存款，而且还为其带来支付的便利性。银行最古老的一项存款服务就是代理客户承办支付事项，即向客户提供支付服务、资金存放服务以及通过电子系统对支票和信用卡交易进行记录的服务。由于各种经济交易（包括信用卡商业零售等）都是通过活期存款账户进行的，所以活期存款账户又被称为交易账户。在各种取款方式中，最传统的是支票提款。因此，活期存款亦称**支票存款**（check deposit）。

Q条例

Q条例是指美国联邦储备委员会按字母顺序排列的一系列金融条例中的第Q项规定。1929年之后，美国经历了一场经济大萧条，金融市场随之开始了一段管制时期。与此同时，美国联邦储备委员会颁布了一系列金融管理条例，并且按照字母顺序将这一系列条例进行排序，如第一项为A项条例，其中对存款利率进行管制的条例正好是第Q项，因此该项规定被称为Q条例。后来，Q条例成为对存款利率进行管制的代名词。

Q条例是指美联储禁止会员银行向活期储户支付利息，同时规定定期存款支付利息的最高限额的条例。具体内容是：银行对于活期存款不得公开支付利息，并对储蓄存款和定期存款的利率设定最高限度，即禁止联邦储备委员会的会员银行对其所吸收的活期存款（30天以下）支付利息，并对会员银行所吸收的储蓄存款和定期存款规定了利率上限。当时，这一上限规定为2.5%，此利率一直维持至1957年都不曾调整，此后却频繁进行调整，它对银行资金的来源去向都产生了显著的影响。

活期存款是商业银行的主要资金来源。在20世纪50年代以前，银行负债总额中绝大部分都是活期存款。50年代以后由于活期存款的利率管制以及反通货膨胀的紧缩性货币政策，加上闲置资金机会成本的增加和来自其他非银行金融机构的存款竞争等，活期存款的比重大幅度下降，约占银行全部负债的30%。中国的银行的活期存款主要来自于企业和单位存款，而在居民储蓄存款中，活期存款的比例仅占20%左右。

M条例

1933年，美国联邦储备委员会制定了一项关于缴存法定存款准备金的规定（即"M条例"），要求美国银行对国外银行的负债（包括国外分支行在总行账面上的存款）必须缴存法定存款准备金。1969年10月，美国联邦储备委员会对这个条例做了修改，规定美国银行从国外分行借入的欧洲美元数额超过1969年5月水平的部分必须按规定缴纳相应的边际法定准备金，其目的在于降低资金流入美国的速度。由于美国投资环境好，大量资金涌入，但是相应的资本投资收益反向流出，扩大了美国经常项目收支逆差。同时，配合国内经济政策，为抑制不断加剧的通货膨胀，美国联邦储备委员会把"M条例"作为倾向紧缩政策的一项措施。但由于这种边际法定准备金只适用于向美国国内公司提供贷款的美国银行，不适用于外国银行，从而削弱了美国银行自身的竞争力。

2) **定期存款**（time deposit）。当存款人开立定期存款账户后，就意味着他与银行约定了提款日期，只有到期时存款人才能支取存款，相应地也会获得比活期存款高的利息收益。如果存款人希望提前提取存款，则定期存款将转化为活期存款。定期存款的期限一般为3个月、6个月和1年不等，也有1年以上、3年、5年甚至更长的。传统的定期存款是不能转让的，但可以作为抵押品抵押给银行以获取短期贷款。

定期存款一般到期才能提取。西方国家对提前支取存款者会收取较高的罚息，如美国对7～31天的定期存款提前取款者的处罚金额占提前支取金额应得利息的大部分；32天至1年的存款，罚金至少相当于1个月的利息。中国没有关于定期存款提前支取的罚款规定，过去是按原存单利息计付利息，但要扣除提前日期的利息。现在则依国际惯例全部按活期利率计息，并扣除提前日期的利息。

3) **储蓄存款**（saving）。如果开户者是居民，这种存款通常被称为储蓄存款。银行需要向居民储蓄存款账户支付存款利息，并且一般没有最低存款额及到期日要求。政府机关和企业单位的所有存款都不能称之为储蓄存款，公款私存被视为违法行为。

(2) **创新存款**。存款是商业银行对存款客户的一种负债。客户向银行提供这种负债的数量和期限，在某种程度上取决于客户本身，而不以商业银行的意志为转移。从这种意义上说，商业银行吸收存款是一种被动性负债。正因如此，20世纪70年代以来，西方国家的商业银行为了加强竞争力、满足客户多样化的需求，对存款业务进行了一系列创新。下面介绍几种常见的创新存款。

1) **可转让定期存单**（negotiable certificate of deposit）。可转让定期存单是美国花旗银行在20世纪60年代初创设的。与传统的定期存单不同，可转让定期存单的存单面额固定，且额度比较大，一般在10万美元以上，持有人可以在到期前任意转让，不记姓名。可转让定期存单的利率分为固定利率和浮动利率，存期为7天、3个月、6个月、9个月和12个月不等。

2）**可转让支付命令账户**（negotiable order of withdrawal account）。可转让支付命令账户是一种支付利息的储蓄存款。20世纪70年代，美国商业银行的存款利率受到管制，不准储蓄账户使用支票。为了规避这一限制，以争取更多的客户，1972年，马萨诸塞州的储蓄贷款协会创办了一种新的储蓄存款账户——可转让支付命令账户。开立这种账户的存款人，可以随时提出可转让支付命令来向第三者付款，或者直接提现，存款余额可取得利息收入。它实际上是一种不使用支票的支票账户，以支付命令书取代了支票。这种账户一般只有个人和非营利性组织才能开立。

3）**超级可转让支付命令账户**（super negotiable order of withdrawal account）。超级可转让支付命令账户开办于1983年，是一种利率较高的存款账户。它与可转让支付命令账户有相同之处，也有一些区别。它可以使储户无限制地提出支付命令，限定个人和非营利性组织才能开立这种账户，且利率比可转让支付命令账户要高，但前提是要保持2500美元的最低余额。如果存款余额低于最低限额，银行只按与可转让支付命令账户相同的利率来支付利息。

4）**货币市场存款账户**（money market deposit account）。货币市场存款账户是一种短期存款账户，期限可能只有几天、几周或几个月。存款机构可以开出足够优惠的利率，从而吸引和留住客户的存款。按照规定，客户在向第三者进行支付时，不论通过开支票还是电话通知的形式，每月均不能超过6次。当存款额达到10万美元时，可以得到联邦存款保险公司的保险。与可转让支付命令账户不同的是，个人和企业都可以开设货币市场存款账户。

5）**自动转账服务账户**（automatic transfer service account）。这种账户是在1978年开办的。在这种业务中，存款人在银行开立两个账户：一个是储蓄账户，另一个是活期存款账户。后一个账户上的余额永远是1美元。当客户开出支票后，银行自动把必要的金额从储蓄账户转到活期存款账户进行付款。开立自动转账服务账户，储户要支付一定的服务费。

3. 借款

虽然存款是商业银行的主要资金来源，但只有存款仍无法满足商业银行资金运用的需要。因此，商业银行还需要寻求存款以外的其他资金来源，即**借款**（loan）。商业银行可以向其他商业银行或金融机构借款，或者向中央银行借款。这种借款的期限比较短，利率也比较低。商业银行获得长期借款的途径一般是发行金融债券，既可以在国内金融市场发行，也可以在国际金融市场发行。

5.2.2 资产业务

如果说负债业务是商业银行的资金来源，那么资产业务是商业银行对资金的运用。它既是商业银行最主要且最基本的盈利来源，也是信誉高低的重要标志。商业银行的资产业务主要包括现金资产业务、证券投资业务和贷款业务，其中证券投资业务和贷款业务是商业银行主要的盈利性资产。

1. 现金资产业务（一线准备）

提到现金资产，很多人会认为它单纯地指商业银行持有的现金。其实不然，商业银行的现金资产，也可称为现金头寸，既包括商业银行的库存现金，也包括其在中央银行的存款以及存放同业的活期存款。因为银行的库存现金、在中央银行的存款以及在同业的活期存款都具有很强的流动性，所以商业银行必须持有一定数量的现金资产，以应对各种日常支付需要，满足银行的流动性需求。

（1）**库存现金**（vault cash）。商业银行保存在金库中的现钞（纸币）和硬币，或我们去银行办理业务时经常看到的柜台里的现金即为银行的库存现金。库存现金主要用于银行应对客户提现以及其他的日常零星开支。由于库存现金不但不能给银行带来任何盈利，反而耗费巨大的成本来保有它们，因此，如非必要，银行不会保有太多的库存现金，而是将其存入在中央银行的账户或其他银行的账户中，或将其用于其他用途。

（2）**存放中央银行款项**（deposit in the central bank）。商业银行通常在中央银行开立存款账户并存入一定的款项，构成其在中央银行的存款。商业银行在中央银行开立的存款账户是用于银行的支票清算或资金转账等的基本存款账户。其中一部分是被强制要求的，即每当商业银行吸收一笔存款，必须将一定比例的存款存入中央银行的账户，即**法定准备金**（required reserve）。规定缴存存款准备金最初是为了银行备有足够的资金，以应对存款人的提存要求，避免因流动性不足而产生流动性危机，导致银行破产。例如，法定准备金率为20%，这就意味着假设商业银行吸收了100万美元的存款，其中至少有20万美元存在中央银行不能贷放出去，贷款规模最多为80万美元。而且中央银行集中了多家商业银行的准备金，可以在某家商业银行面临破产危机时为其提供资金支持。目前，法定存款准备金更多的是被中央银行作为调节信用规模的一种政策手段与工具来使用。出于各种目的，例如债权债务清算或缺乏其他投资渠道等，通常商业银行在中央银行的存款账户中的存款金额会超过法定存款准备金的要求，超出法定准备金的部分被称为**超额准备金**（excess reserve）。

（3）**存放同业存款**（due from banks）。商业银行之间会互相开立存款账户，并存入相应的款项。在其他银行保持存款是为了便于银行在同业之间开展各种代理业务。例如，中国银行接受了一笔境内客户向美国某地的汇款业务，然而中国银行在汇款目的地并未设立分支机构，汇款的解付则可由当地的某家银行来进行，如花旗银行。此时，花旗银行就是中国银行的代理行，中国银行必须在花旗银行开立存款账户才可能进行两家银行间债权债务的清算。由于存放同业存款一般属于活期存款性质，可以随时支用，因而被视为银行的现金资产。

2. 证券投资业务（二线准备）

商业银行是以实现利润最大化为目的的企业，在法律允许的范围内，将进行任何有利的投资，证券投资就是其中之一。随着金融市场的不断发展，证券投资业务在银行资产业务中的比重不断上升。进行证券投资可以帮助商业银行获取更多的收益，包括利息收入和低买高卖的收入——资本溢价收益，还有助于商业银行降低与分散风险，充分满足资产组合多样化的要求。金融资产的价格与利率变化是负相关的关系，商业银行同时持有贷款与有价证券能够有效地化解利率风险。当利率下降时，贷款利息收益的减少将由有价证券价格上升带来的资本溢价收益所补偿，反之亦然。证券投资还可以确保商业银行实现流动性目标，多数商业银行投资的有价证券均为政府或大企业发行的流动性很强（变现速度快且成本低）的短期证券，随时可以变现，是银行流动性管理中不可或缺的二线准备，是理想的高流动性资产。

商业银行可以投资的证券种类很多，主要包括政府债券（涵盖国债、政府机构债券以及地方政府债券）、公司债券（金融债券也可被视为公司债券）和股票。当然，不同国家对于商业银行可投资的证券种类有不同规定，如中国不允许商业银行投资股票等有风险证券，而美国等发达国家则没有这方面的限制。

3. 贷款业务

商业银行在其所服务的市场中发挥的最重要的作用就是向客户发放贷款。该市场可以小到一个小城镇，也可以大至全球。银行放贷功能的发挥与地区的经济繁荣高度相关，金融机构发放贷款会促进经济扩张，因为贷款支持了其业务区域内企业数目和就业机会的增加。贷款是商业银行最重要的传统核心业务。商业银行作为贷款人，按照一定的原则和政策，以还本付息为条件，将一定数量的货币资金提供给借款人使用。贷款是商业银行的主要资产，同时也是其经营收入和风险的主要来源。

银行发放种类繁多的贷款，以满足不同客户的不同目的——从买车、买房和接受高等教育到建造住宅、工厂和公司。由此，我们可以按其目的对贷款进行分类，即按客户对贷款的使用计划进行分类。例如，**房地产贷款**（real estate loan），该类贷款用不动产作抵押，如土地、楼房和其他建筑物，包括为建筑和土地开发提供的短期贷款以及为购买农田、住宅、公寓、商业建筑物和国外不动产融资的长期贷款；**金融机构贷款**（loans to financial institution）包括对银行、保险公司、财务公司和其他金融机构的贷款；**农业贷款**（agricultural loan）面向农业，是为支持和帮助农作物的播种收获和饲养饲料牲畜发放的贷款；**工商业贷款**（business loan）发放给企业，用于购买设备与存货、支付税款和发放薪资等开支；**个人贷款**（personal loan）包括为购买汽车、电器和其他零售物品的贷款，用于修理和改善住宅的贷款以及支付医疗保健和其他个人费用的贷款，个人贷款直接发放给个人，或通过零售商间接发放；**其他杂项贷款**（other miscellaneous loan）指所有未归类的贷款，包括证券投资贷款等；**应收账款融资租赁**（accounts receivable finance lease）是指放贷银行购买设备或运输工具，将其租赁给它们的顾客，并以租金的形式收回本金和利息。

五级贷款分类

按贷款的质量（或风险程度）分类，商业银行的贷款可分为正常贷款、关注贷款、次级贷款、可疑贷款和损失贷款。

正常贷款：借款人能够履行借款合同，没有足够的理由怀疑贷款本息不能按时足额偿还的贷款。借款人的财务状况无懈可击，没有任何理由怀疑贷款的本息偿还会发生问题。

关注贷款：尽管借款人目前有能力偿还贷款，但存在一些可能对偿还产生不利影响的因素，如宏观经济、市场以及行业等外部环境出现对借款人不利的变化，企业改制，借款人的主要股东、关联企业或母子公司等发生重大不利变化，借款人的一些重要财务指标低于同行业水平或有较大幅度下降等。如果任凭这些因素继续下去，就有可能影响贷款的偿还。因此，银行需要对其进行关注或进行监控。

次级贷款：借款人的还款能力明显出现问题，完全依靠其正常营业收入无法足额偿还贷款本息，即使执行担保，也可能会造成一定的损失。此时，借款人已经无法继续依靠其正常的经营收入偿还贷款的本息，支付出现严重困难，内部管理出现严重问题或经营亏损，净现金流量已成为负数等，不得不通过重新融资或拆东墙补西墙的办法来归还贷款。

可疑贷款：借款人无法足额偿还贷款本息，即使执行担保，也肯定会造成较大损失。这类贷款具备次级贷款的基本特征，但是程度更加严重，如借款人处于停产或半停产的状态，贷款项目已经处于停建或缓建状态，借款人已经资不抵债，银行已经诉诸法律来收回贷款等。

损失贷款：在采取了所有可能的措施和一切必要的法律程序后，本息仍然无法收回，或只能收回极少部分。此时，借款人和担保人已经被依法宣布破产，且经法定清偿后仍不能还清贷款；借款人死亡或失踪，以其财产或遗产清偿后仍不能还清贷款；借款人遭受重大自然灾害或意外事故，损失巨大且不能获得保险赔偿，确实无力偿还贷款；贷款企业虽未破产，工商部门也未吊销其营业执照，但企业早已关停或名存实亡等。对于这类贷款，银行已没有意义将其继续保留在资产账面上，应当在履行必要的内部程序之后立即冲销。

贷款的期限可以是固定的，也可以是不固定的。贷款的本金可以要求借款人一次性偿还，也可以允许借款人分期偿还。贷款的发放可以完全凭借借款人的信誉，也可以要求借款人提供抵押或担保，以降低或避免风险。

曾经是世界上最富有的人保罗·盖蒂（Paul Getty）说过："如果你欠银行100美元，那是你的问题，如果你欠银行1亿美元，那就是银行的问题了。"的确，为政府、企业以及个人提供信贷是银行提供的最重要的服务之一，也是风险最大的服务之一。由此，银行在进行贷款分类时，往往把风险程度作为贷款分类的标准，目的是将风险带来的损失降到最低。总的来讲，资产与负债业务是商业银行的传统业务。因此，在衡量商业银行的经营状况时，通常要考察其资产负债表。表5-1给出了中国银行2018年资产负债表。

表5-1　2018年中国银行资产负债表　　　　　　　　　　　（单位：百万元）

资产	金额	负债与所有者权益	金额
现金及存放中央银行款项	2 407 808	同业和其他金融机构存放款项	1 731 209
存放同业和其他金融机构款项	363 176	向中央银行借款	907 521
贵金属	181 203	拆入资金	327 249
拆出资金	781 761	交易性金融负债	14 327
衍生金融资产	124 126	衍生金融负债	99 254
买入返售金融资产	260 597	卖出回购金融资产款	285 018
金融投资	5 054 551	吸收存款	14 883 596
发放贷款及垫款	11 515 764	应付职工薪酬	33 822
持有至到期投资	2 089 864	应交税费	27 894
长期股权投资	23 369	应付债券	782 127
投资性房地产	22 086	递延所得税负债	4 548
固定资产	227 394	预计负债	22 010
无形资产	19 452	其他负债	423 303
递延所得税资产	38 204	实收资本（或股本）	294 388
商誉	2 620	其他权益工具	99 714
其他资产	245 164	其他综合收益	1 417
		资本公积	142 135
		盈余公积	157 464
		未分配利润	686 405
		库存股（减）	68
		一般风险准备	231 525
		少数股东权益	112 417
资产总计	21 267 275	负债及所有者权益总计	21 267 275

资料来源：中国银行2018年年报，http://www.boc.cn/investor/ir3/201904/t20190425_15165968.html。

5.2.3 表外业务

商业银行的传统业务内容，都属于被列入资产负债表内的项目。然而，在金融创新层出不穷的环境中，商业银行传统业务的市场份额正在不断受到侵蚀，传统业务的利润来源（以存贷款利息差为主）正在不断减少。因此，自 20 世纪 80 年代以来发达国家商业银行除了改善传统业务外，还在不断扩大资产负债表以外的业务的经营种类，并将其归为表外业务。由此可见，商业银行从事的按通行会计准则不列入资产负债表内，并且不影响资产负债总额，但能影响商业银行的当期损益，改变银行资产报酬率的经营活动统称为**表外业务**（off-balance sheet activities，OBS）。

许多大型商业银行的表外业务量已大大超过表内业务量，其带来的利润也超过了表内业务。中国的商业银行业在不断改善经营管理的过程中，也在不断致力于发展表外业务。表外业务已经成为商业银行经营的重要内容。实际上，金融创新业务中有很大一部分属于表外业务。表外业务一方面能够帮助银行适应多变的市场环境，为客户提供多元化的服务，增加银行自身收入；另一方面，表外业务也隐含着一定的风险，影响银行经营的安全性。

表外业务有狭义和广义之分。狭义的表外业务是指那些未列入资产负债表，但同表内资产和负债业务关系密切，并在一定条件下会转化为表内资产和负债业务的经营活动。通常将这类表外业务称为或有资产和或有负债（多数资产和负债业务存在风险，因而这种或有资产和或有负债也属于有风险的经营活动）。广义的表外业务除了包括狭义的表外业务外，还包括结算、代理和咨询等无风险的表外业务，所以广义的表外业务是指商业银行从事的所有不在资产负债表内反映的业务。

1. 无风险的表外业务

无风险的表外业务（risk-free off-balance sheet activities）也可称为商业银行金融服务类表外业务，是商业银行以代理身份为客户办理的各种业务，目的是获取手续费收入，商业银行本身不垫款。主要包括支付结算类业务、代理类业务、租赁业务、咨询顾问类业务基金托管业务等。

（1）**支付结算类业务**（payment settlement category business）。商业银行为客户办理因债权债务关系引起的与货币支付和资金划拨有关的收费业务，包括国内外结算业务。例如，某出口商（青岛海尔）在向进口商（沃尔玛美国）收取货款时，可以委托银行（中国银行）代为收款。具体运作过程如下。出口商（青岛海尔）将出口美国的冰箱装船后，开出跟单汇票交予托收银行（中国银行），托收银行（中国银行）航寄托收委托书及跟单汇票给进口商（沃尔玛美国）所在国（美国）的代收银行（花旗银行），代收行（花旗银行）向进口商（沃尔玛美国）出示汇票并要求对方付款，双方完成付款交单，代收行（花旗银行）向托收行（中国银行）汇交收妥的货款，托收行（中国银行）将款项贷记委托人（青岛海尔）账户。

（2）**代理类业务**（agent service）。商业银行受客户委托，代为办理客户指定的经济事务，提供金融服务并收取一定的费用。例如，现在的水费和电费交纳就是用户将费用存入银行的专用账户，然后由银行将其转入水务集团或电力公司的账户。为此，银行要向水务集团或电力公司收取代理费。

（3）**租赁业务**（leasing business）包括传统的服务性租赁和创新性融资租赁。传统的租赁业务，如银行保管箱租赁业务，即客户可将重要的文件及贵重物品等存入银行的保管箱，并定期向银行支付租金。融资租赁属于创新性租赁业务，以融资为目的，是融资与融物相结合的业务。例如，银行的客户作为承租人，可以要求银行的租赁部门去购买所需设备，然后租给他们使用，为此定期向银行支付租金。与传统租赁不同的是，在整个租赁期内，出租人可从租费收入中收回设备的全部垫付成本并获得相应的利润。为了保证出租人的利益，承租人没有权利中途解约。

（4）**咨询顾问类业务**（consulting service）。商业银行依靠自身在信息、人才和信誉等方面的优势，收集和整理相关信息，并通过对这些信息以及银行和客户资金运用记录的分析，形成系统的资料和方案并提供给客户，以满足其业务发展和经营管理需要。

近年来，个人理财业务受到了商业银行的普遍重视。个人理财是与个人金融相联系的银行业务。个人金融是从银行的角度来说的，即银行能为个人提供哪些金融产品或服务。而个人理财是站在客户的角度，看银行能为客户做些什么，体现了从以银行为中心到以客户为中心的银行经营理念的重大转变。当客户为了更合理地安排一生的收支情况，或希望专业人士帮忙打理其资产的时候，就可以求助于商业银行的个人理财部门。银行将根据客户的具体情况，为其量身定制个人理财规划，如当期收入的多大比例用于活期或定期存款，多大比例用于股票投资，多大比例用于分期付款购房等，务求使客户在工作生涯中和退休后都保有良好的生活质量。作为回报，银行将获得相应的费用收入。

（5）**基金托管业务**（fund trusteeship business）。有托管资格的商业银行接受基金管理公司的委托，安全保管所托管基金的全部资产，为所托管的基金办理资金清算、款项划拨、会计核算、基金估值、监管管理人投资运作等业务。中国的各大银行分别托管多支基金，并从中获取相应的收入。

2. 有风险的表外业务

如前所述，商业银行某些表外业务在一定条件下会转化为表内的资产或负债业务，而这些资产和负债业务都是有风险的。因此，这类业务被称为**有风险的表外业务**（risk off-balance sheet activities）或狭义的表外业务。主要包括担保类表外业务、承诺类表外业务和金融衍生业务三大类。

（1）**担保类表外业务**（off-balance sheet guarantee business）。商业银行应交易中的一方申请，承诺如果当事人不能履约，由银行承担对方的全部义务。例如，备用信用证的开立。当借款人需要发行商业票据融资，但其自身的资信状况不足以吸引广大投资者时，可以向银行申请开立备用信用证。一旦借款人到期无法偿还商业票据借款，作为备用信用证的开立者——银行有义务为其偿还债务。备用信用证实际上意味着商业银行将其信用借给了借款人，以吸引投资者。为此，银行将收取相应的佣金。然而，一旦借款人真的违约，这笔担保业务就变成了银行的负债。因此，担保类表外业务属于或有负债。

（2）**承诺类表外业务**（off-balance sheet commitment business）。它是商业银行在未来某一日按照事前约定的条件向客户提供约定的信用业务，主要包括贷款承诺与票据发行便利。

1）**贷款承诺**（loan commitment）是银行与客户之间达成的具有法律约束力的正式契约，银行将在有效承诺期内按照双方约定的金额和利率，随时准备应客户的要求向其提供信贷服务，并收取一定的承诺佣金。例如，借款人想通过发行商业票据的方式融通资金，融资额度是100万元。因为担心100万元无法全部通过发行商业票据获得，于是借款人找到银行，签订了贷款承诺协议，要求银行在其无法通过发行商业票据获得所需资金时以银行贷款满足其融资需要。假定借款人通过发行商业票据获得了 60 万元的资金，剩余的 40 万元即可通过银行贷款满足。银行必须持有相应的资金，以兑现其承诺。为此，银行要收取佣金费用。一旦银行兑现其承诺，这笔业务就变成了银行的贷款业务，即资产业务。因此，贷款承诺属于银行的或有资产。

2) **票据发行便利**（note issuance facilities）是一项具有法律约束力的中期融资承诺的创新工具。根据事先与商业银行等金融机构签订的一系列协议，借款人可以在中期（如 5～10 年）内，以自己的名义周转性发行短期票据，从而以较低的成本取得中长期的资金融通效果。因为不能确保在每个短期内都能融得全部资金，承诺包销的商业银行需依照协议负责承购借款人未能按期出售的全部票据，或承诺提供备用信贷责任。因此，票据发行便利也是一种或有资产。

(3) **金融衍生业务**（financial derivatives business）指商业银行为满足客户保值或自身风险管理等方面的需要，利用各种金融工具进行的资金交易活动，主要包括金融期货、金融期权以及货币和利率互换等。

5.3 商业银行管理

经营与管理是分不开的。商业银行属于高风险行业，对其业务进行有效管理尤为重要。商业银行管理的重点是资产负债管理以及信用风险、流动性风险、利率风险和其他风险管理。

5.3.1 资产负债管理

商业银行资产负债管理，也称资产负债综合管理，是商业银行在业务经营过程中，将资产和负债综合起来，加强对各类资产和负债的预测、组织、调节和监督，以协调不同资产和负债在总量、结构、利率、期限、风险和流动性等方面的搭配，实现资产负债在总量上平衡、在结构上合理，以达到经营目标的要求。资产负债管理是商业银行经营管理的核心。商业银行在规避风险的前提下，如何安排好资产负债的结构，是其获取盈利的基础和保证。

20 世纪四五十年代，商业银行的负债中有大量的支票存款和储蓄存款，这两者都是低成本的。商业银行管理者的主要工作就是决定如何使用这些负债，商业银行的管理重点为资产管理，即如何使商业银行的资产产生最大的收益。20 世纪 60 年代，商业银行的低成本资金变得不那么丰富了，原因是企业的财务管理者已经开始考虑资金占用的成本，因此支票存款的数量大幅下降。此时的经济由于税收减免以及战争引起的需求增加而繁荣，企业对贷款的需求变得愈加旺盛。为了满足旺盛的贷款需求，银行管理者转向了负债管理。这样，在六七十年代，负债管理成为商业银行资产负债管理的主要方面。由于当时的银行是根据筹集资金的成本，然后再加上一定的利差将资金贷放出去，因此利差管理在当时十分盛行。到了 20 世纪 70 年代中期，由于通货膨胀、汇率浮动以及经济不景气，商业银行的管理重点转向了资产和负债两个方面，因而也被称为资产负债管理。资产负债管理本质上是对过去 30 年商业银行的各种管理方法的总结和综合运用。资产负债管理不是将管理重点放在资产负债表的一方，而是进行资产负债的整体管理。20 世纪 80 年代，资产负债管理的重要性增加，但管理的难度也越来越大。尽管资产负债管理是一种适应期限较短的管理方法，但这种管理方法已从简单的使资产和负债的期限相搭配，发展成为包括各种期限在内的管理策略，也包括各种复杂的概念和方法，如持续期配对、浮动利率定价、利率期货、利率期权以及利率互换等。由于没有关于资产负债管理的简单且放之四海而皆准的方法，所以商业银行必须根据自身的状况，开发自己的资产负债管理方法。因此，每一家商业银行的资产负债管理方法和策略存在较大差异。

商业银行资产负债管理的目标一般有三个：贷款和投资至少能收回本金——安全性；满足存款提取和增加贷款的需要——流动性；在前两项得到保证的前提下，尽可能地获得最大利润——盈利性。从资产和负债结构安排的角度讲，安全性、流动性和盈利性的实现之间存在一定的矛盾。因此，商业银行的资产负债管理方法也随着这些矛盾方式的变化而不断发展变化。

（1）**资金总库法**（the pool of fund approach）。它最早起源于商业银行发展初期，到20世纪30年代世界经济大萧条后才得到普遍运用。这时银行管理的主导思想是以保证安全为主，以盈利为辅。活期存款是银行最重要的资金来源。例如，1935~1955年美国商业银行的活期存款一直占其存款总额的75%左右。这种方法的要点是，不管资金来源的期限长短如何，银行将资金来源作为一个整体进行分配。这种分配按照下列顺序进行：首先，要保证充分的一线准备，即银行的现金资产；其次，保证二线准备，即优质优价证券；最后，满足顾客的信贷需求。如果这三项资产分配满足后还有剩余，银行可在公开市场购买长期债券，以增加收入，但不能进行土地或设备等固定资产投资。

（2）**资金转换法**（capital conversion method）。西方国家20世纪五六十年代的经济繁荣，使银行定期存款和储蓄存款的增长快于活期存款，客户提存的流动性需要减少，以牺牲潜在利润而保持高度流动性的资金总库法已经过时，资金转换法应运而生。这种方法承认不同的资金来源有不同的流动性要求，银行可以按照各种资金来源的准备金要求和流通速度进行资产分配。例如，活期存款有较高的法定准备金要求和流通速度，大部分用于一线准备和二线准备，少部分用于工商业短期贷款。储蓄和定期存款的法定准备金要求较低，流通速度较慢，大部分用于贷款和投资。

（3）**线性规划法**（linear programming）。为了使资产分配战略更为精确，许多商业银行使用复杂的数学模型，其中运用最广泛的是线性规划法。这种方法是先选择一些目标变量的值，然后在一定的约束条件下，使目标函数最大（或最小）。该法运用于银行管理就是决定一组资产负债的量，在一定的流动性和管理限制等约束条件下，使利润最大。

假定某银行有2 500万元的活期和定期存款资金，可用于贷款（X_1）和二级储备（X_2），贷款收益率为12%，短期债券的收益率为8%，存款成本暂时忽略不计。设该银行管理短期资产的流动性标准为投资资产的25%，存款构成中定期存款的比例越高，流动性要求越低。则有方程式如下

目标函数和约束条件	定义
$\max(I) = 0.12X_1 + 0.08X_2$	利润最大函数
$X_1 + X_2 \leq 2\,500$（万元）	资产负债表约束
$X_2 \geq 0.25X_1$	流动性约束
$X_1 \geq 0, X_2 \geq 0$	无负性约束

从上述方程可得出，投资500万元于短期债券，2 000万元于贷款，可获得最大收入280万元。

5.3.2 风险管理

由于各种不确定因素的存在，商业银行在经营中导致经济损失的可能性即为商业银行风险。

商业银行的风险管理是指商业银行通过风险识别、风险估计和风险处理等方法，预防、规避、分散或转移经营中的风险，从而减少或避免经济损失，保证经营资金安全的行为。

商业银行属于高风险行业，风险种类繁多，主要包括信用风险、流动性风险以及利率风险等。

6C 准则

"6C"即①品德（character）；②能力（capacity）；③资本（capital）；④担保（collateral）；⑤经营环境（condition）；⑥事业的连续性（continuity）。

在美国和欧洲，企业信用评价引起了学术界和实务界极大的关注，判别方法和模型层出不穷，但迄今为止还没有公认的、有效的和统一的方法。企业信用评价之所以引起极大的关注，之所以有大量的方法和模型得到开发和利用，原因就在于其具有不可忽视的重要性：①作为早期警告系统，判别方法和模型可以提醒管理者企业是否在变坏，是否应采取有针对性的措施防止失败；②判别方法和模型可以帮助金融机构的决策者对企业做出评价和选择，因为这些模型和贷款决策模型相通。虽然贷款决策问题和企业信用问题不能等同，但贷款人可以卓有成效地利用企业信用等级判别模型评价贷款的可行性。

（1）**信用风险管理**（credit risk management）。信用风险是由于商业银行的借款人或市场交易对手违约而导致损失的可能性，有时也包括由于交易对手的信用评级变动和履约能力的变化，使其债务的市场价值变动而导致损失的可能性。信用风险贯穿于商业银行所有的业务领域，信用风险管理不应被简单地理解为以降低风险为目的，而在于用科学的方式来积极地接受信用风险，以达到在一定收益的条件下风险最小化或在可接受的风险范围内实现收益最大化。因此，商业银行必须建立并完善信用风险管理系统，包括风险识别系统、风险量化分析系统、风险预警系统和风险处理系统等。

以贷款为例，为防范信贷风险，商业银行首先须建立贷款风险识别系统，即利用各种风险识别手段，对贷款做定性分析。例如，首先，根据借款人的学习经历、有无抵押担保及资本额是否充足等判断贷款风险是否存在；其次，利用贷款风险量化分析系统对每笔贷款的风险程度进行判别；再次，贷款风险预警系统主要通过借款人的财务报表资料来获取信息，以便及时发现问题；最后，贷款风险处理系统以贷款风险量化分析和预警系统为依据，采取预防、回避、分散、抑制和转移等手段，使贷款风险程度降到最低。当然，商业银行不能因为信用风险的存在而减少贷款的发放，否则商业银行就无法实现盈利的目的。

美国大陆伊利诺银行的流动性危机

1984 年春夏之交，作为当时美国十大银行之一的大陆伊利诺银行经历了一次严重的流动性危机，在金融管理局等多方的帮助下，避免了其倒闭的厄运。

20 世纪 70 年代初，大陆伊利诺银行最高管理层制订了一系列信贷扩张计划，信贷员有权发放大额贷款，而且贷款利息往往可以低于其他竞争对手。这样，该银行的贷款总额迅速膨胀，1977~1981 年 5 年间其贷款增速高达 19.8%，比其他 16 家大型银行的贷款增速高出 5.1 个百分点。但资产急剧扩张的背后蕴含着潜在的危机。

与其他银行不同的是,大陆伊利诺银行并没有稳定的核心存款来源,其贷款主要由出售可转让定期存单、吸收欧洲美元和工商企业及金融机构的隔夜存款来支持。但在此情况下,该银行又向一些问题企业发放了大量贷款(占总资产的4.6%,该比率比其他银行高出1倍以上)。1984年第一季度该银行的财务报表出现了亏损。

1984年5月8日,市场上开始流传大陆伊利诺银行要倒闭的消息,其他银行开始拒绝购买该银行发行的定期存单,原有的存款人也拒绝延展到期的定期存单和欧洲美元存款。5月11日,该银行从美国联邦储备银行借入36亿美元来填补流失的存款,以维持必要的流动性。5月17日,联邦存款保险公司向公众保证该银行债权人的利益将得到保护,并宣布和其他几家大银行一起向该行注入资金。但情况依然很糟,短短2个月之内,该银行共损失150亿美元的存款。

(2) **流动性风险管理**(liquidity risk management)。流动性是银行的生命线,商业银行的流动性不仅是整个金融体系,甚至是整个经济体系顺畅运行的基本保证。在复杂多变的金融环境中,流动性风险是商业银行面临的主要风险之一。西方银行家认为,在诚信制度健全的国家,流动性风险对商业银行的重要程度甚至超过了信用风险。当然,流动性风险不是单独产生的,往往与银行的利率风险和信用风险密切相关。

流动性风险通常是由于资产和负债的额度及期限的不匹配引发的。当银行的资金运用大于来源时,银行便产生需要从市场寻找融资的缺口。当银行的资金运用小于来源时,盈余的资金则需要寻找出路进行投资。资产和负债的差额被称为流动性缺口。商业银行的流动性风险就是指银行不能保持必要的资金来源,或者不能使外部资金与资产规模保持平衡,从而引发清偿问题的可能性。

商业银行进行流动性风险管理,需要在对流动性风险进行准确衡量的基础上,采取有效的管理方法。商业银行可以通过运用一些流动性比例指标,如核心存款与总资产的比率、流动资产与总资产的比率以及贷款总额与总资产的比率等来判断流动性风险的大小,进而运用资产转换战略,即以持有高流动性资产的形式保持流动性,当银行需要现金时就将其出售;或者运用借入流动性管理战略,即在货币市场借入可立即使用的资金以满足所有预期的流动资金需求;或综合运用以上两种方法,即银行持有一些具有较强流动性的债券和同业存款,以满足部分预期流动资金需要,同时与代理行事先商定借款额度以满足其他预期的流动资金需要。

利率敏感性缺口管理

利率敏感性缺口(IRSG)是指在一定时期(如距离分析日1个月或3个月)内将到期或重新确定利率的资产和负债之间的差额,如果资产大于负债,为正缺口,如果资产小于负债,则为负缺口。当市场利率处于上升通道时,正缺口对商业银行有正面影响,因为资产收益的增长要快于资金成本的增长。若利率处于下降通道,则情况正好与此相反,负缺口对商业银行有负面影响。

如果一家银行的利率敏感性缺口为正值,说明它的利率敏感性资产大于利率敏感性负债。当市场利率上升时,该银行一方面需要对利率敏感性负债支付更高的利息,另一方面又可以从利率敏感性资产中获取更多的收益。由于利率敏感性资产大于利率敏感性负债,当所有利率同时等幅上升时,利息收入的增长快于利息支出的增长,净利差收入就会增加。同理,当利率下降时，银行的净利差收入就会减少。如果银行的利率敏感性资产小于利率敏感性负债，利率敏感性缺口为负，那么当利率上升时，利息收入的增长慢于利息支出的增长，银行的净利差收入会减少；反之，若利率下降，银行的净利差收入就会增加。

计算公式为：利率敏感性缺口＝利率敏感性资产－利率敏感性负债，即 IRSG = IRSA − IRSL。

利率敏感性缺口是利率敏感性资产与利率敏感性负债之间的差额，实际上就是利率风险敞口（需要注意的是，选择的时期划分不同，会得出不同的利率敏感性缺口）。因此，利率敏感性缺口可用于衡量银行净利差收入对利率变动的敏感程度，即利率风险程度。

利率敏感性缺口模型是指银行根据缺口分析报告和对未来利率的预测，适时地对利率敏感性缺口进行管理，以规避利率风险。在银行存在正缺口或资产敏感的情况下，如果利率上升，由于资产收入的增加多于借入资金上升的成本，银行净利息差扩大，当其他条件不变时，银行净利息收入增加。

当预期市场利率上升的时候，银行应主动营造敏感性正缺口，这可以通过缩短资产到期日、延长负债到期日、增加利率敏感性资产、减少利率敏感性负债来实现。这样，当市场利率上升时净利息差额能扩大。

当预期市场利率下降的时候，银行应主动营造敏感性负缺口，这可以通过延长资产到期日、缩短负债到期日、减少利率敏感性资产、增加利率敏感性负债来实现。这样，当市场利率下降时净利息差额能扩大。

为规避利率风险，商业银行根据自身风险偏好选择主动性或被动性操作策略。主动性操作策略是指商业银行预期市场利率的变化趋势，事先对利率敏感性缺口进行调整，以期从利率变动中获得预期之外的收益。譬如，预期利率上升，商业银行通过增加敏感性资产或减少敏感性负债，将利率敏感性缺口调整为正值。被动性操作策略是指商业银行将利率敏感性缺口保持在零水平，无论利率如何变动均不会对银行净利差收入产生影响。这是一种稳健保守的风险管理策略，但商业银行会因此失去获取超额利润的市场机会。

(3) **利率风险管理**（interest rate risk management）。传统商业银行的主要利润来源是利息收入，尽管近年来表外业务的迅速发展为银行开拓了更加广泛的非利息收入来源，但利息收入仍在银行的总收入中占有较大份额。自 20 世纪 70 年代以来，西方各国政府相继放松或取消利率管制，复杂多变的宏观经济环境导致市场利率大幅度波动，银行利息收入受到严重影响。目前，利率风险已经成为银行面临的基本风险之一，利率风险管理也成为银行日常管理的重要组成部分。

利率风险是由于市场利率变动的不确定性而导致商业银行面临损失的可能性。市场利率变动是商业银行本身难以控制的外部因素。但是，如果一家银行的资产和负债的类型、数量和期限完全一致，利率变动对银行资产负债的影响一致，就不会影响到两者之间的利差收益。因此，银行自身的资产负债结构是产生利率风险的必要条件，利率风险管理在很大程度上依赖于银行对自身的资产负债结构进行管理，以及运用一些新的金融工具来规避风险或设法从风险中受益。

当市场利率发生变化时，并非所有的资产和负债都会受到影响。在分析利率风险时，我们只考虑那些直接受利率变化影响的资产和负债，即利率敏感性资产和利率敏感性负债，其差额被定义为利率敏感性缺口。一般来说，利率敏感性缺口的绝对值越大，银行所承担的利率风险就越大。当然，如果银行对利率的走势预测正确的话，缺口越大，收益也越大。此外，持续期缺口管理和金融衍生品的运用等都是管理利率风险的有效措施。

本章小结

本章主要介绍了商业银行的基本概念，并对商业银行的主要业务和具体的经营管理进行了系统的介绍。

1. 商业银行是金融体系的主体，其功能的发挥对于促进资金融通至关重要，是间接融资的核心机构。

2. 商业银行的负债业务构成了其资金来源，包括自有资本、存款业务和借款业务。与其他金融机构相比，资本对于商业银行最为重要，标志着其偿债能力的大小。存款是商业银行最主要的资金来源。商业银行在经营传统存款的基础上，不断进行创新，开发出许多创新存款。由于金融管制和实现流动性的需要，借款在商业银行的资金来源中占据越来越重要的地位。商业银行可以通过向中央银行借款、向同业借款以及在国内外金融市场上发行金融债券的方式获得资金。

3. 商业银行的资产业务反映了其资金的运用情况，也是传统商业银行的主要利润来源。现金资产、证券投资和贷款业务构成了商业银行的资产业务。其中，贷款业务是最主要的盈利性资产。随着金融市场的日臻完善，证券投资在商业银行资产业务中的地位不断上升。

4. 商业银行的表外业务主要是指不列入资产负债表，但会影响银行当期损益的业务，包括无风险的表外业务和有风险的表外业务两大类。

5. 对于商业银行来说，资金的来源决定了资金的运用。因此，商业银行必须进行资产负债管理，确保其在总量上平衡以及结构上合理。

6. 商业银行属于高风险行业，主要风险包括信用风险、流动性风险以及利率风险等。商业银行必须掌握识别与处理风险的方法，才能对其所面临的风险进行有效管理。

习　题

一、名词解释

1. 库存现金　　　　2. 存放中央银行款项　　　3. 存放同业存款
4. 表外业务　　　　5. 担保类表外业务　　　　6. 承诺类表外业务
7. 贷款承诺　　　　8. 票据发行便利

二、简答题

1. 商业银行的组织形式有哪些？近年来，银行控股公司为什么会有如此迅速的发展？
2. 商业银行的负债业务主要包括哪些？
3. 商业银行主要通过哪些方式对吸收的资金进行运用？
4. 商业银行经营的三原则——安全性、流动性、盈利性，它们之间的关系应该怎样把握？商业银行的资产负债管理方法有哪些？
5. 作为高风险行业，商业银行的风险管理主要包括哪些方面？
6. 什么是表外业务？这类业务为什么越来越受到重视？举例说明几种表外业务。
7. 商业银行的资产业务具体包括哪些？

本章思维导图

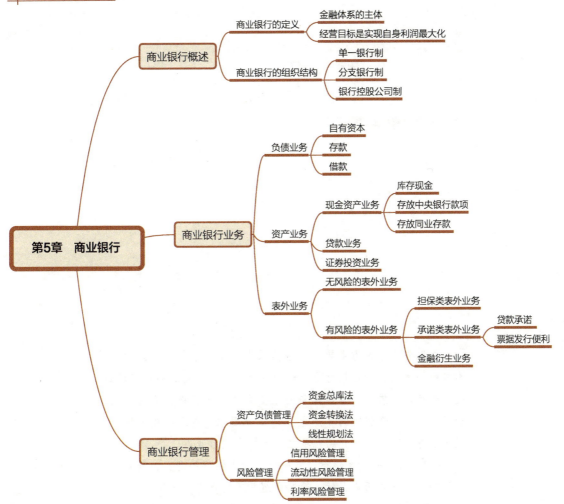

第6章

投资银行

在以商业银行为主导的金融体系中,投资银行在中国一直带有神秘的面纱。投资银行是证券和股份公司制度发展的特定产物,是证券市场和成熟的金融体系的重要主体。投资银行业的发展日新月异,对投资银行的界定也显得十分困难。本章以投资银行的具体业务为切入点,介绍几项主要的投资银行业务。

6.1 什么是投资银行。首先给出投资银行的定义,简单介绍投资银行的发展历史,然后简要介绍几项投资银行业务。

6.2 证券承销。具体介绍投资银行最本源的业务活动——证券承销,并分析投资银行在证券承销过程中的业务范式。

6.3 证券交易。介绍投资银行在证券承销过程中出于盈利目的所扮演的经纪商、自营商和做市商这三种角色。

6.4 企业并购。介绍兼并和收购的基本流程,并结合案例说明什么是杠杆收购。

6.5 风险投资。结合案例讲解风险投资的一般流程及投资银行在风险投资中的作用。

6.6 资产证券化。介绍资产证券化的产品类型和业务流程,并结合2008年全球金融危机分析资产证券化的风险。

投资银行起源于欧洲，发展于北美洲，并在亚洲、非洲和拉丁美洲逐步兴起。由于现代经济的飞速发展，尤其是证券行业的进步和金融市场的繁荣，投资银行的活力与重要性日益突显。中国投资银行业发展相对滞后，并且在业务实践方面与其他国家存在差异。

2008年，美国次贷危机引发了华尔街风暴，进而发展成为全球金融危机。回顾此次危机，标志性的事件当属美国5大投资银行的惨淡结局——3月16日，贝尔斯登被摩根大通收购；美林证券于9月14日与美洲银行达成协议，以440亿美元的价格被后者收购；雷曼兄弟于9月15日宣布申请破产保护；9月21日，高盛和摩根士丹利转变为金融控股公司。投资银行为何在金融危机中受到重创，这与投资银行的运作机制和业务活动的特点有着密切的联系。

6.1 什么是投资银行

投资银行作为中介性金融机构，在资金需求者与资金供给者之间搭建桥梁，在资本市场上以其特殊的角色定位，有力地推动了金融业务的多元化、目标化和证券化。随着金融创新活动不断涌现，投资银行的重要性愈加突显，投资银行业务也越发受到各行各业的关注。

6.1.1 投资银行界定

投资银行是指专门从事资本市场业务的非银行金融机构，是发达证券市场和成熟金融体系的重要主体，在现代经济发展中发挥着沟通资金供求、构造证券市场、推动企业并购、促进产业集中、形成规模经济和优化资源配置等作用。

由于投资银行业日新月异的发展，对投资银行的界定显得十分困难。投资银行是在美国和欧洲大陆的称谓，英国称之为商人银行，在日本则指证券公司。美国著名投资银行家罗伯特·劳伦斯·库恩（Robert Lawrence Kuhn）对投资银行的定义被广泛引用，他对投资银行的业务范围和次序提出了从最广义到最狭义的四种定义。

最广义定义：投资银行业务包括所有华尔街金融公司所从事的业务，从国际证券承销到分支机构零售交易，以及房地产和保险等其他金融服务业务。按此定义，经营华尔街金融业务的公司，都可以称为投资银行。

次广义定义：投资银行是从事所有资本市场业务的金融机构，其业务包括证券承销、公司理财、兼并与收购、咨询服务、基金管理和风险投资，以及为金融机构进行的大额证券交易和为自己的账户投资的商业银行业务，但不包括证券零售、房地产经济、抵押贷款和保险产品等业务。

次狭义定义：投资银行业务只限于某些资本活动市场，证券承销、企业兼并与收购是其业务重点，不包括基金管理、风险投资、风险管理和经纪交易等其他业务。

最狭义定义：投资银行业务仅限于最传统的业务，包括一级市场的证券承销与筹措资本和二级市场的证券经纪与自营交易业务。

库恩认为次广义定义最适合投资银行经营的现实情况，这一定义也受到许多学者的赞同。

投资银行是现代金融业为适应经济发展而形成的一个新兴行业，与商业银行有着显著的区别（见表6-1）。

表 6-1 投资银行与商业银行的区别

	投资银行	商业银行
本源业务	证券承销与交易	存贷款业务
融资功能	直接融资	间接融资
活动领域	主要活动于资本市场	主要活动于货币市场
业务特征	无法用资产负债表反映	表内与表外业务
利润来源	佣金	存贷款利差
风险特征	一般情况下,投资者面临的风险较大,投资银行面临的风险较小	一般情况下,存款人面临的风险较小,商业银行面临的风险较大
经营方针	在控制风险的前提下,稳健与开拓并重	追求安全性、流动性和盈利性统一,坚持稳健原则
监管部门	主要是证券监管当局	主要是中央银行

资料来源:徐荣梅.投资银行学[M].广州:中山大学出版社,2004.

目前世界上的投资银行,主要有四种类型。

独立的专业性投资银行(independent professional investment bank)。这种形式的投资银行在全世界范围内广为存在,美国的高盛公司(Goldman Sachs,2008 年转为金融控股公司)、美林公司(Merrill Lynch,2008 年被美洲银行收购)、雷曼兄弟公司(Lehman Brothers Holdings,2008 年破产)、摩根士丹利公司(Morgan Stanley,2008 年转为金融控股公司)、日本的野村证券(Nomura Securities)、大和证券(Daiwa Securities)与山一证券(Yamaichi Securities,1997 年破产,分支机构分别被美林证券、瑞士联合银行和法国兴业银行收购)等均属于此种类型,并且它们都有各自擅长的专业方向。

商业银行拥有的投资银行(commercial bank owned investment bank)。这种形式的投资银行主要是商业银行通过对现存的投资银行进行兼并、收购、参股或建立自己的附属公司来从事商业银行及投资银行业务。该形式在英国和德国等国家非常典型,如欧洲最大的商人银行——巴林银行(Barings Bank,1995 年倒闭,被荷兰国际集团收购)及罗斯柴尔德银行(LCF Rothschild)。

全能型银行(universal bank)。这种类型的投资银行主要存在于欧洲大陆,它们在从事投资银行业务的同时也从事一般的商业银行业务,因此被称为全能银行,如德意志银行(Deutsche Bank)、瑞士银行(Swiss Bank Corporation)及巴伐利亚联合银行(Bayerische Vereinsbank AG)。

大型跨国公司兴办的财务公司(multinational corporation owned financial company)。世界范围内的大型企业多开办自己的财务公司,并通过此平台来从事证券投资相关业务,如隶属于福特汽车公司的福特财务公司以及隶属于一汽集团的一汽财务公司等。

中国的投资银行分为主营证券类业务的投资银行和兼营证券类业务的投资银行。前者分为综合类证券公司和经纪类证券公司,如中信证券、招商证券和光大证券等;后者包括金融资产管理公司、信托投资公司、财务公司及金融租赁公司,如一汽财务公司和平安信托等。2008 年金融危机的爆发导致美林和雷曼兄弟等投资银行破产,而高盛和摩根士丹利也转型为金融控股公司。

6.1.2 投资银行的发展

投资银行起源于 18 世纪中叶的欧洲。英国商业银行的前身是承兑所,这些承兑所为满足国际贸易活动中信用交易的需要,承兑外贸商人之间相互开出的商业票据,便于其流通转让。进入 20 世纪后,英国的一部分商业银行仍以传统的承兑票据业务为主,典型的代表是英国承兑行委员会（AHC）下属的 17 家会员，而另一部分商业银行则涉足资本市场，从事证券承销业务，充当投资中介和管理者。需要说明的是，在 20 世纪 80 年代中期以前，英国金融体制的特点是，不同金融机构发挥不同的职能，提供不同的金融服务，这是由于历史而自然形成的传统惯例。所以，英国投资银行从诞生就与商业银行相分离，不经办商业银行业务。

美国的投资银行起源于 18 世纪末。理论界公认的美国投资银行的创始人是撒尼尔·普赖姆，他也是 18 世纪 90 年代纽约华尔街最著名的股票经纪人。他成立的普赖姆·华德金公司是当时华尔街主营证券交易和外汇买卖的最大的投资银行。不过，美国投资银行有较大规模的发展是从 19 世纪后半叶开始的，特别是在南北战争期间，政府为战争筹资而发行债券，战后大兴基础设施建设也引发了大规模的筹资需求，从而刺激了美国投资银行业的发展。可以说，从美国内战后的经济复苏到 1929 年大危机前，是美国投资银行业发展的鼎盛时期。这一时期美国投资银行发展的最大特点是，金融界并不存在真正的投资银行，所谓的投资银行是指美国一些大型商业银行内部的证券投资附属机构，其发展是和商业银行紧密融合在一起的。

自 20 世纪六七十年代以来，西方发达国家逐渐放松了金融管制，允许不同的金融机构在业务上适当交叉，为投资银行业务的多样化发展创造了条件。到了 80 年代，市场竞争的日益激烈以及金融创新工具的不断发展与完善，更进一步强化了金融业混业经营趋势。

中国的投资银行业务是在为了满足证券发行与交易需要的过程中不断发展起来的。中国的投资银行业务最初由商业银行来完成，商业银行不仅是金融工具的主要发行者，还是掌管金融资产最多的金融机构。1980 年国务院下达的《关于推动经济联合的暂行规定》指出："银行要试办各种信托业务。"同年，中国人民银行下发了《关于积极开办信托业务的通知》，中国工商银行、中国农业银行、中国银行和中国建设银行四大国有专业银行相继以全资或参股形式开办隶属于银行的内部证券业务部门，这些证券部门后来独立出去，形成了由银行控制的证券公司。1990 年 11 月 26 日上海证券交易所的成立和 1991 年 7 月 3 日深圳证券交易所的正式营业，为中国证券市场的规范运营和迅猛发展奠定了基础，同时为投资银行的发展壮大提供了最直接的动力。1995 年《商业银行法》的颁布，开始了中国银行证券分业经营与分业管理，投资银行走向了独立自强的发展之路。1999 年 7 月《证券法》的出台及实施，标志着中国投资银行进入了稳健发展阶段。自 2008 年 6 月 1 日起《证券公司监督管理条例》的实施，加强了对证券公司的监督管理。证券管理法规的逐步完善，促使中国投资银行业进入健康发展的轨道。目前，中信证券、国信证券、招商证券和国泰君安等都是优秀的证券公司，虽然中国的投资银行业仍存在诸多问题，但它通过重组并购、股份制改造和业务创新等措施，正逐步提高自身的竞争实力。

自 20 世纪 80 年代以来，由于信息技术的进步以及金融产品和金融技术的创新，全球金融市场的联系日益紧密。在国际经济全球化和市场竞争日益激烈的趋势下，投资银行业完全跳出了传统证券承销和证券交易的狭窄的业务框架，跻身金融业务的国际化、多样化、专业化和集中化之中，努力开拓各种市场空间。这些变化不断改变着投资银行和投资银行业，对世界经济和金融体系产生了深远的影响。投资银行之所以在世界范围内具有影响力，主要在于其从事着有别于以往金融机构的市场业务。

6.1.3 投资银行业务

投资银行业务的具体内容受到社会经济条件的限制，同时服务于时代的经济需要。随着经济结构的调整和经济发展进程的加速，投资银行的业务结构也发生着变革，并保持不断的创新。如今，现代投资银行已经突破了证券承销和证券交易等传统业务框架，企业并购、风险投资、项目融资、资产管理、金融工程、资产证券化以及财务与投资顾问等已成为投资银行的核心业务。

其中，证券承销与交易、企业并购、风险投资以及资产证券化是投资银行的主导业务，也是投资银行的主要盈利来源。对于这四项业务，本章将会在后面的学习中进行详细的介绍，以下对投资银行其他重要业务活动做出简要的说明。

项目融资（project finance）指投资银行为某个特定经济实体安排融资。贷款人通常以经济实体的未来现金流和收益作为项目融资的基本还款来源，并以该融资项目的资产作为担保品。投资银行将和与项目有关的政府机关、金融机构、投资者与项目发起人等紧密联系在一起，并协调律师、会计师和工程师等一起进行项目可行性研究，进而通过发行证券、拆借、拍卖或抵押贷款等形式完成项目融资。投资银行在项目融资中的主要工作是项目评估、融资方案设计、法律文件起草、项目管理结构设计和各方利益协调等。

2018年8月，喜马拉雅完成新一轮融资签约，高盛集团、华泰证券和泛大西洋资本参与投资，成功融资共计40亿元，投前估值200亿元，投后估值240亿元。作为中国发展最快且规模最大的在线移动音频分享平台，此次成功融资为喜马拉雅进一步领跑中国音频市场奠定了雄厚的资金实力。

优先与劣后以及夹层融资

优先与劣后（priority and inferiority）是指在信托理财项目中，信托受益权结构设置优先和劣后分级处理的活动。优先级优先享受收益和保障，当项目取得盈利时，优先级按事先约定的比例适当参与分红；当项目发生亏损时，优先级获得劣后级资金的补偿。由于遭遇亏损时首先亏损的是劣后级的资金，所以劣后级承担的风险比优先级高，如果获得收益，劣后级获得的收益自然也比优先级高。

例如，某基金公司拿出自有的100万元作为劣后资金，然后客户投资400万元作为优先资金，这样就构成了一个500万元的基金。作为对优先资金的回报，基金公司允诺1年给予6%的回报，与此同时，优先资金不享受更多的收益分配。因此，一年后这500万元基金中424万元提供给优先资金客户，剩余的是基金公司的本金与收益。如果公司盈利20%，资金变成了600万元，那么600－424＝176万元，这部分即为公司的本金与盈利，比起公司直接使用自有的100万元资金，收益要多得多。相反，如果资金亏损10%，500万元变成450万元，此时公司依然要拿出424万元给优先资金客户，所有的损失都由公司自行承担。此时，公司的自有资金变成了450－424＝26万元。

夹层融资（mezzanine finance）是一种介于优先债务和股本融资之间的融资方式，指企业或项目通过夹层资本的形式融通资金的过程。它包括两个层面的含义：从夹层资本提供者（即投资者）的角度出发，称为夹层资本；从夹层资本需求者（即融资者）的角度出发，称为夹层债务。**夹层资本**（mezzanine capital）是收益和风险介于企业债务资本和股权资本之间的资本形态，本质是长期无担保的债权类风险资本。夹层融资更多的是扩大杠杆，满足优先级资金对保障本金的要求和劣后级资金对杠杆倍数的要求。当进行清算时,首先是优先级得到清偿,其次是夹层资本提供者,最后是劣后级。这样,对投资者来说,夹层资本的风险介于优先级与劣后级之间。夹层资金一般收取固定的风险收益,或包含部分超额浮动收益。夹层融资主要应用于杠杆收购、管理层收购、企业并购交易和企业再融资等活动。对于融资企业而言,典型的夹层基金融资结构由银行等低成本资金所构成的优先层、融资企业股东资金所构成的劣后层,以及夹层资本所构成的中间层三部分组成。通过这种设计,夹层资本在承担合理的风险的同时,能够为投资者提供较高的收益。在三层结构中,劣后层与中间层被视为优先级资金的安全垫。

资产管理(asset management)是指投资银行代理资产所有者(委托客户)经营和管理资产,以实现资产增值或其他特定目标。这里资产所有者与投资银行之间是委托-代理关系。资产管理包括现金管理、理财顾问、国债管理及基金管理等。在较为成熟的市场中,投资者大多愿意将资产交给专业人士管理,以避免因自身专业知识和投资经验不足而引起的风险。

美林证券于1976年成立了美林资产管理公司,先后推出了现金管理账户、货币市场基金、包管账户以及财务基金等创新金融产品,以便更有效地进行资产管理。

财务顾问及投资顾问(financial consultation and investment advisor)通过对客观经济情况的研究分析,为企业兼并、资产重组、公司财务结构和政府大型项目建设等提供战略指导和决策建议。在财务顾问业务基础上,投资银行向资本市场投资者提供相关分析报告和投资建议,以供投资者在进行投资决策时加以选择和利用,这便形成了投资银行的投资顾问业务。该业务是联结一级和二级市场以及沟通证券市场投资者、经营者和证券发行者的桥梁与纽带。

20世纪80年代末,德国政府选择高盛出任政府财务顾问,8年后高盛完成了德国电信企业的全面民营化改造,并使德意志电信公司成功在纽约交易所上市,一举募集了130多亿美元的资金。

金融工程(financial engineering)主要用于实现投资银行市场业务的产品设计。现代投资银行金融工程业务的核心是金融工具或产品的创新,包括基础金融产品和衍生金融产品两部分,其中衍生金融工具的创新和运用更受重视。具体而言,衍生金融工具创新方向分为三大类:期货类、期权类和掉期类。通过金融创新工具的设立与交易,金融工程辅助实现了投资银行对投资者的收益承诺。

6.2 证券承销

作为投资银行的主体业务之一,证券承销是现代资本市场运作的主要表现形式。它能够帮助有资金需求的企业完成市场融资,同时向资金盈余者提供实现收益增长的投资选择。正是基于证券承销业务,投资银行自然而然地区别于商业银行,成为资本市场的核心。

6.2.1 证券承销的含义

现实市场中存在的诸多因素,如交易成本和信息不对称等,使得市场上的资金盈余者和资金需求者并不能实现很好的沟通。投资银行的出现，促成了资本市场资金供需双方的顺利沟通。如果一家企业需要通过证券市场筹集资金，就需要聘请投资银行来帮助销售其证券。我们通常将发行人把证券销售给初始投资者的市场称为**一级市场**（primary market）。

投资银行在**公募发行**（public offering）条件下，代理证券发行人发行股票和债券等有价证券的业务活动被称为**证券承销**（securities underwriting）。所谓的公募发行，是指在证券市场上发行人通过投资银行向非指定的广大投资者公开销售证券。对公募证券进行承销，是投资银行的基本业务，投资银行将借助自己在证券市场上的信誉和营业网点，在规定的发行有效期限内将证券销售出去。根据企业是否首次进行证券融资，可将证券销售划分为**首次公开招股**（initial public offerings，IPO）和**增发募股**（secondary offerings）。投资银行在证券承销过程中使社会资金得到了有效利用，并维持了市场的运作机能，同时通过收取佣金或获取利差实现了自己的经营目标。

6.2.2 证券承销流程

一般而言，发行人在综合考虑各家投资银行的承销费用、资信状况、融资造市能力、人员素质、管理水平、业务网点和承销能力等因素后，会选择一家投资银行作为主承销商。有意进行合作的双方将签订合作意向书，建立委托关系。之后，投资银行开始与发行人一起做好发行前的各项准备工作，以达到证券监督管理部门的要求。

- **尽职调查**（due diligence）即投资银行对发行人的各项相关数据资料，包括其所在行业发展状况、公司经营状况和财务状况等展开调查和搜集信息资料的工作，以备提交证券主管机关，并向潜在的投资者发布。

- **提交文件**（submit the document）在证券主管机关注册登记，提交各类上市文件，包括招股说明书和各类证据文件等，申请发行。

- **组织承销团**（underwriting syndicate，又称辛迪加）担任本次发行主承销商的投资银行将负责组织承销团，确定承销团的成员组成，分配各个承销商的销售比例以及承销收入，并签署**承销商间协议**（agreement among underwriters）以明确承销团中各个成员的权利和义务。

- **路演**（road show）即投资银行帮助发行人安排发行前的调研和宣传推广工作。通过面向潜在投资者开展一系列宣传活动，树立发行人形象，营造市场需求，从而争取有利的发行价格。同时，在路演过程中，投资银行和发行人还能从投资者的反应中获取有用的信息，估计投资者对新股的需求水平，为决定发行数量和发行价格提供依据。

6.2.3 证券承销方式

在发行申请获得批准后，作为主承销商的投资银行将代表承销团与发行人进行谈判，正式签订包括发行数量、发行价格、承销差价和承销方式等内容的承销协议。承销活动将依据承销协议展开，承销方式主要有三种。

（1）**全额包销**（firm commitment）。投资银行以低于股票发行价格的协议价格买入全部拟发行证券，然后按照事先约定的发行价格，向社会公众推销证券。全额包销对于发行人来说风险较低，发行人能迅速获得所需的资金。而投资银行在赚取差价的同时，要承担包括发行失败和发行期间股票价格在市场中上涨或下跌的全部风险。投资银行在承销过程中往往会采取一些手段来稳定价格，比如"绿鞋期权"策略。

绿鞋期权

绿鞋期权（green shoe option，在中国又称超额配售选择权），因美国绿鞋公司 IPO 时率先使用而得名。惯例做法是，发行人与主承销商在签订的初步意向书（letter of intent）中明确，主承销商可以在股票发行后的 30 天内，以发行价从发行人处购买额外的相当于原发行数量 15% 股票的期权。目的是在为该股票交易提供买方支撑的同时，使主承销商避免面临过大的风险。主承销商在得到这项期权之后，可以按原发行数量的 115% 超额配售股票。当股票十分抢手或上市后股价一直高于发行价时，主承销商即以发行价行使绿鞋期权，从发行人处购得 15% 超额发行的股票以冲掉自己超额配售的空头，并收取超额发行的承销费用，此时实际发行数量为原定发行数量的 115%。当股票受到冷落或上市后股价跌破发行价时，主承销商将不行使该期权，而是从二级市场上购回超额配售的股票以支撑价格并对冲空头，此时实际发行数量与原定发行数量相等。在这种情形下，主承销商购回股票的市场价低于发行价，这样做他们也不会受到损失。在实际操作中，超额发售的数量由发行人与主承销商协商确定，一般为原定发行数量的 5%~15%，并且主承销商对该期权可以选择部分行权。

2010 年 7 月，中国农业银行在 A 股与 H 股市场同步上市，其中 A 股于 7 月 15 日在上海证券交易所上市，H 股于 7 月 16 日在香港证券交易所上市。此次中国农业银行 A 股和 H 股 IPO 均采用了绿鞋期权策略，给予主承销商超额配售选择权。在股票发行后的 30 天内，中国农业银行 A 股和 H 股的股票价格一直保持在发行价之上。2010 年 7 月 29 日，中国农业银行在香港证券交易所公告称，其联席全球协调人（主承销商）决定全额行使超额配售选择权，为此中国农业银行当日额外发行了占原定发行规模约 15% 的 H 股。2010 年 8 月 13 日，中国农业银行在上海证券交易所公告称，其首次公开发行的 A 股超额配售选择权亦全额行权完毕。中国农业银行 IPO 的主承销商在自股票上市交易日至决定行使绿鞋期权期间，未利用本次发行超额配售所获得的资金从二级市场买入本次发行的股票。绿鞋期权行权完毕后，中国农业银行在 A 股和 H 股市场上募集的资金合计达到 221 亿美元（约合 1 503 亿元人民币），成为全球最大的 IPO。

（2）**代理推销**（best efforts）。投资银行仅作为发行人的销售代理人，代理发行人向投资者出售证券，并不承担按照协议价格购入证券的义务。投资银行只是同意尽力推销证券，收取推销股票的佣金，根据市场情况出售证券，将未出售的证券返还给发行人，因此不承担市场风险。

（3）**余额包销**（standby commitment）。投资银行按照合同约定的发行数额和发行条件，在约定的期限内销售证券。如果到截止日期投资者实际认购总额小于预定发行总额，那么未售出的股票由投资银行按照协议价格认购。这一种方式结合了包销和代理推销的特点，投资银行要承担部分发行风险。

6.3 证券交易

证券发行上市之后,其在资本市场的流通也与投资银行关系密切。证券发行人在一级市场中发行证券,而证券在投资者之间的流通要在**二级市场**(secondary market)完成。二级市场,也称交易市场或流通市场,是投资者之间买卖证券的场所。二级市场为证券提供流动性,使得投资者手中的证券能够及时变现。如果证券承销是投资银行在一级市场体现其资本市场核心地位的基本业务,那么在二级市场上投资银行则以**证券交易业务**(securities transaction)来体现其资本市场的核心地位。

投资银行在二级市场以三种身份从事证券交易活动。第一种身份是投资银行作为**经纪商**(broker),其业务活动并不与自有资金相联系,只是以买卖代理人的身份帮助客户从事证券买卖活动,并获得佣金收入。第二种身份是投资银行作为**自营商**(dealer),运用自有资金进行证券买卖,并从中赚取买卖差价,是风险相对较高的一种业务形式。第三种身份是投资银行作为**做市商**(market maker),不断向公众投资者报出某些特定证券的买卖价格(即双边报价),并在该价位上接受公众投资者的买卖要求,以其自有资金和证券与投资者进行证券交易,从买卖报价的差额中赚取利润。

6.3.1 证券经纪业务

事实上,世界上绝大多数证券交易所实行会员制交易,即一般投资者不能直接进入证券交易所市场买卖证券,必须由证券交易所经纪商代理交易。投资银行承担证券交易的代理行为,就是投资银行的证券经纪业务。

投资银行以经纪商身份服务于证券交易时,只是作为证券交易双方的委托代理人,接受客户的指令,代理客户买入或者卖出证券,而不以自身的资本参与到证券交易中,经营收入仅仅来自于客户交纳的佣金,因此并不承担价格变动的风险。但是在信用交易或者保证金交易中,客户仅支付部分现金或者证券作为担保,经纪商为其垫付交易资金或资金差额,因此可能会承担投资者违约的风险。

除基本的经纪服务以外,证券经纪商还从事为客户提供研究报告和设计投资组合等其他业务。

6.3.2 证券自营业务

证券自营业务是投资银行在二级市场通过自己的账户、用自己可支配的资金买卖证券,从证券价格的变动中获取收益。在证券自营过程中,投资银行自身要承担证券交易风险。证券自营业务为投资银行带来资本利得、股息和债息等收入,并成为投资银行重要的利润来源。证券自营业务是投资银行所从事的业务中风险相对较高的一种业务。投资银行从事自营业务,包含**投机**(speculation)和**套利**(arbitrage)两种基本动机。

1. 投机

投资银行期望从证券价格的变化中获取收益。当预期某只证券的价格会上升时,投资银行买入该证券，待证券价格上涨后再卖出；当预期某只证券的价格将会下跌时，则卖出甚至卖空该证券，待价格回落后再在低位补进。由于投资银行在投机过程中完全暴露在市场风险之下，因此投资银行在进行投机活动之前必须进行周密的分析，尽可能控制和降低风险。

2. 套利

投资银行从相关资产价值的错位中套取收益。套利可分为无风险套利和风险套利两类。**无风险套利**（riskless arbitrage）是指投资银行在两个或两个以上不同的市场中以不同的价格进行同一种证券的交易。例如，在不同市场中，投资银行利用相同或者相关证券的价格差异，买入价格被低估的证券，同时卖出价格被高估的证券，在两者相对价格的变动中获取收益。投资银行还会利用现货市场和期货市场上同一证券的价格差异，同时买进期货—卖出现货，或者买进现货—卖出期货以谋取收益。**风险套利**（risk arbitrage）与市场上的兼并收购和其他股权重组活动相联系。例如，在企业兼并过程中，投资银行按照协议买入被兼并公司的证券，当被兼并公司证券的价格上升时，就可以获得收益。当然，在这样的风险套利过程中，投资银行要面临证券价格下降的市场风险。

6.3.3 做市商业务

做市商是指在证券市场上，由具备一定实力和信誉的投资银行作为特许交易商，不断向公众投资者报出某些特定证券的买卖价格（即双边报价），并在该价位上接受公众投资者的买卖要求，以其自有资金和证券与投资者进行证券交易。做市商业务是指投资银行在证券交易所的做市商机制下，运用自己的账户进行证券买卖，通过不断的买卖报价来维持证券价格的稳定性和市场的流动性，并从买卖报价的差额中赚取利润。现阶段，世界范围内的证券交易所通常实行竞价交易或者做市商交易两种基本的价格形成机制。

竞价交易机制（bidding transaction mechanism）又称指令驱动机制，即在竞价交易中，交易双方直接交易或者将委托指令通过证券经纪商传输到交易市场，由交易市场中心以买卖双向价格为基准进行撮合，最终达成交易。在该机制下，证券成交的价格由证券交易双方直接决定，投资者交易的对象是其他投资者。上海证券交易所和深圳证券交易所实行竞价交易机制。

做市商机制（market-maker mechanism）是由作为做市商的投资银行主导证券价格而形成的交易机制。做市商制度起源于美国纳斯达克市场，其全称为"全美证券协会自动报价系统"（NASDAQ）。20世纪60年代的美国柜台交易市场由三类证券公司组成：批发商、零售商以及同时经营批发和零售业务的综合类证券公司。零售商从一般投资者手中买入他们卖出的证券，然后再卖给批发商其买入的证券，实际上零售商发挥着投资代理人的作用。批发商对其主营的证券持续报价，以满足零售商随时交易该证券的需要。就其执行的功能而言，批发商已经具备了做市商的雏形。为了规范柜台交易市场，美国证监会在1963年建议纳斯达克市场采用迅速发展的计算机和远程通信技术，以提高柜台交易市场报价信息的及时性和准确性。纳斯达克市场在1966年成立了专门的自动化委员会，研究在柜台交易市场引进自动化报价的可行性。1971年2月，纳斯达克市场系统主机正式启用，标志着NASDAQ市场正式成立。全美有500多家证券经纪自营商登记为纳斯达克市场做市商，柜台交易市场中2 500只最活跃的股票进入纳斯达克市场的自动报价系统。500多家做市商的终端与纳斯达克市场系统主机连接，通过NASDAQ系统发布自己的报价信息。纳斯达克市场的建立表明规范的且具有现代意义的做市商制度初步形成。

在做市商机制下,做市商给出某一证券的买入价和卖出价,并且随时准备在该价位上买入或者卖出。所有证券投资者均与做市商进行交易,而交易价格由做市商决定。做市商从买卖报价中获取收益,同时又保持了证券价格的稳定性和市场的流动性。当证券价格波动剧烈时,做市商可以退出交易。

目前国际上存在两种做市商制度,一种是多元做市商制,即每一只股票由多个做市商负责。在纳斯达克市场上,一只活跃的股票有时会有 60 多个做市商。另一种则是特许交易商制,即交易所指定一家投资银行来负责某一只股票的交易。纽约交易所里有 400 多个特许交易商,每一个特许交易商负责几只到十几只股票。

投资银行参与做市商业务除了能赚取买卖报价的差额,还可以通过做市商业务来积累定价技巧,累积在二级市场交易的经验,来支持一级市场的承销业务。同时,提供发行和做市商一体化业务,也是投资银行维持与发行人良好关系的一种重要手段。

6.4 企业并购

在现代经济中,以资产的集合物(即公司或企业)作为买卖对象,实现资产结构或者产业结构的优化重组,已经成为公司经营和发展过程中的一种普遍的战略追求。投资银行凭借其在资本市场的特殊地位以及在融资手段方面的优势,在企业并购市场上发挥着主导作用。

6.4.1 什么是企业并购

企业并购(mergers and acquisitions,M&A)包含兼并和收购两层含义。国际上通常把兼并和收购合在一起使用,具体指一家公司通过产权交易取得其他公司一定程度的控制权的活动,控制权具体包括资产控制权和经营管理权。

兼并可分为**吸收合并**(merger)和**新设合并**(consolidation)。吸收合并是指一家企业吸收其他企业而成为存续企业的合并形式。存续企业将保留其独立法人地位,获取被吸收企业的债权和资产,并承担其债务,被吸收企业则丧失独立法人地位。吸收合并属于 A + B = A 的兼并过程。新设合并是指两家或两家以上的企业通过合并同时丧失法人地位,成为一家新企业的行为。新企业将获取原先所有合并企业的债权和资产,并承担债务。新设合并是一个 A + B = C 的兼并过程。

收购是指一家企业购买另一家企业的资产或股份,进而获得对该企业全部或者部分资产的实际控制权。与兼并不同,收购强调的是控制权的转移,被收购的企业并不丧失其法人实体的地位。根据交易标的物不同,收购可分为资产收购和股权收购。资产收购是指一家企业收购其他企业的部分或者全部资产,以达到控制该企业的目的,它是单纯的资产购买行为,无须承担被收购企业的债务。股权收购是指一家企业直接或者间接收购其他企业的全部或者部分股权,以达到控制该企业的目的,收购企业需要按照股权比例承担被收购企业的权利和义务,其中包括被收购企业的债务。

新设合并： 南北车合并

2012 年下半年，阿根廷政府宣布购买新的城轨车辆，用以更换出事故的萨缅托线现有列车。中国北车和阿尔斯通等七八家国内外公司均向阿根廷报价，参与竞标。彼时，阿根廷市场主要是中国北车的"势力范围"。在阿根廷政府的最新竞标中，北车首轮报价 239 万美元/辆，与国外对手相比具有较大的优势。

然而，在这一轮竞标中，此前从未接触过阿根廷市场的中国南车突然加入进来，并且在竞标的第一包就报出了 127 万美元/辆的低价，报价与中国北车相比降幅近 50%。阿根廷招标方随即要求第二包的竞标价格不得超过 127 万美元/辆，北车和南车在第二包分别报出了 126 万美元/辆和 121 万美元/辆的低价。最终，南车凭借价格优势，拿下了这次竞标的两个包。

两家国内企业在海外恶性竞争压低价格，严重影响了企业声誉，压缩了利润空间。为了减少恶性竞争，降低"走出去"的成本，实现强强联合，中央政府逐渐开始着手南北车合并事项。

2014 年 12 月 30 日，中国南车与中国北车双双发布公告确认合并，同时公布合并预案，正式宣布双方以南车换股吸收北车的方式进行合并，南北车合并后新公司名为"中国中车股份有限公司"，简称"中国中车"。新公司同时承继及承接中国南车与中国北车的全部资产、负债、业务、人员、合同、资质及其他一切权利与义务。合并后新公司将采用新的组织机构代码、股票简称和代码、法人治理结构、战略定位、组织架构、管理体系及公司品牌等。

资料来源：财经眼，http://finance.qq.com/zt2014/focus/nanchebeiche.html。

6.4.2 投资银行与企业并购

在过去的百余年间，全球共经历了五次大的并购浪潮，投资银行在其中都发挥了核心作用。企业并购业务成为投资银行一项十分重要的业务，被称为投资银行业中"财力和智力"的高级结合。国际上大多数大投行都有规模庞大的并购部门，部分中小型投资银行甚至以并购业务作为其特色业务或者专营业务。

投资银行的并购业务可分为两大类。一是并购策划和财务顾问业务。在这类业务里，投资银行为并购交易的兼并方或目标企业提供建议、规划以及相应的融资服务。投资银行不是作为交易的主体，而是作为中介人参与其中，这是投资银行的传统并购业务。二是产权投资商业务。这里投资银行成为并购交易的主体，把买卖企业产权作为一种投资行为，当买入企业产权后，或直接转让，或分拆卖出，或包装上市抛出股权套现。显然，投资银行从事产权投资商业务的目的是从买卖产权过程中赚取差价。长期以来，投资银行在并购业务中担当并购策划和财务顾问的角色，而产权投资业务出现的时间相对较晚。因此，我们通常所说的企业并购业务，是指投资银行的并购策划和财务顾问业务。

投资银行并购业务对宏观经济的发展和社会效益的增进具有十分突出的作用。投资银行并购业务的产生、发展和成熟提高了并购的效率，也加速了并购的进程，减少了企业并购过程中的资源耗费。并购活动本身符合市场经济规律，促进了经济结构调整，而投资银行的并购业务也成为并购活动中不可或缺的润滑剂和助推器。

（1）投资银行在企业并购业务中的主要活动，包括服务于并购企业和服务于被并购企业两大类型。其中，投资银行服务于并购企业的业务活动具体包括以下内容。

- 服务于并购企业。投资银行为并购方策划经营战略和发展规划，根据并购方的发展需要拟定并购标准，对并购方企业进行外部环境分析和企业内部分析，寻找合适的并购机会和目标企业。并且，投资银行可以作为企业的财务顾问，全面参与并购活动的策划，为并购企业提出并购建议。

- 投资银行根据并购企业的战略来评估目标企业，即在用科学合理的方法对目标企业的经营状况、财务状况和市场竞争能力等进行价值评估的基础上，确定对目标企业的并购价格。并购价格的下限一般为目标企业的现行股价，而上限是投资银行对目标企业未来股价的估算值。并购价格低于现行股价将不为目标企业的股东所接受，而高于未来股价则会导致并购方承受损失。

- 投资银行组织和安排并购企业和目标企业进行谈判，制定合理的谈判策略，与目标企业的大股东和董事进行接触，洽谈并购条款。有时投资银行直接代表并购企业，承办公开市场标购业务。所谓公开市场招标业务（tender offer，又称要约收购），是指并购企业不与目标企业进行事先撮合，而是在公开市场上以高于市场价格的报价直接向目标企业的股东招标收购一定数量股票的收购活动。并购企业将依法公布招标广告，向目标企业公布收购股价和收购起止日期等重要信息，以召集目标公司股东来出售股票。而作为承办方的投资银行，则为并购企业的报价和并购条件提供决策咨询以及宣传服务。

- 在杠杆收购情况下，投资银行还将为收购企业提供融资服务。**杠杆收购**（leveraged buy-out，LBO）是指收购企业利用自己的资产作为债务抵押，借入资金来收购目标企业。典型的杠杆收购，通常以注册专门的收购公司的方式实现，即收购企业与投资银行共同组成收购公司，通过大量债务融资来实现对目标企业的收购。收购公司是一种没有实质性的生产经营和劳务服务内容，只有少量资本，仅仅为了达到利用借入资金来实现收购目标而设立的"虚拟公司"。其借入的资金一般来自于以目标企业的资产与未来收益作为担保而发行的债券和银行贷款。投资银行筹划以目标企业的资产为担保，发行债券并且寻找债券投资者，甚至直接以自有资本为收购企业贷款或者提供股权投资。

（2）投资银行在企业并购过程中还可以为目标企业提供服务。当投资银行服务于目标企业时，其具体工作包括以下内容。

- 投资银行对目标企业的股票价格进行实时分析，追踪潜在的并购企业，及早发现有并购企图的企业，为目标企业提供早期警告。投资银行努力寻找目标企业本身所存在的弱点和缺陷，协助目标企业从调整组织结构、加强管理水平和改善财务状况等方面入手对企业进行整顿，制定有效的防御策略。

- 对于将要出售的目标企业，投资银行策划出售方案和销售策略，制定合理的售价和最低售价，向目标企业的董事会提出关于售价的公平意见，制定招标文件，组织招标谈判，争取最高的售价，制定相应的谈判流程，说服潜在购买者接受目标企业的出售条件。

- 投资银行还帮助目标企业编制合适的销售文件，包括公司说明备忘录和并购协议等，做好有关方面的公关和说服工作，监督协议执行，直到交易完成。
- 对于敌意收购，投资银行可以为目标企业提供一系列的反收购服务。当面对敌意收购的强大威胁时，投资银行将成为目标企业重要的依靠力量。投资银行提供的反收购服务包括为目标企业制定反收购条款；促进目标企业和其他企业相互配股，形成有效的反收购联盟；设置"毒丸"，即目标企业为其股东配发一种优先购股权，只有当企业遭到收购的时候，这些购股权才能得到行使，这会严重破坏企业的股权结构，从而导致收购失败；进行资产重组，比如变卖企业最令收购方垂涎的优良资产，大量举债使财务指标变坏，或管理层收购企业股权等；给企业股东更多的回报，劝说股东抵制敌意收购者的收购；请求友好公司（即白衣骑士，white knight）出面与敌意收购者进行标购战；诉诸法律等。

案例6-1　　龙薇传媒杠杆收购万家文化

1. 事件时间

2016年12月，上市公司万家文化公告，控股股东万家集团将把29.135%的股份转让给龙薇传媒，价格为30.599亿元，对应转让价格为16.54元/股，与当时的股价18.38元/股相比折价大约10%。如果转让完成，赵薇将为公司新的实际控制人。同时，收购中的超高杠杆引起了市场和监管部门的高度关注，证监会开始着手立案调查此次龙薇传媒收购的资金来源。

2017年1月，万家文化披露了龙薇传媒收购的资金来源：赵薇自有资金6 000万元；以万家文化的股份质押换来15亿元，每季度（或半年）付息，年利率6%，到期一次偿还本金；另外15亿元是以赵薇个人信用为担保借来的，年利率10%，3年后到期一次还本付息。也就是说，赵薇企图高杠杆借款30.56亿元，利用50倍的超高杠杆借入资金进行此次收购。

2017年4月，在监管层不断追问的压力下，龙薇传媒终止了收购方案，赵薇控股万家文化的计划终止。

2017年11月，赵薇夫妇等被证监会给予警告，分别处以罚款和5年的证券市场禁入。

2. 股价变动

2017年1月12日，万家文化复牌后，由于赵薇特殊的明星身份，明星效应使得股民们纷纷入手万家文化的股份，万家文化连续两个交易日涨停，第三及第四个交易日继续收涨，股价从18元/股涨到了25元/股，涨幅高达32.77%。

2017年2月8日，万家文化停牌，停牌时股价为20.13元/股，停牌期间公告股东股份转让比例从29.14%变更为5%。2017年2月16日，万家文化复牌，当日下跌8.49%，第二个交易日下跌6.89%。

2017年4月1日，万家文化公告《解除协议》，次一交易日下跌2.39%，后续该股持续下跌。

2017年11月30日，万家文化收盘价为8.07元，较2017年1月17日股价最高点25元下跌67.72%，超过腰斩。

3. 处罚原因

龙薇传媒的筹资计划和安排存在虚假记载与重大遗漏。第一，关于收购公司的资金来源，龙薇传媒披露的金融机构质押融资金额与中信银行融资方案中拟向龙薇传媒提供融资30亿元的实际情况不符。第二，关于款项支付安排，龙薇传媒在2017年1月12日的问询函回复公告中披露的款项支付方式为确定的步骤和确定的金额,未完整披露款项支付方式将随金融机构的审批情况进行动态调整的情况。第三,未在公告中明确金融机构融资款项存在的高度不确定性,存在重大遗漏。

龙薇传媒在履行能力和履行结果不确切以及收购行为的真实性与准确性不能保证的情况下,贸然公布收购信息。赵薇夫妇的行为因其名人效应等因素叠加,严重误导市场及投资者,引发市场和媒体的高度关注,致使万家文化的股价大幅波动,严重扰乱了正常的市场秩序。

资料来源:金融界,http://m.jrj.com.cn/rss/uc/rss/2017/12/4/23734598.shtml。

6.5 风险投资

从投资行为的角度来讲,风险投资是把资本投向蕴藏着失败风险的高新技术及产品的研究开发领域,旨在促使高新技术成果尽快商品化和产业化,以取得高资本收益的一种投资过程。从运作方式来看,风险投资是指由专业化人才管理的投资中介向特别具有潜能的高新技术企业投入风险资本的过程,也是协调风险投资家、技术专家和投资者的关系,实现利益共享和风险共担的一种投资方式。风险资本投资业务是投资银行的主营业务之一,风险投资通常与风险资本相联系。

6.5.1 什么是风险投资

风险资本(venture capital,VC)又称"创业资本",通常指专门用于支持处于创业期或快速成长期的未上市新兴中小企业,尤其是高新技术企业的发起和成长的一种权益性资本。我们从风险资本运用的角度能够很容易理解何为风险投资。

风险投资(venture capital investment)是指向极具增长潜力的未上市创业企业提供股权资本,并通过创业管理服务参与企业创业过程,以期获得高资本增值的一种投资行为。表6-2简单列举了风险投资与一般金融投资的区别。

表6-2 风险投资与一般金融投资

	风险投资	一般金融投资
投资对象	新兴的、迅速发展的且具有巨大竞争潜力的企业,以中小企业为主	成熟的传统企业,以大中型企业为主
资格审查	以技术实现为审查重点,技术创新与市场前景研究是关键	财务分析与物质保证是审查重点,偿还能力是关键
投资方式	主要采用权益投资,关心企业的发展前景	主要采用贷款方式,需要按时偿还本息,关心安全性
投资管理	参与企业的经营管理与决策,投资管理较严密	对企业的经营管理有参考咨询作用,一般不参与企业决策
投资回报	风险共担且利润共享,企业若获得巨大发展,投资可获得高额回报	按贷款和合同期限收回本息
投资风险	风险大,投资的大部分企业可能会失败,但一旦成功收益巨大	风险小,一般都能收回本息
人员素质	懂技术、经营、管理、金融和市场,有预测和处理风险的能力,有较强的承受能力	懂财务管理,不懂技术开发,可行性研究水平较低
市场重点	未来的潜在市场,难以预测	现有的成熟市场,易于预测

资料来源:徐荣梅.投资银行学[M].广州:中山大学出版社,2004.

需要注意的是，风险投资虽然是一种股权投资，但投资并不是为了获得企业的所有权，也不是为了控股，更不是为了经营企业。其实风险投资就是风险投资人通过投资和提供增值服务把被投资的企业做大，然后通过公开上市、兼并收购或以其他方式退出，在产权流动中获得投资回报。

如果把极具潜力的新兴公司比作品种优良的猪仔，那么风险投资就是养猪。开始时，几个有兴趣养猪的人或机构凑到一起，共同出资组建一个养猪基金（风险投资基金），然后找个养猪能手（风险投资机构）来管理运作这个基金，负责养猪的全过程。由于投资者并不是为了养猪而养猪，因此在小猪长大后，几个出资人会根据具体情况决定通过何种方式将猪卖掉套现，比如将猪放到市场上去卖（创业板上市退出），或是将猪卖给其他有兴趣养猪的投资者（股权转让）等。

风险投资的运作过程包括三方主体：风险资本的提供者——风险资本家（或称风险投资者）；风险资本的运作者——风险投资机构；风险资本的使用者——风险企业。大多数风险投资都通过风险投资基金运行，风险投资的运作过程大致分为以下四个步骤。

- 第一步，提供资金的众多风险资本家共同签订契约，成立风险投资基金，同时组建风险投资公司（机构）来管理运作风险投资基金。
- 第二步，风险投资机构通过项目筛选、评估和交易构造等程序，将风险资本投资于那些具有成长潜力但缺乏发展资金的风险企业。
- 第三步，风险投资机构积极参与和监控风险企业的经营活动，在风险投资机构的积极参与和管理下，风险企业经营规模扩大，进入稳定发展阶段，成为可能通过资本市场融资的企业。
- 第四步，风险投资机构通过二板市场的 IPO 上市、并购或出售等方式协助风险资本家收回投资、获得收益。

> **天使基金**
>
> 所谓"天使基金"，就是专门投资于处于种子期或初创期企业的一种风险投资。因为天使基金主要是为萌生中的中小企业提供"种子资金"，是面目最慈祥的风险资金，帮助它们脱离苦海，摆脱死亡的危险，因而取得了"天使"这样崇高的名称。天使基金在美国最为发达。就行业而言，天使基金更青睐具有高成长性的科技型项目，其收益率普遍在 50 倍以上，超过万倍的回报也不少见。需要重点提示的是，某些天使基金花的是投资人自己的存款，并非来自机构和他人，从这个意义上讲，他们是资本市场里腰缠万贯的慈善家。

6.5.2　投资银行与风险投资

顾名思义，风险投资充分体现了高风险、高收益的特点。正是由于风险投资的高风险，普通投资者往往都不愿涉足。事实上，一些极具发展潜力的新兴公司通常最需要资金的支持，这便为投资银行提供了广阔的市场空间。

可以设想这样一种情景：假如你是一位职业金融投资人，某天你发现了一家刚创立的高科技公司，对其前景十分看好，并打算进行风险投资。现在的问题是，你之前并没有风险投资的经验，对其中各个步骤的细节一窍不通，或者你事务缠身，无法分出更多的精力，但你又十分相信自己的判断，此时你应怎么办？放弃如此诱人的投资机会吗？不，你应该去找投资银行，它会帮你解决这些问题。投资银行能够以代理人或者委托人的身份为风险投资人（或机构）提供募集资金、投资基金运作管理、风险企业上市和风险投资股权转让等方面的服务。你只要支付相应的佣金，就可以委托投资银行运作和管理资本。在上述这种情况下，投资银行只作为向风险投资者提供金融服务的中介机构，参与风险投资。

投资银行主要为风险投资者提供以下几种服务。

- 项目筛选：投资银行为风险投资者提供高质量的项目流，并与其一起筛选和评估目标企业。
- 尽职调查：投资银行会对被列为投资备选方案的企业进行初步的审查。初审可以为风险投资者的选择提供依据和基本信息。如有需求，投资银行将与风险投资者一起对被投资对象的经营思路、技术背景和客户关系等进行更深层次的调查与分析。
- 价值评估：撰写创业投资可行性研究报告。投资银行可以根据需要提供项目评估报告，为初次投资估价提供依据。评估报告的内容除财务预测和价值评估外，还包括企业的基本情况分析、商业模式评价及产业发展趋势判断，并附带不同行业样貌的分析，使风险投资者借助多方面资源对风险投资项目有更深入的了解，以便准确进行投资判断。
- 管理增值：一般来说，风险投资者完成投资后对项目进行监管比较困难。因此，投资银行可以为投资者提供对被投资公司进行常规访问的服务，以便跟踪被投资公司在产品研发、市场导入、营销计划执行和财务管理等方面的进展，并在访问报告中指出出现的问题和提出改良意见。
- 设计退出方案：投资银行为风险投资者提供诸如IPO、股权收购（如MBO）和清算退出等选择方案并协助其实施。

另外，当有适当的投资机会时，投资银行也会以机构投资者的身份出现，发起设立风险投资基金，并成立专门的分支机构作为普通合伙人进行基金管理。在这种情况下，投资银行是风险投资基金的组织者和管理者，同时也是基金的合伙人，它只需要向基金投入少量的资金，就可得到高额的回报。

有限合伙人和普通合伙人

风险投资基金包括两种组织形式，即合伙制与公司制。合伙制形式的风险投资基金可分为两类合伙人：有限合伙人和普通合伙人。

有限合伙人是风险投资的真正投资者，他们提供了风险投资基金总额中99%的资金，但一般只分得75%~85%的资本利润，同时其所承担的责任以其在基金中的出资额为限。有限合伙人主要是富有的个人、银行、保险公司和养老基金等。

普通合伙人是风险投资家，他们既是基金的资金供给者，也是基金的管理人员。普通合伙人的出资额至少占基金总额的1%（一般也不会超过这个份额），他们投入的主要是专业知识、管理经验和风险投资专长。另外，如果风险投资基金资不抵债，他们要负无限责任。所以，他们的利润收入远高于1%，一般可达到20%左右。

总结起来，投资银行的风险投资业务可以归纳为：投资银行为风险资本投资者在募集资金、风险公司上市和投资变现等诸多方面提供代理及财务技术服务，以获得佣金，或自己发起并运作管理风险资本基金，以获取风险投资回报。

案例6-2　　　　　　　　　　　软银与阿里巴巴

1981年，韩裔日本人孙正义创立了软银集团，软银集团于1994年在日本上市。软银集团（简称软银）是一家综合性的风险投资公司，主要致力于IT等产业的投资。软银在全球投资过的公司已超过600家，在全球主要的300多家IT公司拥有相当多的股份。2000年，软银中国资本成立，它是一家领先的风险投资和私募股权基金管理公司，致力于在大中华地区投资优秀的高成长和高科技企业。投资领域包括信息技术、清洁技术、医疗健康、消费零售和高端制造等行业，投资阶段涵盖初创期、成长期和中后期各个阶段。软银中国资本的团队除了对投资企业进行资本支持外，还利用其成功的创业经历、丰富的运营经验以及深厚的技术背景，在战略发展、市场开拓、资源整合和人才引进等多方面助力企业发展，帮助被投资企业获得成功。软银在发展过程中，投资阿里巴巴毋庸置疑是其最成功的经典案例之一。

1999年年初，马云在杭州创办了一家能为全世界中小企业提供服务的电子商务站点——阿里巴巴，创业团队共筹集了50万元。阿里巴巴创立早期面临着严重的资金瓶颈，在CFO蔡崇信的奔走之下，阿里巴巴开始了第一轮融资。

第一轮融资：1999年10月，从高盛、富达投资和新加坡政府科技发展基金等引入了首期500万美元的天使基金。

第二轮融资：2000年1月，获得日本软银2 000万美元的注资，此时阿里巴巴管理团队仍绝对控股。

第三轮融资：2002年2月，日本亚洲投资公司向阿里巴巴投资500万美元。

第四轮融资：2004年2月，获得来自软银等多家公司共计8 200万美元的战略投资，其中软银注资近6 000万美元。这笔投资是当时国内互联网金额最高的一笔私募投资。

四轮融资过后，马云及其创业团队仍然是阿里巴巴的第一大股东，占47%的股份，第二大股东为软银，约占20%，富达投资占18%，其他几家股东合计约占15%。直到后来雅虎的加入，这种持股比例才发生了巨大的变化。

第五轮融资：2005年8月，雅虎和软银向阿里巴巴投资数亿美元。

软银不仅在阿里巴巴创业初期对其进行了资金支持，还利用自身的资源和经验在阿里巴巴后来的发展中给予其足够的支持与帮助，陪伴阿里巴巴团队度过2001~2003年的互联网低谷时期。2014年9月19日，阿里巴巴在美国纽约证券交易所上市，首日上涨38%，收盘时市值为2 314.4亿美元。十几年前完成的投资使软银拥有阿里巴巴超过30%的股份，价值约1 300亿美元，软银也因此获得了巨大的回报，创始人孙正义更因此登上了日本首富的宝座。

资料来源：徐晋. 私募基金经典案例大全[M]. 西安：陕西科学技术出版社，2012.

6.6　资产证券化

资产证券化起源于20世纪70年代，由于具有创新的融资结构和高效的载体，能够满足各类发行人和投资者不断变化的需求，从而成为当今国际资本市场中发展迅速且颇具活力的金融产品之一。直到今天，当人们想起 2008 年的全球金融海啸时依旧心惊胆寒，而资产证券化就是危机发生的一个重要原因。银行将次级房贷打包重组卖给投资银行，投资银行将次级贷款证券化，并销售到世界各地，最终美国房地产市场崩溃导致全世界范围内金融海啸的爆发。

6.6.1 资产证券化产品

资产证券化（asset securitization）是将具有可预见、稳定的未来现金流收入但缺乏流动性的资产或资产组合汇集起来，通过结构性重组（包装），将其转变为可在金融市场出售和流通的证券（债券）的过程。对于融资者来说，资产证券化就是用将来的现金流换取现在的现金流，同时把证券化资产的未来现金流的收益权转让给投资者。这是一种不同于贷款和股权融资的新型融资方式。

理解资产证券化过程的关键是要理解以下两点。第一，并不是所有的资产都能证券化。能够证券化的资产，首先应该缺乏流动性，因为具有流动性的资产不需要证券化，其次，该资产必须能在可预见的未来带来现金流，也就是说能证券化的资产要有收入作为支撑。第二，证券化是一种金融技术。它是通过资产的重新组合并利用必要的信用增级技术，创造出适合不同投资者需求的以及具有不同风险、期限和收益的组合收入凭证。

国际市场的资产证券化产品，基本上可以分为两大类：房屋抵押贷款证券和资产支持证券。

（1）**房屋抵押贷款证券**（mortgage-backed securities，MBS）是以住房抵押贷款的抵押资产为基础，以贷款人对贷款进行偿付所产生的现金流为支撑，通过金融市场发行的证券（大多数为固定收益证券）。它是资产证券化发展史上最早出现的证券化类型。房屋抵押贷款证券又可以分为商业地产抵押贷款支持证券（commercial mortgage backed securities，CMBS）和个人住房抵押贷款支持证券（residential mortgage backed securities，RMBS）。

（2）**资产支持证券**（asset-backed securities，ABS）是以非住房抵押贷款资产为支撑的证券化融资方式，是 MBS 技术在其他资产上的推广和应用。除了住房抵押贷款外，还有很多其他资产也能够产生可预见的、稳定的现金流，因此这些证券都可以被证券化。

担保债务凭证（collateralized debt obligation，CDO）是资产支持证券的一种，是以信贷资产或债券为标的资产的证券化产品。根据以信贷资产为标的资产，还是以债券为标的资产，担保债务凭证又可以分为抵押贷款权益（collateralized loan obligation，CLO）和抵押债券权益（collateralized bond obligation，CBO）。

资产支持商业票据（asset-backed commercial paper，ABCP）也是资产支持证券的一种，是发行人以各种应收账款或分期付款等资产为抵押发行的一种商业票据。

资产证券化是展现投资银行家高智商的活动，自出现以来，变革和创新发展日新月异。证券化的进展已远远超越了传统"资产"的范围。未来收益证券化、整体企业证券化和风险证券化等，是 20 世纪 90 年代后发展起来的证券化方式。此时，证券化的对象显然不再是传统意义上的信用资产。

未来收益证券化是发展比较迅速的融资方式，尤其在发展中国家的基础设施方面得到了较好的应用。中国第一个标准化的证券化案例——珠海高速（1997 年）证券化就属此例，其证券化的对象是未来高速公路收费和其他收费。一些发展中国家的电信和煤电等证券化也属于这种情况。这类证券化的基础不是已经存在的信用资产，而是项目的未来预期收益，依存的不是资产契约，而是统计分析。因此，这种证券化"资产"已经很难用传统的资产证券化中的"资产"概念加以概括。

整体企业证券化于 20 世纪 90 年代发起于英国，目前这一市场也在不断扩展，最新的交易包括方程式赛车、蜡像馆和伦敦城市机场等。整体企业证券化的发展，让我们看到了传统的证券化和资产证券化创新技术的融合。整体企业证券化中的"资产"就是指整体企业，所以我们可以把整体企业证券化中的企业看成"资产"，这就与传统资产证券化的理念相一致了。

还有更多新的证券化方式，都显示出了投资银行家和金融工程师的创造性才智。资产证券化在如此短的发展历程中所取得的这些巨大的成就，让传统金融业内人士惊叹不已。

6.6.2 资产证券化运作流程

我们在说明投资银行的资产证券化业务之前，先介绍资产证券化的整个流程，以便大家更好地理解投资银行家在资产证券化中所扮演的角色。

一次证券化融资完整的基本流程（见图 6-1）是：原始权益人（发起人）将自己拥有的可证券化的资产真实出售给特殊目的机构（special purpose vehicle，SPV），或者由 SPV 主动购买可以证券化的资产，然后 SPV 将这些资产汇集成资产池（assets pool），形成规模相当大且具有一定特征的资产组合，通过信用评级和信用增级，再以该资产的未来预期现金流为支撑在金融市场上发行有价证券融资，最后凭借该资产的所有权确保未来的现金流能够首先用于对证券投资者还本付息。

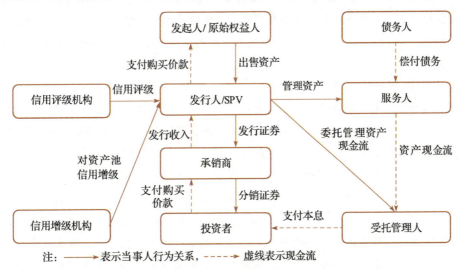

图 6-1 资产证券化的基本结构和流程图

有以下几点需要说明。

- **可证券化的资产** 并不是所有的资产都能够证券化，能够证券化的资产应该具备一定的条件。例如，首先，资产的质量和信用等级必须能够被准确地评估，这是资产证券化的前提；其次，可证券化的资产必须能产生可预见的现金流；最后，原始权益人已持有该资产一段时间，并且信用表现良好。
- **特殊目的机构**（SPV）是专门为资产证券化设立的一个特殊实体，负责确保资产的"真实出售",以实现证券化资产和原始权益人(发起人)其他资产之间的风险隔离。SPV 的具体职责是:按真实销售标准从发起人处购买基础资产;负责资产的重新组合;委托信用增级机构对基础资产进行信用增级;聘请信用评级机构进行评级;选择服务人和受托管理人等为交易服务的中介机构;选择承销商代为发行资产担保证券。简单说来,SPV 负责从基础资产购买到证券发行的整个过程。SPV 可以是由证券化发起人设立的一个附属机构,也可以是长期存在的专门进行资产证券化的机构。一般来讲,投资银行可以充当 SPV,负责资产证券化。实际上,国外资产证券化的主要类型是商业银行将自己的贷款等资产打包出售给自己的投资银行部门,也就是说 SPV 是银行自己的一个部门,但是 SPV 必须区别于发起人,而且 SPV 要规避破产风险,才能达到通过 SPV 使资产信用增级的目的。

- **真实出售**(true sale) 即无追索权的出售。目的是确保 SPV 购买的基础资产从原始权益人的资产负债表中完全剥离出来,以保证即使原始权益人破产,其债权人对已证券化的资产也没有追索权,进而实现破产隔离。

- **信用增级**(credit enhancement) 和**信用评级**(credit rating) 信用增级是指提高所发行证券的信用等级,以吸引投资者并降低融资成本。信用增级的方式主要有:划分优先/次级结构;建立利差账户;进行超额抵押;通过第三方信用担保等。最主要的也是经常被使用的是通过购买保险的方式(第三方信用担保)实现资产的信用增级。信用评级是指引进信用评级机构,对未来资产能够产生的现金流以及经过信用增级后的拟发行证券进行评级,使拟发行证券的信用等级更能被公众信服。评级结果为投资者提供了投资选择的依据。

- **承销商**(underwriter) 负责安排证券的初次发行,同时监控和支持这些证券在二级市场上的交易。

- **服务人**(servicer) 是 SPV 聘请的专门负责对资产池进行管理的实体,一般由发起人或其子机构承担,也可以委托专业公司承担。服务人负责管理应收账款的催收、采集、汇总统计和到期本息的收取。服务人有义务向受托管理人和投资者提供包括资产(应收账款)组合、债务余额及费用支出状况等财务数据的月份和年度报告。

- **受托管理人**(trustee) 受 SPV 委托,管理 SPV 和投资者的账户。受托管理人主要面向投资者,负责收取由服务人收回的款项,在扣除一定的服务费用之后,将本息支付给投资者。当然,在资产证券化的实际操作中,受托管理人十分重要,有许多职责,包括代表 SPV 向发起人购买资产和向投资者发行债券凭证;提供信托账户,存入由服务人收回的款项并向投资者的账户进行分配;使用未分配款项进行投资,一般是购买流动性强、风险很低的国库券;审核并转交服务人向投资者提供的报告;当服务人因故不能履行职责时,受托管理人应代替服务人承担责任。

6.6.3 投资银行与资产证券化

投资银行在资产证券化过程中主要扮演以下几种角色。

- 作为承销商负责承销资产担保证券。此时它的收益和传统的承销业务一样只赚取证券销售的买卖差价。

- 担任特殊目的实体（SPV）。投资银行从发起人处购买资产，并将其证券化后出售，参与资产证券化的全过程并发挥领导作用，此时它的收益来自于购买资产成本与销售全部证券所得收入的差额。
- 担任受托管理人。
- 为证券提供信用增级。投资银行可以作为第三方担保人以开立不可撤销的信用证的形式为证券提供担保，以增加它的信用等级。
- 作为投资者投资资产担保证券。

资产证券化与2008年世界金融危机

作为固定收益证券的一种，资产证券化产品也存在许多的风险。2008年世界金融危机就是资产证券化风险的例证之一。

2008年金融危机起源于美国次级房贷危机。在美国，根据借款人的信用质量，可将居民抵押贷款分为优质贷款（prime）、超A贷款（alt-A）和次级贷款（sub-prime）三类。同样，住房贷款也可以分为这三类，次级房贷危机正是由于次级房贷的借款人违约而造成的。随着房屋贷款证券化的进行，提供房贷的机构（主要是商业银行）将这些房屋贷款打包出售。

美国"9·11"事件和互联网泡沫破灭之后，美联储为了刺激经济大幅降息，同时也激发了贷款买房的潮流，房地产市场一片繁荣景象，2000~2005年全美平均房价上涨了58%，年均涨幅超过10%。值得关注的是，在这些购房者中穷人居多，他们的信用记录并不好，而商业银行又过分放松贷款条件，这些都为房贷市场危机埋下了种子。截至2007年上半年，美国次级贷款余额为1.5万亿美元，占住房贷款市场总份额的15%。商业银行将住房贷款出售给投资银行（充当SPV），投资银行将这些房贷证券化为房屋抵押证券（MBS）和担保债务凭证（CDO），并出售给世界各地的机构投资者和个人投资者。次级贷款流转机制如图6-2所示。

2007年，受基础利率上调和房地产市场下跌的双重影响，次级抵押贷款市场产生巨大的危机。在美国已实施证券化的次级抵押贷款中，大约75%属于浮动利率抵押贷款，随着美联储为应对全球通货膨胀而不断提高基准利率，这些房贷借款人还款的压力越来越大。更致命的是，美国房地产价格从2006年下半年开始持续回调。

图6-2　次级贷款流转机制

当次级贷款借款人发现自己背负的房贷已高于房屋现值的时候，违约就成了其不可避免的选择，而房贷借款人违约的集中爆发就引发了次贷危机。

事实上，房屋贷款资产证券化后，房屋贷款的现金流并不经过先前提供房贷的商业银行，而是直接流向充当SPV的投资银行和购买证券的投资者。也就是说通过资产证券化，商业银行的坏账风险被转移出去了。因此，次贷危机导致的现金流断裂直接影响了投资银行和全球范围内的投资者，进而造成了全球性金融恐慌。

资料来源：孟艳. 金融危机、资产证券化与中国的选择 [J]. 经济研究参考，2009（7）.

本章小结

本章主要介绍了投资银行的基本知识,并对投资银行最重要的几项业务进行了介绍。

1. 投资银行是从事所有资本市场业务的金融机构,在资本市场中处于核心地位。

2. 证券承销业务是投资银行在一级市场代理发行人发行证券的业务活动;证券交易业务是投资银行在二级市场上分别作为经纪商、自营商和做市商参与资本市场交易的业务活动。

3. 在企业并购过程中,投资银行主要承担并购策划和财务顾问工作。投资银行的企业并购业务提高了市场上企业并购的效率,减少了企业并购过程中的资源耗费。

4. 在风险投资业务中,投资银行为风险投资人提供募集资金、投资基金运作管理、风险企业上市和风险投资股权转让等方面的代理和财务技术服务,以获得佣金。投资银行本身也可以发起、运作和管理风险资本基金,以获取风险回报。

5. 在资产证券化业务中,投资银行可充当多个角色,既作为承销商销售证券,担当 SPV 购买可证券化的资产,担任受托管理人,作为信用增级机构提高证券的信用等级,以及作为投资者投资资产担保证券。

习　题

一、名词解释

1. 投资银行　　　　2. 资产管理　　　　3. 证券承销
4. 企业并购　　　　5. 做市商机制　　　6. 资产证券化
7. 风险投资　　　　8. 项目融资　　　　9. 全额包销
10. 信用增级　　　 11. 绿鞋期权　　　 12. 路演
13. 余额包销　　　 14. 优先与劣后　　 15. 夹层资本

二、简答题

1. 投资银行作为资本市场上的金融中介,其主要业务有哪些?举例介绍三项主要业务。
2. 承销商有哪几种证券承销方式?它们有哪些不同?
3. 分析风险投资与一般金融投资的区别。
4. 资产证券化是一种不同于贷款和股权融资的新型融资方式,举例说明几种资产证券化产品。
5. 绿鞋期权是如何稳定证券价格的?它与价格操纵有何不同?
6. 简述投资银行的证券承销流程。
7. 投资银行在并购业务中为并购企业提供哪些服务?
8. 什么是资产证券化?资产证券化的核心原理是什么?结合所学内容,分析资产证券化为什么会导致 2008 年全球金融危机。
9. 分析做市商制度和竞价交易制度的特点。

第6章 投资银行

本章思维导图

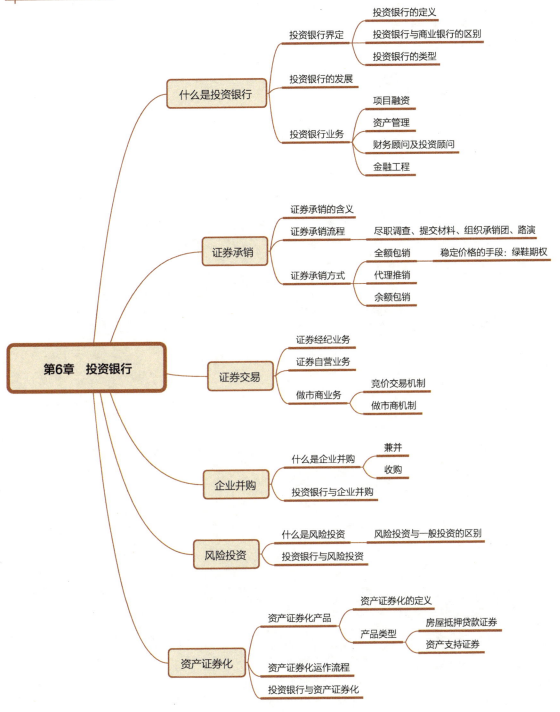

第三部分

金融市场

第7章

金融市场概述

如同产品市场的产生是对交易者需求的自然反应一样,金融市场的产生也是为了满足交易者的需求。在没有金融市场的情况下,想借钱的家庭必须找到愿意借钱的家庭,为此将付出高昂的搜寻成本。于是,人们尝试将借款人与出借人双方会面的地点固定下来,以此降低交易成本、增加交易便利性。这种固定的交易地点逐渐演化成了金融市场。本章主要对金融市场进行概述。

7.1 什么是金融市场。主要讨论金融市场的内涵、市场结构及功能。

7.2 金融市场分类。按照交易工具、交易中间环节、交易顺序、交易完成以及交易地域的不同特征,对金融市场进行分类。

7.3 金融市场发展趋势。介绍金融全球化、金融工程化和资产证券化的金融市场发展趋势。

在现实生活中，人们经常会到商店、超市或者自由市场购买商品，以满足日常的生活需求。商店、超市和自由市场就是人们最熟悉、接触最多的产品市场。在这类市场中，有大量的供给者提供商品和服务，消费者的需求可以得到很好的满足。但有时，人们除了对食品和衣服等实际商品产生需求外，还可能对货币产生需求。比如，当一对新婚夫妇想要买房而手中存款不足时就会产生贷款的需求，当大学毕业生选择自主创业而启动资金不足时就会产生融资的需求。这些需求的满足离不开金融市场。

7.1　什么是金融市场

金融市场可以将众多投资者的买卖意愿聚集起来，使单个投资者交易的成功率大增，即在接受市场价格的前提下，证券的买方可以买到他想买的数量，卖方可以卖出他想卖的数量。金融市场出现的目的是提供交易的便捷性，因而流动性是金融市场的基础经济功能，没有了集中流动性的功能，金融市场就失去了存在的基础。在世界经济一体化的时代，各个金融市场都面临着激烈的竞争，而流动性是其竞争力最直接的体现。因此，抢得先机者可用流动性来创造更大的流动性，从而在竞争中占有明显的战略优势。

7.1.1　金融市场界定

金融市场（financial market）通常是指以金融资产为交易对象而形成的供求关系及机制的总和。作为一种重要的市场组织形式，金融市场与产品市场存在着显著差异。产品市场中交易的是**实物资产**（real assets），消费者购买的目的是获取其使用价值。而金融市场中交易的是**金融资产**（financial assets）。金融资产是指一切能够代表未来收益或资产合法要求权的凭证，亦称金融工具或证券。金融资产本身并不具有任何使用价值，如股票就是一种金融资产凭证，它并不比印制股票所使用的纸张更有价值。消费者之所以购买股票，是因为股票赋予了持有者未来获得收益的权利，能够为持有它们的公司或个人带来财富。

进行金融资产交易的场所有的是有形的，如证券交易所；有的是无形的，外汇交易员通过电信网络构成的无形市场进行资金的调拨。无论组织形式如何，一项金融交易的完成都需要由具体的金融商品、买卖双方以及交易中介等共同实现。这些要素构成了金融市场的主要部分。

金融市场主体（entities of financial market）就是金融市场的参与者，包括金融资产供给者和金融资产需求者两类。金融资产供给者是金融工具的发行者和出售者，一般是资金需求者，即筹资人，他们通过发行金融工具来筹集资金；与之相对应，金融资产需求者是金融工具的购买者，一般是资金供给者，即投资者，他们通过购买金融工具，将自己的闲置资金提供给资金短缺的筹资人。随着资金的流动和经济活动的不断进行，金融市场的交易者时而资金盈余，时而资金不足，因此投资者和筹资人之间的角色随时可能发生互换。现在的资金需求者很可能成为未来的资金供给者，现在的资金供给者也可能成为未来的资金需求者。

在现实世界里，个人、家庭、企业、政府、金融机构以及中央银行都可能是金融市场的参与者。对于个人和家庭来说，有时扣除日常生活开支后，可能会产生一定数量的货币资金剩余。这笔闲置资金自然就有保值增值的需要。将其存入银行可获得利息，将其投资于股票、债券、共同基金或购买保险等可获得投资收益。这样，个人和家庭就成为金融市场上的资金供给者。同时，他们也时常以资金需求者的身份出现，尤其是当购买住宅或汽车等大宗耐用消费品时，由于自有资金不足，他们就会通过抵押贷款的形式寻求资金援助。

企业在金融市场上既是买方，又是卖方。一方面，为了维系简单再生产或扩大生产规模、增加固定资产，甚至为了解决流动资金周转不畅的问题，企业需要及时补充资金，从而成为金融市场的资金需求者。为此，企业可通过向银行借款、发行债券或股票等多种方式筹集资金。另一方面，企业的资金收入和资金支出在时间上往往不对称，在再生产过程中有时会游离出一部分闲置资金。为使闲置资金得到充分利用，企业会以资金供给者的身份将这部分资金暂时让渡给金融市场上的资金需求者，并获得投资收益。

中央政府及各级地方政府通常是金融市场上的资金需求者。为了弥补财政赤字、进行宏观经济调控、履行公共经济职能等，政府部门往往通过发行各种国债或举借外债等来募集资金，为发展经济服务。有时，政府部门也会成为金融市场的资金供给者，例如，中国政府曾多次购买美国国债。

金融机构是金融市场的主要参与者，各类金融机构通过各种方式一方面从社会吸收闲散资金，成为资金需求者，另一方面又向需要资金的个人、部门和单位提供资金，成为资金供给者。

中央银行作为银行的银行，虽然不直接向企业或个人提供资金，但它通过再贴现业务向其他金融机构发放贴现贷款，并在商业银行发生挤兑危机时承担最后贷款人角色，成为金融市场的资金提供者。此外，中央银行还通过公开市场业务在金融市场上买卖证券，调节货币供给量，执行货币政策。如果中央银行买进债券投放货币，就成为金融市场的资金供给者；反之，如果卖出债券回笼资金，就成为资金需求者。

金融工具（financial instruments）　即金融市场的交易对象，或称交易标的。金融工具种类繁多，既有着重体现持有者对货币索取权的商业票据，也有着重表明投资事实，体现投资者权利的股票和债券。金融市场参与者可以根据自己的偏好和交易的需要，进行金融工具的选择。

作为金融市场交易的重要载体，金融工具在融通资金的过程中在两方面发挥着重要作用：一是引导资金从盈余者向短缺者流动；二是使收益和风险在资金供求双方之间重新分配。因此，金融工具一般具有收益性、流动性和安全性特征。三种特征的不同组合使金融工具呈现出多样性，从而能够满足不同资金供求者的不同偏好和需求。

金融中介（financial intermediary）　在金融市场上充当交易媒介，是从事交易或促使交易完成的机构和个人，其作用在于促进金融市场上的资金融通，在资金供给者和资金需求者之间架起桥梁，满足不同投资者和筹资人的需要。

金融中介可分为金融机构和金融市场商人两类。金融机构包括商业银行、投资银行、证券公司、各类银行和非银行金融机构。金融市场商人包括经纪人和自营商两类。经纪人是金融市场上为投资者和筹资人介绍交易的中间商，自身并不参与金融商品交易，只通过促成资金供给者和需求者之间的交易来赚取佣金。自营商则全面参与金融商品交易，通过买卖赚取差价获利。

金融中介与金融市场主体相比，既有相同点，又有不同点。相同点在于，金融中介与金融市场主体都是金融市场的主要参与者，金融交易的发生都离不开它们，二者在金融市场上起到的作用有时是相同的。但金融中介与金融市场主体又有重要区别。首先，就参与市场的目的而言，金融中介参与市场为市场提供了流动性，进而获取中介服务佣金，本身并非最终意义上的资金供给者或需求者。其次，金融中介参加金融市场交易时所扮演的角色通常是投机者而非投资者，故在选择金融产品时对流动性、安全性和收益性三者组合的偏好往往与金融市场主体不同。

金融市场价格（price of financial markets）作为金融市场最基本的构成要素之一，通常表现为各种金融产品的价格，有时也可以通过利率来反映。金融市场价格与投资者利益关系密切，极受关注与重视。

金融工具的流动性、收益性和安全性特征决定了自身的内在价值，从而奠定了这种金融资产的价格基础。此外，金融产品的价格还受供给、需求、其他金融资产的价格以及交易者心理预期等众多外在因素的影响。可见，金融市场价格的形成十分复杂，几乎每时每刻都会产生波动。在一个有效的金融市场中，金融资产的价格能及时、准确、全面地体现该资产的价值，反映各种信息，引导资金自动流向高效率的部门，从而优化整个经济体系中的资源配置。

金融市场四个要素之间关系密切，相辅相成。其中金融市场主体与金融工具是构成金融市场的最基本的要素，是金融市场形成的基础。金融中介和金融市场价格是伴随金融市场交易应运而生的，也是金融市场不可缺少的要素，对促进金融市场的繁荣和发展具有重要意义。

7.1.2 金融市场功能

金融市场履行的最基本的功能，是从那些由于支出少于收入而积攒了盈余资金的个人、家庭、企业和政府手中，将资金引向那些由于支出超过收入而资金短缺的经济主体手中，从而实现资源的有效配置。图7-1 给出了金融市场资金融通的基本功能和资金流动的过程。左边是资金盈余者，右边是资金短缺者。箭头表明资金通过直接融资和间接融资两条路线从资金盈余者向短缺者转移。

资金盈余者与短缺者之间的资金转移，对于经济而言至关重要。一般情况下资金盈余者并不总是拥有生产性投资机会的企业家，因此使资金的效率大大降低。同样，具有好投资机会的企业家也并不总是拥有充足的资金，从而使机会从身边溜走。不管是没有投资机会的盈余资金，还是没有资金的投资机会，都会导致资金的效率下降，使整个社会的效用大打折扣。

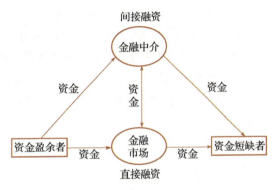

图7-1 资金通过金融体系的转移

下面从个人角度来考察资金的流动问题。假定某年你积攒了1 000元，在没有金融市场的情况下，你可能既不借款也不贷款。也就是说，如果你没有利用这1 000元盈余资金赚取收益的投资机会，就只能一直持有这1 000元而得不到任何利息。如果木匠王师傅能够得到你的1 000元盈余资金，就可以用这笔资金购买一种新工具，从而大大缩短建造一栋房屋的工期，并由此可以每年增加200元的收入。如果你能够和王师傅取得联系，就可以将1 000元借给他，每年获取100元租借费（利息），那么你们双方都能获利。因此，这种资金的流动可能改变你过去一无所获的状况，你每年可以从1 000元盈余资金中获得100元的收益，而王师傅每年也可以增加100元的收入（每年200元的额外收入，减去使用这笔资金的租借费100元）。

如果没有金融市场，你和木匠王师傅可能因为信息沟通不畅而永远没有合作的机会。这样，资金就失去了从缺乏生产性投资机会的人手中向拥有生产性投资机会的人手中转移的可能。而金融市场的存在刚好解决了资金融通的搜寻成本和信息沟通问题。由此可见，金融市场的存在提高了整个社会的经济效率。

即使一些人借款并非为了增加生产，金融市场的存在同样也是有益的。假设你是一名将要迈入大学校园的学生。由于家境贫寒，你可能支付不起高昂的学费。如果没有金融市场，你可能就此失去了接受高等教育的机会，进而可能丧失改变命运的契机。而金融市场的存在改变了这一切，拥有储蓄的人可以将资金贷放给你，用于交学费。虽然你需要支付一定的利息，但你可以进入大学接受教育，并在毕业后找到更理想的工作，利用更高的收入来清偿贷款。这样，总的结果就是你和贷款者的生活都得到了提高。贷款者可以赚取利息收入，而你可以获得接受大学教育、寻找更好的工作并获得更高收入的机会。这些在没有金融市场的情况下将是非常困难的。

由此可见，金融市场在将储蓄资金转移到投资领域的过程中起着至关重要的作用。一方面，高效的金融市场使得工商企业能够对未来进行投资，通过资金融通及时把握和利用每一个可能的获利机会。金融市场使企业投资规模的外在边界得到极大扩展，实体经济的发展也将获得更广阔的空间。另一方面，从盈余者的角度来看，通过金融资产获得的收益意味着明天更高的消费。高效的金融市场会鼓励节俭，允许居民通过延迟当期消费未来获取更多的财富。就经济整体而言，高效的金融市场意味着更大的产出和更高的消费，即全社会会有更高的生活水准。如果没有发达、完善的金融市场，现代意义上的经济增长和生活水准提高将难以实现。

除了可以实现资源有效配置的基本功能外，金融市场还能够将众多分散的小额资金汇聚成供社会再生产使用的大资金集合，从而具有资金聚敛功能。金融市场使投资者能够通过分散化的资产组合降低投资风险，从而具有风险分散功能。金融市场能够为政府的宏观经济政策提供传导途径，从而具有经济调节功能。金融市场能够及时提供有关国民经济景气与否的准确信息，从而具有信息反映功能。

7.2 金融市场分类

在现实经济生活中，人们经常会遇到这样的情况：一段时期内所挣得的财富比消费的多，而有些时期消费的财富比挣得的多。为了保证大致相当的生活水平，人们需要将高收入期的购买力转移到低收入期。可以采取的有效方法就是，在高收入期将财富以某种金融资产的形式"储存"起来，在低收入期将先前储存的金融资产出售，以此获得消费所需的资金。通过这种财富分配方式，人们可以调整一生的消费时机，使个人的现实消费与现实收入相分离，以获得最满意的消费结果。同样，企业在生产经营过程中经常会面临资金短缺的情况，有些企业资金短缺是暂时的，短期的资金周转就可以解决问题，但有些企业资金短缺是长期的，这时就需要长期的资金支持。

在金融市场上，各种金融交易的对象、方式、条件和期限都不相同，按不同的标准可以有不同的分类。各类金融市场的不同特点，可以满足市场主体的不同需求。

7.2.1 按交易工具划分

人们对于金融资产的需求不仅存在时间周期差异，还存在风险偏好差异。以交易的金融工具（金融资产的存在形式，又称交易标的）为依据，金融市场可以划分为货币市场、资本市场、外汇市场、黄金市场四类。

1. 货币市场

货币市场（money market）是指以期限为 1 年或 1 年以内的金融工具为交易标的的短期金融市场。货币市场的主要功能是保持金融资产的流动性，以便随时转换成货币。当个人和企业出现暂时性的资金短缺或者资金闲置时，可以到货币市场进行交易。货币市场主要进行国库券、商业票据、银行承兑汇票、可转让定期存单、回购协议和联邦资金等短期金融工具的买卖。许多国家将银行短期贷款纳入货币市场的业务范围。一般来说，资金借贷的期限以 3~6 个月最为普遍，而债券的期限则以 6~9 个月为多。货币市场的交易量十分庞大，短期金融工具可以随时在二级市场上出售变现，具有很强的变现性和流动性。由于其功能近似于货币，所以称为货币市场，又由于该市场主要经营短期资金借贷，所以又称短期资金市场。

2. 资本市场

资本市场（capital market）是指期限在 1 年以上的金融资产交易市场，可分为银行中长期存贷款市场和有价证券市场。由于证券市场最为重要，加之长期融资证券化已成大趋势，所以现在一般可将资本市场等同于证券市场。当个人和企业需要获得长期资金支持时，可以到资本市场进行交易。这时主要有两种方式可供选择，最常见的方式是通过发行债券等债务工具筹集资金，借款人以契约的方式承诺向债务工具的持有人（债权人）定期支付固定的利息，直至一个确定的日期归还本金。第二种方式就是通过发行普通股等股权工具筹集资金，股权工具的发行人承诺持有人（权益人）按份额享有公司的净收益和资产。假设一家公司发行了 100 万股普通股股票，你购买了其中 10 000 股，则表示你拥有了该公司 1% 的净收益以及 1% 的净资产的权益。

成熟的多层次资本市场，应当能够同时为大型、中型、小型企业提供融资平台和股份交易服务，在市场规模上体现为"金字塔"结构。我国的资本市场从 1990 年沪、深两市开办至今，已经形成了主板市场、中小板市场、创业板市场、科创板市场、三板（含新三板）市场、产权交易市场和区域性股权交易市场等多种股份交易平台，具备了发展多层次资本市场的条件。主板市场存在于上海和深圳两家证券交易所，是开办最早、规模最大、上市标准最高的市场。中小板市场开办于 2004 年 6 月 25 日，由深圳证券交易所承办，是落实多层次资本市场建设的第一步。中小板市场在理论上应当为处于产业化初期的中小企业提供资金融通，使其获得做大、做强的资金支持，上市标准应当比主板市场略低，以适应中小企业的发展条件。创业板市场启动于 2009 年 10 月 23 日，是深圳证券交易所筹备 10 年的成果，开办的目的是为创新型和成长型企业提供金融服务，为自主创新型企业提供融资平台，并为风险投资企业和私募股权投资者建立新的退出机制。科创板是国家主席习近平于 2018 年 11 月 5 日在首届中国国际进口博览会开幕式上宣布设立的，是落实创新驱动和科技强国战略、推动高质量发展、支持上海国际金融中心和科技创新中心建设的重大改革举措，是完善资本市场基础制度、激发市场活力和保护投资者合法权益的重要安排。三板（含新三板）市场、产权交易市场和区域性股权交易市场是除上海、深圳两家证券交易所之外的交易市场，即我国的场外交易市场。

3. 外汇市场

外汇市场（foreign exchange market）是专门买卖外汇的场所，从事各种外币或以外币计价的票据及有价证券交易。狭义的外汇市场指的是银行间的外汇交易，包括同一市场中各银行之间、中央银行与外汇银行之间以及各国中央银行之间的外汇交易活动，通常被称为批发外汇市场。广义的外汇市场是指由各国中央银行、外汇银行、外汇经纪人及客户组成的外汇买卖与经营活动的总和，包括批发外汇市场以及银行与企业、个人之间买卖外汇的零售市场。

外汇交易市场是全球最大的金融产品市场，到 2019 年 3 月日均交易量达到 6 万亿美元，相当于纽约证券交易所交易量的 53 倍，是中国股票市场日均交易量的 107 倍。外汇交易市场的主要优势在于其透明度较高，由于交易量巨大，主力资金（如政府外汇储备、跨国财团资金汇兑和外汇投机商的资金操作等）对市场汇率变化的影响非常有限。从汇率波动的基本面来看，能够产生较大影响的通常是各国政府公布的重要数据（如 GDP 和央行利率）、高级政府官员的讲话，或者国际组织（如欧洲央行）发布的消息。

外汇交易市场没有具体地点，没有中心交易所，所有交易都是银行之间通过网络进行的。世界上任何个人、金融机构或政府每天 24 小时随时都可参与交易。世界上交易量大且有国际影响的外汇市场包括伦敦、纽约、巴黎、法兰克福、苏黎世、东京、卢森堡、中国香港、新加坡、巴林、米兰、蒙特利尔和阿姆斯特丹等。在这些市场上买卖的外汇主要有美元、欧元、英镑、瑞士法郎、日元、加拿大元和澳元等多种货币，其他货币也有买卖，但数量极少。

4. 黄金市场

黄金市场（gold market）是专门集中进行黄金等贵金属买卖的交易中心或场所。尽管随着时代的发展，黄金的非货币化特征已经越来越明显，但黄金作为重要的国际储备工具之一，在国际结算中仍占据重要地位，黄金市场依旧被视为金融市场的组成部分。黄金市场早在 19 世纪初就已形成，是最古老的金融市场形式。现在，世界上已发展到 40 多个黄金市场，其中伦敦、纽约、苏黎世、芝加哥和中国香港的黄金市场被称为五大国际黄金市场。

人类在数千年文明史中共开采出约 19 万吨黄金，目前这 19 万多吨黄金中 40% 左右是作为可流通的金融性储备资产，存在于世界金融流通领域，总量大约为 7 万多吨。其中 3 万多吨黄金是各个国家拥有的官方金融战略储备，4 万多吨黄金是国际上私人和民间企业所拥有的民间金融黄金储备。而另外 60% 左右的黄金以一般性商品状态存在，比如存在于首饰制品、历史文物及电子化学等工业产品中。需要注意的是，这 60% 左右的黄金，其中有很大一部分可以随时转换为私人和民间力量所拥有的金融性资产，进入金融流通领域。

从世界黄金协会提供的国家官方黄金储备资料看，黄金仍是许多国家官方金融战略储备的主体。现在全世界各国公布的官方黄金储备总量为 33 976 吨，约等于目前全世界黄金年产量的 10 倍。其中官方黄金储备为 1 000 吨以上的国家和组织有美国、德国、法国、意大利、俄罗斯、中国、瑞士及国际货币基金组织。在这些国家和组织中，美国的黄金储备最多，为 8 133 吨，占世界官方黄金储备总量的 23.9%。排名前 10 的国家的官方黄金储备占世界各国官方黄金储备总量的 75% 以上。黄金储备达百吨以上的国家、地区或组织共有 37 个，且主要集中在欧洲和北美洲，亚洲及非洲国家只占少数；黄金储备不足 10 吨的国家、地区或组织共有 53 个，基本上分布在亚洲、非洲和拉丁美洲，其黄金储备总量只占美国黄金储备的 5.56%。从这一数据可以看出，政治、经济实力强大的国家，其黄金储备也多，这也可以说明黄金储备仍是国家综合实力的标志之一。

另外，黄金储备在国家金融战略总储备中所占的比率也说明黄金现在仍然是国家战略储备的主体，黄金储备仍为发达国家所重视。美国的黄金储备在其国家金融战略总储备中所占的比率高达74.8%，而其他一些发达国家，如德国为70.2%、法国为60.7%、意大利为66.1%、荷兰为65.4%，这也突显了黄金储备的重要作用。需要特别注意的是，有些国家根据本国实际情况实行藏金于民的政策，比如印度，印度的官方黄金储备虽然只有608.8吨，在国家金融战略总储备中所占的比率也不高，只有6.3%。但有关资料显示，印度民间的黄金总储藏量至少有1万吨，白银的民间储藏量至少有11万吨。现在，印度是世界上第二大黄金消费市场（第一是中国），其黄金消费量每年达600~900吨。印度并不是产金大国，每年消费的黄金大多数从国际市场上购买。近几年随着印度经济的高速发展，黄金的进口数量大幅增加。中国官方公布的黄金储备约为1885吨，占中国国际金融储备的2.5%，黄金储备及占国际金融储备的比率都明显偏低。不过作为国家战略储备的重要组成部分，中国的黄金储备总体来看呈上升趋势。

7.2.2 金融市场其他划分

1. 按照交易中间环节划分

在利用金融市场进行资金融通的过程中，有时需要通过金融中介进行，比如银行贷款筹资，有时可以直接在资金供需双方之间进行，比如企业发行债券筹资。根据资金融通中中介机构的作用，可将金融市场分为直接金融市场和间接金融市场。

直接金融市场（direct financial market）是指资金需求者直接向资金供给者进行融资的市场。直接融资既包括企业与企业之间、企业与个人之间的直接资金融通，也包括企业通过发行债券和股票进行的融资活动。需要注意的是，即使是企业的直接融资活动，一般也会由金融机构作为中介代理。

间接金融市场（indirect financial market）是指以银行等信用中介机构为金融媒介进行资金融通的市场，例如存贷款市场等。在间接金融市场中，资金所有者将资金贷放给银行等信用中介，再由信用中介机构转贷给资金需求者。不论这笔资金最后由谁使用，资金所有者的债权关系都只针对信用中介机构，对资金的最终使用者不具任何债权要求。

值得注意的是，直接金融市场和间接金融市场之间的差别并不在于是否有中介机构介入，而在于中介机构介入所发挥的作用。在直接金融市场中也会有金融中介机构的介入，但其并不是资金中介，而是充当信息中介和服务中介。

2. 按照交易顺序划分

金融资产从创造到使用一般都要经过发行和流通两个过程。因此，以金融资产的发行和流通特征为依据，金融市场可以划分为一级市场和二级市场。

一级市场（primary market）又称发行市场，是筹集资金的企业将其新发行的股票或债券销售给最初购买者的金融市场。一级市场通常并不为公众所熟知，因为企业将证券销售给最初购买者的过程并不总是公开进行的。投资银行是在一级市场中协助证券首次出售的重要的金融机构。投资银行的主要做法是证券承销，确保公司证券能够按照某一价格销售出去，需要强调的是，企业只能通过一级市场首次发行证券获取资金。

二级市场（secondary market）又称流通市场，是交易已经发行的证券的金融市场。一般公众关注的证券市场，就是二级市场。当金融资产的持有者需要资金时，可在二级市场出售持有的金融资产，将其变现。进行投资未必一定需要进入一级市场，也可以在二级市场购买金融资产。二级市场上买卖双方的交易活动，使得金融资产的流动性大大增强，促进了经济的繁荣，同时保证了一级市场中证券发行的完成。因此，二级市场的流动性是一级市场中证券顺利发行的基础。值得注意的是，虽然一级市场中发行的证券并非全都进入二级市场流通，但由于只有二级市场能够赋予金融资产流动性，所以二级市场的规模和发育程度是衡量金融发达程度的重要标志。

3. 按照交易完成划分

同普通产品市场一样，金融市场的绝大多数交易也是"一手交钱、一手交货"，但有时也会发生交钱与交货时间不一致的情况。根据金融交易中交割的方式和时间不同，金融市场可以划分为现货市场和衍生市场。

现货市场（spot market）又称即期交易市场，即市场上的买卖双方成交后，必须在若干个交易日内办理交割，钱货两清。现货交易是金融市场中最普遍的一种交易方式。

衍生市场（derivative market）是交易各种衍生金融工具的市场。所谓**金融衍生工具**（derivative instruments），是指由原生性金融商品或基础性金融工具创造出的新型金融工具，一般表现为合约，这些合约的价值由其交易的金融资产的价格决定。最主要的金融衍生市场包括**期货市场**（futures market）和**期权市场**（options market）。

相对于现货交易而言，期货交易达成后并不是立刻进行交割，而是在合约规定的一段时间以后才履行交割。交割时不论市场价格如何变化，交易双方都必须按照成交时的约定价格进行。在期权交易中，期权购买者事先支付一定数量的期权费后，有权在特定的时间内按照约定的价格买入或卖出一定数量的证券。在期权到期日之前，期权购买者可以根据市场情况的变化，选择行使期权或放弃行权，但期权费不可收回。

4. 按照交易地域划分

如果国外的资金价格更便宜，或者更大范围的投资选择对投资者更有利，金融资产的交易就有可能突破地域限制，在世界范围内进行。按交易的地域范围来划分，金融市场可分为国内金融市场和国际金融市场。

国内金融市场（domestic financial market）是指交易范围仅限于一国之内的金融市场，除了全国性的以本币计值的金融资产交易市场之外，还包括一国范围内的地方性金融市场。

国际金融市场（international financial market）是指资金在国际上流动或金融资产在国际上进行买卖和交换的市场。

国际债券市场就是非常典型的国际金融市场。在国际债券市场中最为传统的金融工具是外国债券（foreign bond），它是指在国外发行并以发行国货币计价的债券。例如，德国的汽车制造商保时捷在美国金融市场上发行的以美元计价的债券就属于外国债券。几个世纪以来，外国债券一直是国际资本市场上重要的融资工具。事实上，美国在19世纪修造的铁路大部分是通过在英国市场上发行外国债券筹资的。国际债券市场中另外一个重要的金融创新是欧洲债券（Eurobond），它是一种在外国市场上发行，以第三国货币标值并还本付息的债券，比如，中国的一家机构在英国债券市场上发行的以美元计价的债券就是欧洲债券。欧洲债券的发行人、发行地以及计价货币分别属于三个不同的国家，这样可以规避金融监管。近年来，欧洲债券市场的发展相当迅速，在国际债券市场上欧洲债券所占的比重远远超过了外国债券。

此外，金融市场还可以按照有无固定交易场地分为有形市场和无形市场；按照成交和定价方式分为公开市场和议价市场；按照交易机制分为拍卖市场和场外交易市场等。

7.3 金融市场发展趋势

金融市场是市场经济发展的产物，其形成具有特定的历史条件和经济规律。世界金融市场的形成迄今已有近400年的历史。在这400年间，随着世界政治经济格局的变化和各国经济实力的相对变化，世界金融市场的中心发生了多次转移。同时，各国金融市场也都在不断发展和完善，尤其是近半个多世纪以来，随着科学技术的进步，各种创新金融工具层出不穷，交易手段日益发达，国际金融市场产生了重大的变化。就宏观而言，金融全球化倾向明显。就微观而言，金融工程化和资产证券化渐成趋势。

7.3.1 金融全球化

金融全球化（financial globalization）是近年来金融市场发展的一个重要趋势。国家之间的经济往来日益密切，国际金融市场正朝着密切联系的整体市场发展。在世界各地任何一个主要市场中，都可以进行相同品种的金融交易。同时，世界上任何一个局部市场的波动也都有可能马上传递到全球的其他市场。金融全球化不仅是一个金融活动越过民族或国家的过程，也是一个风险发生机制相互联系进而趋同的过程。

金融全球化的发展与国际经济交往日益密切相联系。推动金融全球化的因素可以归纳为以下三点。第一，贸易国际化、生产跨国化和科技技术的进步是推动金融全球化的实体因素。第二，金融创新是推动金融全球化的技术因素。第三，以放松管制为核心的金融自由化是推动金融全球化的制度因素。实体因素、技术因素和制度因素共同推动了金融全球化的产生与发展，而在这三者之中，以实体因素为基础。生产、贸易与投资的国际化，使得金融服务业必须紧随其后，同时为了融入国际市场以及国内同业竞争的需要，金融业进行了不间断的创新以打破金融管制。另外，发达的技术手段为金融全球化提供了强大的技术支持，加上各国政府为了确保本国金融业的国际竞争力，同时为了适应本国实体经济发展的需要，只得放松金融管制。因此，金融自由化政策的推行，最终使全球金融业融于一体。

金融全球化对世界经济的影响利弊参半。一方面，多元化和更有效率的资本流动，对于提高资源在全球的配置效率、促进国际贸易的增长和各国经济的发展产生了积极的作用。一些国际收支不平衡的国家，也因国际金融市场的发展而得到了利用其国内盈余资金或弥补国际收支赤字的便利条件。发展中国家的经济发展，更是因为在国际金融市场上筹集资金变得相对容易而得到了宝贵的境外资金支持。另一方面，伴随金融全球化的发展，国际金融动荡已经成为常态，这使得整个世界都处在一个不确定的金融世界之中，这是金融全球化最不利的影响。国际金融动荡还将因资本流动缺乏管束而产生巨大的波及效应和放大效应。一个国家的经济和金融形势不稳定，通常都会通过日渐畅通的资金渠道迅速传播给所有关联的国家。国际金融动荡及迅速产生的波及效应，使得任何单个国家甚或国际经济组织，在与市场力量相抗衡中均处于弱势地位。毫无疑问，金融全球化的发展，向全世界提出了严峻的挑战。因此，在金融监管上加强国际合作和协调，成为这个世界应对金融全球化风险的一项重要举措。

中国资本市场开放

近年来，中国经济在世界经济中的比重持续上升，国际投资者对人民币资产的配置需求不断增长。"沪港通"和"深港通"等一系列投资渠道的开通，以及 A 股正式纳入明晟（MSCI）新兴市场指数等意味着我国资本市场对外开放正在不断推进。外资投资中国资本市场的渠道不断拓宽，原有的各种限制逐步放松，对外开放力度不断加大。

2014 年 11 月 17 日，沪港通正式开通，中国资本市场改革走出了坚实的一步。首先，"一币联两市"是沪港通的最大亮点之一，根据交易规则，沪港通以人民币作为交易货币，成为推动人民币国际化和资本项下开放的重要试验性举措。一个账户可以购买两个市场的股票，一个币种可以购买两种标价的股票，大大降低了投资限制。"一币联两市"还带来了便利、效率和实惠。所谓便利，是指沪港通极大地简化了传统港股投资的烦琐程序；效率，是指沪港通有利于汇率风险管理；实惠，是指沪港通可以降低换汇成本。其次，沪港通还有利于 A 股市场估值体系对接海外成熟市场，改变估值结构不合理的现状，促进 A 股市场进一步走向成熟。最后，沪港通的推出，不但为个人投资者打开了投资港股的大门，更为内地券商开展新的业务提供了较广阔的空间。沪港通的成功上线，不仅使两地投资者能够互相买卖股票，还是中国金融改革的重要环节，成为全面深化改革开放背景下推动资本项目可兑换和人民币国际化的一项重大改革，承担着探路和试水的角色。

2016 年 12 月 5 日，深港通正式开通，使内地与香港股票市场直投通路全部打开，标志着沪深港"共同市场"正式形成，中国资本市场对外开放又迈出重要一步。深港通复制了沪港通试点的成功经验，是境内交易所再度与香港交易所建立的连接机制。深圳证券交易所上市企业中民营企业与中小企业较多，不少是科技创新企业。深港通的推出有利于香港投资者分享内地创新驱动带来的发展成果，并带动香港的基础科技研发和人才培养。

2018 年 6 月，我国 A 股正式纳入 MSCI 新兴市场指数和全球基准指数。这是顺应国际投资者需求的必然之举，体现了国际投资者对我国经济发展稳中向好的前景和金融市场稳健性的信心。内地与香港互联互通机制的正面发展，以及中国交易所放宽了对涉及 A 股的全球金融产品进行预先审批的限制，对提升中国 A 股市场准入水平产生了积极影响。显然，一只股票被纳入 MSCI 指数意味着可能带来相当可观的资金。短期来看，A 股"入摩"成功会给国内市场带来一定的增量资金。据瑞银预计，将有 80 亿~100 亿美元追踪新兴市场指数的资金被动流入 A 股。与现阶段 A 股约 700 亿美元的日成交额和约 8 万亿美元的总市值相比，资金流入规模有限，但市场信心有望得到提振。长期而言，与 MSCI 指数互动对于 A 股的国际化进程来说是一个重要契机。未来海外投资者的参与度将提升，A 股在机制上和制度上也将逐步走向完善，在 MSCI 指数中的占比也会进一步提高。A 股纳入 MSCI 指数不仅为国际投资者提供了一种境内投资方式，更成为中国资本市场不断完善和对接国际标准的象征，是中国资本市场对外开放的又一个里程碑。

2019年5月25日，富时罗素宣布将于6月24日起正式将中国A股纳入其旗舰指数——富时全球股票指数系列。第一批纳入的A股有1 097家，纳入因子为5%。

一方面，资本市场开放通过引入金融机构、业务和产品，增加金融有效供给，有利于更好地满足实体经济差异化和个性化的金融服务需求。另一方面，资本市场开放会促进制度规则的建立健全，在金融业开放过程中可以主动学习和借鉴成熟经济体的制度建设经验，促进我国金融机构在公司治理、金融市场建设和金融监管等方面取得快速进步。

当前，国内外经济金融形势依然错综复杂，不确定性因素较多。尽管金融业开放本身并不是金融风险产生的根源，但开放过程可能会提高金融风险防范的复杂性，因此需要逐步完善与之相适应的金融风险防控体系，保证金融系统安全平稳地为中国经济提供服务。

7.3.2 金融工程化

金融工程（financial engineering）是指将工程思维引入金融领域，综合采用各种工程技术方法（主要有数学建模、数值计算、网络图解和仿真模拟等），设计并开发新型金融产品，创造性地解决金融问题。

金融工程是伴随着近20多年来世界经济发展环境的深刻变化以及风靡全球的金融创新发展起来的。同时，信息技术进步对金融工程的发展起到了物质上的支撑作用，为金融工程的研究与产品开发提供了强有力的工具和手段。金融工程的产生在本质上反映了市场追求效率的内在要求。交易者在投资和融资过程中，特别是在追逐利润和防范风险的过程中，常常会遇到暂时无法满足的市场需求。市场经济的发展，不会漠视这种需求空缺长期存在。当客户有了新的市场需求时，金融机构在追求自身利益的驱使下开发出新的金融产品和新的融资技术，填补了需求空白，推动金融产业不断向前发展。当工程技术方法被大规模运用到金融产品的开发、设计和定价时，金融产品的"生产模式"就从传统的、缓慢的"手工作坊"向"机器化大生产"转变，从而使满足市场新兴需求的周期大大缩短。于是，在市场效率得以提升的过程中，金融工程应运而生。

金融工程的发展历史虽然不长，但由于其将工程思维引入金融科学研究中来，将现代金融学、信息技术与工程方法融为一体，因而迅速发展成为一门新兴的交叉性学科。金融工程在把金融科学研究推进到一个新的发展阶段的同时，对金融业乃至整个经济领域也产生了极其深远的影响。金融工程化的趋势在为人们创造性地解决金融风险提供了空间的同时，还必须注意的就是金融工程是一把双刃剑。在1997年"东南亚金融风暴"期间，国际炒家正是借助金融工程的思想和方法，精心设计了套利和投机策略，从而直接导致整个东南亚地区金融和经济出现动荡。

7.3.3 资产证券化

资产证券化的产生和发展，带动了全球金融体系和金融制度的变革。

资产证券化（asset securitization）就是指将银行贷款或应收账款这类缺乏流动性但未来可以转化为现金流的资产，作为虚拟的本金发行证券，并在金融市场上出售的融资和投资活动。资产证券化最早起源于美国。最初是储蓄银行和储蓄贷款协会等金融机构，将住房抵押贷款资产进行证券化。接着各大商业银行纷纷效仿，将其债权证券化，以增强资产的流动性和市场性。从20世纪80年代后期开始，传统的以银行为中心的融资借贷活动开始发生变化，资产证券化已成为国际金融市场的一个显著趋势。

资产证券化之所以从20世纪80年代以来成为一种国际性趋势，主要是因为：第一，金融管制的放松和金融创新的发展，提升了金融市场的活跃度和效率，从而使资产证券化成为可能。第二，自20世纪80年代以来，国际债务危机频繁出现，促使商业银行开始越来越多地介入国际证券市场，通过资产证券化重新安排原有债权，同时使新增债权免受流动性差的困扰。银行的介入对资产证券化起到了促进作用。第三，现代通信及自动化技术的发展为资产证券化创造了良好的条件。一方面，随着信息传递和处理技术的发展，获取信息的成本大幅降低。完全依赖金融机构的服务，以消除借贷者之间信息不对称的情况已有了很大改善。另一方面，交易过程中计算机技术的广泛使用，使数据处理成本大大降低，信息流通渠道大为畅通，从而使证券交易成本大幅度下降。另外，交易技术的改进也为新金融工具的开发创造了条件。这些都支持了资产证券化在全球范围内的发展。

当前，西方国家的资产证券化趋势正深入到金融活动的各个方面，不仅表现在传统银行贷款的证券化，还体现为经济体中以证券形式持有的资产占全部金融资产的比例越来越大。社会资产金融资产化和融资非中介化都是这种趋势的具体表现。有人认为，现代金融正由传统的银行信用发展为证券信用。在证券信用阶段，融资活动以有价证券为载体，有价证券把价值的储藏功能和流通功能统一于一身，这意味着短期资金可以长期化，长期资金亦可短期化，从而更好地适应了现代化大生产的发展对资金调节的要求。

资产证券化对全球经济的影响是双面的。对投资者来说，资产证券化趋势为投资者提供了更多可供选择的新证券种类，投资者可以根据自己的资金规模以及风险偏好来进行组合投资。对金融机构来说，资产证券化可以改善其资产的流动性，特别是对原有呆账债权的转换，对资金周转效率的提高有很大的促进。而且，资产证券化也是金融机构获取成本较低的资金来源以及增加收入的一个新的渠道。对整个金融市场来说，资产证券化为金融市场提供了新的交易工具，将持续不断地推动金融市场发展，增加市场活力。

然而，证券化交易在市场认同度不断提高的同时，伴随的风险问题也频繁出现。从2001年爆发的"安然事件"到2008年的全球性金融海啸，都揭示了资产证券化交易蓬勃发展背后的金融领域乃至整个经济领域隐藏的风险积聚和释放问题。资产证券化涉及发起人、还本付息者、担保人、受托者和投资者等多个市场主体，事实上是把传统贷款功能分散给几个有限责任的承担者。因此，资产证券化过程中的风险必然表现出一定的复杂性，如果处理不当就会影响到整个金融体系的稳定。同时，资产证券化也必然使金融监管当局在信贷扩张及货币供应量的估计上面临更为复杂的问题，对金融的调控和监管产生一定的不利影响。

本章小结

本章主要介绍了金融市场的内涵、市场结构、功能和分类等内容。

1. 金融市场通常是指以金融资产为交易对象而形成的供求关系及机制的总和。一个完整的金融市场通常包含金融市场主体、金融工具、金融中介和金融市场价格四个要素。

2. 金融市场最基本的功能在于引导资金从资金盈余者流向短缺者，进而实现资源有效配置。除此之外，金融市场还具备资金聚敛、风险分散、经济调节和信息反映功能。

3. 金融市场可以按照多种方式进行分类，其中最常用的是按照交易工具划分为货币市场、资本市场、外汇市场和黄金市场。

4. 近年来，国际金融市场发生了重大变化。从宏观角度看，金融全球化倾向明显；从微观角度看，金融工程化和资产证券化渐成趋势。

习 题

一、名词解释

1. 金融资产　　　　2. 金融中介　　　　3. 金融工具
4. 一级市场　　　　5. 二级市场　　　　6. 资产证券化
7. 直接金融市场　　8. 间接金融市场

二、简答题

1. 金融市场是一个包括许多子系统的大系统，子系统之间并不是简单的并列关系。试画出一张图形象地说明这个体系。
2. 什么是金融市场？金融市场的要素包括哪些？金融市场有哪些功能？
3. 具体分析金融市场的类型。
4. 金融市场的国际化会对一国金融市场产生什么影响？
5. 在资本市场中，企业直接在一级市场筹集资金，那为什么还必须同时保证二级市场的存在和充分发展？
6. 比较直接融资市场和间接融资市场中金融中介的异同，试分析这两个领域内的金融机构在我国的发展状况。

本章思维导图

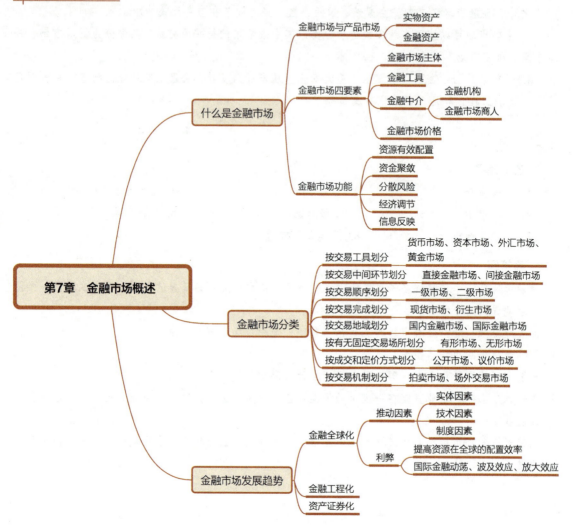

第8章

货币市场

一般而言，企业在经营运作中总会出现资金盈余或短缺的情况。有时候，这种资金的余缺发生在一年或一年以内，有时候会持续一年以上。针对一年以内的资金盈余或短缺，企业可以通过货币市场进行资金融通。本章将探讨企业可以运用的几种主要的短期债务工具。

8.1 同业拆借市场。介绍什么是同业拆借、同业拆借利率以及同业拆借市场的运作。

8.2 票据市场。介绍商业票据市场和银行承兑汇票市场两个市场的基本特征。

8.3 大额可转让定期存单市场。介绍什么是大额可转让定期存单及其发行与流通，以及大额可转让定期存单定价。

8.4 回购市场。以国债回购为例，简单分析回购协议的收益与风险。

8.5 国库券市场。介绍什么是国库券、国库券的发行与流通等。

货币市场是指一年以内短期资金融通的金融市场。从历史上看，货币市场先于资本市场出现，是资本市场的基础。由于该市场所容纳的金融工具主要是政府、银行及工商企业发行的短期信用工具，具有期限短、流动性强和风险小的特点，在货币供应量层次划分上位于现金货币和存款货币之后，被称为"准货币"，所以将该市场称为"货币市场"。货币市场一般包括同业拆借市场、票据市场、大额可转让定期存单市场、回购市场和国库券市场等几大类市场。

8.1 同业拆借市场

同业拆借市场起源于美国。1913 年，美国为了控制货币流通量和银行的信用扩张，根据《联邦储备法》成立了美国联邦储备体系。《联邦储备法》规定，所有接受存款的商业银行都必须按照存款余额计提一定比例的法定存款准备金，并存入中央银行，同业拆借市场应运而生。

8.1.1 什么是同业拆借

为了控制商业银行的风险，中央银行要求各商业银行必须按存款余额的一定比例计提法定存款准备金，准备金数额不足就要受到一定的经济处罚，而准备金数额过多会影响商业银行的效益，同业拆借市场的出现有效地解决了这一矛盾。

假如，某日 A 银行收到一笔 100 万元的存款，法定存款准备金率为 8%。那么，A 银行需要计提 8 万元法定存款准备金存入中央银行账户。不幸的是，A 银行当日准备金存款账户的余额不足 8 万元。而此时，另一家银行 B 在中央银行的准备金存款账户上的余额，大于其当日应计提的法定存款准备金。在这种情况下，A 银行不想因存款准备金不足而受到中央银行的经济处罚，同时 B 银行也不希望有多余的闲置资金而造成损失。那么，两家银行该如何满足各自的需求呢？两家银行可以按约定的拆借利率签订一份合同，B 银行将盈余资金借给 A 银行，以满足两家银行各自的需求。

同业拆借（inter-bank lending/borrowing） 金融机构之间为融通短期资金的不足与盈余、弥补票据清算的差额以及解决临时性的资金短缺，以货币借贷方式进行短期资金借贷活动。这些活动所形成的市场，被称为同业拆借市场。其中，像 A 银行这样从资金盈余机构借入款项的行为称作拆入，而 B 银行的借出行为称为拆出，相应地，A 银行向 B 银行借款的利率被称为同业拆借利率。

同业拆借市场的重要作用在于，它使金融机构在不用保持大量超额准备金的前提下满足存款支付、汇兑及清算的需要。在现代金融制度体系中，金融机构为了实现较高的利润和收益，必然要扩大资产规模，但同时会面临准备金减少和可用资金不足的问题，甚至出现暂时性支付困难。但准备金过多或可用资金闲置过多又会使金融机构利润减少、收益降低。金融机构需要在不影响支付的前提下，尽可能地降低准备金水平，以扩大能获取高收益的资产规模，使利润最大化。同业拆借市场使准备金过多的金融机构可以及时拆出资金，保证获得较高的收益，准备金不足的金融机构可以及时拆入资金保证支付，有利于金融机构实现其经营目标。同业拆借市场还是中央银行实施货币政策、进行金融宏观调控的重要场所。同业拆借市场的交易价格，即同业拆借市场利率，是对资金市场上短期资金供求状况的反映。中央银行根据其利率水平，了解市场资金的松紧状况，运用货币政策工具进行金融宏观调控，调节银根松紧和货币供应量，实现货币政策目标。

一般来说，同业拆借市场没有具体的市场形式和固定的场所，是一个无形市场，交易双方通过电话或电传等通信设备进行拆借，并且借款方无须提供担保抵押。同业拆借业务的期限通常是"日拆"或"隔夜拆借"，也有少数可达一两周。拆款按日计息，同业拆借利率每天不同，甚至每时每刻都会变化。同业拆借业务凭借期限短、流通性高、利率敏感及交易方便等特点备受关注。

8.1.2 同业拆借利率

由于拆借双方都是商业银行或其他金融机构，其信誉比一般工商企业要高，拆借风险较小，加上拆借期限较短，因而利率水平较低。谈到同业拆借市场，就不得不提**伦敦银行同业拆借利率**（London interbank offered rate，LIBOR）。LIBOR 是各银行在伦敦拆借市场拆借英镑、欧洲美元（在美国本土以外流通和存放的美元）以及其他货币时形成的利率。自 20 世纪 60 年代以来，LIBOR 已经成为伦敦金融市场关键性的利率，也成为国际金融市场的基础利率，许多国际货币市场融资工具的浮动利率在发行时都以 LIBOR 作为浮动的参考依据。例如，一家公司可能以浮动利率获得贷款融资，其贷款利率是伦敦银行同业拆借利率加 2%，这 2% 就是银行获得的利润。

除了 LIBOR 之外，还有两种比较有代表意义的拆借利率，即香港银行同业拆借利率（HIBOR）和新加坡银行同业拆借利率（SIBOR）。在中国，同业拆借出现得比较晚。1996 年 1 月 3 日，全国银行间拆借市场开始运行，拆借交易采取信用拆借模式。同年 4 月，全国同业拆借市场交易系统正式联网运行，生成了中国银行间同业拆借利率（CHIBOR）。2007 年 1 月 4 日，上海银行间同业拆放利率（Shanghai interbank offered rate，SHIBOR）正式运行，标志着中国货币市场基准利率培育工作全面启动，表 8-1 是 2019 年 5 月上海银行间同业拆借利率。

表 8-1 上海银行间同业拆放利率（SHIBOR）（2019-05-13）

期限	Shibor（%）	涨跌基本点（%）
O/N	2.156 0	+33.00
1W	2.579 0	+1.10
2W	2.405 0	-0.30
1M	2.715 0	-0.50
3M	2.889 0	-0.60
6M	2.948 0	+0.00
9M	3.050 0	+0.00
1Y	3.152 0	+0.10

资料来源：上海银行间同业拆放利率官网，http://www.shibor.org/。

CHIBOR 与 LIBOR

中国银行间同业拆借利率（CHIBOR），是中国银行间信用拆借的加权平均利率。CHIBOR 与 LIBOR 的主要区别是：LIBOR 不是按成交利率计算，而是对有代表性的若干家大银行在一个固定时点上的报价进行平均得到的利率，它包含拆出利率和拆入利率。而 CHIBOR 是成交利率的加权平均数。

8.1.3 同业拆借市场的运作

回顾上述案例，A 银行与 B 银行具体如何进行同业拆借呢？首先，A 银行和 B 银行应该相互表达拆借的意向，接下来双方洽谈成交，随后 B 银行将资金划拨到 A 银行的账户，最后 A 银行归还贷款，如图 8-1 所示。

图 8-1　同业拆借运作流程图

一般地，根据是否通过中介进行，同业拆借分为直接拆借和间接拆借。其中，根据性质不同，直接拆借又分为头寸拆借和同业借贷；根据地理区域的不同，间接拆借分为同城同业拆借和异城同业拆借。

1. 头寸拆借

在日常经营过程中，常常会出现有的银行收大于支（多头寸），有的银行支大于收（缺头寸）的情况。多头寸的银行想要借出多余资金生息，缺头寸的银行需要拆入资金补足差额。这样，银行间的**头寸拆借**（position lending）就产生了。头寸拆借的运作过程为，首先拆出银行开出支票交给拆入银行并存入中央银行，使拆入银行在中央银行的存款准备金增加，补足资金差额。同时拆入银行开出一张支票，其面额为拆入金额加上利息，并写好兑付日期（一般为出票日后的 1~2 天），交付给拆出银行。到期时，拆出银行可将支票通过票据交换清算的方式收回本金和利息。

2. 同业借贷

同业借贷（inter bank lending）是指银行等金融机构之间因为临时性或季节性的资金余缺而相互融通调剂，以利于业务经营的活动。同业借贷因借贷资金数额较大，属于金融机构之间的批发业务。具体的运作流程为：首先拆入银行填写一份借据，交给拆出银行，拆出银行经审核无误后为拆入银行提供贷款，即将其账户上的资金划转到拆入银行账户。到期时，拆入银行按照借据将拆入金额附上利息返还给拆出银行。

3. 同城同业拆借

当同业拆借行为通过拆借市场经纪公司或代理银行等中介机构进行时，中介机构会事先获知并保存拆入银行和拆出银行双方准备拆借资金的数量、利率和期限等基本信息，然后将适当的信息分别告知拆借双方。拆借双方直接进行协商。当拆借双方协商成交后，拆入银行签发自己付款的支票，支票面额为拆入金额加拆入期利息（有的国家常把利息另开一张支票）。拆入银行以此支票与拆出银行签发的中央银行作为付款人的支票进行交换。支票交换后，拆出银行将自己在中央银行存款账户上的可用资金划转到拆入银行账户中。至拆借期限到期，拆入银行再把自己在中央银行存款账户上的资金划转到拆出银行的账户（见图 8-2）。

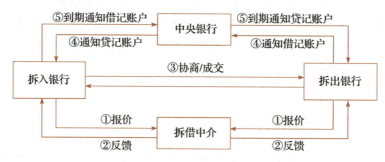

图 8-2　间接同城同业拆借流程图

资料来源：张亦春. 金融市场学 [M]. 5 版. 北京：高等教育出版社，2017.

4. 异城同业拆借

异城同业拆借与同城同业拆借的运作流程存在一个明显的区别，即同城同业拆借大多以支票作为媒介，而间接异城同业拆借的拆借双方无须交换支票，只需通过中介机构通过电话协商成交，成交后双方通过所在地区的中央银行资金电划系统划拨转账（见图8-3）。

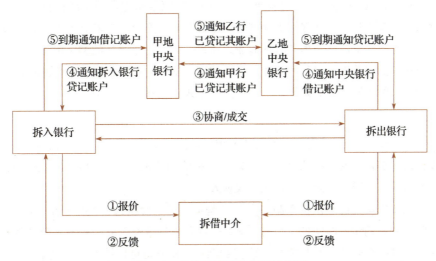

图8-3　间接异城同业拆借流程图

资料来源：张亦春. 金融市场学［M］. 5 版. 北京：高等教育出版社，2017.

8.2　票据市场

显然，金融机构解决资金余缺问题的场所是同业拆借市场，那么如果企业或个人需要进行资金融通，除了银行存贷款之外，是否还有其他选择呢？有，那就是票据市场。票据市场中的交易品种繁多，本节主要介绍两种具有代表性的票据市场，即商业票据市场和银行承兑汇票市场。

8.2.1　商业票据市场

商业票据（commercial paper）是指金融公司或某些信用较高的企业开出的无担保短期票据。商业票据的可靠程度依赖于发行企业的信用程度，可以背书转让，一般不能向银行贴现。商业票据的期限一般在9个月以下，由于风险较大，利率通常高于同期银行存款利率。商业票据可以由企业直接发售，也可以由经销商代为发售。当企业直接发行时，有关部门要对出票企业的信誉进行十分严格的审查。如果由经销商发售，那么经销商实际在幕后担保了出售给投资者的商业票据。商业票据有时也以折扣的方式发售。商业票据是一种无担保的短期票据（short-term paper），有确定的金额及到期日，同时是一种可转让的金融工具，通常不记名，是筹措流动资金的工具。从融资成本来看，发行商业票据与存款单没有什么区别，因为两者收益率相当，但商业票据的期限通常在30天以内，以避免与存款单市场产生竞争。

商业票据市场兴起于18世纪的美国，当时纺织品工厂、铁路公司以及烟草公司等非金融性企业为了筹措资金，开始发行商业票据。大多数早期商业票据通过经纪商出售，主要购买者是商业银行。这是早期的商业票据。自20世纪20年代以来，商业票据发生了本质的变化。汽车和其他耐用消费品的进口扩大了消费者对短期季节性贷款的需求，大量的消费信贷公司应运而生。美国通用汽车承兑公司最早采用发行商业票据的方式为通用汽车的购买者提供融资，并且将商业票据直接出售给投资者。

在随后的几十年里，商业票据市场快速发展。进入20世纪80年代之后，商业票据呈现出3个典型特点。首先，在80年代美国收购兼并热潮中，商业票据为资产重组提供了一种过渡性融资方式，对当时的兼并收购活动起到了促进作用；其次，除美国之外的其他国家开始发行自己的商业票据，如日本的武士商业票据和欧洲商业票据；最后，商业票据的种类层出不穷，出现了由储蓄贷款协会和互助储蓄银行发行的商业票据、信用证支持的商业票据以及免税的商业票据等。

按照信用关系的不同，商业票据通常有汇票、本票和支票之分。

1. 汇票

汇票（bill of exchange）是出票人签发的要求付款人在见票时或者在指定日期无条件支付一定金额给收款人或持票人的一种票据。汇票既是一种信用凭证又是一种支付命令，是他付证券。汇票涉及三方当事人，即出票人、付款人和收款人。

假如，某汽车销售公司C从汽车制造商D处购买汽车，价款为1 000万元，D公司可以开出一张票据，要求C在约定的时间偿本付息。某日，D公司急需资金结清拖欠E公司的材料款，经承兑后，D公司将该票据转给了E公司。票据到期后，E公司可以持有该票据要求C公司付款。这类商业票据就是汇票，事实上是传统意义上的"催款单"。在这个例子中，C公司为付款人，D公司为出票人，E公司为收款人。

2. 本票

本票（promissory note）是出票人签发的约定自己在指定日期无条件支付确定的金额给收款人或者持票人的票据。本票是债务凭证，是自付证券。本票自出票日起，付款期限最长不得超过2个月。此外，本票的基本当事人只有两个，即出票人和收款人，本票的付款人为出票人自己，无须承兑。

假如，某汽车销售公司C从汽车制造商D处购买汽车，价款为1 000万元，C公司可以开出一张票据，承诺自己在1个月后还本付息。这类票据就是本票，也就是传统意义上的"欠条"。在这个例子中，C公司为出票人，D公司为收款人。

3. 支票

支票（check）是出票人签发的委托办理支票存款业务的银行或其他金融机构在见票时无条件支付确定金额给收款人或持票人的票据。支票的主要职能是代替现金作为支付工具。支票涉及的当事人有出票人、收款人以及付款人，支票的付款人只能是银行或者其他金融机构。

假如，汽车制造商D需要从设备销售商F处购买大型设备，D无须携带大量现金，可以给设备销售商F开出票据，由银行从自己的账户中划转资金，实现支付。这类票据就是支票，它是现金的一种替代品。在这个例子中，汽车制造商D为出票人，设备销售商F为收款人，付款人为银行。

在中国，短期融资券是商业票据的一种主要形式。短期融资券本质上是企业发行的无担保短期本票。企业可以通过票据经销商（例如商业银行）发行商业票据，票据发行人还可以将票据直接销售给最终投资者，即采用直接发行方式。间接发行的商业票据可以选择两种销售方式，即代销和包销。

所谓代销，是指商业票据的发行人和票据经销商签订代销合同，经销商在合同约定的期限内，按发行人指定的价格代理销售票据，承销期满时向发行人退回未售部分。在这种发行方式中，经销商不承担发行风险，只按销售金额提取一定比例的手续费。包销是指经销商收取一定的佣金后，要先分析、考察和评估发行人的信用情况，以帮助确定商业票据的价格并负责寻找买家，经销商与发行人签订承销协议后，先以一定的价格从发行人处购入商业票据，然后再以较高的价格出售给其他投资者，赚取价差收入。经销商承担所有发行风险。

尽管当投资者急需资金时，商业票据的交易商和直接发行者可在到期之前兑现，但由于大多数商业票据的偿还期很短，当投资者面临严重的流通压力时，大多数商业票据的发行人总是准备在偿还期到期以前买回商业票据。商业票据的二级市场并不活跃，交易量很小。

8.2.2 银行承兑汇票市场

银行承兑汇票起源于英国。19世纪的伦敦是各国贸易和国际金融中心，世界各地的借款人汇集于此。由于许多外国借款人不被当地的投资者所认可，所以他们签发的汇票就很难转让。当时伦敦的私人银行虽然有熟练的资信鉴别技术，但没有足够的资金，无力直接向外国借款人贷款。后来，它们逐渐尝试利用自己娴熟的资信鉴别技术，对外国借款人的汇票进行承兑，将自己的信用借给外国借款人，对其债务进行担保，并收取一定的费用，获得利润。在这种情况下，银行承兑汇票应运而生。

银行承兑汇票的实质是经银行承兑的商业汇票，是基于合法的商品交易而产生的票据，由于银行承兑汇票的实质是用银行的信用来代替交易者的信用，因而它的安全性很高。

银行承兑汇票（bank's acceptance bill）是出票人开立的一种远期汇票，银行作为付款人，在未来某一约定的日期支付给持票人一定数量的金额。在国际贸易中，由于交易者互不知晓对方的信用程度，因而银行承兑汇票得到了广泛的运用。以银行承兑汇票作为交易对象的市场即为银行承兑汇票市场。

假如，美国有一家汽车进口公司（JKS）要从德国宝马汽车公司（BMW）进口10辆汽车。在国内贸易中，这种交易一般通过赊欠或商业信用的方式处理。但是，由于进口商JKS和出口商BMW都缺乏对对方信用的了解，加之没有其他的信用协议。出口商BMW担心汽车运出离岸后进口商JKS不付款或不按时付款，而进口商JKS又担心货款支付后，出口商BMW不运出汽车或不按时运出，因此交易很难进行。这时便需要银行信用作为担保，保证交易的完成。于是，交易双方经谈判达成协议，进口商JKS从美国的花旗银行取得出口商BMW作为收款人的信用证，标明花旗银行将在BMW运出汽车60天后保证进口商JKS支付货款。信用证由花旗银行寄送到BMW的业务往来银行——德意志银行，德意志银行收到信用证后通知BMW向美国进口商JKS发货，然后BMW凭全套合格的提货单和船运票据向德意志银行换取货款。最后，德意志银行开出对花旗银行的汇票连同全套单据寄送给花旗银行，要求花旗银行支付货款。汇票可以是即期的，也可以是远期的。即期的汇票要求花旗银行（进口商银行）见票付款，而远期的汇票由花旗银行盖上"承兑"的印记，这样，一张由德意志银行开出的银行承兑汇票就被创造出来了。

在上述例子中，花旗银行创造了银行承兑汇票，但它只是保证到期承兑汇票。在这里，花旗银行并没有进行融资。在此项交易中，BMW 即时得到了货款，JKS 得到了一笔融资也得到了货物，花旗银行既向美国进口商提供了融资安排，又从德意志银行得到了同样数额的信用，在整个交易中真正提供融资的是德意志银行。如果德意志银行需要现金，它可以把手中的银行承兑汇票拿到货币市场转售，提供融资的责任也随之一同转移。如果花旗银行购回自己开出的承兑汇票并持有它，在一定条件下，花旗银行可以用它作抵押在联邦储备银行的贴现窗口借款。条件就是距离到期日不超过 6 个月及发行数量不超过银行资本和利润的 150%。

银行承兑汇票市场主要由初级市场和二级市场构成。

1. 初级市场

初级市场，即银行承兑汇票的发行市场。在初级市场中，银行承兑汇票在面值的基础上折价发行，其报价方式采用的是银行折现率。它主要由出票和承兑两个环节构成。

出票（issue）是出票人按法定形式签出票据，并将它交付收款人的票据行为。

承兑（acceptance）是票据付款人承诺在票据到期日支付票载金额的行为。承兑是汇票特有的票据行为，主要目的在于明确汇票付款人的票据责任。汇票一经承兑，付款人就是债务人，对持票人负有付款责任。

2. 二级市场

二级市场，即供银行承兑汇票交易与流通的市场。在二级市场中，银行承兑汇票的转让通过承销商进行柜台式交易完成，主要涉及汇票的贴现、转贴现与再贴现，这些交易行为都以背书为前提。当银行对汇票背书表示同意承兑时，银行就成为汇票持有者最终支付的责任人。

背书（endorsement）是持票人为将汇票权利转让给他人或者将一定的汇票权利授予他人行使，而在票据背面或者粘单上记载有关事项并签章的票据行为。

贴现（discount）是持票人为了取得现款，将未到期的银行承兑汇票向银行或其他贴现机构转让，并支付从贴现日到汇票到期日的利息（贴息）的行为。持票人将汇票背书转让给银行，银行从票面金额中扣除从贴现日至到期日的利息，把余额支付给持票人。票据到期时，银行向票据付款人按票据面额索回款项。

转贴现（transfer discount）是银行将其通过办理贴现业务获得的未到期的汇票，向其他银行或贴现机构进行贴现的票据转让行为。

再贴现（rediscount）是商业银行或其他金融机构将贴现所得的未到期的汇票，向中央银行再次贴现的票据转让行为。它是中央银行针对商业银行及其他金融机构的一种融资方式。在一般情况下，再贴现就是最终贴现，再贴现后票据退出流通转让过程。中央银行的再贴现率一般低于商业银行的贴现率。

银行承兑汇票一般伴有发票、货运提单或其他单证。但是，在银行承兑汇票交易中，只买卖单一的汇票，有关的单证由承兑银行持有。二级市场的投资者之所以欢迎这种工具，是因为银行承兑汇票与国库券相比有更高的收益率，与大额可转让定期存单相比更加稳定。

8.3 大额可转让定期存单市场

大额可转让定期存单是商业票据的一种，在金融市场上具有举足轻重的地位。第一张大额可转让定期存单是美国花旗银行于 1961 年创造的，其目的是稳定存款，扩大资金来源。一方面，大额可转让定期存单能起到稳定银行存款的作用，使银行存款由被动等待顾客上门变为主动发行存单以吸收资金，促使银行更主动地进行负债管理和资产管理。另一方面，大额可转让定期存单购买者可以根据其资金状况买入或卖出，调节自己的资金组合。

8.3.1　大额可转让定期存单

大额可转让定期存单最初产生于美国。20 世纪 30 年代，美国联邦储备委员会为应对大萧条制定了 Q 条例，其中规定了存款利率的上限，这引起了以企业为主要客户的银行存款急剧下降，致使商业银行资金来源受到严重威胁。美国商业银行为吸引企业的短期资金，推出了大额可转让定期存单。1960 年 8 月，以花旗银行为代表的美国大银行，首先向外国客户提供大额可转让定期存单。当时，外国客户的反应并不积极，一直到纽约贴现公司宣布建立大额可转让定期存单的次级市场以后，这种存单可以随时买卖，流动变现性增强，为其迅速推广创造了决定性的条件。从 1961 年 2 月开始，美国花旗银行不仅向外国投资者也向本国投资者提供大额可转让定期存单，大额可转让定期存单开始日趋活跃。

大额可转让定期存单（large-denomination negotiable certificates of deposits，CD）是银行或储蓄机构发行的一种存款凭证，表明特定数额的货币已经存入发行存单的机构，银行和储蓄机构按一定期限和约定利率计息，到期前可以流通转让和证券化。大额可转让定期存单市场就是以经营定期存单为主的市场，中国目前商业银行虽有大额可转让定期存单，却不具有流通转让性，故大额可转让定期存单市场并未形成。

在美国，大额可转让定期存单的面额多为 10 万美元、50 万美元和 100 万美元，面额越大的存单，其流动性越强。大额可转让定期存单的到期日不能少于 14 天，没有上限，但大多数都在一年以内。短期大额可转让定期存单市场的流动性很强，但期限为 6 个月或以上的大额可转让定期存单，其流动性会大大下降。大额可转让定期存单是一种息票工具，投资者持有到期时，不仅可以得到票面金额，还可以得到另外支付的利息，其利率一般低于企业债券的利率，但是高于国库券的利率。

此外，在美国，银行发行的大额可转让定期存单由联邦储蓄保险公司提供保险，当银行倒闭时，持有人享有最高 10 万美元的保额。大额可转让定期存单种类繁多，按照发行人不同，通常可以分为四类。

（1）**国内存单**（domestic CD）是商业银行在本国货币市场上发行的以本国货币计价的大额可转让定期存单。它与银行存款一样需要提取存款准备金，此外还需要向存款保险机构缴纳存款保险金。国内存单大多数以无记名方式发行，便于转让，少量记名的国内存单多为政府等机构购买。国内存单的流动性通常大于其他几种存单，因此在二级市场上转让的主要是国内存单。

（2）**欧洲美元存单**（eurodollar CD）是美国银行的外国和离岸分支机构在国外发行的以美元为面值的大额可转让定期存单。这种存单多为固定利率。欧洲美元存单不需要提取存款准备金和存款保险金，发行成本更低。欧洲美元存单有二级市场，但是大约 50% 的此类存单在发行后被保存在发行银行的专门保管人那里，直到到期。

（3）**扬基存单**（yankee CD）是非美国银行在美国境内的分支机构发行的一种大额可转让定期存单。发行人主要是西欧和日本等地著名的国际性银行在纽约的分支机构。扬基存单不受美联储条例的限制，无法定准备金要求。虽然非美国银行在美国发行存单一般要比美国国内银行支付更高的利息,但由于扬基存单在准备金上的豁免,使其成本与美国国内存单的成本相比不相上下,甚至更低。

> **欧洲美元**
>
> 欧洲美元是指储蓄在美国境外的银行而不受美国联邦储备系统监管的美元。因此,此种储蓄比类似的美国境内的储蓄受到更少的限制,有更高的收益。
>
> 历史上,这种储蓄主要由欧洲的银行和财政机关持有,因而被命名为"欧洲美元"。在第二次世界大战之后,由于美国援助欧洲的马歇尔计划以及之后美国成为重建后的欧洲的最大出口市场,大量的美元存款流向欧洲,被存放在美国境外的银行。
>
> 同时一些国家(包括苏联[①])也将它们的部分美元存款存放在美国境内的银行。在冷战期间,尤其是1956年的"匈牙利事件"之后,苏联政府担心美国会因此冻结它在北美银行的美元存款。此时一家英国银行向苏联政府表示可以在美国境外接收其美元存款,之后他们再将其存入美国银行。这样美国就不可能将其账户冻结,因为此时的存款属于英国银行,而不属于苏联政府名下的账户。这次操作被认为是"欧洲美元"一词的首次使用,之后由于美国持续的贸易逆差,"欧洲美元"逐渐扩散到全世界。

(4)**储蓄机构存单**(thrift CD)是出现较晚的一种存单,它是由一些非银行金融机构发行的一种大额可转让定期存单。这种存单大多以10万美元的面额发行,以便能使用联邦存款保险。有时,不同机构的10万美元储蓄机构存单会捆绑成一个大额存单,其优势在于每个大额存单都能得到充分的保险。储蓄机构存单一般或因法律规定,或因实际操作困难而不能流通转让。因此,储蓄机构存单的二级市场规模很小。

大额可转让定期存单的发行主要由商业银行签发。从签发银行的角度看,大额可转让定期存单为其提供了和定期存款流动性一样的资金,即在到期前不能提取,而且利率较低。银行可以采取批发和零售两种方式发行大额可转让定期存单。**批发式发行**(wholesale distribution)是发行银行将发行存单的数量、利率、面额、发行日以及到期日等信息预先公布,供投资者集中认购。**零售式发行**(retail distribution)是根据投资者的需要随时发行,它的面额、期限和利率都由资金供求双方商定。

大额可转让定期存单发行以后,主要通过交易商代表客户在二级市场上进行交易,交易商从中取得佣金。交易商也可以在大额可转让定期存单市场直接进行买卖,购买者需付给出售者之前时间段的利息。大额可转让定期存单的转让方式,主要由存单记名与否决定。绝大多数存单是不记名存单,在转让时直接交付给新的购买者就可以,无须背书。而记名存单通常在交易完成时,要在存单背面写上原存单持有人和新的存单持有人的姓名。

8.3.2 大额可转让定期存单定价

大额可转让定期存单的计息,以360天为一年来计算。通常依据发行银行的信用等级、到期日以及供求情况来决定大额可转让定期存单的利率水平。一般而言,大额可转让定期存单的利率

---

① 1991年,苏联解体。

高于同期国库券的利率。不同银行发行的大额可转让定期存单的风险程度不同，因为银行的信用等级是不同的。一般来说，声誉卓著且规模较大的银行发行的大额可转让定期存单的利率要低于普通银行发行的存单的利率。另外由于投资者不熟悉非美国银行，所以一般非美国银行在美国分行发行的存单的利率要高于美国本土银行发行的存单的利率。大额可转让定期存单的定价公式为

$$V = p\left(1 + c \times \frac{n}{360}\right) \tag{8-1}$$

式中，V 为到期大额存单的价格；p 为存单的本金；c 为存单的利率；n 为从发行日到到期日的天数。

下面举例说明大额可转让定期存单的价格确定。假定有一大额可转让定期存单面值 1 000 000 元，年利率为 15%，90 天到期，将数据代入式（8-1），到期日的存单价格为

$$V = 1\,000\,000 \times \left(1 + 15\% \times \frac{90}{360}\right) = 1\,037\,500(元)$$

在二级市场上大额可转让定期存单的价格取决于新发行存单的利率与原存单利率的大小。如果新发行存单利率比已发行存单利率高，则原存单的价格相对低些。反之，如果新发行存单利率比已发行存单利率低，则原存单的价格相对高些。已发行存单的购买价格为

$$V_0 = p \times \frac{1 + c_0 \times \frac{n}{360}}{1 + c_1 \times \frac{n}{360}} \tag{8-2}$$

式中，V_0 为已发行存单的价格；p 为存单本金；c_0 为已发行存单利率；c_1 为新发行存单利率；n 为从发行日到到期日的天数。

如果新发行存单利率为 12%，则上述已发行存单的价格为

$$V_0 = 1\,000\,000 \times \frac{1 + 15\% \times \frac{90}{360}}{1 + 12\% \times \frac{90}{360}} = 1\,007\,281.55(元)$$

由此，可得到一般的存单转让价格公式为

$$V' = p \times \frac{1 + c \times \frac{n}{360}}{1 + k \times \frac{m}{360}} \tag{8-3}$$

式中，V' 为存单的转让价格；k 为存单收益率（购买时存单的同期市场利率）；m 为从购买日到到期日的天数。

例如，上述存单在离到期日还有 10 天的时候转让，当时市场的存单收益率为 18%，则转让价格为

$$V' = 1\,000\,000 \times \frac{1 + 15\% \times \frac{90}{360}}{1 + 18\% \times \frac{10}{360}} = 1\,032\,338.31(元)$$

8.4 回购市场

回购交易是 20 世纪 70 年代美国商业银行的一种创新业务，按照当时金融法律的规定，企业

在银行支票账户中的活期存款不计付利息,银行也不能随意挪用客户的资金,商业银行为了使用这部分活期存款,创造了一种"清理账户"的隔日回购安排。在这种安排下,一家企业在营业日结束时,其支票账户上的余额资金都"全数清理出去",用于购买银行持有的短期政府证券,银行同意第二天以稍高的价格购回这些证券。这种安排使银行和企业实现了双赢,在短期内被更多的证券投资商所利用,从而形成了回购市场。

8.4.1 回购协议

回购协议(repurchase agreement)是指证券持有者在将证券售出的同时和证券购买者签订协议,约定在一定期限后按原始价格或约定价格购回所售证券,并支付回购利息,以获取即时可用资金。从本质上说,回购协议是一种短期抵押贷款,抵押品就是协议中交易的证券,多数情况下是国库券。通过回购协议进行短期资金融通交易的市场,就称为回购市场。

假如,证券公司 X 在 12 月 1 日购入 5 000 万元国债后,现金账户中已经没有多余资金了。直到 12 月 3 日才会有 6 000 万元的款项到账。但 12 月 2 日 Y 公司的股票上市,证券公司 X 希望买进价值 5 000 万元的 Y 公司股票,那么证券公司 X 该如何筹集这笔短期资金呢?

证券公司 X 可以到回购市场上卖出其 5 000 万元的国债,或以 5 000 万元的国债作为抵押,向购买者承诺在 12 月 3 日以 5 001 万元的价格将这 5 000 万元的国债全数购回,买卖差价 1 万元就是回购协议的利息支付。其中,证券公司 X 与其国债的购买者之间的承诺以协议的形式存在,这种协议就称为回购协议。

在这个例子中,以证券作为抵押借款的证券公司就是回购方,提供资金的证券购买方为反回购方。具体来说,证券交易商可以为其调整证券存货找到短期资金来源,各种金融机构也获得了一种有效的筹措短期资金的方式。

事实上,回购协议有两种:一种是**正回购协议**(repurchase agreement),是指在出售证券的同时和证券的购买者签订的协议,该协议规定回购方在一定期限后按照约定价格回购所出售的证券,从而及时获取资金(如上例);还有一种就是**逆回购协议**(reverse repurchase agreement),是指买入证券的一方同意按照约定期限和价格再卖出证券的协议。

回购协议的期限一般很短,最常见的是隔夜回购,但也有期限长的。此外,还有一种"连续合同"的形式,这种形式的回购协议没有固定期限,当双方都没有表示终止的意图时,合同每天自动展期,直至一方提出终止为止。

8.4.2 回购协议定价

回购协议所融入的资金免交存款准备金,因此所支付的利息稍低于同业拆借利率,从而降低了回购协议借款的实际成本。在上述提到的例子中,假设回购利率为 4%,回购期限为 2 天。这样,证券公司 X 在 12 月 1 日获得 5 000 万美元资金,在 12 月 3 日再买回这笔国债所支付的利息,用公式表示为

$$I = P \times C \times \frac{n}{360} \qquad (8\text{-}4)$$

式中,I 为回购利息;P 为本金;C 为回购利率;n 为回购天数。

代入数据,则

$$I = 50\,000\,000 \times 4\% \times \frac{2}{360} = 11\,111.11(元)$$

回购协议的价格是通过电脑竞价形成的，竞价的内容是到期购回价，这也是对年收益率进行竞价。深圳证券交易所实时显示回购协议的到期购回价（年收益率）的竞价结果。回购协议规定的卖价与回购价格之差，就是借款者所要支付的利息，这个利息水平就是回购利率。回购利率是市场公开竞价的结果，通常高于银行同期存款利率。一般地，回购协议的利率水平取决于有关机构的信用程度、交割方式、获得抵押品的难易程度及准备金供给情况。其中，信用程度越高，抵押品的质量和流动性越好，回购利率就越低。如果只需要以转账方式交割，风险相对较大，回购利率较高；如果需要进行实际的交割，则回购利率较低。获得抵押品越困难，回购利率越高。当准备金的供给较紧时，回购利率就会较高，反之较低。

假设有一项期限为 5 天的短期回购协议，对协议双方来说，有两种安排选择，一种是期限为 5 天的短期协议，另一种是 5 个期限为 1 天的协议。这两种安排的收益或成本有什么区别吗？

如果在协议有效期间利率是波动的，这两种安排的收益或成本就会有区别。假定协议金额为 2 500 万元，期限为 5 天，一种安排是以 6.75% 的利率做一个期限为 5 天的回购协议，另一种安排是分别以 6.75%、7%、6.5%、6.375% 和 6.25% 的利率做 5 个连续的隔夜回购协议，投资者在两种安排下的收益情况如下。

第一种情况：期限为 5 天的回购协议的收益
$$25\,000\,000 \times 6.75\% \times 5/360 = 23\,437.50(元)$$

第二种情况：5 个隔夜回购协议的收益

第一天　　$25\,000\,000 \times 6.75\% \times 1/360 = 4\,687.50(元)$

第二天　　$25\,000\,000 \times 7\% \times 1/360 = 4\,861.11(元)$

第三天　　$25\,000\,000 \times 6.5\% \times 1/360 = 4\,513.89(元)$

第四天　　$25\,000\,000 \times 6.375\% \times 1/360 = 4\,427.08(元)$

第五天　　$25\,000\,000 \times 6.25\% \times 1/360 = 4\,340.28(元)$

事实上，5 天的总收益为 22 829.86 元。显然，5 天期限的回购安排比 5 个隔夜回购的收益要高。

此外，期限较长的回购协议还可以套利，即在分别得到资金和证券后，利用再一次换回之间的间隔期进行借出或投资，以获取短期利润，如银行以较低的利率采用回购协议的方式取得资金，再以较高利率贷出，这中间的利差就形成了银行收益的一部分。

8.4.3 回购协议风险

尽管回购协议是一种高质量的抵押借款，但交易双方仍有可能面临信用风险。从前面的例子可以看出，一方面，回购方（证券公司）用 5 000 万元国债作为抵押向反回购方借入一笔款，如果到期时回购方没有回购，反回购方只能拥有 5 000 万元国债。如果交易后市场利率上升，国债的市场价格会下降，反回购方将遭受损失。另一方面，如果交易后市场利率下降，国债价格上升，反回购方不允许回购方按协议购回，回购方就会遭受损失。为了降低信用风险，回购协议一般会要求抵押的证券市值大于借款额。证券的市值与贷款额之间的差额称作**安全边际**（margin of safety），一般安全边际率为 1% ~ 3%。当借款者信用较低或抵押品流动性较差时，安全边际率可达10%或更高。此外，根据证券的市值增减而相应地调整回购协议，也是降低回购信用风险的有效途径。例如，回购方用市值2 040万元的证券作为抵押借了2 000万元，安全边际率为2%。假定抵押证券的市值降到2 010万元，这时要么回购方补充30万元抵押品，以保持40万元安全边际的水平，要么重定回购协议的价格，回购协议的本金从2 000万元减到1 970.59万元（2 010/1.02 = 1 970.59），回购方应返还反回购方29.41万元。

回购协议的抵押品

1982年9月，美国联邦破产法院法官艾德·伍德在处理Lombavd-Well公司破产案时裁定：该案涉及的回购协议在破产程序中作为担保借贷交易处理，根据有关法律的条款，禁止债权人托收或强制扣押破产资产。

这样，反回购方既收不回资金，又不能随便卖掉抵押的证券。这便提升了回购协议的风险。1984年6月，美国国会通过了破产修正法案，新的法律规定：国库券与联邦机构证券的回购协议，某些定期存单和银行承兑汇票不受《破产法》中"自动终止条款"的约束。这一修正虽然没有明确回购协议属于购买销售协议还是担保借贷交易，但是明确了贷方在任何一种情况下都能清算抵押债券，解决了回购协议中抵押品的地位问题。

在回购交易中，除了信用风险之外，还存在着其他风险。比如，贷款人应付款收取抵押证券，到期收回本息，返还抵押证券。由于期限太短，证券交割成本高，因此往往采取的一个替代办法就是把抵押证券转到一个中立的银行监管的账户，这样回购方就不必把证券转交给反回购方然后再收回，从而省了交割成本。反回购方在监管银行的担保下，也不必担心回购方用一笔抵押借多笔资金的风险。再如，回购协议还有一种风险是回购方破产，反回购方往往会认为如果回购方无力回购或无意购回抵押的证券，它就可以把抵押的证券出售以补偿损失。但是，实际上是否可以这样做，要取决于法庭的裁决，把回购看作购买销售协议，还是看作担保借贷交易。

8.4.4 国债回购

国债回购（government securities repurchase）是回购协议最为常见的形式，即回购协议的标的是国债。

国债回购方式通常包括通过证券交易所的交易系统进行回购交易的场内回购方式，以及通过证券中介机构的柜台进行回购交易，或直接与证券中介机构进行交易的场外回购方式。其中，场内回购又分回购方直接与交易所交易和回购方与反回购方直接交易这两种方式。中国目前的场内回购采用的就是直接与交易所交易的方式，客户的代理交易商直接与交易所进行交易的清算与结算，风险相对较小。回购方与反回购方直接交易，成交后向交易所备案，这种方式由于寻找交易对手的成本高，违约风险大，所以在中国没有被采纳。另外，场外回购由于缺乏完善的法规和严密的监管，违规多、风险大，已被国家有关部门严令禁止。

假设客户A拥有大量的国债，临时需要短期资金60万元周转，又不愿放弃手中的国债，所以来到回购市场以国债作为抵押，进行短期融资。时间是2007年5月10日，申报201002（交易所14天国债回购的代码）回购，以12.40%的年收益率买入600手（每手1 000元），申报成交。

则 5 月 11 日零时，在客户 A 的银行账号上将自动划入的成交金额（扣除交易费用，佣金率为 0.05%）为

$$600 \times 1\,000 - (600 \times 1\,000 \times 0.05\%) = 599\,700(元)$$

同时，交易所的中央登记结算中心为客户 A 建立国债回购抵押账户，抵押现券 600 手。在回购期满次日零时，即 2007 年 5 月 25 日零时，银行会自动从客户 A 的账户中划走借款 60 万元和应付利息，即

$$600 \times 1\,000 + (600 \times 1\,000 \times 12.40\% \times 14/360) = 602\,893.34(元)$$

实际上，客户 A 共付出了 3 193.34 元（300 元手续费和 2 893.34 元利息），获得了 60 万元的 14 天使用权。

假设券商 B 短期内有 300 万元闲置资金，银行活期利息太低，则可以在回购市场上短期借出 300 万元，即做一个反回购，既可获得较高的收益，又没有什么风险。时间仍为 2007 年 5 月 10 日，申报 201003（交易所 28 天期回购的代码）回购，以 13.80% 的年收益率卖出 3 000 手，申报成交。则 5 月 11 日零时，从券商 B 的银行账号中将划出相应的成交金额与手续费（佣金率为 0.1%）为

$$3\,000 \times 1\,000 + (3\,000 \times 1\,000 \times 0.1\%) = 3\,003\,000(元)$$

同时，中央登记结算中心为券商 B 建立国债回购抵押账户，保管现券 3 000 手。在回购期满次日零时，即 2007 年 6 月 8 日零时，银行会自动把 300 万元本金及相应的利息划入券商 B 的账户，即

$$3\,000 \times 1\,000 + (3\,000 \times 1\,000 \times 13.80\% \times 28/360) = 3\,032\,200(元)$$

实际上，券商 B 借出 300 万元 28 天，所得的实际收益为利息收入减手续费，即 32 200 – 3 000 = 29 200（元）。显然，这一收益比活期存款的收益要高许多。

8.5　国库券市场

如果金融机构出现资金余缺，可以在同业拆借市场进行融通；如果企业或个人出现资金余缺，可以通过票据市场或大额可转让定期存单市场解决；如果政府出现临时性资金短缺，该如何解决呢？这就是本节要介绍的国库券市场。

8.5.1　什么是国库券

国库券（treasury bill）是中央政府为弥补财政赤字或国库资金不足而发行的一种有价证券，由财政部发行并由政府部门以债务人身份承担到期偿付本息的责任，且期限在 1 年或 1 年以内的债务凭证。

国库券最早于 1877 年问世，是英国财政部根据《1877 年财政部证券法》发行的。美国财政部根据《1917 年第二自由公债法》于 1929 年开始发行国库券。它属于短期融通性债券，期限不超过 1 年，包括 2 个月、3 个月、6 个月、9 个月和 12 个月共 5 种期限。国库券一般采取贴现方式发行，票面值与发行价格之间的差额为购买者全期持有的利息收入。它一般通过公开招标的方式拍卖，包括定期发行和不定期发行两种类型。购买者多为银行等金融机构和其他大额投资机构，以竞争投标的方式购买，主要采取竞争投标方式。个人和其他小额投资者也可购买国库券，

即按照竞争投标平均中标价格购买。国库券的种类有无记名证券、记名证券和账簿登记。国库券具有较强的流通性，发行后即可进入债券市场进行买卖交易，交易活动通过证券中介机构进行。由于国库券是国家的债务，以政府财政资金为保障，几乎不存在违约的可能，信誉高，因而被誉为"金边债券"。因此国库券市场交易非常活跃，能在交易成本较低及价格风险较低的情况下迅速变现，流动性仅次于现金，故国库券常被视为准货币。并且，相对于银行储蓄而言，国库券利率较高，同时政府为增强国库券的吸引力，通常还给予投资者税收方面的优惠，因此投资收益率较高，这使国库券成为证券投资的主要对象。另外，国库券是中央银行进行公开市场操作的极佳品种，国库券交易在证券交易中占有很大的比重。国库券具有风险小、流动性好、利率高以及投资方便等优势。

2018 年记账式贴现（十期）国债

为筹集财政资金，支持国民经济和社会事业发展，财政部决定发行 2018 年记账式贴现（十期）国债。

该国债通过全国银行间债券市场、证券交易所债券市场发行。期限为 91 天，以低于票面金额的价格贴现发行，发行价格按竞争性招标加权平均中标价格确定。计划发行面值总额为 100 亿元，全部进行竞争性招标。采用修正的多重价格（即混合式）招标方式，标的为价格。投标标位变动幅度为 0.002 元，投标剔除、中标剔除和每一承销团成员投标标位差分别为 60 个、25 个和 40 个标位。

发行成功后，中标承销团成员于 2018 年 3 月 5 日前（含 3 月 5 日），将发行款缴入财政部指定账户。缴款日期以财政部指定账户收到款项日期为准。

8.5.2 国库券发行

国库券的发行方式有多种，中国曾采取的发行方式有行政摊派、银行的承购包销和拍卖。在市场经济条件下，国库券的典型发行方式是拍卖（招标）。拍卖方式的显著优点是既可以保证将要发行的国库券全部销售出去，又能以市场可以接受的最高价格（即最低的发行成本）来完成发行任务。在每次发行之前，财政部都会根据近期短期资金的需要量以及中央银行实施货币政策调控的需要等因素，确定国库券的发行规模，然后向社会公告。

按照出价方式不同，招标方式有**竞争性招标**（competitive bidding）与**非竞争性招标**（non-competitive bidding）之分。

1. 竞争性招标

竞争性投标者在规定的发行规模下，在标书中列明国库券的认购数量和价格。发行人将投标者的标价自高向低排列，或将利率自低向高排列。发行人从高价（低利率）选起，直到达到需要发行的数额为止，这样确定的价格恰好是供求决定的市场价格。但在竞争性招标中，投标者有可能因出价低而失去购买机会或因出价太高而遭受损失，因而承担较大的风险。

在竞争性招标中，美国式招标和荷兰式招标是比较常见的两种方式。

在**美国式招标**（American bidding）中，投标者竞价过高要承担认购价过高的风险，竞价过低又要承担无法认购的风险，这样可以约束投标者合理报价。发行人将投标者的标价自高向低排列，或将利率自低向高排列，发行人从高价（低利率）选起，直到达到需要发行的数额为止。最后的中标价为投标者各自的投标价。如果在最低成交价水平上的国库券剩余数量少于投标者要求的数量，那么按照投标者最初在此价格上的申报比例配售。出价高于最低成交价格的投标者的所有申报均生效成交。美国式招标最主要的特点就是对同一国库券的投标者支付不同的价格。所以，美国式招标也叫多种价格招标。

荷兰式招标（Dutch bidding）与美国式招标在程序上大致相同，只不过所有中标者均按中标价格中标，这样各投标者就有可能抬高报价，从而抬高最后的中标价。出价高于最低中标价格的投标者的所有申报均按最低中标价格生效成交。剩余的国库券在报出最低中标价格的投标者之间分配。如果在最低中标价格水平上的国库券的剩余数量小于投标者要求的数量，那么按照各投标者最初在此价格上的申报比例配售。荷兰式招标的最大特点就是中标的投资者统一按照投标中的有效最低价，即最后中标的价格购买国库券。所以，荷兰式招标也叫单一价格招标。

美国式招标与荷兰式招标的差异

美国经济学家米尔顿·弗里德曼认为荷兰式招标要优于美国式招标，美国式招标容易导致投资者操纵市场以获取暴利。另外，在这种招标方式下，为了成功需要报出更高的价格，而报价越高，投资的盈利空间就越小，可能的损失就越大。因此，这会降低投资者投标的意愿。而采用荷兰式招标方式，由于中标后支付的价格相同，国库券经营商都以相同的成本得到国库券，个别经销商在二级市场进行投机的可能性就降低了。反过来，如果某个经销商有可能比别的经销商以更低的价格获得国库券，他将力争获得这个盈利机会，这会导致出现操纵市场的行为。

这方面最典型的例子是20世纪90年代美国所罗门兄弟公司的违规丑闻，该公司一方面在发行市场上参加竞争性投标，以获得法定35%的最高限额，另一方面，以为客户投标的方式为自己购买，即将为客户投得的国库券转移到自己的账户，由于客户并没有委托它投标，因此，对它转移国库券的行为也不知情。通过这种方式，所罗门兄弟公司多次超限额购买国库券，例如，1991年5月，它通过投标控制了美国2年期国债94%的份额。最后，事情败露，有关的责任人受到惩处，公司被罚款2.9亿美元，公司的信誉与形象受到极大的损害。之后，美国也开始尝试采用荷兰式招标方式来发行国库券。

2. 非竞争性招标

非竞争性招标（non-competitive bidding）的参加者多为一些无力或不愿参加竞争性招标的中小金融机构及个人，他们不会因报价太低而面临丧失购买机会的风险，也不会因报价太高面临高成本认购的风险。投标者应在标书中注明参加非竞争性投标，报出认购数量，并同意以中标的平均竞价购买。竞标结束时，发行人首先将非竞争性投标数量从拍卖总额中扣除，剩余数量再分配给竞争性投标者。发行人从申报价最高的竞争性投标开始依次接受，直至国库券售完。当最后中标标位上的投标额大于剩余招标额时，该标位中标额按等比分配原则确定。通过非竞争性投标方式认购的国库券数额较少。

> **世界范围内的短期国库券**
>
> 美国短期国库券与其他美国政府证券每天24小时在全球交易。但是很多人不知道欧洲、亚洲与美洲的各国政府也发行它们自己的短期国库券。例如,加拿大银行作为加拿大政府的机构,每周二向一批精选的银行与交易商拍卖贴现短期国库券,它们被授权为自己及其客户投标。加拿大政府发行的短期国库券的期限有3个月、6个月与364天,并且通常交易的最低票面金额为250 000加元。此外,加拿大各省通过所谓的省短期国库券(provincial bills)借款,一般发行的票面金额达100 000加元,期限为3个月或3个月以内。
>
> 在欧洲,一些政府发行短期国库券,而且这些国库券被广泛交易。英国与德国发行的短期国库券在西欧最受欢迎。英格兰银行与德意志联邦银行在短期国库券市场上交易,并监视短期国库券利率,把它作为信贷市场状况的晴雨表。
>
> 在日本,短期国库券作为一种新型政府融资工具,于1986年首次出现,但是现在3个月与6个月的短期国库券被定期出售。期限稍短的工具(2个月)叫作融资券(financing bills),帮助满足日本政府紧急的现金需求。一般日本短期国库券被认为供给不足,日本政府主要通过长期国库券借款,而且由于短期国库券收益被课以重税和短期国库券供给减少,活跃的短期国库券二级市场发展缓慢。
>
> 同样,韩国政府不定期地发行短期国库券,而且没有竞争性投标,因此这个货币市场工具的二级市场不发达。菲律宾政府从1966年开始发行短期国库券,现在,短期国库券成为菲律宾货币市场最重要的组成部分之一。

8.5.3 国库券流通

在美国,国库券在柜台市场进行二级市场交易,交易商对国库券的交易通常以现值为基础,采用双向式挂牌报价,挂出的单位买价总是低于单位卖价,从而赚取差价收益。挂牌采取贴现率报价方式,挂出的买入贴现率要高于卖出贴现率。

假设某投资者以9 600元的价格购买一张剩余期限为182天,面值为10 000元的国库券。那么,有两种方式计算其收益率。

1. 银行折现(收益)率

银行折现(收益)率(bank discount yield)公式为

$$d = \frac{par - p_0}{par} \times \frac{360}{n} \times 100\% \tag{8-5}$$

式中,par 为面值;p_0 为折扣价;n 为国库券的持有期。

如果国库券的面额为10 000元,折扣价为9 600元,持有期为182天,则这一国库券的银行折现率为

$$d = [(10\ 000 - 9\ 600)/10\ 000] \times (360/182) \times 100\% = 7.912\%$$

即国库券的投资者得到的年收益率为7.912%。但是,这个收益率不是投资者得到的年实际收益率,反映年实际收益率的是**等效债券收益率**(equivalent bond yield),其计算公式为

$$y = \frac{par - p_0}{p_0} \times \frac{365}{n} \times 100\% \tag{8-6}$$

上例中国库券的等效债券收益率为

$$y = [(10\,000 - 9\,600)/9\,600] \times (365/182) \times 100\% = 8.356\%$$

即国库券的投资者得到的年实际收益率为 8.356%，比银行折现率高。

2. 有效年收益率

如果在计算年实际收益率时考虑复利的话，就可以用**有效年收益率**（effective annual yield）公式

$$y^* = \left[\left(1 + \frac{par - p_0}{p_0}\right)^{(365/t)} - 1\right] \times 100\% \tag{8-7}$$

则这一国库券的有效年收益率为

$$y^* = \left[\left(1 + \frac{10\,000 - 9\,600}{9\,600}\right)^{(365/182)} - 1\right] \times 100\% = 8.507\%$$

本章小结

1. 货币市场是一年期以内（含一年）的短期金融工具交易所形成的供求关系及运行机制的总和，主要包括同业拆借市场、票据市场、大额可转让定期存单市场、回购市场和国库券市场等。

2. 同业拆借市场是金融机构之间以货币借贷方式进行短期资金借贷活动的市场。同业拆借的资金主要用于融通短期资金的不足与盈余、弥补票据清算的差额以及解决临时性的资金短缺。同业拆借市场的拆借期限通常为 1~2 天，短至隔夜，多则 1~2 周，一般不超过 1 个月，也有少数接近或达到 1 年。在国际货币市场上，最典型的同业拆借利率是伦敦银行同业拆借利率（LIBOR）。

3. 商业票据是大公司为了筹措资金，以贴现方式出售给投资者的一种短期无担保的承诺凭证。商业票据市场就是商业票据交易的市场。

4. 在商品交易活动中，售货人为了向购货人索取货款而签发的汇票，经付款人在票面签上承诺到期付款的"承兑"字样并签章后，就成为承兑汇票。经购货人承兑的汇票称商业承兑汇票，经银行承兑的汇票即为银行承兑汇票。银行承兑汇票是为方便商业交易活动而创造出的一种工具，在对外贸易中运用较多。

5. 大额可转让定期存单是银行或储蓄机构发行的存款凭证，按一定期限和约定利率计息，到期前可以流通转让和证券化。大额可转让定期存单包括国内存单、欧洲美元存单、扬基存单和储蓄机构存单。

6. 回购协议指的是证券持有者在出售证券的同时，和证券的购买者签订协议，约定在一定期限后按原定价格或约定价格购回所售证券，从而获取即时可用资金。从本质上说，回购协议是一种短期抵押贷款，抵押品为证券。逆回购协议实际上与回购协议是一个问题的两个方面。回购市场是指通过回购协议进行短期资金融通交易的市场。

7. 国库券是由一国财政部发行，由政府部门以债务人身份承担到期偿付本息责任的期限在 1 年及 1 年以内的债务凭证。

习 题

一、名词解释

1. 同业拆借
2. 汇票
3. 本票
4. 银行承兑汇票
5. 承兑
6. 背书
7. 转贴现
8. 再贴现
9. 欧洲美元存单
10. 大额可转让定期存单
11. 扬基存单
12. 美国式招标
13. 荷兰式招标
14. 回购协议
15. 国库券
16. 国债逆回购

二、简答题

1. 商业票据包括哪些种类？银行承兑汇票是怎样签发的？商业票据市场和银行承兑汇票市场的联系和区别是什么？
2. 国库券以招标发行的方式有哪些？其具体形式是什么？
3. 商业银行、投资银行、企业以及个人投资者都是货币市场的主要参与者。结合所学知识内容，说说他们都能够参与货币市场的哪些活动？
4. 简要分析回购协议的交易原理及特点。
5. 回购市场和同业拆借市场的参与主体是怎样进行交易的？两类市场的交易原理是否有区别？最本质的不同是什么？
6. 货币市场为短期融资市场，资本市场为长期融资市场，如何理解这两个市场之间的相互关系？

本章思维导图

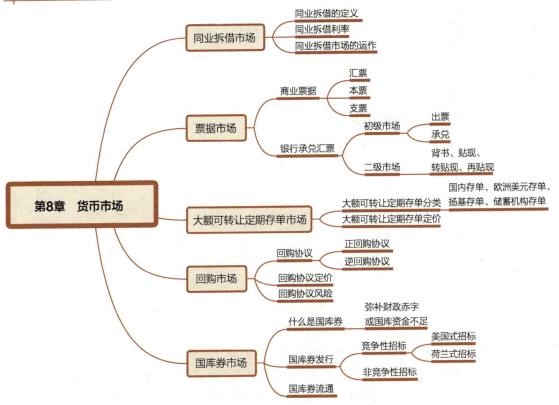

第9章

债券市场

　　债券市场是金融市场的重要组成部分。本章将着重介绍什么是债券、债券市场的基础知识、债券的定价以及利率风险。

　　9.1　什么是债券。介绍债券的概念、基本要素、种类和收益的度量。

　　9.2　债券发行。介绍债券的发行要素和信用评级。

　　9.3　债券流通。介绍债券的流通市场以及中国债券市场的状况，尤其介绍了"327"国债风波。

　　9.4　债券定价。介绍了债券的基本价值估计方法和基本定价模型。

　　9.5　利率风险。介绍债券利率风险的两种衡量指标——久期和凸性。

企业运营需要资金，可以选择多种融资渠道，债券融资就是一种很好的选择。对于有投资需求的企业，如保险和基金公司而言，丰富的债券品种有利于优化投资组合的管理。债券市场的发展与完善，可以帮助企业优化资本结构，降低融资成本。

9.1 什么是债券

债券是政府、金融机构或工商企业等直接向社会借债筹措资金时，向投资者发行的承诺按一定利率支付利息并按约定条件偿还本金的债权债务凭证。债券的本质是债权证明书，具有法律效力。债券购买者与发行者之间是一种债权债务关系，债券发行人即债务人，投资者（债券持有人）即债权人。债券的利息通常是事先确定的，因此债券又被称为固定利息证券。

9.1.1 债券的定义

债券（bond）是一项协议，要求发行人于到期日向投资者偿还所借金额并支付特定期限利息。债券实质上是一种可买卖的借据。假如你投资于债券，那么你就是贷出资金；假如你发行债券，那么你就是借入资金。表9-1给出了一个债券发行的例子。

表9-1 2018年第一期中国铁路建设债券样例

项目	详细资料	项目	详细资料
公司名称	2018年第一期中国铁路建设债券（5年期）	到期日	2023-01-18
债券代码	1880004	发行起始日	2018-01-17
代码简称	18 铁道 01	发行截止日	2018-01-19
发布时间	2018-01-18	认购对象	
上市日	2018-01-22	上市地	银行间
发行额（亿元）	150.000 0	信用级别	AAA
面额（元）	100.00	发行单位	中国铁路总公司
发行价（元）	100.00	还本付息方式	年付
期限（年）	5	发行方式	荷兰式招标
年利率（%）	5.03	发行对象	
计息日	01-18	主承销机构	中国国际金融股份有限公司、中信证券股份有限公司等

资料来源：和讯网，http://bond.money.hexun.com/all_bond/1880004.shtm。

债券通常有四项基本要素，具体如下。

票面价值（face value）是券面注明的以某种货币表示的票面金额，是到期偿还本金和计算利息的基本依据。表9-1中的债券票面价值为100元。

票面利率（coupon rate）是指1年的债券利息与债券票面价值的比率，通常以百分率表示年利率。在表9-1中票面利率为5.03%。

到期期限（time to maturity）是指债券从发行之日至偿清本息之日的时间，也是债券发行人承诺履行合同义务的全部时间。表9-1中债券发行起始日为2018年1月17日，到期日为2023年1月18日，到期期限是5年。

发行者名称（name of issuer）指明了该债券的债务主体，既明确了债券发行人应履行对债权人偿还本息的义务，也为债权人到期追索本金和利息提供了依据。表 9-1 中发行者名称为中国铁路总公司。

需要说明的是，虽然以上四个要素是债券票面的基本要素，但它们并非一定要在债券票面上印制出来。在许多情况下，债券发行人以公布条例或公告的形式向社会公开宣布其债券的期限与利率，只要发行人具备良好的信誉，投资者都会认可接受。

9.1.2 债券种类

债券种类很多，在历史发展过程中出现过许多不同品种的债券，各种债券共同构成了一个完整的债券体系。债券可以依据不同的标准进行分类。

按发行主体，债券可分为政府债券、公司债券和金融债券。政府债券又可分为中央政府和地方政府发行的债券：前者是由中央政府直接发行的债券，也称国债；后者是地方政府发行的债券，也称地方政府债券或市政债券。公司债券是公司发行的债券，在中国分为由证监会管理的公司债券、企业债券、企业短期融资券、中期票据和可转换公司债券。金融债券是由银行或非银行金融机构等发行的债券。

1. 政府债券

中央政府债券（central government bond）是中央政府为筹集资金而发行的债券，也叫国债，按偿还期限可以分为短期国债、中期国债和长期国债。短期国债一般是偿还期限为 1 年或 1 年以内的国债，具有周期短及流动性强的特点。政府发行短期国债，一般是为了满足国库暂时的入不敷出之需。中期国债是指偿还期限在 1 年以上 10 年以下的国债。政府通过发行中期国债筹集的资金或用于弥补赤字，或用于投资，不再用于临时周转。长期国债是指偿还期限在 10 年或 10 年以上的国债。长期国债由于期限长，政府短期内无偿还负担，而且可以较长时间占用国债认购者的资金，因此常被用作政府投资的资金来源。

2. 公司债券

公司债券（corporate bond）是企业筹资解决资金短缺的重要工具，一般期限较长。公司债券的发行目的主要有调整资本结构或负债结构，偿还已经到期的债务，扩大设备投资和用作长期流动资金。公司债券代表的是公司信用，违约风险相对较大，收益率较高。目前，中国的公司债券主要有五种。一是由证监会管理的公司债券，一般期限在 1 年以上，目前只能由上市公司发行，在证券交易所市场流通，2007 年开始发行。二是由国家发改委管理的企业债券，已有十几年的历史，分为中央企业债和地方企业债，一般有配额。三是由中国人民银行管理的企业短期融资券，期限在 1 年以内，在银行间债券市场流通，2004 年开始发行。四是由中国商业银行间市场交易商协会管理的中期票据，期限高于 1 年，但一般比企业债券和公司债券期限要短，在银行间债券市场流通，2008 年 4 月开始发行。五是由中国证监会管理的上市公司发行的可转换公司债券。

3. 金融债券

金融债券（financial bond）是由商业银行和非银行金融机构发行的债券。金融债券的发行人是金融机构，一般具有较高的资信，所以金融债券多为信用债券，无须担保。在英国、美国等国家，金融债券属于公司债券；在中国及日本等国家，金融机构发行的债券称为金融债券。目前，中国的金融债券主要有政策性金融机构债券、商业银行债券和非银行金融机构债券等。

按付息方式，债券可分为一次还本付息债券、零息债券、贴现债券和附息债券。一次还本付息债券是指在债券到期时，债券发行人按照债券票面注明的利率一次性向债券持有者支付利息并偿还本金的债券。零息债券是指发行时按一定折扣率以低于票面金额的价格发行，到期按面值偿还本金的债券，债券面值与发行价格的差额就是应支付的利息。贴现债券是指在票面上不规定利率，发行时按某一折扣率以低于票面金额的价格发行，到期时仍按面额偿还本金的比零息债券期限更短的债券。附息债券是券面上附有定期支付利息凭证的债券，债券持有人可以定期兑取到期的利息。

按债券形态，债券可分为实物债券、凭证式债券和记账式债券。实物债券是一种具有标准格式实物券面的债券。在标准格式的债券券面上，一般印有债券面额、债券利率、债券期限、债券发行人全称及还本付息方式等各种债券票面要素。凭证式债券是债权人认购债券的一种收款凭证，而不是债券发行人制定的标准格式的债券。记账式债券是没有实物形态的票券，利用证券账户通过电脑系统完成债券发行、交易及兑付的全过程。中国从1994年开始发行记账式债券。目前，上海证券交易所和深圳证券交易所已为证券投资者建立了电子证券账户，发行人可以利用证券交易所的交易系统来发行债券。

9.1.3 债券收益

投资者在选择债券时，最关心的就是债券的投资收益。为了精确衡量债券的投资收益，一般采用债券收益率指标。从投资者角度来看，通过计算收益率可以对不同的债券进行比较，以选择适合自己的债券。从融资者角度来看，计算不同种类债券的收益率有助于估计公司债券发行的融资成本。

例如，小王要购买某公司债券，面值为1 000元，期限为3年，票面利率为9%，市场利率是5%，利息每年支付一次，则债券的内在价值为多少？

小王第 1 年收到的利息为 $1\,000 \times 9\% = 90(元)$，现值为 $\frac{90}{(1+5\%)} = 85.714(元)$

小王第 2 年收到的利息为 90 元，现值为 $\frac{90}{(1+5\%)^2} = 81.633(元)$

小王第 3 年收到的利息为 90 元，现值为 $\frac{90}{(1+5\%)^3} = 77.745(元)$

由于债券的期限为3年，所以债券在第3年到期时，小王还会收到面值为1 000元的债券的现值，即 $\frac{1\,000}{(1+5\%)^3} = 863.838$（元）。因此，该债券的内在价值为

$$\frac{90}{(1+5\%)} + \frac{90}{(1+5\%)^2} + \frac{90}{(1+5\%)^3} + \frac{1\,000}{(1+5\%)^3} = 1\,108.93(元)$$

1. 到期收益率

到期收益率（yield to maturity，YTM）是使未来现金流的现值等于债券价格的贴现率，一般来说，贴现率是个常数。到期收益率实质上就是财务中的内部收益率，即投资者如果按照现价购入并一直持有债券到期能够获得的实际收益水平，是使用最广泛的收益率，计算方式为

$$P = \sum_{t=1}^{n} \frac{C}{(1+y)^t} + \frac{M}{(1+y)^n} \tag{9-1}$$

式中，P 是债券价格；C 是每次支付的票面利息；M 是债券到期价值；n 是总付息次数；y 是到期收益率。

例如，某一债券面值为 1 000 元，到期期限为 15 年，票面利率为 9%，目前售价是 1 100 元，每年付息 2 次，那么它的到期收益率可通过下式计算

$$1\,100 = \sum_{t=1}^{30} \frac{45}{(1+y)^t} + \frac{1\,000}{(1+y)^{30}}$$

解得半年的到期收益率为 $y=3.93\%$，年度到期收益率为 $y=7.86\%$（即 $y\times$ 每年付息次数）。

到期收益率的优点就是考虑了所有现金流的时间价值和金额大小，但是也有一些局限。到期收益率和内部收益率一样，暗含将利息收入按一个常数收益率进行再投资的假设，而且这个常数收益率要刚好等于到期收益率。但是因为实际上中间得到的利息可能按多种利率进行再投资，所以到期收益率没能正确反映每一笔现金流的当前价值。此外，到期收益率还暗含了持有到期的假设。如果投资者在到期前出售债券或债券被发行公司赎回，到期收益率就不是一个合适的衡量指标。

2. 持有期收益率

债券可能在到期前被持有人出售，在这种情况下到期收益率并不是衡量收益的一个合适的指标。针对到期前出售债券的情况，可以计算**持有期收益率**（holding-period return，HPR）。计算公式与到期收益率类似

$$P = \sum_{t=1}^{n} \frac{C}{(1+y)^t} + \frac{P_{sell}}{(1+y)^n} \tag{9-2}$$

式中，P 是债券的当前价格；C 是每次支付的票面利息；P_{sell} 是债券的出售价格；n 是截止到债券出售前的已付息次数；y 是每个付息期间的持有期收益率。

例如，某债券到期期限为 15 年，票面利率为 9%，票面价值为 1 000 元，目前售价 1 100 元，预计 2 年后卖出，售价为 1 150 元，每年付息 2 次，那么持有期收益率为

$$1\,100 = \sum_{t=1}^{4} \frac{45}{(1+y)^t} + \frac{1\,150}{(1+y)^4}$$

计算得到 $y=5.14\%$，转为年持有期收益率为 $y=10.28\%$。

9.2 债券发行

债券发行（bond issue）是发行人以借贷资金为目的，依照法律规定的程序向投资者要约发行代表一定债权和兑付条件的债券的行为。债券发行是证券发行的重要形式之一，是以债券形式筹措资金的行为过程，通过这一过程发行人以最终债务人的身份将债券转移到其最初投资者手中。

9.2.1 债券发行要素

债券发行要素指债券发行人在通过发行债券筹集资金时所必须考虑的有关因素，具体包括发

行额、面值、期限、偿还方式、票面利率、付息方式、发行价格、发行费用和有无担保等。由于公司债券通常以发行要素进行分类，因此确定了发行要素，同时也就确定了所发行债券的种类。为了方便大家理解债券发行的要素，下面先从案例9-1开始。

案例9-1 2018年唐山金融控股集团股份有限公司企业债券发行

唐山金融控股集团股份有限公司作为直接隶属于唐山市政府的国有金融控股集团和唐山湾国际旅游岛区域的运营主体，承担着旅游岛景区的开发投资、旅游资源整合、景区基础设施建设和该区域土地开发的重要任务。注册资本金为919 568万元，目前的收入和利润主要来自土地开发经营业务、代建管理业务、旅游业务和金融服务业务。公司主要负责旅游岛景区旅游项目的开发建设，经营旅游岛景区旅游业务以及商业类、旅游类及海洋经济类项目的土地开发经营业务。公司未来将重点在金融服务业及旅游服务业发力，致力于将唐山湾国际旅游岛景区打造成国家级旅游度假地，将菩提岛打造成AAAAA级景区，优化现有业务格局，转变公司当前收入结构，进一步扩大收入来源。截至2017年12月31日，公司经审计的合并口径资产总额为1 963 435.21万元，负债总额为838 956.98万元，所有者权益为1 124 478.23万元，其中归属于母公司的所有者权益为1 123 479.17万元，资产负债率为42.73%。2017年度，公司实现营业收入64 739.86万元，净利润19 162.83万元。

债券发行基本情况如下。

（一）债券名称：2018年唐山金融控股集团股份有限公司公司债券。

（二）发行总额：人民币16亿元。

（三）债券品种的期限：本次债券为7年期固定利率债券。

（四）债券利率：本次债券为固定利率债券，票面年利率为SHIBOR基准利率加基本利差。SHIBOR基准利率为发行公告日前5个工作日全国银行间同业拆借中心在上海银行间同业拆放利率网（www.shibor.org）公布的一年期SHIBOR（1Y）利率的算术平均数（四舍五入保留两位小数）。本次债券的最终基本利差和最终票面利率将根据簿记建档结果，由发行人与簿记管理人按照国家有关规定协商确定，并报国家有关主管部门备案，在本次债券存续期内固定不变。本次债券采用单利按年计息，不计复利。

（五）发行方式及对象：本次债券以簿记建档和集中配售的方式，通过承销团成员设置的发行网点向中华人民共和国境内机构投资者（国家法律、法规另有规定除外）公开发行和通过上海证券交易所向机构投资者（国家法律、法规禁止购买者除外）发行相结合的方式发行。在承销团成员设置的发行网点的发行对象为在中央国债登记公司开户的境内机构投资者（国家法律、法规另有规定除外）；在上海证券交易所的发行对象为在中国证券登记公司上海分公司开立基金账户或A股证券账户的机构投资者（国家法律、法规禁止购买者除外）。

（六）信用级别：经联合资信评估有限公司综合评定，本次债券信用等级为AA，发行人主体长期信用等级为AA。

（七）债券担保情况：无担保。

资料来源：中国债券信息网，http://www.chinabond.com.cn/Info/149303601。

从唐山金融控股集团股份有限公司发行债券的例子可以看出，债券的发行是一个十分复杂的过程。债券的发行方式按照发行价格、发行对象和发行中介可以分为以下几种。

按发行价格，债券发行可分为溢价发行、折价发行和平价发行。当债券的发行价格高于票面金额时，称为溢价发行；当债券的发行价格低于票面金额时，称为折价发行；当两者相等时，称为平价发行。按发行对象，债券发行可分为公募发行和私募发行。公募发行又称公开发行，是发行人向非特定的社会公众投资者出售证券的发行方式。在公募发行方式下，任何合法的投资者都可以认购拟发行的证券。私募发行又称不公开发行、私下发行或内部发行，是指以特定少数投资者为对象的发行方式。显然，唐山金融控股集团股份有限公司的债券发行属于公募发行。按有无发行中介，债券发行分为直接发行和间接发行。直接发行，即发行人直接向投资者推销和出售证券的发行方式。间接发行，是发行人委托证券公司等证券中介机构代理出售证券的发行方式。唐山金融控股集团股份有限公司发行债券的方式就是间接发行，对发行人来说，采用间接发行可在较短时期内筹集到所需资金，发行风险较小，但需支付一定的手续费，发行成本较高。

一般情况下，间接发行是最基本、最常见的方式，特别是公募发行，大多采用间接发行。而私募发行以直接发行为主。中国《证券法》规定，向非特定对象发行的证券票面总值超过人民币5 000万元的，应当由承销团承销。承销团由主承销商和参与承销的证券公司组成。

9.2.2 债券信用评级

信用评级（credit rating）又称资信评级，是社会中介服务机构为社会提供债券资信信息，或为自身提供决策参考的过程。信用评级最初产生于20世纪初的美国，1902年穆迪公司的创始人约翰·穆迪开始对当时发行的铁路债券进行评级，后来延伸到各种金融产品及各种评估对象。信用评级是按一定的评分标准对债券还本付息的可靠性做出公正、客观的评价，由于信用评级的对象和要求有所不同，因而信用评级的内容和方法也有较大区别。

1. 债券评级机构

债券评级机构（bond rating agency）是证券市场发展的产物。在西方发达证券市场发展初期，证券发行过程中曾多次出现欺诈现象，侵害了投资者的利益。因此，投资者需要有一个专门的中立机构，能独立、公正、客观地评价证券，评级机构正是顺应市场发展和投资者的需要而产生的独立投资咨询公司。世界上大多数评级机构属于股份公司，如美国的标准普尔公司（Standard & Poor's）、穆迪投资公司（Moody's）和欧洲的惠誉国际（Fitch）等。

2. 债券评级程序

债券评级机构的信用评级工作遵循一定的程序，受发行人委托，并由发行人报送评级所需资料，由评级机构组成专案小组，负责分析资料，编制评级报告。信用评级工作围绕发行人的经营状况、财务状况和信用状况进行，并对各项反映企业状况的指标进行量化处理。最后由评级机构的专门委员会根据分析报告进行资信评级，评级结果是各项指标的综合反映，能较科学地反映发行人的资信状况，并被债券发行的所有参与者所认可。

信用评级机构的评级是根据发行人的具体情况进行的评价，具有客观公允性，评级结果不表示对该债券的认可或推荐，只帮助投资者在评级的基础上进行投资决策。信用评级的对象是债券本身，但评级结果涉及发行人本身的资信程度。因此，发行人也会相当重视评级结果。对初次发行的评级结果,发行人如不满意,可以要求其他资信评级机构重新评定,或者终止发行计划。在这种情况下,按照发行人的要求,原评级机构可以不予公开发表评级结果。债券一旦取得较高评级并已公开发行,评级机构负有追踪评级的责任,应定期反映该债券的资信变动情况。

3. 债券评级的要素

根据不同的评价方法,对要素有不同的理解,主要有下述几种方法。

5C 要素分析法:主要分析五个方面的信用要素,即借款人品德(character)、经营能力(capacity)、资本(capital)、资产抵押(collateral)和经济环境(condition)。

5P 要素分析法:个人因素(personal factor)、资金用途因素(purpose factor)、还款财源因素(payment factor)、债权保障因素(protection factor)和企业前景因素(perspective factor)。

5W 要素分析法:借款人(who)、借款用途(why)、还款期限(when)、担保物(what)及如何还款(how)。

4F 要素分析法:主要着重分析以下四个方面的要素,包括组织要素(organization factor)、经济要素(economic factor)、财务要素(financial factor)和管理要素(management factor)。

4. 债券的信用等级

债券信用等级(bond credit grade)的高低表示债券质量的优劣,能够反映债券偿本付息能力的强弱和债券投资风险的高低。国外流行的债券信用等级一般分为三等九级。以下债券信用等级是国际上著名的美国信用评级机构标准普尔公司和穆迪投资者服务公司分别采用的,具体标准如表 9-2 所示。

表 9-2 债券信用等级表

标准普尔公司		穆迪公司	
AAA	最高级	Aaa	最高质量
AA	高级	Aa	高质量
A	上中级	A	上中质量
BBB	中级	Baa	下中质量
BB	中下级	Ba	具有投机因素
B	投机级	B	通常不值得正式投资
CCC	完全投机级	Caa	可能违约
CC	最大投机级	Ca	高质投机性,经常违约
C	规定盈利付息但未能盈利付息	C	最低级

资料来源:罗斯. 公司理财(原书第 11 版)[M]. 吴世农,等译. 北京:机械工业出版社,2017.

垃圾债券(junk bond)也称高风险债券,是信用等级在标准普尔公司 BB 级或穆迪公司 Ba 级及以下的公司发行的债券。垃圾债券向投资者提供高于其他债务工具的利息收益,因此垃圾债券也被称为高收益债券(high-yield bonds),但投资垃圾债券的风险也高于投资其他债券。

标准普尔公司和穆迪公司还使用修正符号进一步区别 AAA(或 Aaa)级别以下的各级债券,以便更具体地识别债券的质量。标准普尔公司用"+""-"区别同级债券质量的优劣。例如,A^+ 代表质优的 A 级债券,A^- 代表质劣的 A 级债券。穆迪公司在表示债券级别的英文字母后加注 1、2、3,分别代表同级债券质量的优、中、差。

9.3 债券流通

债券的流通市场也称二级市场。其中,美国债券市场是世界上最大的债券市场,中国债券发行量、交易量和存量近年来增长迅速,但与发达国家相比依然处于成长阶段,未来有广阔的发展空间。

9.3.1 债券交易市场

债券交易市场是为已经公开发行的证券提供流通转让机会的市场,通常分为证券交易所市场和场外交易市场。一般而言,债券必须达到证券交易所规定的上市标准才能够在场内交易,而场外市场是指没有固定场所的债券交易市场。债券主要是在场外交易市场进行交易。

场外交易市场(over-the-counter(OTC)market)没有集中统一的交易制度和场所。随着通信技术的发展,目前许多场外市场交易并不直接在证券经营机构的柜台前进行,而是由客户与证券经营机构通过电话、传真或计算机网络进行交易。场外交易市场的管理比证券交易所宽松,在场外交易市场交易有助于规避交易所市场较严格的法律条件,降低交易成本。

场外交易市场是一个拥有众多证券种类和证券经营机构的市场,以交易未能或无须在证券交易所批准上市的股票和债券为主。场外交易市场主要采用做市商制,而不是经纪制,所以投资者直接与证券交易商进行交易。在场外证券交易中,证券经营机构先行买进若干证券作为库存,然后开始挂牌对外进行交易,低买高卖,从中赚取差价。在交易机制方面,场外交易市场是一个以议价方式进行证券交易的市场,证券买卖采取一对一交易方式,不公开竞价。场外市场交易时间灵活分散,交易手续简单方便,价格又可协商,所以场外交易市场是证券交易所的必要补充。中国的银行间债券市场和代办股份转让系统都属于场外交易市场。

美国拥有最完善的证券交易市场。图9-1是美国证券交易市场结构。其中,交易所市场分为全国性证券交易所和区域性证券交易所两类。全国性证券交易所的典型代表就是著名的纽约证券交易所,它是目前世界上规模最大、组织最健全且管理最严密的证券交易所。截至2019年5月,其上市公司总数约为1 997家,总市值达290 780亿美元。证券交易所还设有监事会,负责交易所的财务与业务工作的监督,并向会员大会负责。除了交易所市场,美国还拥有发达的场外交易市场,主要由纳斯达克(Nasdaq)市场、布告栏市场(over the counter bulletin board,OTCBB)、粉红单市场(pink sheets market)等构成。美国约有40%的证券在场外交易市场进行交易,其中大部分在纳斯达克市场交易。纳斯达克市场是美国证券交易商协会自动报价系统的简称,成立于1971年,最初起源于柜台交易市场,但现在已经与其完全分离,2006年纳斯达克市场被美国证券交易委员会正式承认为"上市的交易所"。纳斯达克市场上市标准低于纽约证券交易所,是扶持成长期高科技企业的创业板市场,主要依托做市商并通过电子交易系统进行股票交易。布告栏市场和粉红单市场主要为那些不能或不愿遵守纳斯达克市场上市要求的小公司发行股票。布告栏市场是由纳斯达克运转的电子报价系统,在这里经纪人和交易商可以得到当前的报价、交易数据和几千种股票的做市商名单。虽然在布告栏市场中的公司通常都不符合纳斯达克的标准,但是必须按季度向证券交易委员会、银行或保险管理者提交书面财务报告。粉红单市场的名字起初来源于报价印刷纸张的颜色,但粉红单市场现在也使用电子报价系统。粉红单市场包括交易商对几千种非上市股票的报价,与布告栏市场不同的是,粉红单市场中的公司不需要向证券交易委员会备案。

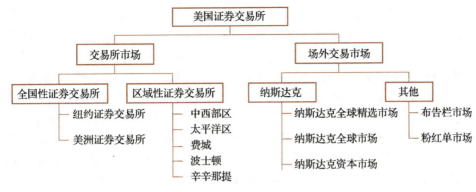

图9-1 美国证券交易市场概览

资料来源：吉特曼，乔恩科. 投资学基础（原书第10版）[M]. 刘园，译. 北京：电子工业出版社，2011.

9.3.2 中国债券交易市场

1981年，中国恢复发行国债之后，经历了长达7年的有债无市的历史过程。1988年，财政部在全国61个城市进行国债流通转让的试点，这是银行柜台现券的场外交易，是中国国债二级市场的正式开端。

1990年12月，上海证券交易所成立，开始接受实物债券的托管，并在交易所开户后进行记账式债券交易，形成了场内交易和场外交易并存的市场格局。1994年以前交易所的交易量一直很少。当时债券市场主要交易不记名的实物券，没有统一的托管机构，发行后再分散托管在代保管机构，交易只能在代保管机构所在地进行，不能跨地区交易。1994年，财政部发行国债1 028亿元，比1993年增加近2倍，交易所债券交易变得活跃起来。1995年，财政部试点发行了117亿元的记账式国债，到了1996年，记账式国债开始在上海和深圳证券交易所大量发行。这一年，证券交易所发行了六期共1 116.7亿元的记账式国债，占当年国债发行量的52.5%。同时，二级市场成交量也迅速增加，1996年上海证券交易所和深圳证券交易所债券成交量比1995年增长了近10倍，其中上海证券交易所的成交量占成交总量的95%以上。随着债券回购交易的展开，中国初步形成了交易所债券市场体系。

1997年，金融体制改革的需求和偶然外部事件的推动使中国的场外债券市场获得了历史契机，银行间债券市场出现，并得以快速发展。在起步阶段，银行间债券市场重点解决了银行间的资金融通问题。1997年下半年，中国人民银行停止融资中心的自营拆借业务，着手解决融资中心的逾期拆借问题。同时，中国人民银行开始大量增加银行间债券市场的成员，推动商业银行采取债券回购这样的资金融通方式。从1999年开始，随着银行间债券市场规模的扩大，场外债券市场渐渐演变为中国债券市场的主导力量。1999年，财政部和政策性银行在银行间债券市场发行国债和政策性金融债券共计4 426亿元，占当年中国债券发行总量的74%。2000年，财政部与政策性银行又在银行间债券市场发行国债3 904亿元，占当年中国债券发行总量的62%。

银行间债券市场快速而平稳的发展，为中央银行公开市场业务操作奠定了基础，并使之逐渐成为中央银行实现货币政策的主要手段，同时推动了利率市场化进程。2002年1月31日，中国人民银行和财政部颁布了《商业银行柜台记账式国债交易管理办法》，允许中国商业银行开办记账式国债柜台交易业务，以满足没有证券账户的投资者买卖记账式国债的市场需求。2004年2月16日，银行间债券市场对外资银行开放。从总体上看，投资者的类别相当广泛，几乎覆盖了所有的投资者群体。

2007年9月，15 500亿元特别国债获批通过，其中2 000亿元国债通过银行间债券市场向公众发行，这一举措不仅为国有资产的管理和重组奠定了基础，而且极大增加了公开市场业务所能利用的合规工具。2007年10月，第一只公司债面世交易所市场。2008年4月，中期票据问世，它吸取了短期融资券的经验，实行注册制，丰富了企业债券品种的期限，期限一般是1~10年。2009年4月，由财政部代发的第一只地方政府债问世，填补了中国地方公债的空白。2009年11月，中国第一只中小非金融企业集合票据正式发行，集合票据仍采用注册制，在银行间债券市场公开发行，这一集合债务工具进一步丰富了企业债券品种。截至2010年年底，中国债券市场债券托管余额达20.4万亿元，跃居世界第5、亚洲第2。此后5年，债券市场快速发展，2010~2015年，债券托管余额翻了一倍，截至2015年10月，债券余额已经超44万亿元，仅次于美国和日本，位列世界第3。2017年6月，财政部开展了国债随到随买操作，进一步提升了国债市场的流动性。银行间债券市场承载着中国金融开放的市场功能。2017年7月，香港"债券通"和"北向通"的启动推动银行间债券市场与国际制度接轨，促进中国金融系统进一步对外开放。2018年年初，彭博宣布将人民币计价的中国国债和政策性银行债券纳入彭博巴克莱全球综合指数。2018年10月，中国人民银行发布消息，在银行间债券市场正式推出三方回购交易。随着中国经济的发展，银行间债券市场已达到较高的开放程度。

"327"国债风波

1995年2月23日，上海证券交易所发生了震惊中外的"327"国债风波，当事人之一的时任万国证券副总裁的管金生由此身陷牢狱，另一当事人尉文渊被免去上海证券交易所总经理职务，国债期货交易被叫停，该事件被称为"中国的巴林银行事件"。

1992年12月18日，上海证券交易所率先向证券商自营推出了国债期货交易。但由于国债期货不对公众开放，交投极其清淡，并未引起投资者的兴趣。1993年10月25日，上海证券交易所国债期货交易向社会公众开放。与此同时，北京商品交易所在期货交易所中率先推出国债期货交易。1994年至1995年春节前，国债期货飞速发展，全国开设的国债期货的交易场所从2家陡然增加到14家（包括2个证券交易所、2个证券交易中心以及10个商品交易所）。由于股票市场的低迷以及钢材、煤炭和食糖等大宗商品期货品种相继被暂停，大量资金云集国债期货市场尤其是上海证券交易所。1994年，全国国债期货市场总成交量达2.8万亿元。

327国债是指1992年发行的三年期国债92（三），面值100元，1995年6月到期兑付。因为1992~1994年中国面临高通货膨胀压力，银行储蓄存款利率不断调高，国家为了保证国债的顺利发行，对已经发行的国债实行保值贴补。保值贴补率由财政部根据通货膨胀指数每月公布，因此，对通货膨胀率及保值贴补率的不同预期，成了327国债期货品种的主要多空分歧。以上海万国证券为首的机构在327国债期货上做空，而以中经开（当时隶属于财政部的投资公司）为首的机构在此国债期货品种上做多。

当时虽然市场传言财政部将对327国债进行贴息，但管金生表示不信。当然，管金生的分析不无道理：当时国家财政力量极其空虚，不太可能拿出这么大一笔钱来补贴327国债利率与市场利率的差额，而且当时通货膨胀局势已经得到初步控制。另外，由于长期身处证券市场，管金生对市场传闻的不相信是一种与生俱来的感觉。于是管金生出手，联合辽宁国发集团（简称辽国发）等一批机构在327国债期货合约上做空。

1995年2月23日，传言得到证实，财政部确实要对327国债进行贴息，即按照9.5%的票面利率加上保值贴息后的148.5元兑付。但是，此时的管金生和他的盟友已经在327国债期货上重仓持有空单180万口（按照上海证券交易所的规定，国债期货交易1口为2万元面值的国债）。据说，当时管金生曾经要求上海证券交易所总经理尉文渊为万国证券的持仓多开敞口，但遭到尉文渊的拒绝。但尉文渊不知道的是，管金生此时已经在327国债期货上超过交易所规定持仓量（70万口）很多。

面对以中经开为首的机构借利好杀将过来，本来管金生还能勉强稳住阵脚，但此时万国证券的重要盟友辽国发突然翻空为多，联盟阵营的瓦解让空方始料不及，管金生面对巨额亏损，决定放手一搏。于是，下午4:22（4:30交易结束），管金生开始出手，短短的8分钟之内，万国证券抛出大量的卖单，最后一笔730万口的卖单让市场目瞪口呆（730万口的卖单为1460亿元，而当时327国债总量共有240亿元）。在最后8分钟内，万国证券共抛空327国债1056万口（共计2112亿元的国债），接近327国债实际发行规模的5倍。327国债期货收盘时价格被打到147.40元。当日开仓的多头全线爆仓，万国证券由巨额亏损转为巨额盈利。但成交量的迅速增长存在的明显问题，万国证券所抛售空单的保证金根本就不存在，是完全的透支交易，但反映在期货价格上却成为当天的收盘价。

当晚，327国债期货收盘价147.40元被宣布无效，管金生入狱，尉文渊落马，国债期货市场关闭。至此，"327"国债风波成为债券交易的笑柄。

根据中央银行的数据，2019年1~5月，银行间债券市场现券成交量为64.8万亿元，日均交易各券种现券400余只，日均交易量超过3.6万亿元。截至2017年，银行间债券市场机构投资者数量达到3681家。当前中国的银行间债券市场包括各类金融机构和非金融机构投资者，形成了以金融机构为主体、其他机构投资者共同参与的多元化格局。

9.4 债券定价

投资者在购买债券时，不能简单地根据债券的票面价格来决定是否购买，而是要确定债券的内在价值，进而分析现在的交易价格是否具有投资价值。

9.4.1 债券价值

现金流贴现法（cash flow discount method）作为金融资产定价最基本的方法，表明资产的内在价值取决于该资产预期未来现金流的贴现价值。通过对比资产的内在价值与市场价格，可以判定该资产是被高估或是被低估，从而有助于投资者做出正确的投资决策。在一个有效的债券市场中，大量投资者的交易行为会使债券的市场价格与其内在价值基本相等。

1. 零息债券价值

零息债券（zero-coupon bond）以低于债券面值的方式发行，持有期内不支付利息，到期按债券面值偿还。因此，债券发行价格与面值之间的差额就是投资者的利息收入。由于面值是零息债券未来唯一的现金流，所以，这种债券的内在价值为

$$V = \frac{M}{(1+y)^T} \tag{9-3}$$

式中，V 为债券的内在价值；M 为债券面值；y 为市场利率，即该债券的到期收益率，也就是未来现金流的贴现率；T 为到期时间，或债券距离到期日的时间。

例如，某零息债券面值为 1 000 元，期限为 10 年，市场利率为 6%，则该债券的内在价值为

$$V = \frac{M}{(1+y)^T} = \frac{1\,000}{(1+6\%)^{10}} = 558.39(元)$$

2. 附息债券价值

附息债券（coupon bond）在到期日之前定期向债券持有人支付固定金额的利息（息票利息），到期时再偿还事先规定的最终金额（债券面值）。所以，投资者未来的现金流包括两部分，即本金和利息。这种债券的内在价值为

$$V = \frac{c}{1+y} + \frac{c}{(1+y)^2} + \frac{c}{(1+y)^3} + \cdots + \frac{c}{(1+y)^T} + \frac{A}{(1+y)^T} \tag{9-4}$$

式中，V 为债券的内在价值；c 为固定支付的利息；y 为市场利率，即该债券的到期收益率，也就是未来现金流的贴现率；A 为债券面值；T 为到期时间，或债券距离到期日的时间。

例如，某附息债券面值为 1 000 元，期限为 3 年，息票利率为 9%，市场利率为 6%，利息每年支付一次，则该债券的内在价值为

$$V = \frac{90}{1+6\%} + \frac{90}{(1+6\%)^2} + \frac{90}{(1+6\%)^3} + \frac{1\,000}{(1+6\%)^3} = 1\,080.19(元)$$

9.4.2 债券定价模型

1. 折现率定价模型

折现率定价法的理论模型如下

$$p = c_1 \times d(1) + c_2 \times d(2) + \cdots + c_t \times d(t) \tag{9-5}$$

式中，c_t 为债券在 t 期的现金流；$d(t)$ 为 t 期折现率。

从式（9-5）中可以看出，折现率定价法首先要知道折现率的数值。折现率的计算方法有很多，下面介绍其中一种方法。假设市场上存在 n 种债券，各债券的期限都为 n 期，并且现金流支付的日期相同。给定各债券的即期价格和未来现金流，就可以通过下述方程组确定折现率

$$\begin{cases} p_1 = c_{11} \times d(1) + c_{12} \times d(2) + \cdots + c_{1n} \times d(n) \\ p_2 = c_{21} \times d(1) + c_{22} \times d(2) + \cdots + c_{2n} \times d(n) \\ \cdots \\ p_n = c_{n1} \times d(1) + c_{n2} \times d(2) + \cdots + c_{nn} \times d(n) \end{cases} \tag{9-6}$$

式中，p_i 为第 i 种债券的基期价格；c_{ij} 为第 i 种债券在 j 期的现金流。

当系数矩阵

$$\begin{pmatrix} c_{11} & c_{12} & \cdots & c_{1n} \\ c_{21} & c_{22} & \cdots & c_{2n} \\ \vdots & \vdots & \cdots & \vdots \\ c_{n1} & c_{n2} & \cdots & c_{nn} \end{pmatrix}$$

是非奇异矩阵或满秩矩阵时，上述方程组存在唯一解 $d(1)$，$d(2)$，…，$d(n)$，即各期折现率。确定折现率之后，就可以计算债券的价格。

例如,市场中的折现率第1年为0.95,第2年为0.9,第3年为0.85,第4年为0.8,试计算面值为100元、票面利率为4%的4年期还本付息国债的价格。该国债各年年末的现金流为,第1年、第2年和第3年年末各支付利息4元,第4年支付利息4元和本金100元,则该债券现在的价格为

$$4 \times 0.95 + 4 \times 0.9 + 4 \times 0.85 + 104 \times 0.8 = 94(元)$$

2. 即期利率和远期利率定价模型

即期利率是在某一给定时点上零息债券的到期收益率,人们经常听说的1年期存款利率和3年期存款利率都是即期利率的具体形式。即期利率与折现率的关系如下

$$d(t) = \frac{1}{(1+R_t)^t} \tag{9-7}$$

式中,$d(t)$ 为 t 期折现率;R_t 为 t 期的即期利率。

根据折现率定价模型,可推导出即期利率的定价模型为

$$p = \frac{c_1}{1+R_1} + \frac{c_2}{(1+R_2)^2} + \cdots + \frac{c_t}{(1+R_t)^t} \tag{9-8}$$

式中,c_1 为第1年年末支付的利息;c_2 为第2年年末支付的利息;c_t 为第 t 年年末支付的利息与本金之和;R_1 为第1年即期利率;R_2 为第2年即期利率;R_t 为第 t 年即期利率。

例如,已知市场中的即期利率第1年为2%,第2年为2.5%,第3年为3%,试计算面值为100元、票面利率为3%的3年期还本付息国债的价格。该国债各年年末的现金流为,第1年和第2年年末各支付利息3元,第3年支付利息3元和本金100元,则该债券现在的价格为

$$\frac{3}{1+2\%} + \frac{3}{(1+2.5\%)^2} + \frac{103}{(1+3\%)^3} = 100.06(元)$$

远期利率是借贷双方约定在 t 期支付的 $t+n$ 的即期利率。例如,双方规定一年后以8%的利率贷款100万元,此处的8%就是一年后的2年期即期利率,或现在的远期利率。远期利率与即期利率的关系如下

$$(1+R_{t-n})^{t-n}(1+r_{t-n,t})^n = (1+R_t)^t \tag{9-9}$$

或者

$$(1+r_{0,1})(1+r_{1,2})\cdots(1+r_{t-1,t}) = (1+R_t)^t \tag{9-10}$$

式中,R_t 为 t 期的即期利率;$r_{t-n,t}$ 为 $t-n$ 年后的 n 年期即期利率或现在的远期利率。

根据即期利率定价模型,可以推导出远期利率的定价模型为

$$p = \frac{c_1}{1+r_{0,1}} + \frac{c_2}{(1+r_{0,1})(1+r_{1,2})} + \cdots + \frac{c_t}{(1+r_{0,1})(1+r_{1,2})\cdots(1+r_{t-1,t})} \tag{9-11}$$

3. 到期收益率定价模型

到期收益率是使债券现金流的现值等于市场价格的折现率。到期收益率的定价模型可表示为

$$p = \frac{c_1}{1+r} + \frac{c_2}{(1+r)^2} + \cdots + \frac{c_t}{(1+r)^t} \tag{9-12}$$

式中,c_1 为第1年年末支付的利息;c_2 为第2年年末支付的利息;c_t 为第 t 年年末支付的利息与本金之和;r 为到期收益率。

因此,只要确定到期收益率就可以简单地获得债券的价格。通常情况下,利用市场中相似债券的价格和期限数据,运用式(9-12)可以获得到期收益率,然后就可以利用到期收益率对目标债券进行定价。

例如，已知某投资者的期望到期收益率为4%，试计算该投资者愿意为面值为100元、票面利率为3%的3年期还本付息国债支付的价格。该国债各年年末的现金流为，第1年和第2年年末各支付利息3元，第3年支付利息3元和本金100元，则投资者愿意支付的价格为

$$p = \frac{3}{1+4\%} + \frac{3}{(1+4\%)^2} + \frac{103}{(1+4\%)^3} = 97.22(元)$$

9.5 利率风险

决定债券价格利率风险大小的因素主要包括偿还期和息票利率，因此需要找到某种简单的方法，以准确直观地反映出债券价格的利率风险程度。

9.5.1 债券久期

经过长期研究，人们提出了久期的概念，考虑了所有影响利率风险的因素。这一概念最早是由经济学家麦考利（F. R. Macaulay）于1938年提出的。他在研究债券价格与利率之间的关系时发现，到期期限（或剩余期限）并不是影响利率风险的唯一因素，事实上，票面利率、利息支付方式和市场利率等因素都会影响利率风险。基于这样的考虑，麦考利提出了一个综合以上四种因素的利率风险衡量指标，并称之为久期。

久期（duration）用来衡量债券或债券组合的单位价格相对于利率的变化，是分析债券利率风险的常用指标。久期用D表示。久期越短，债券对利率的敏感性越低，风险就越低；反之，久期越长，债券对利率的敏感性越高，风险就越高。

债券定价模型中最重要的因素是利率，因此债券的价格可以表示为利率的函数$P(r)$。一般而言，债券价格是利率的减函数，即$dP(r)/dr < 0$。久期的数学表达式是

$$D = -\frac{1}{P} \times \frac{dP}{dr} \tag{9-13}$$

式中，r为利率；P为债券价格。

因为$dP(r)/dr < 0$，所以$D > 0$。一般而言，D值越大，即久期越长，债券价格的利率风险就越大。

如果单一债券的久期为D_i，n个债券组合的久期为D，则组合久期与单一债券久期之间的关系如下

$$D = \sum_{i=1}^{n} \frac{P_i}{P} \times D_i \tag{9-14}$$

式中，P为债券组合的价格；P_i为组合中第i个债券的价格。

例如，通过表9-3，我们可以得到不同债券的久期。由于$P(6.65\%) = 107.96$，$P(6.79\%) = 107.27$，利率变动幅度为0.14%，则债券在利率6.65%处的久期为

$$D = -\frac{1}{107.96} \times \frac{107.27 - 107.96}{6.79\% - 6.65\%} = 4.57$$

同理，计算另外两种债券的久期，结果如表9-3。

表9-3 计算久期的示例

10年期利率	价格（美元）	价格变动（美元）	久期
6.65%	107.96		
6.79%	107.27	0.69	4.57
10.85%	82.01		
10.99%	81.2	0.81	7.05
14.20%	64.82		
14.33%	64.25	0.57	6.76

资料来源：塔克曼，塞拉特. 固定收益证券（原书第3版）[M]. 范龙振，等译. 北京：机械工业出版社，2014.

中第四栏所示。

麦考利久期（Macaulay duration）与**修正久期**（modified duration） 假设存在一种债券，其存续期限为 T 年，并且每年支付一次利息 c，且 c 不受利率变动的影响。假设长短期利率相等，且一年期即期利率为 r，则债券的价格为

$$P = \frac{c}{1+r} + \frac{c}{(1+r)^2} + \cdots + \frac{c}{(1+r)^T} \tag{9-15}$$

或者

$$P = \sum_{t=1}^{T} c \times (1+r)^{-t} \tag{9-16}$$

根据久期的公式，可以得到这种债券的久期为

$$D_{mod} = -\frac{1}{P} \times \frac{\mathrm{d}P}{\mathrm{d}r} = \frac{\sum_{t=1}^{T} c \times t \times (1+r)^{-t-1}}{P} = \frac{1}{1+r} \times 麦考利久期 \tag{9-17}$$

这类久期也称为修正久期 D_{mod}，修正久期是在考虑了收益率的基础上对麦考利久期的修正。麦考利久期经济含义直观，表示债券或债券组合的平均还款期限，它是每次支付现金所用时间的加权平均值，权重为每次支付的现金流的现值占现金流现值总和的比率，麦考利久期的公式为

$$D_{mac} = \sum_{t=1}^{T} t \times \frac{c \times (1+r)^{-t}}{P} \tag{9-18}$$

修正久期可以近似地解释为债券价格相对于利率的弹性，它在麦考利久期的基础上考虑了久期的时间价值，它是对麦考利久期的动态修正。

利率期限结构

人们在实践中能够发现不同期限的即期利率不同。一般来说，1 年期即期利率小于 2 年期即期利率，2 年期即期利率小于 3 年期即期利率。有时，1 年期即期利率也可能大于 2 年期即期利率，如图 9-2 所示。

这就是利率期限结构。传统的利率期限结构理论主要关注利率期限结构曲线的形状和形成的原因，这一阶段出现的理论包括无偏预期理论、流动性偏好理论和市场分割理论。而现代理论是在布莱克-斯科尔斯期权定价公式出现后发展起来的，主要研究利率期限结构的数学模型，最早提出理论模型的是默顿，后来的研究人员在此基础上提出了很多改进的模型，其中比较著名的是 CIR 模型和 HJM 模型。

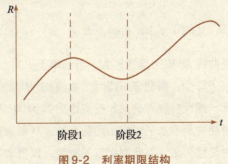

图 9-2 利率期限结构

9.5.2 债券凸性

久期本身会随着利率的变化而变化，所以它不能完全描述债券价格对利率变动的敏感性，1984 年，斯坦利·迪勒（Stanley Diller）引进凸性的概念。久期描述了价格-收益率曲线的斜率，而凸性描述了曲线的弯曲程度。凸性是债券价格对收益率的二阶导数。

凸性（convexity）主要用来衡量价格敏感系数（即 $\mathrm{d}P(r)/\mathrm{d}r$）对利率变动的敏感度，数学表达式为

$$C_i = \frac{1}{P_i} \times \frac{\mathrm{d}^2 P_i}{\mathrm{d}r^2} \tag{9-19}$$

与久期的推导方式相同，可以推导出债券组合的凸性表达式为

$$C = \sum_{i=1}^{n} \frac{P_i}{P} C_i \tag{9-20}$$

式中，C_i 为第 i 种债券的凸性；P_i 为第 i 种债券的价格；C 为债券组合的凸性；P 为债券组合的价格。

凸性的引入可以使投资者更加精确地知道利率变化对债券价格的影响程度，提高敏感性度量的准确性，从而更加精确地度量和管理债券价格的利率风险。运用凸性进行资产选择的方式可以用图9-3表示。

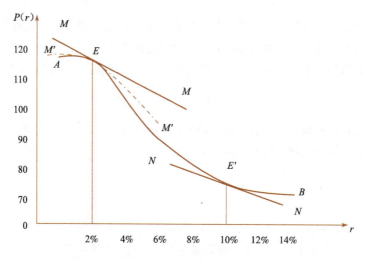

图9-3 债券价格-收益率曲线之凸性分析

从图9-3中可以看出在 E 点处，曲线 $M'M'$ 与 AB 的斜率相同，即久期 $D = -\frac{1}{P} \times \frac{\mathrm{d}P}{\mathrm{d}r}$ 相同，但是曲线 $M'M'$ 的凸性较大。当利率上升时，曲线 $M'M'$ 所对应的债券价格比曲线 AB 对应的债券价格下降少；当利率下降时，曲线 $M'M'$ 所对应的债券价格比曲线 AB 对应的债券价格上升多。因此，理性投资者会选择投资虚曲线 $M'M'$ 所对应的债券。同理，对于同一条曲线上的债券，不同时期的利率水平对应不同的凸性，从而意味着不同的投资选择。例如，图中的 E 点和 E' 点。E 点的凸性为负，因此利率波动越大，投资者的风险就越大。而 E' 点的凸性为正，利率波动越大，投资者的收益越大。具体的利率波动导致的收益变化可用泰勒公式表示

$$P(r + \Delta r) \approx P(r) + \frac{\mathrm{d}P}{\mathrm{d}r} \times \Delta r + \frac{1}{2} \frac{\mathrm{d}^2 P}{\mathrm{d}r^2} (\Delta r)^2 \tag{9-21}$$

经过变形，式（9-21）可以改写为

$$\frac{P(r + \Delta r) - P(r)}{P(r)} \approx \frac{1}{P(r)} \times \frac{\mathrm{d}P}{\mathrm{d}r} \times \Delta r + \frac{1}{2} \times \frac{1}{P(r)} \times \frac{\mathrm{d}^2 P}{\mathrm{d}r^2} (\Delta r)^2 \tag{9-22}$$

如果代入凸性 C 和久期 D 的表达式，则上述公式变为

$$V \approx -D \times \Delta r + \frac{1}{2} \times C \times (\Delta r)^2 \tag{9-23}$$

式中，V 是价格变化率。

从式（9-23）中可以看出，久期 D 越大，利率变动对债券的收益影响越大。凸性则不同，当凸性 C 为正时，利率的变动只会增加债券的收益，利率波动越大，对债券收益的正影响越大；当凸性为负时，利率波动对债券收益的影响恰好相反。因此，投资者在投资债券时应该尽量选择凸性为正的债券。

例如，通过表 9-4 可知，只要得到某一债券在某一利率区间内的微小变动所导致的债券价格变动，如利率在 6.6% 至 7% 之间波动，从而导致债券价格小幅波动，如债券价格在 105 至 108 之间波动，就可近似计算出价格关于利率的一阶导数和二阶导数，从而得到某一利率的凸性。

表 9-4 凸性的计算示例

10 年期利率	价格	一阶导数	二阶导数	凸性
6.65%	107.96			
6.79%	107.27	−492.86		
6.94%	106.5	−513.33	−13 650.79	−128.18
10.85%	82.01	−626.34	−2 890.27	−35.24
10.99%	81.2	−578.57	34 122.34	420.23
11.13%	80.4	−571.43	5 102.04	63.46
14.20%	64.82	−507.49	2 082.63	32.13
14.33%	64.25	−438.46	53 100.24	826.46
14.46%	63.7	−423.08	11 834.32	185.78

资料来源：塔克曼. 固定收益证券 [M]. 范龙振，等译. 北京：机械工业出版社，2014.

美国长期资本管理公司的兴衰

总部设在离纽约市不远的格林尼治的美国长期资本管理公司（LTCM），是一家主要从事定息债务工具套利活动的对冲基金。该基金创立于 1994 年，主要活跃于国际债券和外汇市场，利用私人客户的巨额投资和金融机构的大量贷款，专门从事金融市场炒作，与量子基金、老虎基金、欧米伽基金一起被称为国际四大"对冲基金"。LTCM 掌门人约翰·梅里韦瑟（John Meriwether），这位被誉为能"点石成金"的华尔街债券套利之父，聚集了一批华尔街证券交易的精英，包括 1997 年诺贝尔经济学奖获得者默顿和斯科尔斯、财政部前副部长及美联储副主席马林斯（David Mullins）与前所罗门兄弟债券交易部主管罗森菲尔德（Rosenfeld），被称为"梦幻组合"。1994~1997 年，LTCM 的业绩辉煌而诱人，从成立初期的 12.5 亿美元资产净值迅速上升到 1997 年 12 月的 48 亿美元，每年的投资回报率分别为 28.5%、42.8%、40.8% 和 17%，1997 年更是以 1994 年投资 1 美元获得 2.82 美元红利的高回报率让 LTCM 身价倍增。

然而，俄罗斯债务危机引发了 1998 年的全球金融动荡，LTCM 所估空的德国债券价格上涨，做多的意大利债券等价格下跌，出现了双向亏损。LTCM 的电脑自动投资系统面对这种原本忽略不计的小概率事件，错误地不断放大金融衍生产品的运作规模。LTCM 利用 22 亿美元作为资本抵押，买入价值 3 250 亿美元的证券，杠杆率高达 60 倍。从 5 月俄罗斯金融风暴到 9 月全面溃败，短短的 150 天，LTCM 的资产净值下降 90%，出现 43 亿美元巨额亏损，仅余 5 亿美元。9 月 23 日，美联储出面组织安排，以美林、摩根士丹利为首的 15 家国际性金融机构注资 37.25 亿美元购买了 LTCM 90% 的股权，共同接管了该公司，从而使 LTCM 避免了倒闭的厄运。

资料来源：吴晓求，等. 证券投资学 [M]. 北京：中国人民大学出版社，2009.

本章小结

本章对债券市场进行了比较全面的介绍，内容涵盖债券市场的基础知识、债券定价以及利率风险等。

1. 债券是一种金融契约，是政府、金融机构或工商企业等直接向社会借债筹措资金时，向投资者发行的承诺按一定利率支付利息并按约定条件偿还本金的债权债务凭证。

2. 债券的基本要素包括票面价值、票面利率、到期期限和发行者名称。依据发行主体、付息方式和形态的不同，债券可分为不同的种类。债券市场的基本投资工具主要有政府债券、公司债券和金融债券等。

3. 对于债券收益率的计算，一般考虑到期收益率和持有期收益率。

4. 债券的发行市场也称一级市场，是发行单位初次出售新债券的市场。不同主体发行债券的目的是不同的。债券信用评级是按一定的评分标准对债券还本付息的可靠性做出公正、客观的评价。债券评级的目的是把该债券的信用程度以评定的信用等级的形式公之于众，让投资者了解各种债券的风险程度，然后由投资者自己选择是否投资该债券。

5. 债券的流通市场也称二级市场。债券交易市场是为已经公开发行的债券提供流通转让机会的市场，通常分为证券交易所市场和场外交易市场。

6. 债券定价通常采用现金流贴现法，债券定价有三种基本模型，即折现率定价模型、即期利率和远期利率定价模型以及到期收益率定价模型。

7. 久期是衡量债券或债券组合的单位价格相对于利率的变化，是分析债券利率风险的常用指标。凸性主要用来衡量价格敏感系数，即 $dP(r)/dr$ 对利率变动的敏感度。

习 题

一、名词解释

1. 到期收益率　　　　2. 凸性　　　　　　3. 远期利率
4. 金融债券　　　　　5. 垃圾债券　　　　6. 信用评级
7. 久期　　　　　　　8. 持有期收益率

二、简答题

1. 简述债券的特征。
2. 简述溢价发行和折价发行的异同。
3. 简述证券交易所的组织形式。
4. 简述债券评级方法中的5C要素分析法。
5. 简述影响债券价格的因素。
6. 3个月期国库券、政府长期债券和Baa级公司债的利率之间存在哪种基本关系？
7. 简述债券的风险。

本章思维导图

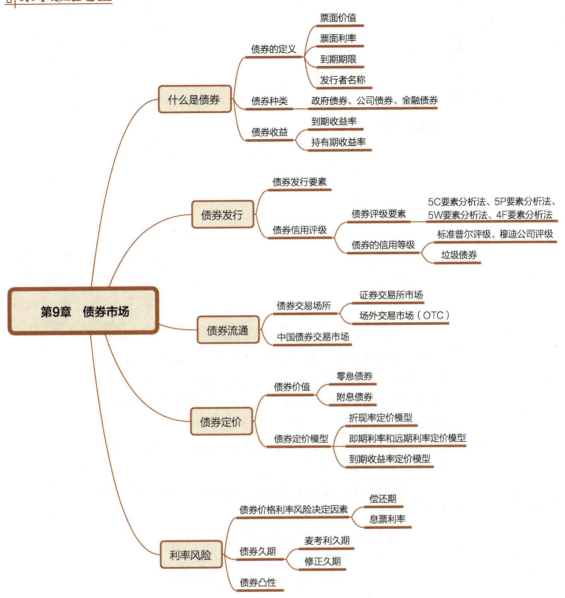

第 10 章

股票市场

股票是金融市场中最重要的投资工具之一。股票市场是股票发行和流通的场所，在整个金融市场占据举足轻重的地位。

10.1 什么是股票。介绍股权投资、股票市场以及股票市场的形成过程。

10.2 股票发行。从股票发行的目的、方式、承销以及股票上市等方面进行详细介绍。

10.3 股票流通。对证券交易所、场外交易市场、第三市场和第四市场等股票流通市场进行介绍。

10.4 股票定价。主要介绍股利贴现模型和市盈率模型这两类估值模型，为投资者提供合理的投资决策依据。

10.5 股票价格指数。介绍股票价格指数的计算方法以及几种常见的股价指数。

当投资者手中拥有盈余资本，希望通过投资活动获得财富增值时，股票投资是除债券以外另外一种重要的投资选择。股票不像债券那样对投资者承诺确定的投资回报，它只承诺在公司盈利时给予投资者分享收益的权利。股票也不像货币市场工具那样融资期限在一年及一年以下，它是一种长期（通常一年以上）的资金融通手段。

10.1 什么是股票

股票（shares）是股份公司在筹集资金时向出资人发行的，表示出资人按其出资比例享有权益和承担义务的可转让凭证，出资人被称为股东。因为股票是一种权益工具，所以股票市场也被称为权益市场。股票市场就是股票发行和流通的场所，可以分为发行的一级市场和流通的二级市场。

10.1.1 股权投资

随着经济的发展，人们持有的财富越来越多，股票投资逐渐成为愿意承担风险的投资者的理财选择。同时，越来越多的公司愿意通过发行股票的方式筹措资金。当然，股票投资不像债券投资那样在投资之初未来的现金流就是确定的，股票投资未来的收益具有明显的不确定性，因此被称为风险投资。

假如小王是一个潜在投资者。现在，她既可以选择在债券市场上购买 A 公司的债券，也可以在股票市场上购买 A 公司的股票（A 公司在证券市场上既发行了企业债券，也发行了股票）。如果小王选择投资 A 公司的债券，那么不管 A 公司是否盈利，在付息日她都将获得固定利息收入，并在到期日收回本金，面临的风险较小。但是，如果小王选择购买 A 公司的股票，那么她只能在公司盈利的情况下获得股息收入，且股息的数量并不确定。当然如果小王愿意，她也可以选择将 A 公司的股票在股票市场上卖给他人，但她永远无权要求 A 公司偿还她的本金，因此将面临较大的风险。

显然，投资股票所获得的收益来自从该公司分得的股息，或者在股票市场上买卖股票赚取的差价。股票的市场价格波动一般比较剧烈，对愿意冒险的投资者来讲也更加具有吸引力。由于股票的收益受该股份公司业绩和股票市场价格变动等因素的影响，因此小王投资股票能够获得的收益存在不确定性，即小王必须面对投资风险。当然，小王若投资 A 公司的股票，就理所当然地成为该公司的股东，她将有权出席 A 公司的股东大会，并按照持有股份的数量参与 A 公司重大事项的决策。总之，在 A 公司的股票存续期间，股票反映了小王与公司之间比较稳定的经济关系，是一种无期限的收益凭证。

1. 普通股股票

普通股股票（common stock）是最重要的股票形式之一，和其他产权一样，普通股代表股票持有者对发行公司剩余资产的索取权和盈利的分配权。股票持有者可在公司盈利时分享利润，或在公司清算时分享公司（偿还所有负债后）资产的市场价值。如果一家股份公司破产清算，那么它的现有资产首先用来偿付公司的负债，接着按持股比例支付给优先股股东，如果还有剩余，则按照比例分配给普通股股东。当然，通过持有股票，投资者要承担公司所有权的全部风险。不过，股票持有者所承担的风险是有限的，股东持有股票所承担的风险上限是其所投资的全部资本。

一般来说，普通股都标有面值。普通股的面值即票面价值，通常会低于股票的市场价格。实际上，一些股票在发行时根本就不标明面值。面值代表公司所发行股份的每股的价值。普通股股东在买入股票时就被授予了一定的权利。股票持有者被允许参与股东大会，并按照持股比例表达自己的意愿，比如选举董事会成员等。普通股股东还拥有一项优先购买权，即为了维持股东的初始投资比例不变，准许当前普通股股东优先购买公司新发行的股票、可转换股票或优先股。例如，一个股东持有已发行股票 5% 的份额，那么在公司增发 1 000 股股票时，该股东有权优先购买 50 股新股，以使其持股比例继续维持在 5% 不变。

普通股股东还对影响公司财产的事项，如兼并、清算或增发股份等拥有表决权。

2. 优先股股票

优先股股票（preferred stock）是公司的一种股份权益形式。持有这种股份的股东优先于普通股股东享受收益分配，通常为固定股利。优先股股票收益不受公司经营业绩的影响，其主要特征有享受固定收益、优先获得分配、优先获得公司剩余财产的清偿、无表决权。除了这些本质特征外，发行人为了吸引投资者或保护普通股股东的权益，对优先股附加了很多定义，如可转换概念、优先概念和累计红利概念等。

优先股的地位界于债权与股权之间。与债权类似的是，优先股也标明了固定的股息比率，并且优先股股东早于普通股股东享有对公司资产和盈利的要求权。但是，债券持有者及其他债权人必须先于优先股和普通股股东享有对公司资产和盈利的要求权。与债权人不同，优先股股东不能对无法分配股利的公司执行破产程序。不过，优先股是公司股权资本的一部分，能增加公司的企业价值，使公司未来能够发行更多的债券。另外，优先股是一种比债券更为灵活的筹资形式，因为公司可在无利润的情况下不分发优先股股利，而且大多数优先股（有期限的优先股除外）没有到期日，但债券必须到期还本付息。

一般来说，优先股股东没有表决权，除非该公司在规定时期内不能发放股利。许多公司章程常常规定，如果公司在满一年时间里不能派发红利，则优先股股东有权推举公司董事会成员。

按照优先权在具体权利上的不同，优先股可以分为累计优先股和非累计优先股、参与优先股和非参与优先股、可转换优先股和不可转换优先股以及可赎回优先股和不可赎回优先股等。此外，优先股股票还可以按照是否记载股东姓名、有无面值以及是否对股份有限公司的经营管理享有表决权分为记名股票和无记名股票、有面值股票和无面值股票以及有表决权股票和无表决权股票。

中国的股票类型

A股（人民币普通股票）：由中国境内的公司在境内发行，供国内机构、组织或个人（不含香港、澳门、台湾地区的投资者）以人民币认购，并在境内证券交易所上市交易的记名式普通股股票。

B股（人民币特种股票）：由中国境内的公司在境内发行，专门供外国和中国香港、澳门、台湾地区的投资者以外币（上海B股用美元标价，深圳B股用港币标价）认购和交易，以人民币标明股票面值，并在境内证券交易所上市交易的股票（2001年2月，B股市场已经对中国境内投资者开放）。

N股：由中国境内的公司发行，在美国证券交易市场上市的外资股。

H股：中国境内的公司在香港上市，并以港元标价的股票。H股股票有蓝筹股、红筹股和中国概念股之分。其中，蓝筹股是指恒生指数成分股，这类股票的特性是具有行业代表性、流通量高、公司财务状况良好、盈利稳定及派息固定。红筹股这一概念诞生于20世纪90年代初期的香港证券市场，香港和国际投资者把在境外注册、在香港上市的那些带有中国内地概念的股票称为红筹股，即红筹股不属于外资股。中国概念股包括红筹股以及在内地投资比例较大的香港本地公司发行的股票。需要注意的是，蓝筹股、红筹股和中国概念股并不构成股票的一个种类，而是市场人士根据不同的特点对上市股票做的一种非正式分类。

S股：由主要开展生产或者经营等核心业务和注册地在境内的公司发行，但在新加坡交易所上市挂牌的股票。

---

3. 股票的价值

股票作为公司发行的一种权益资本凭证，属于虚拟资本的一种形式，本身并没有价值。但是，股票之所以有价值，是因为股票的持有人（股东）可以凭借其持有的股票获得收益。单位数量的股票能够使其持有人获得的经济利益越大，股票的价值（value of shares）就越高。

中国农业银行IPO

2010年7月15日，中国农业银行完成了A股和H股的同步发行上市，共募集资金221亿美元。中国农业银行此次公开发行A股22 235 294 000股，每股面值为1.00元，每股发行价格为2.68元，募集资金总额约为595.91亿元，发行前每股净资产为1.43元，发行后每股净资产为1.52元。2010年12月31日，中国农业银行股票市场价格为2.68元。

资料来源：中国农业银行官方网站，http://query.abchina.com/search/cn.jsp。

假设 A 公司是一家总股本为 1 亿元的上市公司。A 公司可以给股东印制一张股票，股票上印有"××先生，在我公司投入资金 1000 万元，占有公司 10% 的股份，特此证明"字样，即一张无面值股票。该公司也可以印制一批标有金额的股票，如在股票上标明 1 元/股。若王女士购买了公司 1000 万股股票（即 10% 的股份），那么，A 公司就会发给王女士 1000 万张面值为 1 元的股票，来证明其股权。由于 A 公司总股本为 1 亿元，则一张面值为 1 元的股票表示占有公司 1/100 000 000 的股份，这种在所发行的股票上标明的金额就是股票的面值。

每股净资产就是股票的净值，又称账面价值，是用会计统计方法计算出的每股股票所包含的资产净值。在股票发行数量一定的情况下，公司的账面价值越高，股东拥有的资产就越多。股票的净值计算公式为

$$每股净值 = 净资产/总股本$$

一个十分重要的事实就是，公司发行前后股票的净值相差较大。

A 公司在上市前，发起人共同出资 1 亿元，分成 1 亿股，每股面值 1 元，上市时公开发行 2000 万股，发行价为 5 元，则发行股票前后每股净值的变化为

公司上市前，每股净值 = 1 亿元/1 亿股 = 1 元/股

公司上市后，每股净值 = (1 亿股×1 元 + 2000 万股×5 元)/1.2 亿股 = 1.67 元/股

当然，公司在股票发行上市时出于自身利益等方面的考虑和确保股票发行上市成功，一般并不按股票的面值发行股票，而是制定一个较为合理的价格来发行，既能够得到市场投资者的认可，保证发行成功，又能尽量募集更多的资金，这个价格就是股票的发行价。

一般股票有三种价格发行方式：发行价若与股票面值相同，称为**平价发行**（issued at par）；高于面值则称为**溢价发行**（issued at premium）；低于面值则称为**折价发行**（issued at a discount）。大多数国家不允许股票折价发行，《中华人民共和国公司法》（以下简称《公司法》）也有规定："股票发行价格可以按票面金额发行，也可以超过票面金额"，即中国股票也不可以折价发行。

股票的市价就是股票在交易过程中交易双方达成的成交价，通常股票价格就是指市价。股票的市价直接反映股票市场的行情，是投资者买卖股票的依据。

此外，还存在一个股票的清算价格。股票的清算价格是指当股份公司破产或倒闭后进行清算时，每股股票所代表的实际价值。清算价格只是在股份公司因破产或其他原因丧失法人资格而进行清算时，才被视为确定股票价格的依据，在股票的发行和流通过程中没有意义。

10.1.2 股票市场

在美国流行这么一句话："如果要认识资本市场的分量，可以从华尔街跳动的数字和喧嚣的声音中去感受，但如果想了解资本市场的历史，还是要从荷兰讲起。"

17 世纪，荷兰的航运业曾经盛极一时。大约在 1600 年，仅荷兰一个国家的商船数量就相当于英法两国商船数量的总和，因此荷兰被称为欧洲"马车夫"。1602 年，荷兰东印度公司成立，进一步扩大了荷兰与亚洲国家之间的贸易。荷兰的船队利用海运与亚洲国家进行香料和丝绸贸易，利润十分可观。但是，由于当时人们对海洋和气候还知之甚少，并且造船技术无法造出足够坚固的船只，当船只在海上航行数万公里时，那些出没无常的狂风巨浪会给远洋贸易带来无法回避的巨大风险。

航海带来的巨大利益是所有人都希望得到的，而获取利益所必须承担的巨大风险又是每一个人都希望回避的。此时，寻求一种既能够获得足够的利润，又能够把风险控制在一定程度的办法

就显得十分迫切了。于是，人们想到了让众多投资者共同参与投资，每一个人只需分担很小一部分风险，而不用独自承担所有的投资风险。股票市场不仅可以帮助投资者将储蓄转化为投资，而且具有可以分担投资风险的特点，这正好符合当时人们追求分散风险的心理。于是，股份制公司、股票以及股票市场就在人们分散投资风险的需求中诞生了。

股票市场的雏形可以追溯到17世纪。据文献记载，1602年，荷兰人开始在阿姆斯特尔河大桥上买卖东印度公司的股票，这是全世界第一只公开交易的股票，而阿姆斯特尔河大桥成了世界上最早的股票交易所。

股票市场（stock market）不仅是股票发行和买卖的场所，同时也是资金供需双方通过竞争决定股票价格的场所。股票市场存在的一个重要前提就是股票等有价证券的发行和流通。首先，通过股票的发行，大量资金进入股票市场，随后又流入发行股票的企业，为企业提供了发展所需的长期资本，与此同时提高了企业权益资本的比例，改善了企业的资本结构。其次，股票流通加快了资本的集中与积累。股票市场一方面为股票的流通转让提供了基本的场所，另一方面也可以通过财富增值的实现过程，刺激人们购买股票的欲望，为股票的发行提供保证。

根据不同的标准，可以对股票市场进行分类。

1. 发行市场（一级市场）和流通市场（二级市场）

这是根据市场的功能对股票市场所做的划分。所谓发行市场，就是通过发行股票进行筹资活动的市场，又称为**一级市场**（primary market）。它一方面为资本的需求者提供筹集资金的渠道，另一方面为资本的供应者提供投资的场所。发行市场是实现资本职能转化的场所，通过发行股票，把社会闲散资金转化为生产资本。流通市场就是对已发行的股票进行转让和交易的市场，又称为**二级市场**（secondary market）。流通市场一方面为股票持有者提供随时变现的机会，另一方面又为新的投资者提供投资机会。与发行市场的一次性行为不同，股票在流通市场上可以不断地进行交易。

发行市场是流通市场的基础和前提，流通市场又是发行市场得以存在和发展的条件，并显著地影响发行市场。发行市场的规模决定了流通市场的规模，影响着流通市场的股票交易价格。没有发行市场，流通市场就成为无源之水。因此，发行市场和流通市场是相互依存、互为补充的整体。

中国科创板市场

2018年11月5日，在首届中国国际进口博览会开幕式上，习近平主席正式宣布在上海证券交易所设立科创板，作为独立于现有主板市场的新设板块，并试点注册制。科创板的设立旨在为科技创新型中小企业提供早期的资金支持，优化"大众创业、万众创新"的金融环境，是资本市场支持供给侧结构性改革的重大举措。

发行人申请在科创板上市，市值及财务指标应当至少符合下列标准中的一项。

（1）预计市值不低于人民币10亿元，最近两年净利润均为正且累计净利润不低于人民币5 000万元；或者预计市值不低于人民币10亿元，最近一年净利润为正且营业收入不低于人民币1亿元。

（2）预计市值不低于人民币15亿元，最近一年营业收入不低于人民币2亿元，且最近三年累计研发投入占最近三年累计营业收入的比例不低于15%。

（3）预计市值不低于人民币 20 亿元，最近一年营业收入不低于人民币 3 亿元，且最近三年经营活动产生的现金流量净额累计不低于人民币 1 亿元。

（4）预计市值不低于人民币 30 亿元，且最近一年营业收入不低于人民币 3 亿元。

（5）预计市值不低于人民币 40 亿元，主要业务或产品需经国家有关部门批准，市场空间大，目前已取得阶段性成果。

2. 主板市场和二板市场

这是根据上市条件对股票市场进行的划分。**主板市场**（main board）就是传统意义上的股票市场，是一个国家或地区股票发行、上市及交易的主要场所，如纽约证券交易所（NYSE）和上海证券交易所。主板市场对发行人的营业期限、股本大小、盈利水平和最低市值等方面的要求较高，上市企业多为大型成熟企业，具有较大的资本规模以及稳定的盈利能力。**二板市场**（the second board）是与主板市场相对应的概念，又名创业板市场，有的国家也叫自动报价市场、自动柜台交易市场或高科技板证券市场等。它主要为具有高成长性的中小企业和高科技企业提供融资服务，其上市要求一般比主板市场宽松。与主板市场相比，二板市场具有前瞻性、高风险、监管要求严格和明显的高技术产业导向等特点。国际上成熟的证券市场与新兴市场大都设有这类股票市场，国际上最有名的二板市场是美国的纳斯达克市场，中国内地的二板市场就是深圳证券交易所设立的创业板市场。

3. 场内市场和场外市场

这是按组织形式对股票市场进行的划分。**场内市场**（floor trading market）即场内交易市场，又称证券交易所市场或集中交易市场，是证券交易所组织的集中交易市场，有固定的交易场所和交易活动时间。**场外市场**（OTC market），即除了交易所以外的市场，它们没有集中统一的交易制度和场所。场外市场主要有柜台交易市场、第三市场和第四市场等。

10.2 股票发行

股票发行（stock issuance）是指符合条件的发行人以筹资或实施股利分配为目的，按照法定的程序，向投资者或原股东发行股份或无偿提供股份的行为，即拟上市的公司通过中介机构间接向投资者出售新发行的股票，或公司直接向投资者出售新发行的股票，这种行为就叫股票发行。股票发行需要一套完整的程序，它是股票交易的前提。股票发行所形成的市场就叫股票发行市场，又被称为初级市场或一级市场。

10.2.1 股票发行市场

股票发行市场是股票市场的重要组成部分，也是整个股票市场的起点和股票交易的基础。它与股票流通市场相互依存，共同构成了完整的股票市场。

股票发行市场通常没有具体的市场形式和固定的场所，是一个无形的市场。股票的发行可以在投资银行、信托投资公司和证券公司等场所发生，也可以通过市场公开出售新股票。股票发行市场体现了股票从发行主体流向投资者的市场关系，通过一种纵向关系将发行人和投资者联系起来，而股票流通市场通过一种横向关系将股票的买卖双方联系起来。

在股票发行过程中，公司通常是通过证券公司向投资者出售新发行的股票，而不是投资者之间互相交易股票。股票发行人是资金的需求者和股票的供应者，股票投资者是资金的供应者和股票的需求者，证券中介机构则是联系发行人和投资者的专业性中介服务组织。

公司筹集资金的方式不仅通过发行股票，还包括发行公司债券或向银行贷款。如果公司仅仅是为了筹集资金，通常会选择成本较低的公司债券或银行贷款。公司发行股票的目的还包括以下四点。

（1）为新建股份公司筹集资金。股份公司的成立有两种形式。一种是发起设立，即由公司发起人认购全部股票。发起设立程序简单，发起人出资后公司设立即告完成，但这类公司规模较小。另一种是募集设立，即除发起人本身出资外，还需向社会公开发行股票募集资金。按照中国《公司法》的规定，以募集设立方式设立股份公司的发起人，其认购的股份不得少于股份总额的35%，这类公司的规模一般较大。

（2）改善经营。当现有股份公司为扩大经营规模或范围、提高公司的竞争力而投资新的项目时，需增加发行股票筹集资金，这种行为通常被称为增资发行。

（3）改善财务结构。当公司负债率过高时，通过发行股票增加公司资本，可以有效地降低负债比例，改善公司财务结构。

（4）其他目的，如满足公司上市标准、公积金转增股本、股票派息、转换证券、股份的分割与合并、非股份有限公司改制成股份有限公司和公司兼并等。

公司首次公开发行股票（IPO）是为了企业进一步发展筹集资金。企业公开发行股票可以选择网下询价配售或者网上资金申购两种方式。网下询价配售主要是针对机构投资者，通过询价来确定最终发行价格。网上资金申购针对个人投资者，以指定的价格进行申购。按发行对象不同，股票发行方式可以分为公募和私募两种方式。

（1）**公募**（public placement）就是指公开发行股票，即面向非特定的社会公众广泛公开发行股票。公募的优点是以众多的投资者为发行对象，筹资潜力大，可避免股票被操纵，并且可申请在交易所上市交易，流动性强，可以提高发行人的信誉。公募的缺点是工作量大，发行过程繁杂，登记核准所需时间较长，发行费用较高。

（2）**私募**（private placement）就是非公开发行股票，即只向少数特定的投资者发行股票。私募具有发行手续简单、可节省发行费用、有特定的投资者从而不必担心发行失败等特点。私募的股票不能在证券交易所上市交易，流动性差，支付的利率水平也比公募发行要高。

按照股票的发行过程，股票发行可以分为直接发行和间接发行。直接发行是指发行人自己承担股票发行的一切事务和发行风险，不通过发行中介机构，直接向投资者发行股票。在一般情况下，私募发行的股票或是公开发行有困难的股票，或是实力雄厚、有把握实现巨额私募以节省发行费用的大公司股票，才采用直接发行的方式。间接发行是指发行人委托证券发行中介机构向社会公众发行股票。间接发行的费用高，手续繁杂，但发行范围广且风险小。所以，在一般情况下，大多数股票发行都选择间接发行的方式。在中国，股票的发行只允许采用间接发行的方式。

按投资者认购股票时是否交纳现金，可以将股票发行划分为**有偿增资发行**和**无偿增资发行**。有偿增资就是指认购者必须按股票的某种价格支付款项，方能获得新发行股票的一种发行方式。一般公开发行的股票和私募中的股东配股、私人配股都采用有偿增资的发行方式，采用这种方式发行股票，可以直接从外界募集股本，增加股份公司的资本金。无偿增资是指认购者不必向股份公司交纳款项，就可以获得股票的发行方式，发行对象只限于原股东。由于无偿增资发行要受资金来源的限制，因此不能经常采用这种方式发行股票。

股票发行的最后环节是将股票推销给投资者。发行人推销股票的方法有两种：一是自己销售，即自销；二是委托承销商代为销售，即承销。在一般情况下，公开发行都以承销为主，即股票承销商负责向社会公开发行的股票。承销商可以采用两种承销方式进行股票发行。

（1）**包销**（firm underwriting）是国际上常见的一种股票承销方式，即承销商按照协议全部购入发行人的股票，或者在承销期结束时将售后剩余的股票全部自行购入的承销方式。包销又可以分为全额包销和余额包销。全额包销是指承销商接受发行公司的全权委托，承担全部风险的承销方式。承销商要先全额购买发行人该次发行的股票，然后再向投资者发售。余额包销是指承销商按照规定的发行额和发行条件，在约定的期限内向投资者发售股票，在该期限内承销商并不买入公司股票，只是在发售期满但仍有股票没有售出的条件下，才将剩余股票购入。

（2）**代销**（best effort underwriting）是指承销商代理发行人发行股票，在承销期满时将未售出的股票全部退还给发行人的承销方式。

中国相关法律规定，上市公司发行股票，应当由证券公司承销；非公开发行股票，发行对象均属于原前 10 名股东的，可以由上市公司自行销售。

10.2.2 股票上市

股票上市（listing）是指已经公开发行的股票，经过一定的程序在证券交易所挂牌交易的过程。股票上市资格也称股票上市标准，是指证券交易所对申请股票上市的公司所做的规定或要求，只有达到这些标准公司股票才被允许上市。各国证券交易所关于股票上市的标准不同，具体标准要视各个国家证券交易所的情况而定。在中国，股份公司的股票要在证券交易所上市，必须符合《公司法》和《证券法》规定的上市条件。一般而言，各个国家主要从以下几个方面对上市的条件进行界定。

（1）**资本总额**（total capital）是指企业各种投资主体注册的全部资本金。中国《公司法》规定，申请股票上市的公司，其股本总额不少于人民币 5 000 万元。

（2）**盈利能力**（profit ability）是指公司在一定时期内获取利润的能力，也称为公司的资金或资本增值能力。在通常情况下，公司的利润率越高，盈利能力就越强。公司的盈利能力从根本上决定着股利的支付和股票的价格。我国《公司法》明确规定，股份公司上市必须符合开业时间在 3 年以上且最近 3 年连续盈利的条件。

（3）**股权分布程度**（equity distribution）是指为了避免股份公司的股权过于集中，使股票具有足够的流通性，防止大股东操纵股价，证券交易所对公司的股权分布程度有具体的要求。中国《公司法》明确规定，申请股票上市的股份有限公司必须满足以下条件：持有股票面值达人民币 1 000 元以上的股东人数不少于 1 000 人，向社会公开发行的股份占公司股份总额的 25% 以上；公司股本总额超过人民币 4 亿元的，其向社会公开发行股份的比例为 10% 以上。

（4）**资本结构**（capital structure）是指股份公司所使用的各种资金的构成比例。借入资金多意味着负债比率大，负债比率的大小直接影响投资者收益的多少。

（5）**偿债能力**（debt paying ability）是指公司利用其资产偿还长期债务与短期债务的能力。它可以反映企业的财务状况和经营能力，是公司偿还到期债务的能力和保证，能够直接影响股票的交易状况和股利。

10.3　股票流通

股票流通市场也称二级市场，是投资者买卖已经发行的股票的场所。股票流通市场为股票提供了流动性，即投资者卖出股票变现的可能性。

在股票的流通过程中，投资者会对股票的价值有一个预期，当现在的股价低于其所预期的价格时，投资者就会买入股票；反之，当股票价格高于预期时，投资者就会卖出股票换取现金。因此，投资者会将自己获得的有关信息反映到股票交易价格中。当大多数投资者都认同某一个价格时，就会形成市场上的公认价格。投资者可以通过该市场价格了解公司的经营状况，同样公司也能据此知道投资者对其股票价值的判断。由于股票流通市场的流动性高，当公司经营状况或发展前景不佳时，大股东就可以通过卖出股票放弃其控制权，这样就会使股票价格下跌。因此，股票流通市场也可以通过"价格发现"来优化公司的控制权。目前，股票流通市场可分为有组织的证券交易所和场外交易市场，同时也出现了具有混合特性的第三市场和第四市场。

10.3.1　证券交易所

证券交易所（stock exchange）是依据国家有关法律，经政府证券主管机关批准设立的集中进行证券交易的有形场所。中国内地有两个证券交易所——上海证券交易所和深圳证券交易所。股票上市就是股票在证券交易所挂牌交易。

最早的证券交易所出现在 17 世纪初的荷兰。阿姆斯特丹有一座非常著名的桥，初建于 1550 年，就在这座桥上诞生了人类历史上第一个股票交易所。当时，这里汇聚了世界各地的商人，他们每天在这座桥上进行 2~3 个小时的交易。直到 16 世纪末的一天，天气十分恶劣，于是股票交易者就跑到离桥最近的一座教堂进行交易。1578 年，这座教堂就成了第二个证券交易的场所。直到 1609 年，交易商自行筹资建造了一座专门用于股票交易的场所，即阿姆斯特丹证券交易所，这是人类历史上第一个真正意义上的证券交易所。

无独有偶，纽约证券交易所最早诞生在一棵梧桐树下，那时候不管刮风下雨，许多证券交易者都聚集在这棵树下讨价还价。1792 年，美国的 24 位券商在这棵梧桐树下签订了具有划时代意义的交易守则——《梧桐树协议》。从此，纽约的证券交易进入了集中交易时代。

《梧桐树协议》原文

"We the subscribers, brokers for the purchase and sale of the public stock do hereby solemnly promise and pledge ourselves to each other, that we will not buy or sell from this day for any person whatsoever any kind of public stock at a less rate than one-quarter percent commission on the specie value of and that we will give preference to each other in our negotiations."

In Testimony where of we have set our hands this 17th day of May at New York, 1792.

"签署人（经纪人）特此郑重承诺：只与签署人进行公共证券交易，从这一天起，我们将不会以少于交易额 0.25% 的手续费向任何人购买或出售任何形式的公共证券，而且在谈判交易中将优先考虑对方。"

1792 年 5 月 17 日，于纽约签署协议。

从阿姆斯特丹证券交易所到纽约证券交易所的产生历程，我们不难看出，所谓的证券交易所就是股票持久交易的固定场所。它具有严格的交易规章制度，从而保证股票交易能够有序和公平地进行。如今，证券交易所已经成为一种正式的组织，为证券的集中交易提供了固定场所和有关设施，组织和监督证券的交易。

证券交易所的组织形式大致可以分为两类，即公司制和会员制。公司制的证券交易所是由银行、证券公司、投资信托机构及各类民营公司等共同投资，以股份有限公司的形式组织起来，并以盈利为目的的法人团体。会员制的证券交易所是一个由会员自愿组成的且不以盈利为目的的社会组织，主要由证券商组成。在会员制的证券交易所里，只有会员及享有特许权的经纪人才有资格进行证券交易。上海证券交易所和深圳证券交易所均实行会员制。也就是说，当中国的投资者需要购买股票时，他自己无法直接到交易所进行股票交易，必须委托具有会员资格的经纪商（如中信证券）在交易所内代理买卖证券。当接到投资者的委托指令后，经纪商就会根据委托指令在交易所代理投资者买卖股票，并通过公开竞价产生成交价格。达成交易后，经纪商向投资者收取委托费用。

中国实行竞价交易制（又称委托驱动报价），在此制度下，众多投资者通过一个报价系统申报，并由计算机系统自动撮合成交形成交易价格。在竞价交易制度下，交易价格由股票的买卖双方共同形成，中间没有其他机构的参与，证券经纪商在交易过程中只起到协助投资者申报价格的作用。竞价交易制度按证券交易在时间上是否连续可分为间断性竞价交易制度和连续性竞价交易制度。

除了竞价交易制度以外，还有一类十分重要的交易制度，即做市商交易制度。在做市商交易制度下，股票的买卖双方并不直接交易，而是向做市商（即券商）买入或卖出。市场上的做市商会随时报出股票的买卖价格，投资者的买入和卖出行为都以做市商作为交易对手来完成，做市商会从交易中获取买卖价差。

目前，世界上大多数证券交易所都实行混合的交易制度，如纽约证券交易所实行竞价交易制度，并辅之以做市商交易制度；伦敦证券交易所部分股票实行做市商交易制度，部分股票实行竞价交易制度。中国的上海证券交易所和深圳证券交易所均实行竞价交易制度。

中国的股票竞价交易制度

中国上市公司的股票在证券交易所上市交易，采取公开的集中竞价方式。集中竞价包括集合竞价和连续竞价两种形式。股票交易日为周一至周五，在国家法定节假日和交易所公告的休息日，交易所市场休息。

上海证券交易所在正常交易日的上午9:30~11:30，下午13:00~15:00采用连续竞价方式，接受申报进行撮合；在上午9:15~9:25采用集合竞价。深圳证券交易所在上午9:30~11:30，下午13:00~14:57采用连续竞价方式，在9:15~9:25和下午14:57~15:00采用集合竞价。

纽约证券交易所（NYSE） 美国历史最悠久、规模最大且最有名气的证券市场，至今已有200多年的历史（纽约证券交易所的起源可以追溯到1792年5月17日的《梧桐树协议》），截至2019年5月17日，上市股票为1996种，股价总值达29.3万亿美元，上市条件较为严格。2006年6月1日，纽约证券交易所宣布与泛欧证券交易所合并组成纽约证券交易所－泛欧证券交易所公司（NYSE Euronext）。

伦敦证券交易所（LSE） 世界四大证券交易所之一，同时也是历史最悠久的证券交易所之一。伦敦证券交易所上市证券种类繁多，除股票外，还有政府债券、国有化工业债券、英联邦及其他外国政府债券，地方政府、公共机构、工商企业发行的债券，其中外国证券占50%左右。伦敦证券交易所拥有数量庞大的投资于国际证券的基金，是世界上国际性最强的股票市场，其外国股票的交易量超过其他任何证券交易所。截至2019年5月17日，共有1 849家上市公司，股价总市值达15.7万亿美元，是全球第二大证券市场。

东京证券交易所（TSE） 日本最大的证券交易所，与大阪证券交易所和名古屋证券交易所并列为日本三大证券交易所，同时也是日本最重要的经济中枢。东京证券交易所的发展历史虽然不长，但股票交易量在日本名列第一，占日本全国股票交易量的80%以上。截至2019年5月17日，共有3 658家上市公司，股价总市值达5.82万亿美元，是仅次于纽约证券交易所和伦敦证券交易所的世界第三大证券市场。

香港证券交易所（HKEX） 全称是香港交易及结算所有限公司，由香港联合交易所有限公司、香港期货交易所有限公司和香港中央结算有限公司于2000年3月合并而成，采用计算机辅助交易系统提供公司上市、股票交易、结算交收、信息服务以及市场监管等各项服务。截至2019年5月17日，香港证券交易所共有2 353家上市公司，总股价市值为4.38万亿美元，按市值排名全球第6位。

上海证券交易所（SHSE） 中国最大的证券交易市场，成立于1990年11月26日，同年12月19日开业，设立主板市场并正在筹备设立科创板市场。截至2019年5月17日，共有1 471家上市公司，总股价市值为5.19万亿美元。

深证证券交易所（SZSE） 1990年12月1日试营业，1991年7月3日正式开业。现设有主板、中小板和创业板市场。截至2019年5月17日，共有2 163家上市公司，总股价市值为2.97万亿美元。[○]

10.3.2 场外交易市场

场外交易市场是相对于证券交易所而言的，除了证券交易所以外，证券市场还有一些其他交易市场，这些市场因为没有集中统一的交易制度和场所，因而被统称为场外交易市场，即在交易所外证券买卖双方当面议价成交的市场。又因为这种交易最初主要在各大证券商的柜台上进行，故而又称柜台交易市场或店头交易市场。

场外交易市场是一个分散的无形市场，没有固定、集中的场所，由许多自营商分别进行交易，主要依靠电话、电报、传真和计算机网络联系成交，交易的证券以不在交易所上市的证券为主。在场外交易市场中，自营商自己投入资金买入证券，然后再将证券卖给客户，以维持市场流动性和连续性，从而自营商也被称作"做市商"。

场外交易市场的管制比证券交易所宽松、灵活方便，从而为中小公司和具有发展潜质的新公司提供了证券流通市场。但是，由于场外交易市场分散，缺乏统一的组织和章程，不易管理和监督，所以其交易效率不及证券交易所。

○ 各证券交易所有关数据信息来自Wind数据库。

1. 纳斯达克

纳斯达克（Nasdaq）是全美证券交易商协会自动报价系统（National Association of Securities Dealers Automated Quotations）的英文缩写，目前已成为纳斯达克股票市场的代名词。纳斯达克是一个完全采用电子交易、为新兴产业提供竞争舞台、自我监管和面向全球的股票市场，是全美也是世界上最大的股票电子交易市场。

美国于1939年建立了全美证券交易商协会（NASD）这一自我规范组织，授权证券交易商在证券交易委员会的监督下代表和管理场外交易市场。1971年2月8日，该组织开始使用全美证券交易商协会自动报价系统纳斯达克（NASDAQ）为2 400只优质的场外交易股票提供实时的买卖报价。从这一天开始，股票交易发生了革命性的创新。自此，纳斯达克（NASDAQ）市场也逐渐成为世界上成长速度最快的市场，而且它也是首家电子化的股票市场。为了与其他OTC市场划清界限，纳斯达克多年来一直声称自己不是OTC的同义语，并且将大写的NASDAQ改成Nasdaq。纳斯达克与其他OTC市场最大的区别就在于它与证券交易所一样设定了上市挂牌标准。纳斯达克共有两个板块：全国市场和1992年建立的小型资本市场。在成立之初，纳斯达克将自己的目标锁定为中小企业，但因为企业的规模随着时代的变化而越来越大，所以今天，纳斯达克将自己分成了一块"主板市场"和一块"中小企业市场"。截至2019年5月17日，共有2 673家上市公司，总市值为13.67万亿美元。

2. 第三市场

第三市场（the third market）是指已经在证券交易所上市的股票在场外进行交易而形成的市场。第三市场交易属于场外市场交易，第三市场与其他场外市场的区别在于交易的对象是在交易所上市的股票，而其他场外交易市场交易的是未上市的股票。

美国的第三市场形成于20世纪30年代，其背景是1929年世界经济危机到来时，美国证券市场全面崩溃。危机过后，美国国会制定了《证券法》《证券交易法》等一系列有关证券市场的法规，并于1934年成立证券交易委员会作为政府的管理机构，开始对证券市场进行全面的管理和监督。证券交易委员会规定，只有属于证券交易所会员的经纪人和证券商才能进场代理客户买卖或者自己买卖经批准挂牌上市的股票。同时买卖这些股票还有最低佣金的限制，不允许随意降低佣金的标准，这样就使大额股票交易成本变得相对较高。为了降低交易佣金，减轻大额交易的费用负担，就出现了挂牌上市的股票由非交易所会员的经纪人在场外交易的市场，即第三市场。

第三市场并无固定交易场所，场外交易商收取的佣金是通过磋商来确定的，同样的股票在第三市场交易比在股票交易所交易的佣金要便宜一半，所以它一度发展很迅速。直到1975年美国证券交易委员会取消固定佣金比率，由交易所会员自行决定佣金，投资者可选择佣金低的证券公司来进行交易，第三市场的发展才有所减缓。

3. 第四市场

许多大型机构投资者在进行上市股票和其他证券的交易时绕开了经纪人和交易所，**第四市场**（the fourth market）是他们利用电子通信网络直接与对方进行证券交易的市场。由于没有买卖价差，第四市场的交易成本低廉。

第四市场的交易通常只牵涉买卖双方，有时也有帮助安排证券交易的第三方参与，但他们不直接干涉交易过程。第三方作为中间人，无须向证券管理机关登记，也无须向公众公开报道其交易情况。第四市场的开拓者帮助买进或卖出证券，通常只有一个人或几个人。他们的主要工作是向客户通报买方和卖方的意愿，以促成买卖双方进行直接的交易谈判。各方交易者之间则通过电话或传真等方式进行生意接触，往往相互不知身份，从而满足了一些大型机构投资者的需要。

利用第四市场进行交易的一般都是一些大企业和大公司。它们进行大宗的股票交易，为了不暴露目标，不通过证券交易所，而直接通过第四市场的电子计算机网络进行交易。第四市场的吸引力和优点首先在于其交易成本低廉。因为买卖双方直接交易，不需要支付中介费，即使有时需通过第三方来安排，佣金也要比其他市场少得多。据统计，在美国，利用第四市场进行证券交易比在证券交易所交易一般可节省70%的佣金。其次是价格合理，由于买卖双方直接谈判，所以有望获得双方都满意的价格，而且成交比较迅速。

以前的第四市场通常只允许传统的大型机构投资者进入，但目前已经对中小投资者开放。中小投资者可以在线上或线下通过经纪人在第四市场进行交易。第四市场有很大的发展潜力，同时也给证券交易所内和场外的大批量证券交易带来了巨大的竞争压力，促使这些交易以较低的成本和更直接的方式进行。

10.4 股票定价

投资者在投资之前一般需要将股票的内在价值与市场价格加以比较：当投资者认为股票的价值高于它的市价时，他就会考虑买入该股票；当认为股票的价值低于市价时，他就会考虑卖出该股票。此时，合理地对股票的价值进行估计，就成为投资者投资决策的关键。

股票定价（stock pricing）的实质就是研究股票的内在价值，也就是估计股票的理论价格。

股票定价的方法有许多种，如股利贴现模型、市盈率模型、CAPM、EBIT 乘数法、销量乘数法以及经济价值增长法（MVA）等。这些方法从不同的角度探讨了股票定价问题。

10.4.1 股利贴现模型

投资者购买股票，通常期望获得两种现金流，即持有股票期间从公司获得的现金股利以及持有股票至期末的预期股票价格。

如果某股票的当前价格为 P_0，一年以后的期望价格为 P_1，期望每股股利为 D_1。那么，投资者对持有该股票一年的期望收益率 r 就定义为期望每股股利 D_1 加上股票的期望价格增值 $P_1 - P_0$，除以股票的年初价格 P_0。

$$r = \frac{(P_1 - P_0) + D_1}{P_0} \times 100\% = \frac{P_1 - P_0}{P_0} \times 100\% + \frac{D_1}{P_0} \times 100\% \tag{10-1}$$

这样计算的期望收益率也被称为市场资本化率。其中，$\frac{P_1 - P_0}{P_0} \times 100\%$ 为**资本利得收益率**（yield to capital gains）；$\frac{D_1}{P_0} \times 100\%$ 为**股息收益率**（yield to dividends）。

假设 X 公司股票的当前售价为每股 100 元（$P_0 = 100$），投资者期望在一年内能够获得 10 元的现金股利（$D_1 = 10$），同时还期望一年以后股票的价格将会达到 120 元（$P_1 = 120$），那么，股东的期望收益率就是30%，即

$$r = \frac{(120-100)+10}{100} \times 100\% = 30\%$$

换个角度，如果投资者能够对未来的股利和出售价格进行预测，并且也知道同等风险的其他股票的期望收益，就能够计算出股票当前应有的价格 P_0

$$P_0 = \frac{D_1 + P_1}{1+r} \tag{10-2}$$

当投资者预测 X 公司股票未来的股利和销售价格分别为 $D_1 = 10$ 元、$P_1 = 120$ 元时，并且与 X 公司同等风险的其他股票的期望收益 r 为 30%，则 X 公司股票当前的合适价格应为 100 元，即

$$P_0 = \frac{10+120}{130\%} = 100(元)$$

为什么该股票的合理价格一定是 100 元呢？因为在一个充满竞争的资本市场中，其他任何价格都不可能成立。假设 P_0 高于 100 元，则 X 公司股票的期望收益率低于同等风险的其他股票，投资者将会抛售该股票，并将所获得的资金转投其他股票，从而压低 X 公司股票的价格。反之，如果 P_0 低于 100 元，则 X 公司股票的期望收益率将高于同类股票，投资者的疯狂抢购将推动股价上涨。

总而言之，每时每刻同等风险的所有证券将会拥有相同的期望收益率，这是有效资本市场的均衡条件，也是证券市场的共识。于是人们常说："市场总是对的。"

上述例子已经说明了股票的当前价格可以由其股利 D_1 和下一年的期望价格 P_1 来解释，但未来股价并不容易直接估计。庆幸的是，我们可以考察下一年股价的决定因素。如果上面提到的股价公式对当前适用，那么它对未来也应该成立，于是

$$P_1 = \frac{D_2 + P_2}{1+r} \tag{10-3}$$

式中，P_1 为下一年的预期价格；D_2 为第二年的预期股利；P_2 为第二年的预期价格；r 为期望收益率。

式（10-3）表示，1 年以后的今天，投资者将关注第二年的股利和第二年年末的股票价格，因此，可以通过估计 D_2 和 P_2 来估测 P_1，进而可以用 D_1、D_2 和 P_2 来估计 P_0。

$$P_0 = \frac{D_1 + P_1}{1+r} = \frac{1}{1+r}\left(D_1 + \frac{D_2 + P_2}{1+r}\right) = \frac{D_1}{1+r} + \frac{D_2 + P_2}{(1+r)^2} \tag{10-4}$$

再来看看 X 公司的例子，投资者预计第二年将会获得更多的股利和资本利得，即他们对下一年年末的该股票看涨。假设他们今天预计第二年的股利为 12 元，股价为 144 元，这将意味着第一年年末的股票价格为

$$P_1 = \frac{12+144}{1+30\%} = 120(元)$$

于是，今天的股票价格可以用第一年的预期股价和预期股利来计算

$$P_0 = \frac{D_1 + P_1}{1+r} = \frac{10+120}{1+30\%} = 100(元)$$

同时，可以用第一年的股利、第二年的股利和第二年年末的股价来估计

$$P_0 = \frac{D_1}{1+r} + \frac{D_2 + P_2}{(1+r)^2} = \frac{10}{1+30\%} + \frac{12+144}{(1+30\%)^2} = 100(元)$$

这样就能成功地将今天的股价（P_0）与未来两年的预期股利（D_1 和 D_2）以及第二年年末的预期价格（P_2）联系在一起，进一步再将 P_2 换为 $\dfrac{D_3+P_3}{1+r}$，就可以将今天的股价与未来三年的预期股利（D_1、D_2 和 D_3）以及第三年年末的预期价格（P_3）联系在一起。依此类推，可以把未来无限年的价格与今天的价格联系起来，据此就可以得到股票定价的一般模型。

1. 股利贴现一般模型

根据以上的推导过程，进一步将推算的时间延长到 t（只要公司不被兼并或破产，所估计的股票就不会消亡，t 就可以无限地延长），得到一般化的股利贴现模型，即

$$P = \frac{D_1}{(1+r)^1} + \frac{D_2}{(1+r)^2} + \cdots + \frac{D_t}{(1+r)^t} = \sum_{t=1}^{\infty} \frac{D_t}{(1+r)^t} \tag{10-5}$$

式中，P 为股票的当前价格；D_t 为第 t 年的股利（$t=0, 1, 2, \cdots$）；r 为贴现率，一般采用资本成本率或投资的必要报酬率；t 为贴现期数。

虽然理论上可以根据上面的模型对任何期限的股票价格做出估计，但不可能对现金红利做出无限期的预期，所以人们根据对未来增长率的不同假设构造了几种不同形式的股利贴现模型。

2. 零增长股票定价模型

零增长股票定价模型是股利贴现模型的一种特殊形式，它假设未来股利不变，即股利增长率为 0，用 D 表示每年支付的股息，r 表示贴现率，则 t 年年末的预期股票价值为

$$P = \sum_{t=1}^{\infty} \frac{D_t}{(1+r)^t} = D \sum_{t=1}^{\infty} \frac{1}{(1+r)^t} \tag{10-6}$$

当 $r>0$ 时，$\dfrac{1}{1+r}<1$，故可将上式简化为

$$P = \frac{D}{r} \tag{10-7}$$

假设投资者预期 X 公司每期支付的股息固定为每股 10 元，并且贴现率（即期望收益率）定为 10%，则 X 公司的股票价值是

$$P = \frac{D}{r} = \frac{10}{10\%} = 100(\text{元})$$

即在每年每股支付固定股息 10 元、期望收益率为 10% 的情况下，X 公司的股票价值为每股 100 元。

3. 固定增长股票定价模型

固定增长股票定价模型也是股利贴现模型的一种特殊形式，又被称为**戈登模型**（Gordon model）。该模型有三个假设：

（1）股息的支付在时间上是永久性的，即 t 趋向于无穷大（$t \to \infty$）；
（2）股息的增长速度，即 g_t 为常数（$g_t = g$）；
（3）模型中的贴现率大于股息增长率，即 r 大于 g（$r>g$）。

该模型可以用来估计"稳定增长"的公司的股票价值，这些公司的股息预计在未来时间内以某一稳定的速度增长。用 D_0 表示已支付的最近一期的股息，g 表示股息的增长速度，则第 t 期的股利支付 D_t 可表示为

$$D_t = D_0(1+g)^t \tag{10-8}$$

基本定价模型可以更改为

$$P = \sum_{t=1}^{\infty} \frac{D_0(1+g)^t}{(1+r)^t} \tag{10-9}$$

从假设条件可知 g 为常数，并且 $r > g$，故式（10-9）可以简化为

$$P = \frac{D_0(1+g)}{r-g} = \frac{D_1}{r-g} \tag{10-10}$$

继续考察 X 公司的例子。现在把 X 公司每年支付的股利改变为以一个固定的速度 5% 稳定增长。初期的股利支付仍为每股 10 元，并且贴现率（即期望收益率）也定为 10%，则该公司股票的价格就应该是

$$P = \frac{10 \times (1+5\%)}{10\% - 5\%} = 210(\text{元})$$

4. 两阶段增长模型

两阶段增长模型（two stage growth model）假设公司股利的增长呈现两个阶段。第一阶段为超常增长阶段，股利增长率高于永续增长率；第二阶段是永续增长阶段，又称永续期，增长率为正常、稳定的增长率。对于这种类型的股票价值，应该怎样估计呢？由于该模型的代数公式比较复杂，因此举例说明应该如何计算。

以 Y 公司的股票为例。该公司现拥有一种新的高科技产品，并且有良好的发展前景。一年以后公司股票每股的股利为 1.25 元，之后的 3 年内将以 15% 的比率增长。而从第 5 年开始，股利将以每年 10% 的比率增长。如果期望收益率为 20%，那么该公司股票目前的价值应该是多少？

显然，Y 公司股票股利的增长分为了两个阶段，所以需要分两步来折现这些股利。首先，需要计算每年股利增长率为 15% 时股票的现值，也就是前 4 年股利的现值。其次，要计算从第 5 年开始股利的现值。

首先计算前 4 年的股利现值，第 1~4 年股利的现值如表 10-1 所示。

表 10-1　Y 公司股票第 1~4 年股利的现值

未来年份	增长率（g_1）	预计股利（元）	现值（元）
1	15%	1.250	1.042
2	15%	1.438	0.998
3	15%	1.653	0.957
4	15%	1.901	0.917
1~4 年合计			3.914

然后计算从第 5 年开始的股利现值。必须注意，在第二阶段期望收益率 r 大于增长率 g_2，故第二阶段股利的现值可以用固定增长模型进行计算。由于从第 5 年开始，股利将以每年 10% 的比率增长，因此，第 4 年年末的股票价格为

$$P_4 = \frac{D_5}{r - g_2} = \frac{1.901 \times (1+0.1)}{20\% - 10\%} = 20.911(\text{元})$$

再将第 4 年年末的价格折现到期初，就是

$$\frac{P_4}{(1+r)^4} = \frac{20.911}{1.2^4} = 10.084(\text{元})$$

最后，将第一阶段股利折现到期初的现值与第 4 年年末的价格折现到期初的现值相加，即得 Y 公司股票现在的价值 13.998 元（3.914 元 + 10.084 元）。

从本例的计算过程中不难看出,对于两阶段增长模型,只需将其分开折现到期初,然后将这两部分的折现值相加,即可估计出股票现在的价格。

5. 三阶段增长模型

假定 Z 公司股票初期支付的股利为 1 元/股,今后 2 年的股利增长率为 6%,股利增长率从第 3 年开始以 1% 的速度递减,从第 6 年开始每年保持 3% 的增长速度,此外,预期收益率为 8%。现需要计算该股票当前的价值。初看此例会发现,该股票股利的增长类型与上述所讲到的几种模型都不太一样,该股票的股利总共有三个变化阶段:在第一阶段(本例中为今后的 2 年),股利的增长率为常数 6%;第二阶段是股利增长的一个转折期,股利以线性的方式进行变化(本例中是从第 3 年开始以 1% 的速度递减);第三阶段(第 6 年以后),股利的增长率也是一个常数,该增长率是 Z 公司长期的正常的增长率。实际上,像本例一样股票股利分三个阶段增长的情形,就称为三阶段增长模型(three stage growth model)。本例中股利增长的三阶段如图 10-1 所示。

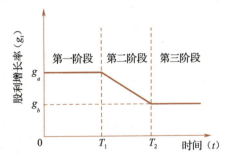

图 10-1 股利增长三阶段

三阶段股利增长模型,其计算过程较复杂,计算公式如下

$$P = D_0 \sum_{t=1}^{T_1} \left(\frac{1+g_a}{1+r}\right)^t + \sum_{t=T_1+1}^{T_2-1} \left[\frac{D_{t-1}(1+g_t)}{(1+r)^t}\right] + \frac{D_{T_2-1}(1+g_b)}{(1+r)^{T_2-1}(r-g_b)} \quad (10\text{-}11)$$

式中,P 为股票价格;g_a 为第一阶段股利增长率;g_t 为第二阶段各期的股利增长率;g_b 为第三阶段股利增长率;D_0 为初期支付的股利;D_{t-1} 为 $t-1$ 期支付的股利;D_{T_2-1} 为 T_2-1 期支付的股利。

计算 Z 公司股票的价值,需要三个步骤。第一阶段期限 $T_1 = 2$,该阶段股利增长率 $g_a = 6\%$;第三阶段的开始时间 $T_2 = 6$,该阶段股利增长率 $g_b = 3\%$;预期收益率为 8%,$D_0 = 1$。首先,计算三个阶段的股利增长率和股利,如表 10-2 所示。

表 10-2 Z 公司股票三个阶段的股利增长率

年份		股利增长率(%)	股利(元/每股)
第一阶段	1	6	1.06
	2	6	1.124
第二阶段	3	5	1.180
	4	4	1.227
	5	3	1.264
第三阶段	6	3	1.302

将各阶段的股利都贴现到期初,则有

$$P = 1 \times \sum_{t=1}^{2} \left(\frac{1+6\%}{1+8\%}\right)^t + \frac{1.124 \times (1+5\%)}{(1+8\%)^3} + \frac{1.180 \times (1+4\%)}{(1+8\%)^4}$$

$$+ \frac{1.227 \times (1+3\%)}{(1+8\%)^5} + \frac{1.264 \times (1+3\%)}{(1+8\%)^5 \times (8\%-3\%)}$$

$$= 22.37$$

6. H 模型

在三阶段模型中,第二阶段现金流贴现的计算比较复杂。为此,福勒和夏在三阶段增长模型的基础上提出了 H 模型,大大简化了计算过程。

H模型假定：股利的初始增长率为 g_1，然后以线性方式递减或递增；2H 期之后，股利增长率变为一个常数 g_2；在股利增长率递减或递增的过程中，H 点的股利增长率恰好等于初始增长率 g_1 和常数增长率 g_2 的平均数（见图 10-2）。

在满足上述假定条件的情况下，福勒和夏证明了 H 模型中股票内在价值 V 的计算公式为

$$P = V = \frac{D_0}{r - g_2}[1 + g_2 + H(g_1 - g_2)] \tag{10-12}$$

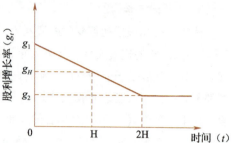

图 10-2　H 模型

7. 多元增长模型

前面介绍了两阶段增长模型、三阶段增长模型以及 H 模型，这些模型都有一定的特殊性，但这些模型有一个共同的特征，就是把股利的增长分为几个不同的阶段。下面将介绍这些模型的一般形式，即多元增长模型（multiple growth model）。

该模型的核心是在未来某个时点（T）以前，股利没有特定的增长模式，即 T 以前的股利（D_1，D_2，…，D_T）是投资者逐个观测的（包括 T 时刻的股利也是观测的），之后的股利将按投资者预期的一个固定比率 g 不断增长。计算公式为

$$P = \sum_{t=1}^{T} \frac{D_t}{(1+r)^t} + \frac{D_{T+1}}{(r-g)(1+r)^T} \tag{10-13}$$

式中，r 仍然为贴现率。

10.4.2　市盈率模型

市盈率（price-earnings ratio，PE）就是每股价格与每股收益之间的比率，是股票市场上投资者最常用到的一个概念，即

$$PE = \frac{P}{E} \tag{10-14}$$

式中，PE 为市盈率；P 为股票价格；E 为每股收益。

事实上，只要能够估计出股票的市盈率和每股收益，就能间接地估计出股票价格。这种估计股票价格的方法，就是"市盈率估价方法"。

市盈率模型的确定同样取决于股利贴现模型中定价的基本因素——预期增长率、股息支付率和风险程度（可以通过预期收益率 $E(r)$ 体现）。市盈率模型可以分为稳定增长市盈率模型、零增长市盈率模型和多元增长市盈率模型等。

1. 稳定增长市盈率模型

稳定增长市盈率模型（stable growth P/E model）与股利贴现模型中的固定增长模型一样，稳定增长市盈率模型也假定股利增长率等于一个固定的常数。设 E 为每股收益，b 为再投资占盈利的百分比，即再投资率，再投资率又被称为收益留存率。从而，$1-b$ 就代表红利支付率。于是，每期的红利等于当期的每股收益（E）乘以红利支付率（$1-b$），即 $D = E \times (1-b)$。由股利贴现模型中的戈登模型可以得到

$$E(V_0) = \frac{D_1}{r - g} = \frac{E_1 \times (1 - b_1)}{r - g} \tag{10-15}$$

取消有关变量的下标以后,得到稳定增长市盈率的一般模型为

$$\frac{E(V_0)}{E} = \frac{1-b}{r-g} \quad (10\text{-}16)$$

用市场价格 P 代替内在价值 $E(V_0)$,于是得到市盈率的戈登模型为

$$\frac{P}{E} = \frac{1-b}{r-g} \quad (10\text{-}17)$$

为了更好地理解稳定增长市盈率模型,下面看一道例题。

某股票上一年股利为每股 1.8 元。预计股利按每年 5% 的速度增长,投资者要求的投资收益率为 10%,且目前的股票市价为每股 40 元。现在,假设上一年每股收益为 3 元,则上一年的支付比率为 60%(1.8 元/3 元 = 60%)。由于股利按每年 5% 的速度增长,则今年的支付比率为 63%(60% × (1 + 0.05) = 63%)。根据稳定增长市盈率模型,该股票的"正常"市盈率为 12.6(63%/(10% − 5%) = 12.6),小于该股票的实际市盈率 13.33(40/3 = 13.33),由此可知该公司的股票被高估了。

2. 零增长市盈率模型

零增长市盈率模型(zero growth P/E model)假定股利增长率等于零,由于股利 $D = E \times (1-b)$,如果每股收益是一个常数,那么只有当派息比率 $(1-b)$ 等于 1,即 $b=0$ 时,每期的股利才会等于一个常数。如果 E 等于常数,$(1-b)$ 小于 1,即 $b>0$,那么每股收益中将有一部分留存在公司内部,从而可能被用来提高未来的每股收益和每股股利。由于 $g = b \times ROE$,所以当 $b = 0$ 时,$g = 0$;当 $b > 0$ 时,$g > 0$。零增长市盈率模型假定每股收益等于固定不变的常数,且派息比率 $1 - b = 1$,即 $E_0 = E_1 = E_2 = \cdots$,$b = 0$,所以,$D_0 = D_1 = D_2 = \cdots$,或 $g_0 = g_1 = g_2 = \cdots = 0$,于是

$$\frac{P}{E} = \frac{1-b}{r-g} = \frac{1}{r} \quad (10\text{-}18)$$

显然,与稳定增长市盈率模型相比,零增长市盈率模型中决定市盈率的因素仅包括贴现率这一项,且市盈率与贴现率成反比。

假设,Y 公司股票市价为每股 65 元,每股股利为 8 元且增长速度为 0,投资者要求的投资收益率为 10%。假定派息比率等于 1,那么该股票"正常"的市盈率应该等于 10(1/10% = 10)。但是,股票实际的市盈率等于 8.1(65/8 = 8.1)。由于实际的市盈率低于"正常"的市盈率,所以,该股票的价格被低估了。

3. 多元增长市盈率模型

在介绍**多元增长市盈率模型**(multi growth P/E model)之前,先回顾一下多元股利贴现模型。在多元股利贴现模型中,假设在 T 时刻以前,股利可以按任何比率增长,在 T 时刻以后,则按固定比率 g 增长。所有股利的现值等于 T 时刻以前(包括 T 时刻)股利的现值加上 T 时刻以后所有股利的现值,即

$$P = P_T + P_{T'} = \sum_{t=1}^{T} \frac{D_t}{(1+r)^t} + \frac{D_{T+1}}{(r-g)(1+r)^T} \quad (10\text{-}19)$$

和多元股利贴现模型一样,多元增长率市盈率模型假设,在 T 时刻以前,股利增长率和派息比率是变动的,在 T 时刻以后,股利增长率和派息比率为固定的常数 g' 和 $1-b$。

一般地,在任何时期 t 的每股收益都可以表示为 E_0 与从期初到 t 时刻的每股收益增长率 $g_t(t = 1, 2, \cdots, t)$ 之积,即

$$E_t = E_0(1+g_1)(1+g_2)\cdots(1+g_t) \tag{10-20}$$

因为任何时期的股利都等于派息比率乘以每股收益,故 t 时期的股利 D_t 可以写为

$$D_t = (1-b_t)E_t = (1-b_t)E_0(1+g_1)(1+g_2)\cdots(1+g_t) \tag{10-21}$$

式中,$1-b_t$ 为 t 时刻的派息率。

现在,将改写后的 D_t 代入多元股利贴现模型中,然后进行一些变换,这样就得到了多元增长市盈率模型的公式为

$$\frac{P}{E_0} = \frac{(1-b_1)(1+g_1)}{(1+r)} + \frac{(1-b_2)(1+g_1)(1+g_2)}{(1+r)^2} + \cdots + \frac{(1-b_T)(1+g_1)(1+g_2)\cdots(1+g_T)}{(1+r)^T}$$
$$+ \frac{(1-b)(1+g_1)(1+g_2)\cdots(1+g_T)(1+g')}{(r-g')(1+r)^T} \tag{10-22}$$

假设 X 公司股票当前的市价为 55 元,期初的每股收益和股利分别等于 3 元和 0.75 元。第 1 年和第 2 年的有关数据如表 10-3 所示。

表 10-3 X 公司第 1 年和第 2 年的股利、每股收益、每股收益增长率与派息比率

股利	每股收益	每股收益增长率	派息比率	股利	每股收益	每股收益增长率	派息比率
$D_1=2$	$E_1=5$	$g_1=0.67$	$1-b_1=0.40$	$D_2=3$	$E_2=6$	$g_2=0.20$	$1-b_2=0.50$

此外,从第 2 年年末开始,每年的每股收益增长率都等于 10%,并且派息比率恒等于 0.50,投资者预期收益率为 15%。试估计该股票的价格是否合理。

显然,该题需要用多元增长市盈率模型进行估价。按照多元增长率市盈率模型的公式,计算如下

$$\frac{P}{E} = \frac{0.40 \times (1+0.67)}{1+15\%} + \frac{0.50 \times (1+0.67) \times (1+0.20)}{(1+15\%)^2}$$
$$+ \frac{0.50 \times (1+0.67) \times (1+0.20) \times (1+0.10)}{(15\%-10\%)(1+15\%)^2} = 18.01$$

$$\frac{P'}{E'} = \frac{55}{3} = 18.33$$

式中,$\frac{P}{E}$ 为正常的市盈率;$\frac{P'}{E'}$ 为实际的市盈率。从计算结果来看,该股票正常的市盈率和实际的市盈率相差不大,这说明该股票的市场价格处于比较合理的水平。

10.5 股票价格指数

股价指数(stock price index)是由证券交易所或金融服务机构编制的,表明股票价格水平变动的指示数字。事实上,股票价格指数就是选取一些有代表性的股票,通过指数化处理,用来刻画股票市场行情的变动情况。简而言之,股票价格指数是用来反映整个股票市场上各种股票市场价格的总体水平及其变动情况的指标。

试想这样一种场景。一天,一位年轻的交易员在外面忙了一天,收市时匆忙赶回交易所,刚好迎面碰到一位兴高采烈的投资者,于是他赶紧问这位投资者为何如此高兴,投资者答道:"今天股票大涨,我赚翻了。"这时刚好有一位垂头丧气的投资者从身边经过,交易员十分好奇,为

什么今天股票大涨，而这位投资者还如此不高兴呢？于是他上前询问，那位投资者长叹一声："唉，今天的股票又跌惨了。"他被这两个完全相反的答案搞糊涂了，今天的股票究竟是涨了还是跌了？这时候又走过来一位投资者，他赶紧上前核实，没想到这位投资者的回答更让他找不到头绪。投资者说："今天股市跟昨天一样，没涨没跌呀。"交易员顿时迷茫了，他询问的是同一天的股价，为什么这三位投资者的回答却完全不同呢？原来，三位投资者所说的是他们各自股票的涨跌情况，而不是整个市场。那么有没有一种指标可以反映整个股票市场的走势呢？

1884年，查尔斯·道、爱德华·琼斯和查尔斯·伯格斯特里瑟首先提出了一种用市场中一部分代表性股票来刻画整个股票市场涨跌的指数方法。他们选取了一项包含11种股票的指数，其中包括9家铁路公司和2家汽轮公司股票的平均价格，以此来实时反映股市大体行情，这就是道琼斯指数的雏形。值得一提的是，由于查尔斯·伯格斯特里瑟的名字太长，使他无缘道琼斯指数的命名。

10.5.1 指数计算方法

股价指数是反映不同时点股价变动情况的相对指标。通常将报告期的股票价格或市值与选定的基期价格或市值相比，并将两者的比值乘以基期的指数值，即为报告期的股价指数。股价指数的核算通常有两种方法。

1. 简单算术股价指数

简单算术股价指数（simple arithmetic stock price index）计算方法又分为相对法和综合法两种。

相对法又被称为平均法，就是先计算各样本的个别股价指数，再相加求总的算术平均数。计算公式为

$$P' = \frac{1}{n}\sum_{i=1}^{n}\frac{P_{1i}}{P_{0i}} \tag{10-23}$$

式中，P' 为股价指数，P_{0i} 为第 i 种股票的基期价格，P_{1i} 为第 i 种股票的报告期价格，n 为样本数。

综合法是先将样本股票的基期和报告期价格分别加总，然后再相比求出股价指数，即

$$P' = \frac{\sum_{i=1}^{n} P_{1i}}{\sum_{i=1}^{n} P_{0i}} \tag{10-24}$$

2. 加权股价指数

加权股价指数（weighted-average stock price index）根据各期样本股票的相对重要性予以加权，其权重可以是发行量、成交量或股票总市值等。按时间划分，权数可以是基期权数，也可以是报告期权数。加权股价指数有基期加权、报告期加权和几何加权之分。

假设 P' 表示股价指数，P_{0i} 和 P_{1i} 分别表示第 i 种股票的基期和报告期的股价，Q_{0i} 和 Q_{1i} 分别表示基期和报告期的权重。

以基期成交量（或总股本）为权数的指数，被称为拉斯拜尔指数（Laspeyres index），计算公式为

$$P' = \frac{\sum_{i=1}^{n} P_{1i}Q_{0i}}{\sum_{i=1}^{n} P_{0i}Q_{0i}} \qquad (10\text{-}25)$$

以报告期成交量（或总股本）为权数的指数，被称为派许指数（Paasche index），其计算公式为

$$P' = \frac{\sum_{i=1}^{n} P_{1i}Q_{1i}}{\sum_{i=1}^{n} P_{0i}Q_{1i}} \qquad (10\text{-}26)$$

对以上两种指数做几何平均得到的指数就叫几何加权股价指数，该指数又称为费雪理想式（Fisher's index formula）。由于该股价指数计算复杂，所以实际很少被用到。目前世界上大多数股价指数都是派许指数，只有德国法兰克福证券交易所的股价指数为拉斯拜尔指数。

10.5.2 世界主要股价指数

1. 道琼斯股价指数

道琼斯股价指数（Dow Jones index）是由道琼斯公司负责编制并发布，登载在《华尔街日报》上的一种算术平均股价指数。道琼斯股价指数是世界上历史最为悠久的股票指数，它的全称为道琼斯股票价格平均指数。目前，道琼斯股价指数共分为四组，即工业股票价格平均指数、运输业股票价格平均指数、公用事业股票价格平均指数和股价综合平均指数。通常人们所说的是道琼斯工业平均指数（Dow Jones industrial average）。历史上第一次公布道琼斯股价指数是在1884年7月3日，当时的指数样本包括11种股票，由道琼斯公司的创始人之一查尔斯·道编制。自1928年10月1日起，样本股增加到30种并保持至今，但作为样本股的公司已历经多次调整。道琼斯股价指数是典型的简单算术股价指数。

现在的道琼斯股价指数以1928年10月1日为基期，因为这一天收盘时道琼斯股票价格平均数恰好约为100美元，所以就将其定为基准日。以后股票价格同基期相比计算出的百分数，就成为各期的股票价格指数，现在的股票指数普遍用点作为单位，而股票指数每一点的涨跌就是相对于基准日的涨跌百分数。

2. 标准普尔股票价格指数

标准普尔股票价格指数（Standard and Poor's composite index）是美国最大的证券研究机构——标准普尔公司编制的股票价格指数。标准普尔公司每半小时计算并报道该公司编制的指数，发表在该公司主办的《展望》刊物上。

标准普尔公司于1923年开始编制发表股票价格指数。最初采选了230种股票，编制两种股票价格指数。到1957年，这一股票价格指数的范围扩大到500种股票，分成95种组合。其中最重要的四种组合是工业股票组、铁路股票组、公用事业股票组和500种股票混合组。从1976年7月1日开始，改为400种工业股票、20种运输业股票、40种公用事业股票和40种金融业股票。几十年来，虽然有股票更迭，但总数始终为500种。标准普尔公司股票价格指数以1941~1943年抽样股票的平均市价为基期，以上市股票数为权数，按基期进行加权计算，其基点数为10。以目前的股票市场价格乘以股票市场上发行的股票数量为分子，用基期的股票市场价格乘以基期股票数

为分母，相除之数再乘以 10 就是股票价格指数。

3. 纳斯达克指数

纳斯达克指数（Nasdaq's index）是反映纳斯达克证券市场行情变化的股票价格平均指数。纳斯达克的上市公司涵盖了所有高新技术行业，包括软件、计算机、电信、生物技术等。纳斯达克市场设立了 13 种指数，其中纳斯达克综合指数影响最大。

纳斯达克综合指数以在纳斯达克市场上市的、美国和非美国的所有上市公司的普通股为基础，并以每家公司的市场价值为权重来计算。该指数的基本指数为 100。纳斯达克综合指数计算范围较大，目前该指数包括 5 200 多家上市公司的股票，远远地超过了其他市场指数。

4. 伦敦金融时报指数

伦敦金融时报指数（Financial Times ordinary shares index）是伦敦《金融时报》工商业普通股票平均价格指数的简称，由 1888 年创刊的英国《金融时报》从 1935 年 7 月 1 日起编制，用以反映伦敦证券交易所行情变动的一种股票价格指数，以该日期作为指数的基期，令基期股价指数为 100，采用几何平均法进行计算。该指数最早选取在伦敦证券交易所挂牌上市的 30 家代表英国工业的大公司股票为样本，是欧洲最早和最有影响的股票价格指数。目前的金融时报指数由 30 种、100 种和 500 种等各组股票价格平均数构成，范围涵盖各主要行业。

5. 日经指数

日经指数（Nikkei stock average）的前身为从 1950 年 9 月开始编制的"东证修正平均股价"。1975 年 5 月 1 日，日本经济新闻社向美国道琼斯公司买进商标，采用修正的美国道琼斯公司股票价格平均数的计算方法，并将其所编制的股票价格指数定为"日本经济新闻社道琼斯股票平均价格指数"，1985 年 5 月 1 日在合同满 10 年时，经两家协商，将名称改为"日经平均股价指数"（简称"日经指数"）。日经指数按计算对象采样数目不同可分为两种。一种是日经 225 种平均股价指数，它是从 1950 年 9 月开始编制的。另一种是日经 500 种平均股价指数，它是从 1982 年 1 月开始编制的。

6. 上海证券交易所股价指数

目前，上海证券交易所股价指数系列共包括 5 类 229 个指数。

（1）**上证综合指数**。该指数是上海证券交易所从 1991 年 7 月 15 日起编制并公布上海证券交易所股价的指数。它以 1990 年 12 月 19 日为基期，以全部上市股票为样本，以股票发行量为权数，按加权平均法计算。

（2）**上证 50 指数**。该指数以上证 180 指数样本股为样本空间，挑选上海证券市场规模大、流动性好的最具代表性的 50 只股票组成样本股，综合反映上海证券市场最具市场影响力的一批龙头企业的整体表现。该指数以 2003 年 12 月 31 日为基期，以 1 000 点为基点。

（3）**上证 180 指数**。该指数前身为上证 30 指数，是上证指数系列的核心指数。上证 180 指数的样本股是从所有 A 股股票中抽取的、最具市场代表性的 180 只样本股，自 2002 年 7 月 1 日起正式发布。

（4）**沪深 300 指数**。该指数是沪深证券交易所于 2005 年 4 月 8 日联合发布的反映 A 股市场整体走势的指数。沪深 300 指数编制的目标是反映中国证券市场股票价格变动的概貌和运行状况，并能够作为投资业绩的评价标准，为指数化投资和指数衍生产品创新提供基础条件。

7. 深圳证券交易所股价指数

深圳证券交易所股价指数共有7类158项，包括深证成分股指数、深证A股指数、深证B股指数、深证100指数、深证综合指数、深证创新指数、中小企业板指数以及各种分类指数等。其中，最有影响的是深证成分股指数。

（1）**深证成分股指数**。深证成分股指数是深圳证券交易所从在该交易所上市的所有公司中按一定标准选出的500家有代表性的上市公司作为成分股，并以成分股的可流通股数为权数，采用加权平均法编制而成的。深证成分股指数以1994年7月20日为基期，基期指数为1000点，计算期从1995年1月23日开始。深证成分股指数是派许加权价格指数，即以指数股的计算日股份数作为权数，采用连锁公式加权计算。

（2）**中小企业板指数**。该指数简称为"中小板指数"，由深圳证券交易所编制。中小企业板指数是以全部在中小企业板上市后并正常交易的股票为样本股的综合指数，首批样本股包括已在中小企业板上市的全部50只股票。该指数以自由流通股数为权重，采取派许加权法计算，并采用逐日连锁计算方法得出实时指数。基期为中小企业板第50家上市公司的上市日，即2005年6月7日，基期指数为1000点。

（3）**创业板指数**。该指数的编制参照深证成分股指数和深证100指数的编制方法与国际惯例（包括全收益指数和纯价格指数），以起始日为一个基准点，按照创业板所有股票的流通市值逐一计算当天的股价，再加权平均，然后与开板之日的"基准点"比较。创业板指数以2010年5月31日为基期，基期指数为1000点。深圳证券交易所于2010年8月20日正式编制和发布创业板指数。

中国A股正式纳入MSCI

2018年6月1日，历经5年的反复沟通与协商，226只中国A股正式纳入MSCI新兴市场指数。在中国大力推进金融对外开放之际，这将推动包括A股在内的中国金融市场加速完善和成熟，也将为国际投资者分享中国经济成长红利提供更好的渠道和机会。

根据计划，A股"入摩"分两步走：第一步，2018年6月1日，首批226只A股纳入MSCI新兴市场指数，纳入比例为2.5%，占MSCI新兴市场指数的权重为0.37%，占MSCI中国指数的权重为1.26%；第二步，2019年9月3日，纳入比例升至5%，对应权重为0.73%。

2019年5月30日，MSCI发布临时公告，将纳入A股的234只成分股调整为226只。根据行业分类，前十大权重行业分别是：银行（19.35%）、非银金融（13.16%）、食品饮料（11.21%）、医药生物（7.2%）、房地产（5.41%）、电子（5.27%）、汽车（4.08%）、建筑装饰（3.59%）、公用事业（3.57%）和家用电器（3.43%）。从板块特征来看，未包含创业板，仅包含主板和中小板，两者的权重占比分别为87.59%和12.41%。

A股纳入MSCI经历过数次闯关，2013年，MSCI开始将A股列入2014年市场分类评审的审核名单，但因流动性问题、外汇管制问题及停牌复牌制度等缺陷一直未能通过。2014年沪港通和2016年深港通的开启，使得资金通道和流动性等问题慢慢得到了解决。2017年6月，MSCI正式宣布将A股纳入MSCI新兴市场指数和MSCI全球指数。A股成功纳入MSCI，不仅源于 QFII、RFII 和沪港通等多种投资渠道的建设以及各项交易制度的完善和政策的开放，更源于国际投资者对中国资本市场改革开放成果的认可以及中国资本市场逐渐扩大的国际知名度和国际影响力。但成功纳入不是终点，而是起点。

资料来源：谢玮. A 股正式"入摩"，开启国际化新篇章［J］. 中国经济周刊，2018（23）：57-58.

本章小结

本章从股票的基本概念出发，以股票的发行和流通为主线，对股票市场进行了详细的介绍。涵盖的主要内容如下。

1. 股票是股份公司在筹集资金时向出资人发行的，表示出资人按其出资比例享受权益和承担义务的可转让凭证。股票的种类繁多，最基本的类别就是普通股股票和优先股股票。

2. 股票市场可以分为一级市场和二级市场。一级市场是股票发行的场所，也称为发行市场。二级市场是对已经发行的股票进行转让和交易的场所，又称为交易市场或流通市场。

3. 股票发行市场是股票市场的重要组成部分，也是整个股票市场的起点和股票交易的基础。股票发行市场由股票发行人、股票投资者和证券中介机构三部分构成。

4. 股票流通市场，即交易市场，也称二级市场，是投资者之间买卖已经发行的股票的场所。股票流通市场可分为证券交易所和场外交易市场。

5. 股票定价就是估计股票的内在价值，股利贴现模型和市盈率模型是众多股票定价方法中两种基本定价方法。股利贴现模型是基于股票的当前价值等于无期限预期股息的现值来进行估计的。市盈率模型则是分别估计股票的市盈率和每股收益，从而间接地估计股票价格。市盈率模型可以直接应用于不同收益水平的股票价格之间的比较，而且操作简便，因而被广泛应用于股票内在价值分析。

6. 股票价格指数是反映整个股票市场上各种股票市场价格的总体水平及其变动情况的指标，简称为股价指数。

习 题

一、名词解释

1. 场外交易市场　　　2. 股价指数　　　3. 私募
4. 公募　　　　　　　5. 市盈率　　　　6. 溢价发行
7. 优先股股票　　　　8. 普通股股票　　9. 二板市场
10. 第三市场　　　　 11. 第四市场　　　12. 科创板

二、简答题

1. 根据对本章内容的理解，简单阐述股票的本质和特性。
2. 简述优先股股票与普通股股票的异同点。
3. 简述公司公开发行股票的目的。
4. 简述债券与股票的异同。
5. 从资本总额、盈利能力和股权分布程度三个方面阐述公司上市条件。
6. 根据发行对象和发行过程，股票发行的方式可以分为哪些？它们的主要区别是什么？

本章思维导图

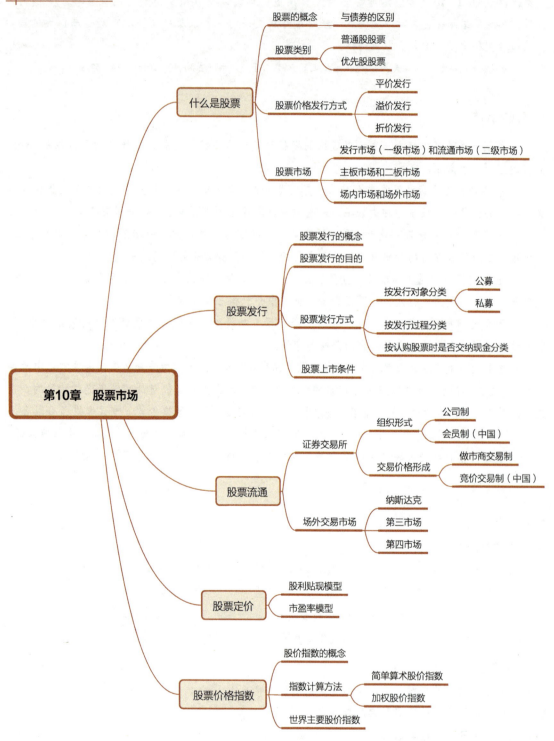

第11章

衍生工具市场

在金融市场中，存单、股票、债券等金融工具被称为金融原生工具（或金融基础工具），主要功能是作为储蓄向投资转化的媒介。在原生工具基础上派生出的金融产品，被称为金融衍生工具。金融衍生工具的功能不在于调剂资金的余缺，而是管理与原生工具相关的风险暴露。

11.1 衍生工具概述。着重介绍衍生工具的概念、功能和市场参与者。

11.2 远期合约市场。从远期合约的基本概念入手，阐述远期合约的分类，并着重介绍远期利率协议的运作原理及功能。

11.3 期货市场。介绍期货合约的基本概念，以及金融期货合约的内容、交易特点、分类及功能。

11.4 期权市场。分析影响期权价格的因素，重点阐述看涨期权和看跌期权买卖双方的交易策略。

11.5 互换市场。介绍互换的基本概念和交易，尤其是利率互换和货币互换的交易流程。

现实生活中，人们通常习惯"一手交钱，一手交货"这种钱货两讫的交易方式，但这样做有时会导致交易双方面临价格变动的风险。比如现在市面上小麦的出售价格是每公斤2元，农民种植的小麦将在6个月后收获，这时他非常担心小麦价格会下降。为了规避这种风险，农民与收购商签订了一份合约，合约规定6个月后农民可以按照每公斤2元的价格出售10 000公斤小麦。这样，无论6个月后小麦价格如何变化，农民都可以按照预先确定的价格出售小麦，从而有效避免了未来小麦价格下降的风险。

类似于农民与收购商之间为了降低交易风险而提前约定交易条件签订的协议，就是衍生工具。之所以称为"衍生"，是因为这种合约的价值完全取决于其交易的金融资产价格，合约是从基础资产衍生出来的，如上例中衍生合约中的基础标的资产是小麦。

11.1　衍生工具概述

衍生工具（derivatives instruments）是一种金融工具，一般表现为两个主体之间签订的协议，价格由其他基础商品（underlying commodity）的价格决定，并且有相应的现货资产作为标的物，成交时无须立即交割，可在未来某时点交割。如果基础标的资产是农产品、金属或能源等实物资产，称其为商品衍生工具；如果基础资产是现金、股票或利率等金融资产，称其为金融衍生工具。典型的衍生工具包括远期合约、期货、期权和互换等。当今金融衍生工具市场主要可以分为交易所交易市场和柜台交易市场两类。

根据国际清算银行（bank for international settlements，BIS）的统计，2018年12月在交易所内交易的期货和期权金融衍生工具期末账面余额为39 035万亿美元，比2017年12月的33 669万亿美元增长了5 366万亿美元；2018年12月在柜台市场（OTC）上金融衍生工具期末账面余额达到544 386万亿美元，比2017年12月的531 911万亿美元增长了12 475万亿美元。金融衍生工具市场作为一个新兴市场，在价格发现、风险规避和增加投资组合的选择性等方面发挥着越来越重要的作用，同时也对国际金融市场产生了深刻的影响。

11.1.1　衍生工具的历史

衍生工具市场存在的时间虽然很短，但其因在融资、投资、套期保值和套利行为中发挥的巨大作用而获得了飞速的发展。

衍生工具的历史，可以追溯至几百年前的商贸协议。早在中世纪，以固定价格在未来交割某项资产的期货合约就已经很普遍。几百年前的日本贸易市场已出现了期货市场的早期特征。人们一般认为，1848年创立的芝加哥交易所（Chicago board of trade）是第一个有组织的期货市场。它起源于芝加哥当时刚刚萌芽的谷物交易市场，是为了满足农民在某一时点确认谷物的交易价格，然后储存谷物以便在将来的某一时点卖出的需求而成立的。同时期，市场上开始出现定制化的期权合约。

在随后的一个世纪里，期货市场发展迅猛。一些交易所，如芝加哥交易所、芝加哥商品交易所（Chicago mercantile exchange）、纽约商品交易所（New York mercantile exchange）和芝加哥期权交易所（Chicago board options exchange）逐渐成为全球衍生工具市场的主要力量。这些交易所成功推出了多种创新型的金融衍生合约。尽管在期货交易的前一百年主要是一些基于农产品的期货占主导地位，但从20世纪70年代开始引入的金融工具期货，如建立在单个股票、外汇、债券及股票指数基础上的金融期货，还有规模日益扩大的期权替代农产品类衍生工具成为主要衍生工具。虽然一些商品衍生工具，例如石油及稀有金属等衍生合约的交易仍然比较活跃，但金融衍生工具已经在世界衍生工具市场中占据主导地位。

定制化（又称非标准化）期权在19世纪就已经产生了，但是直到20世纪70年代早期才得以繁荣。然而在1973年引入标准化期权之后，定制化期权市场曾一度消失。有意思的是，资本市场的一些其他变化又使这个市场复活了。20世纪70年代早期，解除了汇率管制并允许其自由浮动，这次变动不仅带来了期权及货币市场的发展，同时开辟了外汇的定制化远期合约市场。这个市场以"银行间市场"闻名，因为它在全球各大银行体系间运作并且发展迅猛，更重要的是，它为银行业参与其他定制化衍生工具交易提供了平台。

受20世纪80年代对银行行为解除管制政策的影响，银行发现可以根据特定的市场需求设计出任何形式的衍生工具，并将其卖给企业和机构。这些银行利用企业规避风险的需求，设立了定制化衍生工具市场。但银行并不是自己承担这些风险，它们利用广阔的资源和覆盖全球的网络进行风险规避或将风险转移到别的地方。如果能够成功地规避这些风险，它们就能够在一个合适的出价-询价（bid-inquiry）平台上买卖产品并且盈利。除了传统的商业银行之外，投资银行也可以进行这种类型的衍生工具交易。这些对衍生工具进行买卖交易的商业银行及投资银行被称为衍生工具交易商（derivative dealers），买卖衍生工具是这些银行除了金融市场正常业务之外的衍生业务。定制化衍生工具市场就是我们通常所指的柜台交易衍生工具市场。市场对多样化产品的需求，是定制化衍生工具市场不断发展的内在动力。随着市场的发展和市场参与者的日益增多，市场主体对具有不同风险-收益特征的产品的需求会日益增大和细化，从而导致衍生工具不断被开发，以满足市场主体的各种需求，填补市场中的空白。例如，当1971年美国政府宣布停止按照官价向各国政府用美元兑换黄金时，市场敏锐地感觉到美元和黄金即将脱钩，固定汇率制不久将被浮动汇率制所取代。于是芝加哥期货交易所国际货币市场部于1972年首先推出外汇期货，以满足市场对控制外汇风险的需求。1973年，石油危机引发的通货膨胀迫使西方国家放松名义利率管制，导致利率波动加大，市场出现对转嫁利率风险的需求。1975年，美国出现了世界上第一手利率期货。

20世纪末，衍生工具市场达到了一个成熟的阶段，增速缓慢，但仍稳定地供应现有产品并持续创造出新品种。衍生工具交易具有非常多的形式，这是由柜台交易市场逐步激烈的竞争引起的。经过一系列的合并，并通过尝试提供所谓的定制化交易，一些之前不盈利的公司开始盈利。一些衍生工具交易所改变了交易方式，从以往交易厅（trading floor）面对面的旧交易系统改为电子交易（electronic transaction）系统，交易者通过计算机、网络进行沟通和交易，这种类型的交易被称为电子交易（e-trading）。在美国，场内交易（pit trading）依然是衍生工具交易的主要形态，但电子交易则是大势所趋。作为美国以外的国家的主要交易形式，电子交易很有可能在近些年代替美国的场内交易。

几乎每个有成熟金融市场的国家都存在衍生工具交易所。自20世纪90年代以来，由于规则和交易的日益标准化，金融衍生工具（包括期权、期货和互换等）柜台交易所具有的灵活性优势日益突显，因而得到更为迅猛的发展。然而我们无法精确指出场外衍生工具市场在哪里，只要交易双方同意某项交易，任何地方都可以产生这些交易。我们一般认为伦敦和纽约是场外交易的主要市场，同时东京、巴黎、法兰克福、阿姆斯特丹及其他很多主要城市也存在大量此类交易。

我们通常所说的商品衍生工具中的商品，主要指有形资产，如贵金属、贱金属、能源（如原油和天然气）、提炼产品（如热油及汽油）和食品等。几个世纪以来，商品衍生工具一直都在场外市场交易，第一笔商品期货交易开始于1865年，当时芝加哥交易所推出了标准化的谷物期货合约，此后其他期货交易所也很快推出了类似的合约。随着时间的推移，非农产品期货陆续推出——1933年美国商品交易所推出了贵金属（银）期货、1960年澳大利亚悉尼期货交易所推出了羊毛期货以及1961年芝加哥商品交易所推出了牲畜期货。接下来推出的是20世纪70年代末和80年代早期的原油及原油产品期货、1987年的液化丙烷期货、1990年的天然气期货以及1996年的电力期货等。尽管商品衍生市场的历史久远，但相比于金融衍生工具，商品衍生工具的成交量很小。2018年12月，场外交易市场的商品期货的期末账面余额为1 898万亿美元，仅占场外市场总交易量的3.5%，比2017年12月的1 862万亿美元只增长了36万亿美元。

11.1.2 衍生工具市场的功能

衍生工具市场的功能主要包括价格发现、风险管理、提高市场效率和降低交易成本四个方面。

1. 价格发现

衍生工具市场在整个经济社会领域中扮演着多重角色。其中，期货市场的一个主要功能是价格发现（price discovery）。所谓价格发现，是指在一个公开、公平、高效、竞争的期货市场中，通过期货交易形成的期货价格具有真实性、预期性、连续性和权威性的特点，能够比较真实地反映商品价格的变动趋势。

期货市场为标的资产的价格提供了非常重要的信息。很多资产在不同地点进行交易，标的资产的当前价格被称为**即期价格**（spot price）。由于存在地域差异，因此会存在很多不同的即期价格。合约交易者可以通过期货合约消除未来交易价格的不确定性，因此期货合约的价格反映了未来的即期价格。例如，一家开采金矿的公司可以通过卖出两个月内到期的黄金期货合约来套期保值，这样就可以锁定黄金在两个月后的价格，这样两个月期的期货的价格就可以消除未来两个月黄金价格的不确定性。

然而，期货合约并不是能够提供此项功能的唯一的衍生工具。实际上，远期合约及互换合约均可采用单一锁定的价格来消除未来价格的不确定性，与期货一样具有价格发现功能。期权的原理稍微有所不同，它是一种不同形式的**套期保值**（hedging）。如果价格走势较好，它允许持有者分享利益，而当价格走势较差时，持有者可以不承担损失。期权并不揭示价格本身，而是显示价格的变动情况。标的资产价格变动是期权定价的关键因素，因此可以从期权价格的变动中推断出投资者对价格变动的预期。

2. 风险管理

衍生工具市场最重要的功能是进行**风险管理**（risk management）。风险管理是识别期望风险程度及实际风险程度，并尽量使后者向前者靠拢的过程。一般这个过程被称为套期保值，即降低或消除风险。这个过程的反面就是**投机**（speculation）。传统上我们讨论的衍生工具主要被用来进行套期保值或投机。一般而言，套期保值是为了排除风险，而投机需要投资者去承担风险，但事实上并不总是这样的。套期保值者经常与其他套期保值者进行交易，投机者也会经常与其他投机者打交道，但所有套期保值者与投机者必定具有相反的信念和风险偏好。例如，一家开采金矿的公司为了对黄金销售价格进行套期保值，开采公司担心黄金的价格下跌，而珠宝制造商则担心价格会上涨。开采公司可以与一家制造珠宝的公司进行一次黄金衍生工具交易，通过交易来锁定未来交易的黄金价格，规避其价格的不确定性，此时两家公司均是套期保值者。

套期保值与投机这两个术语的使用带来了一个不幸的后果，即套期保值者似乎处于更高的道德水平，而投机者被认为是邪恶的。实际上，两者之间的区别很小。我们举一个互换的例子。一家公司刚刚按浮动利率借了款，对利率上升的恐惧使该公司进行了一次利率互换交易，如此一来，它可以按浮动利率进行支付，而按固定利率收取支付。从互换中获取的固定利率支付去除借款的浮动利率支付之后，可以有效地将原先的浮动利率贷款转换为固定利率贷款。公司现在使用固定利率借款，在很多人看来，这是一种套期保值。

公司真的在套期保值，还是简单地在赌利率会上升？如果利率下降，公司会因错失低利率而遭受损失。从预算和现金流的角度来看，固定利息已经被确定了。而且，固定利率贷款的市场价值要比浮动利率贷款更难以捉摸。因此，这家套期保值型公司可以被认为比之前承担了更多的利率风险。

关于为何使用衍生工具，有些更为流行的观点并没有提到套期保值或投机。更多情况下，衍生工具仅是公司为了更好地实施风险管理的工具。在按浮动利率举债的公司案例中，公司的最终决策是选择了固定利率。利率互换仅是该公司调整风险的一种行为，这取决于它对利率的预期，因此区分它是套期保值还是投机并不重要，公司仅仅是在进行风险管理。

3. 提高市场效率

衍生工具市场还有其他的功能。在对衍生合约进行定价时，它可以改善标的资产的市场有效性。有效的市场（efficient market）是指公平的、竞争的且允许资金在不同主体间自由流动的市场。例如，购买股票指数基金可以被购买基金期货和投资无风险债券所替代。也就是说，指数基金和基金期货与无风险债券组合会有相同的收益。如果基金成本较高，投资者会放弃溢价的基金，转而选择组合，对基金的需求降低会使其价格下降，反之亦然。那些几乎不使用衍生工具的投资者应该清楚：他们可以在一个更有利的价格上对基金进行投资，因为衍生工具市场会迫使价格保持在一个合理的水平。

4. 降低交易成本

通过衍生工具的交易可以降低市场的交易成本（transaction cost）。例如，投资一项股票指数投资组合的成本通常是购买一个指数期权合约和无风险债券成本的 10～20 倍。为什么衍生工具的交易成本如此之低？答案在于衍生工具是进行风险管理的工具，它是一种保险形式。如果与被担保资产的价值相比，其成本太高，则保险将不会进行。也就是说，衍生工具的交易成本必须低，否则它们将不会存在。

11.1.3 衍生工具市场参与者

衍生工具市场的交易者主要有套期保值者、投机者和套利者三大类。

1. 套期保值者

套期保值者（hedger）是指那些把衍生工具市场当作转移价格风险的场所，利用衍生工具合约的买卖，对其现在已拥有或将来会拥有的金融资产的价格进行保值的法人或个人。

套期保值者的目的不是在衍生工具市场上赚取盈利，而是为他们已经持有或即将持有的金融资产转移利率风险或汇率风险，稳定证券价值和保住已经取得的收益。参与衍生工具交易，使套期保值者需要保值的金融资产的价格基本锁定。如果未来资产价格变动对套期保持者不利，衍生工具交易可使其避免价格变动带来的损失，如果未来价格变动对其有利，衍生工具交易也会使其丧失原来可能获利的机会。由于市场变动趋势往往难以预料，套期保值者不应存有通过衍生工具交易获利的意图。简而言之，套期保值者的目的是转移价格风险，保障正常利润。对于一个资深的套期保值者而言，确立一个保护其投资收益的目标比获得额外的利润更重要。套期保值者一般都是拥有证券和债权，将来需要收取一定款项或负有债务需要还款的法人或个人，主要包括银行、证券公司、保险公司、基金管理公司和工商企业等。事实上，任何单位和个人都可能面临证券价格、利率和汇率等变动带来的风险，因而都可能成为套期保值者。

2. 投机者

投机者（speculator）是指那些自认为可以正确地预测金融资产未来价格变化的趋势，并愿意用自己的资金冒险，不断地买进或卖出衍生工具合约，希望从价格的经常变动中获取利润的人。

投机者参与衍生工具交易是为了获取盈利，他们不惜承担风险。由于市场上证券价格、利率和汇率等的波动是经常的，所以投机者承担风险并从中获利的机会也是经常存在的。投机者以对衍生工具价格的预期为依据，按"低买高卖"的原则不断买进或卖出衍生工具合约，从价格变动中赚取差价利润。他们一般没有金融资产或其他现实的商品资产需要保值，他们关心的只是衍生工具价格的变动趋势。对投机者来说，衍生工具合约中指定的商品是小麦或黄豆，还是黄金、国债或外汇都是无关紧要的。他们既没有这些商品需要保值，也不准备买进或卖出这些商品。他们买进衍生工具合约，是因为预期相关商品的价格将要上涨，希望今后能以较高的价格出售商品来获取差价收益。同样，他们卖出衍生工具合约是因为预期相关商品价格将要下跌，希望今后能以更低的价格购进，可以从中获利。投机者一般是那些通晓证券、利率和汇率行情的个人和法人。

3. 套利者

套利者（arbitrageur）是衍生工具市场中第三类重要的参与者。套利通常指套利者同时进入两个或多个市场进行交易以锁定一个无风险的收益。如果一个资产的期权价格偏离了现货价格，就可能存在套利机会。套利机会不可能长期存在，随着套利者在某一市场买入价位较低的衍生工具，供求关系将会使该衍生工具的价格上升。与此类似，随着他们在另一价位较高的市场上的出售，该衍生工具的价格又会下降，很快就会使这两个价格达到均衡。事实上，由于存在逐利的套利者，衍生工具的价格在初期就不可能存在如此严重的不平衡。进一步说，正是由于许多套利者的存在，实际上大多数金融产品的报价中仅存在极少的套利机会。

巴林银行的破产

1995年2月，拥有230多年历史、在世界1 000家大银行中按核心资本排名第489位的英国巴林银行宣布倒闭，在国际金融界引起了强烈震动。巴林银行1763年创建于伦敦，它既为投资者提供资金和有关建议，又像一个"商人"一样自己做买卖，同时和其他"商人"一样承担风险。由于善于变通且富于创新，巴林银行很快就在国际金融领域获得了巨大的成功。它的业务范围非常广泛：无论是到刚果提炼铁矿，从澳大利亚贩运羊毛，还是开掘巴拿马运河的项目，巴林银行都可以为之提供贷款。由于巴林银行对银行业做出的卓越贡献，巴林银行的经营者先后获得了5个爵位，巴林银行也成为在英国乃至世界极具影响力的商业银行。

巴林银行倒闭是由于其子公司——巴林期货新加坡公司持有大量未经保值的期货和期权头寸而导致了巨额亏损。调查发现，巴林期货新加坡公司1995年交易的期货合约是日经225指数期货、日本政府债券期货和欧洲日元期货，实际上所有的亏损都是由前两种合约引起的。

负责期货交易的经理尼克·里森当时年仅28岁,因工作业绩突出,不仅被委任为巴林期货新加坡公司的总经理,而且权力极大,几乎不受什么监督。自1994年下半年起,里森认为日经指数即将上涨,因而逐渐买入日经225指数期货,不料1995年1月17日关西大地震后,日本股市不断下跌,里森的投资损失惨重。里森当时认为股票市场对神户地震反应过激,股价将会回升,为弥补亏损,里森一再加大投资,1月16日至26日再次大规模建多仓,企图翻本。他的策略是继续买入日经225期货,日经225期货头寸为9 503合约5 640张。据估计,9 503合约多头平均买入价为18 130点。2月23日以后,日经指数急剧下挫,9 503合约收盘跌至17 473点以下,导致损失无法弥补,累计亏损达到480亿日元。

里森认为日本股票市场股价将会回升,而日本政府债券价格将会下跌,因此在1995年1月16日至24日大规模建日经225指数期货多仓,同时又卖出大量日本政府债券期货。里森将未套期保值合约数从1月16日2 050手多头合约增加到1月24日的26 379手空头合约,但1月17日关西大地震后,在日经225指数大跌的同时,日本政府债券的价格却普遍上升,使里森购买的日本政府债券的空头期货合约也出现了较大亏损,在1月1日到2月27日期间就亏损了1.9亿英镑。

由于期货交易的频频失误,里森终于意识到,他已回天无力,于是便携妻子仓促外逃。1995年2月24日,巴林银行被追交保证金,才发现里森期货交易账面损失4亿~4.5亿英镑,约合6亿~7亿美元,已接近巴林银行集团本身的资本和储备之和。26日,英格兰银行宣布对巴林银行进行倒闭清算,寻找买主。27日,东京股市日经指数再急挫664点,又令巴林银行的损失增加了2.8亿美元。截至1995年3月2日,巴林银行亏损额达9.16亿英镑,约合14亿美元。3月5日,国际荷兰集团与巴林银行达成协议,接管其全部资产与负债,更名为"巴林银行有限公司"。3月9日,此方案获英格兰银行及法院批准。至此,巴林银行230年的历史最终画上了句号,里森也锒铛入狱。

资料来源:吴晓求. 证券投资学[M]. 北京:中国人民大学出版社,2009.

法国兴业银行巨亏

法国兴业银行是世界上最大的银行集团之一,是法国第二大银行,市值仅次于法国巴黎银行。总部设在巴黎,分别在巴黎、东京和纽约证券市场挂牌上市,2000年12月31日,法国兴业银行在巴黎股票交易所的市值已达300亿欧元。从2007年年初开始,法国兴业银行的交易员杰罗姆·凯维埃尔在股指期货操作中对欧洲股市未来的走向投下巨注,"悄然"建立起预计为500亿~700亿欧元的多头头寸。杰罗姆·凯维埃尔在欧洲股票指数上使用期货,豪赌欧洲股市将持续上升。直至2007年年末,杰罗姆·凯维埃尔的交易还处于盈利状态。

在2007年圣诞节及2008年新年假期后,市场开始走向他的对立面。他所交易的巴黎CAC40指数开始大幅下跌,他所持的头寸出现了较大损失。2008年1月18日,当德国DAX指数下跌超过600点的时候,杰罗姆·凯维埃尔可能已经损失了20亿欧元。法国兴业银行曾经因为在这方面交易的损失受到过德国有关部门的警示。同一天,法国兴业银行的一位法务官员发现了一笔超过该行风险限制的交易,立刻打电话给这笔交易的对手进行核实,而对方声称他们从来没有进行过这笔交易。2008年1月21日,法国兴业银行开始动手平仓。法国兴业银行的平仓举动引发市场猜测，该行低价贱卖这些头寸也许就是导致全球股市周一大幅下跌的原因。当天，法国、德国和英国的股市全线下跌5%以上。

2008年1月24日，位于中国香港的法国兴业银行亚太总部向国内媒体公告，由于交易员杰罗姆·凯维埃尔在股指期货操作上的欺诈行为，产生了49亿欧元（约合71.4亿美元）的损失。随后，法国兴业银行审查杰罗姆·凯维埃尔负责的头寸，并且对他所在部门负责的全部持仓进行了彻底分析，最终确认该欺诈交易事件为独立事件。

事实上，法国兴业银行的丑闻完全是因为精通电脑的交易员杰罗姆·凯维埃尔冲破银行内部层层监控进行的非法交易，致使银行出现巨额亏损。这是迄今由单个交易员造成的最大一桩亏损案件，亏损金额超过了美国商品期货对冲基金Amaranth在2006年亏损的66亿美元，同时也是英国巴林银行1995年遭受的14亿美元亏损的5倍多。

显然，衍生工具不仅提升了金融市场的效率，同时给投资者提供了更多的风险选择。但是，人们针对衍生工具的指责也一直没有平息过。衍生工具之所以在市场上存在诸多争议，有以下几个方面的原因。第一，衍生工具的原理和交易相对比较复杂，很多批评来源于人们对衍生工具的不理解。当投资衍生工具失败时，通常将原因归咎于衍生工具本身，而不是衍生工具的使用者。举例来说，当房主将房子进行抵押贷款时，他们通常会收到一个有价值的选择权，即提前还款并赎回房子的权利。如果利率下降，房主经常会提前还清抵押贷款，并重新贷款，从而可以获得一个较低的利率。抵押债券的持有者通常会把它卖给其他主体，其中包含一些小的组织或个人。因此，我们经常会看到一些持有此类抵押性质证券的不成熟的投资者。当房主赎回抵押品时，他们能节省一大笔利息。这笔钱从哪里来？它来自于这些抵押证券持有者的口袋。而当这些不成熟的投资者损失钱时，他们一般会将责任归咎于衍生工具。这些损失以利息节省的形式流进了房主的口袋。这种情况应该怪谁呢？也许应该是那些金融产品经纪人（broker），是他们把证券卖给了那些什么也不懂的投资者。第二，衍生工具的复杂性有时导致使用它们的主体对其不够了解，因此对它们的使用不太恰当，从而导致了大量的潜在损失。这一争论也可以适用于对火、电和化学的争论，这些物品如果使用不恰当，例如在一个孩子或不太了解它们的人手里，它们都可以变得非常危险。但我们也知道关于火、电或化学科学使用的知识并不难获得，衍生工具同样如此，对它们应该像对知识那样保持一种不断学习而不是避而远之的做法。第三，衍生工具被一些人视为是一种赌博（gambling）的形式。衍生工具一般被认为是政府对赌博的合法性在金融市场上的认可。但是衍生工具与赌博之间有着重大区别：衍生工具的利益衍生超出了市场参与者，通过提供风险管理及其他功能，以衍生工具使金融市场运作更加健康。有组织的赌博业可以影响到参与者、俱乐部老板和那些可以从政府彩票中获益的公民，然而，它却不能改善社会功能，反而会带来一定的社会成本。

毋庸置疑，衍生工具是一种风险程度非常高的交易品种。衍生工具市场的首要功能就是规避风险，但是如果运用不当，衍生工具本身可能成为最大的风险之源。1994年，美国奥兰治县政府由于从事金融衍生工具交易失败，造成20多亿美元巨额亏损，不得不宣布破产；1995年，拥有230年历史的巴林银行因在新加坡衍生工具市场操作不当，宣布破产；美国大卫阿斯金投资银行由于预测利率走势失误，损失了6亿美元；因衍生工具交易，日本东京证券公司损失了32亿美元；德国冶金公司损失18亿美元。同样，衍生工具也让中国尝到了苦头，1995年2月的327国债风波、2004年的中航油事件和2005年的国储铜事件，造成数以亿计的资产损失，其幕后元凶正是衍生工具交易。甚至从 20 世纪 90 年代以来，世界范围内的几乎每一场金融风暴都与金融衍生工具有关，如 1998 年的东南亚金融风暴和 2008 年的全球金融海啸。

11.2 远期合约市场

现货交易是日常生活中最常见的交易方式，交易合约签订的同时就完成了实际交割，即"一手交钱，一手交货"。但是在实际生活中，经常会有交易合约签订与实际交割时间不同步的情况。例如房屋租赁，如果以每月 1 000 元的价格签订一年的租赁合同，那么当月房屋的使用权是现货交易，但租赁双方也以当期确定的房租交易未来一年房屋的使用权。

11.2.1 什么是远期合约

远期合约（forward contract）是指交易双方约定在未来某一确定时间按照事先商定的价格（如汇率、利率或股票价格等），以预先确定的方式买卖一定数量某种资产的合约。

远期合约中规定，在未来买入标的物的一方为多头（long position），卖出标的物的一方为空头（short position），未来买卖标的物的价格为交割价格（delivery price）。在合约到期时，交易双方必须进行交割，即空头付给多头合约规定数量的基础资产，多头付给空头按约定价格计算出来的现金。当然，还有其他交割方式，如双方可将交割价格与到期时的市价相比，进行净额交易。

远期合约是最基础的衍生工具，其最大的特点是预先确定了交易价格，因此签订远期合约可以消除未来交易价格变动的风险。如果交易者预先确定了将来买入商品的价格，那么未来商品价格上升的风险就被消除了，但倘若未来商品价格下跌，交易者也必须按照约定价格（远期价格）进行交易，这体现了运用远期合约进行风险对冲的特点，即在降低损失暴露程度的同时放弃了获利的可能性。

远期合约是一种非标准化合约，双方可以在合约签订前就交割地点、时间、价格、合约规模和标的物等细节进行谈判，尽量满足双方的需要。因此，与期货合约相比，远期合约灵活性较大。但远期合约也有明显的缺点：首先，由于远期合约没有固定的、集中的交易场所，不利于信息交流和传递，不利于形成统一的市场价格，市场效率较低；其次，由于远期合约千差万别，这就给远期合约的流通造成了较大的不便，因此远期合约的流动性较差；最后，远期合约的履约没有保证，当价格变动对一方有利时，另外一方有可能无力或无诚意履行合约，因此远期合约的违约风险较高。

在金融远期市场中，常见的金融远期合约有远期利率协议、远期外汇合约和远期股票合约等。

（1）**远期利率协议**（forward rate agreements，FRA）。协议双方约定在未来某一时间，以商定的名义本金和期限为基础，由一方将协定利率与参照利率之间差额的贴现额度付给另一方。

（2）**远期外汇合约**（forward exchange contract）。合约双方约定在将来某一时间按约定的远期汇率买卖一定金额的某种外汇的合约称为远期外汇合约。交易双方在签订合同时，就确定好将来进行交割的远期汇率，到时不论汇价如何变化，都按此汇率交割。双方进行交割时，只交割合同中规定的远期汇率与当时的即期汇率之间的差额。

（3）**远期股票合约**（equity forwards）。合约双方约定在将来某一特定日期按约定价格交付一定数量的单个股票或一揽子股票的协议称为远期股票合约。

关于远期外汇合约，将在外汇市场中详细介绍。远期股票合约出现的时间不长，仅在小范围内有交易记录,这里也不做详述。下面着重介绍远期利率协议。

11.2.2 远期利率协议

远期利率协议是对未来借贷资金利率的提前约定。实际上,远期利率协议的买方相当于名义借款人,而卖方则相当于名义贷款人,双方签订远期利率协议,相当于同意从未来某一商定日期开始,按协定利率借贷一笔数额、期限与币种确定的名义本金。只是双方在清算日时并不实际交换本金,而是根据协议利率和参照利率之间的差额及名义本金额,由交易一方支付给另一方结算金。

为了规范远期利率协议,英国银行家协会(British Banker's Association)于1985年颁布了远期利率标准化文件(FRABBA),作为市场实务的指导原则。目前世界上大多数远期利率协议都是根据 FRABBA 签订的。该标准化协议使每一笔 FRA 交易仅需一个电传确认即可成交,大大提高了交易速度和质量。

按照 FRABBA 的要求,标准化远期利率协议一般包括以下几个重要内涵。

合同金额(contract amount)借贷的名义本金额;

合同货币(contract currency)合同金额的货币币种;

交易日(dealing date)远期利率协议成交的日期;

结算日(settlement date)名义借贷开始的日期;

确定日(fixing date)确定参照利率的日期;

到期日(maturity date)名义借贷到期的日期;

合同期(contract period)结算日至到期日之间的天数;

合同利率(contract rate)双方商定的借贷利率;

参照利率(reference rate)在指定日期用以确定结算金的某种市场利率;

结算金(settlement sum)在结算日根据合同利率和参照利率的差额计算出来的由交易一方付给另一方的金额。

下面举例说明远期利率协议的交易流程(见图 11-1)。

图 11-1 远期利率协议流程图

假定 X 公司在年初预计 4 月中旬将有总额为 100 万美元、为期 3 个月的远期资金需求。同时,X 公司预计未来利率可能会上升。为了对冲利率上升的风险,1 月 13 日,X 公司从某银行购买了一份"3×6"名义金额为100万美元、协定利率为4.75%、参考利率为伦敦银行同业拆借利率LIBOR的远期利率协议。在这份合约中,X 公司相当于名义借款人,银行相当于名义贷款人。其中"3×6"是指起算日和结算日之间为 3 个月,起算日至名义贷款最终到期日之间的时间为 6 个月,即 3 个月后合约生效,6 个月后远期合约结束,合同期为 3 个月。交易日与起算日一般时隔两个交易日。

在本例中,交易日是 1 月 13 日,起算日是 1 月 15 日,而结算日是 4 月 15 日,到期时间为 7 月 15 日,合同期为 4 月 15 日至 7 月 15 日。结算日之前的两个交易日(即 4 月 13 日)为确定日,确定参照利率。假定确定日的参照利率 LIBOR 为 5.5%。结算日,由于参照利率高于合同利率,银行就要向 X 公司支付结算金,以补偿 X 公司在实际借款中因利率上升而造成的损失。需要注意的是,结算金是在结算日支付的,而实际借款利息是在借贷到期时支付的,因此结算金并不等于因利率上升而给买方造成的额外利息支出,而是等于额外利息支出在结算日的贴现值,具体计算公式为

$$S = \frac{(R_r - R_k) \times A \times \frac{D}{B}}{1 + R_r \times \frac{D}{B}} \tag{11-1}$$

式中，S 为结算金；R_r 为参照利率；R_k 为合同利率；A 为合同金额；D 为合同期天数；B 为天数计算惯例（如美元为 360 天，英镑为 365 天）。

在式（11-1）中，分子表示合同利率与参照利率之间的差异所造成的额外利息支出，而分母是对分子进行贴现，以反映结算金的支付是在合同期开始之日而非结束之时。

把上例的数字代入式（11-1），就可算出卖方应向买方支付的结算金

$$S = \frac{(0.055 - 0.0475) \times 1\,000\,000 \times \frac{91}{360}}{1 + 0.055 \times \frac{91}{360}} = 1\,869.84(\text{美元})$$

通过上例可以看出，如果没有签订远期利率协议，X 公司就需要按照借款时 5.5% 的市场利率筹措资金，但是签订远期利率协议后，未来的实际支付利率固定在 4.75%，从而避免了利率上升带来的成本损失。当然，如果确定日的参考利率低于合同利率 4.75%，即按照式（11-1）计算的结算金为负，这意味着 X 公司将向银行支付结算金。

由此可见，远期利率协议最重要的功能在于，通过固定将来实际交付的利率来避免利率变动风险。当参照利率上升时，表明协议增加购买方的资金成本增加，但他可以从协议出售方那里得到参照利率与协议利率的差价，弥补其增加的资金成本。协议出售方则固定了资金收益，规避利率下降的风险。

由于远期利率协议交易的本金不用交付，利率是按差额结算的，所以资金流动量较小，这就给银行提供了一种管理利率风险而又无须通过大规模的同业拆放来改变其资产负债结构的有效工具，有利于银行增加资本比例和改善资产收益率。

11.3 期货市场

人们可以利用远期合约来规避价格波动的风险，但是如果交易对手远隔千里且信息沟通不畅，远期合约交易成本将会很高或者根本无法进行交易。于是，在远期交易的基础上，期货交易诞生了。期货交易在期货交易所内进行，交易的是标准化远期合约。交易所将自身置于期货交易买方和卖方之间，是所有交易者的对手，与每一方都签订独立的合约，交易者无须再去寻找交易对手，大大节约了交易成本，提高了交易效率。自 1848 年美国芝加哥期货交易所（Chicago board of trade，CBOT）建立后，期货交易迅速发展，在金融市场中的地位越发重要。美国著名经济学家及诺贝尔经济学奖获得者米勒教授曾指出："没有期货市场的经济体系，称不上是市场经济。"

11.3.1 什么是期货

期货合约（futures contracts）是指协议双方同意在将来某个日期按约定的条件（包括价格、交割地点和交割方式）买入或卖出一定标准数量的某种特定金融工具的标准化协议。

期货合约由期货交易所制定，一般包括标准化的合约内容和格式，为了便于理解，下面以中国金融期货交易所推出的股指期货合约的标准条款为例（见表 11-1）。

表 11-1　沪深 300 股指期货合约

合约标的	沪深 300 指数
合约乘数	每点 300 元
报价单位	指数点
最小变动价位	0.2 点
合约月份	当月、下月及随后两个季月
交易时间	上午：9:30～11:30，下午：13:00～15:00
最后交易日交易时间	上午：9:15～11:30，下午：13:00～15:00
每日价格最大波动限制	上一个交易日结算价的 ±10%
最低交易保证金	合约价值的 8%
最后交易日	合约到期月份的第三个周五，遇国家法定假日顺延
交割日期	同最后交易日
交割方式	现金交割
交易代码	IF
上市交易所	中国金融期货交易所

资料来源：中国金融期货交易所网站，http://www.cffex.com.cn/hs300。

显然，一张期货合约包括以下几个方面的内容。

（1）**交易标的**（object of transaction）。每份合约都必须指明以何种金融工具作为交易标的，如外汇期货的标的是外汇，具体又有美元、英镑、欧元和日元等不同币种之分。表 11-1 中合约标的为沪深 300 股票指数。

（2）**交易单位**（trading unit）。期货交易中每份合约的交割数量都是确定的，但不同的交易所有不同的规定，如一张英镑期货合约的交易单位在芝加哥国际货币市场为 25 000 英镑，在中美洲商品交易所为 12 500 英镑，在阿姆斯特丹欧洲期权交易所为 10 000 英镑。交易单位的大小视期货市场交易规模大小、参与者资金实力强弱、合约商品价格波动性高低等因素而定。表 11-1 中合约的交易单位是一张合约代表一个单位的沪深 300 指数，价值由指数点乘以 300 元来核算，例如沪深 300 指数点位是 3 000，则一张指数合约的价值就是 90 万元人民币（3 000×300 元＝900 000 元）。

（3）**最小变动价位**（minimum price change）亦称刻度（tick mark）或最小波幅（minimum price fluctuation），是期货交易所公开竞价过程中商品或金融期货价格报价的最小变动数值。最小变动价位乘以合约交易单位，就可得到期货合约的最小变动金额。英镑期货为 0.000 5 美元，即 5 个基本点，而加元期货为 0.000 1 美元，即 1 个基本点。由表 11-1 可以看到沪深 300 股指期货合约的最小变动价位为 0.2 点。期货合约的最小变动价位的确定，一般取决于该金融工具的种类、性质、市场价格波动状况和商业习惯等因素。

（4）**每日最高波动幅度**（maximum daily fluctuation）又称涨跌停板幅度，是指交易所规定的在一个交易日内期货价格的最高涨跌幅度限制。这一点与中国股票市场涨跌停板限制相似。当单日期货价格波动幅度超过这一限制时，期货交易所将会停止当天的交易，后续的交易将在第二天进行。设置涨跌停板的主要目的是控制风险，保障期货交易者在期货价格出现猛涨或狂跌时免受重大损失。但这阻碍了价格迅速移向新的均衡水平，从经济效率上讲，它阻止了市场及时恢复均衡，限制了价格发现功能的实现。

如表 11-1 所示，沪深 300 股指期货每日价格最大波动限制为上一个交易日结算价的 ±10%，并且在 ±5% 价格波动时设立熔断机制（circuit breaker）。熔断机制是指在某一合约达到涨跌停板之前，设置一个熔断价格，使合约买卖报价在一段时间内只能在这一价格范围内交易的机制。沪深 300 股指期货合约的熔断价格为前一交易日结算价涨跌 5% 的价格，当市场价格涨跌触及 5%，并持续 5 分钟的，熔断机制启动。在随后的 10 分钟内，买卖申报价格不能超出涨跌幅的 5%。超过5%的申报会被拒绝。10分钟后，价格限制放大到7%。设置熔断机制的目的是让投资者在价格发生突然变化的时候有一个冷静期，防止做出过度反应。

（5）**标准交割时间**（standard delivery time）包括标准交割月份（standard delivery month）和标准交割日期（standard delivery date）。标准交割月份就是各个交易所规定的期货合约未来的交割月份，又称合约月份（forward month）。伦敦国际金融期货交易所（LIFFE）规定货币期货合约的交割月份为3月、6月、9月和12月。在芝加哥国际货币市场（IMM），除上述月份外，还有少量货币期货合约交割的月份是1月、4月和10月。沪深300股指期货的合约月份包括当月、下月及随后两个季月，其中季月是指季度的末月，如3月、6月、9月和12月。

标准交割日期指交割月份的具体交割日，又称最后交易日（last trading day）。伦敦国际金融期货交易所规定交割日期为交割月份的第2个星期三，芝加哥国际货币市场规定交割日期为交割月份的第3个星期三，合约的交易在交割日前两个营业日（星期一）停止。在芝加哥商品交易所，股票期货合约的最后交易日为交割月份的第3个星期五，抵押证券期货合约则为交割月份的第3个星期三之前的星期五。中金所沪深300股指期货交割日期为合约到期月份的第3个星期五。

（6）**初始保证金**（initial margin）又称原始保证金（original margin），是指期货交易双方为保证合约履行而向清算会员存储的保证金。沪深300股指期货合约的初始保证金为合约价值的12%。

除初始保证金外，交易所一般还规定维持保证金（maintenance margin）制度，即交易者为维持自己的交易所必须持有的保证金最低限额，如果低于此限额，交易所就会向交易者发出保证金通知（margin call），要求交易者于次日开盘前补交至初始保证金水平。维持保证金金额一般为初始保证金金额的75%~80%。

11.3.2 期货交易

期货合约的交易过程大致可以概括为建仓、持仓和平仓。

建仓（open a position）也称开仓，是指交易者新买入或新卖出一定数量的期货合约。同远期交易一样，期货合约中承诺在合约到期日购买商品的一方为多头方，承诺在合约到期日卖出商品的一方为空头方。在这里，买与卖只是一种说法，因为合约并没有像股票或者债券那样实际进行买卖，它只是交易双方之间的一个协议，在签订合约时，资金并没有易手。

期货合约到期时，要进行结算。一般有两种**平仓**（liquidate）方式，即实物交割和对冲平仓。实物交割就是指期货交易的买卖双方于合约到期时，对各自持有的到期未平仓合约按交易所的规定履行实物交割，终结期货交易的方式。然而，大多数期货交易并不是为了获得实物商品，而是为了转移有关商品的价格风险，或赚取期货合约的买卖差价收益，因此，进行实物交割的是少数，交易者一般都在最后交易日结束之前择机将买入的期货合约卖出，或将卖出的期货合约买回，即通过一笔数量相等但方向相反的期货交易来冲销原有的期货合约，以此终结期货交易，解除到期进行实物交割的义务。这种买回已卖出合约或卖出已买入合约的行为就叫平仓。建仓之后尚没有平仓的合约叫作未平仓合约或未平仓头寸，也叫**持仓**（hold a position）。

实际的金融期货交易具有以下基本特征。

（1）**间接清算**（indirect liquidation）。与远期合约不同的是，期货交易在交易所进行，期货合约多头方与空头方都不持有与对方签订的合约，而是各自与交易所的清算部（liquidation department）或专设的清算公司交易结算。清算公司充当所有期货买方的卖方和所有卖方的买方。由于清算公司坚定地执行买卖合约，所以任何交易者的违约行为造成的损失只由清算公司来承受。因此，交易者无须担心对方违约，这样就克服了远期交易所存在的信息不对称和违约风险高的缺陷。

图 11-2 显示了清算公司充当交易中介的情况。清算公司充当了买卖双方的交易对手，在每次交易中既是多头又是空头，处于中立立场。

图 11-2 有清算公司的期货交易

（2）**标准合约**（standard contract）。期货合约的合约规模、交割日期和交割地点等都是标准化的，无须双方再商定。交易双方所要做的工作是选择适合自己的期货合约，并通过交易所竞价确定成交价格。价格是期货合约的唯一变量。

（3）**每日结算制度**（daily settlement system）。期货交易是每天进行结算的，而不是到期一次性结算。在每天交易结束时，清算公司都要根据期货价格的涨跌对每个交易者的保证金账户进行调整，以反映交易者的浮动盈亏，这就是所谓的**盯市**（mark to market）。交易双方的浮动盈亏是根据结算价格（settlement price）计算的。结算价格由交易所规定，它有可能是商品当天的加权平均价，也可能是收盘价，还可能是最后几秒钟的平均价。如果当天的结算价格高于昨天的结算价格（或当天的开仓价）时，超出部分就是多头的浮动盈利和空头的浮动亏损。这些浮动盈利就在当天晚上转入多头的保证金账户，并从空头的保证金账户中扣除，反之亦然。当保证金账户的余额超过初始保证金水平时，超出的部分交易者可随时提取为现金或用于开新仓。而当保证金账户的余额低于交易所规定的维持保证金水平时，经纪公司就会通知交易者限期将保证金水平补足到初始保证金水平，否则就会被强制平仓。

对一个在期初（时间 0）做多头，并持有期货至期终（时间 T）的投资者来说，到期收益，即每日结算的总和是 $F_T - F_0$，其中 F_T 代表合约到期时的期货价格，F_0 代表开始时的期货价格。需要特别注意的是，交割日的期货价格 F_T 等于当时的现货价格 P_T。因为到期合约需要立即交割，所以当天的期货价格必然等于现货价格——如果既可以在现货市场购买商品，又可以通过期货多头购买商品，那么在自由竞争市场中，从这两个相互竞争的渠道获得的同一商品的成本应该是相等的，否则就会出现套利行为，即投资者从价格较低的市场购买该商品，然后到价格较高的市场出售。在到期日，期货价格与现货价格相一致的特性被称为**收敛性**（convergence property）。

由收敛性可知，在到期日

$$V_T = P_T - F_0 \tag{11-2}$$

式中，V_T 为多头方的收益；P_T 为到期时的现货价格；F_0 为开始时的期货价格。

与之相对应

$$V_T' = F_0 - P_T \tag{11-3}$$

式中，V_T' 为空头方的收益。

显然，期货合约交易是一种典型的零和游戏，所有头寸的总损益为零。每一个多头都有一个空头与之相对应，多头的每一笔损失必然存在空头的盈利与之相对应。在全部的期货交易中，所有投资者的利润之和为零，商品价格变化的净风险也为零。图 11-3 给出了期货合约的多头和空

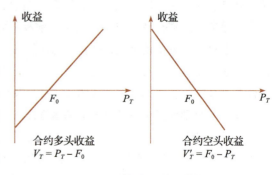

图 11-3 期货合约的到期收益

头随着标的商品价格变化的损益状况。

11.3.3 金融期货

20 世纪 70 年代，世界上发展最快、最为活跃的期货交易是金融期货合约，即以金融产品为交易标的的期货合约。

> **金融期货合约**
>
> 第一份金融期货合约是 1972 年 5 月美国芝加哥商品交易所推出的外汇期货合约，1975 年，芝加哥期货交易所推出了第一份利率期货合约——政府国民抵押贷款协会（GNMA）的抵押凭证期货合约，同年开始交易美国政府国库券期货合约。1982 年 2 月，美国堪萨斯期货交易所（KCBT）开办价值线综合指数期货交易，标志着金融期货三大类别的结构初步形成。金融期货一经推出就迅速得以发展，进一步促进了 20 世纪七八十年代世界衍生工具市场的迅猛发展。

目前，在世界各大期货市场中交易活跃的金融期货合约有数十种之多。根据各种合约标的不同性质，可将金融期货分为三大类：外汇期货、利率期货和股票指数期货，其中影响较大的合约包括美国芝加哥期货交易所的美国长期国库券期货合约、东京国际金融期货交易所（TIFFE）的 90 天期欧洲日元期货合约和香港期货交易所（HKFE）的恒生指数期货合约等。

1. 外汇期货

外汇期货（foreign exchange futures）又称货币期货，是指协约双方同意在未来某一时期根据约定的汇率买卖一定标准数量的某种外汇的标准化协议。

外汇期货于 20 世纪 70 年代初期问世，是最早出现的金融期货。1972 年 5 月，芝加哥商业交易所正式成立国际货币市场分部，推出了七种外汇期货合约，从而揭开了期货市场创新发展的序幕。自 1976 年以来，外汇期货市场迅速发展，交易量激增了数十倍。1978 年，纽约商品交易所也增加了外汇期货业务，1979 年，纽约证券交易所宣布设立一个新的交易所来专门从事外币和金融期货业务。1981 年 2 月，芝加哥商业交易所首次开设了欧洲美元期货交易。随后，澳大利亚、加拿大、荷兰和新加坡等国家和地区也开设了外汇期货交易市场。从此，外汇期货市场蓬勃发展起来。

目前，外汇期货交易的主要品种有美元、英镑、欧元、日元、瑞士法郎、加拿大元和澳大利亚元等。从世界范围看，外汇期货的主要市场在美国，主要集中在芝加哥商业交易所的国际货币市场（IMM）、中美洲商品交易所（MCE）和费城期货交易所（PBOT）。

2. 利率期货

利率期货（interest rate futures）是指协议双方同意在约定的将来某个日期按约定条件买卖一定数量某种债券类信用工具的标准化协议，能够规避市场利率波动所引起的证券价格变动风险。由于债券等信用工具的价格与利率水平密切相关，因此被称为利率期货。

利率期货合约最早由芝加哥期货交易所于 1975 年 10 月推出，在此之后利率期货交易得到迅速发展。虽然利率期货的产生较外汇期货晚三年多，但其发展速度比外汇期货快得多，应用范围也较外汇期货更广泛。在期货交易比较发达的国家和地区，利率期货早已超过农产品期货成为成交量最大的期货合约。在美国，利率期货的成交量甚至已占期货交易总量的一半。1977 年 8 月 22 日，美国长期国库券期货合约在芝加哥期货交易所上市，成为利率期货发展史上具有里程碑意义的重要事件。这一合约获得了空前的成功，成为世界上交易量最大的一个合约。继美国推出国债期货之后，其他国家和地区也纷纷以本国的长期公债为标的，推出各自的长期国债期货。其中，比较成功的有英国、法国、德国和日本等。

利率期货的种类很多，根据其报价方式不同主要分为短期利率期货和长期利率期货。

（1）**短期利率期货**（short-term interest rate futures）是指期货合约的标的期限在一年以内，即以货币市场的各类债务凭证为标的的利率期货。它包括各种期限的商业票据期货、国库券期货及欧洲美元定期存款期货等。

短期利率期货的报价以指数为基础，具体报价方式为100减去短期债券利率（贴现率），得出的指数便是短期利率期货的价格。这一报价方式为芝加哥商品交易所国际货币市场（IMM）首创，故称IMM指数。指数与利率期货合约的价值成正比，指数越高，合约价值就越大；反之，指数越低，合约价值越小。

下面举例说明短期期货合约的价值。例如，IMM 3个月期国库券的标准面值是100万美元，当贴现率为6%、期货价格为94时，这张国库券合约的价值为

$$V_G = V_m - V_m \times i \times \frac{D}{B} \tag{11-4}$$

式中，V_G为国库券合约价值；V_m为面值；i为贴现率；D为合约天数；B为基础天数。

代入数据得到

$$V_G = 1\,000\,000 - 1\,000\,000 \times 6\% \times \frac{90}{360} = 985\,000(\text{美元})$$

如果贴现率为4%且期货价格为96时，这张国库券合约的价值为

$$V_G = 1\,000\,000 - 1\,000\,000 \times 4\% \times \frac{90}{360} = 990\,000(\text{美元})$$

短期利率期货价格变动的最小单位为1个基点，即0.01%，期货价格最小单位变动所引起的合约价值的变动金额称作刻度值。短期利率期货刻度值的计算公式为

$$K = V \times \frac{D}{B} \times 0.01\% \tag{11-5}$$

式中，K为刻度值；V为期货合约面值；D为到期天数；B为1年的天数。

上例中3个月期国库券期货的刻度值为

$$K = 1\,000\,000 \times \frac{90}{360} \times 0.01\% = 25(\text{美元})$$

这样，利率期货的交易者在期货价格出现变动时能迅速知道其手持利率期货合约价值的变动情况。比如，如果利率期货价格上升4个基点，某交易者持有5张国库券期货，则其手持利率期货合约升值500美元。

（2）**长期利率期货**（long-term interest rate futures）是指期货合约的标的期限在一年以上，即以资本市场的各类债务凭证为标的的利率期货。它包括各种期限的中长期国库券期货和市政公债指数期货等。

中长期利率期货采用票面金额百分比的方式报价。例如，99-00的报价表示买方愿意按票面值的99%买进这张合约。中长期利率期货的标准利率为8%，因此当中长期公债的收益率为8%时，其期货报价基本上为100-00。若市场利率下跌，则中长期公债合约的报价上升，高于100-00；若市场利率上升，则中长期公债合约的报价下跌，低于100-00。

与短期利率期货不同,长期利率期货价格的最小变动单位为$\frac{1}{32}$%。长期利率期货合约的刻度值的计算公式为

$$K = V \times \frac{1}{32}\% \tag{11-6}$$

式中,K 为刻度值;V 为期货合约面值。

长期利率期货的标准面值为 100 000 美元,因此其刻度值为 31.25 美元。

由于长期利率期货价格的最小变动单位为 $\frac{1}{32}$%,这样长期利率期货合约报价的含义比较特别,如报价 101-24,是指票面价值的 $101\frac{24}{32}$%;报价 103-08,是指票面价值的 $103\frac{8}{32}$%。

了解了长期利率期货的刻度值和长期利率报价的含义后,当利率期货价格出现变动时,交易者能够迅速地计算出合约价值的变动情况。假设 1 张 15 年期的长期公债期货价格由 101-24 升至 103-08,价格变动单位为 $1\frac{16}{32}$ 或 $\frac{48}{32}$,合约价值变化为 1 500 美元(48×31.25 美元)。

3. 股票指数期货

股票指数期货(stock index futures)是协议双方同意在将来某一时期按约定的价格买卖股票指数的标准化合约。

1982 年,美国堪萨斯期货交易所(KCBT)首先推出价格线综合指数期货,随后全球股价指数期货品种不断涌现,几乎覆盖了所有的基准指数。比较重要的有芝加哥商业交易所的标准普尔股价指数期货系列、纽约期货交易所的纽约证券交易所综合指数期货系列、道琼斯指数期货系列、伦敦金融时报 FTSE 100 种股价指数期货系列、新加坡期货交易所的日经 225 指数期货、中国香港交易所的恒生指数期货和中国台湾证券交易所的台湾股票指数期货等。中国金融期货交易所于 2010 年 4 月 16 日正式推出了沪深 300 指数股指期货合约。

与其他期货合约相比,股票指数期货合约具有如下特点。

(1) 交易对象具有抽象性。股票指数期货交易的对象是股票指数,是一种无形的数字,不像商品期货或外汇期货那样交易的是具体商品和货币。因此,股票指数期货的交易对象具有抽象性。

(2) 股指期货合约的价格,以股票指数的"点"表示。世界上所有的股票指数都是以点数表示的,而股票指数的点数也是该指数的期货合约的价格。例如,标准普尔 500 指数(S&P 500)6 月收盘时为 1 000 点,那么 1 000 点也是 6 月的股票指数合约的价格。指数点乘以一个确定的金额数值就是合约的金额。在美国,绝大多数股指期货合约的金额是用指数乘以 500 美元计算的,例如,当标准普尔 500 指数为 1 000 点时,一张标准普尔 500 指数期货合约代表的金额为 1 000×500 美元 = 500 000 美元。指数每涨跌 1 点,该指数期货交易者就会有 500 美元的盈利或者亏损。

(3) 股票指数期货合约是现金交割的期货合约。商品期货可采取对冲交易和实物交割两种方式了结交易。股票指数期货与商品期货不同,由于其交易对象具有抽象性,除对冲合约外无法进行实物交割,因此只能采取现金结算这一种方式交割。

人们购买期货的目的主要有两类——套期保值和投机。

套期保值是指在现货市场某一笔交易的基础上,在期货市场做一笔价值相当、期限相同但方向相反的交易,从而将现货市场价格波动的风险通过期货市场上的交易转嫁给第三方,以期保值。金融期货的套期保值分为两种形式:空头(卖出)套期保值和多头(买进)套期保值。

空头套期保值是指在现货市场处于多头的情况下,在期货市场做一笔相应的空头交易,以避

免现货价格变动的风险。以股指期货交易为例，2018 年 11 月 1 日，中国证券市场沪深 300 指数为 3 177 点，投资者 A 计划持有沪深 300 指数基金总市值为 96 万元，每份市值为 1 元，并计划在 2019 年 1 月初按市值出售全部指数基金资产以回笼资金。出于对国内外经济形势的悲观预期，投资者 A 担心指数基金的资产市值下降，为了规避这一风险，投资者 A 可以在期货市场进行股指期货套期保值。具体交易过程如下（见表 11-2）。

表 11-2　股指期货空头套期保值

日期	现货市场	期货市场
2018 年 11 月 1 日	沪深 300 指数投资基金每份市值为 1 元	以 3 164 点的标价卖出 5 份将于 2019 年 3 月到期的沪深 300 期货合约
2019 年 1 月 4 日	沪深 300 指数投资基金每份市值为 0.8 元	以 3 036 点的标价购入 5 份将于 2019 年 3 月到期的沪深 300 期货合约，进行平仓
结果	损失为 960 000 × (1 − 0.8) = 192 000（元）	盈利为 5 × 300 × (3 164 − 3 036) = 192 000（元）

2018 年 11 月 1 日，投资者 A 在期货市场卖出 5 份将于 2019 年 3 月到期的沪深 300 期货合约，标价为 3 164 点，约合每一点价值 300 元人民币；

2019 年 1 月 4 日，沪深 300 指数下降到 3 035 点，投资者在期货市场上购买相同的期货合约进行平仓，标价为 3 036 点，投资者将盈利 5 × 300 × (3 164 − 3 036) = 192 000（元）。若此时该投资者持有的沪深 300 指数基金每份市值下降为 0.8 元，与 2018 年 11 月 1 日相比，出售该基金资产遭受的损失为 960 000 × (1 − 0.8) = 192 000（元）。

通过上述交易，虽然投资者 A 在现货市场由于资产价格下降而造成了损失，但是他在期货市场的空头交易获得了盈利，弥补了现货市场的损失，达到了套期保值的目的。

多头套期保值是指在现货市场处于空头的情况下，在期货市场做一笔相应的多头交易，以避免现货价格变动的风险，其原理与空头套期保值相同。

金融期货规避风险的功能之所以能够实现，主要有三个原因。其一是众多的实物金融商品持有者面临着不同的风险，可以通过达成对各自有利的交易来控制市场的总体风险。例如，进口商担心外汇汇率上升，而出口商担心外汇汇率下跌，他们通过进行反向的外汇期货交易即可实现风险对冲。其二是金融商品的期货价格与现货价格一般呈同方向的变动关系。如果投资者在金融期货市场建立了与金融现货市场相反的头寸，那么当金融商品的价格发生变动时，该投资者必然在一个市场获利，在另一个市场受损，其盈亏可全部或部分抵消，从而达到规避风险的目的。其三是金融期货市场通过规范化的场内交易，集中了众多愿意承担风险而获利的投机者。他们通过频繁且迅速的买卖对冲，转移了实物金融商品持有者的价格风险，从而使金融期货市场的风险规避功能得以实现。

与套期保值不同，期货市场上的投机者一般没有现货交易的基础，他们交易的目的不是对冲风险，而是通过预测未来价格的变化，利用自己的资金买卖期货合约，以期在价格出现对自己有利的变动时对冲平仓获取收益。具体来说，预计价格上涨的投机者会建立期货多头，反之则建立空头。例如，香港某投机者对香港股市行市看空，于是他决定卖出恒生股票指数期货合约进行投机。恒生股票指数期货合约单位为恒生股票指数（以整数计算）乘以 50 港元。假设 9 月恒生股票指数为 22 119 点，投机者卖出 1 份合约，价格为 22 119 × 50 = 1 105 950（港元），到 12 月月底该指数下降为 22 107 点，投机者买入合约对冲，买入价格为 22 107 × 50 = 1 105 350（港元），这样投机者获利 1 105 950 − 1 105 350 = 600（港元）。投机者的存在能够维持市场流动性，但是过度的投机会加剧市场波动，使投资者面临极大的风险，应该受到限制。

11.4 期权市场

很多人都有过租房的经历，租房过程中经常会面临这样的风险：假定今天你刚好在一个较为满意的地段看了一套房，租金每月 1 000 元，房东要求房租半年一付。但是，你还想在同样的租金水平上租一套更好的房子，心里盘算着想再花一周的时间找找房子。如果你现在没租下这套房，在这一周的时间里，你没有在同样的租金水平上找到更为满意的房子，而且这套房又被房东租出去了，你会后悔当时没有租下。如果你先交了半年的房租，但在第二天就发现了一套更中意的房子，你就会后悔当时太冲动了。

面对这种情况，非常好的一个解决办法就是，你看完房后先给房东交付定金，比如 200 元。你和房东约定，在一周之内搬进来住，租金每月 1 000 元，搬进来住时支付房租。如果过了一个星期，你没有搬进来，房东就有权利将房租给他人，你就损失了这 200 元的定金。由于你交了定金，房东就有义务将这套房为你保留一星期的时间。如果你在这一周的时间里没有找到更中意的房子，你还可以将这套房子租下。如果你在这一周内找到了更中意的房子，你就可以放弃 200 元的定金，租那套你更中意的房子。在这种情况下，你的损失只有 200 元。

这个租房的例子，实质上就是在利用期权合约管理风险。

11.4.1 什么是期权

期权（option）就是未来的一种选择权，是赋予购买者在规定期限内按双方约定的价格或执行价格，购买或出售一定数量某种资产的权利，但不必承担相应义务的合约。

正如在上例中，期权的购买者（租房人）在支付一定的权利金（即定金）后，有权利要求期权的卖方（房东）在未来的一段时期内（一个星期），以事先约定的价格（每月 1 000 元的房租）卖出（出租房屋给租房人）的权利，但不承担必须（租房）的义务。

标准化的期权合约涉及两个非常重要的要素。

协议价格（striking price）又称执行价格或敲定价格，是指期权到期时的履约价格，一旦敲定，就不能够更改。同一种期权合约商品，在期权市场上往往有多种敲定价格，敲定价格不同的期权合约，按照当时市价的差别而有不同的标价（即期权费），而且这一标价受期权种类及合约剩余有效期长短等因素的影响。

期权费（premium）又称期权价格、权利金或保险金等，指购买或出售期权合约的价格。对于期权买方来说，为了换取期权赋予买方的权利，必须支付一笔权利金给期权卖方；对于期权的卖方来说，卖出期权从而承担了必须履行期权合约的义务，为此收取一笔权利金作为报酬。权利金由买方负担，是买方在出现最不利的变动时所需承担的最高损失金额，因此权利金也称作"保险金"。

1973 年 4 月 26 日，芝加哥期权交易所（CBOE）成立，开始了买权（看空期权）交易，标志着期权合约的标准化与期权交易的规范化。20 世纪 70 年代中期，美国证券交易所（AMEX）、费城股票交易所（PHLX）和亚太证券交易所（APX）等相继引入期权交易，期权获得了空前的发展。1977 年，卖权（看涨期权）交易开始了。与此同时，芝加哥期权交易所开始了非股票期权交易的探索。1982 年，芝加哥货币交易所（CME）开始进行 S&P 500 期权交易，标志着股票指数期权的诞生。同年，芝加哥期权交易所首次引入美国国库券期权交易，成为利率期权交易的开端。同年，外汇期权也产生了，它首次出现在加拿大蒙特利尔交易所（ME）。1982 年 12 月，费城股票交易所也开始了外汇期权交易。1984年,外汇期货期权在芝加哥商品交易所的国际货币市场登台上演。随后,期货期权迅速扩展到欧洲美元存款、90天短期及长期国库券和国内存款证等债务凭证期货,以及黄金期货和股票指数期货,几乎所有的期货都有相对应的期权交易。中国证券市场中的权证就是典型的期权,其中,认沽权证就是一种看跌期权,而认购权证则是看涨期权。

上证50ETF期权

2015年2月9日,上证50ETF期权于上海证券交易所上市,是国内首只场内期权品种。这不仅宣告了中国期权时代的到来,也意味着中国已拥有全套主流金融衍生品。上证50ETF是一只以上证50指数为跟踪目标的交易型开放式指数基金,相当于一只特殊的股票。它是上海证券市场根据总市值与成交额对股票进行综合排名,由排名前50的股票组成的样本。上证50ETF期权有认购和认沽两种类型,包括4个到期月份以及5个行权价格,合计40个合约。

根据期权产品的特点,上海证券交易所对上证50ETF期权设置了非线性的涨跌幅度,涨跌幅度并不是期权自身价格的百分比,而是一个绝对数值。最大涨幅根据期权实值和虚值程度的不同而存在差异,平值与实值期权的最大涨幅为50ETF前收盘价的10%,而虚值的最大涨幅较小,严重虚值的期权其最大涨幅非常有限。上海证券交易所将在每个交易日开盘前公布所有期权合约的涨跌停价格。

上海证券交易所股票期权的委托类型除了与现货相同的普通限价委托、市价剩余转限价委托和市价剩余撤销委托外,还增加了全额即时限价委托和全额即时市价委托。这两种委托类型的含义是,如果不能立即全部成交,就自动撤销。投资者在盘中可以双向持仓,即同时持有同一期权合约的权利仓和义务仓,收盘后交易系统将对双向持仓进行自动对冲,投资者只能单向持仓,即只能持有同一期权合约的权利仓或义务仓。

期权交易既可以在正规的交易所内进行,也可以在规模庞大的场外交易市场进行。交易所交易的是标准化的期权合约,而场外交易的是非标准化的期权合约。交易所交易的期权有三个特征:第一,执行价格、基础资产数量和合同到期日等均为标准化的。第二,和期货合约一样,当合同执行之后,买者和卖者之间的联系便终止,具体清算过程与期货合约类似。第三,交易所交易的期权交易成本,比场外交易市场的期权交易成本要低。

按期权购买者的权利划分,期权可分为**看涨期权**(call option)和**看跌期权**(put option)。凡是赋予期权购买者购买标的资产权利的合约,就是看涨期权;赋予期权购买者出售标的资产的权利的合约就是看跌期权。就看涨期权而言,"买方"是通常意义上的买方,即交款买货;"卖方"也是通常意义上的卖方,即收款交货。就看跌期权而言,"买方"不是通常意义上的买方,而是交了期权费以后,获得卖出一定量的商品或金融工具的权利,实际上是通常意义上的卖方;"卖方"也不是通常意义上的卖方,而是收了期权费之后,承担买入一定商品或金融工具的义务,恰恰是通常意义上的买方。

按期权购买者执行期权的时限划分,期权可分为**欧式期权**(European option)和**美式期权**(American option)。欧式期权的购买者只能在期权到期日才能执行期权(即行使买进或卖出标的资产的权利);而美式期权允许购买者在期权到期前的任何时间执行期权。

按照期权合约的标的资产划分，期权合约可分为**利率期权**（interest rate option）、**货币期权**（currency option，或称**外汇期权** foreign exchange option）、**股价指数期权**（stock index option）和**股票期权**（stock option）等现货期权以及**期货期权**（future option）。

11.4.2 期权价值

期权是一种权利的交易。在期权市场中，期权的买方为获得期权合约所赋予的权利而向期权的卖方支付的费用就是期权的价格。期权价格受多种因素的影响，从理论上说，期权价值由两个部分组成：一是内在价值，二是时间价值。

1. 内在价值

内在价值（intrinsic value）也称履约价值，是期权合约本身所具有的价值，即期权的买方立即执行该期权所能获得的收益。一种期权有无内在价值以及内在价值的大小，取决于该期权的协定价格与其基础资产市场价格之间的关系。

根据协定价格与基础资产市场价格的关系，可将期权分为**实值期权**（in-the-money option）、**虚值期权**（out-of-the-money option）和**平价期权**（at-the-money option）三种类型。对看涨期权而言，若市场价格高于协定价格，期权的买方执行期权将有利可图，此时为实值期权；若市场价格低于协定价格，期权的买方将放弃执行期权，此时为虚值期权。与之相对应，对看跌期权而言，市场价格低于协定价格为实值期权；市场价格高于协定价格为虚值期权。若市场价格等于协定价格，则看涨期权和看跌期权均为平价期权。从理论上说，实值期权的内在价值为正，虚值期权的内在价值为负，平价期权的内在价值为零。但实际上，无论是看涨期权还是看跌期权，也无论期权基础资产的市场价格处于什么水平，期权的内在价值都必然大于等于零，不可能为负值。这是因为期权合约赋予买方执行期权与否的选择权，而没有规定相应的义务，当期权的内在价值为负时，买方可以选择放弃执行。

如果 EV_t 表示期权在 t 时点的内在价值，X 表示期权合约的协定价格，S_t 表示该期权基础资产在 t 时点的市场价格，m 表示期权合约的交易单位，则看涨期权在 t 时点的内在价值可表示为

$$EV_t = \begin{cases} (S_t - X) \times m & S_t > X \\ 0 & S_t \leq X \end{cases} \quad (11-7)$$

对应图形如图 11-4 所示。

看跌期权的内在价值可以用式（11-8）来表示，如图 11-5 所示。

$$EV_t = \begin{cases} 0 & S_t \geq X \\ (X - S_t) \times m & S_t < X \end{cases} \quad (11-8)$$

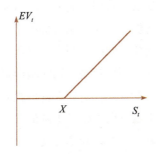

图 11-4　看涨期权的内在价值

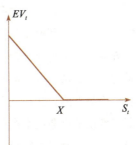

图 11-5　看跌期权的内在价值

2. 时间价值

时间价值（time value）是指期权买方在期权时间延长和相关商品价格变动有可能使期权增值时，愿意为购买这一期权所付出的权利金额。动态地看，期权的时间价值有一个变化规律：伴随期权合约剩余有效期的缩短而衰减。衰减的原因也很简单，对于期权买方而言，有效期越长，市场状况发生有利于他的变化的可能性就越大，获利的机会也就越多，因此买方愿意付出的时间价值也就越高。与此同时，卖方亏损的风险也越大。伴随合约剩余有效期限的缩短，买方获利的机会减少，卖方承担的风险也在减少，因此时间价值也将逐步减少（见图11-6）。

期权的时间价值也取决于标的物的市价与敲定价格之间差额的绝对值。当差额为零时，期权的时间价值最大。当差额的绝对值增大时，期权时间价值是递减的，具体如图11-6所示。

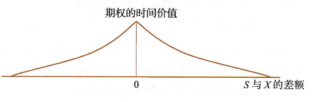

图 11-6　期权的时间价值与 S 与 X 的差额

期权费由期权价值所决定，实值期权的期权费等于内在价值和时间价值之和，其中时间价值随合约剩余有效期的缩短而减少，期满时时间价值为零，期权费全部由内在价值组成，虚值期权和平价期权的期权费则完全由时间价值组成。

上面所讨论的只是期权价格理论上的价值构成，在实际的期权定价中还要考虑一些能够量化的因素。在众多的影响因素中，最重要的有5个。

（1）**协定价格**（contract price）和**市场价格**（market price）是影响期权价格最主要的因素。这两种价格的关系不仅决定了期权有无内在价值及内在价值的大小，而且决定了有无时间价值和时间价值的大小。一般而言，协定价格与市场价格之间的差距越大，时间价值越小；反之，时间价值越大。这是因为时间价值是市场参与者因预期基础资产市场价格变动引起其内在价值变动而愿意付出的代价。当一种期权处于极度实值或极度虚值时，市场价格变动的空间已很小。只有当协定价格与市场价格非常接近或期权为平价期权时，市场价格的变动才有可能增加期权的内在价值，从而使时间价值随之增大。

（2）**期权有效期**（option period）是指期权剩余的有效时间，即期权成交日至期权到期日的时间。在其他条件不变的情况下，期权有效期越长，期权价格越高；反之，期权价格越低。这主要是因为期权有效期越长，期权的时间价值越大；随着期权有效期的缩短，时间价值也逐渐减少；在期权到期日，期权有效期为零，时间价值也为零。通常，期权有效期与时间价值存在同方向变动但非线性的关系。

（3）**利率**（interest rate）尤其是短期利率的变动会影响期权的价格。利率变动对期权价格的影响是复杂的：一方面，利率变化会引起期权基础资产的市场价格变化，从而引起期权内在价值的变化；另一方面，利率变化会使期权价格的机会成本发生变化。同时，利率变化还会引起期权交易供求关系的变化，从不同角度对期权价格产生影响。例如，利率提高，期权基础资产如股票和债券的市场价格将下降，从而使看涨期权的内在价值下降，看跌期权的内在价值提高。利率提高，又会使期权价格的机会成本提高，有可能使资金从期权市场流向价格已下降的股票、债券等现货市场，减少对期权交易的需求，进而又会使期权价格下降。总之，利率对期权价格的影响是复杂的，应根据具体情况做具体分析。

(4) **基础资产价格的波动性**（volatility of fundamental assets）是衡量标的资产未来价格不确定性的指标。通常基础资产价格的波动性越大，期权价格越高；波动性越小，期权价格越低。这是因为基础资产价格波动性越大，在期权到期时，基础资产市场价格涨至协定价格之上或跌至协定价格之下的可能性越大。因此，期权的时间价值随基础资产价格波动的增大而提高，随基础资产价格波动的缩小而降低。

(5) **基础资产的收益**（yield to fundamental assets）将影响基础资产的价格。当协定价格一定时，基础资产的价格必然影响期权的内在价值，从而影响期权的价格。由于基础资产分红付息等将使基础资产的价格下降，而协定价格并不进行相应调整，因此，在期权有效期内，基础资产产生收益将使看涨期权价格下降，使看跌期权价格上升。

11.4.3　期权交易策略

期权是一种相对复杂的金融衍生工具，但是它的交易原理并不难理解，比如说，当你支付一定的期权费买进一笔看涨期权后，便可享有按照固定价格买入相关金融资产的权利。如果金融资产的市场价格果真上涨，你便可以履行看涨期权，以低价获得金融资产，从中获利。如果价格不但没有上涨，反而下跌，你可以放弃或低价转让看涨期权，最大损失为期权费。下面通过例子来具体理解金融期权的基本交易策略。

1. 看涨期权的买入

假设投机者 Z 在 9 月 6 日认为加拿大元（简称加元）对美元汇率将上升，决定以每加元期权费 0.001 5 美元的价格购买 1 笔 12 月到期的看涨期权（欧式期权），商定汇率为 1 加元 = 0.961 7 美元，每份加元期权的规模为 50 000 加元。该投机者的盈亏分布可能出现以下几种状况。

如果在 12 月期权到期时，市场即期汇率 1 加元 ≤ 0.961 7 美元，则看涨期权无价值，期权的购买者放弃执行期权，由于其已经缴纳了期权费，因此这笔交易的亏损总额即为其所交付的期权费总额 0.001 5 美元 × 50 000 = 75 美元，这是期权购买者最大限额的亏损。图 11-7 是看涨期权买方的盈亏分布，其中横轴为用美元表示的加元汇率，横轴以下表示亏损，以上表示盈利，曲线为期权购买者的盈亏走势。从图 11-7 中可以看到，只要 1 加元 ≤ 0.961 7 美元，期权购买者都要面临 75 美元的亏损。

如果在 12 月期权到期时，市场即期汇率大于商定汇率，但小于商定汇率加期权费之和，即汇率在 0.961 7 美元和 0.963 2 美元(0.961 7 + 0.001 5) 之间，此时期权购买者将行使权利，虽然即期汇率与协定汇率之间的差价给期权购买者带来的收益不足以弥补全部期权费，仍然亏损，但是行使权利面临的亏损要比放弃权利小，盈亏曲线仍在横轴之下，但向上倾斜。

如果在 12 月期权到期时，市场即期汇率等于商定汇率加期权费之和，即 1 加元 = 0.963 2 美元，此时期权购买者将行使期权，结果是不盈不亏，即期汇率与协定汇率的差价给期权购买者带来的收益刚好弥补全部期权费，盈亏曲线与横轴相交，交点即为盈亏平衡点。

如果在 12 月期权到期时，市场即期汇率高于商定汇率加期权费之和，比如市场即期汇率为 1 加元 = 0.967 4 美元，那么期权购买者将会执行期权并获利，盈利额为 210 美元（[0.967 4 − (0.961 7 + 0.001 5)] × 50 000），盈亏曲线在横轴之上。

从上面的分析可以得出结论：只有当期权到期时的即期价格高于期权协定价格时，看涨期权的购买者才会行使权利,否则将会选择放弃执行,并承担期权费的损失。行使期权能否获得收益还要考虑期权费,只有当即期价格高于协定价格与期权费之和时,期权购买者才能实现净盈余,并且即期价格越高,收益越大。由此可见,看涨期权购买者的亏损风险是有限的,最大亏损限度是期权费,而其盈利可能是无限的。

2. 看涨期权的卖出

同上例,看涨期权的卖方卖出一笔加元期权合同,总额为 50 000 加元,每加元收 0.001 5 美元的期权费,收到的期权费总额为 75 美元。根据协议,如果到期时买方行使权利,那么卖方必须以商定汇率卖出 50 000 加元。卖方的盈亏状况也有以下四种。

期权 12 月期权到期时,加元的市场即期汇率等于或低于 0.961 7 美元,买方放弃执行期权,卖者获得 75 美元的期权费盈利。这是卖方获得的最大的盈利。如图 11-8 所示,盈亏曲线在横轴之上。

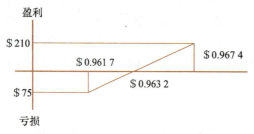

图 11-7　看涨期权买方的盈亏分布　　　图 11-8　看涨期权卖方的盈亏分布

期权 12 月到期时,加元市场即期汇率大于商定汇率,但是小于商定汇率与期权费之和,即在 0.961 7 美元和 0.963 2 美元之间,买方若执行期权,卖方仍然有利可图,盈亏曲线仍在横轴之上,但向下倾斜。随着加元汇率不断上升,卖方的盈利越来越小。

期权 12 月到期时,加元市场即期汇率等于商定汇率与期权费之和,买方行使期权不亏不盈,卖方也同样不得不失,盈亏曲线与横轴相交于盈亏平衡点。

期权 12 月到期时,加元市场即期汇率高于商定汇率与期权费之和,买方执行期权而获利,卖方遭受损失,比如市场即期汇率为 0.967 4 美元,卖方的亏损为 210 美元,此时盈亏曲线在横轴之下。

很明显,看涨期权的卖方收取期权费后,只有义务没有权利。从理论上说,他的损失可能是无限的,但是收益是有限的,最大收益额为期权费。

3. 看跌期权的买入

假设 9 月 6 日,投机者 T 预测瑞士法郎对美元汇率将要下跌,他决定以 1 瑞士法郎 = 0.981 2 美元的商定汇率购买一笔 12 月到期的美元看跌期权(欧式期权),每份期权的规模为 60 000 瑞士法郎,即在期权到期时拥有以 1 瑞士法郎 = 0.981 2 美元的价格卖出 60 000 瑞士法郎的权利。每瑞士法郎的期权费为 0.002 9 美元。该看跌期权买方的盈亏分布可能有下面 5 种情况。

期权 12 月到期时,市场即期汇率等于或高于商定汇率(1 瑞士法郎 = 0.981 2 美元),此时看跌期权的买方会放弃行使权利,由于其已经交了期权费,所以亏损总额为期权费总额 174 美元(0.002 9 × 60 000),这是看跌期权买方的最大亏损额(见图 11-9),盈亏曲线在横轴下方。

期权 12 月到期时，市场即期汇率低于商定汇率，但高于商定汇率减期权费，即在 0.978 3 美元和 0.981 2 美元之间，此时看跌期权的买方将执行权利，虽然价差盈利不足以弥补期权费，仍然亏损，但是行权权利比放弃权利损失要小，在图 11-9 中表现为盈亏曲线仍在横轴之下，但向上倾斜。

期权 12 月到期时，市场即期汇率等于商定汇率减去期权费，即等于 0.978 3 美元/瑞士法郎，此时看跌期权购买方行使权利，价差盈利恰好与他交付的期权费相等，盈亏相当。在图 11-9 中表现为盈亏曲线与横轴相交，交点为盈亏平衡点。

期权 12 月到期时，市场即期汇率小于商定汇率减去期权费，此时看跌期权的买方执行期权并从中获利。例如，市场即期汇率为 0.973 1 美元/瑞士法郎，看跌期权的买方净盈余为 312 美元（[0.981 2 − (0.973 1 + 0.002 9)] × 60 000）。在图 11-9 中表现为盈亏曲线在横轴之上，并且汇率越低，盈利越大。

期权 12 月到期时，市场即期汇率跌到 0，此时看跌期权的买方执行期权并获得盈利 58 698 美元（[0.981 2 − (0.002 9 + 0)] × 60 000），这是他的最大盈利。在图 11-9 中，盈亏曲线与纵轴相交。

看跌期权的买方遭受的损失和看涨期权的买方一样，都是有限的，是其支付的期权费总额。看跌期权买方的盈利与看涨期权的买方不一样，是有限的。从理论上讲，市场即期汇率下跌的极限为 0，而市场即期汇率的上涨是无限的。

很明显，只有当期权到期的即期价格低于协定价格时，看跌期权的买方才会行权，否则会选择放弃，并承担期权费的损失；当即期价格低于协定汇率与期权费之差时，看跌期权的买方行权会获得净收益，最大净收益 =（协定价格 − 期权费）× 标准量。由此可见，看跌期权买方的亏损是有限的，盈利也是有限的。

4. 看跌期权的卖出

同上例，看跌期权的卖方收取了 174 美元期权费，当看跌期权 12 月到期时，如果买方行权，则卖方必须以商定的 0.981 2 美元/瑞士法郎的汇率买进 60 000/瑞士法郎。看跌期权卖方的盈亏状况也有五种。

期权 12 月到期时，市场即期汇率高于或等于商定汇率 0.981 2 美元/瑞士法郎，看跌期权的买方放弃权利，看跌期权的卖方的最大盈利为期权费总额 174 美元（0.002 9 × 60 000）。如图 11-10 所示，盈亏曲线在横轴之上。

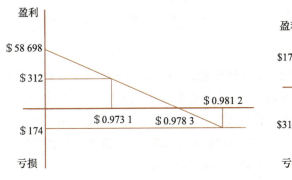

图 11-9　看跌期权买方的盈亏分析

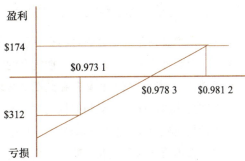

图 11-10　看跌期权卖方的盈亏分析

期权12月到期时，市场即期汇率低于商定汇率，但高于商定汇率减期权费，即在0.978 3美元和0.981 2美元之间，看跌期权买方执行权利，意味着卖方以0.981 2美元的高价买进，表面上会遭受损失，但由于价差损失小于期权费总额，因此仍有净盈利。在图11-10中，盈亏曲线在横轴之上，但随着汇率降低，盈利越来越小。

期权12月到期时，市场即期汇率等于商定汇率减期权费，即0.978 3美元/瑞士法郎，看跌期权买方执行权利，但不盈不亏，卖方也同样不盈不亏。在图11-10中，盈亏曲线与横轴相交于盈亏平衡点，表示得失相当。

期权12月到期时，市场即期汇率小于商定汇率减去期权费，由于买方会行权，所以卖方亏损。假设即期汇率为0.973 1美元/瑞士法郎，卖方的亏损总额为（0.981 2 −（0.002 9 + 0.973 1））× 60 000 = 312美元。在图11-10中，盈亏曲线在横轴之下，市场即期汇率越低，卖方亏损越大。

期权12月到期时，市场即期汇率跌到0，看跌期权的买方执行期权，卖方承担最大亏损，最大亏损额 =（商定汇率 − 期权费）× 标准量，即（0.981 2 − 0.002 9）× 60 000 = 58 698美元。在图11-10中，盈亏曲线与纵轴相交。

不难发现，看跌期权卖方收取期权费后，只有义务没有权利。从理论上说，他的收益是有限的，损失也是有限的。

表11-3总结了几种期权交易策略的特征。

表11-3 四种期权基本交易策略的主要特征

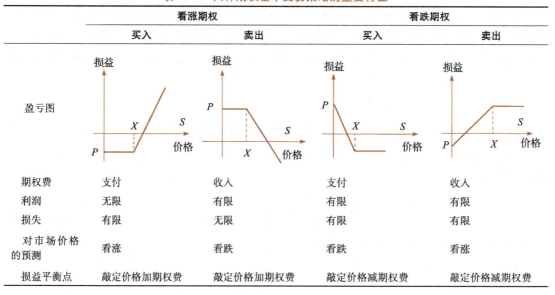

	看涨期权		看跌期权	
	买入	卖出	买入	卖出
盈亏图				
期权费	支付	收入	支付	收入
利润	无限	有限	有限	有限
损失	有限	无限	有限	有限
对市场价格的预测	看涨	看跌	看跌	看涨
损益平衡点	敲定价格加期权费	敲定价格加期权费	敲定价格减期权费	敲定价格减期权费

显然，期权合约与期货合约之间存在明显差异。

第一，权利和义务方面的差异。期货合约的双方都被赋予了相应的权利和义务，除非用相反的合约抵消，否则这种权利和义务在到期日必须执行，也只能在到期日行使，有时期货的空方还拥有选择在交割月的哪一天交割的权利。而期权合约只赋予买方权利，卖方则无任何权利，他只有在买方行权时履行买卖标的物的义务。特别是美式期权的买方可在约定期限内的任何时间执行权利，也可以不行使这种权利；期权的卖方则须准备随时履行相应的义务。

第二，标准化方面的差异。期货合约都是在交易所中交易的标准化合约，期权合约则不一定。在美国，场外交易的现货期权是非标准化的，在交易所交易的现货期权和所有的期货期权都是标准化的。

第三，盈亏风险方面的差异。期货交易双方所承担的盈亏风险都是无限的。期权交易卖方的亏损风险可能是无限的（看涨期权），也可能是有限的（看跌期权），盈利风险是有限的（以期权费为限）；期权交易买方的亏损风险是有限的（以期权费为限），盈利风险可能是无限的（看涨期权），也可能是有限的（看跌期权）。

第四，保证金方面的差异。期货交易的买卖双方都须交纳保证金。期权买方的亏损不会超过他已支付的期权费，无须交纳保证金，而在交易所交易的期权卖方则需要交纳保证金。场外交易的期权卖方是否需要交纳保证金，取决于当事人的意见。

第五，买卖匹配方面的差异。期货合约的买方在到期、必须买入标的资产，而期权合约的买方在到期日或到期前都有买入或卖出标的资产的权利。期货合约的卖方在到期日、必须卖出标的资产，而期权合约的卖方在到期日或到期前有根据买方意愿相应卖出或买入标的资产的义务。

第六，套期保值方面的差异。运用期货进行的套期保值在把不利风险转移出去的同时，也把有利风险转移了出去。而运用期权进行套期保值时，只把不利风险转移出去，把有利风险留给了自己。

11.5 互换市场

期货与期权合约都是双方约定在将来某一固定时间以确定的价格，一方从另一方手中购买基础资产的合约。有时，一方不仅约定进行一次购买，还约定从对方那里以固定的价格在将来的不同时间进行一系列的购买，双方可以达成一系列有着不同到期日的期权和期货合约。然而，完成这一策略的更好方法是只签订一份合约，合约约定一方在将来确定的时间给对方一系列的支付，同时得到对方的支付。这种以一系列有规则的支付为特点的合约就称为互换，即合约双方约定将来互换现金流或资产。

11.5.1 什么是互换合约

互换合约（swap）是指两个（或两个以上）当事人按照商定的条件，在约定的时间内交换不同金融工具的一系列支付款项或收入款项的合约。

互换合约是 20 世纪 80 年代以来最重要的金融创新。目前，许多大型的跨国银行和投资银行机构都提供金融互换交易服务。其中最大的金融互换交易市场是伦敦和纽约的国际金融市场。

互换合约产生的理论基础是比较优势理论。该理论是英国著名经济学家大卫·李嘉图提出的。他认为，在两国都能生产两种产品，且一国在这两种产品的生产上均处于有利地位，而另一国均处于不利地位的条件下，如果前者专门生产优势较大的产品，后者专门生产劣势较小（即具有比较优势）的产品，那么通过专业化分工和国际贸易，双方都能从中获益。

互换交易正是利用交易双方在筹资成本上的比较优势进行的。具体而言，互换产生的条件可以归纳为两个方面：一是交易双方对对方的资产或负债均有需求；二是双方在这两种资产或负债上存在比较优势。比如1981年，世界银行需要用瑞士法郎或西德马克这类绝对利率水平较低的货币进行负债管理，与此同时 IBM 公司希望筹集美元资金，以便同其美元资产相匹配，避免汇率风险。由于世界银行在欧洲债券市场上信誉卓著，筹集美元资金的成本低于 IBM 公司，而 IBM 公司发行瑞士法郎债券的筹资成本低于世界银行。在存在比较优势的情况下，世界银行和 IBM 公司分别筹集自己具有优势的资金，并通过互换获得自己所需的资金，从而降低筹资成本。

互换是 20 世纪 80 年代在平行贷款和背对背贷款的基础上发展起来的，它们之间既有联系又有区别。

（1）平行贷款是 20 世纪 70 年代首先在英国出现的为规避外汇管制而创新的一种业务，是指不同国家的两家母公司，分别在本国国内向对方公司在本国境内的子公司提供金额相当的本币贷款，并承诺在指定的到期日各自归还所借货币。例如英国母公司向美国母公司在英国境内的子公司贷款，美国母公司相对应地贷款给英国母公司在美国境内的子公司。流程可用图 11-11 表示。

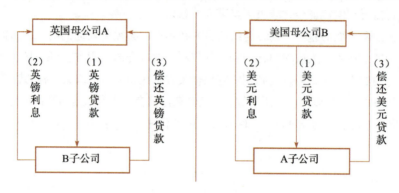

图 11-11　英美两国的平行贷款

平行贷款既可满足双方子公司的融资需要，又可规避外汇管理，因而深受欢迎。但由于平行贷款包含两个独立的贷款协议，它们分别具有法律效力，其权利义务不相联系，当一方违约时，另一方仍不能解除履约义务，因此存在信用风险问题。

（2）背对背贷款是为了解决平行贷款中的信用风险问题而产生的。它是指两个国家的公司相互直接贷款，贷款币种不同但币值相等，贷款到期日相同，各自支付利息，到期各自偿还原借款货币。流程如图 11-12 所示。

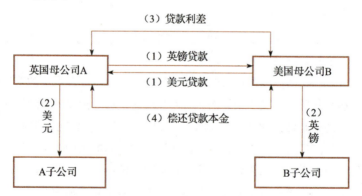

图 11-12　背对背贷款流程

背对背贷款尽管涉及两笔贷款，但只签订一个贷款协议，协议规定若一方违约，另一方不再履行应尽的义务，这就大大降低了信用风险，向货币互换迈进了一步。但它涉及跨国借贷，这就存在外汇管制问题，因此背对背贷款只有在 1979 年英国取消外汇管制后才作为一种金融创新工具出现。

背对背贷款不是真正的互换，它只是一种贷款行为，在法律上会产生新的资产和负债（双方互为对方的债权人和债务人），从而影响资产负债结构。为了解决这个问题，互换于 1981 年 8 月应运而生。由于互换是负债或资产的交换，现金流的流出和流入互为条件，是一种表外业务，并不改变资产负债结构，因此受到广泛欢迎，并得到迅速发展。

11.5.2 互换机制

互换虽然历史较短，但是品种创新层出不穷，其中最常见的种类是利率互换和货币互换。

利率互换（interest rate swap）指双方同意在未来的一定期限内，根据同种货币的同样的名义本金交换现金流，其中一方的现金流根据浮动利率计算，另一方的现金流根据固定利率计算。互换的期限通常在 2 年以上，有时甚至超过 15 年。

货币互换（currency swap）指双方约定在未来的一定期限内，交换手中以不同货币为标的流入或者流出的现金流。例如，在美国注册的公司 A 为拓展英国子公司的业务需要在期初借入一笔 100 万英镑的贷款，同时在英国注册的公司 B 为拓展在美国的业务急需 120 万美元贷款。如果公司 A 和 B 最初只能获得本币借款，要想获得相应的外汇就需要拿着本币在外汇市场上购入英镑或美元，在未来 3 年内偿还本币贷款时，又需要将子公司的英镑和美元盈利再兑换为本币。由于美元和英镑兑换的汇率在 3 年内会经常出现波动，公司 A 和 B 都面临着汇率风险。为保证各自现金流入和流出不受汇率因素的干扰，公司 A 和 B 可以将自己的现金流以事先约定的汇率进行互换，例如 1.2 美元 = 1 英镑。期初，美国公司 A 向本国银行借入 120 万美元，英国公司 B 则借入 100 万英镑，双方进行互换，公司 A 和 B 各自获得了所需的英镑和美元贷款。在未来 3 年内，公司 A 和 B 又分别将需要偿还的利息和本金进行互换，这样 A 公司获得的英镑收入和 B 公司获得的美元收入不需要在外汇市场上兑换为本币，从而避免了汇率波动的风险。

下面以利率互换为例，阐述互换的运作机制。

例如，一家大型基金管理公司 A 持有总面值为 1 亿美元、票面利率为 7% 的长期债券。该基金管理者认为利率可能会上涨。因此，他打算将固定利率的债券换作以短期市场利率或浮动利率计息的现金流。由于每当预计利率上涨时更换资产组合，出售和重新购入的交易成本过高，因此，调整资产组合的既廉价又快捷的方法就是，将年利息收入为 700 万美元的现金流互换为一个按短期市场利率支付利息的现金流。这样，当利率上涨时，资产组合的利息收入随之上涨。

如果某互换交易者 B 愿意将一份对应 6 个月 LIBOR 利率的现金流互换为对应固定利率 7% 的现金流，A 基金的管理者就会换出这份名义本金为 1 亿美元且固定利率为 7% 的现金流，并换入以 LIBOR 利率计息的等量名义本金的现金流。换句话说，A 公司将 7% × 1 亿美元互换为 LIBOR × 1 亿美元，这 1 亿美元的互换头寸的净现金流等于（LIBOR – 0.07）× 1 亿美元。需要注意的是，互换协议并不意味着贷款的生成。协议双方仅仅是将一固定收入现金流转为可变收入的现金流。表 11-4 是在三种假定的利率水平下基金管理公司 A 资产组合的净现金流。

表 11-4　资产组合的净现金流

	伦敦银行同业拆借利率		
	6.50%	7.00%	7.50%
投资组合的利息收入（=1 亿美元投资组合的 7%）	7 000 000 美元	7 000 000 美元	7 000 000 美元
互换的现金流［=（LIBOR – 7%）× 1 亿美元的名义本金］	–500 000 美元	0 美元	500 000 美元
总计（=LIBOR × 1 亿美元）	6 500 000 美元	7 000 000 美元	7 500 000 美元

需要注意的是，所有头寸的总收入，债券加上互换协议，等于每种假定利率水平下 LIBOR 乘以 1 亿美元。事实上，A 基金固定利率资产转换为了综合浮动利率资产。

上面的例子简化了互换的交易程序。现实的互换交易一般是通过互换交易商进行的。互换交易商，就像典型的金融中介（如银行）一样，在互换中作为互换的意愿参与者的交易对手。

假定一个交易商成为一个互换客户的交易对手，按 LIBOR 支付和按固定利率收入。该交易商开始在互换市场中寻找愿意按固定利率获得利息收益并按 LIBOR 支付利息的另一个互换客户。例如，公司 A 按 7% 的票面利率发行债券并希望将其转换为以浮动利率计息的债务。同时公司 B 发行了以 LIBOR 浮动利率计息的债券并希望将其转换为以固定利率计息的债务。互换交易商则同时介入公司 A 的互换交易和公司 B 的互换交易中。当两个互换交易合并在一起时，互换交易商的头寸相对于市场利率是完全中性的，与一方互换客户按 LIBOR 利率支付现金流，并从另一方互换客户手中获得相应的现金流。类似地，互换交易商在一方互换中按固定利率支付现金流并从另一方互换客户手中换得相应的现金流。互换交易商不仅是一方互换客户和另一方之间的支付通道，互换的买卖差价使他在交易中有利可图。公司 B 按照 7.05% 的固定利率替代 LIBOR 向互换交易商支付利息，公司 A 按照 6.95% 的固定利率替代 LIBOR 从互换交易商处收取利息。互换交易商每阶段实现 0.1% × 本金的现金流。

事实上，事情要更复杂一些。互换交易商不仅仅是中介，他还背负了一方或另一方交易者违约的信贷风险。如图 11-13 所示，如果公司 A 违约，互换交易商仍然必须向公司 B 兑现承诺。从某种意义上说，互换交易商超出了向另一方交易者传输现金流的职能。

这种互换交易的结构如图 11-13 所示。发行 7% 的固定利率债务（最左边的图）的公司 A 以固定利率 6.95% 的价格出售浮动利率 LIBOR 给互换交易商。这样，公司 A 实际支付的利率变成 7% + (LIBOR − 6.95%) = LIBOR + 0.05%，固定利率债务转换为浮动利率债务。相反，发行浮动利率 LIBOR 债务（图 11-13

图 11-13　利率互换

的右半部）的公司 B，以固定利率 7.05% 的价格向互换交易商购买 LIBOR。这样，公司 B 实际支付的利率变成 LIBOR + (7.05% − LIBOR) = 7.05%，将浮动利率债务转换为固定利率债务。如图 11-13 所示，互换交易商的利润来源，即买卖差价是每年名义本金的 0.10%。

互换可以降低筹资者的筹资成本，并提高资产收益。另外，互换交易使企业和银行能优化资产负债结构，防范和转移利率风险及外汇风险。由于互换交易属于表外业务，不计入资产负债表，因此可以规避外汇管制、利率管制及税收管制等方面的限制。

国际资本市场上较早的一次利率互换发生在 1982 年 7 月，当时，德意志银行发行了 3 亿美元 7 年期的固定利率欧洲债券，同时，通过与另外 3 家银行达成的互换协议，交换成了以 LIBOR 为基准利率的浮动利率债务。这项交易使双方能利用各自在不同金融市场上的相对优势获得利益，即德意志银行按等于 LIBOR 的利率支付浮动利息，而其他 3 家银行则通过德意志银行的较高的资信等级换得了优惠的固定利率债务。

自 2006 年 2 月 9 日人民币利率互换交易试点成立以来，截至 2009 年 4 月 30 日，名义本金总额累计 15 868 亿元。

本章小结

本章主要介绍了金融衍生工具市场，重点介绍了远期合约市场、期货市场、期权市场和互换市场中的衍生工具。

1. 衍生工具是在原生工具的基础上派生出来的金融产品，它们的价值取决于相关原生产品的价格，其主要功能在于管理与原生工具相关的风险暴露。最主要的衍生工具是远期、期货、期权和互换。

2. 远期合约是交易双方约定在未来某个时期按照预先签订的协议交易某一特定资产的合约，主要有远期利率协议、远期外汇合约和远期股票合约。远期交易的作用在于锁定未来的价格，有效地规避风险。

3. 期货合约是指协议双方同意在将来某个日期按约定的条件买入或卖出一定标准数量的某种特定金融工具的标准化协议。根据各种合约标的物的不同性质，可将金融期货分为外汇期货、利率期货和股票指数期货。期货交易的过程大致可以概括为建仓、持仓和平仓，交易过程采用保证金及每日清算制度。人们购买期货的目的主要是套期保值和投机。

4. 期权是事先以较小的代价（期权费）购买一种在未来规定的时间内以某一确定价格买入或卖出某种标的物的权利。利用期权可以更好地规避风险。按期权购买者的权利划分，可分为看涨期权和看跌期权。按期权购买者执行期权的时限划分，可分为欧式期权和美式期权。按照期权合约的标的资产划分，可分为利率期权、货币期权（或称外汇期权）、股价指数期权、股票期权等现货期权以及期货期权。期权价格受多种因素的影响，但从理论上说，期权价值由内在价值和时间价值共同组成。

5. 互换合约是指两个（或两个以上）当事人按照商定的条件，在约定的时间内交换不同金融工具的一系列支付款项或收入款项的合约，互换主要分为利率互换和外汇互换。

习　题

一、名词解释

1. 衍生工具　　　2. 远期合约　　　3. 利率期货　　　4. 期权
5. 外汇期货　　　6. 货币互换　　　7. 熔断机制　　　8. 套期保值
9. 盯市制度　　　10. 看涨期权　　　11. 看跌期权　　　12. 欧式期权
13. 期权的内在价值　14. 期权的时间价值　15. 背对背贷款　　16. 平行贷款

二、简答题

1. 简述远期合约与期货合约的区别。
2. 简述衍生工具市场的功能。
3. 与其他金融期货合约相比，股票指数期货合约具有什么特点？
4. 期权合约与期货合约之间存在哪些差异？
5. 简述金融期货的种类。
6. 试论述期权定价需要考虑的因素。

本章思维导图

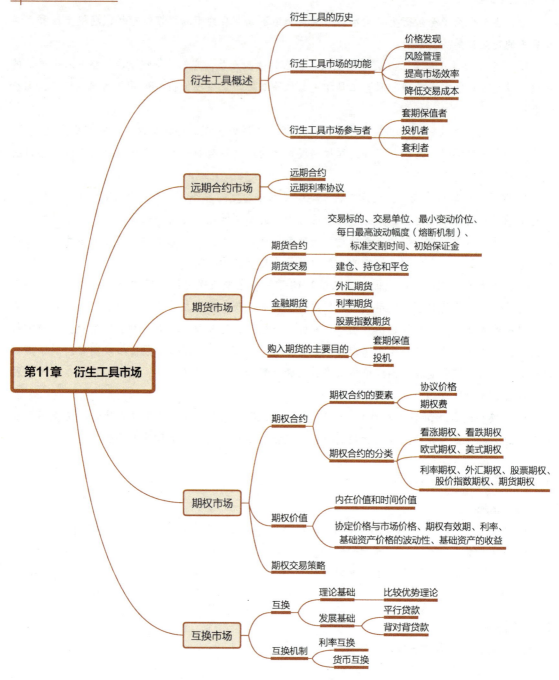

第12章

投资基金市场

大多数投资者一般并不具备专业的知识与技巧来应对投资市场的变幻莫测，或者时间上也不允许其直接参与到投资活动中来，但他们又希望在可以控制的范围内参与风险。于是，投资基金成为不错的选择。

12.1 投资基金概述。介绍什么是投资基金、投资基金的起源与发展以及投资基金的分类。

12.2 投资基金运作。从基金发起人和基金管理人的角度，介绍基金的设立、募集及业绩分配。

12.3 投资基金评价。从投资者的角度详细介绍基金的收益率、基金绩效的评价指标体系和基金的择时能力评价。

金融市场行情的跌宕起伏，让许多投资者在市场征战中屡战屡败、屡败屡战。越来越多的投资者痛定思痛后开始明白：原来投资是一件专业性非常强的事情，要想真正实现收益远不是想象的那么简单，亲力亲为未必是合适的选择，转而开始寻求专业人士的帮助。基金投资理所当然地成为其首选。

12.1 投资基金概述

提及基金，人们脑海中首先浮现的或许是保险基金、养老基金、退休基金、福利基金以及救济基金等传统的基金形式。这些基金都是政府或企业根据法定标准出资而形成的具有专门用途的基金，而本章要阐述的是证券投资基金。下文涉及的所有投资基金，均指的是证券投资基金。

12.1.1 什么是投资基金

投资基金（investment fund）就是由众多投资者出资并由专业基金管理机构和人员管理的资金运作方式，是一种利益共享、风险共担的集合投资制度。投资基金集中投资者的资金，由基金托管人委托职业经理人管理，专门从事证券投资活动。也可以说，投资基金是对所有以证券为标的进行投资的基金的统称。投资基金一般由发起人设立，通过发行基金份额募集资金。基金的投资者不参与基金的管理和操作，只定期取得投资收益。基金管理人根据投资者的委托进行投资运作，收取管理费作为收入。基金托管人负责代为管理资金，保证资金安全。

在品种不断增多、交易复杂程度不断提高的证券市场中，普通人与专业人士在经营业绩方面的差距越来越大。将个人不多的资金委托给专门的投资管理人集中运作，也可以实现分散投资和降低风险的效果。投资基金是一种由众多不确定的投资者自愿将不同的出资份额汇集起来，并交由专家管理投资，所得收益由投资者按出资比例分享的一种金融组织。投资基金的资金来源于公众、企业、团体和政府机构。居民个人投资，可以在基金发行时申请购买，也可以在二级市场上购买已挂牌上市的基金。

投资基金的投资领域可以是股票、债券和货币市场工具，也可以是期权、期货等衍生工具，但对一家上市公司的投资额不得超过该基金资产净值的一定比例（中国规定这一比例为10%）。规模控制使投资风险随着投资领域的分散而降低，投资基金是介于储蓄和股票等证券之间的一种借助专家智慧的投资方式。

投资基金在不同国家或地区的称谓有所不同，美国称之为共同基金、互助基金或互惠基金，英国和中国香港地区称之为单位信托基金，日本和韩国等国家称之为证券投资信托。基金作为一种现代化的投资工具，主要具有集合投资、分散风险以及专家理财三个特征。

（1）**集合投资**（collective investment）。基金是这样一种投资方式，它将零散的资金巧妙地汇集起来，交给专业机构投资于各种金融工具，以谋取资产增值。基金对投资的最低限额要求不高，投资者可以根据自己的经济能力决定购买数量，有些基金甚至不限制投资额大小，完全按份额计算收益分配。因此，基金可以最广泛地吸收社会闲散资金，集腋成裘，汇集成规模巨大的投资资金。在参与证券投资时，资本越雄厚，优势越明显，而且可能享有大额投资在降低成本上的相对优势，从而获得规模经济效益。

（2）**分散风险**（risk diversification）。以科学的投资组合降低风险、提高收益是基金的另一大特点。在投资活动中，风险和收益总是并存的，因此，"不能将所有的鸡蛋都放在一个篮子里"已经成为人们投资理财的共识。但是，要实现投资资产的多样化，需要一定的资金实力，小额投资者由于资金有限，很难做到这一点，而基金可以帮助中小投资者解决这个困难。基金可以凭借其雄厚的资金，在法律规定的投资范围内进行科学的组合，分散投资于多种证券，一方面，庞大的资金和众多投资者的共同持有使每个投资者面临的投资风险变小，另一方面，可以利用不同的投资对象之间的互补性，达到分散投资风险的目的。

(3) **专家理财**（professional financial management）。基金实行专家管理制度，这些专业管理人员都经过专门的训练，具有丰富的证券投资和其他项目投资经验。他们善于利用基金与金融市场的密切联系，运用先进的技术手段分析各种信息资料，能对金融市场上各种证券的价格变动趋势做出比较正确的预测，最大限度地避免投资决策的失误，提高投资成功率。对于那些没有时间或者对市场不太熟悉或没有能力专门研究投资决策的中小投资者来说，投资于基金实际上就可以获得专家在市场信息、投资经验、金融知识和操作技术等方面所拥有的优势，从而尽可能地避免盲目投资带来的失败。

12.1.2 投资基金历史

投资基金起源于1868年的英国，而后兴盛于美国，现在已风靡全世界。1868年，英国成立了"海外及殖民地政府信托基金"，在英国的《泰晤士报》刊登招募说明书，公开向社会公众发售认股权证，投资于美国、俄国和埃及等国的17种政府债券。该基金与股票类似，不能退股，也不能将基金份额兑现，认购者的权益仅限于分红和派息。这在许多方面为现代基金的产生奠定了基础，金融史学家将其视为证券投资基金的雏形。

第一次世界大战后，美国取代了英国成为世界经济的新霸主，一跃从资本输入国变为主要的资本输出国。随着美国经济的大幅增长，日益复杂化的经济活动使得一些投资者越来越难判断经济动向。为了有效地促进国外贸易和对外投资，美国开始引入投资信托基金制度。1924年3月21日，波士顿马萨诸塞金融服务公司设立了"马萨诸塞州投资信托公司"，成为美国第一个具有现代化面貌的共同基金。在此后的几年中，基金在美国经历了第一个辉煌时期。到20世纪20年代末，所有的封闭式基金总资产已达28亿美元，开放式基金的总资产只有1.4亿美元，但后者的增长率无论在数量上还是在资产总值上都高于封闭式基金。20年代开放式基金的资产总值每年都有20%以上的增长，1927年的增长率更是超过了100%。

1929年全球股市的大崩盘，使刚刚兴起的美国基金业遭受了沉重的打击。随着全球经济的萧条，大部分投资公司倒闭，残余的投资公司也难以为继。但相比较而言，开放式基金的损失要少于封闭式基金。此次金融危机使美国投资基金的总资产下降了50%左右。此后的整个20世纪30年代，证券业都处于低潮状态。面对大萧条带来的资金短缺和工业生产率低下，人们的投资信心丧失，再加上第二次世界大战的爆发，投资基金业一度裹足不前。危机过后，美国政府为保护投资者的利益，制定了1933年的《证券法》、1934年的《证券交易法》，之后又专门针对投资基金制定了1940年的《投资公司法》和《投资顾问法》。《投资公司法》详细规范了投资基金的组成及管理的法律要件，以法律形式明确了基金的运作规范，严格限制了投机活动，为投资者提供了完整的法律保护，为日后投资基金的快速发展奠定了良好的法律基础。此后，世界基金业基本处于稳中有升的发展态势，并开始风行世界各国。

进入 20 世纪 90 年代，美国新投入股票市场的资金有 80% 来自共同基金。1993 年，美国个人投资仅占股票市值的 20%，而共同基金已超过了 50%。美国 25% 的家庭投资于投资基金。基金业在美国已成为仅次于商业银行的第二大金融产业，并在股票市场上一路高歌。截至 2017 年年末，美国的共同基金资产规模达到了 22.5 万亿美元。1980 年，美国仅有 6.25% 的家庭投资于基金，现在约有 50% 的家庭投资于基金，基金占所有家庭资产的 40% 左右。投资基金已经成为一种大众化的投资工具。截至 2019 年第一季度，中国有 123 家基金公司，旗下有 5 818 只基金，基金资产净值规模达 13.94 万亿元。

目前，全球基金业发展呈现出以下趋势与特点：①美国占据主导地位，其他国家和地区发展迅猛；②开放式基金成为投资基金的主流产品；③交易型开放式指数基金（ETF）等被动型产品发展增强；④基金市场竞争加剧，行业集中趋势突出；⑤基金资产的资金来源发生了重大变化，逐渐由个人投资者向机构投资者转移。

12.1.3 投资基金类型

目前，基金市场上的投资基金种类繁多，可以按照设立方式、是否能随时认购和赎回、投资目标、投资标的以及基金的资本来源和运用地域等不同标准进行分类。

1. 按照设立方式划分

按照设立方式，投资基金可以分为契约型基金和公司型基金。

契约型基金（contractual type fund）又称单位信托基金，是指把投资者、管理人和托管人三者作为基金的当事人，通过签订基金契约的形式发行受益凭证设立的一种基金。契约型基金是基于契约原理组织起来的代理投资行为，没有基金章程，也没有董事会，只是通过基金契约来规范三方当事人的行为。基金管理人负责基金的管理操作，基金托管人作为基金资产的名义持有人，负责基金资产的保管和处置，对基金管理人的运作实行监督。

契约型基金起源于英国，在日本、韩国、新加坡、印度尼西亚等国家以及中国香港和台湾等地区十分流行。中国大陆的基金也主要是契约型基金。

公司型基金（corporate type fund）是按照《公司法》以公司形态组成的，该基金公司以发行股份的方式募集资金，一般投资者为认购基金而购买该公司的股份，成为该公司的股东，凭借其持有的股份依法享有投资收益。这种基金要设立董事会，重大事项由董事会讨论决定。公司型基金的特点是：一方面，基金公司的设立程序类似于一般股份公司，基金公司本身依法注册为法人，但不同于一般股份公司的是，基金公司委托专业的财务顾问或管理公司来经营与管理；另一方面，基金公司的组织结构也与一般股份公司类似，设有董事会和持有人大会，基金资产由公司所有，投资者是这家公司的股东，承担风险并通过股东大会行使权利。公司型基金主要流行于美国。

比较契约型基金与公司型基金，我们会发现两者存在明显的不同。

首先，资金的性质不同。契约型基金的资金是通过发行基金份额筹集的信托财产。公司型基金的资金是通过发行普通股票筹集的公司法人的资本。

其次，投资者的地位不同。契约型基金的投资者购买基金份额后成为基金契约的当事人之一，投资者既是基金的委托人，即基于对基金管理人的信任，将自己的资金委托给基金管理人管理和营运，又是基金的受益人，即享有基金的受益权。公司型基金的投资者购买基金公司的股票后成为该公司的股东。契约型基金的投资者没有管理基金资产的权利，而公司型基金的股东通过股东大会享有管理基金公司的权利。

最后，基金的营运依据不同。契约型基金依据基金契约营运基金。公司型基金依据基金公司章程营运基金。

由此可见，契约型基金和公司型基金在法律依据、组织形态以及有关当事人所扮演的角色上是不同的。但对投资者来说，投资公司型基金和契约型基金并无多大区别。两种基金的投资方式都是把投资者的资金集中起来，按照基金设立时所规定的投资目标和策略，将基金资产分散投资于众多的金融产品，获取收益后再分配给投资者。

从世界基金业的发展趋势看，公司型基金除了比契约型基金多了一层基金公司组织外，其他各方面都与契约型基金有趋同化的倾向。

2. 按照是否能随时认购和赎回划分

按照基金是否能随时认购和赎回，投资基金可以分为封闭式和开放式基金两种类型。

封闭式基金（close-end fund）又称为固定型投资基金，是指基金的发起人在设立基金时限定了基金单位的发行总额，筹集到核准规模的80%以上，基金即宣告成立，并进行封闭，在一定时期内不再接受新的投资。基金单位的流通采取在证券交易所上市的办法，投资者日后买卖基金单位都必须通过证券经纪商在二级市场上进行竞价交易。

封闭式基金的期限是指基金的存续期，即基金从成立起到终止之间的时间。决定基金期限长短的因素主要有两个。一是基金本身投资期限的长短，一般如果基金的目的是进行中长期投资（如创业基金），其存续期就可长一些，反之，如果基金的目的是进行短期投资（如货币市场基金），其存续期可短一些。二是宏观经济形势，一般经济稳定增长，基金存续期可长一些，若经济跌宕起伏，则存续期应相对短一些。当然，在现实中，存续期还应根据基金发起人和众多投资者的要求来确定。基金期限届满即为基金终止，管理人应组织清算小组对基金资金进行清产核资，并将清产核资后的基金净资产按照投资者出资比例进行公正合理的分配。

如果基金在运行过程中，因为某些特殊的情况使得基金的运作无法进行，经主管部门批准后可以提前终止。提前终止的一般情况有：国家法律和政策的改变使得该基金的继续存在变得非法或者不适宜；管理人因故退任或被撤换，无新的管理人承继；托管人因故退任或被撤换，无新的托管人承继；基金持有人大会通过了提前终止基金的决议。

开放式基金（open-end fund）是指基金管理公司在设立基金时，发行基金单位的总份额不固定，可视投资者的需求追加发行。投资者也可根据市场状况和各自的投资决策，或者要求发行机构按现期净资产值扣除手续费后赎回股份或受益凭证，减持基金单位份额，或者再买入股份或受益凭证，增持基金单位份额。为了应对投资者中途抽回资金以实现变现的要求，开放式基金一般会从所筹资金中拨出一定比例，以现金形式保持这部分资产。这虽然会影响基金的盈利水平，但对于开放式基金来说是必需的。

封闭式基金与开放式基金在运作上存在明显的区别。

（1）存续期限不同。封闭式基金通常有固定的存续期，通常在5年以上，一般为10年或15年，经基金份额持有人大会通过并经主管机关同意可以适当延长期限。而开放式基金没有固定期限，投资者可随时向基金管理人赎回基金单位。

（2）发行规模限制不同。封闭式基金在招募说明书中列明其基金规模，在存续期内未经法定程序认可不能再增加发行。开放式基金没有发行规模限制，投资者可随时提出认购或赎回申请，基金规模就随之增加或减少。

（3）基金单位交易方式不同。封闭式基金的基金单位在存续期内不能赎回，持有人只能在证券交易场所出售给第三者。开放式基金的投资者则可以在首次发行结束一段时间（多为3个月）后，随时向基金管理人或中介机构提出购买或赎回申请，买卖方式灵活，除极少数开放式基金在交易所做名义上市外，通常不上市交易。

（4）基金单位的交易价格计算标准不同。封闭式基金与开放式基金的基金单位除了首次发行价都是按面值加一定百分比的购买费计算外，以后的交易计价方式不同。封闭式基金的买卖价格受市场供求关系的影响，常出现溢价或折价现象，并不必然反映基金的净资产值。开放式基金的交易价格则取决于基金每单位净资产值的大小，申购价一般是基金单位净资产值加一定的购买费，赎回价是基金单位净资产值减去一定的赎回费，不直接受市场供求关系的影响。

（5）投资策略不同。封闭式基金的基金单位数不变，资本不会减少，因此基金可进行长期投资，基金资产的投资组合能有效地在预定计划内进行。开放式基金因基金单位可随时赎回，为应对投资者随时赎回兑现的请求，基金资产不能全部用来投资，更不能把全部资本用来进行长线投资，必须保持基金资产的流动性，在投资组合上需保留一部分现金和高流动性的金融产品。

从发达国家金融市场来看，开放式基金已成为世界投资基金的主流。世界基金发展史从某种意义上说就是从封闭式基金走向开放式基金的历史。

3. 按照投资目标划分

按照投资目标不同，投资基金可以分为成长型基金、收入型基金和平衡型基金三种。

成长型基金（growth fund）是基金中最常见的一种，追求的是基金资产的长期增值。为了达到这一目标，基金管理人通常将基金资产投资于信誉度较高、有长期成长前景或长期盈余的所谓的成长公司的股票。成长型基金又可分为稳健成长型基金和积极成长型基金。

收入型基金（income fund）主要投资于可带来现金收入的有价证券，以获取当期的最大收入为目的。收入型基金资产成长的潜力较小，损失本金的风险相对较低，一般可分为固定收入型基金和股票收入型基金。固定收入型基金的主要投资对象是债券和优先股，尽管收益率较高，但长期成长的潜力很小，而且当市场利率波动时，基金净值容易受到影响。股票收入型基金的成长潜力比较大，但易受股市波动的影响。

平衡型基金（balanced fund）将资产分别投资于以取得收入为目的的债券及优先股和以资本增值为目的的普通股，并在两种不同特性的证券之间进行平衡。这种基金一般将25%~50%的资产投资于债券及优先股，其余的资产投资于普通股。平衡型基金的主要目的是从投资组合的债券中获得适当的利息收益，与此同时又可以获得普通股的升值收益。投资者既可获得当期收入，又可得到资金的长期增值。平衡型基金的优点是风险比较低，缺点是成长的潜力不大。

4. 按照投资标的的差异划分

按照投资标的的差异，投资基金可以分为债券基金、股票基金、货币市场基金和指数基金四种类型。

债券基金（bond fund）是一种以债券为主要投资对象（80%以上的基金资产投资于债券）

的证券投资基金。由于债券的年利率固定，因而这类基金的风险较低，适合于稳健型投资者。通常债券基金收益会受货币市场利率的影响，当市场利率下调时，其收益就会上升。反之，若市场利率上调，则基金收益下降。除此之外，汇率也会影响基金的收益，管理人在购买非本国货币的债券时，往往还在外汇市场上做套期保值。

股票基金（equity fund）是指以股票为主要投资对象（80%以上的基金资产投资于股票）的证券投资基金。股票基金的投资目标侧重于追求资本利得和长期资本增值。基金管理人拟定投资组合，将资金投放到一个或几个国家，甚至是全球的股票市场，以达到分散投资、降低风险的目的。

股票基金最大的优点就在于，可以有不同的风险类型供投资者选择，而且可以克服股票市场普遍存在的区域性投资限制的弱点。此外，股票基金还具有变现性强和流动性强等优点。由于股票基金聚集了巨额资金，几只甚至一只基金就可以引发股市动荡，所以各国政府对股票基金的监管都十分严格，不同程度地规定了基金购买某一家上市公司的股票总额不得超过基金资产净值的一定比例，防止基金过度投机和操纵股市。

货币市场基金（money market fund）是仅以货币市场工具为投资对象的一种基金，其投资标的的期限在一年以内，包括银行短期存款、国库券、公司债券、银行承兑汇票及商业票据等。通常，货币市场基金的收益会随市场利率的下跌而降低，与债券基金正好相反。货币市场基金通常被认为是无风险或低风险的投资。

指数基金（index fund）是自20世纪70年代以来出现的一种新的基金品种。为了使投资者获取与市场平均收益相接近的投资回报，出现了一种功能上近似或等于某种证券市场价格指数的基金，是一种典型的被动型投资选择策略。该基金的特点是：投资组合等同于市场价格指数的权数比例，收益随着当期的价格指数上下波动。当价格指数上升时，基金收益增加，反之，收益减少。指数基金始终保持当期的市场平均收益水平，因而收益不会太高，也不会太低。指数基金的优势是：第一，费用低廉，指数基金的管理费较低，尤其交易费用较低；第二，风险较小，由于指数基金的投资非常分散，可以完全消除投资组合的非系统风险，而且可以避免由于基金持股集中所带来的流动性风险；第三，以机构投资者为主的市场中，指数基金可获得市场平均收益率，可以为股票投资者提供更好的投资回报；第四，指数基金可以作为避险套利的工具，对于投资者尤其是机构投资者来说，指数基金是其避险套利的重要工具。

指数基金由于其收益率的稳定性和投资的分散性，特别适合社保基金等数额较大、风险承受能力较低的资金投资。

5. 按基金的资本来源和运用地域划分

按基金的资本来源和运用地域，投资基金可以划分为国内基金、国际基金、离岸基金和海外基金等类型。

国内基金（domestic fund）是基金资本来源于国内并投资于国内金融市场的投资基金。一般而言，国内基金在一国基金市场中应占主导地位。

国际基金（international fund）是基金资本来源于国内，但投资于国外金融市场的投资基金。由于各国经济和金融市场发展的不平衡性，因而国际基金在不同国家会有不同的投资回报。通过国际基金的跨国投资，可以为本国资本带来更多的投资机会以及在更大范围内分散投资风险，但国际基金的投资成本和费用一般较高。国际基金包括国际股票基金、国际债券基金和全球商品基金等种类。

离岸基金（offshore fund）是基金资本从国外筹集并投资于国外金融市场的基金。离岸基金的特点是两头在外。离岸基金的资产注册登记不在母国，为了吸引全球投资者的资金，离岸基金一般都在素有"避税天堂"之称的地方注册，如卢森堡、开曼群岛和百慕大等，因为这些国家和地区对个人投资的资本利得、利息和股息收入都不收税。

海外基金（overseas fund）是基金资本从国外筹集并投资于国内金融市场的基金。利用海外基金，通过发行受益凭证把筹集到的资金交由指定的投资机构集中投资于特定国家的股票和债券，把所得收益用于再投资或作为红利分配给投资者，它所发行的受益凭证则在国际著名的证券市场挂牌上市。海外基金已成为发展中国家利用外资的一种较为理想的形式，一些资本市场没有对外开放或实行严格外汇管制的国家可以利用海外基金。

除了上述几种类型的基金外，证券投资基金还可以按募集对象不同分为公募基金和私募基金；按投资货币种类不同分为美元基金、英镑基金和日元基金等；按收费与否分为收费基金和不收费基金；按投资计划的可变更性分为固定型基金、半固定型基金和融通型基金；还有专门支持高科技企业和中小企业的风险基金；因交易技巧而著称的对冲基金、套利基金以及专门投资于其他基金的基金——**基金的基金**（funds of funds，FOF）等。

6. 几种特殊的基金形式

对冲基金（hedge fund）也称避险基金或套利基金，是指金融期货和金融期权等金融衍生工具与金融衍生工具结合后，以高风险投机为手段并以盈利为目的的金融基金。它是投资基金的一种形式，属于免责市场（exempt market）产品，意为"风险对冲过的基金"，对冲基金名为基金，实际与共同基金追求安全、收益和增值的投资理念有本质差异。

对冲基金起源于20世纪50年代初的美国。当时的操作宗旨在于利用期货和期权等金融衍生工具以及对相关联的不同股票进行买空卖空和风险对冲的操作技巧，在一定程度上可规避和化解投资风险。1949年，世界上诞生了第一只有限合作制的琼斯对冲基金。虽然对冲基金在20世纪50年代已经出现，但是，它在接下来的30年间并未引起人们的太多关注，直到80年代，随着金融自由化的发展，对冲基金才有了更广阔的投资机会，从此进入了快速发展的阶段。90年代，世界通货膨胀的威胁逐渐减少，同时金融工具日趋成熟和多样化，对冲基金进入了蓬勃发展的阶段。据英国《经济学人》的统计，1990～2000年，3 000多只新的对冲基金在美国和英国出现。2002年之后，对冲基金的收益率有所下降，但规模依然不小。对冲基金研究公司数据显示，截至2018年年末，全球对冲基金总资产额已经达到3.1万亿美元。

举一个例子。在最基本的对冲操作中，基金管理人在购入一种股票后，同时购入这种股票的一定价位和时效的看跌期权。看跌期权的效用在于当股票价位跌破期权限定的价格时，卖方期权的持有者可将手中持有的股票以期权限定的价格卖出，从而使股票跌价的风险得到对冲。又譬如，在另一类对冲操作中，基金管理人首先选定某类行情看涨的行业，买进该行业中看好的几只优质股，同时以一定比率卖出该行业中较差的几只劣质股。如此组合的结果就是，如果该行业预期表现良好，优质股涨幅必然超过同行业其他的劣质股，买入优质股的收益将大于卖空劣质股而产生的损失。如果预期错误，该行业股票不涨反跌，那么劣质股跌幅必大于优质股，则卖空盘口所获利润必高于买入优质股的下跌所造成的损失。正因为这样的操作手段，早期的对冲基金可以说是一种基于避险保值的保守投资策略的基金管理形式。经过几十年的演变，对冲基金已失去其初始的风险对冲的内涵，hedge fund 的称谓已徒有虚名。对冲基金已成为一种新的投资模式的代名词，即基于最新的投资理论和极其复杂的金融市场操作技巧，充分利用各种金融衍生产品的杠杆效用，承担高风险，追求高收益。

对冲基金是一种较为复杂的投资方式，与其他基金相比在操作上具有非常明显的特点。

（1）投资活动的复杂性。近年来结构日趋复杂、花样不断翻新的各类金融衍生产品，如期货、期权和掉期等逐渐成为对冲基金的主要操作工具。这些衍生产品本来是为对冲风险而设计的，但因其低成本、高风险和高回报的特性，成为许多现代对冲基金进行投机行为的得力工具。对冲基金将这些金融工具配以复杂的组合设计，根据市场预测进行投资，在预测准确时获取超额利润，或是利用短期内市场波动而产生的非均衡性设计投资策略，在市场恢复正常状态时获取差价利润。

（2）投资效应的高杠杆性。典型的对冲基金往往利用银行信用，以极高的杠杆借贷，在其原始基金量的基础上几倍甚至几十倍地扩大投资资金，从而达到最大限度地获取回报的目的。对冲基金的证券资产的高流动性，使得对冲基金可以利用基金资产方便地进行抵押贷款。一只资本金只有 1 亿美元的对冲基金，可以通过反复抵押其证券资产，贷入高达几十亿美元的资金。这种杠杆效应的存在，使得一笔交易扣除贷款利息后，净利润远远大于仅使用 1 亿美元的资本金运作可能带来的收益。同样，也恰恰因为高杠杆效应，对冲基金在操作不当时，往往面临超额损失的巨大风险。

（3）筹资方式的私募性。对冲基金的组织结构一般是合伙人制：基金投资者以资金入伙，提供大部分资金但不参与投资活动；基金管理者以资金和技能入伙，负责基金的投资决策。对冲基金在操作上要求高度的隐蔽性和灵活性，在美国，对冲基金的合伙人一般控制在 100 人以下，而且每个合伙人的出资额在 100 万美元以上（不同的国家对于对冲基金的规定有所差异，比如日本对冲基金的合伙人需控制在 50 人以下）。对冲基金多为私募性质，从而规避了美国法律对公募基金信息披露的严格要求。由于对冲基金的高风险性和复杂的投资机理，许多西方国家都禁止其向公众公开招募资金，以保护普通投资者的利益。为了避开美国的高税收和美国证券交易委员会的监管，在美国市场上进行操作的对冲基金一般在巴哈马和百慕大等一些税收低、管制松散的地区进行离岸注册，并仅向美国境外的投资者募集资金。

（4）操作的隐蔽性和灵活性。对冲基金与面向普通投资者的投资基金不仅在基金投资者、资金募集方式、信息披露要求和受监管程度上存在很大差别，在投资活动的隐蔽性和灵活性方面也存在很多差别。证券投资基金一般都有较明确的资产组合定义，即在投资工具的选择和比例上有确定的方案，如平衡型基金的基金组合中股票和债券大体各半，增长型基金侧重于高增长性股票的投资。同时，共同基金不得利用信贷资金进行投资，而对冲基金完全没有这些方面的限制和界定，可利用一切可操作的金融工具和组合最大限度地使用信贷资金，以牟取高于市场平均利润的超额回报。由于操作上的高度隐蔽性和灵活性以及杠杆融资效应，对冲基金在现代国际金融市场的投机活动中担当了重要角色。

桥水基金（bridgewater fund） 桥水对冲基金公司（Bridgewater）成立于 1975 年，创始人为瑞·达利欧（Ray Dalio）。桥水基金掌管着 1 200 多亿美元资产，是世界顶级对冲基金。与一般的对冲基金公司不同，桥水基金不为富人管理资产，服务对象主要是机构投资者，客户包括养老基金、捐赠基金、国外的政府以及中央银行等。现在，它有270多家机构客户，其中一半在美国。

桥水基金的投资历史主要分为两大阶段：第一个阶段（1975~1990年）是以投资顾问的身份开展咨询业务；第二个阶段（1991年至今）是开发各种投资策略与投资工具在世界范围内进行投资。

桥水基金是多种创新投资策略的先锋者，如货币管理外包、分离Alpha和Beta策略、绝对收益产品以及风险平价等。其中，纯Alpha基金1975~2011年为投资者净赚了385亿美元，超过了索罗斯量子基金自1973年创立以来的总回报。外界对桥水基金赋予了极高的评价，称其对经济的统计分析甚至比美联储更靠谱。桥水基金发行的调查报告《日常观察》，已经成为全世界各大中央银行高管及基金经理们的必读资信。

著名对冲基金及经典案例

量子基金 总部设在纽约，但其出资人皆为非美国国籍的境外投资者，其目的是避开美国证券交易委员会的监管。量子基金投资于商品、外汇、股票和债券，并大量运用金融衍生产品和杠杆融资，从事全方位的国际性金融操作。凭借乔治·索罗斯出色的分析能力和胆识，量子基金在世界金融市场逐渐成长壮大。索罗斯多次准确地预见到某个行业和公司的非同寻常的成长潜力，从而在这些股票的上升过程中获得了超额收益。即使在市场下滑的熊市中，索罗斯也以其精湛的卖空技巧而赚了很多。截至1997年年末，量子基金已增值为资产总值近60亿美元。在1969年注入量子基金的1美元在1996年年底已增值至3万美元，即增长了3万倍。不过量子基金也并非攻无不克，1998年后折戟中国香港、兵败俄罗斯和纳斯达克泡沫破灭使量子基金遭受重创。2000年，饱经沉浮的索罗斯宣布关闭量子基金，此后他开始专注于打理自己的家族基金，慢慢退出了公众的视线。

老虎基金 1980年，著名经纪人朱利安·罗伯逊集资800万美元创立了自己的公司——老虎基金管理公司。1993年，老虎基金管理公司旗下的对冲基金——老虎基金攻击英镑和里拉成功，并在此次行动中获得巨大的收益，从此声名鹊起，被众多投资者所追捧，老虎基金的资本此后迅速膨胀，最终成为美国最为显赫的对冲基金。20世纪90年代中期后，老虎基金管理公司的业绩节节攀升，在股市、汇市投资中同时取得不菲的业绩，公司的最高盈利（扣除管理费）达到32%，在1998年夏天，其总资产达到230亿美元的高峰，一度成为美国最大的对冲基金。1998年下半年，老虎基金在一系列的投资中失误，开始走下坡路。

1992年狙击英镑 1979年年初，还没有统一货币的欧洲经济共同体统一了各国的货币兑换率，组成欧洲货币汇率连保体系。然而，欧共体成员国的经济发展不平衡，货币政策根本无法统一，各国货币受本国利率和通货膨胀率的影响各不相同，因此某些时候，连保体系强迫各国中央银行做出违背其意愿的行动，如在外汇交易强烈波动时，那些中央银行不得不买进疲软的货币，卖出坚挺的货币，以维持外汇市场稳定。

1989年，东德、西德统一后，德国经济强劲增长，德国马克坚挺，而1992年的英国正处于经济不景气时期，英镑相对疲软。为了支持英镑，英国银行利率持续高升，但这样必然会伤害英国的利益，于是英国希望德国降低马克的利率以缓解英镑的压力，可是由于德国经济过热，德国希望以高利率政策来为经济降温。由于德国拒绝配合，英国在货币市场中持续下挫，尽管英、德两国联手抛售德国马克购进英镑，但仍无济于事。索罗斯预感到，德国人准备撤退了,德国马克不再支持英镑,于是他旗下的量子基金以5%的保证金方式大笔借贷英镑,购买德国马克。他的策略是:在英镑汇率未跌之前用英镑买德国马克,当英镑汇率暴跌后卖出一部分德国马克即可还掉当初借贷的英镑,剩下的就是盈利。在此次行动中,索罗斯的量子基金卖空了相当于70亿美元的英镑,买进了相当于60亿美元的德国马克,在一个多月时间内净赚15亿美元,而欧洲各国中央银行共计损伤了60亿美元,事件以英镑在1个月内汇率下挫20%告终。

亚洲金融风暴 1997年7月,量子基金大量卖空泰铢,迫使泰国放弃维持已久的与美元挂钩的固定汇率而实行自由浮动的汇率制度,引发了泰国金融市场前所未有的一场危机。危机很快波及东南亚所有实行货币自由兑换的国家和地区,港元成为亚洲最贵的货币。其后,量子基金和老虎基金试图狙击港元,但香港金融管理局拥有大量外汇储备,加上当局大幅调高息率,使对冲基金的计划没有成功,但高息使香港恒生指数急跌四成,对冲基金意识到同时卖空港元和港股期货使息率急升,拖垮港股,就"必定"可以获利。1998年8月,索罗斯联手多家巨型国际金融机构冲击香港汇市、股市和期市。然而,香港政府却在1998年8月入市干预,令对冲基金同时在外汇市场和港股期货市场遭受损失。

交易型开放式指数基金(exchange-traded fund,ETF)又称交易所交易基金,是一种在交易所上市交易的特殊开放式投资基金产品,交易手续与股票完全相同。ETF管理的资产是一揽子股票组合,这一组合中的股票种类与某一特定指数(如上证50指数)包含的成分股票相同,每只股票的比例与该指数的成分股构成比例一致,ETF交易价格取决于它拥有的一揽子股票的价值,即单位基金资产净值。

ETF最早诞生于1990年的加拿大,由于其简单易懂,市场接受度高,极具弹性,能够快速且低成本地满足多重投资目的,因此吸引了众多的个人投资者和机构投资者,成为国际市场上增长最快的金融品种之一。自从1993年美国推出第一个8亿美元的ETF产品以来,截至2018年,市值已经超过3.37万亿美元,其中纽约证券交易所已上市的ETF达1 500多只,最大的标准普尔500 ETF市值达2 500多亿美元。中国第一只ETF是成立于2004年年底的上证50ETF。截至2018年12月,中国内地发行的全部上市可交易的ETF共188只,最新规模为4 831.12亿元人民币。

ETF在本质上是开放式基金,与普通开放式基金具有相同的特征,但作为一种混合型的特殊基金,它有自己鲜明的特点,不仅克服了封闭式基金和开放式基金的缺点,而且集两者的优点于一身:第一,ETF基本是指数型的开放式基金,可以跟踪某一特定指数,如上证50指数;第二,ETF申购赎回也有自己的特色,投资者只能用与指数对应的一揽子股票申购或者赎回ETF,而不是开放式基金那样以现金申购赎回;第三,ETF可以在交易所挂牌买卖,投资者可以像交易单只股票或封闭式基金那样在证券交易所直接买卖ETF份额。

可在一级市场和二级市场间进行折溢价套利是ETF最大的特点。当ETF在交易所市场的报价低于其资产净值,也就是发生折价时,投资者可以在二级市场以低于资产净值的价格大量买进ETF,然后从一级市场赎回一揽子股票,在二级市场卖掉股票,赚取中间的差价。当ETF在交易所市场的报价高于其资产净值,也就是发生溢价时,投资者可以在二级市场买进一揽子股票,然后在一级市场申购ETF,再在二级市场以高于基金份额净值的价格将申购的ETF卖出,赚取中间的差价。由于 ETF 的最小申赎单位一般为 100 万份，交易需要大量的资金，因此进行套利的一般是机构投资者。也正是由于这一套利机制，使机构乐于参与 ETF 交易，进而提高 ETF 市场的活跃度。当套利活动在交易所 ETF 市场上比较活跃时，ETF 的折价和溢价空间将会逐渐缩小。当 ETF 在交易所市场的报价与资产净值趋于一致时，又会加强一般中小投资者投资 ETF 的意愿，进而促使整个 ETF 市场更加蓬勃发展。因此，这一套利机制是促使机构与中小投资者积极进场的非常关键的因素，也是塑造一只成功的 ETF 不可或缺的重要因素。

华夏上证50ETF

华夏基金管理公司旗下的华夏上证 50ETF 就是一只典型的交易型开放式指数基金。该基金采取的是完全复制法，即完全按照上证 50 的成分股及其权重构建基金的股票组合，并根据上证 50 的成分股及其权重的变动随时调整，属于完全的被动型管理。投资者在申购 ETF 时，必须在交易所用上证 50 的成分股向基金管理公司换取固定数额的 ETF 基金；在赎回时，投资者也必须在交易所用固定数量的 ETF 基金份额向基金管理公司换取上证 100 的成分股（而非现金）。此外，只有大型投资者（基金份额通常要求在 100 万份以上）才能参与 ETF 一级市场的申购、赎回交易。在二级市场中，ETF 每 15 秒钟就提供一个基金净值报价，投资者可紧密跟随市场动态进行交易。

上市型开放式基金（listed open-ended fund，LOF） 在基金发行结束后，投资者既可以在指定网点申购与赎回基金份额，也可以在交易所买卖该基金。不过如果投资者是在指定网点申购的基金份额，想要上网抛出，须办理一定的转托管手续。同样，如果投资者是在交易所网上买进的基金份额，想要在指定网点赎回，也要办理一定的转托管手续。

在中国，LOF 是通过深圳证券交易所交易系统发行并上市交易的开放式基金。LOF 投资者既可以通过基金管理人或其委托的销售机构以基金份额净值进行基金的申购和赎回，也可以通过交易所市场以交易系统撮合成交价进行基金的买入和卖出。LOF 主要有三个特点。第一，上市型开放式基金本质上仍是开放式基金，基金份额总额不固定，基金份额可以在基金合同约定的时间和场所申购与赎回。第二，上市型开放式基金的发售结合了银行等代销机构与深圳证券交易所交易网络的销售优势。银行等代销机构网点仍沿用现行的营业柜台销售方式，深圳证券交易所交易系统则采用通行的新股上网定价发行方式。第三，上市型开放式基金获准在深圳证券交易所上市交易后，投资者既可以选择在银行等代销机构按当日收市的基金份额净值申购或赎回基金份额，也可以选择在深圳证券交易所各会员证券营业部按撮合成交价买卖基金份额。

基金定投

基金定投素有"懒人理财"之称，是定期定额投资基金的简称，它是指在固定的时间将固定的金额投入到指定的开放式基金中，类似于银行零存整取的方式。基金定投的优点是能够平均成本、分散风险，适合投资者进行中长期投资。

中国工商银行圆梦定投的夕阳红退休计划、春晖教育计划、金屋置业计划以及宝马购车计划都属于基金定投。这里以春晖教育计划为例，简单地介绍一下基金定投。

中国工商银行圆梦定投之春晖教育计划（见表12-1）如下。

模拟积累目标：30万元（10万元大学教育，20万元海外留学经费）

定投年限：12～18年

每月定投金额：以上证综指过去18年实际复合年收益率8.24%计算

表12-1　中国工商银行圆梦定投之春晖教育计划

子女年岁	定投年限	模拟积累目标	每月建议金额
0岁	18	30万元	700元
3岁	15	30万元	900元
6岁	12	30万元	1 300元

资料来源：中国工商银行官方网站，http://www.icbc.com.cn/icbc/。

12.2　投资基金运作

投资基金是由众多投资者出资，并由专业基金管理机构和人员管理的资金运作方式。投资基金一般由发起人设立，通过发行基金份额募集资金。基金投资者不参与基金的管理和操作，只定期取得投资收益。基金管理人根据投资者的委托进行投资运作，并收取管理费。基金托管人负责代为管理资金，保证资金安全。投资基金运作包括投资基金发行、投资基金运营和投资基金收益分配等方面的内容。

12.2.1　投资基金发行

投资基金发行是指投资基金的参与主体发起设立一家基金，并从市场上募集资金的过程。其中涉及投资基金主体、投资基金的设立与募集链等环节。

投资基金主体是指投资基金市场中的参与者，主要包括基金当事人、基金市场服务机构以及基金的监管和自律组织。为了理解投资基金市场主体间的关系，下面给出一个案例。

案例12-1　华夏成长投资基金

成立于2001年的华夏成长投资基金是一种契约型开放式基金。华夏基金管理有限公司是该基金的基金管理人，拥有众多精通投资业务的专家，注册资本高达23 800万元，是基金产品的募集者和管理者，其最主要的职责就是按照基金合同的约定，负责基金的投资运作，在有效控制风险的基础上为基金投资者争取更大的投资收益。中国建设银行是基金托管人，作为中国六大商业银行之一，历史悠久，信誉卓著。它的主要职责是基金资产保管、基金资金清算、会计复核以及对基金投资运作的监督等。在华夏成长投资基金的募集过程中，华夏基金管理有限公司是直销机构，中国工商银行股份有限公司、中国建设银行股份有限公司和中国银行股份有限公司等198家取得基金代销资格的银行和证券公司是代销机构，华夏基金管理公司是注册登记机构。除此之外，华夏成长投资基金聘用北京市金诚律师事务所和普华永道中天会计师事务所有限公司为该基金提供法律与会计核算服务。在基金设立与运作的过程中，它会受到中国证监会的严格监督，同时还要受行业协会的约束。

在上述案例中，基金管理人、基金托管人以及投资者自身都属于基金当事人；基金直销与代销机构、注册登记机构、律师事务所和会计师事务所都属于基金市场服务机构；中国证监会属于基金的监管者；中国证券投资基金业协会属于基金的自律组织。中国《证券投资基金法》明确规定了投资基金各主体的资格。

①**基金管理人条件**。基金管理人是管理和运作基金资产的机构。基金管理人必须具有一定数额的资本金，《证券投资基金法》规定，拟设立的基金管理公司的注册资本不低于1亿元人民币，且必须为实缴货币资本；与托管人在行政、财务和管理人员方面相互独立；有完整的组织结构；有明确可行的基金管理计划；有足够的、合格的专业人才；具有完备的风险控制制度和内部管理制度。

②**基金托管人条件**。基金托管人又称基金保管机构。基金托管人应满足的条件是：净资产和资本充足率符合有关规定；设有专门的基金托管部门；取得基金从业资格的专职人员达到法定人数；有安全保管基金财产的条件；有安全、高效的清算和交割系统；有符合要求的营业场所、安全防范设施和与基金托管业务有关的其他设施；有完善的内部稽核监控制度和风险控制制度；法律、行政法规规定的以及经国务院批准的国务院证券监督管理机构与国务院银行业监督管理机构规定的其他条件。现阶段中国符合上述条件的有27家商业银行和18家证券公司。

基金管理公司发起设立基金时，有两种方式可供选择，即注册制和核准制。

（1）**注册制**（registration system）。基金只要满足法规规定的条件，就可以申请并获得注册。在基金申请注册的过程中，基金主管部门不对基金发起人的申请及基金本身做出价值判断，只审查基金发行申请人是否严格履行了相关的信息披露义务，对基金发行公开材料的审查只是形式审查，不涉及任何发行实质条件的审查。只要基金发起人及时、完整、真实且准确地披露了相关信息，基金主管部门不得以申请人财务状况未达到一定的标准而拒绝其发行。目前，美国、英国和中国台湾、香港等多数发达国家和地区一般采用注册制。此外，中国的公募基金产品的审查自2014年起由核准制改为注册制。

（2）**核准制**（approval system）。基金不仅要具备法规规定的条件，还要通过基金主管部门的实质审查才能设立。基金主管部门有权对基金发起人及其所发行的基金做出审查和决定。如日本实行的就是核准制。日本的投资信托法规定，基金发起人在发行基金时必须经主管部门同意，并在一定期限内予以核准。但日本在拟议的修正案中准备取消核准制而采取注册制。

中国设立的基金可采用公开募集（公募）和非公开募集（私募）两种方式，并受计划额度的限制。其中公开募集采用网上定价募集。基金发起人通过与上海、深圳证券交易所系统联网的全国各地的证券营业部，向广大投资者发售基金。如果要设立的基金是封闭式基金，则只有当募集的基金份额总额达到核准规模的80%以上，募集金额不低于2亿元人民币，基金份额持有人不少于1 000人时，该基金才能上市交易。如果要设立的基金是开放式基金，则当募集期限届满时，需要满足基金募集份额总额不少于2亿份，基金募集金额不低于2亿元人民币，基金份额持有人的人数不少于200人，否则基金募集失败，基金管理人要在基金募集期限届满后30日内返还投资者已交纳的款项，以及银行同期存款利息。私募基金向合格的投资者募集，合格的投资者累计不得超过200人。合格的投资者投资于单只私募基金的金额不低于100万元，如果为机构投资者，其净资产应不低于1 000万元，如果投资者为个人，金融资产应不低于300万元或最近3年个人年均收入不低于50万元。私募基金募集完毕，基金管理人应当向基金行业协会备案。对于募集的资金总额或者基金份额持有人的人数达到规定标准的基金，基金行业协会应当向国务院证券监督管理机构报告，基金方可成立。

私募基金

私募基金（private fund）是指在中华人民共和国境内，以非公开方式向合格投资者募集资金设立的投资基金。私募基金包括契约型基金和资产由基金管理人或普通合伙人管理的以投资活动为目的而设立的公司或者合伙企业。私募基金的投资范围包括买卖股票、股权、债券、期货、期权、基金份额及投资合同约定的其他投资标的。

根据投资标的不同，私募基金可以分为私募证券投资基金、私募股权投资基金和其他私募基金。

（1）**私募证券投资基金**（private securities investment fund）投资于公开发行的股份有限公司（上市公司）的股票、债券、基金份额以及证监会规定的其他证券及其衍生品种。

（2）**私募股权投资基金**（private equity investment fund）投资于非上市企业的股权权益。私募股权投资基金投资于非公开交易的股权。专门从事上市公司定向增发业务的定增基金被归入股权投资基金。**创业投资基金**（venture capital fund）是私募股权投资基金的一种特殊类别，专门投资于处于创业各阶段的未上市成长性企业的股权（新三板挂牌企业视为未上市企业）。

（3）**其他私募基金** 投资于除证券及其衍生品和股权以外的其他领域，如红酒或艺术品等特定商品。

值得注意的是，存在一种 **FOF 基金**（fund of fund），俗称基金中的基金，是一种投资于私募证券投资基金、私募股权投资基金、其他私募基金、信托计划、券商资管以及基金专户等资产管理计划的私募基金。

相比于公募基金，私募基金主要表现为三点优势。第一，私募基金产品更有针对性，更有可能为客户量身定制投资服务产品，组合的风险收益特性能满足客户特殊的投资要求，可以定制化投资。第二，私募基金更容易风格化。私募基金的进入门槛较高，主要面对的投资者更有理性，双方的关系类似于合伙关系，基金管理层较少受到开放式基金那样的随时赎回的困扰。基金管理人只有充分发挥自身理念的优势，才能获取长期稳定的超额利润。第三，私募基金有机会获得更高的收益率。基金管理人更加尽职尽责，有更好的空间实践投资理念，同时不必像公募基金那样定期披露详细的投资组合，投资收益率反而可能更高。私募基金有高达20%的业绩报酬，并且投资组合非常灵活，甚至可以满仓股票，因此其收益可能非常可观。

自2004年以来，中国的私募基金业已逐渐成为中国资本市场体系中重要的一部分。特别是2018年4月，资管新规开始实施。资管新规对私募基金的信息披露频率、杠杆比例以及私募基金管理人履行主动管理职责等都做出了明确要求，显示出监管机构规范发展私募基金业的决心与信心。这是私募基金的一份重大政策红利。中国私募基金将迎来一个更阳光、更规范和更大规模化的发展新时代与大时代。

截止到 2019 年 5 月 27 日，中国共有私募基金管理人 24 341 家，其中私募证券投资基金管理人 8 809 家，私募股权投资基金管理人 14 556 家，合计发行 109 611 只私募基金产品，资金规模超过 13 万亿元。

资料来源：Wind 数据库。

12.2.2 投资基金运营

在中国，基金管理公司一般都设立一个专门的投资决策机构，即投资决策委员会，它通常由基金管理公司的主要负责人和各部门负责人组成，定期讨论基金的投资目标和投资对象，并分析和评价基金的投资业绩。

投资基金的投资目标是使基金资产得到最大限度的增值。基金管理公司一般可以采取三种策略实现投资目标：第一是高风险高收益型，这类基金注重在一定时期内使投资者的资本增值，同时它的投资风险也比较高，适合风险偏好型投资者；第二是低风险长期收入型，这类基金注重为投资者获取比较稳定的长期收益，尽可能地降低风险，适合风险厌恶型投资者；第三是风险收益兼顾型，这类基金注重实现收益和风险的平衡，使投资者既能获得合理的收益，同时风险也不会太大，适合稳健型投资者。

投资基金的投资策略是指投资基金按照预先设定的投资目标，在具体投资过程中选择的具体投资策略。具体包括以下几种策略。第一，购买持有策略。基金管理公司在构造了某个资产组合后，便不再改变持有期间的资产配置状态。这种策略客观上要求市场环境稳定，投资者偏好变化不大，投资者着眼于长期收益。但这种组合完全暴露于市场风险之下，当市场剧烈波动时，投资者将承受较大的风险。第二，固定比例策略。基金管理公司在构造了某个投资组合之后，定期对其资产组合进行调整，保持各类资产的市场价值在总资产价值中所占的比例大致不变。与购买持有策略相比，固定比例策略面临的风险暴露较小，但其收获的额外收益也可能较低。第三，组合保险策略。基金管理公司将一部分资金投放于无风险资产，以确保资产组合总价值的最低值，将剩余的资金投放于风险资产。投入风险资产的比例随着市场走势的上升而上升，随着市场走势的下降而下降。组合保险策略可以在很大程度上降低基金所面临的风险，但收益也会随之降低。第四，应变的资产配置策略。基金管理公司依据资本市场的变化对资产配置状态实时进行动态调整。应变的资产配置策略有助于基金管理公司迅速捕捉市场的变动并从中获益，但其助涨杀跌的本质可能导致市场波动性的增加。

中国基金投资的范围

中国《证券投资基金法》规定，基金的投资范围为：①上市交易的股票和债券；②国务院证券监督管理机构规定的其他证券及其衍生品种；③经证监会批准，货币市场基金可在全国银行间同业市场中从事债券回购业务，期限为 1 年及 1 年以下；④禁止承销证券；⑤禁止违反规定向他人贷款或者提供担保；⑥禁止从事承担无限责任的投资；⑦禁止买卖其他基金份额，但是国务院证券监督管理机构另有规定的除外；⑧禁止向基金管理人和基金托管人出资；⑨禁止从事内幕交易、操纵证券交易价格及其他不正当的证券交易活动；⑩禁止参加法律、行政法规和国务院证券监督管理机构规定禁止的其他活动。

> 中国《证券投资基金运作管理办法》规定，中国基金的投资比例限制为：①股票基金和债券基金投资于股票或债券的比例，不得低于该基金资产总值的80%；②一个基金持有一家上市公司的股票，不得超过该基金资产净值的10%；③同一基金管理人管理的全部基金持有一家公司发行的证券，不得超过该证券的10%；④中国证监会规定的其他比例限制。

当然，基于对市场有效程度的判断，基金管理公司还可以选择积极的投资策略、消极的投资策略或者混合投资策略。积极的投资策略是指基金管理公司假设市场不完全有效，它能够通过主动收集和挖掘市场信息，寻找被市场低估的证券进行投资以获得超额收益。通常股票型基金会选择积极的投资策略。消极的投资策略是指基金管理公司假设市场是完全有效的，在这种情况下，投资者只需要被动地跟踪市场指数来构造投资组合，在收益方面追求平均利润。指数基金是典型的消极投资策略的采取者。混合投资策略就是介于前两者之间的一种投资策略。基金管理公司通常在擅长的投资领域采用积极的投资策略，在不擅长的投资领域采用消极的投资策略。

12.2.3 投资基金收益分配

投资基金收益的分配是指基金运营一段时间之后，从其所获得的总收益中扣除所有的费用成本，然后给予基金受益人回报的方式。

1. 投资基金的收益

证券投资基金的收益主要来源于基金经理人运用基金资产进行投资所获得的投资收益。投资基金的具体收益来源可能包括以下几个方面。

（1）利息收入。开放式基金通常要持有一定比例的现金资产，以备投资者前来赎回基金单位。这些备用支付的资金一般以存款的形式存入商业银行，形成利息收入。在基金售出其持有的证券并等待新的投资机会的过程中，其资产在商业银行的存款形成利息收入。基金投资于债券或商业票据等固定收益类证券，每期会获得利息收入。

（2）股利收入。股息与红利总称为股利，都是股份公司发放给股东的盈利。股息是指股东按照股份份额领取的基本盈利，而红利是发放完股息后再分配给股东的利润。共同基金投资于上市公司的股票，就是上市公司的股东，有权获得股息和红利。

（3）资本收入。资本收入也称资本利得，是指买卖证券所得的差价收入。基金由金融投资专业人士担任基金管理人，通过基本面分析和技术分析发现价值被低估的证券后低价买入，等到证券价格上升后再高价卖出，赚取市场差价获利。

（4）其他收益。基金经理人运用基金资产进行其他领域投资获得的收益，成本与费用的节约也计入收益。

2. 投资基金的费用

投资基金的收益与费用相伴而行，基金管理公司的费用包括由投资者承担的费用和由基金管理人承担的费用两大类。

（1）由投资者直接负担的费用包括申购费和赎回费两种。

1) **申购费**（subscription fee）是在投资者申购基金单位时收取的用于基金销售和市场推广等

方面的费用。中国《证券投资基金销售管理办法》规定,申购费率不得超过申购金额的5%。目前国内的开放式基金的申购费率一般为申购金额的1%~2%,一般随申购金额的增加而降低。申购费在投资者申购时从申购款中一次性扣除,称为前端收费;在赎回时从赎回款中扣除,称为后端收费。国内的开放式基金基本都实行前端收费。

2)**赎回费**(redemption fee)是投资者赎回时从赎回款中扣除的费用,主要是为了减少投资者在短期内过多赎回给其他投资者带来的损失,因而往往略带惩罚性质。中国《证券投资基金销售管理办法》规定,赎回费率不得超过赎回金额的5%,赎回费收入在扣除基本手续费后,余额应当计入基金资产且不得低于赎回费总额的25%。目前国内开放式基金的赎回费率一般为0.5%。

(2)由基金管理人承担的费用主要是投资基金运作费用,它是为维持基金的运作从基金资产中扣除的费用,不由投资者直接承担。主要包括基金管理费、基金托管费、销售服务费以及其他费用。

1)**基金管理费**(fund management fee)是支付给基金管理人的费用,以负担其在管理基金时产生的成本。基金管理费每日计提,年费率一般在1%至3%之间。

2)**基金托管费**(fund custodian fee)是支付给基金托管人的费用,以负担其在保管基金资产时产生的支出。基金托管费每日计提,年费率一般在0.25%左右。

3)**销售服务费**(sales and service fee)是支付给销售机构和服务机构的基金营销费用。

4)**其他费用**主要包括投资交易费用、基金信息披露费用、与基金相关的会计师费和律师费和持有人大会费等,这些费用也作为基金的运营成本直接从基金资产中扣除。

3. 投资基金收益的分配

基金管理公司在运营一段时间后,需要将基金的净收益分配给基金份额持有人。

不同国家和地区对投资基金收益的分配有着不同的法律规定和分配方式,不同的基金也可能有各自的规定。在基金业非常发达的美国,有关法律规定,基金至少要将获利的95%分配给投资者。在中国,根据《证券投资基金运作管理办法》的相关规定,封闭式基金收益的分配比例不得低于基金净收益的90%,开放式基金收益分配比例由合同规定。

依据基金契约及招募说明书的规定,开放式基金的收益分配可采用以下两种方式:第一种是**分配现金**,即向投资者分配现金,每年至少分配一次,这是基金收益分配最普遍的形式;第二种是**再投资**,再投资是将投资者分得的收益再投资于基金,自动转化为相应数量的基金单位,即红利再投资。这实际上是将应分配的收益折为等额基金单位送给投资者。许多基金为了鼓励投资者进行再投资,往往对红利再投资低收或免收申购费。

12.3 投资基金评价

科学有效地度量投资基金的绩效水平,有助于投资者进行更好的投资选择和理性决策,提升投资者的资产收益。同时,投资基金绩效评价也能够敦促基金管理者更好地管理基金,减少道德风险,降低委托代理成本,帮助投资者实现财富保值增值的初衷。

投资基金绩效评价需要综合考虑基金收益率的测算、基金的投资目标、基金的风险水平、比较基准、时期选择以及基金组合的稳定性等因素。

12.3.1 基金投资收益率

想要了解投资基金的绩效,首先要做的就是计算基金的收益率。收益率的核算方式主要包括简单收益率、时间加权收益率、算术平均收益率、几何平均收益率以及年化收益率。

1. 简单收益率

简单收益率（simple rate of return）不考虑分红再投资的时间价值的影响,其计算公式为

$$R = \frac{NAV_1 - NAV_0 + D}{NAV_0} \times 100\% \tag{12-1}$$

式中,R 为简单收益率；NAV_1、NAV_0 为期末、期初基金的份额净值；D 为考察期内每份基金的分红金额。

假如,某基金在 2017 年 11 月 5 日的份额净值为 1.455 6 元/份,2018 年 9 月 1 日的份额净值为 1.788 5 元/份,基金曾在 2018 年 6 月 4 日进行分红,每 10 份派息 2.85 元,则该基金在这个阶段的简单收益率为

$$R = \frac{1.788\,5 - 1.455\,6 + 0.285\,0}{1.455\,6} \times 100\% = 42.45\%$$

2. 时间加权收益率

由于考虑了分红再投资的影响,与简单收益率相比,**时间加权收益率**（time-weighted rate of return）能更准确地对基金的真实表现做出衡量。它的前提是,基金分红后的份额净值用除息前一日的单位净值减去红利表示,并立即进行了再投资。计算公式为

$$R = [(1+R_1)(1+R_2)\cdots(1+R_n) - 1] \times 100\%$$
$$= \left(\frac{NAV_1}{NAV_0} \times \frac{NAV_2}{NAV_1 - D_1} \times \cdots \times \frac{NAV_{n-1}}{NAV_{n-2} - D_{n-2}} \times \frac{NAV_n}{NAV_{n-1} - D_{n-1}} - 1\right) \times 100\% \tag{12-2}$$

式中,R_1 为第一次分红之前的收益率；R_2 为第一次分红至第二次分红期间的收益率,依此类推；NAV_0 为基金期初份额净值；NAV_1,NAV_2,$\cdots$,NAV_{n-1} 为每次除息前一日的基金份额净值；NAV_n 为期末份额净值；D_1,D_2,$\cdots$,D_{n-1} 为每次份额基金分红。

假设上例中的某基金在 2018 年 6 月 3 日（除息前一日）的份额净值为 1.857 6 元/份,则

$$R_1 = \left(\frac{1.857\,6}{1.455\,6} - 1\right) \times 100\% = 27.62\%$$

$$R_2 = \left(\frac{1.788\,5}{1.857\,6 - 0.285\,0} - 1\right) \times 100\% = 13.73\%$$

因此,$R = [(1+0.276\,2) \times (1+0.137\,3) - 1] \times 100\% = 45.14\%$

由于在第二阶段收益率为正,因此考虑分红再投资的时间加权收益率在数值上大于简单收益率。

3. 算术平均收益率

算术平均收益率（arithmetic average rate of return）的计算公式为

$$\overline{R}_A = \frac{\sum_{t=1}^{n} R_t}{n} \times 100\% \tag{12-3}$$

式中,R_t 为第 t 期的收益率；n 为期数。

4. 几何平均收益率

几何平均收益率（geometrical average rate of return）的计算公式为

$$\overline{R}_G = \left(\sqrt[n]{\prod_{i=1}^{n}(1+R_t)} - 1\right) \times 100\% \tag{12-4}$$

式中，R_t 为第 t 期的收益率；n 为期数。

假如，某基金 $R_1 = 50\%$，$R_2 = -50\%$，则 $\overline{R}_A = 0$，$\overline{R}_G = -13.40\%$。

此时，该选用哪一个平均收益率呢？一般而言，几何平均收益率可以更准确地衡量基金的实际收益情况，因此，它常用于对基金以往收益率的衡量；算术平均收益率一般用作对平均收益率的无偏估计，因此，它更多地用于估计未来的收益率。

5. 年化收益率

有时投资者需要将阶段收益率换算成年收益率。**年化收益率**（annualized rate of return）有简单年化收益率与精确年化收益率之分。已知季度收益率，则简单年化收益率的计算公式为

$$R = \sum_{i=1}^{4} R_i \tag{12-5}$$

式中，R 为年化收益率；R_i 为季度收益率。

已知季度收益率，则精确年化收益率的计算公式为

$$R = \prod_{i=1}^{4}(1+R_i) - 1 \tag{12-6}$$

假如，某基金四个季度的收益率分别是 6.50%、3.15%、-4.25% 和 7%，根据式（12-5）可以得到简单年化收益率为：$R = 6.50\% + 3.15\% - 4.25\% + 7\% = 12.40\%$，根据式（12-6）可得到精确年化收益率为：$R = (1+6.50\%) \times (1+3.15\%) \times (1-4.25\%) \times (1+7\%) - 1 = 12.55\%$

显然，即便投资者准确地计算出了基金净值的收益率，也不能据此判断基金的表现，只有通过相对比较才能分出上下。分组比较与基准比较是两个最主要的方法。

分组比较法就是根据资产配置的不同、风格的不同和投资区域的不同，将具有可比性的相似的基金放在一起进行业绩的相对比较，结果常以排序、百分位和星号等形式给出。

基准比较法是通过给被评价的基金定义一个适当的基准组合，通过比较基金收益率与基准组合收益率的差异来对基金的表现加以衡量。基准组合是可投资的、未经管理的且与基金具有相同风格的组合。

12.3.2 绩效评价指标

现代投资理论的研究证明，投资组合的风险大小在决定其表现上具有基础性作用，简单地直接以收益率的高低进行绩效的衡量存在很大的问题。表现好的基金可能是由于其所承担的风险较高，并不能表明基金经理在投资上有较高的投资技巧，同样表现差的基金可能是承担风险较小的基金。基于风险调整的评价指标就是通过对收益进行风险调整，从而得到一个能够同时对收益与风险加以考察的综合指标，目的是排除风险因素对基金绩效评价的影响。

1. 特雷诺指数

1965 年，特雷诺（Treynor）提出了基金份额系统风险的超额收益率。用公式可以表示为

$$T_p = \frac{\overline{R}_P - \overline{R}_f}{\beta_p} \tag{12-7}$$

式中，T_p 为基金 P 的**特雷诺指数**（Treynor index）；$\overline{R}_P$ 为考察期内基金 P 的平均回报率；$\overline{R}_f$ 为考

察期内平均无风险收益率；β_p 为基金 P 的系统风险。

显然，特雷诺指数越大，表示基金的绩效越好。

在由收益率与系统风险所构成的坐标系中，特雷诺指数实际上是无风险收益率与基金组合连线的斜率。可以根据特雷诺指数对基金的绩效加以排序。在图 12-1 中，基金组合 C 的特雷诺指数大于基金组合 A，因此基金组合 C 的绩效也优于基金组合 A。这是因为只要以无风险利率借入一定量的资金并投资于 C，就可以形成与基金 A 具有相同的系统风险水平但收益率高于基金组合 A 的投资组合 C^*。

根据证券市场线（SML），位于 SML 线之上的基金，特雷诺指数大于 SML 线的斜率 $T_m = \overline{R}_m - \overline{R}_f$，因而表现要优于市场组合；相反，位于 SML 线之下的基金组合的特雷诺指数小于 SML 线的斜率，因而表现次于市场组合。如图 12-1 所示，基金组合 A 的绩效优于市场组合，而基金组合 B 的绩效次于市场组合⊖。

特雷诺指数存在的问题是无法衡量基金组合的风险分散程度。β 值并不会因为组合中所包含的证券数量的增加而降低，因此当基金分散程度提高时，特雷诺指数可能并不会变大。

2. 夏普指数

夏普指数（Sharpe index）是由诺贝尔经济学奖得主威廉·夏普（William Sharpe）于 1966 年提出的另一个风险调整衡量指标。夏普指数以标准差来度量基金风险，给出了基金份额标准差的超额收益率。用公式可表示为

$$S_P = \frac{\overline{R}_P - \overline{R}_f}{\sigma_p} \tag{12-8}$$

式中，S_p 为夏普指数；$\overline{R}_p$ 为基金的平均收益率；$\overline{R}_f$ 为平均无风险利率；σ_p 为基金的标准差。

在由收益率－标准差构成的坐标系中，夏普指数就是基金组合与无风险收益率连线的斜率。如图 12-2 所示，其中 CML 代表资本市场线。

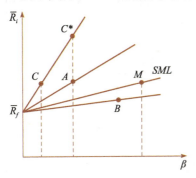

图 12-1 特雷诺指数与 SML 线

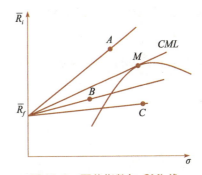

图 12-2 夏普指数与 CML 线

分别以月度和季度计量可得到基金的月夏普指数和季夏普指数。为便于比较，通常情况下夏普指数以年或年化数据进行计算，标准差也要进行相应的年化处理

$$\sigma_{年化} = \sigma_{周} \times \sqrt{52} = \sigma_{月} \times \sqrt{12} = \sigma_{季} \times \sqrt{4}$$

式中，$\sigma_{周}$、$\sigma_{月}$、$\sigma_{季}$ 表示周、月、季标准差。

投资者可以根据夏普指数对基金的绩效进行排序，夏普指数越大，基金的绩效越好。在图 12-2 中，资本市场线的斜率代表了市场组合的夏普指数。基金组合 C 的夏普指数小于资本市场

⊖ 关于证券市场线的有关内容将会在第 15 章详细讲解。

线的斜率，因此其绩效劣于市场组合。相反，基金组合 A 的绩效优于市场组合。

夏普指数调整的是全部风险，因此当某基金就是投资者的全部投资时，可以用夏普指数作为衡量绩效的适宜指标。

3. 詹森指数

詹森指数（Jensen index）是由詹森（Jensen, 1968, 1969）在 CAPM 模型的基础上提出的一个风险调整差异衡量指标。根据 CAPM 模型，在 SML 线上可以构建一个系统风险与积极管理的基金组合相等的、由无风险资产与市场组合组成的消极投资组合。詹森认为，对管理组合的实际收益率与具有相同风险水平的消极（虚构）投资组合的期望收益率进行比较，二者之差可以作为绩效优劣的一种衡量标准，即

$$\alpha_P = E(R_P) - \beta_P E(R_m) \tag{12-9}$$

在实际应用中，对詹森指数的最佳估计可以通过下面的回归方程进行

$$R_{Pt} - R_{ft} = \hat{\alpha}_P + \hat{\beta}_P (R_{mt} - R_{ft}) \tag{12-10}$$

或

$$\hat{\alpha}_P = \overline{R}_P - \overline{R}_f + (\overline{R}_m - \overline{R}_f)\hat{\beta}_P \tag{12-11}$$

式中，$\hat{\alpha}_P$ 为 α_P 的最小二乘估计；$\hat{\beta}_P$ 为 β_P 的最小二乘估计。

如果 $\hat{\alpha}_P = 0$，说明基金组合的收益率与处于同等风险水平的被动组合的收益率不存在显著差异，该基金的表现就会被认为是中性的。只有成功地预测市场变化或正确地选择股票，或同时具备这两种能力，积极管理的基金组合的业绩表现才能超过 SML 线上相应的基金组合，这时 $\hat{\alpha}_P > 0$。而当 $\hat{\alpha}_P < 0$ 时，表示基金的绩效表现不尽如人意。

从几何上看，詹森指数表现为基金组合的实际收益率与 SML 线上具有相同风险水平组合的期望收益率之间的偏离（见图 12-3）。

4. 信息比率

以马科维茨的均异模型为基础来衡量基金的均异特性，计算公式如下

$$IR = \frac{\overline{D}_P}{\sigma_{DP}} \tag{12-12}$$

式中，$D_P = R_P - R_b$，表示基金与基准组合的差异收益率；$\overline{D}_P = \overline{R}_P - \overline{R}_b$，表示差异收益率的均值；$\sigma_{DP} = \sqrt{\dfrac{\sum_{t=1}^{T}(D_{Pt} - \overline{D}_P)^2}{T-1}}$，表示差异收益率的标准差。

基金收益率与基准组合收益率之间的差异收益率的均值，反映了基金收益率相对于基准组合收益率的表现。基金收益率与基准组合收益率之间的差异收益率的标准差，通常被称为"跟踪误差"（tracking error），反映了积极管理的风险。信息比率越大，说明基金经理单位跟踪误差所获得的超额收益越高。因此，信息比率较大的基金，其表现要好于信息比率较小的基金。

5. M^2 测度

尽管可以根据夏普指数的大小对组合的绩效表现进行排序，但夏普指数本身得到的数值却难以加以解释。为此，诺贝尔经济学奖得主弗兰科·莫迪利亚尼（France Modigliani）及其孙女利亚·莫迪利亚尼（Leah Modigliani）1997 年提出了一个赋予夏普指数以数值化解释的指标，即 M^2 测度的指标

$$M^2 = \overline{R}_{P*} - \overline{R}_m = S_P\sigma_m + R_f - \overline{R}_m = \frac{\sigma_m}{\sigma_P}(\overline{R}_P - R_f) - R_m + R_f \quad (12\text{-}13)$$

式中，M^2 为测度；$\overline{R}_P$、$\overline{R}_{P*}$ 为 P 的平均收益率和经风险调整后的 P^* 的平均收益率；σ_P、σ_m 为基金 P 和市场组合 M 的标准差；R_f 为无风险收益率；S_P 为基金 P 的夏普指数。

这个方法的基本思想就是通过无风险利率下的借贷，将被评价基金的标准差调整到与基准指数相同的水平，进而考察基金相对于基准指数的表现。由于 M^2 测度实际上表现为两个收益率之差，因此，它比夏普指数更容易被理解和接受。M^2 测度与夏普指数对基金绩效表现的排序是一致的（见图12-4）。

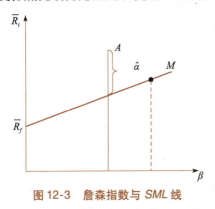

图 12-3　詹森指数与 SML 线

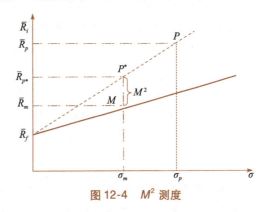

图 12-4　M^2 测度

12.3.3　择时能力评价

择时能力是指基金经理对市场整体走势的预测能力。具有择时能力的基金经理能够正确地估计市场的走势，因而可以在牛市降低现金头寸或提高基金组合的 β 值，反之亦然。投资者需要对基金管理人的择时能力进行考察时，可使用现金比例变化法、成功概率法、二次项法或双 β 法。

1. 现金比例变化法

这种方法将债券等同于现金，用债券指数的收益率作为现金收益率，只考虑基金在股票与现金资产之间的转换。计算公式为

$$R = (p_1 - p_1') \times R_1 + (p_2 - p_2') \times R_2 \quad (12\text{-}14)$$

式中，R 为择时损益；p_1、p_1' 分别为股票实际配置比例和股票正常配置比例；p_2、p_2' 分别为现金实际配置比例和现金正常配置比例；R_1、R_2 分别为股票指数收益率和现金收益率。

假如，某季度上证 A 股指数的收益率为15%，现金（债券）的收益率为6%。基金政策规定，基金的股票投资比例为80%，现金（债券）投资比例为20%，但在实际投资过程中，基金中股票的投资比例为70%，现金（债券）的投资比例为30%，则

$$R = (70\% - 80\%) \times 15\% + (30\% - 20\%) \times 6\% = -0.9\%$$

在该季度，股票相对于现金（债券）表现更强势，但基金却减少了在股票上的投资，反而加大了持有现金的比例，错误的择时活动导致该基金错失了市场时机。

2. 成功概率法

这种方法分别考核基金经理在牛市和熊市两种市场状态下的预测能力，从而对基金的择时能力做出衡量。计算公式为

$$p = (p_1 + p_2 - 1) \times 100\% \quad (12\text{-}15)$$

式中，p 为成功的概率；p_1 为基金经理成功预测到牛市的概率；p_2 为基金经理成功预测到熊市的概率。

假如，在 20 个季度内，有 12 个季度股票市场上扬，其余 8 个季度下跌。在股票市场上扬的季度中，有 9 个季度的择时损益为正；在股票市场下跌的季度中，有 6 个季度择时损益为正，则

$$p = (9/12 + 6/8 - 1) \times 100\% = 50\%$$

结果说明该基金经理具有强大的择时能力。

3. 二次项法

一个成功的市场选择者能够在市场处于涨势时提高其组合的 β 值，在市场处于下跌时降低其组合的 β 值。将该理论与单因素詹森指数模型结合起来，就能得到一个带有二次项的、可以将詹森的总体衡量分解为选股能力指标 α 和择时能力指标 γ_i 的模型

$$r_i - r_f = \alpha + \beta_i(r_m - r_f) + \gamma_i(r_m - r_f)^2 + \varepsilon_i \tag{12-16}$$

式中，r_i 为基金组合的收益率；r_f 为无风险收益率；r_m 为市场组合的收益率；α 为选股能力指标；β_i 为风险系数；γ_i 为择时能力指标；ε_i 为零均值的随机残差。

如果 $\gamma_i > 0$，则表明基金经理具有较强的择时能力。

4. 双 β 法

该方法假设在基金经理具有择时能力的情况下，资产组合的 β 值只取两个值：在市场上升时期，β 取较大的值；在市场下降时期，β 取较小的值。该方法通过在一般回归方程中引入虚拟变量来估计择时能力

$$r_i - r_f = \alpha + \beta_1(r_m - r_f) + \beta_2(r_m - r_f)D + \varepsilon_i \tag{12-17}$$

式中，D 为虚拟变量。

当 $r_m > r_f$，即市场上扬时，$D = 1$；当 $r_m < r_f$，即市场下跌时，$D = 0$。因此，基金的 β 值在市场下跌时为 β_1，在市场上扬时为 $\beta_1 + \beta_2$。如果结果是 $\beta_2 > 0$，那么就可以说明基金经理具有择时能力。

本章小结

1. 投资基金是一种利益共享、风险共担的集合投资形式。根据设立方式、是否能随时间认购和赎回、投资目标、投资标的以及基金的资金来源和运用地域等标准，投资基金有不同的分类。

2. 投资基金发起人、基金份额持有人、基金管理人和基金托管人是基金市场上重要的参与主体，他们之间相互监督、相互制约，形成了相互制衡的机制，有利于基金市场的安全和稳定发展。

3. 投资基金的设立有两种基本方式，即注册制和核准制。

4. 证券投资基金的收益主要来源于利息收入、股利收入、资本收入以及其他收益；费用主要是申购费、赎回费、基金管理费、基金托管费和销售服务费等。证券投资基金的收益分配一般采取现金分配或再投资两种方式。

5. 证券投资基金的绩效是大众关心却难以准确度量的问题。目前常用的方法是基于基金收益率的绩效衡量和风险调整的绩效衡量。

习　题

一、名词解释

1. 公司型基金
2. 私募基金
3. 消极的投资策略
4. 择时能力
5. 核准制
6. 计划额度
7. 基金托管人
8. ETF
9. 对冲基金
10. 指数基金
11. 离岸基金
12. 平衡型基金
13. 开放式基金
14. 成长型基金
15. 契约型基金

二、简答题

1. 简述开放式基金与封闭式基金的区别。
2. 阐述对冲基金的特点。
3. 介绍投资基金的投资策略。
4. 按照投资目标不同，投资基金可以分为哪几类？
5. 投资基金和股票、债券等直接投资工具相比，具有怎样的特点？
6. 说明开放式基金、封闭式基金和 ETF 基金之间的区别；说明基金绩效评价中的特雷诺指数、夏普指数和詹森指数所表示的金融学内涵。
7. "对冲基金并没有风险，就如同它们的名字所显示的一样，是用来对冲风险的。"判断这句话正确与否，并给出理由。

本章思维导图

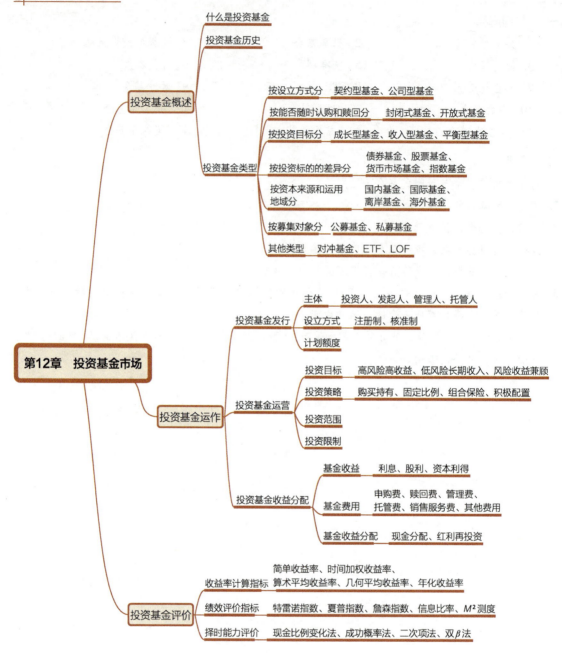

第四部分

资产定价与资本结构

第13章

收益与风险

　　一般而言，投资者在选择投资资产时不会盲目行事。他们会在综合考虑某项资产的风险与收益之后，确定该项投资是否是最优的。

　　13.1　投资收益。介绍了单一资产及资产组合收益的两种度量方法——持有期收益率和预期收益率。它们虽然能在一定程度上帮助投资者度量资产的损益情况，但都是基于历史数据得出的结论，并不能准确地预测投资者的未来收益。

　　13.2　投资风险。介绍了投资风险的测度方法，以及分散化效应。并不是所有的风险都能通过资产组合的方式予以消除，当组合中的资产数目达到一定程度时，风险就不能再被降低，剩下的这一部分风险即为系统风险。

　　13.3　投资者风险偏好。介绍了投资者在投资选择过程中的风险偏好特征，同时引入了马科维茨型投资者的特征——不满足性与风险厌恶的特征。马科维茨型投资者在风险相同的情况下，要保证收益最大。而在收益相同的情况下，要保证风险最小。

无论机构投资者还是个人投资者，在投资选择过程中既会关注资产的收益，也会关注获取收益所要承担的投资风险。收益与风险之间的基本规律是：高收益必然伴随高风险，但高风险未必一定带来高收益。如果投资者希望能够获得较高的收益，就一定要承担相应的风险。承担风险意味着投资者得到了一个"机会"，这个"机会"可能会为其带来较高的收益，当然也可能事与愿违。收益与风险是投资者进行选择的最重要的判别依据。

马科维茨（Markowitz，1952）认为，典型的投资者不仅在收益问题上要求尽量高，同时还希望风险尽量低。这就意味着投资者会在高收益和低风险之间进行抉择，使二者达到平衡，或者通过选择有效的资产组合在相同收益的条件下尽量减少投资风险。

案例 13-1　存款还是炒股

小王夫妇结婚一年，最近刚刚开始了新事业，现在没有小孩，生活虽然不错，但他们预计在 5 年之后买房。为了筹集买房的首付款，他们面临两个选择。第一，每个月在银行存点钱，通过获取银行利息在第 5 年获得想要的 8 万元首付。如果银行月利率为 2%，他们需要每个月向银行存入 722 元。第二种选择是将现有的一部分资金投资股票市场，假设股票市场的平均年收益率为 36%，那么他们每个月只需购买 600 元的股票资产，就可以在第 5 年累积到 94 400 元的资金。比较这两种投资方式，投资于股票市场不但可以减少每个月的资金投入，而且在第 5 年年末得到的资产总额也远超出第一种方式。

显然，小王夫妇在股票市场获得这样高收益的重要前提是，股票市场平均年收益率必须不低于 36%，否则他们将无法足额支付首付款。但需要注意的是，投资股票市场面临着巨大的风险，即他们有可能获取等于或高于 36% 的收益，但同时也面临着无法收回本金的风险。与之相反的是，将钱存入银行虽然每年获得的收益较低，但安全系数高，最后能够保证实现他们买房的意愿。小王夫妇应该如何对两种投资方式进行选择呢？

13.1　投资收益

在投资选择过程中，持有期是一个非常关键的概念。**持有期**（holding period）是指投资者从买入资产到卖出资产之间的时间间隔，如投资者 2019 年 12 月 31 日买入一张国债，直到 2020 年 12 月 31 日才卖出这张债券，则债券的持有期为 1 年。衡量投资收益的最直接的方法就是计算投资期内投资品的收益率。因此，核算持有期内的收益率，成为度量投资收益水平的关键。

13.1.1　单一资产收益

单一资产是投资选择的基础，同时也是构建资产组合的前提。单一资产收益水平的核算，是投资选择的最基础的信息。

假设投资者在 2018 年 1 月 2 日以每股 8 元的价格买入 1 手中国石油股票。2018 年 12 月 28 日，投资者想评价一下这项投资的收益水平，股票现价是 7.2 元。在这期间，投资者已经从上市公司分得了每股 0.15 元的股息红利。那么，投资者在一年的持有期内所获得的收益，就可以用**持有期收益率**（holding-period return）来表示。值得注意的是，这里的持有期并不是买入和卖出股票的时间间隔,而是从买入股票到评价收益的时间间隔。持有期收益率由来自股息的收益率和股票价格变化的收益率共同构成。用公式表示如下

$$R_H = \frac{D_t + (P_t - P_{t-1})}{P_{t-1}} \tag{13-1}$$

或者

$$R_H = \frac{D_t}{P_{t-1}} + \frac{P_t - P_{t-1}}{P_{t-1}} \tag{13-2}$$

式中,R_H 为持有期收益率;$t-1$ 到 t 为投资者的资产持有期;D_t 为第 t 期的现金股利(或利息收入);P_t 是第 t 期的证券价格;P_{t-1} 是第 $t-1$ 期的证券价格;$P_t - P_{t-1}$ 代表投资期间的资本利得或资本损失;$\frac{D_t}{P_{t-1}}$ 代表股息收益率;$\frac{P_t - P_{t-1}}{P_{t-1}}$ 代表资本利得收益率。

根据式(13-1),投资者持有期收益率为 -8.1%,具体计算过程如下

$$R_H = \frac{0.15 \times 100 + (7.2 - 8) \times 100}{8 \times 100} = -0.081$$

对于这个收益的核算结果,必须明确两个问题。

第一,式(13-1)仅计算了单利率,并没有将所获得的利息作为资本进行再投资并产生收益,即复利率的状况。上面的例子事实上假定了持有期内投资者获得的股息没有产生新的利息收入。

第二,式(13-1)所反映的是资产的历史收益率,即得出的是资产过去的收益信息,能够让投资者清楚地了解股票或债券过去的收益情况,但过去并不能代表未来。换而言之,这个公式可以让投资者通过历史数据分析资产当前的风险和收益特征,却不能帮助投资者把握投资的未来收益。然而,对于投资者而言,了解资产的未来收益更加重要。

事实上,投资者在期初并不能准确知道持有期期末风险资产的卖出价格,因此资产的未来收益通常采用预期收益率(又称期望收益率)来刻画。在估计投资预期收益率的时候,因为资产未来的收益状况事先无法知道,所以投资者只能估计可能发生的各种结果以及每种结果发生的概率。与持有期收益率不同的是,预期收益率反映了投资者对资产未来收益水平的预测,是所有未来可能收益率的加权平均,收益率的权重为每种收益率可能的概率。所以,资产的预期收益率通常用期望值来表示

$$E(R) = \sum_{i=1}^{n} R_i P_i \tag{13-3}$$

式中,$E(R)$ 为预期收益率;R_i 是第 i 种可能出现的收益率;P_i 为收益率 R_i 发生的概率;n 为可能出现的收益率的数量。

假设 A 公司 2018 年生产空调出现了亏损,公司所有者决定转向生产电视机。虽然生产的产品在内部构造上有一定程度的类似,但仍存在很大的风险。这时,市场分析师就会对 A 公司可能出现的经营风险发生的概率以及各种概率下的股票收益率水平进行估计,进而计算出投资者选择投资 A 公司的股票获得的预期收益,测算结果如表 13-1 所示。

表 13-1 A 公司股票的预期收益率

公司的经营情况	概率	股票的预期收益率	概率×预期收益率
管理不善	30%	-20%	-6%
管理一般	60%	-5%	-3%
管理出色	10%	+10%	+1%
投资的预期收益率	—	—	-8%

如表 13-1 所示，市场分析师认为公司对电视机产业管理不善的概率是 30%，此时 A 公司的股票将会下跌 20%。公司出现管理一般的概率为 60%，此时公司股票会下跌 5%。在 10% 的管理出色情况下，公司股票上涨 10%。基于这样的计算，投资 A 公司股票的预期收益率是 -8%。也就是说，市场分析师认为 A 公司从空调转向电视机生产这个决策，预期将会使 A 公司股票出现 8% 的下跌。计算过程如下

$$E(R) = (-20\%) \times 30\% + (-5\%) \times 60\% + 10\% \times 10\% = -8\%$$

但实际情况是，A 公司预期到因为经营转向而可能产生的风险，所以为了避免这种风险，果断降低成本并引入合作者分担经营费用，利用自身在市场上已经拥有的知名度扩展市场，企业 2019 年实现了大幅盈利。在股票市场上，A 公司的股票不但没有像预测的那样下跌，反而出现了 50% 的上涨，使投资者获得了收益。

从 A 公司的例子不难看出，预期收益率只是根据过去和当前信息得出的预测结果。它也许在一定程度上反映了某项资产的收益率水平，但无法确定地与实际收益率建立联系。事实上，预期收益率在多数情况下并不总是等于实际收益率。因此，在面对一个较为理想的预期收益率时，投资者不应该盲目相信，而是要进行理性分析。

13.1.2 资产组合收益

若投资者仅能投资单一风险资产，且仅以收益最大化为投资目标，那么他们应该选择收益最高的资产。但大多数情况下投资者会选择持有多种资产，而不是仅持有一项资产，即构造资产组合。

顾名思义，**资产组合**（portfolio）是投资者持有的所有资产的集合，能够满足投资者在追求收益最大化的同时，尽量降低风险的要求。也就是说，投资者通过构造资产组合能够在保持收益率不变的情况下，有效地分散投资风险。

首先，介绍两种风险证券的投资组合。假设某投资者将其资金分别投资于风险证券 A 和 B，投资比重分别是 ω_A 和 ω_B，且 $\omega_A + \omega_B = 1$，则这个资产组合的预期收益率用公式表示如下

$$E(R_p) = \omega_A E(R_A) + \omega_B E(R_B) \tag{13-4}$$

式中，$E(R_p)$ 为包含两个资产的资产组合的预期收益率；$E(R_A)$ 与 $E(R_B)$ 分别为资产 A 和资产 B 的预期收益率。

假设投资者持有包括两种资产的投资组合（见表 13-2），一种是每股价格为 24.5 元的蓝山日化 100 股，另一种是每股价格为 54.75 元的中山地产 100 股。两只股票的预期收益率分别是 22.17% 和 21.81%。

表 13-2 资产组合的预期收益率

	股数	每股价格	总投资	百分数（ω）	预期收益率（k）	$\omega_i \times \overline{k_i}$
蓝山日化	100	24.50	2 450.00	30.9%	22.17%	6.85
中山地产	100	54.75	5 475.00	69.1%	21.81%	15.07
总和	—	—	7 925.00	100%	—	21.92

根据式（13-4）计算，投资组合的预期收益率为 21.92%。计算过程如下

$$E(R_p) = 22.17\% \times 30.9\% + 21.81\% \times 69.1\% = 21.92\%$$

通过这个例子不难看出，计算资产组合的预期收益率包括两个步骤：首先，估计组合中每一项资产的预期收益率；然后，计算这些收益率的加权平均数。

在了解了单一资产的期望收益以及包括两种资产的投资组合的期望收益如何计算之后，包含多种资产的资产组合收益率的计算方法就十分容易理解了。多种证券组合的预期收益率就是组成该组合的各种证券的预期收益率的加权平均数，其中权数就是投资于每种证券的财富比例。用公式表示如下

$$E(R_p) = \omega_1 E(R_1) + \omega_2 E(R_2) + \cdots + \omega_i E(R_i) \tag{13-5}$$

式中，ω_i 为资产 i 占总投资的比率；$E(R_i)$ 为资产 i 的预期收益率。

13.2 投资风险

一直以来，不同学科领域的不同人群都对风险有着不同的定义。从字面上理解，风险是指一切遭受损失的可能性。大多数人对于风险的解释也都是如此，只要人们的财产有遭受损失的可能性，就意味着存在风险。

但是在金融学理论体系中，风险的含义有所不同。金融学强调的**风险**（risk）并不仅指资产出现损失的可能性，还具有某种程度的对称性，即无论投资资产未来的现金流出现意外损失还是出现超额盈余，都视为风险。也就是说，金融学对于风险的定义就是资产未来现金流的不确定性。必须注意的是，金融学强调的风险不仅涵盖资产出现意外损失的可能性，也包括资产出现预期以外的超额收益的可能性。

例如，小张投资1万元购买股票，1年之后，他的1万元可能会亏损，变成8 000元，还有一种可能就是他的1万元可能赚了2 000元，变成了12 000元。按照普通的理解，大多数人仅将1万元变成8 000元的情况理解为投资风险。但在金融学的概念里，即使他获得了2 000元盈利，也代表了承担风险。也就是说，在金融学的概念里，只要投资者的现金流发生了改变，无论这种变化是负（亏损）还是正（获益），都可以被理解为风险。

13.2.1 风险度量

在金融学中，资产的风险通常采用标准差或者方差来度量。为了计算资产组合的方差或标准差，需要知道资产间的协方差和相关系数等变量。

1. 标准差

标准差（standard deviation）也称**均方差**（mean square error），是各数据偏离平均值距离的平均数，一般用 σ 表示。标准差是**方差**（variation）的算术平方根。标准差能反映一个数据集的离散程度。

我们一般认为，投资收益率的分布是对称的，即实际收益率低于预期收益率的可能性与实际收益率高于预期收益率的可能性一样大。实际收益率与预期收益率的偏差越大，投资者就认为投资于该种资产的风险越大。所以，在金融学中引入统计中的标准差 σ 来表示单一资产的风险，公式为

$$\sigma = \sqrt{\sum_{i=1}^{n} [R_i - E(R_i)]^2 P_i} \tag{13-6}$$

式中，R_i 为第 i 种资产可能的收益率，$E(R_i)$ 为预期第 i 种资产的收益率，P_i 是收益率 R_i 发生的概率。

之所以采用标准差来测度风险，是因为标准差能够反映实际结果与期望结果之间可能的偏离程度，符合金融学关于风险的定义。

2. 变异系数

方差表示资产偏离均值的程度，但是受到量纲因素的影响，较难对不同资产的风险进行有效的比较。例如，一种资产与另一种资产的收益率相差很大，那么用标准差就不能准确地比较这两种资产的风险。假设资产 A 的预期收益率为 100%，标准差为 20%，另一种资产 B 的预期收益率为 10%，标准差为 2%，相比之下，资产 A 的标准差明显大于资产 B 的标准差，但是投资者不能只用绝对标准差的大小来比较资产 A 和 B 之间的风险。因为通常情况下，资产的预期收益率越高，资产的风险（标准差）也越大。

因此，要比较不同资产的风险时，更加有效的标准就是采用**变异系数**（coefficient of variation，CV）。它可以使标准差标准化，从而使具有不同收益率的资产之间的风险相互比较，用公式表示为

$$CV = \frac{\sigma}{E(R)} \tag{13-7}$$

从式（13-7）不难发现，变异系数表示单位预期收益所承担的风险。

3. 协方差

当几项资产共同构成资产组合时，资产组合的风险则不能简单地表示为某几个单独资产风险的加权平均。例如，由方差的计算公式可知，当组合中包含两种资产时，风险的计算公式为

$$\sigma_P^2 = X_A^2 \sigma_A^2 + X_B^2 \sigma_B^2 + 2X_A X_B \sigma_{AB} \tag{13-8}$$

式中，σ_P 为资产组合 P 的标准差；X_A 和 X_B 分别为资产 A 和资产 B 在投资组合中所占的比例，并满足 $X_A + X_B = 1$；σ_{AB} 为资产 A 和资产 B 收益率的**协方差**（covariance）。

由此可见，在度量资产组合的风险时，离不开另一个测度指标——协方差。协方差是两个随机变量相互关系的一种测度。例如，上面公式中所提到的资产 A 和资产 B 的协方差表示这两种资产收益率之间的关系。协方差为正，表明两种资产的收益率同方向变动；协方差为负，则代表一种资产与另一种资产的收益率之间存在反向变动的关系。如果协方差比较小或为 0 时，则表明资产间的相关性很小或者完全不相关。

4. 相关系数

另一个与协方差很相近的概念为**相关系数**（correlation coefficient），它表示资产收益率变动之间的关系。以由两个风险资产构成的资产组合为例，用 ρ_{AB} 来表示两个资产的相关系数，具体公式表示形式为

$$\rho_{AB} = \frac{\sigma_{AB}}{\sigma_A \sigma_B} \tag{13-9}$$

从式（13-9）可以看出，两个变量之间的相关系数等于两个变量的协方差除以它们各自的标准差的乘积。

相关系数有一个非常重要的特征，其取值总是落在 -1 和 1 之间，即 $-1 \leq \rho_{AB} \leq 1$。当相关系

数为 -1 时，表明资产收益之间完全负相关。反之，则为正相关。但多数情况下是介于两个极值之间。

资产 A 和资产 B 之间的相关系数用图 13-1 表示。

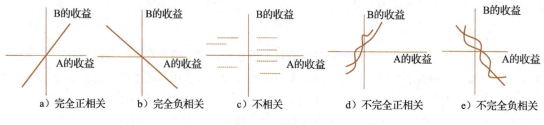

图 13-1 相关系数

同样地，两种证券的资产组合在不同相关系数条件下，期望收益与风险之间的关系可以用图 13-2 来表示。

显然，在图 13-2 中证券 B 的收益率和方差都高于证券 A。由 A 和 B 构造的资产组合的收益和方差依赖于两者之间的相关系数。当 $\rho = 1$ 时，投资组合的收益和风险关系可由直线 AB 来表示（具体关系由投资比重 X_A 和 X_B 决定）；当 $\rho < 1$ 时，资产组合收益和风险之间的关系是一条向后弯的曲线 AB，表明曲线上的证券在同等风险水平下收益比直线 AB 上的更大，或在同等收益下风险比直线 AB 上的更小，ρ 越小，往后弯的程度越大；$\rho = -1$ 时，投资组合的收益和风险的关系可表示为两条与纵轴相交的折线。

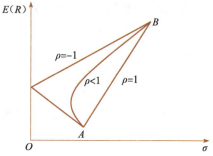

图 13-2 双证券组合收益、风险与相关系数的关系

显然，资产组合的风险不仅取决于每个证券自身的风险（标准差），还取决于组合中每个证券之间的相互关系，即互动性（用协方差或相关系数度量）。

那么，由标准差公式可知，包含 N 个证券的资产组合的风险可以表示为

$$\sigma_P = \sqrt{\sum_{i=1}^{n}\sum_{j=1}^{n} X_i X_j \sigma_{ij}} \tag{13-10}$$

式中，n 为组合中不同证券的总数目；X_i 和 X_j 分别为对证券 i 和证券 j 的投资占总投资的比例；σ_{ij} 为证券 i 和证券 j 预期收益率的协方差。

5. 方差－协方差矩阵

式（13-10）还可用矩阵来表示，"$\sum\sum$"代表着方阵（$n \times n$）的所有元素相加。如果 $n = 3$，资产组合的方差为下面矩阵中各元素之和，这个矩阵就被称为**方差－协方差矩阵**（variance-covariance matrix）。

	第一列	第二列	第三列
第一行	$X_1 X_1 \sigma_{11}$	$X_1 X_2 \sigma_{12}$	$X_1 X_3 \sigma_{13}$
第二行	$X_2 X_1 \sigma_{21}$	$X_2 X_2 \sigma_{22}$	$X_2 X_3 \sigma_{23}$
第三行	$X_3 X_1 \sigma_{31}$	$X_3 X_2 \sigma_{32}$	$X_3 X_3 \sigma_{33}$

由此可知，资产组合的方差不仅取决于单个证券的方差，还取决于各种证券之间的协方差。

随着组合中证券数目的增加，协方差的作用越来越大，而方差的作用越来越小。在一个由两个资产组成的资产组合中，就有两个加权方差和两个加权协方差。但对一个规模较大的组合而言，总方差主要取决于组合中两种证券间的协方差。例如，在一个由20只证券组成的组合中，有20个方差和380个协方差。如果一个组合的证券数目越多，那么可以说协方差就几乎成了组合标准差的决定性因素，也就是说协方差决定了资产组合的风险，即资产组合的风险不再是其中每种资产风险的简单加总，还由单独资产间的相关关系决定。因此，一个投资组合的风险就很有可能小于组合中单个资产的风险。

了解了投资风险的度量，再回过头来看一下投资收益的度量标准。上一节中度量投资收益的标准是没有考虑风险因素的方法，而在实际投资过程中收益的获取通常与所承担的风险相联系。因此，基于风险因素的投资收益评价变得非常必要。

6. 夏普比率

夏普比率（sharpe ratio）是由诺贝尔经济学奖获得者威廉·夏普提出的，它是一种基于风险承担的投资收益度量标准，即单位风险承担所获得的风险溢价水平。

不可分散投资可能会延迟你的退休时间

上述内容虽然讲述了很多投资组合和分散投资的好处，但现实是在很多情况下不容易做到，很多问题使投资者无法进行分散投资。例如，许多公司都要求员工将他们的退休金用于购买本公司的股票。这样做可以使员工与公司的利益捆在一起，从而使股东和员工的目的一致。

虽然这些计划在一定程度上可以激励员工为使公司效益增加而努力工作，但同时也存在风险。如果公司经营不善，员工就可能损失他们的退休金，这对于员工来说是非常可怕的事情，因为退休金的多少意味着他们在退休之后会过怎样的生活，同时也是他们生活的保障，所以可想而知，如果员工失去退休金的话对于他们将意味着什么。在美国宝洁公司的利润分享计划是最早开展的。宝洁员工持有公司20%的股票。宝洁的股票占了员工退休计划内容的93%。

这种安排在过去不成问题，因为宝洁在20世纪90年代的表现一直超过市场的一般水平，曾经一度超过标准普尔6.6%。但2000年股票下跌，这严重影响了美国宝洁的员工，因为他们除了股票之外没有什么可以作为退休后的资金来源。这样一来，许多员工不得不推迟退休计划。

宝洁的情况并不具有特殊性。可口可乐公司员工83%的退休金也是购买了自己公司的股票。沃尔玛将其向员工分享的80%的利润投入到本公司的股票上。这样，员工就无法依靠他们的雇主来实现恰当的多样化投资。

假设你购买了一个资产组合，其中可能包括无风险资产，如银行存款和国库券，还可能包括股票和基金这些风险资产。**风险溢价**（risk premium），也称超额收益，就是投资于风险资产时风险资产的期望收益率与无风险资产的收益率（无风险收益率）之间的差。例如，无风险资产的年收益率为6%，指数基金年期望收益率为15%，则投资指数基金的风险溢价为9%。

因此，利用超额收益与投资组合的标准差的比值，能够更有效地评估投资的效果，帮助投资者更好地平衡收益和风险之间的关系。用公式表示为

$$S = \frac{E(R_P) - R_f}{\sigma_P} \tag{13-11}$$

式中，S 为夏普比率；$E(R_P)$ 为投资组合的预期收益率；R_f 为无风险市场利率；$E(R_P) - R_f$ 表示风险溢价；σ_P 为投资组合的标准差。这个公式又被当作衡量收益波动的方法，因为它是由威廉·夏普最先提出的，所以又被称为夏普比率。夏普比率是针对投资组合而言的，也被广泛地用于评价投资管理者的绩效。

13.2.2 风险类型

金融风险是指金融变量的各种可能值偏离其期望值的可能性和幅度。风险揭示的是不确定性，这种不确定性的存在是因为人们无法确定未来会发生什么或者在什么时候发生。风险不是无关紧要的不确定性，它关系着人们的福利。

1. 根据风险是否可以分散划分

根据风险是否可以分散，可以将风险划分为系统风险和非系统风险。

（1）**系统风险**（systematic risk）是由可以影响到整个金融市场的风险因素组成的，包括经济周期和国家宏观经济政策等。这部分风险影响的是所有金融变量的可能值，因此不能通过分散投资的方法相互抵消或削弱。如果所有公司股票的收益率一起下降，那么希望持有多家公司的股票来分散风险的方法将于事无补。系统风险又被称为**不可分散风险**（undiversifiable risk），也就是说即使一个投资者持有一个充分分散化的投资组合也必须要承受系统风险。例如，股票市场的波动受到经济周期波动的影响，在经济周期的扩张阶段，市场主体的投资情绪高涨，股票市场的资金流入增加，股票的价格具有同时上升的趋势。同样，在经济周期的衰退阶段，市场中股票的价格具有共同下降的趋势。

（2）**非系统风险**（nonsystematic risk）是与特定公司或特定行业相关的风险，是某一种投资品或者行业所特有的风险。这种风险与特定公司或者行业的状况相联系，取决于行业的生命周期以及企业的管理质量、广告宣传和开发计划等因素。例如某公司管理层出现的危机，或者某企业发布新产品等。这些都会使企业的资产发生变动，从而影响投资者对企业价值的判断，进而使市场上该公司股票的价格发生波动。这种风险是该公司独有的，对于投资者来说，他们可以通过持有资产组合来分散这种风险。因此，这种风险又被称作**可分散风险**（diversifiable risk）。

如果投资者单独持有一种资产，其所承受的风险是非系统风险和系统风险的总和。当投资者不断向投资组合中加入相关性较低的资产时，组合的总风险将慢慢降低，直到继续增加新的资产已经无法降低组合总风险的时候，这些无法通过增加资产进行分散的风险就是系统风险。因此，在投资品数目足够多的市场中，单个资产所具有的非系统风险可以通过增加组合中资产的种类分散，但不会获得市场的收益补偿。图 13-3 表示组合投资分散风险的效果（也称分散化效应），投资组合

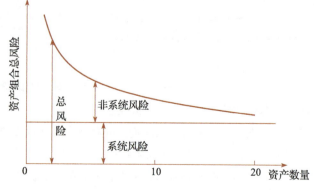

图 13-3　投资组合风险与分散化

的标准差随着组合中证券数量的增加而降低,但是不能降低至0。充分地分散化后仍然不能消除的风险就是系统风险,而能够通过分散化消除掉的风险就是非系统风险。按照美国市场的经验统计,当投资组合包含的证券数量达到20只时,非系统风险基本被消除。显然,通过构造组合分散风险是针对非系统风险而言的。

> **大企业与多元化**
>
> 许多公司试图通过使自身多元化来满足投资者进行多样化投资的需求。这些大企业经营着众多不同的子公司,以至于市场状况的变化不可能同时使它的所有子公司都陷入困境。在一定程度上,这是正确的。然而在过去几年越来越多的大企业都放弃了它们的子公司。例如,邓白氏咨询公司在1996年放弃了它原有控制的尼尔森评级集团和电话黄页广告公司丹尼雷而成为独立的公司。这个消息一公布,股东通过将邓白氏咨询公司的股票价格抬高来表示他们对这一行动的支持。这种剥离子公司的理由是,许多公司发现要有效地管理各个差异甚大的子公司很难。与其控制多家公司来实现多元化,不如由投资者通过自己持有多家公司的股票来做到这一点。

β 系数(beta coefficient)。假设一种资产的收益率与市场指数的收益率相联系,即当市场行情上扬时该股票价格上升,反之当市场行情下挫时,该股票价格下跌。显然,将证券市场中所有证券以市值作为比重构造一个"市场组合",那么这个"市场组合"的非系统风险为0。

用于衡量资产风险与市场风险之间关系的参数,就被称为β系数。β系数度量了证券或者组合收益率相对市场收益率的敏感性,用公式表示为

$$\beta_i = \frac{\sigma_{im}}{\sigma_m^2} \tag{13-12}$$

式中,β_i 为证券 i 的 β 系数;σ_{im} 为证券 i 的收益率与市场组合收益率的协方差;σ_m^2 为市场组合收益率的方差。

因为系统风险不能通过多样化的投资组合来消除,因此资产组合的β系数 β_P 就等于该组合中每一项资产的β系数的加权平均数,权数就是各种资产的市值占整个资产组合的比重,用 X_i 表示,即

$$\beta_P = \sum_{i=1}^{N} X_i \beta_i \tag{13-13}$$

如果某种资产或组合的β系数为1,那么其系统风险与市场组合的系统风险完全一样,即该资产的波动程度与市场组合的波动程度完全一致,如市场组合上涨10%,则该资产也上涨10%。如果β系数大于1,则该资产的系统风险大于市场组合风险,即如果市场指数上涨10%,则该资产上涨超过10%。同理可得,如果β系数小于1,说明该资产的系统风险小于市场组合风险。如果β系数为0,则说明该资产不存在系统风险,其波动与市场组合无关。关于β系数,将会在第15章详细讲解。

2. 根据产生原因划分

风险还可以按照其产生的原因划分为货币风险、流动性风险、利率风险和信用风险。

（1）**货币风险**（currency risk）又被称为汇率风险，主要指因汇率变动而产生的风险。货币风险可以分为因汇率变动而影响日常收入的交易风险，以及汇率变动使资产负债表中资产的价值和负债成本发生变动的折算风险。

（2）**流动性风险**（liquidity risk）是由于金融资产变现而产生的风险，是指投资者在需要卖出其所投资的风险资产时面临的变现困难，以及不能够以适当或期望价格变现的风险。

（3）**利率风险**（interest rate risk）是由于市场利率发生变动从而造成证券资产价值变动的风险。通常情况下，利率上升会造成证券价格下降。反之，利率下降会造成证券价格上升。在利率水平变动幅度相同的情况下，长期证券受到的影响比短期证券更大。货币风险与利率风险统称为价格风险。

（4）**信用风险**（credit risk）又被称为违约风险，是指证券发行人因倒闭或其他原因不能履行约定，从而给投资者带来的风险。

3. 根据会计准则划分

风险还可以按照会计准则分为会计风险和经济风险。

（1）**会计风险**（accounting risk）主要是指财务报表反映出来的风险。它可以依据现金流量、资产负债表的期限结构和币种结构等信息进行评价。

（2）**经济风险**（economic risk）是指一个经济实体的整体运作带来的风险，比会计风险包含的范围更广。例如，从宏观经济来看，利率的提高可能会导致整个经济的衰退，从而减少消费者的消费需求以及企业的投资热情。利率的提高也可能导致外国的短期资本流入国内，从而导致本币升值，国内的证券市场不稳定等，这些都是必须在经济风险范围内考虑的问题。

13.2.3 分散化效应

投资市场中流传一句谚语："不要将鸡蛋放在一个篮子里。"顾名思义，投资者不应该将全部资金投资到一种资产上，而是应该通过分散投资的方式来降低投资所面临的风险。

显然，资产组合的风险不仅取决于单个证券的风险和投资权重，还取决于证券之间的协方差或相关系数，并且协方差或相关系数在资产组合的总风险构成中起着更重要的作用。因此，投资者在建立资产组合时不应该简单地拼凑，而应该根据资产组合中各证券收益率之间的相关性来确定证券的种类和权重，进而在保证收益的前提下尽量使组合风险最小。

一个简单的实例就是，在1989年1月至1993年12月期间，IBM股票的月平均收益率为-0.61%，标准差为7.65%，而同期S&P 500指数的月平均收益率和标准差分别为1.2%和3.74%。作为S&P 500指数的成分股票，IBM的收益率低于S&P 500指数的收益率，但为什么其风险却明显高于S&P 500指数呢？

原因就在于，资产组合中每两个证券之间的相关系数并非都等于1，而是各种证券的相关系数在绝大多数条件下都小于1。因此，在由各种证券构成的资产组合中，单一证券收益率波动的一部分就可能被其他证券收益率的反向变化所削弱或完全抵消，进而达到降低风险的效果。这种能够通过构造组合降低风险的效果就是分散化效应。我们通过大量事实可以看出，资产组合的风险往往会小于组合中单一资产的风险，因为资产组合的总风险已经通过分散化效应而降低了。

根据资产组合收益率和风险的计算公式可以看出，资产组合中资产数目的增加可以降低组合整体收益率的波动性。资产组合中证券之间相关系数越小，降低风险的效果就越明显。在现实金融市场中，每个证券之间都存在着一定的相关关系，这种关系可能高也可能低。因此，有效的资产组合就是要找出那些相关关系较弱的证券进行组合，从而在保证一定收益率的前提下降低组合的风险。

理论上认为，一个资产组合如果包含的风险证券数量足够多，并且这些证券之间的相关关系较弱，那么就可能完全消除所有的非系统风险。但事实上，在证券市场中各个证券的收益率之间的相关程度都很高，很难找到相关关系非常弱的资产。因此分散投资只可能在有限的程度上消除非系统风险，而不能完全消除系统风险。

韦恩·韦格纳（Wayne Wagner）和谢拉·劳（Sheila Lau）在1971年根据大量的股票样本分析，给出了关于资产组合分散化效应的三个特征。

（1）一个资产组合的预期收益率与组合中股票的只数无关，资产组合的风险随着股票只数的增加而降低；当组合中的资产从1项增加到10项时，证券组合风险递减程度尤为明显，但随着组合中资产的继续增加，风险降低的边际效果也在递减，当持有的资产超过10项时，风险下降就变得微乎其微了。

（2）平均而言，随机抽取20只股票构成股票组合，总风险就能降低到只包含系统风险的水平，单个资产总风险的40%被抵消，这部分风险就是非系统风险。

（3）一个充分分散的证券组合的收益率的变化与市场收益率的变化紧密相连。资产组合的波动性基本上就是市场总体的不确定性。这是投资者无论持有多少资产都要承担的一部分风险。

13.3 投资者风险偏好

对投资者而言，其在投资选择过程中最关心的就是投资的收益与风险。因为要想获得高收益，就必须承担相对较高的风险。投资者总是需要在收益与风险之间进行权衡，但投资者看待风险与收益之间取舍关系的态度存在显著差异。

13.3.1 投资者类型

现实中，投资者受环境和性格等诸多因素的影响，对风险的态度也不同。根据投资者对于风险所表现出的偏好将投资者的风险态度划分为风险偏好（risk preference）、风险厌恶（risk aversion）和风险中性（risk neutral）。

对于风险偏好投资者而言，他们并不要求高风险一定要对应高收益，低风险和高收益的组合可能与高风险低收益的组合同样具有吸引力。对于风险厌恶投资者而言，他们往往在预期获得足额补偿的时候才会冒险，因此更倾向于低风险和高收益的组合。对于风险中性投资者，他们往往更关心收益如何，并不在意风险如何（见图13-4）。

如图13-4所示，在以风险为横轴、收益为纵轴的坐标系中，风险偏好投资者的无差异曲线是向下倾斜的，因为对于他们来说，高风险本身就是对他们投资的一种补偿，因此随着风险的升高，他们对收益的要求是降低的。风险厌恶投资者的无差异曲线是一条向上弯曲的线，对他们而言，风险的增加一定要有相应的收益作为补偿，否则增加风险对于他们来说是毫无意义的。风险中性投资者的无差异曲线是水平的，因为对他们而言风险大小是无所谓的。关于无差异曲线的分析详见第 14 章。

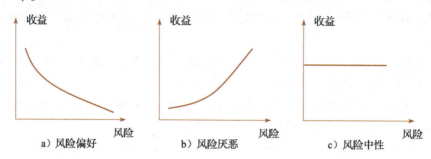

图 13-4　风险－收益无差异曲线

13.3.2　马科维茨型投资者

1952 年，哈里·马科维茨（Harry M. Markowitz）发表了一篇只有 14 页，但具有里程碑意义的论文《资产组合选择——投资的有效分散化》，标志着现代组合理论的诞生。在该论文中，马科维茨对投资者关于风险与收益的选择问题给出了两个基本假设，即不满足性和风险厌恶。同时投资者只是选择预期收益率来刻画投资收益，并且采用标准差来度量投资风险。具有这样特征的投资者被称为马科维茨型投资者。

（1）**不满足性**（insatiability）。马科维茨假设作为一名理性的投资者，如果在其他情况相同的两个投资组合中进行选择，总是会选择预期收益较高的那个。从另一个角度考虑就是，投资者更倾向于用期初同样多的财富来换取期末较多的财富，因为这可以为投资者的未来提供更多的消费机会，从而使投资者获得的效用更大。

（2）**风险厌恶**（risk aversion）。这个假设意味着风险带给投资者的效用为负，即理性投资者是厌恶风险的。在其他条件相同的情况下，投资者会选择标准差较小的组合。也就是说，一名理性的投资者不会选择一个零和博弈的赌博或者对等的赌博，因为这样做预期回报率为 0，还会存在风险。例如，投掷一枚硬币，正面你可以得到 50 元，反面你将输 50 元。因为硬币出现"正面"或"反面"的概率各为 50%，于是预期回报为

0.5 × 50 美元 + 0.5 × (−50 美元) = 0

对风险厌恶投资者而言，损失 50 美元带来的"痛苦"总是大于赢得 50 美元带来的"愉悦"，所以他们一定会选择回避这样的零和博弈。可以用图更简单明了地看一下不满足性和风险厌恶对投资选择的影响，如图 13-5 所示。

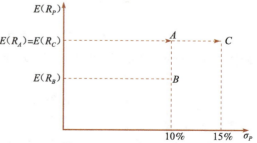

图 13-5　不满足、风险厌恶与投资组合选择

从图 13-5 中可以看出，风险相等（$\sigma_A = \sigma_B = 10\%$）的两个投资组合 A 与 B 之间，理性投资者将选择有更高预期收益率（$E(R_A) > E(R_B)$）的组合 A。而在预期收益率相等（$E(R_A) = E(R_C)$）的两个投资组合 A 与 C 之间，理性投资者将选择风险更小（$\sigma_A < \sigma_C$）的投资组合 A。

美国的资产收益与风险

图 13-6 给出了 1953 年用 1 美元进行不同投资品选择,到 2018 年投资者的收益情况。其中,投资股票获得了 114.70 美元,长期债券获得了 43.43 美元,短期债券获得了 19.69 美元,而手中持有现金则因通货膨胀的因素获得了 9.32 美元。

根据上面的数据,计算出这四种投资方式各自的年平均收益率和风险分别为股票:8.64%,16.42%;长期债券:5.91%,2.68%;短期债券:4.66%,3.17%;通货膨胀:3.45%,2.84%。

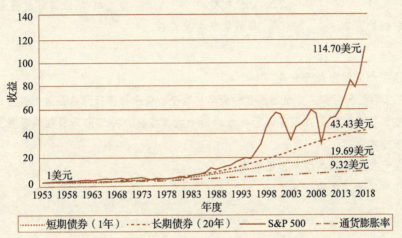

图 13-6 1953 年年初的 1 美元在 2018 年年末的投资价值

显然,股票的波动性是这四种投资方式中最剧烈的,这也支持了金融学中一个非常重要的结论,即高收益一定伴随着高风险。股票本身风险程度高,也一定有较高的收益率与之相匹配,这样投资者才能在权衡风险和收益两者之间的关系后进行投资。除股票外,其他三种资产的风险分别是长期债券大于短期债券,大于通货膨胀。

本章小结

本章所讨论的内容是金融学最重要的问题——风险与收益。

1. 资产组合的预期收益率就是组成该组合的各种证券的预期收益率的加权平均,而权数就是投资于每种证券财富的比例。

2. 金融学强调的风险不同于普通意义下资产损失的可能性,而是指收益的不确定性,即真实收益偏离期望收益的程度。

3. 资产组合风险不应该简单地被视为组合中所有资产风险的加总,而是必须考虑协方差和相关系数等资产间关系的变量。在度量资产组合系统风险时,通常采用 β 系数。

4. 韦恩·韦格纳和谢拉·劳根据大量的股票样本分析给出了关于资产组合分散化效应的三个特征。并不是所有的风险都能通过资产组合的方式予以消除,当组合中的资产数目达到一定程度时,风险就不能再被降低,剩下的这一部分风险即为系统风险。而分散化效应主要针对的是资产的非系统风险。

5. 马科维茨型投资者是指具有不满足性和风险厌恶的特征，并且只采用期望收益率来度量投资收益，以及采用方差来测度风险的投资者。马科维茨型投资者在收益一定时，要求风险最小；在风险一定时，要求收益最大。

习 题

一、名词解释

1. β 系数
2. 系统风险
3. 夏普比率
4. 非系统风险
5. 分散化效应
6. 风险偏好投资者
7. 风险中性投资者
8. 马科维茨型投资者

二、简答题

1. 将金融风险按产生原因进行分类。
2. 简述韦恩·韦格纳和谢拉·劳根据大量的股票样本分析得出的资产组合分散化效应的三个特征。
3. 简要说明理性投资者在进行投资时所参考的两个主要指标，并给出马科维茨型投资者做出投资决策的两条基本原则。
4. 简述不同偏好投资者的类型并画图解释。
5. 具体分析几种风险度量的指标。

本章思维导图

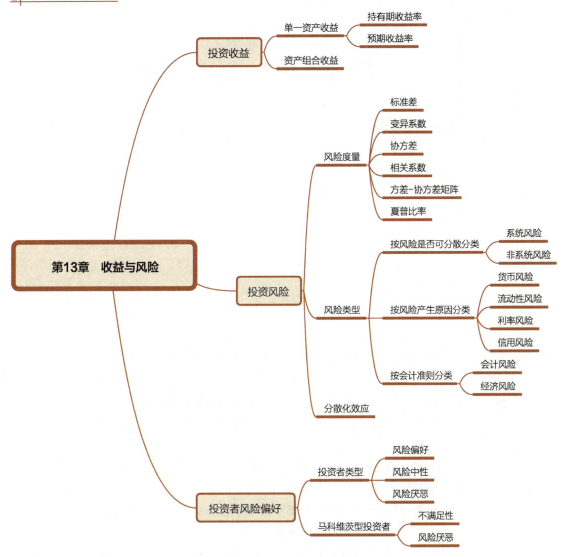

第14章

投资组合选择

马科维茨（1952）的组合投资理论是现代金融学理论体系的基石。一般而言，投资者可选择的金融资产可以分为风险资产和无风险资产两大类。运用无差异曲线和投资者的风险偏好，分析投资者如何进行风险资产和无风险资产的配置，才能获得最优的投资效用。

14.1 无差异曲线。主要介绍了什么是无差异曲线，以及无差异曲线的特征。

14.2 投资组合选择。主要介绍了组合投资理论中的可行集和有效集，以及最优投资组合的选择。

14.3 无风险借贷的影响。分别讨论无风险贷出和借入行为对有效边界以及最优投资组合选择的影响。

在投资选择过程中，投资者将投资效用最大化确定为自己的目标。投资效用函数取决于投资资产的预期收益率和风险，其中预期收益率带来正效用，风险带来负效用。对于具有不满足性和风险厌恶的马科维茨型投资者而言，预期收益率越高，投资者获得的效用越大，风险越大，投资者获得的效用越小。

14.1 无差异曲线

投资者希望通过投资获得最大的效用（满意度），即投资的效用最大化。投资者的效用是预期收益和资产风险构成的函数。然而，不同的投资者有着不同的收益偏好程度和风险厌恶程度，为了更好地反映收益和风险对投资者效用的影响程度，可以借助"无差异曲线"进行投资选择分析。

14.1.1 什么是无差异曲线

无差异曲线（indifference curve）是由对于投资者而言具有相同的效用，但风险和预期收益不同的资产组合构成的曲线。

假设有一位仅以风险和收益衡量投资决策的马科维茨型投资者，现在他可以从四类风险资产中选择投资目标，这些资产的期望收益率、标准差（风险）以及投资者的满意度（用效用来衡量）如表 14-1 所示。

表 14-1 不同风险收益组合的效用

风险资产分类	效用（10）		效用（20）		效用（30）	
	收益率（%）	风险（%）	收益率（%）	风险（%）	收益率（%）	风险（%）
A	5	0	10	0	15	0
B	6	10	11	10	16	10
C	9	20	14	20	19	20
D	14	30	19	30	24	30

那么，投资者将如何进行投资决策呢？

为了分析简便，将表中各风险资产的预期收益率和风险绘制成效用（10）、效用（20）和效用（30）的三条曲线（见图 14-1）。其中，横轴和纵轴分别表示投资品的风险（σ）和预期收益率（r）。

图 14-1 中每一条效用曲线表示在不同风险和收益水平下效用相等的投资集合。虽然同一条效用曲线上的预期收益率和风险不等，但给投资者带来的满足感（效用）相同。这种效用相同，但风险和预期收益率不同的资产组合称为无差异曲线。图 14-1 描绘了三条无差异曲线。实际上，当我们面对无数投资品时，就会有无数的风险-预期收益率组合，它们能够给投资者带来的效用水平（或满意度）也会是无限的，从而可以得到无数条无差异曲线。表 14-1 和图 14-1 仅是为了简化分析，在现实生活中的情况则更为复杂。

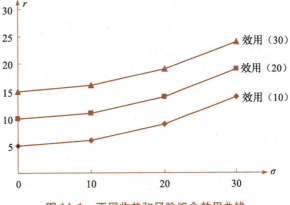

图 14-1 不同收益和风险组合效用曲线

14.1.2 无差异曲线的特征

作为表示具有相同效用水平的不同收益与风险组合的无差异曲线，描述了投资者在金融市场中的需求具有以下基本特征。

(1) 对投资者而言，他们对于每条给定的无差异曲线上的所有组合满意程度相同。每一条无差异曲线可以用 I 来表示，当期望收益增加或风险减少时，投资者的效用都会随之增大。如图 14-2 所示，当组合 $P(10,11)$ 被 a 所指的方向上任意一个组合代替后，投资者的效用都会增加，因为沿着 Pa 线向上的任意一点，在期望收益增加的同时，风险并没有增加，例如组合 $A(10,16)$ 所代表的效用就明显高于 $P(10,11)$。与之相反，朝 b 方向上的任何改变都会减少投资者的效用，因为这时风险增加而收益并没有增加。但是可以在两者之间找到一点，如 $K(20,14)$，使得投资者的效用既不增加也不减少，当用 K 代替 P 时，期望收益和风险都增加了，而其效用却没有改变，说明增加的收益恰好被增大的风险所抵消，所以同一条无差异曲线上的效用是无差别的。

(2) 任何无差异曲线之间不能相交。利用图 14-3 进行说明，如果两条无差异曲线 I_1 和 I_2 代表的效用程度不同，但却相交于 X 点。由于 I_1 上的所有组合对投资者来说满意度相同，而 X 在曲线 I_1 上，那么投资者在 X 点的效用等于 I_1 代表的效用水平。同理，投资者在 X 点的效用还等于 I_2 代表的效用水平。但是同一投资者对于某一特定的投资组合必定具有同样的满意度，所以 $I_1 = I_2$，这与前提条件相违背。

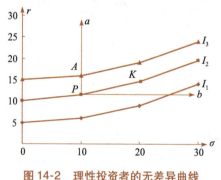

图 14-2 理性投资者的无差异曲线

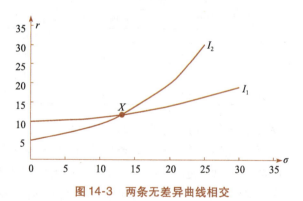

图 14-3 两条无差异曲线相交

(3) 位于"左上方"的无差异曲线代表更高的效用。如图 14-2 所示，投资者发现投资于 $P(10,11)$ 与 $K(20,14)$ 获得的满意度相同，但 $A(10,16)$ 的效用比前面的两点更令他满意，这是因为组合 A 在无差异曲线 I_3 上，而 I_3 在 I_2 的"左上方"，所以效用更高，其根源在于，在风险相同的情况下，投资者可以获得一个更高的预期收益率。

(4) 每个投资者都具有无数条无差异曲线，而且在任何两条无差异曲线之间都可以找到第三条无差异曲线。如图 14-2 所示，在给定的无差异曲线 I_1 及 I_3 之间可以画出第三条无差异曲线 I_2。同样也可以在 I_3 的上方画一条无差异曲线，也可以在 I_1 下方画出另一条无差异曲线。

(5) 无差异曲线的斜率表示投资者的风险厌恶程度。斜率越大，投资者厌恶风险的程度越高，说明当投资者承受更高的风险时，必须要有足够的收益与之相匹配，否则投资者很可能放弃这项投资。反之，斜率越小，投资者厌恶风险的程度越低。如果斜率等于零，说明投资者对待风险的态度是风险中性。如果斜率为负值，则说明该投资者有风险偏好倾向。图14-4a、图14-4b与图14-4c分别表示风险厌恶、风险中性和风险偏好投资者的无差异曲线。

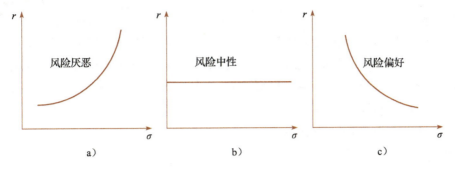

图14-4　不同类型投资者的无差异曲线

综上所述，给投资者带来相同满意程度（效用）的投资选择必在同一条无差异曲线上。金融市场上的投资品种繁多，可以根据其风险与预期收益的组合描绘出不同的无差异曲线。投资者总是能够从效用高的无差异曲线上确定适合自己投资偏好的资产组合。也就是说，在如图14-2所示的三条无差异曲线上，投资者一定会在最"左上方"的那条无差异曲线上找到能够满足其偏好的投资组合。

14.2　投资组合选择

投资组合选择（portfolio selection）就是进行理性的分散化投资，投资者将不同的投资品按一定的比例组合在一起进行投资，从而在保证预期收益率不变的情况下使风险最小，或者在风险一定的前提下使投资收益最大。

14.2.1　基本假设

事实上，投资者很早就已经意识到了将资金进行分散投资可以降低风险。对此马科维茨提出了系统性理论分析，对投资组合选择做出了如下基本假设。

a. 投资的收益由收益率来度量，收益率是各项投资收益的概括，投资者所能知道的仅仅是投资收益的概率分布。
b. 投资的风险由投资组合收益的方差来衡量。
c. 投资者均以投资收益概率分布的两个参数——均值和方差，作为投资决策的依据。
d. 投资者都是理性投资者，偏好的是风险一定、期望收益最大或者期望收益一定、风险最小的投资选择。

基于以上基本假定，马科维茨认为只要分散地进行投资，就能使投资组合的方差减小，降低投资风险。由投资组合期望收益率和风险的计算公式可知，不管组合中投资品的数量是多少，投资组合的期望收益率只是其包含的单个投资品收益率的加权平均数，而其中的权数就是该资产在总投资中所占的比例。但是，投资组合的风险（方差）却会随着资产权重的变化而变化。因此，在进行投资组合选择过程中，只需要通过改变组合中投资品的比例来寻找收益最高或者风险最小的组合来实现投资效用最大化的目标。

14.2.2 可行集与有效集

1. 可行集

可行集（feasible set）也称为机会集，是指由 N 种证券形成的所有组合的集合，实际上包括现实生活中所有可能的资产组合。也就是说，现实生活中所有资产选择的可能组合都将位于可行集的内部或边界。一般来说，可行集的形状像伞，如图 14-5 所示。在现实生活中，因证券的种类和特性千差万别，可行集的形状依赖于其所包含的特定证券，具体位置可能更左或更右、更高或更低、更宽或更窄，但基本形状大体如此。

2. 有效集

理性投资者具有厌恶风险和偏好收益的特征，因此在选择资产最优组合时将依据下列准则：第一，对每一风险水平，提供最大预期收益率；第二，对每一预期收益率水平，提供最小的风险。满足这两个条件的资产组合集称为**有效集**（effecient set），或有效边界。

有效集是可行集的一个子集，包含于可行集之中。那么，如何确定有效集的具体位置呢？

首先，由图 14-5 分析，没有哪一个组合的风险小于组合 E（风险最小组合），因为如果过 E 点画一条垂线，则可行集都位于该线的右侧。同理，没有任意一个组合的风险大于 H（风险最大组合）。由此可见，对于不同风险水平而言，能提供的最大预期收益率的组合集是可行集中介于 E 和 H 之间的上方边界组合。

其次，在图 14-5 中，各种组合的收益率均介于组合 A 和组合 B 之间。由此可见，对于各种组合收益率水平而言，提供最小风险水平的组合集是可行集中介于 A 和 B 之间的左边边界组合。

有效边界应该同时满足上述两个条件。由此可得，连接 EB 两点之间的曲线即为有效集或有效边界，即位于这条曲线上的点都代表最优投资组合，其他可行集并不是最优投资组合。这样，投资者就可以基于有效边界来选择投资组合，从而大大缩小了投资者选择的范围。

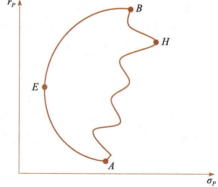

图 14-5 可行集与有效集

有效边界曲线具有如下特点：第一，有效边界是一条向右上方倾斜的曲线，符合高收益和高风险的原则；第二，有效边界曲线上不可能有凹的地方，否则它不可能满足有效边界准则；第三，有效边界是一条向上凸的曲线。

14.2.3 两种风险资产的有效集

下面开始讨论对两种风险资产进行投资组合选择时的情形。

假定有一个只包括 X 和 Z 两种风险证券的投资组合。X 的预期收益率为 10%，标准差为 20%；Z 的预期收益率为 20%，标准差为 40%；投资总额为 100 万元。根据这些信息，投资者将如何进行投资选择？

首先，考察只有 X 和 Z 两种风险证券的所有投资组合。设 X_1 为投资于证券 X 的资金比例，

则 $X_2(X_2 = 1 - X_1)$ 是投资于 Z 的资金比例。为了简化分析，这里选取了 7 个不同的资金权重来构建投资组合，如表 14-2 所示。

表 14-2　两种证券的不同权重组合

组合	A	B	C	D	E	F	G
X_1	1.00	0.80	0.67	0.50	0.33	0.20	0
X_2	0	0.20	0.33	0.50	0.67	0.80	1.00

对于这 7 种不同的投资组合，根据组合预期收益率的计算公式（13-4），可以分别计算组合的预期收益率为

$$\overline{R_P} = X_1 \overline{R_1} + X_2 \overline{R_2} = (X_1 \times 10\%) + (X_2 \times 20\%) \tag{14-1}$$

再根据组合风险（方差）的计算公式（13-8）和式（13-9）可得

$$\begin{aligned} \sigma_P^2 &= X_1^2 \sigma_1^2 + X_2^2 \sigma_2^2 + 2X_1 X_2 \sigma_{12} \\ &= X_1^2 \sigma_1^2 + X_2^2 \sigma_2^2 + 2X_1 X_2 \times \rho_{12} \sigma_1 \sigma_2 \\ &= X_1^2 \sigma_1^2 + X_2^2 \sigma_2^2 + 2\rho_{12} X_1 X_2 \sigma_1 \sigma_2 \end{aligned} \tag{14-2}$$

因为相关系数 ρ_{12} 的取值总是落在 -1 和 1 之间，即 $-1 \le \rho_{12} \le 1$。因此，可以考虑 $\rho_{12}=1$、$\rho_{12}=-1$ 和 $\rho_{12}=0$ 三种情况，7 种资产组合的相关预期收益率和标准差的计算结果如表 14-3 所示。

表 14-3　不同组合的预期收益率和标准差

组合		A	B	C	D	E	F	G
$\rho_{12}=1$	$\overline{R_P}$	0.1	0.12	0.133	0.15	0.167	0.18	0.2
	σ_P	0.2	0.24	0.266	0.3	0.334	0.36	0.4
$\rho_{12}=0$	$\overline{R_P}$	0.1	0.12	0.133	0.15	0.167	0.18	0.2
	σ_P	0.2	0.18	0.19	0.22	0.28	0.32	0.4
$\rho_{12}=-1$	$\overline{R_P}$	0.1	0.12	0.133	0.15	0.167	0.18	0.2
	σ_P	0.2	0.08	0.002	0.1	0.202	0.28	0.4

将表 14-3 的结果绘制成图 14-6。显然，直线 AG 表明，当相关系数 $\rho_{12}=1$ 时，X 和 Z 两只证券的收益率完全线性相关，因此权重变化形成的投资组合是一条直线。也就是说，当投资组合中

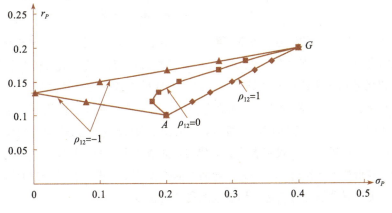

图 14-6　由证券 X 与证券 Z 构成的投资组合

X 占的比重从 1 降低为 0 时,投资者的预期收益与组合的风险等比例增加,不能起到分散风险的作用。当相关系数 $\rho_{12} = -1$ 时,X 和 Z 的收益率完全反向变动,当组合中 X 的比例从 1 下降到 0 时,投资者面临的风险明显小于两只股票完全相关时的状况。中间的弧线表示当 $\rho_{12} = 0$ 时的状况。从投资者的风险与预期收益的变化可以看到,如果两只证券的相关程度从 1 降到 -1,那么在投资组合预期收益不变的状况下,风险减小,从而能够实现投资组合风险的分散化。因此,投资者在市场上应当尽量选择收益率完全负相关的证券,这样投资组合即可获得高收益,而不需要承担相应的风险,投资组合分散风险的能力最强。

由两只证券组成的任何组合将位于图 14-6 的三角形区域内,其实际位置依赖于这两种风险证券之间相关系数的大小与所持权重比例。从图 14-6 可以看出,如果相关系数小于 0,曲线将比 $\rho_{12} = 0$ 向左弯曲的程度更大;如果相关系数大于 0,曲线向左弯曲的程度减轻。由这条曲线可以得出一个最重要的结论:当两种风险资产的相关系数介于 -1 和 1 之间时,两只证券组成的投资组合的曲线将在一定程度上向左弯曲,因此能够达到分散风险的效果。

14.2.4 最优投资组合选择

确定有效边界的形状曲线之后,投资者应该如何选择最优投资组合呢?

如图 14-7 所示,投资者应该根据自身的风险偏好绘制出自己的无差异曲线,尽量选择位于"左上方"的无差异曲线上的组合。这条无差异曲线必定与有效边界存在交点,因此最优投资组合对应的就是无差异曲线与有效边界的切点。在图 14-7 中所看到的这一组合是无差异曲线 I_2 上的 O^*。

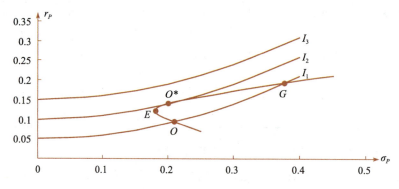

图 14-7 无差异曲线与最优投资组合

虽然投资者更偏好 I_3 上的组合,然而可行集中不存在这样的组合,因此想要在这条无差异曲线上构造投资组合只能是一种奢望而已。虽然 I_1 上存在许多资产组合供投资者选择(例如 O),但是 I_1 能够提供的效用无法让投资者满意。因此,理性投资者一定会选择更"左上方"的无差异曲线 I_2 上的资产组合 O^*。有效边界是客观存在的,而无差异曲线则由投资者主观的满足感和风险收益偏好所确定。风险厌恶程度高的投资者,其最优投资组合接近 E 点,风险厌恶程度低的投资者,其投资组合接近 G 点。投资者将选择代表更高效用水平的无差异曲线上的组合,而不需要关心那些效用较低的资产组合。根据无差异曲线的相关性质,投资者可以据此确定其唯一最优的投资组合,即无差异曲线与有效边界切点处的资产组合 O^*。

14.3 无风险借贷的影响

在现实世界中,投资者可以选择的资产可以大致分为无风险资产和风险资产两类。在 14.2 节中,我们简单地讨论了多种风险资产构成的有效边界。如果考虑到投资者可能存在的无风险借贷选择,投资者的有效边界和最优组合选择的结果将会发生变化。

14.3.1 无风险贷款的影响

无风险资产(riskless asset)是指投资收益率确定且无违约风险的资产。因为无风险资产的期末价值并不存在不确定性,因此其标准差(风险)为零。并且无风险资产收益率和风险资产收益率之间的协方差也为零,无风险贷款即相当于投资无风险资产。

当然,这里的无风险资产必须符合两个条件:资产不存在任何违约的可能,即没有信用风险;同时,资产也不存在市场风险。根据定义可知,只有到期日与投资期限相等的国债才是无风险资产,任何到期日超过或早于投资期限的证券都不是无风险资产。

1. 一种无风险资产与一种风险资产的投资组合选择

当存在无风险资产时,投资者就可进行无风险资产与风险资产搭配,形成投资组合。由于增添了新的投资机会,可供投资者选择的投资组合(或组合区域)也发生了变化,因此组合投资的有效边界及投资者的最优投资组合也将发生变化。下面首先考察对无风险资产与风险资产进行组合时收益与风险的计量及特征。

假设证券市场只发行了 X、Y 和 Z 三家公司的股票,三只股票的预期收益率、方差和协方差矩阵如下

$$E(R) = \begin{pmatrix} 0.10 \\ 0.15 \\ 0.20 \end{pmatrix} \quad VC = \begin{pmatrix} 0.0400 & 0.0800 & 0.1000 \\ 0.0800 & 0.0625 & 0.0576 \\ 0.1000 & 0.0576 & 0.1600 \end{pmatrix}$$

若投资者有 100 万元资金,追求利润但厌恶风险。他现在发现了第四种证券产品——国债,这种无风险资产的收益率(用 r_f 表示)为 5%。若他把一部分资金投资于国债,有效边界会如何变化呢?

首先,考察比较简单的情况,即投资者仅投资于一种无风险资产和一种风险资产。单个风险资产 X,它的预期收益率为 $r_X = 10\%$,风险(标准差)为 $\sigma_X = 20\%$;无风险资产的收益率为 $r_f = 5\%$,风险为 $\sigma_f = 0$。

投资者将其总资金按比例 X_X 与 $X_f(X_X + X_f = 1)$ 分别投资于风险资产 X 与无风险资产,形成一个投资组合。两种投资品的投资比例可以有无穷多组合,下面仅分析 6 种情况。资金比例如表 14-4 所示。

表 14-4 风险资产 X 与无风险资产不同投资比例的组合

组合	A	B	C	D	E	F
X_X	0	0.2	0.4	0.6	0.8	1.0
X_f	1.0	0.8	0.6	0.4	0.2	0

投资组合 P 的预期收益率为

$$r_P = X_X r_X + X_f r_f = r_f + X_X(r_X - r_f)$$

对上述等式两边求数学期望可得 P 的期望收益率为

$$E(r_P) = r_f + X_X[E(r_X) - r_f] \tag{14-3}$$

式（14-3）表明，由无风险资产与风险资产构成的投资组合的期望收益率由两部分构成：一部分为无风险收益率 r_f，这是确定的，与任何风险资产无关，称之为基本收益率；另一部分为 $X_X[E(r_X) - r_f]$，既依赖于风险资产 X 的期望收益率超过无风险资产收益率的部分（$E(r_X) - r_f$），同时又依赖于投资于风险资产 X 的资金比例 X_X，由于它体现了投资者因承担风险而获得的收益率补偿，因此这一部分收益率为风险回报。

投资组合 P 含有风险资产 X，由于 X 是有风险的，因此 P 也有风险。由方差的计算公式得

$$\sigma_P^2 = \text{Var}(X_X r_X + X_f r_f) = X_X^2 \sigma_X^2 + X_f^2 \sigma_f^2 + 2 X_X X_f \sigma_{Xf}$$

式中，σ_{Xf} 为风险资产 X 与无风险资产之间的协方差。由于 $\sigma_f = 0$，$\sigma_{Xf} = 0$，所以

$$\sigma_P^2 = X_X^2 \sigma_X^2$$

$$\sigma_P = X_X \sigma_X \tag{14-4}$$

也就是说，投资组合的风险取决于风险资产自身的风险与其所占的权重大小。

在对无风险资产与风险资产 X 进行组合投资时，随组合权数 X_f 和 X_X 的不同，可形成许多期望收益率及风险各不相同的投资组合。从式（14-4）解出 X_X 并代入式（14-3），可得到投资组合的收益与风险满足如下关系式

$$E(r_P) = r_f + \frac{E(r_X) - r_f}{\sigma_X} \times \sigma_P \tag{14-5}$$

式（14-5）表明，任何一个投资组合 P 的期望收益率 $E(r_P)$ 是其风险 σ_P 的线性函数。

无风险资产与风险资产构成的组合线在收益-风险坐标图上是一条截距为 r_f，斜率为 $(E(r_X) - r_f)/\sigma_X$ 的直线，被称为**资本配置线**（capital allocation line，CAL）。截距 r_f 是任何投资组合的无风险收益率，而斜率代表投资组合单位风险的溢价。投资于风险资产 X 的比例 X_X 越大，投资组合 P 的风险就越大，乘以单位风险报酬 $(E(r_X) - r_f)/\sigma_X$ 后的风险溢价 $(E(r_X) - r_f)\sigma_P/\sigma_X$ 就越大。也就是说，投资组合 P 的期望收益率与其所具有的风险大小成正向关系，P 的风险越大，相应的期望收益率就越大，反之亦然。

根据式（14-3）和式（14-4），可以计算出该投资者将自有资金仅投资于风险投资 X 和无风险资产的 6 种可能组合的预期收益率和标准差，如表 14-5 所示。

表 14-5　风险资产 X 和无风险资产的预期收益率和标准差

组合	X_X	X_f	预期收益率（%）	标准差（%）	组合	X_X	X_f	预期收益率（%）	标准差（%）
A	0	1.0	5	0	D	0.6	0.4	8	12
B	0.2	0.8	6	4	E	0.8	0.2	9	16
C	0.4	0.6	7	8	F	1.0	0	10	20

将表 14-5 的不同组合描绘成一条直线（见图 14-8），直线上 A 点表示无风险资产，F 点为风险资产 X。可以看出，这些点都位于连接代表无风险资产和风险资产 X 的两个点的线段上。尽管只分析了风险资产 X 和无风险资产的 6 个组合，但可以推断：无风险资产和风险资产的组合全部落在直线上，但每个组合点的具体位置由组合中资产所占的权重决定。由此可以得出，对于任意

一个由无风险资产和风险资产所构成的组合,其相应的预期收益率和标准差都在连接无风险资产和风险资产的线段上。

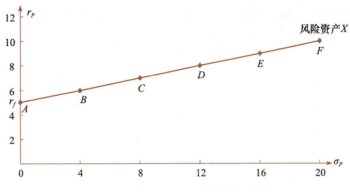

图 14-8 风险资产和无风险贷出投资

2. 一种无风险资产和风险资产组合的投资组合选择

前面讨论了无风险资产和单个风险资产的投资组合,下面开始考虑将单个风险资产扩展为多个风险资产的组合,讨论包含无风险资产和风险资产组合的投资组合选择。

首先,假设风险资产组合由两个风险资产 A 与 B 构成,期望收益率分别为 $E(r_A)=10\%$ 和 $E(r_B)=20\%$,风险分别为 $\sigma_A=20\%$ 和 $\sigma_B=40\%$,相关系数为 0.1,并且资金配置比例为 $1:1$。那么,这个固定风险资产组合的预期收益率 (r_{PAB}) 和标准差 (σ_{PAB}) 分别为

$$r_{PAB} = y_A r_A + y_B r_B = 0.5 \times 10\% + 0.5 \times 20\% = 15\%$$

$$\sigma_{PAB} = (y_A^2 \sigma_A^2 + y_B^2 \sigma_B^2 + 2\sigma_{AB} y_A y_B)^{1/2}$$
$$= (0.5^2 \times 0.04 + 0.5^2 \times 0.16 + 2 \times 0.1 \times 0.2 \times 0.4 \times 0.5 \times 0.5)^{1/2} = 23.24\%$$

若投资者将自有资金全部投资于风险资产组合与无风险资产,其中风险资产组合 PAB 所占的权重为 X_{PAB},无风险资产所占的权重为 $X_f(X_{PAB}+X_f=1)$。当两种资产的权重发生变化时,根据式(14-3)和式(14-4),可以计算出资产组合整体的预期收益率和标准差,如表 14-6 所示。

表 14-6 无风险资产与风险资产组合的可能预期收益率和标准差

投资组合	X_{PAB}	X_f	预期收益率(%)	标准差(%)	投资组合	X_{PAB}	X_f	预期收益率(%)	标准差(%)
A	0	1.0	5	0	D	0.6	0.4	11	13.94
B	0.2	0.8	7	4.65	E	0.8	0.2	13	18.59
C	0.4	0.6	9	9.3	F	1.0	0	15	23.24

将表 14-6 绘制成图 14-9,其中 A 表示投资组合全部由无风险资产构成,F 表示投资组合全部由风险资产组合 PAB 构成。线段 AF 上其余各点表示无风险资产和风险资产组合 PAB 按不同权重构成的投资组合,并且在线段上的具体位置由 PAB 和无风险资产所占的权重决定。例如,将 50% 的资金投向 PAB、50% 的资金投向无风险资产的投资组合恰好落在这条线段的中点。

总而言之,投资于风险资产组合和投资于无风险资产与风险资产组合时,两者在计算预期收益率与风险上没有区别。只是在包含无风险资产的投资组合中,投资者的投资组合整体预期收益率和标准差都落在如图 14-9 所示的线段 AF 上。

3. 无风险贷款与有效边界

引入无风险贷款后，有效边界将发生重大变化。在图 14-10 中，弧线 AB 代表两种风险资产组合的有效边界，F 点代表无风险资产。在弧线 AB 上找到一点 T，使 FT 与弧线 AB 相切于 T 点。T 点代表风险资产组合有效边界上众多有效组合中的一个，但它是非常特殊的一个投资组合。

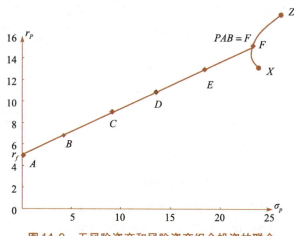

图 14-9 无风险资产和风险资产组合投资的联合

为什么 T 点是特殊的点呢？因为对于所有由风险资产构成的资产组合来说，没有哪个投资组合会落在 FT 的"左上方"，也就是说 FT 线段上的投资组合能够给投资者带来的投资效用最大。因为没有任何由风险资产组合与无风险资产构成的投资组合在收益既定的条件下，风险会比 FT 线段上的投资组合小。所有从无风险资产出发到风险资产或是风险资产组合的连线中，没有哪一条线能比过 T 点的线更陡，T 点具有相对较高的单位风险补偿收益。引入 FT 线段后，弧线 AT 将不再是有效边界，新的有效边界由直线 FT 和弧线 TB 构成。

4. 无风险贷款与投资组合选择

对不同的投资者而言，引入无风险贷款的影响有所不同。如果投资者的风险厌恶程度低，其无差异曲线位于图 14-10 中的 I_2 位置，投资组合靠近 B 点，无风险贷款不会对其投资组合产生影响。在不考虑无风险借入时，投资者会将所有资金投资于风险资产组合。如果某投资者风险厌恶程度高，其无差异曲线位于 I_1 位置，投资组合靠近 F 点，无风险贷款对投资组合产生影响，他只将一部分资金投资于风险资产组合，风险资产组合的构成由位于 T 点的市场组合中的风险资产比例决定，将余下的资金投资于无风险资产，因此其选择的投资组合将位于 FT 上。

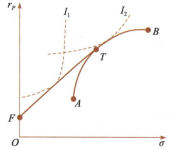

图 14-10 引入无风险贷款的可行集

14.3.2 无风险借款的影响

事实上，风险厌恶程度低的投资者在进行投资选择时，将不限于自有资金，可以通过借款进行投资。如果投资者能够以固定利率借款，且资金规模不受限制，无风险借款行为将会对投资组合的选择产生影响。

1. 无风险借款并投资于一种风险资产

假定投资者以无风险利率借入资金的权重为 X'_f,则总的投资资金可达到 (X'_f+1),将所有资金都投资于 X 股票,资金权重用 $X_A(X_A=1+X'_f)$ 表示。当资金按以下 G、H、I、K 和 M 不同的权重分配时,资金分配比例如表 14-7 所示。

表 14-7 无风险借款与风险资产的不同权重组合

组合	G	H	I	K	M
X_A	1.2	1.4	1.6	1.8	2
X'_f	-0.2	-0.4	-0.6	-0.8	-1

无风险借款可以被看作负的投资,这样投资组合中无风险借款和风险投资的比例仍可用 X'_f 和 X_A 表示,且 $X'_f+X_A=1$,$X'_f<0$,$X_A>1$。同样,式(14-3)和式(14-4)也完全适用于无风险借款的情形。

$$r_P = X_A r_A + X'_f r_f = X_A \times 10\% + X'_f \times 5\%$$

$$\sigma_P^2 = \text{Var}(X_A r_A + X'_f r_f) = X_A^2 \sigma_A^2 + X'^2_f \sigma_f^2 + 2X_A X'_f \sigma_{Af} = X_A^2 \times (20\%)^2$$

根据上式,这 5 个含有无风险借款组合以及前面的 6 个包含无风险贷款的组合,全部预期收益率和标准差如表 14-8 所示。

表 14-8 含有无风险借贷的投资组合的预期收益率和标准差

组合	X_A	X_f	预期收益率(%)	标准差(%)	组合	X_A	X_f	预期收益率(%)	标准差(%)
A	0	1.0	5	0	G	1.2	-0.2	11	24
B	0.2	0.8	6	4	H	1.4	-0.4	12	28
C	0.4	0.6	7	8	I	1.6	-0.6	13	32
D	0.6	0.4	8	12	K	1.8	-0.8	14	36
E	0.8	0.2	9	16	M	2	-1	15	40
F	1.0	0	10	20					

图 14-11 是表 14-8 各组合的预期收益率和标准差,可以看出,无风险借款组合和无风险贷款组合在同一条直线上,A 点表示完全投资于无风险资产,F 表示完全投资于风险资产组合的情况,G、H、I、K 和 M 五个组合表示投资者卖空无风险资产、买进风险资产时的投资组合。由于投资者可以无限地借入资金,无风险借款和风险资产构成的组合线可以无限向右上方延伸。

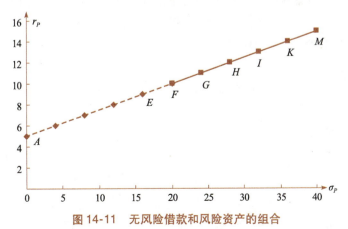

图 14-11 无风险借款和风险资产的组合

G、H、I、K 和 M 五个投资组合都包含借入资金并将其全部投资于 X 股票。同样,这也可以证明任何由无风险资产和风险资产 X 构成的投资组合都会落在这条直线上,具体位置则取决于投资者借入资金占总资金的权重。更进一步说,这一结论可推广到任意一个资产组合,即一个由无风险借款和任一单个风险资产构成的投资组合也会形成一条过无风险资产点的射线。投资者以无风险利率借入资金,并连同自有资金一起全部投资于某一风险资产,形成的组合预期收益率和标准差正好能使该组合位于图 14-11 中连接无风险资产和风险资产的线段 AF 的延长线上。

2. 无风险借款并投资于风险资产组合

投资者利用借入资金和自有资金购买风险资产组合时,有效边界会发生什么变化呢?

仍然假设风险资产组合为 PAB,由 50% 的 X 股票和 50% 的 Z 股票组成。其中,X 和 Z 的期望收益率分别为 $E(r_X) = 10\%$、$E(r_Z) = 20\%$,风险分别为 $\sigma_X = 20\%$ 和 $\sigma_Z = 40\%$,借入资金比例为 X'_f,则投资组合的预期收益率和标准差分别为

$$\bar{r}_{PAB} = (1 - X'_f) \times 15\% + X'_f \times 5\% \qquad \bar{\sigma}_{PAB} = (1 - X'_f) \times 23.24\%$$

由于 $X'_f < 0$,$X_A > 1(X_A = 1 - X'_f)$,可知投资者借入资金并连同自有资金全部投资于风险资产组合 PAB,在图 14-12 中表示为该组合位于 AF 线段的延长线上。可以看出,投资的可行集范围扩大了,在没有借入资金时,可行集为 AF 线段,当允许借入资金时,可行集变成 AF 射线,投资组合可以向右上方无限延伸。

当投资者借入资金 20 万元时,即 $X'_f = -0.2$ 时,将 120 万元资金全部投资于组合 PAB,这个组合的预期收益率和标准差分别为

$$\bar{r}_{PAB} = (1 - X'_f) \times 15\% + X'_f \times 5\% = 1.2 \times 15\% + (-0.2) \times 5\% = 17\%$$

$$\bar{\sigma}_{PAB} = (1 - X'_f) \times 23.24\% = 1.2 \times 23.24\% = 27.89\%$$

由此可知,这个组合位于连接无风险资产和 PAB 连线的延长线上。因而,借入资金购买一个风险组合和购买单一风险资产本质上没有不同。实际上,风险组合也可以看成单一风险资产。当资产组合中仅包含两种资产且构成比例为 1∶1 时,投资组合都将落在连接无风险资产和风险组合连线的延长线上。

3. 无风险借款与有效边界

在图 14-13 中,弧线 AB 为风险资产组合的有效边界,F 点表示无风险资产,T 点表示所有资金全部投资于风险资产或风险资产组合,FT 虚线表示投资者借入资金投资于无风险资产,FT 的延长线表示投资者借入资金并投资于风险资产或风险资产组合。FT 与弧线 AB 相切于 T 点的原因同无风险贷款时总结的一样。引入 FT 射线后,弧线 TB 将不再是有效边界,新的有效边界由弧线 AT 和射线 FT 中 T 的右半部分共同构成。

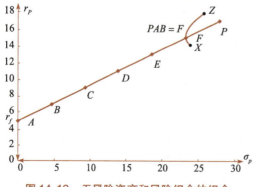

图 14-12 无风险资产和风险组合的组合

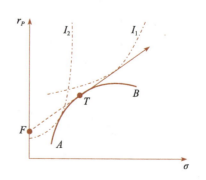

图 14-13 无风险借款对有效边界的影响

4. 无风险借款与投资组合选择

对不同的投资者而言，引入无风险借款的影响也不同。如果投资者风险厌恶程度低，其无差异曲线位于 I_1 位置（见图 14-13），在直线上 T 点右侧。这时投资者会将自有资金以及借入的无风险资产全部用来购买最优风险投资组合，借入无风险资产越多，最优投资组合越远离 T 点。如果投资者风险厌恶程度高，其投资组合位于弧线 AT 上且靠近 A 点，无风险借款对投资组合不产生影响。

14.3.3 无风险贷出与借入的共同影响

事实上，现实市场中的投资者既可能选择投资于无风险资产（无风险贷出），也可能选择借入无风险资产投资风险资产或组合（无风险借入），投资者不再受资金局限。因此，投资组合的有效边界完全变成一条始发于 r_f 且与曲线 AB 相切于 T 点的直线，除切点 $T(\sigma_t, \bar{r}_t)$ 以外，原有风险资产的有效边界上其他所有组合均不满足有效集的两个条件（见图 14-14）。与曲线 AT 一样，曲线 TB 也成为无效组合，直线 r_fT' 成为新的投资组合选择的有效边界，其表达式为

$$E(r) = r_f + \frac{E(r_t) - r_f}{\sigma_t} \times \sigma$$

当投资者风险厌恶程度较高时，最优投资组合位于 r_fT' 直线上且靠近 r_f 点，如 B'' 点，该投资组合由一定比例的无风险资产与风险资产组合 T 共同组成。当投资者风险厌恶程度较低时，投资者的投资组合同样位于 r_fT' 直线上且靠近 T' 点，

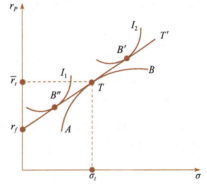

图 14-14 无风险贷出和借入时的最佳组合

如 B' 点，表示投资者借入一定比例的无风险资金连同本金一起投向风险组合 T，B' 距离 T 越远，表示投资者所借资金数量越多。

必须说明的是，曲线 AB 上的 T 点是风险资产的组合，权重即为各种风险资产在总资产中所占的比例，即不管投资者是风险偏好型，还是风险厌恶型，投资组合中风险资产的构成比例都是如此，不一样的只是资产组合中的风险资产与无风险资产的比例。有效边界 r_fT' 上包含无限多个投资组合。但投资者真正关心的是无风险资产和位于 T 点的风险资产组合。由于投资者风险收益偏好不同，其无差异曲线的斜率不同，因此他们的最优投资组合也不同，例如图 14-14 中的 B'' 和 B' 点的投资组合，但风险资产的构成却相同，如图 14-14 的 T 点。也就是说，无论投资者对风险的厌恶程度和对收益的偏好程度如何，其所选择的风险资产的构成比例都一样。由此可以引出**基金分离定理**（fund separation theorem）。

基金分离定理是指投资者对风险和收益的偏好状况与该投资者风险资产组合的最优构成无关。通俗地讲，无论投资者的无差异曲线是在 I_1 还是在 I_2 上，他选择的投资组合中风险资产的构成比例都是由 T 点所表示的权重构成的。在上例中，不管投资者是处于风险厌恶程度较高的 B'' 点，还是风险厌恶程度较低的 B' 点，投资组合中风险资产所占的权重相同。也就是说，投资组合中风险资产的构成比例与投资者的风险偏好无关。

14.3.4 无风险利率的影响

我们在前面讨论无风险借贷的时候,假定无风险贷出和借入具有相同的利率。事实上,在绝大多数情况下无风险贷出利率与借入利率并不相同,无风险利率会对投资者的最优投资组合选择产生影响。

1. 无风险贷出与借入的利率不一致

假设无风险资产的收益率是 r_f,从市场上借入无风险资金的利率是 r'_f,且 $r_f < r'_f$。在图 14-15 中,AB 是风险组合的有效边界。在纵轴上分别标出无风险贷出利率 r_f 和借入利率 r'_f,并以 r_f 和 r'_f 为起点引曲线 AB 的切线 $r_f D$ 和 $r'_f D'$,切点分别为 T 和 T'。在只考虑无风险贷出的情况下,有效边界为 $r_f TT'B$ 曲线;只考虑无风险借入时,有效边界为 $ATT'D'$。综上所述,当无风险借入利率高于贷出利率时,有效边界曲线为 $r_f TT'D'$。

2. 存在两个不同的借入利率

假设,有甲和乙两个投资者。甲因为拥有金融市场优势而获得优惠的借入利率 r'_f,乙投资者需要支付相对较高的借入利率 r''_f,且 $r_f < r'_f < r''_f$。在如图 14-16 所示的坐标系中,比较这两个投资者投资组合的有效边界。在坐标系中,同曲线 AB 相切的三条直线 $r_f D$、$r'_f D'$ 与 $r''_f D''$ 相对应的切点分别为 T、T' 和 T''。对于甲来说,其有效边界为 $r_f TT'D'$,而投资者乙因为借入利率 r''_f 高于投资者甲的借入利率 r'_f,所以其有效边界是 $r_f TT'T''D''$。

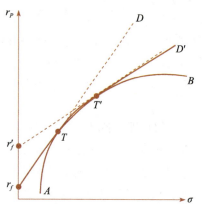

图 14-15 无风险贷出与借入的利率不一致时的有效边界

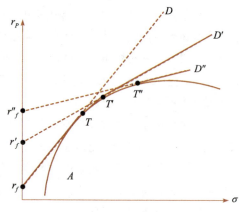

图 14-16 有两个不同的借入利率的有效边界

本章小结

本章从投资者的不满足性和风险厌恶的假设出发,分析进行投资组合选择的过程。

1. 无差异曲线表示给投资者带来相同效用的具有不同风险与收益的资产组合。
2. 投资者认为越位于"左上方"的无差异曲线上的投资组合带来的满意程度越高。
3. 无差异曲线正斜率和下凸的特性,表示投资者具有不满足性和风险厌恶的特征。
4. 无风险资产的收益率是确定的,无风险资产的标准差(风险)为 0,无风险资产与风险资产的协方差也为 0。
5. 引入无风险贷出和借入后,有效集变为一条过无风险资产点,并与风险资产组合有效集曲线相切的直线。

6. 投资者的最佳组合将由有效集上的无差异曲线决定。

7. 相对于偏好风险的投资者来说，风险厌恶者将更少地借入资金进行投资，更多的是贷出资金。

习 题

一、名词解释

1. 无差异曲线　　　　2. 投资组合选择　　　　3. 可行集
4. 有效边界　　　　　5. 无风险资产　　　　　6. 基金分离定理
7. 最优投资组合　　　8. 资本配置线

二、简答题

1. 简述马科维茨投资组合理论的假设条件。
2. 投资者应该如何选择最优投资组合？
3. 存款和贷款利率如何影响投资者所面临的资产有效集？分别就相同的存贷款利率和不同的存贷款利率进行讨论，并辅之以图示说明。
4. 市场上不同类型的投资者具有不同的无差异曲线，请结合无差异曲线说明风险厌恶程度高和风险厌恶程度低的投资者在资产配置过程中的倾向。
5. 引入无风险资产会对原来的有效边界和最优投资组合选择产生怎样的影响？请结合图形简要分析。

本章思维导图

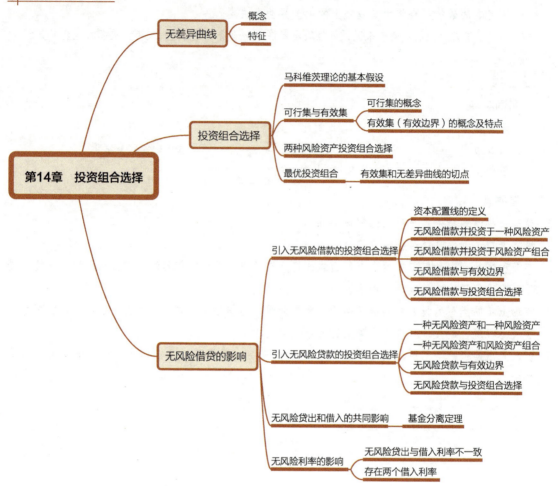

第 15 章

资产定价

投资者在进行投资组合选择前,首先必须估计所有可能的投资品的期望收益率、标准差、资产间的协方差以及无风险利率,然后在资产可行集中确定切点处的投资组合,并基于自己的无差异曲线与有效边界的切点来决定自己的最优投资组合。本章将在投资市场处于均衡状态假设的基础上,给出资产定价模型。

15.1 资本资产定价模型。介绍市场均衡状态下的市场组合特点、资本市场线和证券市场线,给出资本资产定价模型(CAPM)。

15.2 套利定价理论。基于 CAPM 涉及的假设条件过多,在投资市场中不容易满足的特点,Ross(1976)从套利的角度来考察市场均衡状态,提出了套利定价模型。

投资组合理论关注的问题，主要可以分为两大类：第一类是投资者如何确定最优投资组合，即投资组合选择，这些内容在第 14 章基本已经介绍了；第二类就是资产定价，即在市场均衡条件下分析预期收益率与风险之间的关系，这将是本章讨论的主要内容。

在资产定价理论体系中，最具有代表性的理论要数资本资产定价模型（CAPM）和套利定价理论（APT）。在马科维茨提出的"均值－方差"理论框架下，市场参与者可以运用 CAPM 精确地确定风险资产的理论价格。但是"均值－方差"理论存在一个致命的弱点，即随着市场风险资产的增加，需要估计的均值、方差以及协方差的数量也迅速增加，导致运算过于烦琐。在实际操作过程中，投资者普遍采用因素模型来刻画风险资产的收益率，可以大大简化求解参数的过程。遵循因素模型的思路，斯蒂芬·A. 罗斯（Stephen A. Ross，1976）提出了一种新的资产定价理论——套利定价理论（APT）。

15.1 资本资产定价模型

资本资产定价模型（capital asset pricing model，CAPM）是指 Sharpe（1964）、Lintner（1965）及 Mossin（1966）分别基于投资组合理论推导出的在市场均衡状态下预期收益与风险之间的关系。

马科维茨（1952）的投资组合理论为理性投资者的投资组合选择过程提供了判别依据。第 14 章首先讨论了在"均值－方差"分析框架下，投资者如何确定由 N 种风险资产构成的有效边界，然后在投资者可以进行无风险借贷的条件下，进一步确定投资者的资产配置线（CAL），最终得到最优风险投资组合（optimal risky portfolio）。

在金融市场中，风险资产的价格由供给和需求决定。在特定时期，证券市场的供给是固定的，市场上投资者的共同行为影响了市场需求，进而导致风险资产出现价格波动。那么，当市场处于供求平衡的理想状态时，风险资产的价格应该如何确定呢？CAPM 模型为精确计算风险资产的均衡价格提供了理论依据。在半个多世纪的发展过程中，尽管 CAPM 的准确性不断受到来自学术研究和市场应用等各方面的质疑，但它依然保持着在现代金融学理论中的核心地位，并不断以此为基础演绎出新的资产定价理论模型。

15.1.1 资本资产定价模型的基本假设

在现实世界中，因投资理念、偏好以及个人特质等诸多方面的差异，投资者的行为方式纷繁复杂，不尽相同。因此，对金融市场的运行和资产价格的变化规律难以进行清晰的刻画。如果忽视某些复杂的特质，弱化或者剥离那些没有重大影响的因素，则有利于厘清均衡状态下的资产定价，形成富有见地的科学洞见。资本资产定价模型首先对资本市场的均衡条件给出了一系列基本假设条件。

（1）市场上的所有投资者都是马科维茨型投资者，即具有不满足性和风险厌恶的特征，在相同风险水平下选择收益最高的资产，而在相同的收益水平下选择风险最低的资产。并且市场上所有风险资产的预期收益、方差和协方差全部已知，投资者仅依靠这些参数确定最优风险组合。需要注意的是，该条件并不意味着所有的投资者都具有相同的风险偏好，也就是说投资者的无差异曲线存在不同。

（2）所有风险资产都能够在金融市场上交易，投资者可以买卖任何数量的风险资产，但不影响其价格。换言之，风险资产的交易市场是完全竞争市场，每位投资者都是价格的接受者（price taker），并且产品可以无限细分。

（3）市场上所有的投资者对于全部风险资产的收益率均值、方差和协方差等参数具有共同的预期，即同质预期（homogeneous expectation）。也就是说，所有投资者采用相同的分析方法，对证券资产未来现金流的概率分布形成了一致的判断。因此，给定一组证券的价格和无风险利率，所有投资者将得到相同的有效边界和唯一的最优风险资产组合。

（4）所有投资者都能够以相同的无风险利率进行借贷，并且没有数额限制。

（5）所有投资者的交易活动不需要支付任何交易费用（佣金和服务费用等）和所得税。真实的股票交易活动成本确实存在，而且佣金和服务费用依赖于交易规模和投资者的信誉状况。另外，投资者之间税级不同，适用的税率也不一样，这会影响资产的收益。

15.1.2 市场投资组合

在介绍资本市场线之前，首先回忆一下资本配置线（CAL）。投资组合理论的假设条件允许投资者对风险资产的看法存在差异，所以各个风险资产的预期收益、方差及协方差估值不一定相等，最终每个投资者会形成不同的风险资产有效边界和不同的切点组合。

在 CAPM 的基本假设条件下，所有投资者对资产收益率的概率分布具有同质预期，即投资者对资产收益率的均值、方差和协方差的估计相同，借贷的利率相同，且没有任何税收和交易成本。在这样的均衡条件下，市场上所有投资者风险资产的有效边界相同，资产配置线相同，而且切点处的投资组合也相同。虽然投资者的风险偏好程度（无差异曲线）各不相同，但是通过调整风险资产和无风险资产的比例，均可以得到满足。例如，风险厌恶型投资者，可以持有较高比例的无风险资产；风险偏好型投资者，则可以提高风险资产组合的比例。但是无论如何，投资者持有的风险资产组合中资产的种类和比例相同，即其选择的风险资产组合相同。

假设资本市场上仅有 3 只流通的股票，股票 A、股票 B 和股票 C，并且是可供所有投资者选择的仅有的风险资产。马科维茨型投资者首先依据 3 只股票的预期收益、方差和协方差矩阵构建资本市场投资的可行集，进而确定有效边界，并引入无风险借贷，然后在无风险资产和位于有效边界上的风险资产组合之间进行资金配置。理性的投资者经过对预期收益与风险的权衡，必定会选择由 3 只股票构成的有效边界的切线作为资本配置线，因为在各种可供选择的资产配置线中切线的斜率最大，即效用最高。换句话说，在切线上投资者承担单位风险获取的风险溢价最高，切点即为投资者的最优股票投资组合。根据 CAPM 的假设条件，市场上所有投资者的资产配置线相同，3 只股票构成的切点组合相同，即股票 A、股票 B 和股票 C 的构成比例相同。如果所有市场主体持有的 3 只股票的资产比例相同，那么股票市场均衡状态得以实现，即均衡市场组合中 3 只股票的权重与每个投资者最优风险资产组合相同。因此可以得出结论：所有投资者的最优风险资产组合，即为均衡状态下的市场组合，通常记为 M。显然，市场组合 M 具有 2 个重要的特征。

第一，市场组合中各风险资产的权重等于风险资产的市值与市场总市值的比值，即

$$w_i = \frac{V_i}{V_M} \tag{15-1}$$

式中，w_i 为第 i 种风险资产在市场组合中所占的权重；V_i 为第 i 种风险资产的市值；V_M 为所有风

险资产的总市值。

第二，市场上所有的风险资产在市场组合中的权重均大于0。

假设均衡市场组合中不包含股票A，表明在投资者的眼中它不具有投资的价值，其市场需求为0。股票A的价格越来越便宜，相对于其他股票而言，越来越具有吸引力。最终，股票A将以一个非常具有吸引力的价格包含于投资者的资产组合之中。

根据上述分析，我们可以知道市场组合已经包含了所有股票的信息，所以投资者可以直接越过股票分析的复杂过程，将市场组合作为有效的资产组合。

15.1.3 资本市场线

风险资产的有效组合即为市场组合，在坐标图上为 M 点，因此所有投资者的有效边界由一条以无风险利率为起点，并穿过市场组合的直线构成（见图15-1）。这条直线解释了有效资产组合的预期收益率与风险之间的关系，被称为**资本市场线**（capital market line，CML）。资本市场线也是一条定价线，数学表达式为

$$E(R_P) = R_f + \frac{E(R_M) - R_f}{\sigma_M}\sigma_P \quad (15\text{-}2)$$

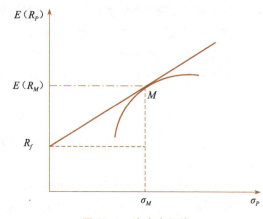

图 15-1 资本市场线

式中，$E(R_P)$ 和 σ_P 分别为有效组合的预期收益率和标准差；$E(R_M)$ 和 σ_M 分别为市场组合的预期收益率和标准差；R_f 表示无风险证券收益率。

资本市场线在本质上是一条特殊的资本配置线。当市场中所有投资者对风险资产的预期以及无风险借贷利息相同时，所有投资者的资本配置线完全一致，也就是资本市场线。资本市场线的斜率是 $\frac{E(R_M) - R_f}{\sigma_M}$，被称为**风险的价格**（price of risk），表示组合的风险每增加1单位，组合的预期收益率增加多少。

如果证券市场上只有B、C、A 3只股票，而且这3只股票的预期收益率、方差和协方差如表15-1所示，3只股票在市场组合中的权重分别是12%、19%和69%。并且市场无风险利率为4%，那么经计算，市场组合的收益率为22.4%，标准差为15.2%。假设某个投资者持有有效投资组合 P，且风险 $\sigma_P = 20\%$。那么，由式（15-2）可以计算投资者有效投资组合的预期收益率是

$$E(R_P) = 4\% + \frac{22.4\% - 4\%}{15.2\%} \times 20\% = 28.21\%$$

表 15-1 方差、协方差矩阵和预期收益率

	方差、协方差矩阵			预期收益率（%）
	股票B	股票C	股票A	$E(R_i)$
股票B	0.014 6	0.018 7	0.014 5	16.2
股票C	0.018 7	0.085 4	0.010 4	24.6
股票A	0.014 5	0.010 4	0.028 9	22.8

由式（15-2）可以看出，证券市场的均衡可用两个关键部分来表示：一是无风险利率 R_f，二是单位风险报酬 $(E(R_M) - R_f)/\sigma_M$。它们分别代表时间报酬和风险报酬，如上例中时间报酬是

4%，风险总报酬是 24.18%。因此，从本质上讲，证券市场提供了时间和风险进行交易的场所，其价格由供求双方的力量来决定。

15.1.4 证券市场线

资本市场线描述了市场均衡状态下，投资组合预期收益与风险之间的关系，但是并没有解释单一风险资产的预期收益与其风险之间的关系。资本资产定价模型（CAPM）则揭示了均衡市场组合中各证券的预期收益率与风险之间的确切关系，为投资者衡量风险证券的合理价格提供了依据。

假设市场组合是 M，它的期望收益为 $E(R_M)$，风险是 σ_M。S_i 是某个风险资产，其期望收益为 $E(R_i)$，那么 S_i 和市场组合 M 可以构成一条新的有效边界。而且 S_i 的比例为 X_i，M 的资金比例为 $1-X_i$，那么新组合 $P=(X_i, 1-X_i)$ 的期望收益和风险为

$$E(R_P) = X_i E(R_i) + (1-X_i) E(R_M)$$

$$\sigma_P = [X_i^2 \sigma_i^2 + (1-X_i)^2 \sigma_M^2 + 2X_i(1-X_i)\sigma_{iM}]^{1/2}$$

上述参数方程在 $(E(R_P), \sigma_P)$ 平面上为连接 S_i 和 M 的一条曲线，记为曲线 C，如图 15-2 所示。

现在考察曲线 C 与资本市场线 CML 在 M 点的关系。显然两者在 M 点相切，另外曲线 C 不可能穿过资本市场线 CML。如果曲线 C 超过资本市场线 CML，那么就意味着由 S_i 和 M 所形成的某种投资组合要优于资本市场线 CML 上具有相同风险的组合。但是，在投资市场均衡的条件下，所有有效投资组合都落在资本市场线 CML 上，这显然是矛盾的，因此，曲线只能与资本市场线 CML 在 M 点相切。

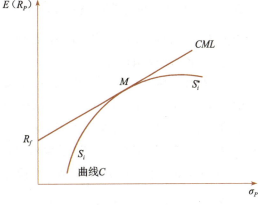

图 15-2 曲线 C 与资本市场线在 M 点的关系

在 M 点，由于资本市场线 CML 的斜率同曲线 C 的斜率相等，C 的斜率为 $\dfrac{dE(R_P)}{d\sigma_P}$，所以可得

$$\frac{dE(R_P)}{dX_i} = E(R_i) - E(R_M)$$

$$\frac{d\sigma_P}{dX_i} = [X_i \sigma_i^2 - (1-X_i)\sigma_M^2 + (1-X_i)\sigma_{iM} - X_i \sigma_{iM}]/\sigma_P$$

$$\frac{dE(R_P)}{d\sigma_P} = [E(R_i) - E(R_M)]\sigma_P / [X_i \sigma_i^2 - (1-X_i)\sigma_M^2 + (1-X_i)\sigma_{iM} - X_i \sigma_{iM}]$$

在 M 点，由于投资者将资金全部投资于 M 点所对应的投资组合，故 $1-X_i=1$，即 $X_i=0$，则曲线 C 在 M 点的斜率为

$$\frac{dE(R_P)}{d\sigma_P} = [E(R_i) - E(R_M)]\sigma_M / (\sigma_{iM} - \sigma_M^2)$$

另一方面，资本市场线 CML 的斜率为 $[E(R_M) - R_f]/\sigma_M$。因此可得

$$[E(R_i) - E(R_M)]\sigma_M/(\sigma_{iM} - \sigma_M^2) = [E(R_M) - R_f]/\sigma_M$$

即

$$E(R_i) = R_f + [E(R_M) - R_f]\sigma_{iM}/\sigma_M^2 \tag{15-3}$$

式中，$E(R_i)$ 为风险资产 i 的预期收益率；$E(R_M)$ 和 σ_M 分别为市场组合的预期收益率和标准差；σ_{iM} 为风险资产 i 和市场组合之间的协方差；R_f 为无风险证券收益率。

令 $\beta_i = \sigma_{iM}/\sigma_M^2$，表示市场组合中风险资产 i 的系统性风险，度量了风险资产 i 对市场组合方差的贡献度。均衡市场组合中风险资产定价模型可以表示为期望收益率与风险资产系统性风险 β 的关系式，即

$$E(R_i) = R_f + \beta_i[E(R_M) - R_f] \tag{15-4}$$

式（15-4）是人们最熟悉的 CAPM 表达式，在 $E(R_i) - \beta$ 平面上表示的直线，被称为**证券市场线**（security market line，SML），如图 15-3 所示。证券市场线必然经过市场组合点 M。这一点的 $\beta_M = \dfrac{\sigma_M^2}{\sigma_M^2} = 1$，组合的预期收益率为 $E(R_M)$。又因为无风险证券的 $\beta = 0$，所以证券市场线也必须经过无风险资产点 $(0, R_f)$。

在 CAPM 的假设条件下，如果每个人持有相同的风险资产组合，那么每个资产与市场组合 M 的 β 值等于它与投资者自身风险投资组合的 β 值。因此，所有投资者在各个资产上均能得到恰当的风险溢价。

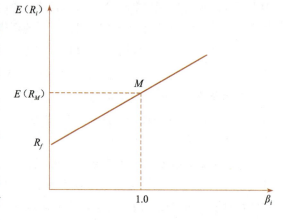

图 15-3 证券市场线

CAPM 不仅对单一风险资产有效，对任何投资组合也同样适用。由于组合的收益率等于所有构成资产的加权收益率，$E(R_P) = \sum_{i=1}^{N} w_i E(R_i)$，所以组合 β_P 的值等于各个资产 β_i 的加权平均值，即

$$\beta_P = \sum_{i=1}^{N} w_i \beta_i \tag{15-5}$$

既然每一种证券都落在证券市场线上，那么由这些证券构成的组合也不例外。具体而言，不仅是每一种证券，而且包括每一个证券组合，都必然会落在以预期收益率为纵轴，β 值为横轴的坐标图的斜线上。

根据公式

$$\sigma_{iM} = \sum_{j=1}^{N} w_{jM} \sigma_{ij}$$

从表 15-1 中可以分别计算出股票 B、股票 C、股票 A 三只风险证券与市场组合的协方差为：$\sigma_{1M} = 0.015\,3$、$\sigma_{2M} = 0.025\,6$ 和 $\sigma_{3M} = 0.023\,7$。再根据 $\beta_i = \sigma_{iM}/\sigma_M^2$，得到三只证券的 β 值分别为：$\beta_1 = 0.66$、$\beta_2 = 1.11$、$\beta_3 = 1.02$。$\beta_1 < 1$，说明购买股票 B 的投资者需要承担的系统性风险小于整个股票市场的风险波动；$\beta_2 > 1$，说明购买股票 C 的投资者承担的风险高于市场风险；$\beta_3 \approx 1$，表明购买股票 A 的投资者承担的风险近似等于市场风险。如果将 β_1、β_2 和 β_3 的值代入式（15-4），得到的结果与表 15-1 中三只证券的预期收益率一致。已知在均衡状态下，三只证券的权重分别为

12%、19% 和 69%，根据式（15-5）可以计算出市场投资组合 β_M

$$\beta_M = \sum_{i=1}^{N} w_i \beta_i = 0.66 \times 12\% + 1.11 \times 19\% + 1.02 \times 69\% = 0.9939 \approx 1$$

证券市场线提供了评估风险证券价值的标准。由于股票 B 的 $\beta_1 = 0.66$，若此时股票 B 的市场真实收益率为 15%，它在 $E(R_i) - \beta$ 坐标图上位于证券市场线的下方，明显低于根据 CAPM 计算的合理的预期收益率 16.2%，说明此时市场上股票 B 的股票价值被高估，定价过高。若此时股票 B 的市场收益率为 20%，则位于证券市场线的上方，高于合理的预期收益率，说明此时市场上股票 B 的股票价值被低估，定价过低。

15.2 套利定价理论

如果有 n 种风险资产，马科维茨的"均值-方差"分析方法需要估计 n 个均值、n 个方差和 $n(n-1)/2$ 个协方差，共计 $(n^2+3n)/2$ 个参数。当数值 n 很大时，参数的计算量巨大。例如，当市场中有 1 000 只股票时，需要计算出 501 500 个参数值，显然获取这些信息量的任务很艰巨。因此，采用更为简单的资产定价方法十分必要。

15.2.1 因素模型

套利定价理论（arbitrage pricing theory，APT）认为，证券收益与某些因素相关。为此，在介绍套利定价理论之前，首先介绍因素模型。因素模型认为各种证券的收益率均受某个或某几个共同因素的影响。也就是说，这些风险因素的变化导致了证券收益率的变化。因此，只要确定各个影响因素的系数（因素变动的灵敏度），就可以得到合适的因素模型。

1. 单因素模型

单因素模型（single-factor model）是最简单的一种因素模型，即假定证券收益率只受一种因素的影响。对于任意的风险资产 i，其在 t 时期的单因素模型表达式为

$$R_{it} = a_i + b_i F_t + \varepsilon_{it} \tag{15-6}$$

式中，R_{it} 为证券 i 在 t 时期的收益率；F_t 为该因素在 t 时期的预测值；b_i 为证券 i 对该因素的敏感度；ε_{it} 为证券 i 在 t 时期的随机变量，其均值为零，标准差为 σ_{it}。a_i 为常数，表示因素取 0 时证券 i 的预期收益率。因素模型认为，随机变量 ε 与因素是不相关的，且两种证券的随机变量之间也不相关。

根据式（15-6），证券 i 的预期收益率 $E(R_i)$ 为

$$E(R_i) = a_i + b_i E(F) \tag{15-7}$$

式中，$E(F)$ 为该因素的期望值。

根据式（15-6），证券 i 收益率的方差 σ_i^2 为

$$\sigma_i^2 = b_i^2 \sigma_F^2 + \sigma_{\varepsilon i}^2 \tag{15-8}$$

式中，σ_F^2 为因素 F 的方差；$\sigma_{\varepsilon i}^2$ 为随机变量 ε_i 的方差。

式（15-8）表明，某种证券的风险等于因素变动产生的风险 $b_i^2 \sigma_F^2$ 加上证券自身风险 $\sigma_{\varepsilon i}^2$。

在单因素模型下，证券 i 和证券 j 收益率的协方差 σ_{ij} 为

$$\sigma_{ij} = b_i b_j \sigma_F^2 \tag{15-9}$$

若证券投资组合 P 由 n 种证券构成，那么方差 σ_P^2 等于

$$\sigma_P^2 = b_P^2 \sigma_F^2 + \sigma_{\varepsilon P}^2 \tag{15-10}$$

式中，$b_P = \sum_{i=1}^n w_i b_i$；$\sigma_{\varepsilon P}^2 = \sum_{i=1}^n w_i^2 \sigma_{\varepsilon i}^2$。

单因素模型大大简化了马科维茨的"均值－方差"分析方法确定切点最优投资组合的复杂计算过程。只需要求得参数 a_i、b_i、$\sigma_{\varepsilon i}$、$E(F)$ 和 σ_F，便可得到投资组合的预期收益率和方差，并且随着组合中风险资产数量的增加，参数的计算量不会迅速增加。

假定投资者购买证券 A 和 B，构成一个投资组合，而且 A 和 B 的收益率受证券市场因素 M 的影响。若市场因素的标准差 σ_F 为 15%。A 和 B 两只证券具有表 15-2 中的特征。

表 15-2　两只证券的因素敏感性和非因素风险特征

证券	因素敏感度	非因素风险（$\sigma_{\varepsilon i}$）	比例
A	0.2	7%	0.4
B	3.5	10%	0.6

根据式（15-8）可以得到证券 A 和 B 的风险分别是

$$\sigma_A^2 = b_A^2 \sigma_F^2 + \sigma_{\varepsilon i}^2 = 0.2^2 \times 15\%^2 + 7\%^2 = 0.005\,8$$

$$\sigma_B^2 = b_B^2 \sigma_F^2 + \sigma_{\varepsilon i}^2 = 3.5^2 \times 15\%^2 + 10\%^2 = 0.285\,6$$

证券 A 与 B 的协方差，根据式（15-9）可以得到

$$\sigma_{ij} = b_i b_j \sigma_F^2 = 0.2 \times 3.5 \times 15\%^2 = 0.015\,8$$

证券组合的方差 σ_P^2 等于

$$\sigma_P^2 = b_P^2 \sigma_F^2 + \sigma_{\varepsilon P}^2 = (0.2 \times 0.4 + 3.5 \times 0.6)^2 \times 15\%^2$$
$$+ 0.4^2 \times 7\%^2 + 0.6^2 \times 10\%^2 = 0.111\,3$$

2. 两因素模型

在真实的市场中，单因素模型的假设过于简单。经济周期、利率波动、通货膨胀以及能源价格等因素很容易影响到证券的风险与预期收益率。因此，证券的期望收益率还有可能与其他风险因素有关。**两因素模型**（two-factor model）假定风险资产的收益率取决于两种因素，其表达式为

$$R_{it} = a_i + b_{i1} F_{1t} + b_{i2} F_{2t} + \varepsilon_{it} \tag{15-11}$$

式中，F_{1t} 和 F_{2t} 分别为影响证券收益率的两个因素在 t 时期的预测值；b_{i1} 和 b_{i2} 分别为风险资产 i 对这两个因素的敏感度。

同理，在两因素模型中，证券 i 的预期收益率为

$$E(R_i) = a_i + b_{i1} E(F_1) + b_{i2} E(F_2) \tag{15-12}$$

证券 i 的收益率的方差为

$$\sigma_i^2 = b_{i1}^2 \sigma_{F1}^2 + b_{i2}^2 \sigma_{F2}^2 + 2 b_{i1} b_{i2} \mathrm{Cov}(F_1, F_2) + \sigma_{\varepsilon i}^2 \tag{15-13}$$

式中，$\mathrm{Cov}(F_1, F_2)$ 为两个因素 F_1 和 F_2 的协方差。

证券 i 和证券 j 的协方差为

$$\sigma_{ij} = b_{i1} b_{j1} \sigma_{F1}^2 + b_{i2} b_{j2} \sigma_{F2}^2 + (b_{i1} b_{j2} + b_{i2} b_{j1}) \mathrm{Cov}(F_1, F_2) \tag{15-14}$$

3. 多因素模型

如果有多种因素影响证券收益率的变动，单因素或两因素模型即可扩展为**多因素模型**（multi-factor model）。多因素模型假定风险证券 i 的收益率取决于 k 个因素，其表达式为

$$R_{it} = a_i + b_{i1}F_{1t} + b_{i2}F_{2t} + \cdots + b_{ik}F_{kt} + \varepsilon_{it} \tag{15-15}$$

特别需要注意的是，与资本资产定价模型不同，因素模型并没有刻画市场均衡状态下的证券或风险资产的收益率，而是描述了风险资产收益率的来源：影响市场的共同因素和证券自身的特殊因素，以及收益率如何随因素的变化而变化。在实际运用中，人们通常通过理论分析确定影响证券收益率的各种因素，然后根据历史数据，运用时间序列法和因素分析法等实证方法估计出因素模型。

15.2.2 套利定价原理

套利定价理论认为，在均衡的市场条件下，理性的投资者可以消除套利机会。只要风险资产的价格与套利定价理论确定的价格不符，就会产生强大的动力迫使价格恢复到均衡状态。

假定某个投资者投资 100 万元持有股票 A、股票 B 和股票 C 三只股票，而且影响股票价格变动的因素相同。如果这三只股票的定价是均衡的，那么投资者改变组合中各个股票的权重，不会获得额外收益，即市场上这三只证券之间不存在无风险套利机会。也就是说，市场中不存在投资者无须追加任何额外投资或承担任何风险就能获取收益的机会。根据无风险套利的原理，可以推演出另一种定价模型——套利定价理论。

1. 假设条件

与资本资产定价模型（CAPM）相比，套利定价理论的假设条件较少，可概括为三个基本假设。

（1）投资者在追求收益的同时，也厌恶风险。

（2）所有证券的收益都受到共同因素 F_i 的影响，并且证券的收益率可以用因素模型来表示

$$R_i = a_i + b_i F_i + \varepsilon_i \tag{15-16}$$

式中，R_i 为证券 i 的实际收益率；b_i 为因素指标 F_i 的系数，反映证券 i 的收益率 R_i 对因素指标 F_i 变动的敏感性，也称"灵敏度系数"；F_i 为影响证券的共同因素 F 的指标值；ε_i 为证券 i 的收益率 R_i 的随机误差项。

（3）投资者能够发现市场上是否存在套利机会，并充分利用一切机会进行套利活动。

上述三条假设各有功能：第一项是对投资者偏好的规范；第二项是对收益生成机制的量化描述；第三项是对投资者处理问题的能力要求。需要指出的是，依据证券组合收益率的计算公式 $E(R_P) = \sum_{i=1}^{N} w_i E(R_i)$ 和上述第二项假设中的公式（15-16），任何一个由 N 种证券并按比重 w_1、w_2、$\cdots$、w_n 构成的组合 P，其收益的生成也具有式（15-16）所描述的形式，即

$$R_P = a_P + b_P F_i + \varepsilon_P \tag{15-17}$$

式中，R_P 为证券组合 P 的实际收益率；b_P 为因素指标 F_i 的系数，$b_P = w_1 b_1 + w_2 b_2 + \cdots + w_n b_n$ 反映证券组合 P 的收益率 R_P 对因素指标 F_i 变动的敏感性，也称"灵敏度系数"；F_i 为影响证券组合 P 的共同因素 F 的指标值；ε_P 为证券组合 P 收益率 R_P 的残差项。

在市场均衡的条件下，理性的投资者可以通过改变其持有的投资组合获取套利收益。在没有卖空限制的市场中，投资者买入价格被低估的证券同时卖出价格被高估的证券，构建套利组合获取无风险收益。

2. 套利组合

所谓套利组合（arbitrage portfolio），是指满足下述三个条件的证券组合。

（1）该组合中各种证券的权重变化满足 $\Delta w_1 + \Delta w_2 + \cdots + \Delta w_n = 0$，$\Delta w_i$ 表示投资者持有证券 i 的比例变化（从而也代表证券 i 在套利组合中的权重变化，注意 Δw_i 可正可负）。

（2）该组合因素灵敏度系数为零，即 $\Delta w_1 b_1 + \Delta w_2 b_2 + \cdots + \Delta w_n b_n = 0$。式中，$b_i$ 为证券 i 的因素灵敏度系数。这表明投资者持有的风险组合的收益率对系统性风险因素的敏感程度不变。

（3）该组合具有正的期望收益率，即 $\Delta w_1 E(R_1) + \Delta w_2 E(R_2) + \cdots + \Delta w_n E(R_n) > 0$。其中，$E(R_i)$ 为证券 i 的期望收益率。据此可以知道，通过变更风险资产的权重，投资者持有的新的投资组合比原来持有的投资组合的收益率更高。

套利组合的特征表明，投资者如果能发现套利组合并持有它，就可以实现既不需要追加投资又可获得收益的套利交易，投资者是通过持有套利组合的方式来进行套利的。套利定价理论认为，如果市场上不存在套利组合，那么市场中就不存在套利机会。

假定市场中存在证券 A、B、C，期望收益率和因素敏感度系数如表 15-3 所示。

表 15-3　三只证券的不同期望收益率和灵敏度系数

证券名称	$\bar{r}_i$（%）	b_i
A	15	0.5
B	20	2
C	10	1.5

根据套利组合的条件，我们可以表述为

$$\begin{cases} \Delta w_1 + \Delta w_2 + \Delta w_3 = 0 \\ 0.5 \times \Delta w_1 + 2 \times \Delta w_2 + 1.5 \times \Delta w_3 = 0 \end{cases}$$

令 $\Delta w_1 = 0.1$，就能得出 $\Delta w_2 = 0.2$，$\Delta w_3 = -0.3$。

因此，我们就可以知道 $15\% \times \Delta w_1 + 20\% \times \Delta w_2 + 10\% \times \Delta w_3 = 2.5\% > 0$，表明存在一个套利组合，即投资者在出售证券 C 的同时，按照 1:2 的比例购买证券 A 和证券 B，就能出现一个套利组合，这对任何一个渴望高收益且不关心非因素风险的投资者来说都是具有吸引力的，因为它不需要任何额外的资金，没有任何因素风险，就可以带来正的预期收益率。

15.2.3　套利定价模型

投资者的套利活动是通过买入收益率偏高的证券，同时卖出收益率偏低的证券实现的。套利活动的结果就是价格被低估的证券价格上升，其收益率将相应回落；价格被高估的证券价格下降，其收益率相应回升。此过程将一直持续到各种证券的收益率与各种证券对各因素的敏感程度保持适当的关系为止。下面来推导这种关系。

1. 单因素模型的定价公式

投资者进行套利活动的目标是使其套利组合预期收益率最大化。套利组合的预期收益率 $E(r_P)$ 为 $E(r_P) = \Delta w_1 \times E(r_1) + \Delta w_2 \times E(r_2) + \cdots + \Delta w_n \times E(r_n)$，但套利活动要受到 $\Delta w_1 + \Delta w_2 + \cdots + \Delta w_n = 0$ 和 $\Delta w_1 b_1 + \Delta w_2 b_2 + \cdots + \Delta w_n b_n = 0$ 这两个条件的约束。根据拉格朗日定理，我们可建立如下函数

$$L = [\Delta w_1 E(r_1) + \Delta w_2 E(r_2) + \cdots + \Delta w_n E(r_n)] - \lambda_0(\Delta w_1 + \Delta w_2 + \cdots + \Delta w_n)$$
$$- \lambda_1(\Delta w_1 b_1 + \Delta w_2 b_2 + \cdots + \Delta w_n b_n)$$

L 取最大值的一阶条件是上式对 Δw_i、λ_0 以及 λ_1 的偏导数都等于零,即

$$\frac{\partial L}{\partial \Delta w_1} = E(r_1) - \lambda_0 - \lambda_1 b_1 = 0$$

$$\frac{\partial L}{\partial \Delta w_2} = E(r_2) - \lambda_0 - \lambda_1 b_2 = 0$$

$$\vdots$$

$$\frac{\partial L}{\partial \Delta w_n} = E(r_n) - \lambda_0 - \lambda_1 b_n = 0$$

$$\frac{\partial L}{\partial \lambda_0} = \Delta w_1 + \Delta w_2 + \cdots + \Delta w_n = 0$$

$$\frac{\partial L}{\partial \lambda_1} = \Delta w_1 b_1 + \Delta w_2 b_2 + \cdots + \Delta w_n b_n = 0$$

由此我们可以得到在套利均衡状态下风险资产 i 的均衡收益 $E(r_i)$ 和其风险因素敏感度 b_i 的关系为

$$E(r_i) = \lambda_0 + \lambda_1 b_i \tag{15-18}$$

这就是单因素模型 APT 定价公式,式中 λ_0 和 λ_1 为常数。

从式 (15-18) 可以看出 $E(r_i)$ 和 b_i 必须保持线性关系,否则投资者就可以通过套利活动来提高其投资组合的预期收益率。图 15-4 表示了这一关系。

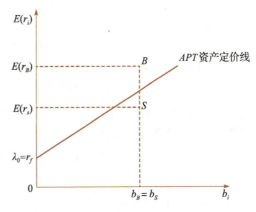

图 15-4 APT 资产定价线

从图 15-4 可以看出,任何偏离 APT 资产定价线的证券,其定价都是错误的,从而将给投资者提供组建套利组合的机会。以 B 点所代表的证券为例,该点位于 APT 资产定价线上方,意味着其预期收益率较高(价格被低估了),投资者可以通过卖出 S 点所表示的证券(价格被高估了),同时买入相同金额的证券 B,从而形成套利组合。由于买卖证券 B 和 S 的金额相同,因此满足套利组合的条件 (1);由于证券 B 和 S 的因素敏感度相等,而买卖金额也相同,因此满足套利组合的条件 (2);由于证券 B 的预期收益率大于证券 S,且两者在套利组合中的权数相等,因此满足套利组合的条件 (3)。

由于投资者买入证券 B,其价格将不断上升,预期收益率随之下降,直至回到 APT 资产定价线为止。此时,证券价格处于均衡状态。

那么,式 (15-18) 中的 λ_0 和 λ_1 代表什么含义?显然,无风险资产的收益率等于无风险收益率,即 $E(r_i) = r_f$。由于式 (15-18) 适用于所有证券(包括无风险证券),而无风险证券的因素敏感度 $b_i = 0$,因此可以得到 $E(r_i) = \lambda_0$。由此可见,式 (15-18) 中的 λ_0 一定等于 r_f,因此式 (15-18) 可重新表示为

$$E(r_i) = r_f + \lambda_1 b_1 \tag{15-19}$$

为了理解 λ_1 的含义，考虑一个纯因素组合 p^*，其组合收益率对影响因素的敏感度等于 1，即将 $b_{p^*} = 1$ 代入式 (15-19)，得到

$$\lambda_1 = E(r_{p^*}) - r_f \tag{15-20}$$

由此可见，λ_1 为因素风险报酬，即拥有单位因素敏感度的投资组合相对于无风险利率的超额预期收益率。令 $\delta_1 = E(r_{p^*})$，即 δ_1 表示单位因素敏感度组合的预期收益率，单因素模型下的套利定价公式可以改写为

$$E(r_i) = r_f + (\delta_1 - r_f) b_i \tag{15-21}$$

2. 两因素模型的定价公式

同理，可以求出两因素模型中的 APT 资产定价公式

$$E(r_i) = \lambda_0 + \lambda_1 b_{i1} + \lambda_2 b_{i2} \tag{15-22}$$

无风险证券的收益率为 r_f，对两种风险因素的敏感度均为 0。根据式 (15-22) 可知，λ_0 一定等于 r_f，即

$$E(r_i) = r_f + \lambda_1 b_{i1} + \lambda_2 b_{i2} \tag{15-23}$$

为理解 λ_1 的含义，考虑一个充分多样化的纯因素组合。该组合对第一种因素的敏感度等于 1，对第二种因素的敏感度等于 0，并假设该投资组合的预期收益率为 δ_1。从式 (15-23) 可知，$\delta_1 = r_f + \lambda_1$，那么，$\lambda_1 = \delta_1 - r_f$ 表示仅受第一种风险因素影响的投资组合的超额预期收益率，式 (15-23) 可以改写为

$$E(r_i) = r_f + (\delta_1 - r_f) b_{i1} + \lambda_2 b_{i2} \tag{15-24}$$

为理解 λ_2 的含义，可以构建另外一个充分多样化的纯因素组合，该组合对第一种因素的敏感度等于 0，对第二种因素的敏感度等于 1，并假设其预期收益率为 δ_2。根据式 (15-23) 求得 $\lambda_2 = \delta_2 - r_f$，它表示仅仅受第二种风险因素影响的投资组合的超额预期收益率。最后，根据两因素模型得到的套利定价公式为

$$E(r_i) = r_f + (\delta_1 - r_f) b_{i1} + (\delta_2 - r_f) b_{i2} \tag{15-25}$$

3. 多因素模型的定价公式

根据单因素和两因素套利定价模型的推理方法，可以得到在多因素模型下，APT 的资产定价公式为

$$E(r_i) = \lambda_0 + \lambda_1 b_{i1} + \lambda_2 b_{i2} + \cdots + \lambda_k b_{ik} \tag{15-26}$$

如果用 δ_j 表示对第 j 种因素的敏感度为 1，对其他因素的敏感度为 0 的证券组合的预期收益率，可以得到 APT 一般定价公式

$$E(r_i) = r_f + (\delta_1 - r_f) b_{i1} + (\delta_2 - r_f) b_{i2} + \cdots + (\delta_k - r_f) b_{ik} \tag{15-27}$$

式 (15-27) 说明，金融市场中单个风险资产的预期收益率等于无风险利率 r_f 加上该资产对 k 个风险影响因素的风险溢价 $\sum_{j=1}^{k} (\delta_j - r_f) b_{ij}$。

15.2.4 套利定价理论与资本资产定价模型

与资本资产定价模型类似，套利定价理论描述的是当投资市场处于均衡状态时资产的期望收

益率与风险之间的关系,即在市场均衡条件下投资者如何根据资产的风险来确定资产的价格。但是两者之间并不相同,套利定价理论比资本资产定价模型更有特点,且更接近实际。

1. 资本资产定价模型与套利定价理论的区别

第一,套利定价理论的假设条件更加宽松。套利定价理论假定资产的投资收益率受某些共同因素的影响,但究竟是什么因素,以及有几个因素,理论本身没有加以硬性规定,从而使得投资者有了一个根据客观情况进行具体分析的机会,进而在一定程度上使投资者的分析更加接近实际。另外,套利定价理论并没有约束投资者的风险偏好。而资本资产定价模型不仅事先假定投资资产的收益率与市场组合的收益率有关,而且假定所有投资者都是以投资资产期望收益率与方差作为分析基础,并按照"均值-方差"准则选择最优风险资产组合。

第二,套利定价理论允许资产的投资收益与多种因素有关。它比资本资产定价模型更清楚地指出了风险来源,而且可以指导投资者根据自己的风险偏好和风险承受能力,调整对不同风险因素的承受水平。比如,当只有通货膨胀和企业经营两种风险因素时,若总风险为30%,其中可以有10%来自通货膨胀风险,20%来自企业经营风险;也可以有25%来自通货膨胀风险,5%来自企业经营风险。这样,那些希望得到30%的风险报酬,而通货膨胀风险承受力差的投资者,有可能选择企业经营风险高但通货膨胀风险低的投资组合来达到自己的目的。而资本资产定价模型是单因素模型,只能告诉投资者其所承担的风险有多大,报酬有多高,但不能告诉投资者风险来自哪些方面。

套利定价理论的基础是因素模型。金融投资者可以就每一种风险因素构造出一个只受该因素影响的投资组合(比如,只有敏感度 $\beta_{1i} \neq 0$,其余敏感度均为零)。这样,投资者将资金投资于该资产,就等于将资金投资于某一风险因素。这一结论的另一种含义就是金融投资者可以通过有选择地构造投资组合而使该投资组合对某一类或某几类风险因素的敏感度为零。这就意味着金融投资者可以根据自己的风险偏好选择那些对自己可能有利、自己愿意和能够承担的风险,并完全回避那些可能对自己不利、自己不愿意或不能够承担的风险。这对金融投资者科学合理地选择适合自己的投资资产是一个很重要的启迪。

第三,套利定价理论考察的是当市场达到均衡时,从无风险套利角度确定各种资产的价格。而资本资产定价模型假定所有投资者以不同比例持有无风险资产和相同的市场投资组合,当市场达到均衡时,再进一步确定市场组合中各资产的价格。因此,它们建立的理论出发点不一致。

第四,套利定价理论着重强调无风险套利,而且认为投资市场中有可能存在少数定价不合理的资产,但是市场中少数的理性投资者可以发现这一套利机会,然后迫使价格向均衡状态回归。也就是说,在满足套利定价理论假设的情况下,用该理论给投资资产或投资组合确定均衡价格,可能出现偏差。而资本资产定价模型是从它的假设条件经逻辑推理得到的,提供了所有关于投资资产及投资组合的期望收益率与投资风险关系的明确描述。只要条件满足,模型就可以确定任何投资资产或投资组合的均衡价格。

然而,套利定价理论在实际应用中也存在一些缺陷,其最大的问题就是无法事先让我们知道影响投资资产收益率的因素有哪些,从而让我们在实际投资分析中感到束手无策。

2. 资本资产定价模型与套利定价理论的一致性

尽管与资本资产定价模型相比,套利定价理论有其明显的特点,但这并不能说明这两种理论是相互排斥且互不相干的。事实上,有可能出现这样一种情况:投资资产的收益率服从因素模型，同时套利定价理论的其他假设条件与资本资产定价模型的假定条件均成立。此时，套利定价模型所描述的投资市场上投资资产收益率和投资风险的均衡关系与资本资产定价模型所描述的均衡关系一致。推导过程如下。

为简便起见，且不失一般性，假设投资资产 S_i 的收益率受两个因素的影响，服从两因素模型

$$R_i = \alpha_i + b_{i1}F_1 + b_{i2}F_2 + \varepsilon_i$$

式中，F_1、F_2 为两个共同因素；b_{i1}、b_{i2} 分别为投资资产 S_i 对两个共同因素的敏感度；ε_i 为投资资产 S_i 的随机误差。

由于套利定价理论的假设条件成立，因此套利定价模型为

$$E(R_i) = \lambda_0 + \lambda_1 b_{i1} + \lambda_2 b_{i2}$$

假设充分分散组合 P_1^* 和 P_2^* 分别为纯因素 F_1 组合与纯因素 F_2 的组合，由于 $b_{iP_1^*} = 1$，$b_{iP_2^*} = 0$ 与 $b_{iP_1^*} = 0$，$b_{iP_2^*} = 1$，因此根据两因素模型得

$$R_{P_1^*} = a_{P_1^*} + F_1$$

$$R_{P_2^*} = a_{P_2^*} + F_2$$

根据套利定价模型得

$$E(R_{P_1^*}) = R_f + \lambda_1$$

$$E(R_{P_2^*}) = R_f + \lambda_2$$

由于资本资产定价模型的所有假设也成立，因此对纯因素组合 P_1^* 和 P_2^* 而言，必有

$$E(R_{P_1^*}) = R_f + \beta_{P_1^*M}[E(R_M) - R_f]$$

$$E(R_{P_2^*}) = R_f + \beta_{P_2^*M}[E(R_M) - R_f]$$

可见

$$\lambda_1 = \beta_{P_1^*M}[E(R_M) - R_f]$$

$$\lambda_2 = \beta_{P_2^*M}[E(R_M) - R_f]$$

将 λ_1、λ_2 代入套利定价模型，可得

$$E(R_i) = \lambda_0 + \beta_{P_1^*M}[E(R_M) - R_f]b_{i1} + \beta_{P_2^*M}[E(R_M) - R_f]b_{i2}$$

$$E(R_i) = \lambda_0 + [E(R_M) - R_f][b_{i1}\beta_{P_1^*M} + b_{i2}\beta_{P_2^*M}]$$

根据资本资产定价模型中 β 系数的定义，有

$$\begin{aligned}\beta_{iM} &= \mathrm{Cov}(R_i, R_M)/\sigma_M^2 \\ &= \mathrm{Cov}(\alpha_i + b_{i1}F_1 + b_{i2}F_2 + \varepsilon_i, R_M)/\sigma_M^2 \\ &= b_{i1}\mathrm{Cov}(F_1, R_M)/\sigma_M^2 + b_{i2}\mathrm{Cov}(F_2, R_M)/\sigma_m^2 + \mathrm{Cov}(\varepsilon_i, R_M)/\sigma_M^2 \\ &= b_{i1}\mathrm{Cov}(F_1, R_M)/\sigma_M^2 + b_{i2}\mathrm{Cov}(F_2, R_M)/\sigma_M^2\end{aligned}$$

而 $\beta_{P_1^*M} = \mathrm{Cov}(R_{P_1^*}, R_M)/\sigma_M^2 = \mathrm{Cov}(\alpha_{P_1^*} + F_1, R_M)/\sigma_m^2 = \mathrm{Cov}(F_1, R_M)/\sigma_M^2$

同理 $\beta_{P_2^*M} = \mathrm{Cov}(F_2, R_M)/\sigma_M^2$

所以 $\beta_{iM} = b_{i1}\beta_{P_1^*M} + b_{i2}\beta_{P_2^*M}$

则 $E(R_i) = \lambda_0 + [E(R_M) - R_f]\beta_{iM}$

又因为 $\lambda_0 = R_f$

故 $E(R_i) = R_f + [E(R_M) - R_f]\beta_{iM}$

这恰好就是资本资产定价模型。这表明在套利定价理论与资本资产定价模型的假设条件均成立的情况下，套利定价模型所描述的投资市场的均衡关系与资本资产定价模型所描述的均衡关系是一致的。

本章小结

1. 根据 CAPM 的假设，所有投资者都持有相同的风险资产组合，即市场组合，他们之间的不同之处在于无风险借入和贷出的数量不同。
2. 市场组合中包括所有的资产，其中每项资产所占的比重等于它的市值与全部资产市值的比例，均大于0。
3. 资本资产定价模型中的线性有效集是资本市场线，资本市场线代表有效组合的预期收益率与标准差之间的均衡关系。
4. 协方差与预期收益率之间的线性关系即为证券市场线。
5. 在资本资产定价模型中，证券的风险可分解为市场风险和非市场风险。在市场模型中，证券的非市场风险对于该证券来说是其独有的，因而也称为证券的个别风险。
6. 因素模型是一个收益率生成的过程，该过程将证券的收益率与一个或多个共同因素的变化相联系。
7. 投资者投资于套利组合，使得做多的证券价格上升、做空的证券价格下降，直到套利的可能性消失。
8. 因素风险溢价是一个组合产生的均衡预期收益率超过无风险利率的部分，组合对该因素有单位敏感性，而对其他因素无敏感性。
9. 同资本资产定价模型类似，套利定价理论描述的是当投资市场处于均衡状态时资产的期望收益率与风险之间的关系，但是两者之间并不相同，套利定价理论比资本资产定价模型更有特点，且更接近实际。

习　题

一、名词解释

1. 资本资产定价模型　　2. 资本市场线　　3. 证券市场线
4. β 系数　　　　　　5. 套利定价理论　6. 风险的价格
7. 套利组合　　　　　　8. 单因素模型

二、简答题

1. 简述资本资产定价模型（CAPM）的核心原理。
2. 根据资本资产定价模型得到的证券市场线的图形是什么？如果证券资产 A 位于证券市场线之上，它的价格与其真实价值相比，是被低估、被高估还是准确反映了资产的价值？如果证券资产 A 恰好位于证券市场线上，或者位于证券市场线之下，情形又是怎样的？在这三种不同的情况下，投资者做出的投资策略是什么，买入持有、立即抛售还是保持不变？
3. 单因素模型、两因素模型以及多因素模型的表达形式是怎样的？
4. 资本资产定价模型和套利定价模型的前提假设分别是什么？哪一个模型的适用范围更广泛？
5. 什么是资本市场线？什么是证券市场线？两者的区别是什么？
6. 分析资本资产定价模型（CAPM）与套利定价理论（APT）的区别。

本章思维导图

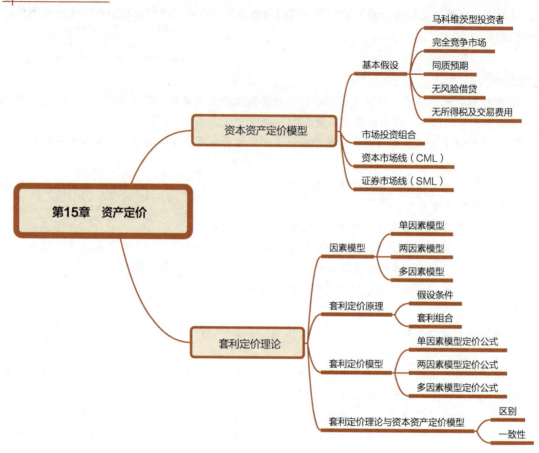

第16章

期权定价

随着资本市场的发展，金融衍生工具越来越被广泛应用于套期保值、投机和套利，尤其是1973年期权定价公式首次在《政治经济杂志》(*Journal of Political Economy*)发表之后，芝加哥期权交易所的交易商们很快将其计算机程序化，并应用于刚刚营业的芝加哥期权交易所。如今该模型及其一些变形已被期权交易商、投资银行、金融管理者、保险人等广泛使用。

16.1 股票期权平价公式。介绍股票期权价格的影响因素，并基于无套利原理推导出股票期权的重要性质——平价公式。

16.2 期权组合交易策略。介绍了三种可供投资者选择的期权组合交易策略，并给出了不同策略对应的交易盈亏图。分析如何运用期权进行套期保值和套利。

16.3 二项式定价模型。基于风险中性理论，给出二项式期权定价模型。二项式期权定价模型把股票价格在存续期内看成是离散的，分成许多节点，模拟股票所有可能的发展路径，然后针对每一路径上的每一节点用贴现法计算期权价格。

16.4 布莱克-斯科尔斯公式。布莱克-斯科尔斯期权定价模型把股票价格看作连续变量及连续时间的随机过程，运用偏微分方程计算出期权价格。

自2005年下半年以来，中国证券市场出现了权证（股票期权），令人瞠目结舌的市场数据接连出现：宝钢认购权证（看涨期权）上市第一天即涨停，涨幅达83.58%，而在交易截止日的前一天又下跌了85.78%；武钢认沽权证（看跌期权）在交易截止日前涨幅最高接近450%；各种权证每日的换手率基本都在100%以上。相关的统计数据显示，在权证交易过程中，多数普通投资者大幅亏损，券商、QFII（合格境外机构投资者）、基金和其他机构投资者成为主要赢家。从初衷来看，设立权证主要是为股改服务，为无法以股份或现金支付对价的上市公司实施股权分置改革提供创新工具。但人们多数"只猜对了开头，却猜不到结局"。权证固然促进了股改，但同时也带来了市场的爆炒和空前的投资氛围。

权证等衍生工具的出现是市场发展的必然趋势，是对市场收益和风险的再衡量，巨大的杠杆效应为部分风险承受能力较强的投资者提供了交易机会，同时也为风险承受能力较低的投资者提供了对冲风险和套期保值的手段。

16.1 股票期权平价公式

在第11章已经对期权的概念、分类以及期权价值给出了较为详细的介绍。这里仅以股票期权为例讨论影响股票期权价格的因素，以及看涨－看跌平价公式。

16.1.1 股票期权价格的影响因素

股票期权（stock option）是指买方在交付了期权费后取得在合约规定的到期日或到期日以前按协议价买入或卖出一定数量相关股票的权利。股票期权价格受到6个基本因素的影响，即股票现行价格 S_0、执行价格 K、期权期限 T、股票价格的波动率 σ、无风险利率 r 和期权期限内预期发放的股息。

1. 股票现行价格 S_0

随着股票现行价格 S_0 上升，看涨期权处于实值状态的可能性越来越大。因此，看涨期权价格也将随之上升，即股票现行价格 S_0 与看涨期权价格呈正相关关系。S_0 对看跌期权造成的影响正好相反，股票现行价格 S_0 与看跌期权价格呈负相关关系，即当股票现行价格上升时，看跌期权价格下降，如图16-1所示。

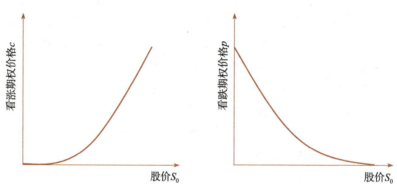

图16-1 股票价格对期权价格的影响

2. 执行价格 K

如果看涨期权在将来某一时刻行权,期权收益等于股票价格与执行价格的差额,即 $S_T - K$。执行价格越高,期权收益越少,看涨期权的价格越低,也就是说,看涨期权价格将随着执行价格上升而下降。对于看跌期权而言,执行价格上升产生的作用正好相反。看跌期权的价格将随着执行价格的上升而上升,如图 16-2 所示。

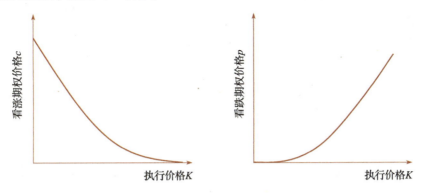

图 16-2　执行价格对期权价格的影响

3. 期权期限 T

一般而言,看涨期权和看跌期权都会从期权期限的增加中获益,因为在更长的时间周期内股价将会有更强的波动。但这一结论并非总是成立的。随着期权期限的增加,执行价格现值下降。这将增加看涨期权的价值,减少看跌期权的价值。此外,随着到期时间的延长,有更多的时间可能出现股票价格因发放现金股利而下降的情况。这减少了看涨期权的价值,增加了看跌期权的价值,如图 16-3 所示。

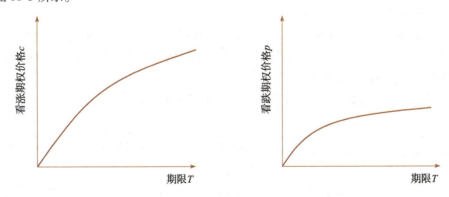

图 16-3　期限对期权价格的影响

4. 股票价格的波动率 σ

随着标的资产价格波动率增加,看涨期权和看跌期权的价格都将增加,因为这表示标的资产的价格区间将扩大,使得期权可执行程度增加。期权买方将得到有利结果的全部收益,并且可以避免不利结果(期权虚值较小),如图 16-4 所示。

5. 无风险利率 r

无风险利率不会单方面影响期权价格。当整个经济环境利率增加时,投资者所要求的股票预期收益也会增加。同时,期权持有者将来所收到的现金流的贴现值会有所降低。在这两种效应的共同作用下,看涨期权价格会增加,看跌期权价格会降低(见图16-5)。

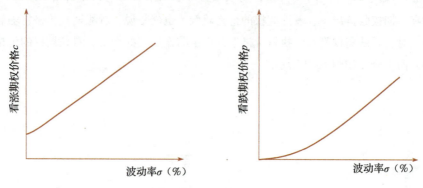

图16-4　股票价格的波动率对期权价格的影响

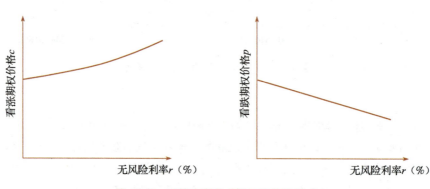

图16-5　无风险利率对期权价格的影响

6. 期权期限内预期发放的股息

股息将使股票在除息日的价格降低。对于看涨期权而言,这是一个坏消息,但对于看跌期权而言,这是一个好消息。看涨期权价值与预期发放的股息的大小呈反向关系,看跌期权的价值与预期发放的股息的大小呈正向关系。

归纳起来,这6种因素对股票期权价格的影响可用表16-1表示。

表16-1　期权的影响因素

变量	欧式看涨期权	欧式看跌期权	美式看涨期权	美式看跌期权
现行价格	+	−	+	−
执行价格	−	+	−	+
期权期限	不确定	不确定	+	+
股票价格的波动率	+	+	+	+
无风险利率	+	−	+	−
预期发放的股息	−	+	−	+

16.1.2　看涨－看跌平价公式

1. 假设及记号

看涨－看跌平价公式的基本假设:

a. 市场不存在套利机会；
b. 市场无摩擦，即证券交易不支付交易费用；
c. 无风险利率 r 是常数；
d. 贷款利率和存款利率相等，并且均为无风险利率；
e. 市场允许卖空；
f. 标的股票不支付红利。

行文中将采用以下记号：

S_0——股票的当前价格；
S_T——T 时刻股票的价格；
K——期权的执行价格；
T——期权的期限；
r——在 T 时刻到期的无风险投资的收益率，即无风险利率（连续利率）；
C——买入一只股票的美式看涨期权的价格；
P——买入一只股票的美式看跌期权的价格；
c——买入一只股票的欧式看涨期权的价格；
p——买入一只股票的欧式看跌期权的价格；
V——期权的价值；
Φ——投资组合。

2. 无套利原理

如果在进行交易的时间段内，投资者在决定投资组合 Φ 以后没有加入新资金，也没有资金被消耗或抽走，那么称整个交易过程为自融资，或者该投资组合 Φ 是自融资。如果在交易过程中，有资金被抽走或消耗，那么该市场存在摩擦，如交易要交纳交易费或佣金。

如果在时间 $(0, T]$ 内存在一个时间点 T^*，使得当 $V_0(\Phi) = 0$ 时，有 $V_{T^*}(\Phi) \geq 0$，且 $\text{Prob}\{V_{T^*}(\Phi) > 0\} > 0$，称自融资组合 Φ 在 $[0, T]$ 内存在套利机会。

无套利原理 I 如果金融市场在 $[0, T]$ 期限内，对任意两个投资组合 Φ_1、Φ_2，有
$$V_T(\Phi_1) \geq V_T(\Phi_2)$$
且 $\text{Prob}\{V_T(\Phi_1) > V_T(\Phi_2)\} > 0$，同时，对 $[0, T)$ 中的任意时间 t，都有
$$V_t(\Phi_1) > V_t(\Phi_2)$$
则市场是无套利的。

无套利原理 II 如果金融市场在 $[0, T]$ 期限内，对任意两个投资组合 Φ_1、Φ_2，有
$$V_T(\Phi_1) = V_T(\Phi_2)$$
同时，对 $[0, T]$ 中的任意时间 t，都有
$$V_t(\Phi_1) = V_t(\Phi_2)$$
则市场是无套利的。

3. 期权价格的上限与下限

（1）**无股息股票的期权价格的上限**。看涨期权给予其持有者以某指定价格买入标的资产的权利，如果期权的价格超过标的资产本身的价格，那么将不会有人购买期权。因此期权价格的上限是标的资产的价格，即

$$c \leq S_0 \quad \text{与} \quad C \leq S_0$$

如果看涨期权以上不等式不成立，那么一个套利者可以通过购买股票并同时出售期权来获取无风险盈利。

看跌期权的持有者有权以价格 K 卖出一只股票。无论股票价格下降多少，期权的价格都不会高于执行价格，即

$$p \leq K \quad \text{与} \quad P \leq K$$

在 T 时刻，欧式期权的价格不会超过 K。因此，当前期权的价格不会超过 K 的贴现值，即

$$p \leqslant Ke^{-rT}$$

如果看跌期权以上不等式不成立，那么一个套利者可以卖出一个期权，同时将卖出期权所得费用以无风险利率进行投资，他将获得无风险收益。

(2) **无股息股票的欧式看涨期权的下限**。考虑以下两个交易组合。

组合 A：一个欧式看涨期权加上数量为 Ke^{-rT} 的现金。

组合 B：一只股票。

在组合 A 中，如果将现金按无风险利率进行投资，在 T 时刻组合 A 的价值将变为 K。在时间 T，如果 $S_T > K$，投资者行使看涨期权，组合 A 的价值为 S_T。如果 $S_T < K$，期权到期时价值为 0，这时组合 A 的价值为 K。因此在 T 时刻，组合 A 的价值为

$$\max(S_T, K)$$

组合 B 在 T 时刻的价格为 S_T，在 T 时刻组合 A 的价值不会低于组合 B 的价值。因此，在无套利条件下，有

$$c + Ke^{-rT} \geqslant S_0$$

对于一个看涨期权而言，最差的情况是期权到期时价值为 0，期权价值不能为负值，即 $c \geqslant 0$。因此

$$c \geqslant \max(S_0 - Ke^{-rT}, 0)$$

(3) **无股息股票的欧式看跌期权的下限**。考虑以下两个交易组合。

组合 C：一个欧式看跌期权加上一只股票。

组合 D：金额为 Ke^{-rT} 的现金。

如果 $S_T < K$，投资者在到期时执行组合 C 中的欧式看跌期权，组合 C 的价值变为 K。如果 $S_T > K$，在到期时，期权价值为 0，组合 C 的价值为 S_T，因此在 T 时刻组合 C 的价值为

$$\max(S_T, K)$$

将现金以无风险利率投资，在 T 时刻组合 D 的价值为 K。因此在 T 时刻组合 C 的价值总是不低于组合 D 的价值。在无套利条件下，组合 C 的价值不会低于组合 D 在今天的价值，即

$$p + S_0 \geqslant Ke^{-rT}$$

对于一个看跌期权而言，最差的情况是期权到期时价值为 0，期权价值不能为负值，因此

$$p \geqslant \max(Ke^{-rT} - S_0, 0)$$

4. 看涨－看跌平价公式

考虑以下两个组合。

组合 A：一个欧式看涨期权加上数量为 Ke^{-rT} 的现金。

组合 C：一个欧式看跌期权加上一只股票。

这两个组合期权在到期时价值均为

$$\max(S_T, K)$$

由于组合 A 和组合 C 中的期权均为欧式期权，在到期日之前不能提前执行，因此它们在当前必须有相同的价值，这意味着

$$c + Ke^{-rT} = p + S_0 \tag{16-1}$$

这一关系式就是**看涨-看跌平价公式**（put-call parity）。此公式表明欧式看涨期权的价值可由一个具有相同执行价格和到期日的看跌期权价值推导出来，这一结论反之亦然。

5. 看涨-看跌平价公式扩展

虽然看涨-看跌平价公式只对欧式期权成立，但我们也可以从中类推美式期权满足的关系式。当没有股息时

$$S_0 - K \leqslant C - P \leqslant S_0 - Ke^{-rT} \tag{16-2}$$

看涨-看跌平价公式为 $c + Ke^{-rT} = p + S_0$，只有在无股利发放、到期执行的前提下才成立。现在放宽这两条假设，可以得出以下结论。

无股息的美式看涨期权不会被提前行使。因为当持有者拥有期权而不是股票时，其拥有价格保险，也就是说，拥有期权能保证持有者最低损失仅为期权费。一旦期权被行使，执行价格同股票互换，保险会因此消失。再者，对期权持有者而言，支付执行价格越迟越好，这与货币的时间价值有关。

在期权期限内任意给定时刻，如果期权的实值程度足够大，那么就应该提前行使期权。与看涨期权类似，一个看跌期权也可以被看作是一种保险，当持有者同时持有股票和看跌期权时，看跌期权可以为期权持有者在股票价格下跌到一定水平时提供保险。但与看涨期权不同的是，放弃这一保险，提前行使期权从而立即实现执行价格可能为最优的策略。因此，无股息的美式看跌期权可能会被提前行使。

接下来，放宽没有红利支付的假设，考虑股息对期权价格的影响。在美国，交易所交易的大部分期权期限小于1年，因此可以比较准确地预测在期权期限内股息的支付时间及数量。用 D 来表示期权期限内股息的贴现值。在计算 D 时，假定股息在除息日付出。

当存在股息时，式（16-1）所表达的看涨-看跌平价公式变为

$$c + D + Ke^{-rT} = p + S_0 \tag{16-3}$$

股息会使式（16-2）变为

$$S_0 - D - K \leqslant C - P \leqslant S_0 - Ke^{-rT} \tag{16-4}$$

例如，一个美式看涨期权的执行价格为20美元，期限为5个月，期权价格为1.5美元。假定当前的股票价格为19美元，无风险利率为年率10%，由式（16-2）得出

$$19 - 20 \leqslant C - P \leqslant 19 - 20e^{-0.1 \times 5/12}$$

即

$$1 \geqslant P - C \geqslant 0.18$$

上式显示 $P - C$ 介于0.18至1美元之间。由于 C 为1.5美元，P 必须介于1.68至2.50美元之间。也就是说，与美式看涨期权具有相同执行价格及期限的美式看跌期权价格的上下限分别为2.50美元及1.68美元。

16.2 期权组合交易策略

在第11章中，我们讨论了由单个期权所带来的盈利形式。本节将以股票期权为例，讨论期权组合的交易策略。其他标的资产，如股指期货和期货等，可以得到类似的结果。为了简化，我

们讨论的期权为欧式期权,并在所列举的交易策略收益图表中都忽略货币的时间价值,图中所表示的盈利为最终收益减去初始费用(从理论上讲,盈利应等于最终收益的贴现值减去初始费用)。

16.2.1 单一期权和股票的策略

包含单一期权和股票的策略有多种形式。这些策略的盈利状况如图16-6所示。在图16-6中,虚线代表组合中单个证券的盈利与股票价格之间的关系,实线代表整个组合的盈利和股票价格之间的关系。

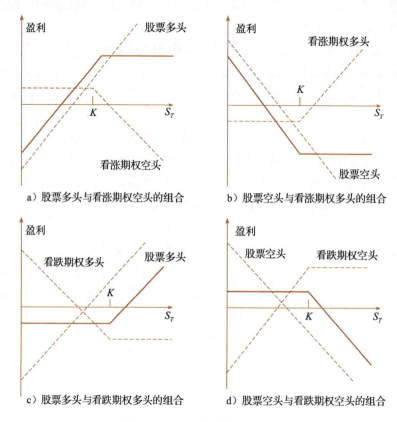

图16-6 四种交易策略的盈利

在图16-6a中,交易组合由一个股票多头与一个看涨期权空头组成,这种交易策略被称为"出售受保护的看涨期权"(writing covered call),这里的股票多头可以保护投资者,使其免遭股票价格急剧上涨带来的损失。在图16-6b中,交易组合是由一个股票空头加上一个看涨期权多头组成,其盈利状态与出售受保护的看涨期权的盈利状态相反。在图16-6c中,交易组合包括一个看跌期权多头及一个股票多头,这一交易策略被称为"购买受保护的看跌期权"(protective put)。在图16-6d中,交易组合是由一个看跌期权空头和一个股票空头组成,这一交易策略的盈利状态与购买受保护的看跌期权的盈利状态相反。

图16-6中的盈利状态与第11章讨论的看跌期权空头、看跌期权多头、看涨期权多头及看涨期权空头的盈利状态相似。利用看涨-看跌平价公式来理解为何如此。由式(16-1)可知

$$c = p + S_0 - Ke^{-rT} \tag{16-5}$$

式(16-5)表明,一个看涨期权多头的盈利状况与用Ke^{-rT}的现金购买看跌期权和股票的盈

利状况是一样的，所以图 16-6c 的盈利状况图与看涨期权多头的盈亏图相似。

对式（16-1）进行变换，$-p = S_0 - c - Ke^{-rT}$ 表示用 Ke^{-rT} 购买一只股票并卖出一个看涨期权的盈利状况与出售看跌期权的盈利状况相似，这就是图 16-6a 与看跌期权空头盈亏图类似的原因。也就是说，任何基本的期权交易策略都可以通过单一股票期权和股票的组合替代。

16.2.2 价差期权交易策略

价差期权交易策略是持有相同类型的两个或多个期权头寸，通过不同的执行价格买进卖出，从而进行套利的策略。价差期权在不同的证券市场状态下会有不同的策略，由此分为牛市价差期权、熊市价差期权、盒式价差期权、蝶式价差期权等。

1. 牛市价差期权

牛市价差期权（bull spread）既可以由看涨期权组合构成，也可以由看跌期权组合构成。

如图 16-7 所示，此牛市价差期权是买入一个具有某一确定执行价格（K_1）的股票看涨期权同时，卖出一个标的相同但具有较高执行价格（K_2）的股票看涨期权，两个看涨期权的期限相同。从图 16-7 中可以看到牛市价差期权在不同情况下可以实现的总收益。如果股票价格表现良好，即价格上涨高于 K_2 时，此时收益为两个执行价格的差（$K_2 - K_1$）。如果在到期日股票价格介于 K_1 与 K_2 之间，牛市价差的收益为 $S_T - K_1$。如果在到期日，股票价格低于 K_1，牛市价差的收益为 0（见表 16-2）。

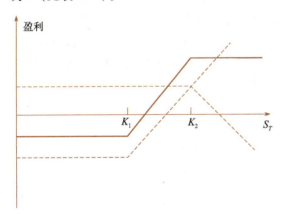

图 16-7 由看涨期权构造的牛市价差期权的盈利

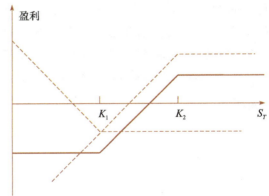

图 16-8 由看跌期权构造的牛市价差期权的盈利

表 16-2 由看涨期权构成的牛市价差收益

股票价格范围	看涨期权多头收益	看涨期权空头收益	整体收益
$S_T \leq K_1$	0	0	0
$K_1 < S_T < K_2$	$S_T - K_1$	0	$S_T - K_1$
$S_T \geq K_2$	$S_T - K_1$	$K_2 - S_T$	$K_2 - K_1$

牛市价差期权限制了投资者收益的同时也控制了损失的风险。这一策略可以表达为：投资者拥有一个执行价格为 K_1 的期权，同时卖出执行价格为 $K_2(K_2 > K_1)$ 的期权，从而放弃了股票上升的潜在收益。作为对放弃潜在收益的补偿，投资者获得了执行价格为 K_2 的期权费用。

牛市价差期权还可以由看跌期权组合构成，其构成原理与看涨期权构成的牛市价差类似，即买入具有较低执行价格看跌期权的同时，卖出具有较高执行价格的看跌期权，如图 16-8 所示。与采用看涨期权构造牛市价差不同的是，用看跌期权构造的牛市价差会在最初给投资者带来一个正的现金流（忽略保证金的要求）。

2. 熊市价差期权

与牛市价差期权相似，**熊市价差期权**（bear spread）既可以由看涨期权组合构成也可以由看跌期权组合构成。熊市价差期权投资者希望股票价格下跌，因为只有当股票价格下跌时，他们才有利可获。

由看跌期权构成的熊市价差期权是，投资者在买入某一具有较高执行价格（K_2）的看跌期权的同时，卖出具有较低执行价格（K_1）的看跌期权，两个看跌期权的标的资产和期限相同。在图 16-9 中，盈利由实线表示。从图 16-9 可以看出，当股票价格低于 K_1 时，此时价差收益为两个执行价格的差（$K_2 - K_1$）。如果在到期日股票价格介于 K_1 与 K_2 之间，熊市价差期权的收益为 $K_2 - S_T$。如果在到期日，股票价格高于 K_2，熊市价差的收益为 0（见表 16-3）。

表 16-3　由看跌期权构成的熊市价差期权的收益

股票价格范围	看跌期权多头收益	看跌期权空头收益	整体收益
$S_T \leq K_1$	$K_2 - S_T$	$S_T - K_1$	$K_2 - K_1$
$K_1 < S_T < K_2$	$K_2 - S_T$	0	$K_2 - S_T$
$S_T \geq K_2$	0	0	0

与牛市价差类似，熊市价差限定了盈利的上限，同时也控制了损失。由看跌期权构造的熊市价差期权在最初会有一个正的现金流流出，这是因为支付的期权费大于收到的期权费（卖出期权的执行价格小于买入期权的执行价格）。熊市价差不仅能由看跌期权组合而成，也可以由看涨期权组合而成，交易策略如图 16-10 所示。投资者可以通过买入具有较高执行价格的看涨期权，卖出具有较低执行价格的看涨期权的策略构造熊市价差期权。

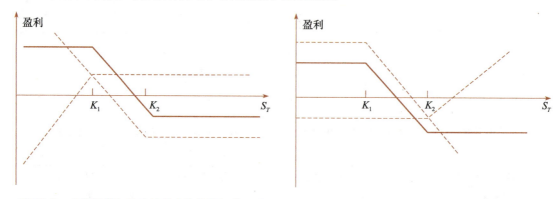

图 16-9　由看跌期权构造的熊市价差期权的盈利　　图 16-10　由看涨期权构造的熊市价差期权的盈利

3. 盒式价差期权

盒式价差期权（box spread）是牛市价差和熊市价差的组合，两个价差都是由执行价格为 K_1 和 K_2 的看涨期权构成的。如表 16-4 所示，一个盒式价差的收益为 $K_2 - K_1$，因此盒式价差的贴现值为 $(K_2 - K_1)e^{-rT}$。如果贴现值与这一数值有所不同，就会产生套利机会。如果盒式价差的市场价格过低，套利者可以通过买入盒式价差来盈利。这时套利策略为：买入一个具有执行价格为 K_1 的看涨期权，买入一个执行价格为 K_2 的看跌期权，卖出一个执行价格为 K_2 的看涨期权以及卖出

一个执行价格为 K_1 的看跌期权。如果盒式价差的市场价格过高，套利者可以利用卖出盒式价差来盈利。套利策略为买入一个执行价格为 K_2 的看涨期权，买入一个执行价格为 K_1 的看跌期权，卖出一个执行价格为 K_1 的看涨期权并卖出一个执行价格为 K_2 的看跌期权。

表 16-4 盒式价差期权的收益

股票价格范围	牛市价差收益	熊市价差收益	整体收益
$S_T \leq K_1$	0	$K_2 - K_1$	$K_2 - K_1$
$K_1 < S_T < K_2$	$S_T - K_1$	$K_2 - S_T$	$K_2 - K_1$
$S_T \geq K_2$	$K_2 - K_1$	0	$K_2 - K_1$

4. 蝶式价差期权

蝶式价差期权（butterfly spread）策略由 3 种具有不同执行价格的期权构成。构造方式为：买入一个具有较低执行价格 K_1 的看涨期权，买入一个具有较高执行价格 K_3 的看涨期权，以及卖出两个执行价格为 K_2 的看涨期权，其中 K_2 为 K_1 与 K_3 中间的某个值。一般来讲，K_2 接近于当前的股票价格。这一交易策略的盈利如图 16-11 所示。

如果股票价格保持在 K_2 附近，蝶式价差会产生盈利，如果股票价格远远偏离 K_2，蝶式价差会有少量的损失。因此蝶式价差对于那些认为股票价格不会有较大波动的投资者而言非常合理。该策略需要少量的初始投资。表 16-5 给出了蝶式价差的收益。

表 16-5 蝶式价差期权的收益

股票价格范围	第一看涨期权多头的收益	第二看涨期权多头的收益	期权空头的收益	整体收益
$S_T \leq K_1$	0	0	0	0
$K_1 < S_T < K_2$	$S_T - K_1$	0	0	$S_T - K_1$
$K_2 < S_T < K_3$	$S_T - K_1$	0	$-2(S_T - K_2)$	$K_3 - S_T$
$S_T \geq K_3$	$S_T - K_1$	$S_T - K_3$	$-2(S_T - K_2)$	0

注：计算整体收益时采用了关系式 $2 \times K_2 = K_1 + K_3$。

蝶式期权也可以由看跌期权构成。投资者可以买入一个具有较低执行价格及一个具有较高执行价格的看跌期权，同时卖出两个具有中间执行价格的看跌期权，如图 16-12 所示。

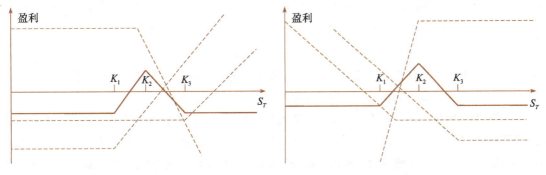

图 16-11 由看涨期权构造的蝶式价差期权的收益　　图 16-12 由看跌期权构造的蝶式价差期权的收益

16.2.3 组合期权交易策略

组合期权是针对同一标的看涨期权与看跌期权的交易策略。下面考虑的组合期权包括**条式期权**（strip）和**带式期权**（strap）以及**宽跨式期权**（straddle）。

1. 条式期权和带式期权

条式期权是具有相同执行价格和相同期限的一个看涨期权和两个看跌期权的组合。带式期权是具有相同执行价格和相同期限的两个看涨期权和一个看跌期权的组合。图 16-13 显示了条式期权和带式期权的盈利形式。条式期权的投资者认为，股票价格会有较大的变动，同时价格下降的可能性要大于价格上升的可能性。而在带式期权组合中，投资者也认为股票价格有较大的变动，但价格上升的可能性大于价格下降的可能性。

2. 宽跨式期权

宽跨式期权是投资者买入具有相同期限但具有不同执行价格的看跌期权及看涨期权。图 16-14 显示了其盈利状况。

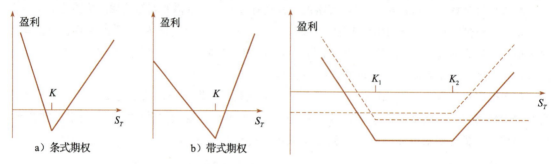

图 16-13　条式期权及带式期权的收益　　　　图 16-14　宽跨式期权的收益

宽跨式期权所取得的盈利与执行价格之间的差距有关。差距越大，潜在损失越小，但为了获取盈利，价格需要有一定的浮动。

16.3　二项式定价模型

1973 年，布莱克和斯科尔斯提出了布莱克 – 斯科尔斯期权定价模型，对标的资产的价格服从正态分布的期权进行定价。随后，罗斯开始研究标的资产的价格服从非正态分布的期权定价理论。1976 年，罗斯和约翰·考克斯（John Carrington Cox）在《金融经济学》杂志上发表论文《基于另类随机过程的期权定价》，提出了风险中性定价理论。

1979 年，罗斯、考克斯和马克·鲁宾斯坦（Mark Rubinstein）在《金融经济学》杂志上发表论文《期权定价：一种简单的方法》，提出了一种简单的对离散时间的期权进行定价的方法，被称为考克斯 – 罗斯 – 鲁宾斯坦二项式期权定价模型。

二项式期权定价模型和布莱克 – 斯科尔斯期权定价模型是两种相互补充的方法。二项式期权定价模型推导比较简单，更适合说明期权定价的基本概念。二项式期权定价模型建立在一个基本假设基础之上，即在给定的时间间隔内，证券的价格运动有两个可能的方向：上涨或者下跌。虽然这一假设非常简单，但由于可以把一个给定的时间段细分为更小的时间单位，因而二项式期权定价模型适用于处理更为复杂的期权。

16.3.1　风险中性定价

风险中性定价（risk neutral pricing theory）又称风险中性理论，是指在市场不存在任何套利可能性的条件下，如果衍生证券的价格仍然依赖于可交易的基础证券，那么这个衍生证券的价格与投资者的风险态度无关。这个结论在数学上表现为衍生证券定价的微分方程中并不包含受投资者风险态度影响的变量，尤其是期望收益率。

风险中性定价原理是约翰·考克斯和斯蒂芬·罗斯于1976年推导期权定价公式时提出的。由于这种定价原理与投资者的风险态度无关，从而对任何衍生证券都适用，所以以后的衍生证券的定价推导都接受了这样的前提条件，即所有投资者都是风险中性的，或者是在一个风险中性的经济环境中决定价格，并且这个价格的决定适用于持任何一种风险态度的投资者。

关于这个原理，人们有一些不同的解释，从而明确了衍生证券定价的分析过程。首先，在风险中性的经济环境中，投资者并不要求任何的风险补偿或风险报酬，所以基础证券与衍生证券的期望收益率都恰好等于无风险利率；其次，由于不存在任何的风险补偿或风险报酬，市场的贴现率也恰好等于无风险利率，所以基础证券或衍生证券的任何盈亏经无风险利率的贴现就是它们的现值；最后，利用无风险利率贴现的风险中性定价过程是鞅（martingale），或者现值的风险中性定价方法是鞅定价方法（martingale pricing technique）。

由于这种定价原理与投资者的风险偏好无关，从而对任何衍生证券都适用，所以一般的衍生证券定价推导都接受了这样的前提条件：风险中性的投资者不以自己的偏好进行资产选择，仅以风险和收益作为最优标准。风险中性方法打开了利用二叉树对期货资产价值建模的期权定价技术之门。

16.3.2 二项式期权模型

二项式期权模型（binomial model）也称为**二叉树模型**（binomial tree）或 CRR 模型，二叉树是模拟股票价格在期权期限内变动路径的图形。人们通常认为股票价格服从随机游走，这源于有效市场理论。无限期的二叉树模型将趋向随机游走，因此成为能够反映股票价格变动的有效模型。二叉树模型仅假设股票价格向上和向下两个方向变动，事实上股票价格也存在多方向变动，如三叉树、四叉树。

下面从一个简单的例子入手。假设一只股票的当前价格为10元，并且已知在3个月后股票的价格将会变为12元或8元。希望找出3个月后能够以11元买入股票的期权价格。这个期权在3个月后将具有以下两个价格中的一个：如果股票价格变为12元，期权价格为1元；如果股票价格为8元，期权价格为0元，如图16-15所示。

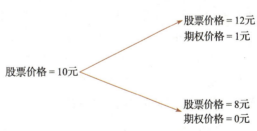

图16-15 股票价格的数值化实例

可以采用一种比较简单的方式来对此例中的期权进行定价。定价过程中唯一需要的假设是市场不存在套利机会。构造一个股票和期权的组合，并使这一组合在3个月后具有确定的收益。由于该组合具有确定收益率，因此没有任何风险，按照风险中性定价原理，这一利率一定等于无风险利率。这样得出构造这一交易组合的成本，并获得期权的价格。因为这里有两种证券（股票与股票期权），并且股票价格仅有向上和向下变动两种可能性，因此可以构造出无风险证券组合。

考虑一个由 Δ 只股票的多头头寸和一个看涨期权空头头寸构成的交易组合。下面求出交易组合具有无风险收益的 Δ。当股票价格由10元变为12元时，投资者所持股票的价值变为 12Δ 元，期权价格变为1元，证券组合的整体价值为$12\Delta-1$。当股票的价格由10元变为8元时，投资者所持股票的价值变为8Δ元，期权的价值为0元，证券组合的整体价值为8Δ元。如果证券组合在以上两个时点价值相等，则该组合不具有任何风险，这意味着

$$12\Delta - 1 = 8\Delta$$

即

$$\Delta = 0.25$$

因此，无风险交易组合为

多头头寸：0.25只股票；空头头寸：1个期权。

如果股票价格上涨到12元，组合价值为

$$12 \times 0.25 - 1 = 2 \text{元}$$

如果股票价格下跌到8元，组合价值为

$$8 \times 0.25 = 2 \text{元}$$

无论股票价格上涨还是下跌，在期权到期时交易组合的价值总是2元。

假设这时的无风险利率为每年12%，那么该交易组合今天的价值应为2元的贴现值，即

$$2e^{-0.12 \times 3/12} = 1.941$$

股票今天的价格为10元，如果期权的价格记为f，那么交易组合在今天的价值是

$$10 \times 0.25 - f = 2.5 - f$$

因此

$$2.5 - f = 1.941$$

解得

$$f = 0.559 \text{元}$$

以上讨论说明，在无套利的前提下，期权的当前价格应为0.559元。如果期权市场价格高于0.559元，那么构造交易组合的费用就会低于1.941元，而交易组合的收益率就会高于无风险利率。如果期权市场价格低于0.559元，那么卖空这一交易组合，同时购买这一交易组合将产生高于无风险利率的收益。

将以上的结论一般化。假设股票的价格为S_0，股票期权的价格为f，期权到期期限为T。在期权有效期内，股票价格或者会由S_0上涨到$S_0 u$，或者会由S_0下跌到$S_0 d$，其中$u>1$，$d<1$。当股票价格上涨时，其增长比率为$u-1$。当股票下跌时，其下跌比率为$1-d$。与前面的例子相同，考虑一个由Δ只股票的多头头寸及一份期权的空头头寸所组成的交易组合。投资者可以找到一个Δ使得交易组合的收益率等于无风险收益率，即在风险中性条件下不具有风险。如果股票价格上涨，在期权到期时交易组合的价值为

$$S_0 u \Delta - f_u$$

如果股票价格下跌，期权到期时交易组合的价值为

$$S_0 d \Delta - f_d$$

由于假设该交易组合在未来具有确定的收益，因此无论在何种情况下，组合的价值一定，以上两个值相等，即

$$S_0 u \Delta - f_u = S_0 d \Delta - f_d$$

得出

$$\Delta = \frac{f_u - f_d}{S_0 u - S_0 d} \tag{16-6}$$

在假定股票收益确定的前提下,该资产组合具有无风险收益率。从式(16-6)可以看出,当股票仅有两种变动趋势时,Δ 为期权价格变化与股票价格变化的比率。

如果将无风险利率记为 r,那么交易组合的贴现值为

$$(S_0 u \Delta - f_u) e^{-rT}$$

而构造交易组合的起始成本为 $S_0 \Delta - f$

所以
$$S_0 \Delta - f = (S_0 u \Delta - f_u) e^{-rT}$$

即
$$f = S_0 \Delta (1 - u e^{-rT}) + f_u e^{-rT}$$

将式(16-6)中的 Δ 代入上式并简化,得出

$$f = e^{-rT}[pf_u + (1-p)f_d] \tag{16-7}$$

其中

$$p = \frac{e^{rT} - d}{u - d} \tag{16-8}$$

当股票价格由一步二叉树给出时,式(16-7)及式(16-8)可以用来给期权定价。这个公式需要的唯一假设是市场中不存在套利机会。

值得注意的是,式(16-7)中没有涉及股票价格上涨或下跌的概率。这里直接使用股票价格作为计算一步二叉树期权的价格,主要假定市场有效,未来股票价格上涨与下跌的概率已经包含在其价格之中。因此,当根据股票价格对期权进行定价时,无须再考虑股票上涨或下跌的概率。

定义 Δ 参数为衡量基础合约价格变动所造成的期权价值变动的指标,它由期权价格对基础合约的偏导数给出,代表一个对冲比率,或者说,它是为了获得一个具有无风险收益率的组合,在购买或出售期权时需要卖出或买入基础合约的份数。

以上分析了一步二叉树的解析过程,下面由简到难,把期权的期限区间平均分割成许多长度为 Δt 的小区间,分析多步二叉树,如图 16-16 所示。

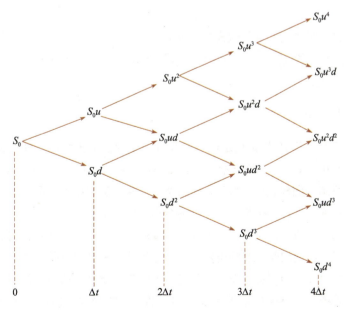

图 16-16 四步二叉树

图 16-16 为二叉树模型下四步股票价格变动图。在时点 0，股票价格 S_0 为已知条件。在经过长度为 Δt 的时间间隔后有两个可能的股票价格：$S_0 u$ 和 $S_0 d$；再经过长度为 Δt 的时间间隔后有三种可能的股票价格：$S_0 u^2$、$S_0 ud$ 和 $S_0 d^2$，依次类推，一般地，在经过长度为 $i\Delta t$ 的时间间隔后有 $i+1$ 种可能的股票价格：$S_0 u^{i-j} d^j$，其中 $j=0,1,\cdots,i$。

在这里，股票价格上升的概率假定为 p，下降的概率为 $1-p$。

在二叉树模型中，风险中立假设下的定价原理可以用来确定 p、u 和 d 的值。针对时间间隔 Δt 内股票价格变化的均值和标准差，参数 p、u 和 d 都有对应的值。

图 16-16 显示在时间区间 Δt 段末的股票期望价格是

$$pS_0 u + (1-p)S_0 d$$

另外，由于假定市场处在一个风险中立的世界，股票的期望报酬率为无风险利率 r。于是，在期末这个时点上的股票期望价格为 $S_0 e^{r\Delta t}$。它遵循

$$S_0 e^{r\Delta t} = pS_0 u + (1-p)S_0 d \tag{16-9}$$

解式（16-9），得到

$$p = \frac{e^{r\Delta t} - d}{u - d} \tag{16-10}$$

这个结果与式（16-8）一致。

在二叉树模型中，股票回报率的方差为

$$E[S - E(S)] = E(S^2) - [E(S)]^2 = pu^2 + (1-p)d^2 - [pu + (1-p)d]^2$$

于是

$$pu^2 + (1-p)d^2 - [pu + (1-p)d]^2 = \sigma^2 \Delta t$$

当忽略 Δt 或者假设 Δt 很小时，下面的等式成立

$$u = e^{\sigma\sqrt{\Delta t}}$$

$$d = e^{-\sigma\sqrt{\Delta t}}$$

一般地，使用二叉树模型估计的欧式期权价值为

$$f_{i,j} = e^{-r\Delta t}[pf_{i+1,j} + (1-p)f_{i+1,j+1}] \quad i=9,\cdots,N-1; j=0,\cdots,i \tag{16-11}$$

16.4 布莱克-斯科尔斯公式

1997 年 10 月 10 日，第 29 届诺贝尔经济学奖授予了两位美国学者，分别是哈佛商学院教授罗伯特·默顿（Robert Merton）和斯坦福大学教授迈伦·斯科尔斯（Myron Scholes）。他们创立和发展的布莱克-斯科尔斯期权定价模型为包括股票、债券、货币以及商品在内的新兴衍生金融市场中各种以市价格变动定价的衍生金融工具的合理定价奠定了基础。

斯科尔斯与他的同事费雪·布莱克（Fischer Black），在 20 世纪 70 年代初合作研究出了一个期权定价的复杂公式。与此同时，默顿也发现了同样的公式及许多其他关于期权的有效结论。结果，两篇论文几乎同时在不同刊物上发表。所以，布莱克-斯科尔斯定价模型亦可称为布莱克-斯科尔斯-默顿定价模型。默顿扩展了原模型的内涵，使之同样适用于许多其他形式的金融交易。瑞士皇家科学协会（The Royal Swedish Academy of Sciences）赞誉他们在期权定价方面的研究成果是之后 25 年里对经济科学做出的最杰出的贡献。

16.4.1 欧式期权定价公式

布莱克和斯科尔斯（1973）发表了突破性论文，第一次成功提出了以不支付股利或其他分配的股票为标的的欧式期权定价公式。

布莱克-斯科尔斯模型的主要假设如下：

a. 股价遵循预期收益率 μ 和标准差 σ 为常数的马尔科夫随机过程；
b. 允许使用全部所得卖空衍生证券；
c. 没有交易费用或税金，且所有证券高度可分；
d. 在衍生证券的有效期内不支付红利；
e. 不存在无风险套利机会；
f. 证券交易是连续的，股票价格连续平滑变动；
g. 无风险利率 r 为常数，能够用同一利率借入或贷出资金；
h. 只能在交割日执行期权。

假设 a 体现了有效市场理论对股票价格的论断，即股票价格应该服从随机游走过程，并且无趋势可言；假设 b 构建了一个可以使市场风险中性成立的条件，这里允许"卖空"行为的存在；假设 c 近似描绘了完美无摩擦市场，证券高度可分使得证券交易不受交易量的限制；假设 c、d、e、f、g、h 则进一步限定了市场环境。

设定 $\ln$ 代表自然对数，S_0 为股票的现行价格，k 为执行价格，r 为无风险连续复利，T 为以年计量的期权期限，σ 为标的股票的波动率，$N(x)$ 为累计标准正态分布函数。那么，看涨期权价格 c 和看跌期权价格 p 可以由下式得到

$$c = S_0 N(d_1) - k e^{-rT} N(d_2) \tag{16-12}$$

$$p = k e^{-rT} N(-d_2) - S_0 N(-d_1) \tag{16-13}$$

式中

$$d_1 = \frac{\ln(S_0/k) + (r + 0.5\sigma^2)T}{\sigma\sqrt{T}} \quad d_2 = \frac{\ln(S_0/k) + (r - 0.5\sigma^2)T}{\sigma\sqrt{T}} = d_1 - \sigma\sqrt{T}$$

例如，一种还有 6 个月有效期的期权，股票的现价为 42 美元，期权的执行价格为 40 美元，无风险利率为每年 10%，波动率为 20%，即

$$S_0 = 42, k = 40, r = 0.1, \sigma = 0.2, T = 0.5$$

得

$$d_1 = \frac{\ln(42/40) + (0.1 + 0.5 \times 0.2^2) \times 0.5}{0.2 \cdot \sqrt{0.5}} = 0.7693$$

$$d_2 = \frac{\ln(42/40) + (0.1 - 0.5 \times 0.2^2) \times 0.5}{0.2 \cdot \sqrt{0.5}} = 0.6278$$

$$k e^{-rT} = 40 e^{-0.05} = 38.049$$

查标准正态分布表，得

$$N(0.7693) = 0.7791, \quad N(-0.7693) = 0.2209$$
$$N(0.6278) = 0.7349, \quad N(-0.6278) = 0.2651$$

将上述数据代入公式计算，得

$$c = S \cdot N(d_1) - ke^{-rT} \cdot N(d_2) = 4.76$$
$$p = ke^{-rT} \cdot N(-d_2) - S \cdot N(-d_1) = 0.81$$

在布莱克-斯科尔斯定价公式中，股票价格的波动率并不能直接观察到。通常在计算期权价格时，投资者使用股价历史数据估计得到波动率。观察股价的时间间隔通常是固定的（例如每天、每周或每月）。

定义如下。

$n+1$：观察次数

S_i：第 i 个时间间隔末的股票价格

τ：以年为单位的时间间隔的长度

令
$$u_i = \ln \frac{S_i}{S_{i-1}} \quad (i = 1, 2, \cdots, n)$$

因为 $S_i = S_{i-1}e^{u_i}$，u_i 为第 i 个时间间隔后的连续复利收益（并不是以年为单位）。

u_i 的标准差 s 的通常估计值为

$$s = \sqrt{\frac{1}{n-1} \sum_{i=1}^{n} (u_i - \overline{u})^2} = \sqrt{\frac{1}{n-1} \sum_{i=1}^{n} u_i^2 - \frac{1}{n(n-1)} \left(\sum_{i=1}^{n} u_i \right)^2}$$

式中，$\overline{u}$ 为 u_i 的均值。由方程 $\ln S_T - \ln S_0 \sim N\left[\left(\mu - \frac{\sigma^2}{2}\right)T, \sigma^2 T\right]$ 可知，u_i 的标准差为 $\sigma\sqrt{\tau}$，因此，变量 s 是 $\sigma\sqrt{\tau}$ 的估计值，从而 $s^* = \frac{s}{\sqrt{\tau}}$ 可以作为 σ 的估计值。

16.4.2 布莱克-斯科尔斯微分方程

股价 S 遵循马尔科夫随机过程

$$dS = \mu S dt + \sigma S dz$$

其离散形式为

$$\Delta S = \mu S \Delta t + \sigma S \Delta z \tag{16-14}$$

又假设 f 是依赖于 S 的衍生证券的价格，则变量 f 一定是 S 和 t 的某一函数。由式（16-14）可得

$$df = \left(\frac{\partial f}{\partial S} \mu S + \frac{\partial f}{\partial t} + \frac{1}{2} \frac{\partial^2 f}{\partial S^2} \sigma^2 S^2 \right) dt + \frac{\partial f}{\partial S} \sigma S dz \tag{16-15}$$

其离散形式为

$$\Delta f = \left(\frac{\partial f}{\partial S} \mu S + \frac{\partial f}{\partial t} + \frac{1}{2} \frac{\partial^2 f}{\partial S^2} \sigma^2 S^2 \right) \Delta t + \frac{\partial f}{\partial S} \sigma S \Delta z \tag{16-16}$$

由于 f 是 S 与 t 的函数，所以式（16-14）与式（16-16）应遵循相同的维纳过程，即 $\Delta z(=\varepsilon\sqrt{\Delta t})$ 相同。为了消除这一随机变量的影响，可以构造该股票和衍生证券的组合。

可以构造这样的投资组合：

（1）卖出一份衍生证券；

（2）买入 $\frac{\partial f}{\partial S}$ 份股票。

则该证券组合的价值为

$$\prod = -f + \frac{\partial f}{\partial S}S \tag{16-17}$$

经过 Δt 时间后，该证券组合的价值变化

$$\Delta \prod = -\Delta f + \frac{\partial f}{\partial S}\Delta S \tag{16-18}$$

将式（16-14）和式（16-16）代入式（16-18），得

$$\Delta \prod = \left(-\frac{\partial f}{\partial t} - \frac{1}{2}\frac{\partial^2 f}{\partial S^2}\sigma^2 S^2\right)\Delta t \tag{16-19}$$

因为这个方程不含 Δz，经过 Δt 时间后证券组合的收益都可以由确定的变量来表示，不存在不确定性。该证券组合的瞬时收益率一定与其他短期无风险证券的收益率相同，否则，将存在无风险套利机会。所以

$$\Delta \prod = r \prod \Delta t \tag{16-20}$$

式中，r 为无风险利率。

将式（16-17）和式（16-18）代入式（16-20）可得

$$\left(\frac{\partial f}{\partial t} + \frac{1}{2}\frac{\partial^2 f}{\partial S^2}\sigma^2 S^2\right)\Delta t = r\left(f - \frac{\partial f}{\partial S}S\right)\Delta t$$

化简得

$$\frac{\partial f}{\partial t} + rS\frac{\partial f}{\partial S} + \frac{1}{2}\sigma^2 S^2 \frac{\partial^2 f}{\partial S^2} = rf \tag{16-21}$$

这就是布莱克－斯科尔斯微分方程。

针对不同基础证券 S 定义的不同衍生证券，式（16-21）有不同的解。解方程时得到的特定的衍生证券取决于其使用的边界条件。

对于欧式看涨期权，边界条件为

$$f = \max(S_T - k, 0)$$

对于欧式看跌期权，边界条件为

$$f = \max(k - S_T, 0)$$

一个非常重要的现象是，期权微分方程推导过程并不涉及投资者对股票的预期收益 μ，也就是说，期权定价公式独立于投资者的风险偏好。因此投资者的风险选择并不影响布莱克－斯科尔斯方程的结果。这体现了基本的风险中性原理：在风险中性的世界里，所有投资回报率的期望均为无风险收益率 r，并且任何未来现金流都可以通过无风险收益率贴现得到现值。

本章小结

期权定价理论作为现代金融学的标志性理论成果之一，对理论界和实务界均产生了深远的影响。本章主要内容如下。

1. 股票现行价格、期权执行价格、期权期限、股票价格的波动率、无风险利率以及期权期限内预期发放的股息都会影响股票期权的价格。

2. 无套利原理使得市场上具有相同收益的资产也具有相同的风险。

3. 欧式看涨－看跌期权平价公式为：$c + Ke^{-rT} = p + S_0$。

4. 期权组合交易策略通过构造包含不同特征的看涨期权和看跌期权使得投资者可以在一定的条件下兼顾风险和收益。

5. 在风险中性的世界里，所有资产的预期收益率都应该为无风险收益率，并且任何未来现金流都可以通过无风险收益率进行折现得到资产现在的价值。

6. 欧式期权的二叉树估计式为

$$f_{i,j} = e^{-r\Delta t}[pf_{i+1,j} + (1-p)f_{i+1,j+1}]$$

式中，$i=9,\cdots,N-1$；$j=0,\cdots,i$。

7. 欧式看涨期权的布莱克-斯科尔斯公式为

$$c = S_0 N(d_1) - ke^{-rT}N(d_2)$$

式中

$$d_1 = \frac{\ln(S_0/k) + (r + 0.5\sigma^2)T}{\sigma\sqrt{T}}$$

$$d_2 = \frac{\ln(S_0/k) + (r - 0.5\sigma^2)T}{\sigma\sqrt{T}} = d_1 - \sigma\sqrt{T}$$

习 题

一、名词解释

1. 股票期权 2. 看涨-看跌平价公式 3. 蝶式价差期权
4. 二项式期权模型 5. 风险中性定价 6. 盒式价差期权
7. 牛市价差期权 8. 熊市价差期权

二、简答题

1. 简要说明牛市价差期权的两种构造方法。
2. 简要说明熊市价差期权的两种构造方法。
3. 什么是无套利原理？
4. 列举三种期权组合交易策略。
5. 期权价格的上限与下限是什么？
6. 哪些因素将会影响股票期权的价格？
7. 解释布莱克-斯科尔斯公式关于欧式期权定价公式的 8 个前提假设的含义。

本章思维导图

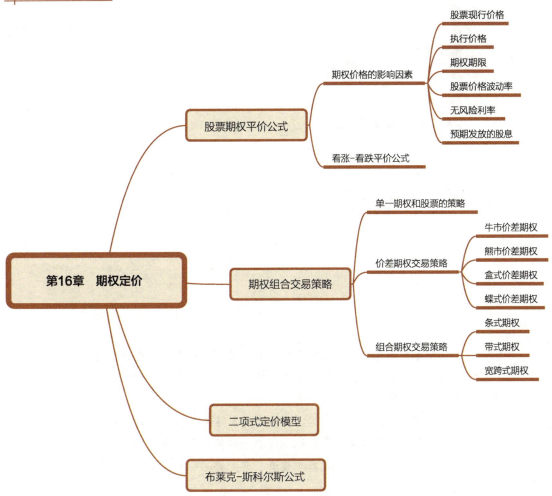

第 17 章

资本结构

资本结构是指企业各种资本的构成及其比例关系,是企业进行筹资决策与实现企业价值最大化的核心问题。资本结构的选择影响资产负债表右侧的两个项目,即负债和权益。

17.1 什么是资本结构。公司的资本结构是指股票和债券的比例,即公司选择发行股票还是债券来筹集资金。筹集的资金可以用来维持公司正常运营或者投资扩张。资本结构不同,公司的资本成本也不同。

17.2 MM 定理。重点分析公司资本结构与公司价值之间的关系。根据 MM 定理,在一个完美的资本市场中,公司的资本结构并不会对公司价值产生影响。MM 定理分别对有税和无税两种情况进行了具体分析。

17.3 现代资本结构理论。概括性地回顾了资本结构理论的发展过程。

17.4 融资决策。从基本概念与方式等简单而基础的问题入手,阐述了公司融资决策的判别依据,即调整净现值(ANPV)和税后加权平均资本成本用以衡量企业融资决策的可行性。

企业要想生存和发展,必然离不开运营资金。公司的运营资金主要源于两种途径:股权融资和债务融资,并分别体现在公司资产负债表右侧的两个项目上,即负债和权益。

金融市场产生的最初原因是方便企业融资。虽然现代金融市场的发展已经超出了当时的业务范围,但金融市场依然是企业进行资金融通的重要手段和媒介。一直以来,企业融资的两种最重要的工具是股票和债券,其中债券融资已经涵盖了银行贷款。公司股票价格和债券价格的变化反映了市场对公司未来业绩的预测,公司的管理者应该注意金融市场中的趋势性变动,并将其作为公司决策调整的一个因素。资本结构选择对于实现企业价值最大化十分重要。现代公司金融理论需要回答的主要问题包括企业该如何选择股权融资与债务融资的比例;企业价值与其资本结构之间的关系;如何判断企业融资项目的价值等。

17.1 什么是资本结构

资本结构(capital structure)又称企业融资结构,是指企业各种资本的价值构成及其比例,通常包括长期负债与权益(普通股、优先股和未分配利润)的分配选择。资本结构反映了企业债务与股权的比例关系,在很大程度上决定着企业的偿债和再融资能力,决定着企业未来的发展,它是企业财务状况的一项重要指标。最佳资本结构便是使股东财富最大化或企业市场价值最大化的资本结构,即使公司资金成本最小的资本结构。合理的资本结构可以降低融资成本,发挥财务杠杆的调节作用,使企业获得更大的自有资金收益率。

17.1.1 资本结构选择

财务规划和预算编制是企业运营管理过程中的核心任务之一,其中的融资决策更多地服从于企业总体经营目标。财务管理目标是全部财务活动实现的最终目标,是企业开展一切活动的基础和归宿。一般认为,企业运营目标主要有三种类型:公司利润最大化、股东财富最大化和公司价值最大化。在这三类企业目标中,公司价值最大化考虑了取得现金收益的时间因素,能够调整企业在追求利润时的短期行为,更科学地平衡风险与报酬之间的关系,被认为是企业运营过程中最重要的目标选择。因此,企业财务活动的主要内容应该是选择合适的财务管理目标,以实现公司价值最大化。公司价值可以表示为公司债券的市场价值和公司股票的市场价值之和,即

$$V = D + E \tag{17-1}$$

式中,V 为公司的价值;D 为公司债券的市场价值;E 为公司股票的市场价值。

企业的资本结构主要就是权益和负债在企业资产中的分配结构,即公司通过选择发行股票还是发行债券(包括银行贷款)来筹集资金。筹集的资金可以用来维持企业正常运营,或者投资扩张。公司的资本结构,决定了企业的资本成本。

如果公司没有发行证券融资这一途径,银行贷款可能成为企业运营最主要的资金来源。商业银行会根据企业的资信状况与财务状况等基本要素,确定是否向目标企业放贷、贷款规模以及贷款利率等。有时,银行还会针对某些类别的公司设定苛刻的限制性条件。然而银行贷款并不一定是企业融资的最优选择。因为过多的银行贷款会加重企业的财务压力,增加其面临财务困境的可能性。因此企业应该选择多样化的融资方式,例如,发行股票、资产证券化、发行债券、发行商业本票和银团贷款等。其中,银团贷款是指两家或两家以上银行基于相同的贷款条件,依据同一

贷款协议，按约定时间和比例，通过代理行向借款人提供的贷款或授信业务。

这些融资渠道各有利弊。例如，债权融资的缺点是不管公司经营状况如何，公司都要定期付息，但它的好处就是这部分利息可以以税前利润支付。股权融资的好处是它是长期资金，如果公司经营出现问题就可以先不支付红利，也不存在公司违约问题。但因为每家公司的股份有限，除非公司股份变得更多，否则每个股东持有的股份将会很少，就像一块蛋糕有许多人分享，除非蛋糕更大，否则每个人只能分到一小部分，还有就是股权融资可能会稀释大股东的持股比例，进而影响其对公司的控制权。

融资方式各有利弊，因此企业权衡利弊后会选择一个最佳的资本组合。企业在确定资本结构的过程中必然涉及一个非常重要的指标，即债券融资与股权融资的比例，或称财务杠杆。世界上并没有一个完美的且适用于每家公司的债权比率，这就要求每家公司都针对自身的实际情况和市场情况进行选择。如果公司债权比率过低，借债很少，公司可能就没有足够的运营资本，而且适当的债务也可以增加股东资金的回报。但如果债权比率过高，就表明公司债务负担较重，一旦公司经营不好，很有可能陷入财务困境，使企业面临巨大的风险，甚至由于无法偿还利息而破产。影响资本结构的最重要的指标就是企业的资本成本因素。

17.1.2 资本成本

早在现代财务决策理论形成前，投资者就已经将风险与收益联系起来了。公司财务经理编制的资本预算，通常是在对风险与收益之间的关系进行估计的基础上做出的选择。企业遵循的最优资本选择的依据就是，在相同条件下选择收益最大或风险最小的项目。

资本成本（capital cost）是企业筹集和使用资本而承付的代价。资本成本包括筹资费用和用资费用两个部分。**筹资费用**是企业在筹集资本活动中为获得资本而付出的费用，通常在筹资时一次性支付，主要指发行债券、股票的费用以及向非银行金融机构借款的手续费用等。**用资费用**是企业在生产经营和对外投资活动中，因使用资本而承付的费用。用资费用是资本成本的主要内容，由货币时间价值构成，如股利、利息等。广义来讲，资本成本是指企业筹集与使用短期和长期资金时应该付出的代价。狭义的资本成本仅指筹集和使用长期资金（包括自有资本和借入的长期资金）的成本。由于长期资金也被称为资本，所以长期资金的成本被称为资本成本。

企业在融资决策过程中，既要考虑各种融资选择的适用性、负债比率等因素，也必须考虑融资的资本成本，并以此作为基本判别依据，选择资本成本最低的融资方案。同时，资本成本也是企业投资决策的依据。企业在进行投资决策时不仅要选择经济、有效的投资方案，还要合理地分配投资资金，并以资本成本作为投资项目回报的最低评价标准。

资本成本既可以用绝对数表示，也可以用相对数表示。绝对数即实际支出金额总数，这种方法不便于不同资金的比较。相对数为用资费用与实际筹集资金数额的比率，这种方法有利于不同筹资金额的成本分析与比较。用公式表示为

$$C = \frac{D}{P - F} = \frac{D}{P \times (1 - f)} \tag{17-2}$$

式中，D 为资本成本；P 为企业筹资总额；F 为企业的筹资费用；f 为筹资费率。

企业的资产配置选择主要分为两个部分，即权益和负债。资本成本的测定也由这两个部分构

成,即**加权平均资本成本**(weighted average cost of capital,WACC)。加权平均资本成本衡量了企业在不同资产配置状况下的融资成本。在不考虑税金的资本市场中,资本成本与融资决策无关,即在不考虑债务杠杆的情况下,投资者所期望的负债与权益的加权平均资本成本等于资本的机会成本

$$wacc = r_D \frac{D}{V} + r_E \frac{E}{V} = r \tag{17-3}$$

式中,r 为资本机会成本,是与 D/V 无关的常数,即在公司完全没有负债时投资者要求的期望收益率;r_D 为负债的期望收益率,即**负债成本**(cost of debt);r_E 为权益的期望收益率,即**权益成本**(cost of equity);权重 D/V 和 E/V 是基于市场价值计算的负债与权益的比重。

虽然式(17-2)近乎完美,但事实上很难确定资本机会成本的取值。MM 定理提供了计算 r_D 和 r_E 的基础,从而使得反推资本机会成本成为可能。它也被看作是由公司发行在外的全部资产所组成的资产组合的期望收益率。

17.2 MM 定理

1958 年,美国经济学家莫迪利亚尼和米勒在《美国经济评论》(*American Economic Review*)上发表了《资本成本、公司财务以及投资理论》(*The Cost of Capital, Corporation Finance and the Theory of Investment*)。这篇文章讨论了在完美市场中,即在没有税收的情况下,资本结构对公司价值的影响,这就是著名的 **MM 定理**(MM theorem),又被称为资本结构无关论。随着时间的推移,两人又对初始的 MM 定理进行了修正,将税收等因素加入对资本结构的讨论中,从而使 MM 定理更符合现实状况。这样,存在无税条件和有税条件两大类 MM 定理。

17.2.1 无税 MM 定理 1

假设有两家公司 A 和 B,经营状况相同,没有税收,而且未来具有相同的现金流入,但资本结构不同(见表 17-1)。公司 A 的资本全部来自于发行股票,没有财务杠杆,因此它发行的股票的总价值 E_U 等于公司的总价值 V_U。公司 B 同时发行了股票和债券,称之为杠杆公司。公司 B 的总价值为股东权益价值加上负债的市场价值:$V_L = E_L + D_L$。如果你是一名投资者,应该投资没有负债的公司 A,还是举债经营的公司 B 呢?

表 17-1 两公司的投资机会

	公司 A	公司 B
发行的股票数量(股)	200	100
股票市价(元)	10	
债券的市值(元)	—	1 000
债券利率	10%	
预期息税前利润(EBIT,元)	300	
支付的利息(元)	0	100
预期每股收益(EPS,元)	1.5	2
预期权益回报率(ROE)	15%	20%

财务杠杆(financial leverage)是指公司在进行负债经营的情况下,无论企业的营业利润是多少,债务利息和优先股的股利都固定不变,当息税前利润增大时,单位盈余所负担的固定财务费用就会相对减少,这能给普通股股东带来更多的利润。这种债务对投资者收益的影响,被称为财务杠杆。财务杠杆影响的是企业的税后利润而不是息税前利润。那么在总资本和经营状况相同的情况下,杠杆公司的每股净资产相对较高,因此具有更大的市场价值。另外,债务成本具有相对

稳定性，使得财务杠杆对于每股收益具有放大作用。

在上例中，公司 B 的每股收益

$$EPS_B = \frac{EBIT - I}{N_B} = \frac{300 - 100}{100} = 2$$

明显大于公司 A 的每股收益

$$EPS_A = \frac{EBIT}{N_A} = \frac{300}{200} = 1.5$$

在不同的公司营运收入下，公司 A 和 B 的每股收益如图 17-1 所示。当 EBIT 等于 200 元时，公司 A 和 B 的每股收益相同。当 EBIT 小于 200 元时，公司 B 的每股收益小于公司 A。当 EBIT 大于 200 元时，公司 B 的每股收益大于公司 A。这主要是因为杠杆公司股东是剩余利益的分配者，只有在支付完债务利息之后才能够得到收益。当公司支付利息之后的剩余收益大于债务利息时，杠杆公司每股收益就高于无杠杆公司。至此我们看到了财务杠杆对每股收益的影响，而且许多人会据此认为：财务杠杆会增加股东收益，所以资本结

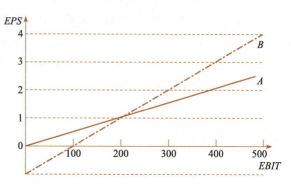

图 17-1　财务杠杆对风险的影响

构中负债比例越大，股东收益越多。然而，财务杠杆在增加收益的同时也会招致风险。在经济衰退期，公司 A 和 B 的营运收入较少，甚至可能为 0。风险厌恶投资者会偏好完全权益融资的公司 A，风险偏好投资者会偏爱举债经营的公司 B。那么，在这种不确定的情况下哪一种资本结构较好呢？

莫迪利亚尼和米勒提出了一个非常有力但比较悲观的论断，即 MM 定理 1。

MM 定理 1： 公司价值与其资本结构无关，杠杆公司的价值与无杠杆公司的价值相等。换言之，对于公司的股东而言，既没有任何较好也没有任何较坏的资本结构。投资者虽然可能偏好无杠杆公司 A，但是他们可以通过自身借债创造杠杆，从而获取与投资杠杆公司 B 一样的投资收益，进而使得持有任何一家公司的股票都一样。

考虑第一种策略： 投资者购买了 100 股杠杆公司 B 的股票，如果公司的 EBIT 为 300 元，那么投资者可获得 200 元的净收益，其成本为 1 000 元。

考虑第二种策略： 投资者以 10% 的利率借入 1 000 元，用所借的 1 000 元加上自己的 1 000 元买进当前无杠杆公司 A 的股票 200 股。如果公司的 EBIT 为 300 元，那么投资者可获得 300 元的收益，但需要偿还借款利息 100 元，因此投资者的净收益也为 200 元，成本也为 1 000 元。

显然，两种投资策略的结果一样，这说明公司的资本结构既无助于也无损于公司股东。因此，如果上市公司的营运收入等状况相同，那么杠杆公司发行的股票价格和无杠杆公司的股票价格应该相等。如果杠杆公司的定价过高，理性的投资者将通过借款的形式直接购买无杠杆公司的股票进行套利，从而迫使杠杆公司和无杠杆公司的股价趋近一致。所以只要投资者能以与杠杆公

司相同的条件借入或贷出资金,那么他们就能依靠自己复制的财务杠杆获取与杠杆公司相同的股票收益。

另外,还可以从财务风险的角度考虑公司 A 和 B 发行的股票价格为什么相同。公司 B 在借入债务的同时增加了公司财务风险,公司股东将要求更高的权益预期回报率。从股利贴现模型的角度出发,公司 B 的权益投资者虽然获得的每股收益增加了,但是贴现率也增加了,所以股票的价格最终应该保持不变。

在无税的市场条件下,MM 定理 1 的前提假设如下。

(1) 投资者具有相同的预期,即投资者对公司每年现金流的预期相同。
(2) 资本市场完全竞争,理性投资者具有相同的借贷途径,借贷成本相同,并具有对称信息,可基于信息获得相同的市场估计,另外,市场无摩擦,即不存在交易成本。
(3) 没有税收。

在上述理想条件下,MM 定理 1 认为,公司的价值与其资本结构无关。换言之,公司的价值取决于其实体资产,所以杠杆公司的价值等于无杠杆公司的价值,即 $V_L = V_U$。

17.2.2 无税 MM 定理 2

鉴于杠杆公司的权益投资者承担了较高的风险,作为补偿,杠杆公司的股票应该具有较高的期望收益率。所以,上述例子中无杠杆公司 A 的预期权益回报率为 15%,低于杠杆公司 B 的 20%。MM 定理 2 探讨了杠杆公司的预期权益回报率,认为杠杆公司的权益资本成本与财务杠杆正相关。

杠杆公司的加权平均资本成本可以表示为

$$r_L^{WACC} = \frac{B}{B+E}r_B + \frac{E}{B+E}r_L^E \tag{17-4}$$

式中,B 为债务的市值;E 为权益或股票的市值;r_B 为债务的利息率;r_L^E 为股票的预期回报率,也是权益成本。

根据 MM 定理 1,可以得到推论,即杠杆公司和无杠杆公司具有相同的加权平均资本成本

$$r_L^{WACC} = r_U^{WACC}$$

根据上述公式可以计算出,杠杆公司 B 的资本成本等于无杠杆公司 A 的预期权益回报率,$r_L^{WACC} = r_U^{WACC} = r_U^E = 15\%$。由式(17-4)推导得

$$r_L^E = r_{WACC} + \frac{B}{E}(r_{WACC} - r_B) \tag{17-5}$$

$$r_{WACC} = r_U^E$$

式(17-5)说明杠杆公司的权益预期回报率是公司负债-权益比的线性函数。当 r_{WACC} 超过负债的利息率 r_B 时,权益成本随负债权益比的增加而提高。一般而言,无杠杆公司的股票虽然有风险,但其预期收益率高于无风险借贷利率(见图 17-2)。

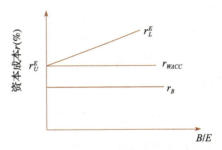

图 17-2 杠杆公司的债务成本、权益成本和加权平均资本成本

17.2.3 有税 MM 定理 1

由上面的讨论可知,在没有税收的世界里,公司的价值与资本结构无关。考虑真实世界中公司需要缴纳所得税的状况,无税条件下的 MM 定理并不成立。因为债务的利息在税前支付,公司实际应税额变小,为公司带来了免税收益。假设公司的所得税率为 30%,公司 A 和 B 的股票收益如表 17-2 所示。

表 17-2 两公司相关情况

	公司 A	公司 B
发行的股票数量(股)	200	100
股票市价(元)	10	
债券的市值(元)	—	1 000
债券利率	10%	
预期息税前利润(EBIT,元)	300	
支付的利息(元)	0	100
所得税(T_C, 30%)	90	60
税后收入(元)	210	140
预期每股收益(EPS,元)	1.05	1.4
预期权益回报率(ROE)	10.5%	14%

如果公司经营产生的现金流是永续的,那么可以根据现金流折现模型计算无杠杆公司 A 和杠杆公司 B 的价值。公司 A 的价值是 $EBIT \times (1 - T_C)$ 的现值,即

$$V_U = \frac{EBIT \times (1 - T_C)}{r_U^E} = \frac{EBIT \times (1 - T_C)}{r_{WACC}} \tag{17-6}$$

税盾效应(tax shield)是指可以避免或减少企业税负的工具或方法。由于企业的债务利息在税前支付,利息部分不用缴纳税金,所以产生了税盾效应。杠杆公司 B 缴纳的所得税少于无杠杆公司 A,其中少缴纳的数额为

$$r_B \times B \times T_C = 10\% \times 1\,000 \times 30\% = 30(元)$$

$r_B B T_C$ 就是公司在面临缴纳所得税的状况时,通过降低应税收入带来的隐含收益,在会计账簿中并未体现,这一金额被称为税盾值。

税盾效应依赖于公司的实际经营状况,即公司实际获得的税盾值依赖于其实际支付的利息额。因此,税盾值与公司的债务紧密联系。由此税盾值可以用利息率作为贴现率来计算。考虑存在永续的利息支出,则税盾值的现值为

$$\frac{r_B B T_C}{r_B} = B T_C \tag{17-7}$$

财务杠杆通过税盾效应增加了公司的价值,因此杠杆公司价值应该等于无杠杆公司价值的现值加上税盾值的现值

$$V_L = \frac{EBIT \times (1 - T_C)}{r_U^E} + \frac{r_B B T_C}{r_B} = V_U + B T_C \tag{17-8}$$

有税 MM 定理 1:杠杆公司价值等于无杠杆公司价值的现值加上税盾值的现值。随着公司债务的增加,税盾值逐渐增大,杠杆公司价值也逐渐增大,公司通过使用债务代替权益提高了剩余收益和公司价值。

17.2.4 有税 MM 定理 2

在没有税收的条件下,MM 定理 2 认为杠杆公司的股票预期收益率与财务杠杆之间存在正相关关系,这主要是因为公司财务风险随着财务杠杆的升高而增加。在存在公司所得税的世界里,结论依然成立,但杠杆公司股票的预期收益率因为利息的税盾效应而被抵消了一部分。

考察杠杆公司的现金流,以求得杠杆公司的股票预期收益率 r_L^E。杠杆公司资产的现金流由无杠杆公司的年现金流和税盾的免税额构成。杠杆公司的资产年现金流流入等于债务和股票的现金流流出,由此可以得到

$$E_L r_L^E + B r_B = V_U r_U^E + T_C B r_B \tag{17-9}$$

解得

$$r_L^E = (V_U / E_L) r_U^E - (1 - T_C) r_B (B / E_L)$$

再根据

$$V_L = V_U + B T_C = E_L + B$$

得到

$$r_L^E = r_U^E + \frac{B}{E_L}(1 - T_C)(r_U^E - r_B) \tag{17-10}$$

然后根据杠杆公司的股票预期收益率计算杠杆公司的资本成本

$$r_L^{WACC} = \frac{B}{B + E_L} r_B (1 - T_C) + \frac{E_L}{B + E_L} r_L^E = \frac{B}{B + E_L} r_B (1 - T_C) + \frac{E_L}{B + E_L} \left[r_U^E + \frac{B}{E_L}(1 - T_C)(r_U^E - r_B) \right]$$

$$= \left(1 - \frac{B T_C}{B + E_L}\right) r_U^E \tag{17-11}$$

有税 MM 定理 2:在没有税收时,公司的财务杠杆并不影响公司总体的资本成本。但在存在税收的世界里,由于债务的税盾效应,杠杆公司的资本成本要低于无杠杆公司的资本成本。财务杠杆对公司的债务成本、权益成本和加权平均资本成本的影响如图 17-3 所示。

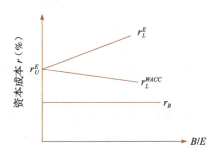

图 17-3 杠杆公司的债务成本、权益成本和加权平均资本成本

17.2.5 税收与财务困境的影响

由有税 MM 定理可知,负债经营可以带来税盾效应,进而增加企业的价值,那么理性的企业管理者应该选择 100% 负债的资本结构吗?现实并不是这样,即使是业绩良好、未来前景优良的企业也只是采用了适度的财务杠杆。

债务融资虽然为企业提供了优惠,同时也给企业带来了压力。因为债务的利息和本金的支付是企业的义务。企业未来现金流入的不确定性,增加了企业偿还债务的难度,增大了其面临财务风险的可能性。当企业出现现金流入和现金流出脱节的时候,就有可能导致企业财务状况恶化,使企业陷入财务困境。财务困境的最坏结果是企业破产,即企业资产的所有权从股东手中转移给了债权人。破产的可能性会对企业价值产生负面影响,虽然不是破产本身的风险降低了企业价值,但与破产相关联的财务困境成本会降低企业价值。

财务困境成本(financial distress cost)是破产成本和清偿成本等概念的延伸,即当企业身陷财务困境时,企业为解决现金流问题所采取的行动产生的一系列现金支出和支付,都称为财务困境成本。财务困境成本包括直接成本和间接成本两部分。

财务困境成本的直接成本主要包括清算或重组的法律成本以及管理成本。在破产前的所有阶段自始至终都有律师的介入,昂贵的律师费用成为财务困境成本的重要组成部分。此外,管理费用和会计费用实际上也是一种成本。大量的实证研究结果指出,财务困境成本的直接成本虽然绝对数额很大,但实际上占公司价值的比例很小,如 White(1983)、Altman(1984)和 Weiss(1990)通过实证研究估计出美国的财务困境成本大概是公司市值的 3%。财务困境成本的间接

成本主要包括由影响公司正常经营的因素所产生的成本。对破产的担心可能阻断公司与客户和供应商之间的往来，从而导致公司的客户流失，正常的生产经营活动中断。显然，要估计企业的财务困境成本的间接成本比较困难。并且，Altman（1968）估计财务困境成本的直接成本和间接成本通常是公司价值的20%。

MM定理认为，当存在税收时公司的价值随财务杠杆的增加而上升。这就意味着所有公司应该选择最大限度的债务，该理论并未预见现实世界中的公司行为。部分学者指出，破产成本和相关成本会降低杠杆公司的价值。综合考虑税务和财务困境成本，杠杆公司价值应该等于

$$V_L = V_U + BT_C - 财务困境成本现值 \tag{17-12}$$

图17-4显示了税盾效应和财务困境成本的共同作用。斜线表示无破产成本世界中杠杆公司的价值。倒U形曲线代表含有破产成本的公司的价值，当公司由完全权益融资向部分债务融资转移时，公司的价值随之上升。此时，公司陷入财务困境的概率很小，然而随着公司债务的增加，财务困境成本增加。存在一个资本最优结构，即 B^*/E^* 点，使得公司价值最大化。在这点之后，财务困境成本增长加快，公司的价值开始降低。

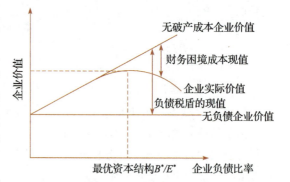

图17-4　税收和财务困境成本对公司价值影响

虽然可以用图表示公司价值的变化，但目前没有公式能够准确地测量公司的最优资本结构或者负债水平。最大的障碍在于财务困境成本难以测量。据此，公司资本结构的决策取决于对债务的税盾效应与财务困境成本的权衡。

17.3　现代资本结构理论

如何确定资本结构以保证企业价值最大化，一直是现代金融学领域的重要研究问题之一。历经几十年的发展和演化，现代资本结构理论仍然保持着其在公司金融领域的主导地位。在演进过程中，资本结构理论大都未考虑现实世界的复杂性，并在此基础上建立分析框架。

17.3.1　传统资本结构理论

我们一般认为，传统的资本结构理论是指在MM理论提出前的理论体系。对最优资本结构问题的系统研究可追溯到20世纪50年代，早期的资本结构观点分为三种：净收益理论、净营业收益理论和介于两者之间的传统折中理论。

净收益理论（the theory of net profit）认为，由于负债的资金成本低于股权资本，股权融资的成本保持不变，随着资本结构中负债水平的上升，企业的加权平均资本成本在不断下降，因此最优负债水平是100%。相对于MM定理而言，净收益理论放宽了对现实世界的考虑，没有衡量企业财务等相关风险带来的现实成本。

净营业收益理论（the theory of operation profit）认为，随着负债的增加，企业风险在不断增加，由此导致股权融资的成本上升，上升的幅度正好将增加债权融资带来的加权平均资本成本的

下降完全抵消。这样，不管企业的财务杠杆如何变化，加权平均资本成本保持不变。因此，不存在使企业价值最大化的最优资本结构。

传统折中理论（the traditional theory）是介于上述两种极端理论之间的资本结构理论，该理论认为资本成本率既不是一个常数，也不会沿着同一个方向变化，企业存在最优资本结构。在企业债权融资比例从 0 到 100% 变化的过程中，在达到最优资本结构点之前，股权融资的成本虽然有所上升，但仍然小于负债融资带来的好处，因此，加权平均资本成本在不断下降。超过该点之后，股权融资成本的上升幅度超过了负债融资带来的好处，加权平均资本成本不断提高。

传统资本结构理论具有两个特点。一是传统资本结构理论对资本结构的研究是以资本成本最小化为着眼点展开的；二是传统资本结构理论仅仅是一种定性描述，没有严格的数量分析。因此，传统资本结构理论并没有在公司金融学中占据主流地位。

17.3.2 啄序理论

基于以上的这些研究，经济学中的信息不对称理论逐渐应用于公司资本结构问题的研究。该理论认为，企业融资决策以及资本结构状况是对公司价值信息的一种反映，任何融资变动以及资本结构变动都向市场传递着一种信息。而投资者由于缺乏内部信息，只能基于这种简单的信息传递来预测和估计企业的未来状况，进而做出必要的投资决策。Ross（1977）首次将信号传递模型引入对公司资本结构的研究，认为高价值的公司较多运用债务融资传递信号，而低价值的公司更依赖股权融资。始于 Myers 和 Majluf（1984）以及 Myers（1984）的研究则认为，资本结构的设计是为了减少企业在投资决策中由于信息不对称而带来的低效率。

Myers（1984）观察到企业偏好内部融资。但由于公司股利政策"黏性"以及公司的利润水平和投资机会波动的不可预测性，投资所需资金可能与内部产生的现金流不匹配。在此情形下，公司会首先利用内部融资。然而，当内部融资不足以满足投资需要时，企业首选的外部融资形式是发行最安全的债券，即先使用负债，然后是可转换债券等混合性证券，最后才使用权益融资。

股利政策"黏性" 一般公司在决定股利政策时，大都十分谨慎。多数公司一般都有事先确定的目标分红率，即使当期盈利出人意料地大幅增长，公司也不会立即大幅增派股利，往往是逐步提高派现率，把股利支付慢慢调整到预定的目标分红率水平。之所以如此，是因为公司管理者相信市场对稳定的股利政策将给予较好的预期，他们担心股东会把突然增加的派现当成"永久性"的股利分配政策。这种均衡分配股利的策略使得股利分配显示出极强的黏性特征，即公司管理者通常愿意把股利分配"熨平"。比如，美国上市公司的现金股利占公司净收入的比例在 20 世纪 70 年代为 30%~40%，到了 80 年代，这一比例提高到 40%~50%。同样，在 1971~1993 年间，美国增加股利的上市公司的数目也远远多于减少股利的上市公司的数目。

Myers 和 Majluf（1984）建立了一个简单模型，当公司发行新股时老股东持有的股票市场价值是

$$V_{old} = [P/(P+E)](E+S+a+b) \tag{17-13}$$

式中，P 为新股发行后老股东所持有股票的市值；E 为要发行的股票价值；S 为企业现金和短期证券之和；a 和 b 分别为管理者对资产现值和投资项目净现值的估计。

根据式（17-13），公司未发行新股时老股东的股票市值为 $S+a$，只有当 $S+a \leq [P/(P+E)]$

($E+S+a+b$)时发行新股才合算,所以发行新股的临界条件是
$$(E/P)(S+a) = E+b \tag{17-14}$$
因此,只有当 a 越小、b 越大时,公司才愿意发行新股。

进一步考虑债券融资,假设公司发行股票和债券后新股东和债权人获得的收益分别为 ΔE 和 ΔD。若发行新股,老股东增加的收益是 $b - \Delta E$;若发行债务,老股东增加的收益是 $b - \Delta D$。

发行债务可以减少公司管理者的信息优势,所以,相信公司股票被低估的乐观的管理者会决定发行债务而不是股票,而悲观的管理者会选择发行股票。但是如果债券具有可选择性,任何发行新股票的打算都会被投资者意识到,并预测公司价值可能被市场高估。因此,如果能以公平的价格购买债券,发行股票会受到投资者的冷落。只有当债务融资的成本很高,可预见的财务危机成本增加时,公司才会选择发行股票融资。

Myers(1984)对**啄序理论**(the pecking order theory)进行了概括:①股利政策是"黏性"的;②相对于外部融资而言,公司偏好内部融资,但是如果存在净现值为正的投资项目,外部融资也会成为备选;③如果确实需要外部融资,公司会首先发行风险最低的债券,即按着啄食的次序进行,从低风险债券到高风险债券,还可能包括可转换债券或其他准权益债券,最后才是股票。

Krasker(1986)发现当允许公司选择投资项目及相应的融资规模时,股票发行规模越大,老股东向新股东转移的价值越多。这支持了 Myers 和 Majluf 的观点。Narayanan(1988)从投资项目的信息不对称角度分析公司的资本结构选择,也证实了企业融资符合"啄序理论"。

17.3.3 代理理论

企业的委托-代理关系伴随着企业"所有权"与"控制权"的分离而存在。企业代理成本产生的根源就是所有权和控制权的分离。

Jensen 和 Meckling(1976)最早采用**代理理论**(the agency theory)来解释资本结构问题,开创了基于代理成本理论进行企业资本结构研究的先河,此后涌现出了大量针对资本结构代理成本问题的研究。Jensen 和 Meckling 认为,代理成本的存在是因为企业未来现金流的概率分布与资本结构相关,企业的最优资本结构需要权衡债务融资的收益和代理成本。他们提出了在企业管理过程中产生代理成本的两类冲突——股东与管理人之间的冲突以及股东和债权人之间的冲突。Shleifer 和 Vishny(1997)在研究中讨论了第三类冲突——大股东和小股东之间的冲突。

1. 股东与管理者之间的冲突

股东与管理者之间的冲突源于控制权和所有权的分离。公司管理者没有百分之百地拥有企业股权,不能够从企业的盈利活动中获得所有利润。然而,他们却承担着从事经营活动的全部风险和成本。因此,管理者就可能谋求私利,工作怠惰,置债权人的利益于不顾。Jensen(1986)在《自由现金流的代理成本、公司财务与收购》一文中指出,当公司面临的投资机会较少却伴随着较多的自由现金流时,管理者通常会过度投资,甚至接受净现值为负的投资项目。这样做恰恰会损害公司股东的利益,产生代理成本。此时,公司负债的好处是能够提高管理者的经营效率和效益,对随心所欲地使用自由现金流产生约束。Grossman 和 Hart(1982)建立了一个正式代理模型,验证了负债对股东和管理层利益冲突的缓和作用。模型认为,管理者的效用依赖于企业的生

存状况，所以对管理层而言，存在私人收益与企业破产导致其任职利益损失风险之间的权衡。

Harris 和 Raviv（1990）将管理者与股东的利益冲突解释为经营决策的分歧，提出了债务缓和模型，讨论了管理者与股东在清算决策上的分歧所导致的代理成本，认为最优的资本结构是改善清算决策的利益和调查成本的权衡。债权人在公司违约时具有强制公司破产的权利，从而缓解了股东与管理者的利益冲突。

Stulz（1990）从另外一个角度解释了股东与管理者的分歧是怎样缓和的。他在模型中指出，即使把现金支付给投资者是一种更好的选择，管理者也必定会由于好大喜功，想把所有可获得的资金用于投资。这时增加负债可以减少投资的现金流量，缓和代理矛盾。然而，债务融资成本容易导致"自由现金"不足，从而使企业丧失好的投资机会。为此，最优的资本结构的选择，应该是对投资的收益与成本之间进行权衡后的结果。

2. 股东和债权人之间的冲突

Jensen 和 Meckling（1976）认为，债权人和股东的利益冲突源于债务契约给予股东一种次优激励。如果一项投资产生了远远高于负债面值的回报，股东可以分享大部分的收益，相反，若投资失败，股东承担有限责任，债权人却承担了投资失败的全部损失。所以，股东有较高的积极性去选择风险更大的项目进行投资，即使这些项目将导致债务价值的降低。如果债券发行人能够准确地预期到股东未来的经营投资行为，并在合约中加以限制，那么股东将代替债权人承担这项成本。结果就是，股东从债券中获得的利润减少。这种效应被称为**资产替代效应**，它是债务融资的一项代理成本。

Myers（1977）发现了另外一种代理成本问题，当公司近期可能破产时，股东会放弃投资净现金流量为正的项目。因为在公司濒临破产的情况下，当前的破产程序可能使该项目的全部成本由股东承担，而收益部分却被债权人优先抢占。债务杠杆较高的公司，极容易产生投资不足的问题，即更轻易放弃增加公司价值的项目，也就是所谓的过度负债效应（debt overhang）。

资产替代问题的存在表明杠杆企业的股东有选择高风险、净现值为负的投资项目的动机。Diamond（1989）提出企业出于声誉的考虑，会寻求相对安全的项目，减轻资产替代问题。Diamond 认为，如果企业能使贷款人确信其将投资于安全项目，就可以享受较低的贷款利率。由于贷款人只能考察一家企业的拖欠历史，因此企业可以通过不拖欠来建立只投资安全项目的信誉。企业良好的偿债信用记录越久，信誉越好，借贷的成本越低。尽管 Diamond 模型固定了债务量，但通过对该模型的推广延伸可以得到如下结论：在其他状况相同的条件下，年轻企业比年老的企业具有较少的负债。Hirshleifer 和 Thakor（1989）认为管理者出于自身声誉的考虑也会从事相对安全的投资项目，降低债务代理成本。

3. 大股东和小股东之间的冲突

Demsetz（1986）认为，大股东和小股东之间存在着严重的利益冲突，大股东可能以小股东的利益为代价来追求自身利益。Grossman 和 Hart（1988）强调，如果公司中存在持股比例较高的大股东，就会产生控制权收益，而且这种收益只为大股东所享有，不能被其他股东分享。Shleifer 和 Vishny（1997）指出在某些国家，代理成本起源于有控制权的大股东和小股东之间的利益冲突。股权集中在少数控股大股东手中，导致控股大股东掏空小股东利益的问题出现，因为一旦控股大股东控制了公司，他们常常会利用公司的资源谋取私利，损害其他股东和利益相关者的利益。控股大股东常常将上市公司的资源从小股东手中转移到自己所控制的企业中,为了攫取控制权收益,他们会竭力向外部人员隐瞒控制权收益。Myers 和 Rajan(1998)认为与固定资产相比,流动资产更易被大股东所占用,以作为其侵害其他投资者的利益和谋取私利的工具。La Porta 等(1999)的研究发现,在 27 个高收入国家中约有 64% 的大企业存在控股大股东,这些大企业中存在的主要代理问题是控股大股东侵占小股东的利益,而不是管理者与股东之间的利益冲突。他们在实证研究中通过计算控股股东的现金流量权与投票权的分离程度,并分析这种分离程度是否会对公司价值产生负面影响,进而间接证明控股大股东是否通过分离所有权与控制权来掠夺小股东的利益。Johnson 等(2000)使用掏空一词来描述大股东转移公司资源的行为,认为大股东可能通过自我交易、发行稀释性股权或内幕交易等方式将公司资产转移出上市公司,进而实现掏空。Claessens、Djankov 和 Lang(2000)的研究发现,在亚洲市场中,交叉持股和金字塔式的股权结构非常普遍,此种股权安排使得控股大股东能够用很少的资本支出来获取很大的控制权,这将使得大股东掏空行为变得更加严重。

17.3.4 控制理论

20 世纪 80 年代,美国企业迎来了并购狂潮。学术界开始重视公司控制权市场与资本结构之间的关系,推进了建立在公司控制权市场理论基础上的资本结构控制理论的诞生。**控制理论**(the control rights theory)的主要观点是,公司在股权和债券之间的筹措资本抉择,会决定控制权在股东和债权人之间的分配。

资本结构管理控制学派主要包括三大模型:Stulz 模型、Harris-Raviv 模型和 Israel 模型,有时也被称为融资政策的管理者防御模型(entrenchment models of financial policy)。提出前两大模型的文章同时发表在 1988 年《财务经济学刊》第 20 卷上,后一种模型出现在 1991 年《财务学刊》第 46 卷。

1. Stulz 模型

Stulz 模型的部分内容是俄亥俄州立大学的 Rene Stulz 教授在麻省理工学院和芝加哥大学进行学术访问时提出来的。Stulz 模型具有以下三个显著特点。

第一,Stulz 模型高度强调管理者对表决权的控制在决定公司价值中的作用。Stulz 指出,企业资本结构会影响企业表决权的分布状况,假设管理者能掌握的表决权比例为 α,则当 α 值较低时,债务的增加提高了 α 值,进而提高了企业发行在外的股票的价值。因而,企业的价值与 α 呈正相关关系。而当 α 值较高时,企业的价值与 α 则变成负相关关系。Stulz 认为,正是因为企业价值与 α 之间的这层关系,才使得管理者可以通过改变企业的资本结构来改变他们所掌握的 α,进而影响企业的价值。因此,Stulz 模型的一个关键结论就是:资本结构的变动,通过其对 α 的作用影响企业的价值。

第二,Stulz 模型突出了管理者对表决权的控制对收购方行为的影响。当 Stulz 坦言"我们的模型不考虑公司控制权市场对管理者的惩戒作用"时,他所表达的意思并非为了绕开公司控制权市场理论的逻辑框架,而只是为了强调管理者对表决权的控制比例 α 对收购方的行为、收购溢价及收购概率的影响。所以,Stulz 明确表明:"在一起收购业务中,收购溢价是管理者掌握的目标公司表决权比例的递增函数,恶意收购的概率随 α 的增加而减少。"

第三，Stulz 模型表明，当企业价值达到最大化时存在一个最优比例的 α。Stulz 承认，管理者所控制的 α 对收购中目标企业价值的影响是一把"双刃剑"。一方面，如果管理者所掌握的目标公司表决权的比例太高，过高的 α 值显然降低了公司被恶意收购的概率，从而导致目标公司的价值因缺少收购溢价而降低；另一方面，α 值太低，收购方又不愿意为取得公司控制权而支付较高的收购溢价。因此，"确实存在一个让企业价值最大化的唯一 α 值"。

Stulz 模型是最早试图将公司控制权市场理论与资本结构理论结合起来的模型之一。但是 Stulz 做得并不彻底，他的模型忽视了公司控制权市场主流理论的若干重要观点，其中最应被批评之处正如 Stulz 自己所承认的："我们的分析忽略了公司控制权市场所产生的积极激励作用。"除这个因素外，Stulz 模型只是单方面地谈到管理者对公司控制权市场的影响，而没有看到公司控制权市场对管理者产生的积极影响，所以 Stulz 模型只是融入了公司控制权市场理论的部分内容。Harris-Raviv 模型在这方面则做了重要改进。

2. Harris-Raviv 模型

Harris-Raviv 模型是芝加哥大学的 Milton Harris 教授和西北大学的 Artur Raviv 联合提出来的。他们最早是在一篇名为《资本结构与公司控制》的文章里谈到这个模型，后来经过修改，以《公司控制竞争与资本结构》为题发表在 1988 年《财务经济学刊》第 20 卷上。在这篇文章里，Harris 和 Raviv 正式提出了与 Stulz 模型齐名的 Harris-Raviv 模型。Harris-Raviv 模型的基本理念在于把增加债务杠杆看成是一种反收购的方法，即"由于变动资本结构能够影响到股权分布，所以它是一种反收购的方法"。首先，就表决权而言，由于公司普通股享有表决权，而债务不享有表决权，所以管理者对负债－权益比率的不同选择将会影响到公司表决的结果，且部分决定了谁能掌握公司资源的控制权。正如 Harris 和 Raviv 所言："用债务换取权益将造成投票权从那些不追求控制公司的投资者手中转移到那些正想方设法控制公司的投资者手里。"因此，在职管理者完全有可能利用变动资本结构来实现他们对公司的控制。其次，管理者对负债－权益比率的选择不能是随心所欲的。一方面，提高负债－权益比率降低了在职管理者被解雇的可能性。另外，提高负债－权益比率也减少了他们从收购中可能得到的其他利益，因为这样做在增加负债的同时也增加了公司破产的可能性和对管理者的限制条款，而且债务的利息支付制约了管理者对现金流量的控制。因此，管理者是否变动最优资本结构取决于对所有这些因素的权衡。不难看出，在 Harris-Raviv 模型中，管理者选择最优资本结构的同时也就"内在地"决定了收购方法、结果，以及收购和被收购公司的价格变动效应，后者显然属于公司控制权市场的内容。关于资本结构与公司控制权市场之间的关系，Harris 和 Raviv 有一段话说得很明白："通常来说，当出现收购对手时公司股票价格会上涨，上涨的幅度取决于更有能力的管理者能实际控制公司的可能性。而这种可能性又取决于在职管理者对负债水平的选择。一方面，倘若在职管理者选择了一个特别高的负债水平，使收购对手没有任何获胜的机会，则收购对手的出现将不会产生任何价格变动效应；另一方面，在职管理者也可能选择一个特别低的负债水平促使收购成功，如此一来，成功的收购要约与低负债水平改善了管理层，因而会有较高的股票价格。"

3. Israel 模型

Israel 模型在资本结构控制理论中推出的时间最晚，内容也最独特。Israel 认为，尽管控制权的变动会导致单个企业的债务价值显著增加或减少，但就整体平均而言，控制权变动时不一定会出现显著的企业价值变动,所以无法单纯地根据债务变动来考察 Stulz 模型和 Harris-Raviv 模型是否成立。从理论原点上看,Stulz 模型和 Harris-Raviv 模型都认为,资本结构通过控制公司管理者和与外部股东之间的表决权分布来影响公司被收购的结果。而 Israel 模型却认为,资本结构应当是通过控制表决权证券和无表决权证券在现金流量上的分布来影响公司被收购的结果。换句话说,资本结构影响协同利益如何在收购方和目标公司之间进行分配。这主要体现在:第一,较高的负债水平产生较高的债务溢价,导致收购的协同利益从收购公司转移到目标公司,从而产生负债价值增加效应;第二,较高的债务水平导致大部分协同利益被债务人攫取,留给目标公司股东和收购公司的协同利益减少,这导致收购企业的股东获得的收益也进一步降低。如此一来,收购的概率就很低,从而也降低了产生的负债价值。因此,Israel 认为,管理者正是在对负债产生的价值增加和价值减少效应的权衡中选择最优的资本结构。

17.4 融资决策

融资决策(financing decision-making)是指为企业运营筹集资金,确定最合适的融资契约或融资结构,制订最佳融资方案,使企业价值最大化的选择过程。融资决策是每个企业都会面临的问题,也是企业生存和发展的关键问题之一。融资决策需要考虑众多因素,税收因素是其中之一。利用不同的融资方式和融资条件对税收的影响,企业精心设计融资计划,以实现企业税后利润或者股东收益最大化。

如今,金融创新非常活跃,可供选择的融资渠道很多,企业可以进行内部融资,也可以进行外部融资,比如金融财团融资、认股权融资、可转换债券融资、风险投资融资等。当然,企业也可以选择通过商业银行借款或发行其他种类的债券、股票等融资方式。具体融资方式的选择和相应风险的管理,成为企业财务决策管理的关键问题。

17.4.1 融资选择

企业融资是企业运营的一个非常重要的环节,关系到创业和扩张能不能顺利开展以及企业能不能健康发展。所谓融资,就是指一家企业筹集资金的行为与过程,即公司根据自身的生产经营状况、拥有资金的状况,以及公司未来经营发展的需要,通过科学的预测和决策,采用一定的方式从一定的渠道向公司的投资者和债权人筹集资金并运用资金以保证公司正常生产和经营管理活动需要的财务决策行为。

融资方式是指企业筹集资金所采取的具体形式。当前,企业可使用的外部筹资方式主要有吸收直接投资、发行股票、发行债券、银行与非银行金融机构借款、商业信用、租赁融资等。此外,企业还可以利用内部融资方式进行筹资,如计提折旧和留存利润等。计提折旧本身并不增加企业的资金总额,但通过计提折旧可以增加企业的现金流量,计提折旧的固定资产在更新之前,可以为企业提供生产经营所需要的现金来源。

目前,中国企业的融资方式通常有以下几种。

(1)吸收直接投资。这是指企业以协议等形式吸收国家、其他单位、民间和外商直接投入资金,由此形成企业的资本金,是非股份有限公司筹措自有资金的基本方式。

(2)发行股票。同吸收直接投资相比,公司可以将其所需筹集的自有资金划分为较小的计价单位,如1元、5元等面值的股票,并且股票可以在证券市场上流通转让,为社会上不同层次的投资者进行投资提供了方便。这是股份有限公司筹措自有资金的基本方式。

(3) 银行借款。这是指企业根据借款合同从银行借入资金。银行借款按不同标准分类可分为短期借款和长期借款以及人民币借款与外币借款等。它是企业取得借入资金的主要方式。

(4) 发行债券。这是企业取得资金的重要方式。按不同的还本期限,债券可分为短期债券和长期债券两种。与银行借款相比,它可以向企业、单位、社会团体和民间发行,将资金划分为较小的计价单位,如100元、500元和1 000元等不同票面价值的债券,并在金融市场上流通转让。

(5) 融资租赁。这是指租赁公司按照企业的融资要求购买设备,并在合同规定的较长期限内提供给企业使用的信用性业务。它是企业借入资金的又一种形式。

(6) 商业信用。这是指企业在商品购销活动中因延期付款和预收货款所发生的借贷关系。延期付款(如应付账款和应付票据)和预收账款都是在商品交易中因取货与付款的时间差异而产生的信用行为,从而为企业提供了筹集短期资金的机会。

(7) 企业内部形成的资金。这是指企业在生产经营活动中内部形成的资金,主要包括企业留存收益和暂时闲置资金。

企业融资的途径和方式是多种多样的,根据融资特点,企业融资可以分成三类。

(1) 债务融资与权益融资。债务融资是一种包含利息支付的融资方式,通过增加企业的债务筹集资金,主要有借款、发行债券、融资租赁等。其实,根据公式"资产=负债+所有者权益"就可知道,增加资产只有通过增加负债或权益,或二者同时增加才能够实现。权益融资是通过扩大企业的所有权益,如吸引新的投资者、发行新股、追加投资等,而不是出让所有权益或出售股票。出让或出售股份是转让行为,没有增加权益。权益融资的后果是稀释了原有投资者对企业的控制权。

(2) 内部融资与外部融资。内部资金可以来自于公司内的若干渠道,如利润留存、出售资产收入、减少流动资本量、延期付款、应付账款等。外部资金来源包括自有资金、家庭成员和亲朋好友借款、商业银行贷款、小企业行政贷款、研究开发有限合伙企业、政府拨款和向私人募集等。

(3) 风险资本融资。这种融资方式从更广泛的角度将风险投资视为由专家管理的权益资本蓄水池。风险投资是一种权益资本,而不是借贷资本。一般来说,风险投资要求向企业投入的权益资本占该企业资本总额的30%以上。对于高科技创新企业来说,风险投资是一种成本较高的资金来源,但是它也可能是唯一可行的资金来源。银行贷款虽然说成本较低,但是银行会更多地考虑贷款安全性问题,并且提供的融资规模有限。由于高科技创新企业很难做到百分百安全,事实上高科技创新企业很难从银行贷到款。

17.4.2 融资决策依据

公司在面对任何一项投资决策时,首先面对的都是融资,因为投资所用的每一分钱都要通过筹集得到。根据MM定理可知,在一个完美的市场条件下,只有投资决策会影响到公司的价值。所以在这样的世界里,任何投资机会都全部被视为权益融资。当公司决定投资于什么项目时,就要考虑如何融资,并评价一个项目是否值得融资。因此,在实际经营中,融资分析不能被忽视。通常，融资决策有两种最主要的评价方法：调整净现值法和税后加权平均资本成本。

1. 调整净现值法

调整净现值法（ANPV） 是指针对融资带来的成本和收益，直接调整现金流及其现值。在采用 ANPV 评估项目时，首先假定项目本身就是一家完全权益融资的小公司。例如，有一个生产电脑的项目，需要 1 000 万美元的初始投资，在今后 10 年间每年的税后现金流为 180 万美元。如果项目的经营风险是 12%，那么投资者对这家小型公司的股票的期望收益率为 12%，具体判断过程如下。

先考虑该小型公司的基准净现值是

$$NPV = -1\,000 + \sum_{t=1}^{10} \frac{180}{1.12^t} = 17(万美元) \qquad (17\text{-}15)$$

按照投资标准，净现值为正的项目都可以实施。在一个完美的 MM 世界里，融资决策并不能影响公司的价值，所以财务经理完全可以接受这个项目。如果考虑到发行成本，这个项目依然可行吗？

如果公司要通过发行股票来筹措 1 000 万美元，发行成本将超过总发行收入的 5%，这就意味着公司为了得到 1 000 万的资金，首先需要发行 1 050 万美元，而这 50 万要支付给证券承销商、律师及发行过程中的其他人员。

项目的调整净现值就是从基准净现值中减去这些发行成本，所以

$$ANPV = NPV - C = 17 - 50 = -33(万美元) \qquad (17\text{-}16)$$

很显然，公司应该拒绝该项目，因为项目的调整净现值小于 0。通过这个例子我们可以看出，调整净现值法在概念和理解上都非常简单，它是在不用考虑任何融资结果的情况下，首先计算出基准净现值（NPV），然后减去发行成本（C）得到调整净现值，从而计算项目对公司价值的总体影响，其判断准则是当 ANPV 大于 0 时接受项目，即

$$ANPV = NPV - C > 0 \qquad (17\text{-}17)$$

2. 税后加权平均资本成本

我们在介绍前面的加权平均资本成本时，忽略了一个重要的问题，即负债融资和权益融资之间的区别。债券融资可以用支付利息的方式抵扣税金，这样就可以得到另一个衡量融资的税后加权平均资本成本（WACC），因此，在下面给出了加权平均资本成本的税后形式

$$r_{WACC} = r_D(1 - T_C)\frac{D}{V} + r_E\frac{E}{V} \qquad (17\text{-}18)$$

式中，r_D 和 r_E 分别为投资者对公司要求的债权收益率和权益收益率；D 和 E 分别为负债和权益的当前市值；V 为公司当前的总价值；T_C 为边际税率。

但是，税后 WACC 的取值要比资本机会成本 r 小，因为"负债成本"变为了 $r_D(1-T_C)$，是税后取值。因此，负债融资的好处就是它有较低的贴现率。

除了这两种衡量融资的计算方法外，还有两个融资准则也是公司在进行融资时需要考虑的：①负债水平固定，按项目初始价值的一定比例借款，然后按照事先规定的还款计划还款；②负债水平重整，未来不断调整负债水平，使它与项目未来的价值之比维持在一个固定水平。

本章小结

本章主要围绕企业的资本结构和融资决策选择，分析了不同选择对企业价值的影响，并给出了企业资本结构和融资决策的基本判别依据。

1. 资本结构即企业资产中权益和负债所占的比例，反映了企业的基本资产配置状况。
2. 根据无税 MM 定理，公司资本结构并不影响企业价值；在有税条件下，负债因存在"税盾效应"而使企业价值增值。当考虑到企业无限扩大负债比例可能带来的财务困境成本时，资本结构可能存在一个最优的比例，而不是所谓的 100% 负债结构。公司资本结构决策取决于公司对债务的税收优惠和财务困境成本的权衡。
3. 何种资本结构能够使企业价值最大化？是否真正存在最优的资本结构？这样的问题似乎一直不缺少"追求者"。资本结构理论的发展历程告诉我们，企业融资结构与企业价值本身存在一定的联系。
4. 良好的融资决策对于企业的未来发展至关重要。通过调整净现值法和税后加权平均资本成本来度量公司是否应该进行融资，进而选择恰当的融资方式能够有效地帮助企业解决融资决策问题。

习 题

一、名词解释

1. 资本结构　　　　2. 资本成本　　　　3. 财务杠杆
4. 税盾效应　　　　5. 净收益理论　　　6. 财务困境成本
7. 加权平均资本成本　8. 股利政策"黏性"　9. 啄序理论
10. 调整净现值法　　11. 银团贷款　　　12. 税后加权平均资本成本

二、简答题

1. 简述啄序理论。
2. 简述代理理论。
3. 根据融资特点，企业融资方式可以分成哪几类？分别是什么？简述中国企业融资的常用方式。
4. 简述企业如何进行资本结构选择。
5. 在真实的公司经营环境中，一家公司能够无限制地举债经营吗？请进行简要分析。
6. 分别从有税收和无税收的角度论述 MM 定理。
7. 综合所学资本结构理论，对企业最优资本结构进行论述。

本章思维导图

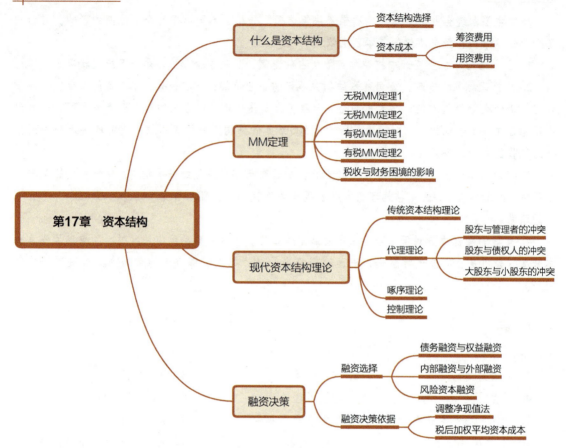

第五部分

国际金融

第18章

国际收支

在国际经济交往过程中,各国之间贸易、投资、政治、文化和科技等方面的往来,通常都会引起相互间的债权债务关系的变化,这些具体表现为国际收支的变化。国际收支是国际金融的基础。本章将以国际收支账户分析为起点,详细探讨关于国际收支的内在形成机制,并在此基础上考察实现国际收支平衡的调节机制和措施。

18.1 什么是国际收支。主要介绍国际收支的概念以及国际收支平衡表的结构和编制原则。

18.2 国际收支调节。明确国际收支平衡的判断标准,并在此基础上考察国际收支失衡的口径、原因以及可供选择的调节措施。

18.3 国际储备管理。学习国际收支调节过程涉及的重要项目——国际储备的相关内容,具体考察国际储备的构成、作用及其管理问题。

中国是全球制造大国，"中国制造"已经成为中国的国家品牌形象。美国知名消费品调查公司 Gfk Roper 2008 年公布的一项调查结果显示，"中国制造"在性价比、质量、创意和美誉度四个方面均得到了美国消费者的认同。26% 的受访者认为中国产品的性价比仅次于美国产品（45% 的受访者认为美国产品的性价比最高）。然而值得注意的是，中国产品的大量零部件来自世界其他地区。由此可见，国与国之间经济交往的日益深入是当前世界经济发展的重要趋势，考察各国的国际收支状况是分析整体经济运行状况的重要环节。

18.1 什么是国际收支

人们都非常熟悉"收支"这个概念。一位精明的家庭主妇会对每月、每季或者每年的收支情况进行逐一记录，企业更是如此。这样做是为了对货币收支有更清晰的了解，以便做到收支相抵或者略有盈余。当然，如果企业入不敷出，就必须分析原因，寻找对策。国家作为一个经济体，也需要对自身与别国经济活动的收支状况进行分析。简单地说，国际收支就是国家之间的收支，系统地记载了一定时期内经济主体与世界其他国家或地区经济活动的收入和支出状况。由于国际收支反映的对象是国际经济活动，因此在内容和形式上会随着世界经济的发展而不断变化。

18.1.1 国际收支的概念

国际收支（balance of payments）的概念最早出现在 17 世纪，在随后近 300 年的时间里，一直被简单地解释为国家的贸易收支。这与长期以来国际经济交往的单一内容（国际贸易且主要是商品贸易）相对应。第一次世界大战后，国际经济交易的内容出现了新变化，国际资金往来和劳务输出增多，随着国际金本位制的崩溃，各国开始用纸币代替黄金作为交易工具，这一时期的国际收支被狭义地理解为外汇收支，核算范畴也主要建立在货币支付的基础上。第二次世界大战后，国际经济交易的内容更加丰富，一些不涉及货币支付的国际经济往来占据了更重要的地位，如外国以实物形式提供的无偿援助和投资等，这些经济交往突破了狭义的国际收支概念。因此，国际货币基金组织（International Monetary Fund，IMF）建议采用广义的国际收支概念，即一定时期内一国居民与非居民之间经济交往的系统记录。

广义的国际收支概念强调的是交易基础，不仅包括涉及外汇收支的经济交易，还包括未发生货币支付的其他经济交易，能够更全面地反映一国对外的经济交往。从这一定义可以看出广义的国际收支具有三个基本特征。

（1）**国际收支是一个流量概念**。根据统计学的定义，流量是在一定时期内发生变量变动的数值。国际收支记录的是一定时期内的经济交易，反映的是一国对外经济交往的变动值，所以它是一个流量概念。"一定时期"一般是一年，也可能是一个季度或一个月，可以根据分析问题的需要和资料来源加以确定。

（2）**国际收支记载的是一国居民与非居民之间发生的经济交易**。一项交易是否记入国际收支账户，判断依据就是该项交易是否发生在本国居民和非居民之间。在国际收支统计中，"居民"与"非居民"的划分不是依据国籍。"居民"是指在一个国家的经济领土内具有经济利益的经济单位。所谓一国的经济领土，一般包括该国政府所管辖的地理领土与该国的天空、水域和邻近水域下的大陆架，以及该国在世界其他地方的飞地[⊖]，如大使馆、领事馆等。经济领土不包括坐落在一国地理边界内的外国政府或国际机构使用的领土飞地。依照这一标准，一国的大使馆等驻外机构是其所在国的非居民，国际组织是任何国家的非居民。所谓在一国经济领土内具有一定的经济利益，是指该经济体在某国的经济领土内已经有一年或一年以上的时间大规模地从事生产、消费或交易等经济活动，或计划如此行事。对于一个经济体来说，居民类型可分为四种。第一种是个人居民。凡在其所在国从事经济活动与交易超过一年的自然人为所在国居民，如在尼日利亚从事长期技术援助项目的中国工作人员被视为尼日利亚居民。第二种是官方居民。一国境内的各级政府机构及驻外大使馆、军事机构是本国居民，如中国驻美国大使馆是中国居民，但是设于一国境内的国际性机构（如IMF）是任何国家的非居民。第三种是企业居民。在本国从事生产或经营等盈利性活动的企业是本国居民。但是一家企业的外国子公司是其所在国的居民，是其母公司所在国的非居民。第四种是民间团体。在本国从事非盈利活动的民间组织是本国居民。

（3）**国际收支反映的内容是经济交易**。与字面含义不同，国际收支与"收支"没有绝对关系，而是与"交易"联系在一起。国际收支除了包括有支付行为的交易外，还将不付款的交易包含在内。具体来说，包含在国际收支中的交易有4种。第一种是实际资源（货物、服务和收入）和金融资产的交换。第二种是实际资源或金融资产的单方面转移。第三种是移居，即一个人从一个经济体搬迁到另一经济体居住的行为，因其移居后的个人资产负债关系转移会导致两个经济体的对外资产和负债关系均发生变化，所以这一变化应记录在国际收支中。第四种是根据推论存在的其他交易，如国外直接投资收益的再投资：投资者的海外子公司所获得的收益，一部分属于投资者本人，如果将这部分收益用于再投资，则必须在国际收支中反映出来，尽管这一行为并不涉及两国间资金与服务的流动。

18.1.2 国际收支平衡表

在一年或一段时间内，一国居民与非居民之间发生的国际经济交易是大量且多样的，要系统地了解一国国际收支状况及变化，可以对其进行收集和整理，编制国际收支平衡表。

国际收支平衡表（balance of international payments）是一国根据国际经济交易的内容及范围设置项目和账户，按照复式记账原理，系统地记录该国国际收支状况的统计报表。

国际收支平衡表是分析一国国际收支状况的基本工具。政府在进行决策时，常常会参考本国及重要贸易伙伴国的国际收支平衡表。同样，对于那些直接或间接参与国际经济活动的银行、公司和个人而言，国际收支平衡表包含的信息也非常重要。国际收支平衡表包含的内容十分繁杂，各国的编制有所不同。为了使国际收支平衡表具有可比性，IMF出版的《国际收支手册》第6版对国际收支平衡表编制所采用的概念、准则、管理、分类方法以及标准构成都做了统一的说明。国际收支账户可以分为三大类：经常账户、资本与金融账户、错误与遗漏账户。

1. 经常账户

经常账户（current account）是指对实际资源在国际上的流动行为进行记录的账户。由于其反

⊖ 飞地是一种特殊的人文地理现象，指受某一行政区管辖但不与本区毗连的土地。通俗地讲，如果某一行政主体拥有一块飞地，那么它无法取道自己的行政区域到达该地，只能"飞"过其他行政主体的属地，才能到达自己的飞地。我们一般把本国境内包含的外国领土称为内飞地，把外国境内的本国领土称为外飞地。飞地的概念产生于中世纪，飞地这一术语第一次出现在1526年签订的《马德里条约》的文件中。

映的交易是一国经常性的经济活动，与该国国民收入账户有密切的联系，所以把它叫作经常账户。它在一国国际收支中占据最基本、最重要的地位。经常账户通常包括货物、服务、收入和经常转移四个项目。

（1）货物记录一国的商品进口和出口，又可称为"有形贸易"。货物的范围包括一般商品、用于加工的货物、货物修理以及各种运输工具在港口购买的货物和非货币黄金。按照 IMF 的规定，货物的进口、出口均按离岸价（free on board，FOB）计价。

（2）服务记录一国对外提供服务或接受服务所产生的收支。由于服务不像货物那样能看得见、摸得着，亦称"无形贸易"。服务项目的内容十分繁杂，包括旅游、运输、通信、金融、保险以及计算机服务等其他商业服务。

（3）收入记录生产要素（包括劳动力与资本）在国家之间的流动所引起的报酬收支，主要包括居民与非居民之间进行的两大类交易：第一类是支付给非居民工人（例如季节性的短期工人）的职工报酬和投资收入项下有关对外金融资产与负债的收入及支出；第二类是有关直接投资、证券投资及其他投资的收入和支出以及储蓄资产的收入。

（4）经常转移，亦称无偿转移或单方面转移，记录单方面的无对等性的收支，即那些无须等价交换或不要求偿还的经济交易。经常转移主要包括各级政府的无偿转移（战争赔款、政府间的经济援助、军事援助和捐赠以及政府与国际组织之间的转移等）和私人的无偿转移（如给工人汇款）。经常转移交易的记录，是将其视作一项市场交易，按市场价格形成的交易金额将其记入相关项目。

2. 资本与金融账户

资本与金融账户（capital and financial account）是指对资产所有权在国际上的流动性行为进行记录的账户，包括资本账户和金融账户两个二级账户。

（1）**资本账户**（capital account）主要由资本转移和非生产、非金融资产的收买或放弃组成。

资本转移包括涉及固定资产所有权的转移、与固定资产买卖相联系的或以其为条件的资金转移以及债权人不索取任何回报而取消的债务。

非生产、非金融资产的收买或放弃指不是由生产所创造的有形资产（土地和地下资产）和无形资产（专利、版权、商标、经销权等）的收买与出售。需注意的是，当交易资产为无形资产时，由无形资产的使用所引起的收支记录在经常账户的服务项下；而由无形资产所有权买卖所引起的收支记录在资本账户的非生产、非金融性资产的收买与放弃项下。

（2）**金融账户**（financial account）记录居民和非居民之间投资与借贷的变化，按投资功能和类型可分为直接投资、证券投资、其他投资、储备资产四类。

直接投资（direct investment）的主要特征是投资者对另一经济体企业的经营管理活动拥有永久利益，即投资者和企业之间存在长期关系，并且对企业经营管理拥有有效的发言权。直接投资可以采取如下三种形式：一是开办新企业；二是收购东道国的企业股份达到一定比例，即股票投资，《国际收支手册》第 6 版规定，收购股份在 10% 或以上才是直接投资；三是利润再投资。

证券投资（portfolio investment）指本国居民对外国证券（债券、股票、大额存单、商业票据以及各种衍生工具等）和非居民对本国证券的买卖。与直接投资不同的是，证券投资者主要关心的不是其所投资企业的远景，而是资本的安全与增值，如资本价值上升的可能及资本的目前收益，因此证券投资的流动较为频繁。

其他投资（other investment）是一个剩余项目，指所有直接投资、证券投资和储备投资未包括的金融交易，包括贷款（贸易贷款和其他贷款）、预付款以及金融租赁项下的货物、货币和存款等。证券投资和其他投资常被视为短期资本，直接投资则被视为长期资本。需注意的是，居民和非居民之间投资与借贷产生的利息收入记入经常账户的收入项下，而本金的借贷和偿还记录在金融账户下。

储备资产（reserve assets）指一国货币当局拥有的可以用来平衡国际收支或满足其他交易目的的各类资产，主要包括货币黄金、特别提款权、在基金组织的储备头寸、外汇资产和其他债权。储备资产是平衡经常账户和资本与金融账户相抵之后的净差额。理论上，储备资产增加，经常账户和资本与金融账户净差额为顺差；储备资产减少，经常账户和资本与金融账户净差额为逆差。

3. 错误与遗漏账户

由于国际收支平衡表是按照会计学的复式记账原理编制的，因此贷方总额和借方总额相抵之后总的净值应为零。但是，由于不同账户的统计资料来源不一、记录时间不同以及一些人为因素（如虚报出口）等原因，造成结账时出现净的借方或贷方余额，这时就需要人为地设立一个抵消账户，数目与上述余额相等但方向相反。**错误与遗漏账户**（errors and omissions account）就是这样一种抵消账户，一切统计误差均归入错误与遗漏账户。

明确了国际收支平衡表的账户分类后，我们再来看一下国际收支平衡表的编制原理与原则。

国际收支平衡表是按照"有借必有贷，借贷必相等"的复式记账原理编制的，每笔交易都由两笔价值相等、方向相反的项目表示。凡是有利于国际收支顺差增加或逆差减少的项目均记入贷方，凡是有利于国际收支逆差增加或顺差减少的项目均记入借方。因此，一切收入项目或负债增加、资产减少的项目都列为贷方，称为正号项目；一切支出项目或负债减少、资产增加的项目都列为借方，称为负号项目。按照这一原则，记入贷方的项目包括商品、服务的出口（向国外提供实际资产也就意味着本国实际资产的减少）和资本流入（意味着本国持有的外国金融资产减少或本国对外负债的增加）；记入借方的项目则包括商品、服务的进口（从国外取得实际资产也就意味着本国实际资产的增加）和资本流出（意味着本国持有外国金融资产的增加或本国对外负债的减少）。例如，进口商品属于借方项目，出口商品属于贷方项目；非居民为本国居民提供服务或从本国取得收入，属于借方项目，本国居民为非居民提供服务或从外国取得的收入，属于贷方项目；本国居民对非居民的单方向转移，属于借方项目，本国居民收到的国外的单方向转移，属于贷方项目；本国居民获得外国资产属于借方项目，外国居民获得本国资产或对本国投资，属于贷方项目；本国居民偿还非居民债务属于借方项目，非居民偿还本国居民债务属于贷方项目；储备资产增加属于借方项目，储备资产减少属于贷方项目。

表18-1列举了中国在2018年的国际收支平衡表情况，我们可以从中观察国际收支平衡表的构成及各项目之间的关系。

表 18-1 中国国际收支平衡表（2018 年）　　（单位：亿元人民币）

项目	差额	项目	差额
1. 经常账户	3 527	借方	−3 111
贷方	193 053	1. A. b. 11 个人、文化和娱乐服务	−161
借方	−189 526		
1. A 货物和服务	7 054	贷方	63
贷方	175 694	借方	−225
借方	−168 640	1. A. b. 12 别处未提及的政府服务	−180
1. A. a 货物	26 366		
贷方	160 237	贷方	116
借方	−133 871	借方	−295
1. A. b 服务	−19 312	1. B 初次收入	−3 394
贷方	15 457	贷方	15 526
借方	−34 769	借方	−18 920
1. A. b. 1 加工服务	1 137	1. B. 1 雇员报酬	535
贷方	1 155	贷方	1 193
借方	−18	借方	−657
1. A. b. 2 维护和维修服务	307	1. B. 2 投资收益	−4 046
贷方	475	贷方	14 197
借方	−168	借方	−18 243
1. A. b. 3 运输	−4 429	1. B. 3 其他初次收入	117
贷方	2 805	贷方	137
借方	−7 234	借方	−20
1. A. b. 4 旅行	−15 657	1. C 二次收入	−133
贷方	2 668	贷方	1 833
借方	−18 325	借方	−1 966
1. A. b. 5 建设	327	1. C. 1 个人转移	−25
贷方	896	贷方	408
借方	−569	借方	−433
1. A. b. 6 保险和养老金服务	−441	1. C. 2 其他二次收入	−108
贷方	325	贷方	1 425
借方	−766	借方	−1 533
1. A. b. 7 金融服务	82	**2. 资本和金融账户**	7 231
贷方	221	2.1 资本账户	−38
借方	−139	贷方	20
1. A. b. 8 知识产权使用费	−1 992	借方	−58
贷方	368	2.2 金融账户	7 269
借方	−2 360	资产	−24 436
1. A. b. 9 电信、计算机和信息服务	428	负债	31 705
		2.2.1 非储备性质的金融账户	8 306
贷方	1 988	资产	−23 399
借方	−1 559	负债	31 705
1. A. b. 10 其他商业服务	1 266	2.2.1.1 直接投资	6 964
贷方	4 377	2.2.1.1.1 资产	−6 393

(续)

项　目	差额	项　目	差额
2.2.1.1.1.1.1 股权	-5 244	2.2.1.2.2.1 股权	3 997
2.2.1.1.1.1.2 关联企业债务	-1 149	2.2.1.2.2.2 债券	6 439
2.2.1.1.1.a 金融部门	-1 376	2.2.1.3 金融衍生工具	-415
2.2.1.1.1.1.a 股权	-1 326	2.2.1.3.1 资产	-326
2.2.1.1.1.1.2.a 关联企业债务	-49	2.2.1.3.2 负债	-89
		2.2.1.4 其他投资	-5 198
2.2.1.1.1.b 非金融部门	-5 017	2.2.1.4.1 资产	-13 199
		2.2.1.4.1.1 其他股权	0
2.2.1.1.1.1.b 股权	-3 918	2.2.1.4.1.2 货币和存款	-4 716
2.2.1.1.1.1.2.b 关联企业债务	-1 100	2.2.1.4.1.3 贷款	-5 355
		2.2.1.4.1.4 保险和养老金	-35
2.2.1.1.2 负债	13 357	2.2.1.4.1.5 贸易信贷	-4 530
		2.2.1.4.1.6 其他	1 437
2.2.1.1.2.1 股权	10 203	2.2.1.4.2 负债	8 002
2.2.1.1.2.2 关联企业债务	3 154	2.2.1.4.2.1 其他股权	0
2.2.1.1.2.a 金融部门	1 161	2.2.1.4.2.2 货币和存款	3 416
2.2.1.1.2.1.a 股权	989	2.2.1.4.2.3 贷款	2 056
2.2.1.1.2.2.a 关联企业债务	172	2.2.1.4.2.4 保险和养老金	15
		2.2.1.4.2.5 贸易信贷	2 776
		2.2.1.4.2.6 其他	-261
2.2.1.1.2.b 非金融部门	12 196	2.2.1.4.2.7 特别提款权	0
2.2.1.1.2.1.b 股权	9 214	2.2.2 储备资产	-1 037
2.2.1.1.2.2.b 关联企业债务	2 982	2.2.2.1 货币黄金	0
		2.2.2.2 特别提款权	2
2.2.1.2 证券投资	6 954	2.2.2.3 在国际货币基金组织的储备头寸	-47
2.2.1.2.1 资产	-3 481		
2.2.1.2.1.1 股权	-1 138	2.2.2.4 外汇储备	-992
2.2.1.2.1.2 债券	-2 343	2.2.2.5 其他储备资产	0
2.2.1.2.2 负债	10 435	**3. 净误差与遗漏**	-10 758

资料来源：国家外汇管理局网站，www.safe.gov.cn。

18.2 国际收支调节

从编制方法来看，国际收支平衡表是一张名副其实的平衡表。但是事实上，一国的国际收支总是不平衡的，反映在账面上就是某个账户的交易会形成差额，或是几个项目的交易加总在一起形成局部差额。那么，判断一国国际收支是否平衡的标准是什么呢？

在国际收支平衡表所列的全部项目中，除了错误与遗漏项之外，其余项目都代表实际的交易。按交易动机不同，这些交易可分为自主性交易（autonomous transactions）和补偿性交易（compensatory transactions）两大类。自主性交易是指企业或个人基于自主性目的而独立发生的交易，如商品的进出口、对外直接投资等。自主性交易具有自发性和分散性的特点，因而交易的结果必然是不平衡的，若出现平衡一定是偶然现象。补偿性交易是指为弥补自主性交易不平衡而发生的被动交易，如为弥补国际收支逆差而向外国政府或国际金融机构借款以及动用官方储备等。补偿性交易具有集中性和被动性的特点，是为了弥补自主性交易的缺口而人为付出的努力，交易数量取决于自主性交易的结果。

从国际收支平衡表来看，经常账户和长期资本项目以及部分短期资本项目所代表的交易属于自主性交易，而官方储备及部分短期资本项目所代表的交易属于补偿性交易。但这并非绝对，如我国政府为平衡巨额国际收支顺差而从美国进口飞机以及大量磷肥、大豆等产品，这属于经常账户，但又是补偿性交易。

由此可见，在所涉及的外汇收支的经济活动或交易行为中，只有自主性交易活动才会主动地出现缺口或差额，从而影响一国国际收支的最终平衡，如果自主性交易项目本身就是平衡的，那么货币当局或政府就没有必要进行补偿性交易。因此，衡量一国国际收支平衡与否的标准是看其自主性交易是否达到平衡。国际收支平衡就是自主性交易收支相抵的状态。国际收支的失衡有两种情况：当自主性交易的收入大于支出时，被称为"国际收支顺差"；当收入小于支出时，被称为"国际收支逆差"。

18.2.1 国际收支失衡口径

一般而言，各国政府和国际经济组织都将国际收支平衡作为金融运行良好的指标，而把国际收支失衡作为政策调整的重要对象。为了正确判断一国国际收支状况，首先需要明确国际收支失衡的衡量口径。按照人们的传统习惯和国际货币基金组织的做法，衡量国际收支失衡的口径可以分为以下四种：贸易收支差额、经常账户收支差额、资本和金融账户差额以及综合账户差额。若特定账户的差额为正，则称该账户为顺差（盈余）；若差额为负，则称该账户为逆差（赤字）。我们通常所说的国际收支顺差或逆差，是针对综合账户差额而言的。

贸易收支差额（balance of payments of trade）即商品进出口收支差额，代表出口商品所得和进口商品支出之间的差异，出口大于进口称为贸易收支顺差，反之则称为贸易收支逆差。这一差额在传统上经常作为整个国际收支的代表。尽管在国际经济往来形式日益多样化的今天，贸易收支已经不能完全代表国际收支整体，但由于贸易收支差额综合反映了一国的产业结构、产品质量、劳动生产率以及国际竞争力。因此，对贸易收支差额的分析仍然受到各国的高度重视。

经常账户收支差额（balance of payments of current account）。经常账户包括货物、服务、收入和经常转移四项，各项差额之和构成了经常账户差额，反映了实际资源在一国与他国之间的转让净额。当经常账户的贷方总额大于借方总额时，经常账户为顺差。当贷方总额小于借方总额时，经常账户为逆差。经常账户是国际货币基金组织最关注的国际收支账户，如果出现经常账户顺差，则意味着存在货物、服务、收入和经常转移的贷方净额，该国的海外资产净额增加，换句话说，经常账户顺差意味着该国对外净投资增加。如果出现经常账户逆差，则意味着存在货物、服务、收入和经常转移的借方余额，该国的海外资产净额减少，即经常账户逆差表示该国对外净投资减少。

资本和金融账户差额（balance of payments of capital and financial account）是直接投资、证券投资和其他投资交易的差额，它记录了世界其他国家对本国的投资净额或贷款（借款）净额。该差额具有以下两层含义。第一，它反映了一国为经常账户提供融资的能力。根据复式记账的原则，国际收支中一笔贸易流量总是对应着一笔金融流量，在不考虑错误与遗漏因素时，经常账户中的余额必然对应着资本和金融账户中方向相反且数量相等的余额。当经常账户出现逆差时，必然对应着资本和金融账户的顺差，这意味着一国利用金融资产的净流入来为经常账户逆差融资。因此，该差额越大，代表一国为经常账户提供融资的能力越强。第二，资本和金融账户差额还可以反映一国金融市场的发达和开放程度。随着经济和金融全球化的不断发展，资本和金融账户已经不仅仅局限于为经常账户提供融资，或者说国际资本流动已经逐步摆脱了对国际贸易的依赖，表现出相对独立的运动规律。资本和金融账户差额能够反映该国金融市场的开放程度以及这种独立的资本运动规律。

综合账户差额（overall balance）亦称总差额，是由经常账户与资本和金融账户中的资本转移、直接投资、证券投资以及其他投资账户所构成的余额，也就是将国际收支中的官方储备账户剔除后的余额。由于综合账户差额必将导致官方储备的反向变动，所以可以用它来衡量国际收支对一国储备及货币汇率造成的压力。当综合账户差额为正时，该国外汇储备就会不断增加，本国货币面临升值的压力；如果综合账户差额为负，该国外汇储备就会下降，本国货币将面临贬值的压力。中央银行可以运用这一差额判断是否需要对外汇市场进行干预，政府也可以根据这一差额确定是否应该进行经济政策调整。

可见，国际收支失衡的衡量口径有许多种，不同的国家需要根据自身的情况，在不同时期考察不同层次的账户，从而判断自身在国际经济活动中的地位，并采取相应的对策。例如，某国的经常账户连年赤字，而资本和金融账户连年盈余。这样的国际收支状况表明，虽然综合账户能保持平衡，但从长期来看，国际收支状况并不乐观。长年的经常账户赤字反映了该国产业的国际竞争力低下，暂时的平衡是依靠外资来维持的，长期如此必然导致严重的外汇短缺和国际收支失衡，政府需要采取措施予以纠正。

美国 2018 年国际收支状况分析

根据美国经济分析局发布的统计数据，2018 年，美国经常账户赤字由 2017 年的 4 491 亿美元增至 4 885 亿美元。其中，2018 年第四季度经常账户赤字为 1 344 亿美元，占国内生产总值的 2.6%。资本项目顺差为 94.09 亿美元，金融账户顺差为 3 016.18 亿美元。

从 1976 年开始，美国开始持续的贸易逆差，主要原因在于三个方面：第一，由于人口增长、技术进步等因素，美国经济增长速度普遍快于其他工业国家，造成美国对进口的强大需求，从而产生了周期性赤字；第二，美国进口的支出弹性高于出口的收入弹性，由于一些产品在美国国内已经不生产，进口产品容易被美国市场所接受，从而提高了进口的支出弹性；第三，美国产业结构升级，一些工业产品通过出口关键部件和设备，在其他国家进行加工再进口，造成美国进口增加。

资料来源：Bureau of Analysis, https://www.bea.gov/system.

18.2.2 国际收支失衡的原因

如果一国出现了国际收支失衡，就需要采取措施予以纠正。但是一国除了知道国际收支失衡的数量之外，还需要分析国际收支失衡的原因，才能做到标本兼治。引起国际收支失衡的原因有很多，不同国家或同一个国家在不同时期发生国际收支失衡的原因都可能不相同，归纳起来，主要有以下几类。

（1）**临时性失衡**（temporary disequilibrium）是由于国内外突发性事件（自然灾害、政局动荡或战争等）导致的国际收支失衡。例如，气候的异常变化引起国内农作物产量下降，造成出口供给减少以及进口需求增加，从而导致本国贸易收支赤字。这类国际收支失衡往往是临时的，程度一般比较轻，持续时间不长，并且带有可逆性，一旦这些偶发因素消失，国际收支便可以恢复到正常状态。因此，这种国际收支失衡通常不需要调节，正常的汇率波动或者动用官方储备即可克服。

(2) **周期性失衡**（cyclical disequilibrium）。受商业周期的影响，市场经济国家会周而复始地出现繁荣、衰退、萧条和复苏四个阶段。在周期的不同阶段，无论是价格水平的变化，还是生产和就业的变化，都会对国际收支状况产生不同的影响。这种因为景气循环使经济条件变动而造成盈余和赤字交互出现的国际收支失衡，被称为周期性失衡。例如，在经济繁荣时期，由于进口的快速增长，一国经常账户往往出现赤字，而在经济萧条阶段，国内市场需求的疲软往往会引起出口增加和进口减少，使一国经常账户出现盈余。对于资本和金融账户，经济繁荣时期投资前景被看好，大量资本流入，将会使该账户出现顺差，反之，在经济萧条时期，则会出现逆差。周期性失衡在第二次世界大战前的西方国家表现比较明显，战后由于西方主要国家的经济周期具有同步性，这类失衡有所减轻。当前，西方发达国家经济周期的影响主要作用在发展中国家的国际收支上，即当发达国家处于衰退阶段时，其对发展中国家出口商品的需求就会减弱，从而造成发展中国家出口下降，贸易收支恶化。美国次贷危机爆发后，中国的出口需求就曾因西方国家的经济衰退而受到巨大影响。

(3) **结构性失衡**（structural disequilibrium）是指一国经济和产业结构不能适应世界市场变化而导致的国际收支失衡。结构性失衡可分为产品供求结构失衡和生产要素价格结构失衡两类。产品供求结构失衡是指当世界市场需求发生变化时，若该国的产业结构落后，生产条件和技术水平不能随世界市场需求的变化而调整，就会导致产品失去国际竞争力，并引发该国国际收支失衡。生产要素价格结构失衡是指由于劳动者工资增长率与生产增长率不同步，主要表现为工资增长率快于生产率的提高速度，这将导致该国生产成本提高，其在国际市场上的竞争力逐渐丧失，原有的比较优势将不复存在，可能导致该国出现国际收支逆差。结构性失衡与临时性失衡不同，它往往是由长期因素引起的，扭转失衡也需要一个比较长的过程。

(4) **货币性失衡**（monetary disequilibrium）是在汇率一定的条件下，由于货币价值变化（通货膨胀或通货紧缩）引起的国际收支失衡。如果一国货币发行量太多，该国的物价水平普遍上升，商品成本提高，出口商品的国际竞争力下降，出口减少，而进口商品的价格相对降低，刺激进口增加，这两方面原因将导致贸易收支和经常项目收支逆差。此外，由于货币发行过多，市场利率下降，资本流出增加、流入减少，从而导致资本与金融项目出现赤字。因此，货币性失衡不仅与经常项目有关，也与资本项目有关。

(5) **收入性失衡**（income disequilibrium）是指一国国民收入相对快速增长而导致进口需求的增长超过出口增长所引发的国际收支失衡。国家间收入平均增长速度的差异是引起收入性失衡的因素，当其他条件不变时，一国收入平均增长速度越高，进口增长越快，越容易出现贸易收支逆差，而收入增长较慢的国家容易出现国际收支顺差。如果考虑到收入增长过程中其他因素的变化，例如一国收入增长伴随着规模经济效益和技术进步，则会引起生产成本下降，收入增长会同时带动进口和出口的增加。

(6) **冲击性失衡**（shock disequilibrium）是由于国际游资的流动所引起的国际收支失衡。这是在 20 世纪 90 年代国际资本流动规模不断扩张后出现的国际收支失衡的新形式。目前，在国际资本市场上存在大规模追逐高收益的短期流动资本，它们在国际的流动不仅是为了躲避风险，还会故意狙击其他国家和地区货币，造成这些地方金融秩序混乱以及国际收支严重失衡。

一国的国际收支如果发生暂时性失衡，即短期的、由非确定或偶然因素引起的失衡，如临时性失衡，那么这种失衡一般程度较轻，持续时间不长，带有可逆性，不需要采取政策调节不久后便可得到纠正。但是，如果一国的国际收支失衡属于持续性失衡，即由一些根深蒂固的原因造成，如结构性失衡或收入性失衡，那么这种失衡没有可逆性，政府必须采取相应的对策加以调节，否则将很难得到纠正。

18.2.3 国际收支失衡调节

在现实经济生活中，一国的国际收支失衡是一种常态，不仅不可避免，而且在某种意义上，一定限度的国际收支顺差或者逆差对国家来说甚至是有益无害的。例如，一定的顺差会使一国的国际储备得到适度增长，增强一国对外支付和应对国际游资冲击的能力；一定的逆差可使一国适度地利用外国资源，加快国内经济的发展。但是，如果一国的国际收支出现了持续、大量的失衡，则会对本国经济发展产生不利影响。比如说，持续的、大规模的国际收支逆差不仅会严重消耗一国的储备资产，造成本币贬值压力，而且会使该国的偿债能力降低。20 世纪 80 年代爆发的国际债务危机在很大程度上就是因为债务国出现长期国际收支逆差，不具备足够的偿债能力所致。持续的、长期的顺差将迫使本币升值，使出口处于不利的国际竞争地位，并且引起国内货币供应增长，从而产生潜在的通货膨胀压力。此外，如果顺差来自借债（包括政府和商业贷款、借款等），这将使政府背上沉重的债务负担。由此可见，巨额的、持续的国际收支逆差或顺差都不利于经济稳定和发展。因此，政府有必要采取措施来降低不平衡的程度，从而产生了国际收支的调节问题。鉴于各国都比较注重国际收支逆差，下面着重讨论对逆差的调节。

1. 国际收支的自动调节

当出现国际收支失衡后，有时并不需要政府当局立即采取措施加以消除，经济体系中存在某些机制，往往能够使国际收支失衡在某种程度上得到缓和，乃至自动恢复平衡。具体来说，**国际收支自动调节**（auto adjustment of balance of payments）机制分为以下几种。

（1）**货币–价格机制**（money-price mechanism）。这一机制最早是由英国经济学家大卫·休谟（David Hume）在 1752 年提出的，最初用以解释在金本位制度下，国际收支失衡通过影响价格水平而进行自动调节。在当代纸币流通制度下，这一机制依然适用。

当一个国家的国际收支发生逆差时，这意味着对外支付大于收入，货币外流。在其他条件既定的情况下，物价下降，本国出口商品价格也下降，出口增加，贸易差额因此得到改善。货币–价格机制的自动调节过程描述如下（见图 18-1）。

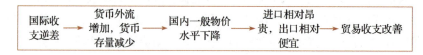

图 18-1　货币–价格机制的自动调节过程

（2）**收入机制**（income mechanism）。国际收支失衡通过影响国民收入水平也能够自动恢复平衡。当一国出现国际收支逆差时，对外支付增加，意味着国民收入水平下降，这将引起社会总需求下降，本国的进口需求、对外国的劳务需求以及对外国金融资产的需求都会下降，从而使贸易收支、经常项目及资本和金融账户都得到改善，如图18-2所示。

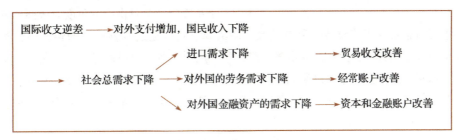

图18-2 收入机制的自动调节过程

（3）**利率机制**（interest rate mechanism）。这一机制通过影响利率，进而对资本和金融项目进行调节，平衡国际收支。当出现国际收支逆差时，对外支付增加，本国货币存量减少，利率水平上升，这就意味着本国金融资产的收益率提高，从而引起对本国金融资产需求的相对上升，对外国金融资产需求的相对下降。这时，本国资金流入增加，资金流出减少，国际收支得到改善，如图18-3所示。

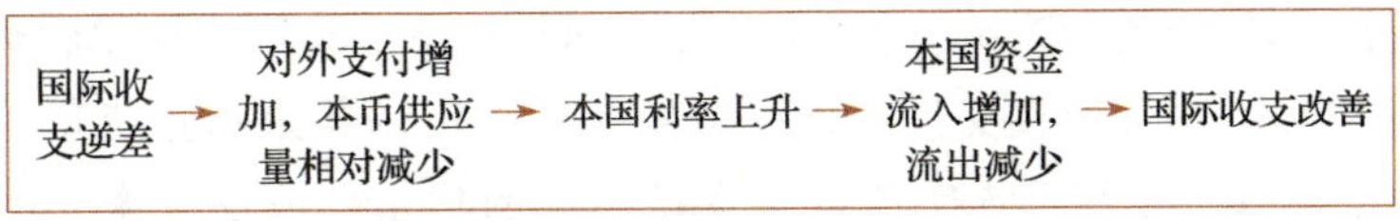

图18-3 利率机制的自动调节过程

2. 国际收支的政策调节

国际收支自动调节（auto adjustment of balance of payments）机制能够自发地促使国际收支趋向平衡，不需要政府付出调节代价，可以避免各种人为的价格扭曲。但是，自动调节机制发生作用的前提是完全市场经济，而这一条件在现实经济中很难达到。一旦存在市场失灵，国际收支自动调节机制的作用将被削弱或失效，这时就需要政府出面对市场进行干预，实现国际收支平衡。政府对国际收支进行调节的手段多种多样，基本上可以分为从需求角度进行的调节、从供给角度进行的调节、融资政策以及各种政策之间的搭配。

（1）**需求调节政策**（demand adjustment policy）是从影响社会总需求的角度对国际收支失衡进行调节，可以细分为支出增减型政策和支出转换型政策。支出增减型政策是指通过改变社会总需求或国民收入总支出水平来改变对外国商品、劳务和金融资产的需求，从而达到调节国际收支目的的政策。这类政策主要包括财政政策和货币政策。当出现国际收支逆差时，紧缩性的财政政策和货币政策可以降低社会总需求和总支出，当社会总需求和总支出下降时，对外国商品、劳务和金融资产的需求也相应下降，从而使国际收支得到改善。支出转换型政策是指不改变社会总需求和总支出，改变需求和支出方向，从而将国内支出从国外商品和劳务转移到国内商品和劳务的政策。这类政策主要包括汇率政策、补贴和关税政策及直接管制。当出现国际收支逆差时，汇率的下浮或贬值以及对进口商品和劳务征收较高的关税，都会使进口商品和劳务的价格相对上升，使居民将一部分消费支出转移到进口商品的替代品上来，从而改善国际收支。同样，直接管制也可以通过外汇管制、进口许可证管制等形式，改变进口商品和进口替代品的相对可得性来达到支出转换目的。国际经济组织和经济学理论多半不赞成使用直接管制，但是在国际收支发生较严重的逆差时，发达国家和发展中国家都曾不同程度地采用过直接管制。

（2）**供给调节政策**（supply adjustment policy）是从影响社会总供给的角度对国际收支失衡进行调节，主要包括供给调节政策和科技政策。供给调节政策通过改善一国的经济结构和产业结构，增加出口商品和劳务，提高产品质量，降低生产成本，增强出口商品和进口替代品的国际竞争力，以此达到增加社会产品的供给和改善国际收支的目的。供给政策的特点是长期性，短期内难以有显著的效果，但它可以从根本上提高一国的经济实力与科技水平，从而为实现内外均衡创造条件。

（3）**融资政策**（financial policy）是用筹措资金的方式来填补国际收支失衡的缺口，包括两种方式：一种是外部融资，即通过从外国政府、国际金融机构或国际金融市场融通资金，以弥补国际收支逆差，外部融资会使本国背上还本付息的负担；另一种是内部融资，也称为外汇缓冲政策，即当一国持有充足的官方储备时，可直接动用官方储备，或动员和集中国内居民持有的外汇来满足对外支付的需要。利用外汇缓冲政策进行融资产生的影响仅限于外汇储备的增减，不会导致汇率的急剧变动，进而影响本国经济。但由于一国外汇储备是有限的，外汇缓冲政策不适于应对长期、巨额的国际收支赤字。

上述介绍的国际收支政策调节方式，可以根据国际收支失衡的原因单独使用。例如，以融资政策来纠正暂时性的国际收支失衡，以紧缩性的货币政策来纠正货币性失衡等。也可以进行政策搭配，例如，由预算赤字和货币宽松引起的货币性收支失衡，可以采用紧缩性财政政策和货币政策，同时配以动用官方储备或使用国际信贷便利的融资政策，其结果是，在纠正国际收支逆差的同时，引发的失业和社会动荡程度较轻，但导致了官方储备的流失或债务增加。

中美贸易战

自1979年中美建交和1999年签订《中美双边贸易协定》以来，中美之间的贸易摩擦不断，尤其是2016年特朗普当选美国总统以来，美国以美中货物贸易巨额逆差为由，对中国采取了一系列的行动，挑起了中美之间的摩擦。

美国以货物贸易巨额逆差为由对中国发动贸易战，其根本原因是美国对迅速崛起的中国持有戒心，并对中国至关重要的高新技术产业进行战略压制。中美之间的贸易收支失衡具有结构性、复杂性和长期性的特点，短期内是不可能轻易解决的。

贸易的本质是基于比较优势的国际分工，中美两国在劳动力成本上存在巨大差异，这决定了中国在中低端劳动密集型制造领域具有比较优势，而美国在高新技术领域具有更强的比较优势，中美贸易结构由此决定。自1949年以来，美国控制的巴黎统筹委员会对华一直实行歧视性出口管制政策，2007年美国商务部发布了《对华出口管制清单》，规定了航空发动机和先进导航系统等20类美国高科技产品不得向中国出口。中国经济发展需要大量进口高新技术产品，中国顺势而动，将自身具有比较优势的产品对美国出口不断扩大；而美国逆势而为，将自身具有竞争优势的高新技术产品进行出口管制，直至今日也并未放松。美国对中国高新技术产品出口贸易被严重抑制，导致美国在该类产品上长期保持对华贸易逆差，且逆差数额不断扩大。

从历史上大国之间的战略竞争与博弈来看，中美贸易战的实质是作为世界霸主的美国与快速发展的中国之间的全球战略竞争。从更长远的视角看，这是中国模式与华盛顿模式之争，重点在于争夺世界经济的主导权和经济全球化游戏规则的制定权。美国对中国贸易进行压制，扼制中国的崛起，意在继续主导世界经济的发展，防止中国在世界话语权的增强。为了达到这个目的，美国在挑起贸易战的同时，在经济、政治、军事、地缘政治和文化上对中国进行了全面施压、围堵和遏制。

在不断强化的中美贸易战背后，绝不仅仅是两国经济利益的冲突，而是中国模式与华盛顿模式的对立。中美贸易战是大国博弈的开始，同时也是一场"持久战"的序幕。因此，为应对中美贸易争端，中国不能过于计较眼前输赢，应以历史的和发展的眼光顺势而为，以外部压力为契机和动力，促进中国制度改革和经济转型，以推动中国持续崛起。

资料来源：陈继勇. 中美贸易战的背景、原因、本质及中国对策 [J]. 武汉大学学报（哲学社会科学版），2018 (5).

18.3 国际储备管理

国际储备是国际收支平衡表中的重要项目，是一国国际金融实力和国际经济地位的重要标志，在调节国际收支、保持内外均衡的过程中发挥着重要作用。

18.3.1 什么是国际储备

国际储备（international reserve）是一国货币当局持有的，能够随时用来支付国际收支差额和稳定本国汇率的被国际普遍接受的流动性资产。按照这个定义，一种资产必须具备三个特征方能成为国际储备：一是可得性，即是否能随时、方便地被政府得到；二是流动性，即变现的能力；三是普遍接受性，即能否在外汇市场上或在政府间清算国际收支差额时被普遍接受。

与国际储备密切相关的一个概念是**国际清偿力**（international liquidity）。国际清偿力的含义比国际储备要广泛一些。国际货币基金组织对国际清偿力的定义是：国际清偿力是各国货币当局为应对国际收支逆差融通资金的能力。它既包括一国货币当局持有的国际储备，还包括该国从国际金融机构获取的国际信贷，以及该国商业银行和个人所持有的外汇和借款能力。决定国际清偿力大小的因素主要有：一是现有国际储备的多少，现有国际储备越多，则国际清偿力越大，反之则越小；二是从国际金融机构和国际金融市场借款的能力，借款能力越大，国际清偿力越大，反之则越小；三是商业银行持有的外汇资产和货币当局从私人部门可迅速获得的短期外汇资产，这些资产越多，潜在的国际清偿力越大，反之则越小；四是一国出现国际收支逆差时，外国人持有逆差国货币的意愿，意愿越强，国际清偿能力越强，反之则越弱；五是利率提高或利率期限结构的变化，在未发生不利的国内影响的条件下，对于鼓励资金内流的程度，程度越高，国际清偿力越高，反之则越低。

与国际储备相比，国际清偿力是一个更全面、能更完整地反映一国对外支付能力的概念。如果仅仅考察国际储备，则不能完整地反映一国的对外支付能力。例如，美国的国际储备数量相对较少，但这并不意味着其对外支付能力很弱。由于美元是主要的国际货币，这就使得美国在出现国际收支逆差时可以大量使用美元对外支付而不必事先积累充裕的国际储备，而且，美国在国际金融市场上可以轻易地筹措大量资金。

国际储备的构成随着国际经济关系的发展而不断变化。在资本主义发展初期，由于黄金在国际经济关系中直接执行世界货币的职能，世界各国都把黄金作为国际储备资产。随着世界经济的不断发展，黄金生产无法满足国际经济往来的支付需要，许多国家开始把能兑换黄金的外汇也作为储备资产，这种货币被称为储备货币。最初的储备货币主要是英镑，第二次世界大战后美元、德国马克、日元等先后成为储备货币。布雷顿森林会议后，IMF 成立，各国在 IMF 的储备头寸成为各国的储备资产。随着世界经济的进一步发展，各国储备资产均感不足，1969 年 IMF 又创立了特别提款权。这样，发展至今各国的国际储备主要由以下四部分构成。

1. 黄金储备

黄金储备（gold reserve）是一国政府持有的货币性黄金。以黄金作为国际储备已有很长的历史了，在金本位制度时期，黄金是最主要的储备资产，执行世界货币职能，是国际支付的最后手段。在布雷顿森林体系下，由于货币与黄金挂钩，黄金作为货币汇率的基础，保有一定支付手段的职能，仍然是重要的国际储备形式。布雷顿森林体系崩溃以后，国际货币基金组织切断了黄金与货币的固定联系，并在 1976 年 12 月《国际货币基金协定》第 2 次修正案中宣布了黄金非货币化（即黄金不再作为货币定值标准），使黄金的世界货币职能大大缩小，黄金储备在世界国际储备中的比重不断下降。尽管如此，由于黄金具有可靠的保值手段、性能稳定便于长期储存以及不受任何国家权力的支配和干扰的特点，大多数国家仍然持有一定的黄金，并把它作为一种国际储备资产（见表 18-2）。

表 18-2　国际货币基金组织成员国黄金储备分布

（单位：百万盎司（年底数））

年份	所有成员国	工业国家	发展中国家	中国
2009	862.38	687.66	174.72	33.89
2010	867.71	687.44	180.27	33.89
2011	879.95	688.54	191.41	33.89
2012	894.11	689.39	204.72	33.89
2013	905.22	689.89	215.32	33.89
2014	913.47	689.80	223.67	33.89
2015	941.37	689.61	251.76	56.66
2016	943.93	689.31	254.63	59.24
2017	957.56	689.18	268.39	59.24
2018	965.98	688.93	277.05	59.56

资料来源：Wind 数据库。

2. 外汇储备

外汇储备（foreign exchange reserve）是一国货币当局持有的国际储备货币。充当国际储备资产的货币必须具备下列条件：能自由兑换成其他储备货币；在国际货币体系中占据重要的地位；购买力必须具有稳定性。在国际金本位制度下（1880～1914 年），英镑是最主要的储备货币；20世纪30年代，美元崛起，与英镑并驾齐驱。第二次世界大战后美国经济力量空前膨胀，而英国经济实力衰退，在美国的主导下建立了布雷顿森林体系，美元成为本位货币，直接与黄金挂钩，取代英镑成为最重要的储备货币。20世纪70年代布雷顿森林体系崩溃后，国际储备货币出现多元化局面，美元仍然处于最重要的地位，但比重有所下降，其他充当外汇储备的货币有德国马克、日元、瑞士法郎、法国法郎、荷兰盾、英镑等。值得一提的是，20世纪70年代末，欧洲货币单位成为储备货币。自1999年1月1日起，欧元取代欧洲货币单位成为一种新的储备货币。目前，充当外汇储备的主要货币有美元、日元、英镑、欧元等。储备货币多元化一方面体现了各国的经济实力，另一方面可使储备国家有效地分散储备单一货币时面临的资产贬值风险。

与黄金储备相比，外汇储备不仅不需要支付保管费，而且以国外存款和国库券形式存在的外汇储备还可获得银行利息和债券收益。此外，储备外币资产便于政府随时动用，及时干预外汇市场。外汇储备的缺点主要表现为：一方面，易使储备国遭受储备货币贬值的损失；另一方面，易受储备货币发行国的强力干预，如美国经常冻结其他国家存在美国作为外汇储备的美元资产。显然，作为储备资产，外汇储备所具有的优点远远超过了它的缺点。正因如此，外汇储备成为当今世界各国国际储备中最主要的储备形式（见表18-3）。

表18-3 欧元诞生后国际储备货币格局的变化 （%）

年份	美元	英镑	日元	欧元	其他货币
1999	71.01	2.89	6.37	17.90	1.83
2000	71.13	2.75	6.06	18.29	1.76
2001	71.51	2.70	5.05	19.18	1.56
2002	66.50	2.92	4.94	23.65	1.99
2003	65.45	2.86	4.42	25.03	2.23
2004	65.51	3.49	4.28	24.68	2.04
2005	66.52	3.75	3.96	23.89	1.89
2006	65.08	4.52	3.47	24.95	1.98
2007	63.88	4.83	3.18	26.12	1.99
2008	63.77	4.22	3.47	26.21	2.34
2009	62.05	4.25	2.90	27.66	3.15
2010	61.84	3.94	3.66	26.00	4.57
2011	62.33	3.83	3.61	24.65	5.58
2012	61.50	4.04	4.09	24.06	6.31
2013	61.27	3.99	3.82	24.21	6.71
2014	65.17	3.70	3.55	21.21	6.37
2015	65.74	4.72	3.75	19.15	6.64
2016	65.36	4.34	3.96	19.14	7.20
2017	62.72	4.53	4.90	20.16	7.69
2018	61.69	4.43	5.20	20.69	7.99

资料来源：Wind数据库。

人民币国际化

自 2009 年中国推出跨境贸易人民币结算试点以来,人民币国际化在内外部环境、市场演进以及政策引导等因素的推动下稳步向前,取得了重大成就,也经历了全周期的考验。2018 年,人民币跨境贸易结算规模突破 3.8 万亿元,国际支付交易职能逐渐拓展,投融资渠道与功能深化,官方储备地位进一步巩固,已经成为全球第五大交易货币。与此同时,跨境人民币使用政策体系与宏观审慎管理框架的基本建立,国际货币合作的更加深入,相关金融基础设施的不断完善,为人民币的安全便利使用提供了制度和硬件保障。人民币国际化经历了从无到有、从小到大、从贸易项下至资本金融与储备项下以及从周边迈向国际的恢宏历程。站在新起点,人民币国际化发展面临四重转变。

首先是环境转变。当前,人民币国际化发展的国内外环境发生了深刻的变化。从国内形势看,中国宏观经济迈入转型调整期,从高速增长转为中高速增长;国际收支结构从双顺差转向经常项目顺差和资本项目逆差,外汇储备增长放缓甚至下降;金融市场更加开放和敏感,各类价格波动加剧,汇率由前期的单边升值转为双向波动,短期资本流动从前期的持续净流入转为流出并快速变化。从国际环境看,全球经济扩张放缓,贸易保护主义抬头,主要货币竞争更加激烈,随着人民币国际使用与影响力的增强,其受到的关注度上升,面临的责任和阻碍或将进一步增多。

其次是动力转变。人民币国际化处于从以政策推动为主到以市场驱动为主的动能转换阶段。当前,跨境人民币使用政策已基本到位,各类渠道已基本打通,市场供求将成为决定人民币国际使用的主体部分。在以市场驱动为主的模式下,人民币国际化发展必然会呈现市场形态,非直线攀升,而是波动前行。

再次是结构转变。人民币国际使用结构从以贸易为主体向以资本金融为主体转变。近年来,中国资本金融项目(特别是非直接投资的资本金融项目)境外投资比例快速攀升,占比超过六成,成为跨境人民币结算的主体部分。2019 年,随着中国经济发展、金融市场开放,这一结构将持续并得以巩固,人民币投融资将更加活跃。同时,随着人民币投融资成为跨境人民币收支的主体部分,人民币跨境使用及金融体系面临的风险和波动性也会由此上升。

最后是政策转变。自 2009 年以来,中国以跨境贸易结算为切入点,循序渐进地建立了人民币跨境使用的政策框架和配套设施体系,并积累了丰富的经验。基于实际形势及存在的问题,未来中国人民币国际化政策将逐步完善,走向成熟。第一,坚持金融服务实体经济的基本原则,支持人民币在跨境贸易和投资中的使用,在激烈的国际竞争和博弈中以低调合作的姿态,稳步推进人民币国际化发展。第二,统筹各部门,加强协调规划和顶层设计,保障人民币国际化政策的连贯性,避免左右摇摆和反复逆转,管理方式由行政干预转向市场化调节为主、行政干预为辅。第三,打造明确、可预期的政策环境,着力疏通或化解境内外机制冲突,明确细化相关政策,更加注重预期引导和政策沟通,保障市场信心,支持人民币走向国际。

未来,人民币国际化需要在转变中实现平衡健康发展。一是立足服务实体经济,坚持发展、改革和风险防范并重,推动人民币在贸易和投资中的使用;二是把握节奏,实现人民币国际化和资本项目可兑换并行滚动发展;三是以债券市场为重点,推动金融市场双向开放,改善碎片化格局，完善发行、交易、清算、结算等相关安排和配套机制；四是引导离岸人民币市场健康发展，实现离岸和在岸良性互动、深度整合，加强货币合作和直接交易市场建设，推进人民币在周边地区及"一带一路"沿线使用；五是完善宏观审慎管理框架，注重逆周期调节和资本流动监测，打造成熟的政策环境和监管体系。

资料来源：中国金融新闻网，http://www.financialnews.com。

3. 基金组织的储备头寸

基金组织的储备头寸（reserve position in fund）亦称普通提款权（general drawing rights），是指成员国在 IMF 的普通资金账户中可以自由提取和使用的资产。IMF 犹如一个股份制性质的储蓄互助会。当一个国家加入基金组织时，须缴纳一笔钱，称之为份额。份额的认缴办法是：25% 用可兑换货币缴纳，75% 用本国货币缴纳。当成员国遭受国际收支困难时，有权以本国货币为抵押向 IMF 申请提用可兑换货币。提用的数额分为五档，每档占其认缴份额的 25%，一国从 IMF 最多可融通的短期资金是其缴纳份额的 125%。五档提款额的提用条件逐渐严格，其中第一档就相当于该国认缴的可兑换货币额，因此其条件最为宽松，在实践中只要申请便可提用。该档提款权为储备档提款权，其余四档叫作信用档提款权。一国在基金组织的储备头寸就是指该国在基金组织的储备档提款权余额，再加上向基金组织提供的可兑换货币贷款余额。具体来说，储备头寸包括：第一，储备档提款权余额，即成员国向 IMF 认缴份额中 25% 的可兑换货币余额；第二，IMF 为满足其他成员国的借款需要而使用的该国货币，这形成了该国对 IMF 的债权；第三，IMF 向该国借款的净额，这也形成了该国对 IMF 的债权。

一国持有的储备头寸与其份额相关，发达国家的份额较大，因而其持有的储备头寸较多。发展中国家由于份额较少，其持有的储备头寸远低于发达国家（见表 18-4）。

表 18-4 国际货币基金组织成员国储备头寸总额及其分布

（单位：亿 SDR（期末值））

年份	所有成员国	工业国家	发展中国家	年份	所有成员国	工业国家	发展中国家
1996	380	326	54	2007	137	93	44
1997	471	414	57	2008	251	181	70
1998	606	539	67	2009	403	291	112
1999	548	468	80	2010	450	345	105
2000	474	397	77	2011	983	739	243
2001	569	470	99	2012	1032	776	256
2002	660	537	123	2013	975	732	243
2003	665	526	139	2014	817	606	211
2004	558	436	122	2015	635	461	173
2005	286	210	75	2016	791	526	265
2006	175	119	56	2017	679	446	233

资料来源：IMF，International Financial Statistics。

4. 特别提款权

特别提款权（special drawing rights，SDR）是 IMF 为解决成员国储备资产不足而于 1969 年创设并分配给成员国的一种在 IMF 的账面资产,是成员国在 IMF 特别提款权账户中的贷方余额。成员国在发生国际收支逆差时,可用它向基金组织指定的其他成员国换取外汇,用以干预市场汇率或弥补国际收支逆差,或直接用特别提款权偿付对 IMF 或其他成员国的债务,因此它成了一种重要的国际储备资产。

特别提款权的价值并非固定不变,创立时以黄金定值,每一特别提款权含金 0.888 671 克,与当时的美元等值,但它不能兑换黄金,因而也被称作"纸黄金"。布雷顿森林体系崩溃后,SDR 不再以含金量定值,1974 年 7 月 1 日采用新方法,由一篮子货币分别与美元之间的汇率的加权平均值确定,权数由各国对外贸易占世界贸易总额的比重确定。"货币篮子"开始时有 16 种货币,1980 年 9 月 18 日以后减少为 5 种,即占世界商品和劳务出口比重最大的 5 个国家的货币:美元、德国马克、英镑、法国法郎和日元。"货币篮子"中的货币及每种货币所占的权重并非固定不变,IMF 从 1986 年 1 月 1 日起每 5 年修改 1 次。欧元自诞生以后,取代了德国马克和法国法郎,从 2001 年 1 月 1 日起生效。2015 年 11 月 30 日,IMF 正式宣布人民币于 2016 年 10 月 1 日加入 SDR。SDR"货币篮子"相应地扩大至美元、欧元、人民币、日元以及英镑五种货币,这五种货币所占的权重分别为 41.73%、30.93%、10.92%、8.33% 和 8.09%。特别提款权的价值每日计算,并以美元列示。计算方法是根据美元、欧元、人民币、日元及英镑这五种货币每日中午伦敦市场所报汇率,计算这五种货币指定款额的等值美元,所得等值美元的加权平均额即为特别提款权的价值。国际货币基金组织成员国持有的 SDR 如表 18-5 所示。

表 18-5 国际基金组织成员国的特别提款权总额及其分布

(单位:亿 SDR(期末值))

年份	所有成员国	工业国家	发展中国家	年份	所有成员国	工业国家	发展中国家
2002	196.72	157.91	38.81	2010	2 039.85	1 300.90	738.95
2003	199.14	153.05	46.09	2011	2 039.85	1 271.46	768.39
2004	203.01	152.82	50.19	2012	2 040.91	1 262.85	778.06
2005	200.55	124.30	76.25	2013	2 040.91	1 263.53	777.38
2006	182.39	137.85	44.54	2014	2 040.91	1 260.89	780.02
2007	214.75	144.62	70.13	2015	2 040.91	1 266.72	774.18
2008	214.47	145.16	69.31	2016	2 041.58	1 200.32	841.26
2009	2 039.82	1 301.65	738.16	2017	2 041.58	1 221.37	820.21

资料来源:IMF, International Financial Statistics。

同其他三种储备资产相比,特别提款权有四个特点。①特别提款权是一种没有任何物质基础的记账单位,创设时虽然规定了含金量,但它并不具有内在价值。与普通提款权相比,特别提款权是以所缴份额为基础的账面资产,属于记账外汇,而且无须偿还,而普通提款权是以所缴份额为基础的实际外汇资产,属于自由外汇。②特别提款权是由 IMF 按份额比例无偿分配给成员国的,而黄金、外汇、普通提款权是通过贸易、投资、借贷等活动取得的。③特别提款权的使用受到一定限制,只能在各成员国货币当局和 IMF 与国际清算银行之间使用,主要用途有三点:一是向 IMF 指定的其他成员国(国际收支和储备地位相对较强的国家)换取外汇,偿付国际收支赤字;二是成员国之间通过协议用 SDR 换回对方持有的本国货币;三是用以归还 IMF 的贷款,支付应付给 IMF 的利息。非官方金融机构、个人和企业不得持有和使用特别提款权,特别提款权也不能直接用于贸易或非贸易支付。④由于特别提款权是几种主要货币的加权平均值,故其价值一般比较稳定。

特别提款权从创立到现在，共进行过三轮周期性分配：第一次是在20世纪70年代初，国际货币基金组织在1970～1972年分三次共分配了93亿SDR；第二次是在1979～1981年，分配后SDR的数量提高到214亿SDR；第三次分配是在2009年8月28日，IMF根据各成员国现有出资份额比例，用"总分配"方式向全体成员国发放1 161.84亿SDR，相当于2 500亿美元，将SDR总量增加了74.13%。中国凭借3.72%的份额获得了59.97亿SDR，合92.96亿美元；美国获得427亿美元，日本获得153亿美元，德国获得149亿美元，英国和法国各获得123亿美元。2009年9月9日，IMF又通过"特殊分配"方式，一次性发放约合330亿美元的SDR，这次分配并未按份额比例发放，主要着眼于增加1981年后加入IMF的42个国家所持有的特别提款权，但其他成员国也将分别获得额外的特别提款权。其中，中国获得约合11.71亿美元的"特殊分配"，占该次新增总额的3.52%，小于中国在IMF的份额比例。2009年，中国从两次增发中获得67.53亿SDR，折合104.67亿美元。增发后，中国总计持有148.43亿SDR，折合230.07亿美元。总体来说，由于发达国家在基金组织的份额较大，所以大部分的SDR被发达国家所持有，而真正需要补充国际储备的发展中国家持有的SDR严重不足。

人民币加入SDR

2015年11月30日，国际货币基金组织宣布将人民币纳入IMF特别提款权（SDR）货币篮子，决议将于2016年10月1日生效。

人民币作为可自由使用货币，成为SDR货币篮子中除了美元、欧元、日元、英镑之外的第五种货币。这是自欧元诞生后首次在SDR货币篮子中纳入新货币，反映了人民币在国际货币体系中不断上升的地位，是人民币融入全球金融货币体系的重要一步，也是中国长期推进国际货币体系改革的一大重要事件。

中国经济体量的增长、金融体系的韧性和抵御风险能力稳步提高以及人民币汇率形成机制愈加成熟，都为人民币加入SDR奠定了基础。人民币距离真正一流的储备货币还存在一些差距，在信用卡、第三方支付、支付清算系统、托管系统以及市场的开放程度等方面都有待完善。易纲提出："我们要找到这些差距，使之成为我们进步的动力。我们今后的方针是要进一步改革和开放，不断地缩小同真正的储备货币和一流的金融市场之间的差距，不断地进步"。

对于中国经济领域下一步如何改革开放，易纲认为，贸易投资、金融业对外开放，人民币汇率形成机制改革，以及减少外汇管制，这"三驾马车"相辅相成、互为条件并且缺一不可，必须协同推进。

人民币加入SDR是中国经济改革开放之路，是一个里程碑，同时也是一个新起点。

资料来源：易纲，《人民币加入SDR之路》演讲，2017年12月。

18.3.2 国际储备的作用

从世界范围来看，国际储备起着促进国际商品流动和世界经济发展的媒介作用；从一国来看，各国持有一定数量的国际储备，主要是出于以下目的。

(1) **平衡国际收支，维持对外支付能力**。这是国际储备的首要用途。当一国发生国际收支逆差时,国际储备可以发挥一定的缓冲作用,这种缓冲性可使一国在发生国际收支逆差时暂时避免采取调节措施。当一国国际收支情况长期恶化而不可避免地要采取调节措施时,国际储备也可作为辅助手段,为政府赢得时间,选择适当的时机有步骤地进行调节,从而避免因采取紧急措施而付出沉重的代价。当然,由于一国的国际储备总是有限的,所以它对国际收支逆差的调节作用也只是暂时的。

(2) **干预外汇市场,维持本币汇率稳定**。当本国货币汇率在外汇市场上发生波动时,尤其是由非稳定性投机因素引起本国货币汇率波动时,政府可动用储备来缓和汇率的波动。比如,当本国货币汇率过低,货币当局即可抛售外汇储备,用以收购本国货币,维持汇率稳定。但是,由于各国货币当局持有的国际储备总是有限的,因而干预外汇市场只能对汇率产生短期影响。

(3) **维护和提升对本国货币的信心,充当国家对外举债的保证**。国际储备的多寡是反映一国对外金融实力、评价一国偿债能力和资信的重要标志。国际储备充足,说明国家的支付能力强,经济实力雄厚,可以加强一国的资信,吸引外资流入,促进经济发展。一国拥有的国际储备资产状况是国际金融机构和国际银团在提供贷款时评估其国际风险的指标之一,无论是国际金融机构还是政府,对外贷款时首先考虑的都是借款国的偿债能力,而国际储备正是借款国偿债能力的物质基础与可靠保证。

缺少足够的外汇储备成为金融风暴的旋涡

保持充足的国际储备特别是外汇储备,对维护一国货币或区域性货币的汇率、稳定外汇和货币市场具有重要的作用。

1997 年发端于泰国,后波及马来西亚、菲律宾、印度尼西亚及新加坡等国的东南亚货币危机便是一例。东南亚各国之所以发生货币危机,原因是多重的。例如,在泰国,除了国家有关的经济政策,尤其是货币政策失衡、金融机构对房地产投资过度、银行呆账严重、外债高筑、国际收支经常项目逆差过大、经济结构不合理以及外汇投机商的无情炒作之外,还有一些重要原因,就是国家外汇储备相当有限以及货币危机爆发后动用储备政策的失误。1996 年 2 月,泰国外汇储备为 387 亿美元,这些外汇储备还是泰国通过高利率政策吸引外资流入形成的。1997 年 2~5 月,为稳定泰铢,泰国曾动用了外汇储备中的 60 亿美元,外汇储备总额进一步减少。东南亚其他国家(除新加坡外)外汇储备也十分有限,如马来西亚中央银行拥有的外汇储备至 1997 年 6 月底也仅为 283.5 亿美元,印度尼西亚至 1997 年 3 月外汇储备仅 199 亿美元。由于东南亚国家外汇储备普遍不足,因此当货币危机来临,本币受到强大的外汇投机力量的打击时,这些国家便没有足够的能力捍卫本国的货币。再加上当货币危机发生时,面对投机攻势,这些国家的中央银行又不顾实力,不断地动用外汇储备干预市场,结果因外汇储备不足导致干预效果低微,不仅没有达到打击投机活动的目的,反而使储备资产遭受损失。

东南亚货币危机给了我们这样一个启示:经济基础较薄弱、市场管理水平较低,而又正在不断加大开放力度的国家和地区,必须保持较多的外汇储备,以备不测,捍卫已取得的经济发展成果。

资料来源:单忠东,等. 国际金融 [M]. 北京大学出版社,2011:126-127。

18.3.3 国际储备管理

从一国的角度来看，国际储备管理主要涉及两个方面：一是数量管理，二是结构管理。数量管理主要解决国际储备规模的选择和调整的问题，确定和保持国际储备的适度规模，维持一国国际收支的正常进行和汇率稳定。结构管理解决在储备总额既定的条件下，如何实现储备资产结构的最优化以及提高一国国际储备的使用效率的问题。

国际储备的数量管理的核心是适度国际储备量的确定。一国国际储备资产的存量不能不足，也不可过多。储备不足，往往会引起国际支付危机，影响一国经济增长，缺乏对突发事件的应变能力。储备过多，会增加本国货币的投放量，潜伏着通货膨胀的危险。而且，外汇储备积压过多，不能形成生产能力，会导致储备的机会成本上升，造成消费和投资的牺牲。因此，一国国际储备应能满足经济增长和维持国际收支平衡的需要，达到合理利用国内外资源及保持一定增长率的目标。要确定一国适度的国际储备水平，就应分析影响国际储备需求的因素和储备供应的条件，主要包括以下几个方面。

（1）**进口规模**。美国耶鲁大学教授罗伯特·特里芬（Robert Triffin）在 1960 年出版的《黄金和美元危机》(*Gold and Dollar Crisis*) 一书中，总结了第一次世界大战和第二次世界大战期间以及第二次世界大战后初期（1950~1957 年）三四十个国家的储备状况，并结合考察的外汇管制情况，得出结论：一国国际储备应与它当年的进口额保持一定的比例关系，约为 20%~50%。这一分析方法被称为进口比率分析法。进口比率分析法在一定程度上揭示了国际储备和进口之间的相互关系，具有一定的参考价值。该方法简单易行，具有很强的操作性，可以较方便地对国际储备的最优规模进行估算。但是，我们一般认为的 20%~50% 这一比例范围，随着国际资金流动的迅速发展，其适用性明显下降。

（2）**进出口贸易（或国际收支）差额的波动幅度**。采用进口比率分析法应结合考察本指标。因为进口比率分析法中的进口仅仅表示资金的一种单向流动（即支出），而进出口或国际收支差额则反映了资金的双向运动及对储备的实际需求。对一个国家来说，每年的差额是不一样的，有时大，有时小；有时顺差，有时逆差，即有一个波动的幅度问题。幅度越大，一国对储备的需求就越大。反之，波动幅度越小，对储备的需求就越少。一般可用经济统计的方法来求得或预测一段时期的平均波动幅度，并以此作为确定储备需求的参考。

（3）**汇率制度**。国际储备的一个重要作用就是干预汇率。如果一国采取的是固定汇率制，并且政府不愿意经常性地改变汇率水平，那么，相对而言它就需要持有较多的储备，以应付国际收支可能产生的突发性巨额逆差或外汇市场上突然爆发的大规模投机行为。反之，一个实行浮动汇率制的国家，其储备的保有量就可以相对较低。此外，实行严格外汇管制的国家，储备保有量可相对较低。

（4）**国际收支自动调节机制和调节政策的效率**。当一国发生国际收支逆差时，该国的自动调节机制和政府调节政策的效率也会影响储备需求。调节效率越高，储备需求就越小。反之，储备需求就越高。

（5）**持有储备的机会成本**。一国政府的储备往往以存款的形式存放在外国银行。但是，将一国获取的储备存放在国外会导致一定的成本。例如，动用储备进口物资所带来的国民经济增长和投资收益率构成了持有储备的机会成本；持有储备导致的国内货币供应量增加及物价上升，也构成持有储备的一种成本。因此，持有储备的相对（机会）成本越高，储备的保有量就应越低。

（6）**金融市场的发育程度**。发达的金融市场能提供较多的诱导性储备，这些储备对利率和汇率等调节政策的反应比较灵敏。因此，金融市场越发达，政府保有的国际储备便可相应越少。反之，金融市场越落后，调节国际收支对政府自有储备的依赖就越大。

（7）**国际货币合作情况**。如果一国政府同外国货币当局和国际货币金融机构有良好的合作关系，签订了较多的互惠信贷协议和备用信贷协议，或当发生国际收支逆差时，其他货币当局能协同干预外汇市场，则该国政府对自有储备的需求就越少。反之，需求越大。

（8）**国际资金流动情况**。这一点在现代条件下也是最重要的。传统的衡量国际储备数量的主要分析手段是针对经常账户制定的，它们将国际储备的主要功能视为弥补进出口之间的差额。而在国际资金流动非常突出的今天，国际储备对国际收支平衡的维持作用更主要地体现在抵消国际资金流动的冲击上。由于国际资金流动的规模非常大，因此一国在不能有效、及时地利用国际金融市场来借入储备的情况下，其自有储备的数量需求就会大大增加。但是，国际资金流动条件下关于一国储备的合理数量仍处于探讨之中。在 1997 年东南亚金融危机期间，部分国家运用国际储备与国际游资较量，力图以国际储备来维持其缺乏弹性的汇率制度，结果不仅国际储备几乎耗尽，还造成金融危机的进一步恶化。由此，国际储备数量的适度性问题又在国际社会引起争论。一种观点认为，尽管国际储备在维持僵化的汇率制度方面收效甚微，但在维持经常性对外支付、保证经济正常运转等方面依然具有十分重要的作用，特别是对维持与增强国际社会信心有良好的效果。另一种观点则认为，面对数量巨大的国际游资，一国货币当局运用国际储备在外汇市场上实施干预的效果十分有限，而且，国际储备的过度增长会通过一国国内的货币机制引起基础货币乃至货币供应总量的过分增长，从而对该国的物价水平造成上涨压力，并借助开放经济条件下的各种传导机制使通货膨胀在世界范围内扩散与传递。

以上，我们列举了影响一国最佳储备量的种种因素。这些因素有政治因素、社会因素，也有经济因素，它们交织作用，使最佳储备的确定复杂化。一般来讲，最佳储备量的确定需要综合考虑这些因素。

国际储备的结构管理是指一国如何最佳地配置国际储备资产，从而使黄金、外汇、储备头寸和 SDR 四个部分的储备资产持有量之间，以及各部分储备的构成要素之间保持合适的数量比例。由于黄金产量有限，各国持有的黄金储备量均能保持比较稳定的水平，而在基金组织的储备头寸和 SDR 又受 IMF 的控制，不能随意变更。此外，这三部分储备资产的内部构成单一，不存在确定要素比例的问题。因此，在实际管理中，国际储备结构管理主要是指外汇储备的结构管理，其中对币种的管理极为重要。

自 20 世纪 70 年代以来，储备货币从单一的美元转变为多种储备货币并存的局面。一国在选择外汇储备币种时，应遵循以下原则。

（1）**币值的稳定性**。以什么储备货币来保有储备资产，首先要考虑币值的稳定性（或称保值性）。在这里，一国主要应考虑不同储备货币之间的汇率以及相对通货膨胀率。一种储备货币汇率的贬值（或预期贬值），必然有另外一种（或几种）储备货币汇率的升值。其次，不同储备货币的通货膨胀率也是不一样的。管理的任务就是要根据汇率与通货膨胀率的实际走势和预期走势，经常转换货币、搭配币种，以追求收益最大或损失最小。

（2）**盈利性**。不同储备货币资产的收益率不同，同一币种的不同投资方式也会导致不同的收益率。盈利性要求适当地搭配币种和投资方式，以求得较高的收益率或较低的风险。

（3）**国际经济贸易往来的方便性**。方便性管理是指在储备货币币种的搭配上要考虑对外经济贸易和债务往来的地区结构和经常使用的清算货币的币种。如果一国在对外经济贸易往来中大量使用美元作为支付手段和清算手段，则该国需经常性地保持适当数量的美元储备。如果该国在对外交往中大量使用日元，则它必须经常性地保持一定数量的日元储备。

中国的国际收支

在新中国成立后相当长的时期内，中国一直都未编制国际收支平衡表，只编制外汇收支计划，作为国民经济发展计划的一个组成部分。实行改革开放政策后，随着中国对外交往的日益增多，国际收支在国民经济中的作用越来越大，中国的国际收支对世界各国的影响也越来越大。在这种情况下，中国开始逐步建立国际收支体系。

1. 中国的国际收支体系

中国国际收支统计工作自 1980 年恢复在国际货币基金组织的正式席位之后起步。1980 年，中国开始试编国际收支平衡表，1981 年制定了国际收支统计制度，1984 年又对其进行了修订，确立了中国国际收支统计体系的模式及方法，它在项目设立、分类等方面均依照 IMF 制定的《国际收支手册》第 4 版的原则，具有国际可比性。1985 年 9 月，国家外汇管理局首次公布了中国 1982~1984 年的国际收支概览表。从 1987 年开始，中国每年定期公布上一年的国际收支状况。1996 年正式实施的《国际收支统计申报办法》，确定了国际收支统计申报的范围、内容和方法，明确了国际收支统计的执行部门和各申报主体的职责和义务，为中国国际收支统计申报工作奠定了坚实的法律依据和制度保障，改变了过去中国国际收支统计一直依靠行政管理部门采集信息，缺乏系统、科学、符合国际标准的统计制度的局面。从 1996 年开始，国家外汇管理局正式运行"国际收支申报统计监测系统"，借助信息化技术并依托统计核查管理，国际收支统计数据质量稳步提高，系统分析功能不断完善，在外汇管理工作中发挥着日益重要的作用。1997 年，中国开始采用 IMF《国际收支手册》第 5 版的原理和格式编制国际收支平衡表，同年，又推出了直接投资、证券投资、金融机构对外资产负债及损益、汇兑这四项申报工作。从 2004 年开始，国家外汇管理局进行了统计申报单证与银行有关业务凭证的合并和统一工作，并对国际收支统计监测系统进行升级。国家外汇管理局还初步建立了企业调查体系，作为相关统计系统的补充，为国际收支统计体系的进一步完善进行了有益的探索。如今，中国国际收支统计数据越来越受到各方面的重视，国家外汇管理局也提高了对外公布的频度，从 2001 年起开始按半年度公布国际收支平衡表。2002 年 4 月 25 日，中国加入国际货币基金组织数据公布通用系统。2005 年首次公布中国国际收支报告，并首次向社会公布中国对外金融资产及负债存量统计——2005 年年末中国国际投资头寸表。

中国独特的国际收支变化反映了中国独特的经济增长模式，中国国际收支的变化可以分为三个阶段：第一个阶段是 1982~1993 年，表现为经常账户与非储备性质金融账户的顺逆平衡组合；第二个阶段是 1994~2013 年，除个别年份外，中国长期维持经常账户与非储备性质金融账户的"双顺差"，且规模不断扩大；第三个阶段是 2014 年以后，国际收支结构转变为经常账户与非储备性质金融账户更加趋于平衡。

2. 中国的外汇储备结构

1999年迄今,中国经济出现了持续的经常项目与资本项目双顺差,中国外汇储备大幅飙升。2006年,中国超过日本成为全球外汇储备的最大持有国。2018年年底,中国持有外汇储备达30 727.12亿美元。

中国的中央银行并未披露中国外汇储备的币种结构。如果假定中国的中央银行在外汇储备的币种结构管理方面与其他国家的中央银行类似,那么我们就可以根据IMF官方外汇储备比重构成(COFER)数据库中的全球外汇储备的币种结构,来推断中国外汇储备的币种结构。截至2018年年底,COFER相应数据显示,在全球外汇储备中,美元资产约占61.7%、欧元资产约占20.7%、英镑资产约占4.4%、日元资产约占5.2%。

中国的中央银行也未披露中国外汇储备的资产结构。然而,作为中国外汇储备资产最主要的投资目的地,美国财政部会定期公布各国对美国证券市场的投资状况。尽管美国财政部的数据是各国官方投资者与私人投资者的投资总和,但由于中国外汇储备在外汇资产中的比重相当高,即使我们用外汇储备来代替中国的外汇资产,其误差范围也是可以接受的。根据美国财政部的年度调查数据,截至2019年3月底,中国持有美国国债11 205亿美元、美国机构债46.84亿美元、美国公司债15.02亿美元、美国股票51.75亿美元。中国持有美国证券资产合计为1.13万亿美元,与同期中国外汇储备存量之比为36%。事实上,自2008年9月起,中国已经超过日本成为美国国债的最大国际债权人。

资料来源:张明. 中国外汇储备管理思路的应有变化 [J]. 国际经济评论,2009(5)。数据更新来自Wind数据库。

本章小结

1. 国际收支是指在一定时期内,一国居民与非居民之间经济交易的系统记录。它体现的是一国的对外经济交往。

2. 国际收支平衡表是系统地记录该国国际收支状况的统计报表,由经常账户、资本与金融账户、错误与遗漏账户组成,按照"有借必有贷,借贷必相等"的复式记账原理编制。

3. 国际收支失衡的衡量口径可以分为以下四种:贸易收支差额、经常账户收支差额、资本和金融账户差额、综合账户差额。若特定账户的差额为正,则称该账户为顺差(盈余);若差额为负,则称该账户为逆差(赤字)。

4. 为了调整国际收支失衡,需要明确国际收支失衡的原因。按照国际收支失衡的性质划分,国际收支存在临时性失衡、周期性失衡、结构性失衡、货币性失衡、收入性失衡以及冲击性失衡。

5. 国际收支的调节手段可以分为自动调节机制和政策调节。自动调节机制的基本原理是运用自由市场经济的各种宏观变量的作用使国际收支失衡自动得到改善。但是,国际收支的自动调节只能运用于完全的自由市场经济,当市场失灵的时候,政策调节就起到了非常重要的作用。主要的调节政策分为需求调节政策、供给调节政策和融资政策,每一种调节政策都会引发调节成本,一般要将这几种政策进行有效的搭配。

6. 国际储备是国际收支平衡表中的重要项目,主要由黄金储备、外汇储备、基金组织的储备头寸和特别提款权组成。国际储备在维持一国对外支付能力、维持本币汇率稳定以及充当国家对外举债的保证等方面发挥着重要作用。

7. 国际储备的管理主要包含数量管理和结构管理两方面，前者主要解决国际储备规模的选择和调整问题，后者主要解决在储备总额既定的条件下，如何实现储备资产结构的最优化。影响一国国际储备需求数量的主要因素有：进口规模、进出口贸易（或国际收支）差额的波动幅度、汇率制度、国际收支自动调节机制和调节政策的效率、持有储备的机会成本、金融市场的发育程度、国际货币合作情况以及国际资金流动情况。一国国际储备币种管理应遵循的主要原则包括币值的稳定性、盈利性和国际经济贸易往来的方便性。

习 题

一、名词解释

1. 国际收支
2. 经常账户
3. 资本与金融账户
4. 特别提款权
5. 国际储备
6. 国际储备数量管理
7. 错误与遗漏账户
8. 货币性失衡
9. 结构性失衡
10. 收入性失衡
11. 冲击性失衡
12. 基金组织的储备头寸

二、简答题

1. 什么是国际收支？国际收支的经常账户、资本与金融账户以及错误与遗漏账户，它们相互之间在数量上怎样构成一个平衡表的关系？
2. 什么是国际收支失衡？失衡是否一定是坏事？国际收支中有许多项目，每个项目都存在顺差还是逆差的问题，是否顺差就是好，逆差就是不好？
3. 外汇储备少了，一国缺乏调节国际收支的力量；外汇储备多了，则意味着自己的财富被别人占用。你认为能否找到一个理想的外汇储备的均衡点并有可能持续地保持？
4. 在复式记账原理下，以下的国际交易应如何计入中国的国际收支平衡表？
   (1) 一位中国居民从美国居民那里进口了价值 5 万美元的商品，并约定 3 个月后付款。
   (2) 3 个月后，中国居民用他在纽约的银行存款付款。
   (3) 美国居民用这笔资金购买了中国的 B 股股票。
   (4) 美国居民购买的中国 B 股股票获得了 600 美元的红利。如果这些交易发生在同一年，它们对中国的国际收支平衡表的净额影响是什么？
5. 简述国际收支的自动调节机制。
6. 什么是国际储备结构管理？一国在选择外汇储备时，应该遵循什么原则？
7. 有人认为，中国一方面放着大量的外汇储备不用，却通过借外债和吸引外资的方式发展国内经济，这种行为是极不经济、极不明智的。这样的状况为什么改变不了？

本章思维导图

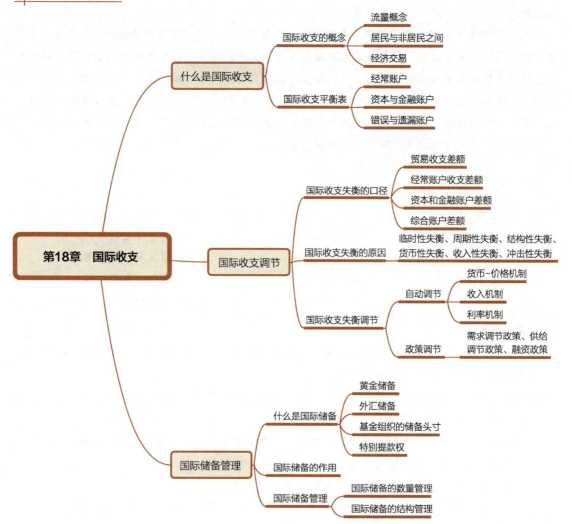

第19章

汇率机制

国际经济交往离不开外汇。汇率作为重要的经济变量,对于调节一国的内外均衡起着举足轻重的作用。承载着外汇交易的外汇市场不仅决定了远期汇率和即期汇率的水平,为投资者提供了规避风险和赚取汇差的机会,还为汇率理论的形成奠定了宏观及微观基础。

19.1 什么是外汇。介绍外汇和汇率的概念,汇率的决定基础及影响汇率变动的主要因素。

19.2 汇率制度。从汇率制度的历史演进入手,介绍汇率制度的类型以及不同汇率制度的选择。

19.3 外汇市场。介绍各种外汇交易的特点及功能。

19.4 国际资本流动与金融危机。介绍国际资本流动的内涵及形式,并考察了中长期国际资本流动所引发的债务危机,以及短期国际资本流动引发的货币危机。

自 2005 年 7 月 21 日中国实行汇率改革（以下简称"汇改"）以来，人民币逐渐升值，已经有了超过 30% 的升幅。对于人民币汇率变动，可谓"几家欢喜几家愁"，出口型企业几乎无一例外地认为，人民币升值挤占了企业的利润空间，给企业带来的是前所未有的生存考验；那些海外留学生的家长以及出国旅游的人则乐不可支，因为人民币更值钱了。由此可见，汇率不仅仅关系到一个国家的内外收支均衡，同时也与企业和家庭的命运息息相关。

19.1 什么是外汇

在国内的商店买东西，人们会很自然地使用人民币，因为人民币是中国的法定货币。但是如果中国公民到美国旅游，想要购买美国的商品，就必须支付美元，因为美元是美国的法定货币。这就意味着人们在出国消费前必须用人民币"购买"一些美元，这里的美元就是一种外汇，而购买美元的价格就是人民币兑换美元的汇率。

19.1.1 外汇的概念

外汇（foreign exchange）是指外国货币或以外国货币表示的，能用来清算国际收支差额的资产。需要注意的是，并非所有的外国货币都能成为外汇。一种外币成为外汇要满足三个前提条件：第一，自由兑换性，即这种外币能自由地兑换成本币；第二，普遍接受性，即这种外币在国际经济往来中被各国普遍地接受和使用；第三，可偿性，即这种外币资产是可以保证得到偿付的。只有满足这三个条件的外币及其所表示的资产（各种支付凭证和信用凭证）才是外汇。

根据这三个标准，各国对外汇的定义范围有着不同的理解，并且这一概念本身也在不断发展。《中华人民共和国外汇管理条例》规定的外汇具体包括：①外国货币，包括纸币和铸币；②外币支付凭证，包括票据、银行存款凭证、邮政储蓄凭证等；③外币有价证券，包括政府债券、公司债券和股票等；④特别提款权；⑤其他外汇资产。

外汇作为一种资产，可以和其他商品一样进行买卖，不同之处在于后者是用货币购买商品，而前者是用货币购买货币。**汇率**（exchange rate）就是两种不同货币之间的折算比价，或者以一种货币表示的另一种货币的相对价格，即汇率有两种表达方式。

（1）**直接标价法**（direct quotation）即用本币表示一单位数量外币的价格。例如，中国在 2019 年 5 月 17 日公布的外汇牌价中，US $1 = ￥6.885 9，这一标价方法就是直接标价法。根据直接标价法，如果一定单位的外国货币所折算的本币增多，即外币等值于更多的本币，则说明外国货币币值上升，外国货币汇率上涨，或者说本国货币币值下降，本国货币汇率下跌。反之，所折算的本币额越低，表明外币汇率下降（外币贬值），本币汇率上升（本币升值）。可见，在直接标价法下，汇率的升降与本币对外价值的高低成反比。目前，除英镑、欧元和美元外，世界上绝大多数国家的货币都采用直接标价法。中国国家外汇管理局公布的外汇牌价也采用直接标价法。

（2）**间接标价法**（indirect quotation）即用外国货币表示一单位数量的本币价值。以上述人民币与美元的汇率为例，对于中国来说，用间接标价法表示汇率就是 ￥1 = US $0.145 2。在间接标价法下，外币数额越高，表示单位本币能兑换的外币越多，说明本币币值越高、外币币值越低；外币数额越低，表明本币汇率贬值、外币汇率升值。能够采用间接标价法的国家，一般都要求该国曾经或者目前在国际经济政治舞台上占据着统治地位，其货币曾经是或当前是世界上最主要的货币之一。欧元自出现后，成为世界上最主要的货币之一，其报价采用间接标价法。英国在金本位制时期及第一次世界大战前后，在国际经济及金融领域一直占据支配地位，伦敦一直是国际金融中心，英镑一直是最主要的国际货币，所以它除了对欧元采用直接标价法外，对其他国家货币一直采用间接标价法。第二次世界大战后，美元逐渐在国际支付和国际储备中取得统治地位，从而使美国除对欧元、英镑采用直接标价法外，对其他国家货币采用间接标价法。

显然，这两种标价法下的汇率互为倒数。两者只表明汇率表示方法不同，并没有实质性的区别。两国货币之间的汇率对一个国家而言是直接标价法，对另一个国家而言则是间接标价法，如 US \$1 = ￥6.885 9，在美国看来是间接标价法，对中国则是直接标价法。由于在不同的标价法下，汇率上涨和汇率下跌的含义有所不同，所以必须说明是哪种货币汇率上涨或下跌，如美元与人民币汇率从 US \$1 = ￥6.885 9 变为 US \$1 = ￥6.895 9，表示美元升值（美元汇率上升）、人民币贬值（人民币汇率下降）。

19.1.2 汇率决定

汇率是两国货币之间的比价。各国货币之所以具有可比性，是因为它们都具有或代表一定的价值。因此，各国货币所具有或所代表的价值是汇率决定的基础，汇率在这一基础上受到其他各种因素的影响而变动，形成现实汇率水平。在不同货币制度下，汇率决定的基础和影响汇率变化的因素是不同的。

1. 金本位制度下的汇率决定

金本位制度（gold standard）是在 19 世纪初到 20 世纪初西方国家实行的货币制度。从 1816 年英国政府颁布《金本位制度法案》发行金币开始，一直到第二次世界大战爆发前夕，金本位制度经历了金币本位制、金块本位制和金汇兑本位制三种形式，其中金币本位制是最典型的金本位制，后两种是削弱的变形的金本位制。

在金币本位制下，各国货币均以黄金铸成，金铸币有一定的重量和成色，具有法定含金量。金币可以自由流通、自由铸造、自由输出输入，具有无限法偿能力。此时，两种不同货币之间的比价，由它们各自的含金量来决定。例如，1925~1931 年，1 英镑的含金量为 7.322 4 克，1 美元所含纯金则为 1.504 656 克，两者相比等于 4.866 5（=7.322 4÷1.504 656），即 1 英镑等于 4.866 5 美元。这种以两种金属铸币含金量之比表示的汇价被称为**铸币平价**（mint parity）。铸币平价是金平价的一种表现形式。所谓**金平价**（gold parity），就是两种货币含金量或所代表金量的对比。

在金币本位制下，汇率决定的基础是铸币平价。由铸币平价所确定的汇率，建立在法定含金量的基础上，法定含金量不会轻易变动，因此作为汇率基础的铸币平价是比较稳定的。但需要说明的是，铸币平价虽然是决定汇率的基础，但它并非外汇市场上外汇交易的实际汇率。事实上，实际汇率是以铸币平价为基础，随外汇市场供求关系的变化而上下波动的。但是，在金币本位制下，汇率的波动并非漫无边际，而是有一定的限度，这个限度就是所谓的黄金输送点（gold points）。由于在金币本位制下，黄金可以自由输出输入，因此它可以代替货币充当结算手段。于是，在对外交易时，必然要衡量外汇结算和黄金结算哪一个成本更低、收益更高，其中黄金结算需要考虑的是运送黄金的费用，如包装费、运费、保险费和运送期的利息等。假如美国商人购买英国商品，在美国和英国之间运送相当于 1 英镑的黄金的费用为 0.02 美元，那么铸币平价

4.866 5 美元加上运送费 0.02 美元等于 4.886 5 美元,这是黄金支付的总成本。如果英镑的汇价高于 4.886 5 美元,美国进口商就会觉得购买外汇不合算,不如直接向英国运送黄金有利,于是美国的黄金就要向英国输出,1 英镑 = 4.886 5 美元就是美国对英国的黄金输出点。反之,当美国出口商品时,对美国出口商而言,如果 1 英镑跌到 4.846 5 美元(铸币平价 – 运费 = 4.866 5 – 0.02 = 4.846 5 美元)以下,则美国出口商就不会出售英镑外汇,而宁愿到英国用英镑购买黄金运回美国。1 英镑 = 4.846 5 美元就是美国对英国的黄金输入点。

由此可见,在金币本位制下,汇率波动的幅度是相当有限的,它被严格控制在黄金输送点内。其中,黄金输出点由铸币平价加黄金运费构成,它是汇率波动的上限;黄金输入点由铸币平价减黄金运费构成,它是汇率波动的下限。而且,由于黄金运费占黄金价值的比重极小,所以在金币本位制下汇率基本上是稳定的。

第一次世界大战爆发后,交战各国的金币本位制崩溃。战后它们分别实行了金块本位制(gold bullion standard)和金汇兑本位制(gold exchange standard)。这两种货币制度的共同特点是黄金很少或不再具有流通手段的职能,且输出和输入受到了极大的限制。此时,决定两国货币汇率的基础不再是铸币平价,而是**法定平价**(official parity)——货币具有法定而非真实的含金量。法定平价也是金平价的一种表现形式。实际汇率因供求关系而围绕法定平价上下波动。但这时,汇率波动的幅度已不再受制于黄金输送点。黄金输送点存在的必要前提是黄金的自由输出输入,而在金块本位制特别是金汇兑本位制下,由于黄金的输出输入受到限制,黄金输送点实际上已不复存在。在这两种被削弱了的金本位制度下,汇率波动的幅度由政府来规定和维护。当外汇汇率上升时便出售外汇,当外汇汇率下降时便买进外汇,以此使汇率在允许的幅度内波动。显然,与金币本位制时的情况相比,金块本位制和金汇兑本位制下汇率的稳定程度已经降低了。

2. 纸币本位制度下的汇率决定

在 1929 ~ 1933 年资本主义经济危机期间,金本位制度彻底崩溃,西方各国纷纷实行纸币流通的**纸币本位制度**(paper standard)。纸币是价值的符号。在金本位制度下,纸币因黄金不足而代表或代替金币流通。在与黄金脱钩的纸币本位制度下,纸币不再代表或代替金币流通,相应地,金平价(铸币平价和法定平价)也不再成为决定汇率的基础。那么,在纸币本位制度下,决定汇率的基础是什么呢?按照马克思的货币理论,纸币是价值的一种代表,两国纸币之间的汇率便可用两国纸币各自所代表的价值量之比来确定。马克思的这一观点,至今仍然正确。因此,纸币所代表的价值量成为决定汇率的基础。然而,由于实践中各国货币所代表的价值量难以进行准确的比较,加之国内外许多因素都会通过改变外汇的供求来影响汇率的变动,所以,产生了形形色色的汇率决定理论。其中历史最悠久,也最有影响力的是购买力平价学说。

购买力平价学说(theory of purchasing power parity,PPP)的基本思想是货币的价值在于其购买力,因此不同货币之间的兑换率取决于其购买力之比。假定一组商品,在英国购买时需要 1 英镑,在美国需要 2 美元,两国货币的购买力之比为 2∶1,则两国货币的汇率就是 1 英镑 = 2 美元。

购买力平价学说是在一价定律的基础上发展起来的。**一价定律**(the law of one price)是指不同地区的同质可贸易商品的价格应该相同,否则地区间的差价就会引起商品套利行为,在低价地区买入这种商品,然后在高价地区卖出,赚取套利利润,在不考虑交易成本的情况下,这种持续不断的套利行为必将使两地的供需关系发生变化,最终使两地的商品价格趋于一致。开放条件下,一价定律说明以同一货币衡量的不同国家的某种可贸易商品的价格应该是一致的,用公式可以表示为

$$p_i = e \cdot p_i^* \tag{19-1}$$

式中,p_i 为本国可贸易商品的价格;p^* 为外国可贸易商品的价格;e 为直接标价法下的汇率。在固定汇率制下,套利活动会带来两国物价水平的调整;在浮动汇率制下,套利活动所引起的外汇市场供求变化将迅速引起汇率的调整,从而通过汇率调整而不是价格水平调整实现平衡。

在一价定律的基础上,用普遍的物价水平代替单个商品的价格情况,可以得到

$$P = e \cdot P^* \tag{19-2}$$

式中,P 为本国物价指数;P^* 为外国物价指数;e 为直接标价法下的汇率。这个式子的含义是,不同国家的可贸易商品的物价水平在以同一种货币计量时是相等的。

将上式变形,即

$$e = \frac{P}{P^*} \tag{19-3}$$

这就是绝对购买力平价的一般形式,它意味着汇率取决于以不同货币衡量的可贸易商品的价格水平之比,即不同货币对可贸易商品的购买力之比。

从购买力平价学说产生至今,众多学者对其进行了实证检验。遗憾的是,购买力平价一般不能得到实证检验的支持。尽管如此,但人们一致认为购买力平价学说从货币的基本功能(具有购买力)角度分析货币的交换问题,非常符合逻辑且易于理解,而且购买力平价学说中所牵涉的一系列问题都是汇率决定中的基本问题,始终处于汇率理论的核心位置,是完整地理解汇率理论的出发点。

关于一价定律的真实性

关于一价定律的真实性还有一个小故事。1986年,英国《经济学人》杂志对麦当劳的"巨无霸"汉堡在世界各地的价格进行了广泛的调查。如果一价定律成立的话,"巨无霸"汉堡在世界各地的美元价格应该相同,但调查结果令人吃惊:巨无霸在不同国家的价格换算成美元相差巨大。比如在巴黎的售价比在纽约高12%,而纽约的售价又比香港高出153%。如何解释这一显著违背一价定律的现象呢?归纳起来,这是由于现实经济中不存在一价定律所假设的前提,也就是说,产品差异、贸易管制、交易费用(运输费用)等都不等于零。此外,生产成本(如员工工资、房租和电费等)在不同国家相差很大。

《经济学人》杂志的编辑进行这项调查并非由于一时头脑发热,而是目的明确地要嘲弄一下喜欢提出各种理论的经济学家,显然,他们成功了。但一价定律仍是有用的,它至少为我们勾画出在完全竞争的市场条件下,汇率是如何决定的。

资料来源:侯高岚. 国际金融 [M]. 北京:清华大学出版社,2017.

在纸币本位制度下,汇率决定的基础是纸币所代表的价值量,但是如同商品的价格以价值为基础并围绕着供求关系波动一样,实际经济中的汇率也是经常变动的。如果把外汇看作一种普通

商品，汇率就是用本币表示的这种商品的价格，那么两国间汇率变动的直接原因是外汇供求的变动，而影响外汇供求的原因又有很多，它们都在一定程度上影响着汇率。

国际收支（balance of payments）。一国国际收支通过直接决定外汇的供求状况而影响着汇率水平。在外汇市场上，当一国的国际收入大于支出，即国际收支顺差时，外汇（币）的供给大于需求，使本国货币升值，外国货币贬值。相反，当一国的国际收入小于支出，即国际收支逆差时，外汇的供给小于需求，因而本国货币贬值，外国货币升值。

相对通货膨胀率（relative inflation rate）。在纸币流通条件下，两国货币的汇率从根本上说是由其所代表的价值量的对比关系决定的。一般地，当一国发生通货膨胀时，该国货币所代表的价值量就会减少，物价相应上涨，即货币对内贬值。而该国货币的购买力随物价上涨而下降，于是该国货币对一国货币的汇率就会下跌，即货币对外贬值。但是，如果贸易伙伴国也发生通货膨胀，并且两国的通货膨胀率相同，那么两国货币的名义汇率和实际汇率就不受影响。因此，考虑通货膨胀对汇率的影响时，应考虑两国通货膨胀的对比关系，也就是说，通货膨胀对汇率的影响实际上表现为两国间通货膨胀的相对水平对汇率的影响。

相对利率（relative interest rate）。利率是资金的价格。当各国利率出现差异时，人们为追求最好的资金效益，会从低利率国家筹集资金，向高利率国家投放资金，这势必会影响外汇的供求进而影响汇率。一般来说，一国利率相对他国提高会刺激国外资金流入增加、本国资金流出减少，造成本国货币供给减少、需求增加，本币升值。需要注意的是，由于利率差异引起的资本流动必须考虑未来汇率的变动。资金流向高利率国家会导致高利率国家货币升值，这将使得流入高利率国家的资金在将未来所取得的本利兑换为本币时遭受汇率损失。因此，只有当利率的变动抵消了汇率在未来的不利变动，金融资产的所有者仍有利可图时，资本的国际流动才会发生。

总需求（total demand）与**总供给**（total supply）。一国总需求与总供给增长中出现的结构不一致和数量不一致也会影响汇率。一般来说，当总需求增长快于总供给时，本国货币呈贬值趋势。这一影响主要来自三个方面：如果总需求中对进口的需求增长快于总供给中出口供给的增长，就会导致外汇需求大于外汇供给，则外国货币升值，本国货币贬值；如果总需求的增长快于总供给的增长，满足不了的那部分总需求将转向国外，引起进口增长，从而导致本国货币贬值；如果总需求的增长从整体上快于总供给的增长，还会导致货币的超额发行和赤字的增加，从而间接导致本国货币贬值。

心理预期（psychological expectation）。外汇市场的参与者往往根据对汇率走势的预期而决定持有何种货币。当交易者预期某种货币贬值时，为了保值或获得投机利益，他们会大量抛售该种货币；预期某种货币升值，则会大量买入该种货币。这种预期影响了外汇市场的供求变化，使汇率发生波动。心理预期具有很大的脆弱性和易变性，会因各种突发事件而随时发生变化，有时甚至一个谣言或传闻也会改变人们的预期，如1989年七国首脑会议时，时任美国总统老布什在宴会上晕倒，结果纽约汇市的美元汇率立即下跌，几小时后白宫宣布总统无恙，美元汇率又回升。

财政赤字（financial deficit）。财政赤字的增加或减少，也会影响汇率的变动方向。财政赤字往往导致货币供应增加和需求增加，因此赤字的增加将导致本国货币贬值。但和国际收支等其他因素一样，赤字增加对货币汇率的影响也并非绝对的。如果赤字增加的同时伴有利率上升，则其对货币汇率的影响就很难说了。

国际储备（international reserve）。较多的国际储备表明政府干预外汇市场和稳定货币汇率的能力较强，因此储备增加能加强外汇市场对本国货币的信心，有助于本国货币升值。反之，储备下降则会引诱本国货币贬值。

以上，我们列举了影响货币汇率的七大因素。必须指出，上述七种因素对汇率的影响不是绝对和孤立的，它们本身可能反方向地交叉起来对汇率产生影响，加之汇率变动还受其他许多因素（包括政治因素和社会因素）的影响，使分析汇率变动的任务困难化和复杂化。上述七大因素对汇率的实际影响，只有在假定"其他条件都不变"的情况下才能显示出来。

汇率变动受到诸多经济因素的影响，汇率变动反过来也影响经济的运行。

（1）**汇率变动对进出口贸易的影响**。汇率变动直接影响到一国的对外贸易状况。这种影响主要是通过汇率变动引起价格的相对变动来实现的。本币贬值以后，如果出口商品的本币价格不变，外币价格则下降，这提高了出口商品在国际市场上的竞争力，会使出口增加。同时，若进口商品的外币价格保持不变，本币价格则上升，会削弱进口商品在国内市场上的竞争力，使进口减少。因此，一般而言，一国货币贬值有利于该国扩大出口、抑制进口，改善该国的贸易收支。

（2）**汇率变动对国际资本流动的影响**。一般来说，一国货币贬值将对本国资本与金融账户收支产生不利影响。这是因为，一国货币贬值后，本国资本为了防止货币贬值的损失，就会大量抛出该国货币，购进其他币种，从而使资金从国内流向国外。此外，资本流动还会受到人们对外汇市场变动趋势预期的影响。如果人们认为贬值幅度不够，再贬值不可避免，则资本流出增加；若人们认为贬值过度，市场汇率会出现反弹，则资本流入增加。

（3）**汇率变动对国内物价水平的影响**。汇率变动引起进出口产品相对价格的变化，从而改变国内的总需求与总供给，也因此而改变国内商品的价格。当本币贬值时，以本币表示的进口商品价格提高，进而带动国内同类商品价格的上升。如果进口商品是作为生产资料投入生产的某些资本品、中间品和紧缺原材料，则会导致商品成本上升，进而促使商品价格普遍上涨。若本币升值，则国内物价会降低。

（4）**汇率变动对生产结构和资源配置的影响**。一方面，本币贬值以后，出口商品的国际竞争力增强，出口扩大，出口产品的生产企业、贸易部门的收入会增加，这将促使其他产品部门转向从事出口产品的生产，由此引起资金和劳动力从其他行业流向出口产品制造和贸易部门。另一方面，本币贬值以后，进口商品成本增加，价格上升，会使原来对进口商品的一部分需求转向国产的替代品，于是国内进口替代品行业会繁荣。也就是说，在一定程度上，本币贬值具有保护民族产业的作用。但货币的过度贬值，使生产出口产品和进口替代品的高成本、低效益企业也得到鼓励，因此它具有保护落后的作用，不利于企业竞争力的提高，同时也无法优化社会资源配置。而且，货币过度贬值，使本该进口的商品尤其是高科技产品或因国内价格变得过于昂贵而进不来，或是虽然进来了，但需支付高昂的进口成本，不利于通过技术引进实现经济结构的调整和劳动生产率的提高。

由此可见，影响汇率变动的因素和汇率变动对经济的影响是复杂的经济命题。以上所阐述的论点反映了汇率的基本特征，即汇率水平和经济状况是相互影响的。

J 曲线效应

国际货币基金组织专家在 20 世纪 80 年代初分析了 1973 年 1 月~1978 年 4 月比利时、加拿大、法国、联邦德国、意大利、日本、瑞典、英国和美国等 10 国的汇率变动对其贸易收支的短期影响情况，结果发现，货币贬值国在贬值初期的贸易额会恶化，但不久又趋于好转。这说明贬值对经济的影响存在"时滞"。货币贬值即使能够改善贸易收支，但在贸易收支改善之前，必有一段继续恶化的过程。因为本国货币贬值，进口商品的本币价格提高，但由于以前的合同规定或产业结构尚未做出及时调整，进口数量反映的仍是过去的购买决定，致使支出增加。随着时间的推移，进口数量得到调整和压缩，出口开始增长，最终贸易收支差额情况有所改善。这种变化过程用曲线图描述，会呈现出英文字母的 J 字形，如图 19-1 所示，因此被称为"J 曲线效应"。对于 J 曲线所显示出来的时滞问题，其长短主要取决于国内传导机制及国内市场的完善程度。若一国国内经济严重不平衡，总需求远远大于总供给，那么，无论汇率怎样变动、外贸结构如何调整，对改善国际收支状况的成效都将是有限的。

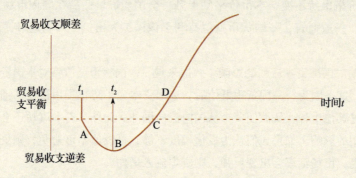

图 19-1 J 曲线效应

资料来源：侯高岚. 国际金融 [M]. 北京：清华大学出版社, 2017.

19.2 汇率制度

在 1973 年以前，美国农民如果打算向英国出口价值 10 万英镑的大豆，这笔交易会非常简单。美国农民在交付大豆后，英国进口商会在一个月后支付 10 万英镑，他不用担心英镑会贬值，因为当时英镑和美元的汇率是固定的，他只要在家安心等待一个月，拿到 10 万英镑后再到外汇市场换回美元就可以了。而今天，情况完全不同了。如果一个月后才能拿到 10 万英镑，美国农民会很担忧，因为英镑和美元的汇率是自由浮动的，如果英镑贬值，美国农民就不能获得原来那么多的美元。之所以有这样大的区别，是因为汇率制度不同。

汇率制度（exchange-rate system）又称汇率安排（exchange-rate arrangement），是指一国货币当局对本国汇率变动的基本方式所做的一系列安排或规定。传统上，按照汇率变动的幅度，汇率制度被分为两大类型：固定汇率制度和浮动汇率制度。

（1）**固定汇率制度**（fixed exchange rate regime），即两国货币比价基本固定，并把两国货币比价的波动幅度控制在一定的范围内，是金本位制度时期流传下来的汇率制度。自 19 世纪中后期金本位制度在西方各国确定以来,直到 1973 年,世界各国的汇率制度基本上属于固定汇率制度。

(2) **浮动汇率制度**(floating exchange rate regime),是指汇率水平完全由外汇市场的供求决定,政府不加以任何干预的汇率制度。浮动汇率制度是自 1973 年开始西方国家普遍实行的一种汇率制度。

19.2.1 汇率制度的演进

从历史的角度考察,汇率制度的演进是同国际货币体系的发展紧密相连的。作为货币体系的核心部分,汇率制度这种制度性安排必然受到货币体系的影响和制约。可以说,有什么样的货币体系就要求有什么样的汇率制度与之相适应。

1. 国际金本位制度下的固定汇率制度

历史上第一个国际货币体系是国际金本位。国际金本位是在英国、拉丁货币联盟(含法国、比利时、意大利、瑞士)、荷兰、若干北欧国家、德国和美国实行国内金本位的基础上于 19 世纪 80 年代形成的。国际金本位的特点是:黄金是国际货币体系的基础;黄金可以自由输出和输入;一国的金铸币同另一国的金铸币或代表金币流通的其他金属(比如银)铸币及银行券可以自由兑换;在金币流通的国家内,金币还可以自由铸造。

国际金本位制度的特点决定了同期实行的汇率制度必定是固定汇率制度。金币的自由输出和输入,保证了各国货币之间的比价相对稳定;金币的自由兑换,又保证了黄金与其他代表黄金流通的金属铸币和银行券之间的比价相对稳定;金币的自由铸造或熔化,则具有调节市面上货币流通量的作用,保证了各国物价水平的相对稳定。在国际金本位制度下,各国货币都规定有法定含金量,货币之间的比价以含金量为基础,汇率的上涨或下跌受到黄金输送点的限制,波动局限于很狭窄的范围内。可以说,国际金本位制度下的固定汇率制度是比较典型的固定汇率制度。

国际金本位制度在当时的条件下,对汇率的稳定以及国际贸易、资本流动和各国经济的发展起到了积极的作用。但是这种货币制度过于"刚性"的"天然缺陷"随着经济的发展也逐渐暴露,世界黄金产量无法满足世界货币和世界经济的发展要求,使金本位制度的物质基础不断削弱,导致金币本位制崩溃,世界货币体系走向国际金汇兑本位制。在这种制度下,黄金依然是国际货币体系的基础,但它退出了流通,本国货币与黄金保持直接或间接的固定比价,在国际收支逆差时先动用外汇储备,黄金只有在最后关头才充当支付手段,以维持汇率的稳定。虽然这一制度可以在一定程度上节约黄金,但从根本上讲,它依然是以黄金为基础的货币制度,所以当黄金数量仍满足不了世界经济增长和维持稳定汇率需要的时候,国际金汇兑本位制也会变得脆弱不堪。于是在 1929~1933 年资本主义经济大危机到来时,国际金汇兑本位制便瓦解了。此后的 10 年间,国际货币金融领域一直处于混乱状态,直到第二次世界大战后布雷顿森林体系的建立才得以结束。

2. 布雷顿森林体系下的固定汇率制度

1944 年 7 月,在美国布雷顿森林城召开的联合国货币金融会议上,确立了一个以美元为中心的国际货币体系,即布雷顿森林体系。布雷顿森林体系下的国际货币制度以黄金 – 美元为基础的,实行黄金 – 美元本位制。这一制度的突出特点是"双挂钩":一方面,美元与黄金挂钩,即按照 35 美元等于 1 盎司黄金的固定比价，各国政府可随时用美元向美国政府兑换黄金；另一方面，其他国家货币与美元挂钩，即各国货币与美元保持可调整的固定比价。

布雷顿森林体系事实上是一种以美元为中心的固定汇率体系。《国际货币基金协定》规定：成员国除因改正国际收支失衡的需要外，不得提议变更其货币平价；成员国的货币平价必须经该国提议，并与基金组织协商后才能变更；成员国货币对美元的汇率，一般只能在法定汇率上下 1% 的范围内波动；各国政府有义务干预金融市场的外汇汇率，以便保持外汇市场的稳定。由于汇兑平价介于金本位制度的永久性固定汇率和完全自由的浮动汇率之间，因此这种汇率又被称为可调整的钉住汇率（adjustable pegged exchange rate）。

国际货币基金组织

国际货币基金组织是根据 1944 年 7 月在布雷顿森林会议上签订的《国际货币基金协定》，于 1945 年 12 月 27 日在华盛顿成立的，与世界银行（World Bank）和关税与贸易总协定（General Agreement on Tariffs and Trade，GATT，1995 年起正式改称为世界贸易组织，World Trade Organization，WTO）共同构成战后国际经济秩序的三大支柱。

国际货币基金组织总部设在华盛顿。1947 年 3 月 1 日开始运作，1947 年 11 月 15 日成为联合国的专门机构，在经营上有其独立性。该组织的宗旨是通过一个常设机构来促进国际货币合作，为国际货币问题的磋商和协作提供方案；通过国际贸易的扩大和平衡发展，把促进和保持成员国的就业、生产资源的发展以及实际收入的高水平，作为经济政策的首要目标；稳定国际汇率，在成员国之间保持有秩序的汇价安排，避免竞争性的汇价贬值；协助成员国建立经常性交易的多边支付制度，消除妨碍世界贸易的外汇管制；在有适当保证的条件下，基金组织向成员国临时提供普通资金，使其有信心利用此机会纠正国际收支失衡，而不采取危害本国或国际繁荣的措施；按照以上目的，缩短成员国国际收支失衡的时间，减轻失衡的程度等。

国际货币基金组织的最高权力机构为理事会，由各成员国派正、副理事各一名组成，一般由各国的财政部部长或中央银行行长担任。每年 9 月举行一次会议，各理事会单独行使本国的投票权（各国投票权的大小由其所缴基金份额的多少决定）。执行董事会负责日常工作，行使理事会委托的一切权力，由 24 名执行董事组成，其中 8 名由美、英、法、德、日、俄、中、沙特阿拉伯指派，其余 16 名执行董事由其他成员分别组成 16 个选区选举产生；中国为单独选区，也有一席。执行董事每两年选举一次；总裁由执行董事会推选，负责基金组织的业务工作，任期为 5 年，可连任，另外还有 4 名副总裁。

布雷顿森林体系促进了战后经济的恢复和发展，促进了国际贸易的发展以及多边支付体系和多边贸易体系的建立与发展。美元等同黄金，作为黄金的补充源源不断地流向世界，在一定程度上弥补了当时普遍存在的清偿能力和支付手段的不足，有利于推进外汇管制的放松和贸易的自由化，并对国际资本流动和国际金融一体化起到了积极的推动作用。

但是这个体系也存在一些根本的缺陷，在世界经济发生变化的过程中，这些根本缺陷最终导致其崩溃。布雷顿森林体系是建立在黄金 - 美元基础之上的，美元既是一国货币，又是世界货币。作为一国货币，美元的发行必须受制于美国的货币政策和黄金储备；作为世界货币，美元的供应又必须适应世界经济发展和国际贸易增长的需要。由于规定了"双挂钩"制度，那么当黄金的产量和美国黄金储备的增长跟不上世界经济与国际贸易发展的时候，美元便出现了一种进退两难的状况：为满足世界经济发展和国际贸易的增长需要，美元的供给必须不断地增长；美元供给的不断增长，使美元同黄金的兑换性日益难以维持。美元的这种两难境地，是美国耶鲁大学教授罗伯特·特里芬于20世纪60年代首先预见到的，故被称为**特里芬难题**（Triffin dilemma）。特里芬难题指出了布雷顿森林体系的内在不稳定性及危机发生的必然性，在经历了一系列的美元危机后，1973年2月布雷顿森林体系彻底崩溃。

3. 牙买加体系下的多元汇率制

布雷顿森林体系彻底崩溃后，国际货币金融领域曾一度陷于混乱和无秩序的状态，单一的全球性固定汇率制度被五花八门的汇率安排所取代。各国之间为建立一个新的国际货币体系进行了长期的讨论与协商，最终于1976年在牙买加首都签订了《牙买加协议》。自此，国际货币体系进入了牙买加体系阶段。

牙买加体系最主要的特征是规定黄金不再是各国货币的平价基础，也不能用于官方之间的国际清算；同时，承认了浮动汇率合法化，成员可以自行选择汇率制度。根据国际货币基金组织在2009年对汇率制度的分类，并按照汇率由完全固定到完全浮动的顺序，汇率制度安排分为4类、10种。

美元危机

布雷顿森林体系的瓦解过程，就是美元危机不断爆发-拯救-再爆发-崩溃的过程。

第一次比较大规模的美元危机是1960年爆发的。危机爆发前，资本主义世界出现了相对美元过剩，有些国家用自己手中的美元向美国政府兑换黄金，美国的黄金储备开始外流。1960年，美国对外短期债务（衡量美元外流的重要指标）首次超过了它的黄金储备额。人们纷纷抛售美元，抢购美国的黄金和其他经济处于上升阶段的国家的硬通货（如马克）。为了维持外汇市场的稳定和金价的稳定以及保持美元的可兑换性和固定汇率制度，美国要求其他资本主义国家在国际货币基金组织的框架内与之合作，稳定国际金融市场。截至1962年，美国分别与若干主要工业国家签订了《互惠信贷协议》（Swap Agreement），在基金组织的框架内建立了"借款总安排"（general arrangement to borrow）和"黄金总库"（gold pool）。

第二次较大规模的美元危机爆发于1968年。受越南战争和英镑危机的影响，美元同黄金的固定比价又一次受到严重怀疑，仅仅半个月内，美国就流失了14亿美元的黄金储备，凭"黄金总库"和美国的黄金储备，已无力维持美元与黄金的固定比价。1968年3月，美国不得不实行"黄金双价制"（two-tier gold price system），即在两种黄金市场实行两种不同价格的制度。在官方黄金市场上，仍然实行35美元等于1盎司黄金的比价；在私人黄金市场上，美国不再按35美元等于1盎司黄金这一价格供应黄金，金价由供求关系决定。这样，私人市场上的金价就随风上涨，逐渐拉开了与黄金官价的距离。黄金双价制实际上意味着以黄金-美元为中心的布雷顿森林体系的局部崩溃。

第三次美元危机是在1971年爆发的。此次危机比以往任何时候都激烈,外汇市场上抛售美元、抢购黄金和硬通货的风潮在5月和7月两度迭起。面对猛烈的危机,尼克松政府不得不于8月15日宣布实行"新经济政策",停止美元与黄金的兑换,限制美国的进口,对进口商品增收10%的临时附加税,并压迫联邦德国和日本等国实行货币升值,以期望改善美国的国际收支。在国际金融市场极度混乱的情况下,十国集团经过4个月的讨价还价和磋商,于1971年12月18日达成一项妥协方案,即《史密森协议》(Smithsonian Agreement)。《史密森协议》的主要内容包括:美元对黄金贬值7.89%,从35美元等于1盎司黄金贬到38美元等于1盎司黄金;一些国家的货币对美元升值;汇率波动的允许幅度从原来的平价上下各1%扩大到各2.25%;美国取消10%的进口附加税。《史密森协议》虽然勉强维持了布雷顿森林体系下的固定汇率,但美元同黄金的可兑换性则从此中止了。从这个意义上讲,布雷顿森林体系的核心部分已经瓦解,国际货币制度已经不再以黄金-美元为基础了。另外,《史密森协议》完全是国际货币体系危机的一种仓促产物,没有涉及国际货币制度的根本变革,平价的调整也是在非常小的幅度内进行的,反映了各国的矛盾和斗争。

当1973年2月再度爆发美元危机时,《史密森协议》寿终正寝,布雷顿森林体系也随之彻底崩溃。

资料来源:姜波克. 国际金融新编[M]. 上海:复旦大学出版社, 2012.

(1)硬钉住。

放弃独立法定货币的汇率制度(exchange arrangements with no separate legal tender)。一国不发行自己的货币,而是使用他国货币作为本国唯一法定货币,或者在一个货币联盟中,各成员国使用共同的法定货币。这类汇率制度的典型代表主要是欧元化和美元化国家。欧元区内流通的是欧元,并建立了统一的欧洲中央银行。而美元化国家完全放弃了自己的货币,直接使用美元,如巴拿马、波多黎各和利比里亚等国家已完全使用美元代替本币进行流通。

货币局制度(currency board arrangement)。它是法律明确规定本国货币与某一外国可兑换货币保持固定的兑换比率,且本国货币的发行受制于该国外汇储备的一种汇率制度。由于这一制度中的货币当局被称作货币局,而不是中央银行,所以这一汇率制度就相应地被称为货币局制度。最早的货币局是1849年在毛里求斯设立的,后来有多个国家和地区相继采取了类似的制度。

香港联系汇率制度

香港联系汇率制度属于货币局制度,是为挽救港币危机、恢复港币信用而制定的汇率制度。1983年10月15日,香港政府在取消港元利息税的同时,对港币发行和汇率制度做出新的安排:要求发钞银行在增发港元纸币时,必须以1美元兑7.8港元的固定汇率水平向外汇基金缴纳等值美元,以换取港元的债务证明书,作为发钞的法定准备金。以上新安排宣告了香港联系汇率制度的诞生,并使港币的发行重新获得百分之百的外汇准备金支持,对稳定香港经济起到了积极的作用。

(2) 软钉住。

传统固定钉住制度（conventional fixed peg arrangements）。汇率围绕中心汇率上下波动不超过1%，包括固定比率钉住单一货币、钉住货币篮子和钉住合成货币 SDR。国际金本位和布雷顿森林体系下的汇率制度都属于此类型。

稳定化安排（stabilized arrangement）即**类似钉住制度**（peg-like）。该制度要求，无论是对单一货币还是对货币篮子的即期市场汇率波幅要能够保持在2%的范围内至少6个月（特定数量的异常值或步骤调整除外），并且不是浮动制度。作为稳定化安排要求汇率保持稳定是官方行动（包括结构性市场僵化）的结果，该制度类别并不意味着国家当局的政策承诺。

爬行钉住制度（crawling pegs）。每隔一段时间，一国货币当局就对本国货币进行一次较小幅度的贬值或升值，但每次贬值和升值的时间与幅度都是随意确定的。爬行钉住制度包括购买力爬行钉住以及任意爬行钉住。购买力爬行钉住以通货膨胀的差异为依据对汇率进行调整。这种汇率制度安排具有较强的预见性，可形成合理的预期。任意爬行钉住汇率制度则不设参照系数，汇率爬行的基础富有弹性，货币当局可以微调汇率，并保持较大的货币政策自主性。

类似爬行制度（crawl-like arrangement）。该制度要求汇率相对于统计上识别的趋势必须保持在2%的狭窄范围内至少6个月（特定数量的异常值除外），并且该汇率制度不能被认为是浮动制度。通常，类似爬行制度要求的最小变化率大于稳定化安排（类似钉住制度）所允许的变化率。然而，如果年度变化率至少为1%，只要汇率以一个充分单调和持续的方式升值或贬值，该制度就被认为是类似爬行制度。类似爬行制度和稳定化安排通常指事先没有给出政策承诺，但事后的汇率安排又常常和事先向国际货币基金组织所报告的汇率安排不一致的情形。目前，国际货币基金组织对中国汇率制度的分类是类似爬行制度。

水平带内的钉住制度（pegged exchange rates within horizontal bands）。政府首先确定一个中心汇率，并允许实际汇率在一个水平状的范围内波动。该汇率制度既具有浮动汇率制度的灵活性，又具有固定汇率制度的稳定性。并且，汇率波动的上下限公开，有助于形成合理的市场预期。但是，该汇率制度下合理的汇率波动范围不易确定，过窄的波动范围会使汇率僵化，异化为固定汇率制度，而过宽的波动范围会使汇率过度波动，异化为浮动汇率制度。

人民币汇率制度的演变

自新中国成立以来，中国的汇率制度经历了一个由严格管制到逐步放宽限制的市场化演变过程。1994年，中国成功地进行了外汇体制改革，实行银行结售汇制度，同时建立了以市场供求为基础、单一的、有管理的浮动汇率制度。企业和个人按照规定向银行买卖外汇，银行进入银行间外汇市场进行交易，形成市场汇率。中央银行设定一定的汇率浮动范围，并通过调控市场保持人民币汇率稳定。实践证明，这一汇率制度符合当时的国情，为中国经济的持续、快速发展以及维护地区乃至世界经济金融的稳定做出了积极贡献。

近年来，中国经常项目和资本与金融项目双顺差持续扩大，国际贸易摩擦进一步加剧，人民币面临升值压力。中国政府审时度势，于2005年7月21日宣布进行完善人民币汇率形成机制改革，开始实行以市场供求为基础、参考一篮子货币进行调节、有管理的浮动汇率制度。此次改革坚持主动性、可控性和渐进性的原则，改革的主要内容是：人民币汇率不再钉住单一美元,而是按照中国对外经济发展的实际情况,选择若干种主要货币,赋予其相应的权重,组成一个货币篮子。同时,根据国内外经济金融形势,以市场供求为基础,参考一篮子货币计算人民币多边汇率指数的变化,对人民币汇率进行管理和调节。改革人民币汇率形成机制,有利于贯彻以内需为主的经济可持续发展战略,优化资源配置,改善贸易条件,增强货币政策的独立性,维持人民币汇率在合理、均衡水平上的基本稳定。

(3) 浮动安排。

浮动汇率制度(floating exchange rate regime)。政府对外汇市场直接或间接进行干预,以操纵本国货币的汇率,使它不至于剧烈波动,维持对本国有利的水平。但是,以一个特定的汇率水平为目标的政策并不属于浮动汇率制度。需要说明的是,尽管一国政府可通过对外汇市场的干预来控制汇率的波动幅度,但汇率变动仍是富有弹性的。

自由浮动汇率制度(free floating exchange rate regime)。完全凭外汇市场供求自发地形成汇率,政府不采取任何干预措施。这类浮动汇率制度在第一次世界大战结束后曾被某些西方国家采用过,但实施的结果是汇率波动剧烈,外汇市场秩序混乱,严重影响了国际贸易和投资活动的开展,阻碍了世界经济的发展。因此,实际上很少有国家采用这种纯粹的自由浮动汇率制度。当政府干预只是偶尔发生,目的是处理无序的市场状况,而且已有信息和数据证明在以前的 6 个月至多有 3 次干预且每次持续不超过 3 个工作日时,该国(地区)的汇率制度可以被归类为自由浮动汇率制度。

(4) 剩余类别。

其他有管理的安排(other managed arrangement)。这是一个剩余类别,当汇率制度没有满足任何其他类别的标准时被使用。

根据国际货币基金组织的统计数据,各种汇率制度国家(地区)在国际货币基金组织的所占比例并不均衡,截至 2017 年年底,实行硬钉住、软钉住、浮动安排和剩余类别 4 类汇率安排的国家(地区)分别占 12.5%、42.2%、39.5% 和 9.4%。其中,从汇率安排的种类来看,传统固定钉住制度、浮动汇率制度和自由浮动汇率制度是实行比例最高的 3 种汇率制度,比例分别为 22.4%、19.8% 和 16.1%,推行这 3 种汇率制度的国家(地区)总数超过全部 189 个成员国和 3 个地区的一半,占 58.3%。

19.2.2 汇率制度选择

合理的汇率水平及汇率变动方式对一国(地区)的经济稳定和经济发展至关重要,哪种汇率制度最适合本国(地区)的经济发展?这就涉及汇率制度的选择问题。汇率制度选择争论的核心是汇率制度的"固定"与"浮动"之争,对于二者孰优孰劣的争论至今没有结束,我们也只能从一般意义上简单分辨两种汇率安排各自的优点和不足。

固定汇率的最大优点就是消除了个人和厂商在从事对外经济交往时可能面对的汇率风险。而且由于不必投入大量资金进行套期保值活动,这自然为微观主体节约了数目可观的资金,以及提供了更多的收益机会。在这层意义上,固定汇率显然有利于提高经济效率,对国际贸易和国际投资的发展都有促进作用。固定汇率制度的另一个明显优点就是,以汇率固定承诺作为政府政策行为的一种外部约束机制，从而可以有效地防止各国通过汇率战或货币战等恶性竞争破坏正常的国际经济秩序。

然而，在固定汇率制的批评者看来，正是上述这些优点造成了固定汇率制无法回避的缺陷。固定汇率制虽然可以降低微观主体的外汇风险，却可能损害国家的金融安全。新兴市场国家为了控制国内通货膨胀，或者希望以稳定的汇率促进国际贸易和国际资本流入而采用固定汇率制度。这种汇率制度的确曾经起到了积极作用，但是在动荡的国际金融环境中，未能及时调整的、僵化的固定汇率一旦背离了国内外实际经济状况，就会成为投机资本攻击的对象。1994年墨西哥金融危机、1997年亚洲金融危机和2001年阿根廷金融危机都显示出固定汇率制度与资本高度流动似乎是一种极不稳定的政策组合。此外，固定汇率制度的缺陷还表现在，当汇率目标代替货币目标之后，一国不仅丧失了本国货币政策的独立性，而且不可避免地会自动输入国外的通货膨胀，甚至可能出现内外均衡冲突。

浮动汇率制度与固定汇率制度最大的区别在于，当国际收支出现不平衡后内外均衡的恢复具有自动调节机制，即通过外汇市场上汇率的自发性变动，实现对宏观经济失衡的微调。相对于固定汇率制度下实施政策组合可能存在的时滞和汇率调整机制僵化等不足，浮动汇率制度的支持者认为，依靠汇率自发性地持续微调正是有利于提高经济效率的最好证据。支持浮动汇率制度的另一个重要理由是，由于自由浮动汇率可以确保国际收支平衡，政府当局就可以将所有的政策工具都用于实现内部平衡，从而提高了经济政策的独立性。此外，浮动汇率还可以减少对短期资金流动的刺激，防止国际游资的冲击，并使经济周期和通货膨胀的国际传递减少到最小限度。

不过，浮动汇率制度也同样存在明显的问题和缺陷。在经济全球化和金融自由化的发展趋势下，国际资本流动的规模越来越大，速度也越来越快，导致外汇市场上的汇率波动越来越频繁和剧烈。如此严重的相对价格不确定性，可能给国际贸易和国际投资带来极大危害。浮动汇率制度在宏观经济政策方面也受到很多批评。由于浮动汇率制度国家可以更加自主地推行扩张性货币政策，而不必担心外汇储备外流，所以会间接造成本币贬值。扩张性货币政策对外国经济具有以邻为壑效应，从而也成为整个国际金融体系的不稳定因素。

通过上述讨论不难发现，浮动汇率与固定汇率制度孰优孰劣的确是个难有定论的问题。两种制度各有长处也各有不足，或许正是因为二者不可兼得的不完美，经济现实中的汇率制度选择才变得更有魅力，也更具挑战性。

19.3 外汇市场

2005年7月21日中国实施汇率制度改革后，人民币在短期内大幅升值。假设某中国纺织企业在2007年年底接到一份来自美国的高档丝绸订单，合同金额为100万美元，合同规定半年以后中方交付货物，美方支付货款。2007年12月4日签订贸易合同时，人民币兑美元的即期汇率为1美元等于7.4094元人民币；半年后的2008年6月4日，该纺织企业收到货款时，人民币兑美元的即期汇率变为1美元等于6.9356元人民币。显然，由于计价货币美元的贬值，中国出口企业收回的100万美元的货款只能换得更少的人民币，出口企业营业利润大幅减少，面临亏损。由此可见，伴随着人民币汇率制度越来越有弹性，企业和个人都必须学会为自己的资产保值，规避和转移汇率变动可能带来的损失。本节将要介绍的外汇市场的交易方式及外汇交易工具就为人们提供了众多可选择的保值避险手段。

外汇市场（foreign exchange market）是指专门进行外汇交易的市场。外汇交易已远远超越了最初附属于贸易结算的地位，是目前世界上最大、资金往来最多的市场。国际市场上的所有多边资金借贷关系和融通关系，无论是国际货币市场、资本市场，还是证券市场、黄金市场，在进行国际资金的转移时，都要借助于外汇市场这个平台，进行外汇交易。

外汇市场的交易方式，主要包括传统的即期外汇交易、远期外汇交易和掉期外汇交易，以及外汇期货、期权等衍生交易。

即期外汇交易（spot foreign exchange transaction）又称现汇买卖，是指交易双方以当时外汇市场的价格成交，并在成交后的两个营业日内办理有关货币收付交割的外汇交易。

即期交易的汇率是即期汇率，又称为现汇汇率。根据外汇银行贱买贵卖的原则，同时报出买入价和卖出价，报价排列是"前小后大"（在直接标价法下为：买入价/卖出价；在间接标价法下为：卖出价/买入价）。需要注意的是，买入价和卖出价是站在银行的角度讲的，买卖的对象是外汇。假设日元为本币，美元为外币，当即期汇率为 USD/JPY = 131.70/131.78（直接标价法）时，表示外汇银行买入 1 美元的价格是 131.70 日元，卖出 1 美元的价格为 131.78 日元，而对投资者而言，131.78 为买入价，131.70 为卖出价，中间的差价即为银行的利润。假如英镑为本币，美元为外币，当即期汇率为 GBP/USD = 1.8120/1.8140（间接标价法）时，表示银行买入美元的价格是 1 英镑等于 1.8140 美元，卖出美元的价格是 1 英镑等于 1.1820 美元，也可以理解为银行买入 1.8140 美元时需要花费 1 英镑，而卖出 1.8120 美元就能得到 1 英镑，中间的差价即为银行的利润。

目前主要国际外汇市场和大银行的外汇汇率报价都采用美元标价法，即以一单位的美元为标准来计算能兑换多少其他货币，因此，非美元货币之间的买卖就得通过美元汇率进行套算。通过套算得出的汇率叫作套算汇率（cross rate）。套算汇率的计算方法如下。

（1）如果两个即期汇率同为直接标价，汇率的套算是交叉相除。

上例的计算原理是：①买入 1USD 的 JPY 价格是 121.22（相当于卖出 JPY 121.22）；卖出 1USD 的 CHF 价格是 1.6631（相当于买入 CHF 1.6631）。因此，买入 1CHF 的 JPY 价格是 121.22/1.6631 = 72.89。②卖出 1USD 的 JPY 价格是 121.88（相当于买入 JPY 121.88）；买入 1USD 的 CHF 价格是 1.6610（相当于卖出 CHF 1.6610）。因此，卖出 1CHF 的 JPY 价格是 121.88/1.6610 = 73.38。

（2）如果两个即期汇率同为间接标价，汇率的套算也是交叉相除。

计算原理同上。

（3）如果一个是直接标价法，一个是间接标价法，汇率的套算为同边相乘。

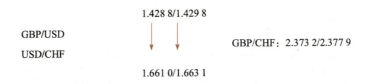

计算原理同上。

远期外汇交易（foreign exchange forward transaction）又称期汇交易，是一种预约买卖外汇的交易，即外汇买卖双方先签订远期外汇交易合同，约定买卖外汇的币种、数量、汇率和将来交割的时间，到规定的交割时间，买卖双方再按合同规定的条件，办理交割的外汇交易。

远期外汇合同约定的汇率是远期汇率，它是双方在签订远期外汇买卖合同时所规定的。一般采用远期汇率与即期汇率之间存在的差价报出远期汇率。远期差价有升水和贴水两种：**升水**（premium）表示外汇在远期升值；**贴水**（discount）则表示外汇在远期贬值。汇率标价方法的不同会导致计算远期汇率方法的不同。在直接标价法下，升水的远期汇率等于即期汇率加上升水额，贴水的远期汇率等于即期汇率减去贴水额。在间接标价法下，计算方法相反。

远期外汇合同一经签订，双方必须履约，到交割日即按远期汇率办理交割。在交割日的即期汇率很可能高于或低于合同所规定的远期汇率，由此产生的收益或损失，由交易人自行享受或承担。

例如，进口商3个月后需从美国进口货物，为避免美元升值遭受损失，可与银行签订远期外汇买卖，使3个月后购买美元的汇率固定。若3个月后美元果然升值，则远期外汇交易达到了保值避险的作用；若3个月后美元贬值，则由于签订了外汇合同而使进口商遭受损失。

掉期外汇交易（swap transaction）是指外汇交易者在外汇市场上买进（或卖出）某种外汇时，同时卖出（或买进）金额相等，但期限不同的同一种外国货币的外汇交易活动。可见，掉期交易的特点是：买进和卖出的货币数量相同；买进和卖出的交易行为同时发生；交易方向相反、交割期限不同。

进口商、投资者、借贷者及投机者都可以通过掉期交易实现套期保值或赚取投机利润的目的。假设某美国公司2个月后将收到100万英镑的货款，同时4个月后应向外支付100万英镑，市场汇率行市如下：2个月 GBP/USD = 1.650 0/1.655 0；4个月 GBP/USD = 1.600 0/1.605 0。为了避免汇率波动风险，以期保值，该公司的掉期操作是：卖出2个月期英镑100万（用2个月后的应收款交割），收到1.650 0×100万=165万美元，同时买入4个月期英镑100万（用以支付4个月后的应付款），付出1.605 0×100万=160.5万美元。通过掉期业务，该公司不但规避了汇率波动风险，还从中盈利4.5万美元。

外汇期货（foreign exchange futures）又称货币期货，是指协约双方同意在未来某一时期，根据约定汇率，买卖一定标准数量的某种外汇的标准化协议。

外汇期货与其他类型的期货交易一样，采用保证金及每日清算制度，合约到期前一般采用对冲了结。交易的目的主要是套期保值和赚取投机利润。

假设美国向日本出口商品，6月1日收到3个月到期的日元远期汇票2 500万日元。美国出口商担心未来日元贬值，所以在期货市场上进行了卖出期货保值交易。由于日元期货合约的合同规模为1 250万日元，所以需要日元期货合同2 500/1 250 =2份。交易过程如表19-1所示。

表 19-1　外汇期货交易套期保值过程

	现货市场	期货市场
6月1日	收到日元远期汇票 2 500 万日元 USD/JPY = 120.1 理论上折 2 500/120.1 = 20.82（万美元）	卖出 2 份 9 月到期的日元合约 价格 JPY1 = USD 0.008 400 合同价值 2 500 × 0.008 4 = 21（万美元）
9月1日	汇票到期卖出 2 500 万日元 USD/JPY = 125.00 实际上仅换得 2 500/125.00 = 20（万美元）	买入 2 份日元合约，进行对冲 价格 JPY 1 = USD 0.007 900 合同价值 2 500 × 0.007 900 = 19.75（万美元）
盈亏计算	亏损：20.82 − 20 = 0.82（万美元） 现货市场和期货市场抵补后净盈利 1.25 − 0.82 = 0.43（万美元）= 4 300（美元）	盈利：21 − 19.75 = 1.25（万美元）

交易过程显示，当美国出口商的预期正确，即日元果然贬值时，美国出口商在期货市场盈利，从而弥补了在现货市场的损失，最终净盈利 4 300 美元，达到了套期保值的目的。但如果预期错误，期货交易将亏损，从而抵消现货市场的盈利。

外汇期权（foreign exchange options）也称货币期权，指合约购买方在向出售方支付一定期权费后所获得的在未来约定日期或一定时间内，按照规定汇率买进或者卖出一定数量外汇资产的选择权。

期权交易与远期或期货交易最大的不同是，在规避风险的同时也保留了获利的可能。假设美国制造商从德国进口价值 1 000 万欧元的商品，3 个月后用欧元支付货款。假设汇率变动存在以下三种情况：①3 个月后的即期汇率为 EUR/USD = 1.55；②3 个月后的即期汇率不变；③3 个月后的即期汇率为 EUR/USD = 1.49。下面分别考察利用远期交易和期权交易进行套期保值的盈亏情况。

方案 1：利用远期合同套期保值。

假设以远期汇率 EUR/USD = 1.52 购入 1 000 万 3 个月远期欧元。若欧元升值（EUR/USD = 1.55），履行远期合同比从现汇市场购买欧元可节约（1.55 − 1.52）× 1 000 = 30 万美元；若欧元汇率不变（EUR/USD = 1.52），履行合同与从现汇市场购买所付美元数额相同；若欧元贬值（EUR/USD = 1.49），则履行合同比从现汇市场购买多支付 30 万美元。

方案 2：利用外汇期权合同套期保值。

由于存在远期外汇支付，所以制造商买入外汇看涨期权。假设协定汇率为 EUR/USD = 1.52，期权费 $P = 0.005$。根据第 11 章学过的期权交易策略，执行此笔外汇期权的临界点为 $F = 1.52$，当市场价格 $F > 1.52$ 时，期权购买者执行期权，否则放弃权利。执行期权时的盈亏平衡点为 $1.52 + 0.005 = 1.525$，当市场价格 $F > 1.525$ 时，期权购买者盈利。若欧元升值到 EUR/USD = 1.55，则执行期权可以节约（1.55 − 1.525）× 1 000 = 25 万美元；若欧元汇率不变（EUR/USD = 1.52），执行期权与不执行期权相同，损失期权费 0.005 × 1 000 = 5 万美元；若欧元贬值到 EUR/USD = 1.49，不执行期权，按市场价格买入欧元，相比执行期权，放弃期权可节约（1.52 − 1.49 − 0.005）× 1 000 = 25 万美元。

结论：利用远期合同套期保值，在消除了汇率不利变动所造成的损失的同时，也丧失了汇率发生有利变动而获利的可能性。对于外汇期权合同，无论汇率朝哪个方向变动，都给其持有者留有获利的机会。

19.4 国际资本流动与金融危机

1997年亚洲金融危机后，要不要对国际资本流动进行某种形式的监管和控制，成为人们乐于争论的话题。国际资本流动可以实现资源在更广范围内的合理配置，提高全球经济效益，但同时也为债务危机和货币危机的产生提供了丰富的土壤。因此，在经济全球化的今天，要效率还是要稳定，始终是个两难问题。

19.4.1 国际资本流动

当今世界，经济的开放性不仅体现为商品和劳务的国际流动，更突出地体现为资金的国际流动。所谓**国际资本流动**（international capital flow），是指资本从一个经济体向另一个经济体的运动。在国际收支平衡表中，国际资本流动的主要情况反映在资本与金融账户中。

根据资本使用期限的长短，国际资本流动主要分为长期资本流动和短期资本流动。

1. 长期资本流动

长期资本流动（long-term capital flow）是指期限在1年以上，甚至不规定到期期限的资本（如永久公债、股票等）的跨国流动，它主要包括国际直接投资、国际间接投资（国际证券投资）以及中长期国际信贷这三种金融活动。

国际直接投资（foreign direct investment，FDI）是指那些以获得国外企业的实际控制权为目的的国际资本流动。国际直接投资的主要形式包括：①在国外兴办新企业。②收购国外企业的股权并达到拥有实际控制权的比例。实际控制权在不同国家有不同的规定，国际货币基金组织的《国际收支手册》第6版规定，购买国外企业10%或以上的股权即被认定为直接投资。在中国，只有外国资本超过企业股权的25%，才被视为外商来华直接投资。③利润再投资，即投资者将其在国外投资所获利润用于扩大对该企业的投资，或者在原投资国的其他地区进行其他投资活动。此外，自20世纪80年代以来，企业的管理权限和方法、生产技术、市场营销渠道、专利权和商标权等无形生产要素的转移也成为重要的直接投资形态。

国际间接投资（international indirect investment）又称国际证券投资（international portfolio investment），主要是指在国际资本市场上发行和买卖中长期有价证券所形成的国际资本流动。各国的政府机构、商业银行、工商企业和个人都可以通过购买或发行国际债券或股票来进行投资或筹资。这对于购买有价证券的国家来说是资本流出，对于发行证券的国家来说则是资本流入。

中长期国际信贷（medium and long-term international credit）指政府、国际金融机构和国际商业银行等组织提供的中长期贷款。

2. 短期资本流动

短期资本流动（short-term capital flow）是指期限为1年或1年以下（包括见票即付）的资本跨国流动。短期资本流动的形式多样，如现金、活期存款、国库券、大额可转让定期存单、商业票据、银行承兑汇票等短期金融资产的交易。从性质上看，短期资本流动主要有银行资金调拨与拆借、短期贸易融资、投机套利性资本流动等。此外，政府有关部门和货币当局进行的市场干预活动、一国政治经济形势的急剧变化（如市场预期该国货币将要贬值或外汇管制将要加强等）所引发的资本外逃（capital flight）等通常也以短期资本大规模跨国流动的形式出现。

最初的国际资本流动是作为商品流动的对应物出现的，服务或从属于开放的实体经济。但自20世纪90年代以来，世界经济发展迅猛，国际资本流量的增长速度早已超过了国际贸易的增长速度，出现了越来越多的与实际贸易、生产没有直接联系的金融性资本的国际流动。资本跨国界流动的方向和方式等都逐渐形成了自身的特点和规律。整体上，发达国家仍然主导全球FDI的规模和方向，而决定发达国家内部FDI变动趋势的根本力量是跨国兼并与收购活动。与此同时，发展中国家也日益受到私人国际资本的青睐。

人民币汇率波动

从图19-2的总体汇率趋势图可以看出，从1994年1月到2019年4月，人民币实际有效汇率从65.81上升至124.11，在波动中整体呈现出稳步上升的趋势，即人民币持续贬值，但是在汇率波动期间存在许多循环周期。

图19-2 人民币实际汇率变化趋势图

从1994年汇率并轨至2002年，人民币实际有效汇率总体保持稳中趋升的走势。汇率并轨即人民币官方汇率与外汇调剂市场汇率并轨，实行以市场供求为基础的单一汇率，被称为"有管理的浮动汇率制"。并轨以后人民币兑美元的汇率是8.7，而在亚洲金融危机期间，中国政府对外承诺人民币不贬值，因此从1998年起，人民币对美元的汇率大致稳定在8.28左右。也就是说，在汇率并轨后，人民币汇率经历过波动幅度比较窄的时期。

在2005年7月21日人民币汇率改革重启之前，人民币实际有效汇率保持低速下降态势，由于汇率受外汇市场供需关系的影响，人民币的实际有效汇率随着市场的变化而波动。2005年7月21日后，中国实行以市场供求为基础、参考一篮子货币调节且有管理的浮动汇率制度，使得人民币一次性升值2.1%。

2005年汇改以后，人民币汇率弹性快速增强，但是2008年受由美国次贷危机演变成的全球金融海啸的冲击，人民币兑美元的汇率波动一度又开始收窄。受2008年全球金融危机的影响，人民币面临增值的压力，实际有效汇率在2009年2月暂时达到107.63的最高值，然后迅速下降，到2009年12月已经降至97.26，不到一年的时间，有效汇率下降了9.63%。

2010年1月至2014年2月，人民币实际有效汇率保持波动上升的趋势，在2014年3月汇率改革把人民币汇率的浮动区间从1%进一步扩大至2%后，人民币实际汇率增速较强，贬值速度较快。2015年4月至2016年2月，人民币实际有效汇率保持在130左右，达到暂时均衡。其中，中央银行于2015年8月11日发布公告，进一步改革汇率制度，优化人民币兑美元汇率中间价的报价机制，更多地参考市场汇率。在"811汇改"后，人民币经过全球市场的多轮考验，既有来自美国、英国各种"灰犀牛"和"黑天鹅"以及新兴市场货币贬值的风险侵袭，也有人民币国际化和市场化改革过程中伴随的问题，人民币汇率维持基本稳定。

自2016年2月之后，人民币实际有效汇率迅速下降，即人民币面临升值的压力。2018年3月，美国总统特朗普签署了对中国输美产品征收关税的总统备忘录，中美贸易战的开启以及美联储加息的影响，导致人民币实际汇率又开始呈现下降趋势，人民币面临较大的升值压力。自2019年以来，国民经济开局平稳，积极因素逐渐增多，市场信心逐渐增强，人民币对美元汇率和对一篮子货币汇率都有所升值。根据2019年第一季度中国货币政策执行报告，2019年以来，人民币汇率以市场供求为基础，参考一篮子货币汇率变化，有贬有升，双向浮动，在合理均衡的水平上保持了基本稳定。

由上述分析可知，汇率一直处于波动中，且受多种因素的影响，但只要中国经济继续保持韧性，即使人民币汇率短时振幅增大，也不会引发巨大问题。人民币汇率波动，是市场变化下的动态调整。从人民币汇率形成机制看，人民币汇率波动属于正常现象。

19.4.2 债务危机

中长期国际资本流动是债务危机的根源。中长期国际资本流动在资金的让渡与偿还之间存在着相当长的期限，所以这一流动机制的核心问题是清偿风险。它既为一国经济创造了在封闭条件下不具备的有利条件，又蕴含了难以偿还外部债务，即发生债务危机的可能性。20世纪80年代拉丁美洲的债务危机，以及2009年以来发生的欧洲主权债务危机都是由于国际资本流动出现问题而导致的。中长期国际资本的流动无论对流入国还是流出国而言，都具有积极意义。

对于资本流入国而言，中长期资本流入有利于欠发达国家的资本形成，促进经济长期发展。自身资本形成不足是阻碍欠发达国家经济发展的主要问题，于是引进外资便成为促进欠发达国家资本形成的有效途径。一方面，外资注入可以补充欠发达国家的资本供给，为其发展本国经济、增加出口贸易和提高国民收入创造了有利条件。另一方面，有效利用引进的外资，可以拉动对本国人力资源与自然资源的需求，在提高资源利用效率的基础上提高生产能力，从而实现国民收入增长,逐渐摆脱贫困约束。中长期资本流入还有助于平抑国内经济周期的波动,国内企业和消费者可以在本国经济衰退时借助资本输入而继续从事投资和消费活动,在经济增长时再对外进行清偿。通过这种方式,国际资本流入就在很大程度上发挥了平抑流入国经济周期波动的作用,从而为本国经济体系提供了更大的稳定性。与此同时,国内投资者也在一定程度上享受到了在国际范围内进行多样化投资的好处,降低了因为国内经济波动而不得不面对的风险程度。而相对提高的收益水平,很可能刺激国内储蓄和投资活动的高涨,使资本流入国的产出效应进一步放大。

对于资本输出国而言,资本流出有利于提高本国资源的利用效率,甚至有可能带动本国出口,从而推动国民收入增长。在多数富裕的发达国家,市场成熟度越高,利润平均化作用越是明显,寻找高收益投资项目的难度也就越大。国际资本流动为流出国原本闲置的资金开辟了更广阔的用武之地,并以此完成了从低效益资金向高效益资金的转变,既满足了资本自身追逐利润的天性,也符合资本输出国经济扩张的国家利益。另外,流入国国民收入的提高必然带动进口增加,如果新增进口的大部分订单落入资本流出国的手上,则意味着流出国的出口将会扩大。由此可见,虽然当期的资本外流对国内投资水平具有一定的挤出效应,但是从长远来看,未必会导致国内消费与投资的减少。

一国在充分享受国际资本流动积极效应的同时,也必须警惕其潜在风险。由于资本的使用和偿还之间存在着明显的时间差异,所以中长期国际资本流动蕴含了发生资金偿还困难的可能性。而一旦债务国因经济困难或其他原因不能按期如数地偿还债务本息,致使债权国与债务国之间的债权债务关系不能如期了结,并影响债权国与债务国各自正常的经济活动及世界经济的正常发展,国际债务危机就发生了。历史上最著名的国际债务危机,是发生在20世纪80年代的拉美债务危机,几乎所有重债国和大多数主要债务国,都是在20世纪六七十年代大量引进外资,但由于未能及时调整经济发展战略,因此在债务偿还高峰期发生了危机。

21世纪规模和影响比较大的债务危机当属欧洲主权债务危机。欧洲债务问题发端于北欧国家冰岛。2008年10月,在全球过度扩张的冰岛金融业(资产规模为GDP的9倍多)陷入困境。三大银行资不抵债,被冰岛政府接管,银行债务升级为主权债务。根据美联社的数据,当时冰岛政府外债规模高达800亿美元,为其2007年GDP的400%左右,人均负债25万美元,金融业外债更是高达1 383亿美元。从技术上讲,冰岛已经破产。冰岛为了应对危机,采取了较为严厉的紧缩政策,被迫放弃固定汇率制度,至2008年11月底冰岛克朗兑欧元大幅贬值超过70%。

冰岛债务问题只是欧洲债务问题的冰山一角,希腊债务问题的显现使欧洲主权债务危机全面爆发。希腊2009年财政赤字达到GDP的13.6%,政府债务未清偿余额与GDP之比达到115.1%,均远超欧盟《稳定与增长公约》规定的3%和60%的上限。与希腊有着相似基本面的其他欧洲国家,特别是爱尔兰、西班牙、葡萄牙与意大利("欧猪五国",PIIGS),它们的财政赤字与政府债务也远远超过了欧元区《稳定与增长公约》的限制(见表19-2与表19-3)。鉴于财政状况的恶化和偿债能力的下降,自2009年12月起,国际三大评级机构——惠誉、标准普尔和穆迪相继调低希腊等国的主权债务评级并将其列入负面观察名单,致使债务国融资成本显著增加,发债融资愈发困难,欧洲主权债务问题彻底浮出水面。

表 19-2 欧洲各国财政赤字的演变　　（单位：占 GDP 的百分比，%）

	2008	2009	2010	2011	2012	2013	2014	2015	2016	2017	2018
欧元区17国	-2.2	-6.2	-6.2	-4.2	-3.7	-3.1	-2.5	-2.1	-1.6	-1.0	-0.5
德国	-0.2	-3.2	-4.2	-1.0	0.0	-0.1	0.6	0.8	0.9	1.0	1.7
法国	-3.3	-7.2	-6.9	-5.2	-5.0	-4.1	-3.9	-3.6	-3.5	-2.8	-2.5
爱尔兰	-7.0	-13.8	-32.1	-12.8	-8.1	-6.2	-3.6	-1.9	-0.7	-0.3	0.0
希腊	-10.2	-15.1	-11.2	-10.3	-8.9	-13.2	-3.6	-5.6	0.5	0.7	1.1
西班牙	-4.4	-11.0	-9.4	-9.6	-10.5	-7.0	-6.0	-5.3	-4.5	-3.1	-2.5
意大利	-2.6	-5.2	-4.2	-3.7	-2.9	-2.9	-3.0	-2.6	-2.5	-2.4	-2.1
葡萄牙	-3.8	-9.8	-11.2	-7.4	-5.7	-4.8	-7.2	-4.4	-2.0	-3.0	-0.5
英国	-5.2	-10.1	-9.3	-7.5	-8.1	-5.3	-5.3	-4.2	-2.9	-1.9	-1.5

资料来源：Eurostat, https://ec.europa.eu/eurostat/data/database。

表 19-3 欧洲各国政府债务的演变　　（单位：占 GDP 的百分比，%）

	2008	2009	2010	2011	2012	2013	2014	2015	2016	2017	2018
欧元区17国	69.0	79.4	85.0	87.1	90.2	92.1	92.3	90.4	89.5	87.4	85.5
德国	65.2	72.6	81.8	79.4	80.7	78.2	75.3	71.6	68.5	64.5	60.9
法国	42.4	61.5	86.0	110.9	119.9	119.7	104.1	76.8	73.5	68.5	64.8
爱尔兰	109.4	126.7	146.2	172.1	159.6	177.4	178.9	175.9	178.5	176.2	181.1
希腊	39.5	52.8	60.1	69.2	85.7	95.5	100.4	99.3	99.0	98.1	97.1
西班牙	68.8	83.0	85.3	87.8	90.6	93.4	94.9	95.6	98.0	98.4	98.4
意大利	102.4	112.5	115.4	116.5	123.4	129.0	131.8	131.6	131.4	131.4	132.2
葡萄牙	71.7	83.6	96.2	111.4	126.2	129.0	130.6	128.8	129.2	124.8	121.5
英国	49.7	63.7	75.2	80.8	84.1	85.2	87.0	87.9	87.9	87.1	86.8

资料来源：Eurostat, https://ec.europa.eu/eurostat/data/database。

欧洲主权债务危机发生于美国次贷危机之后，表面上看，这是在国际金融危机救助过程中，用政府信用代替银行信用、银行去杠杆化与政府部门杠杆化的必然结果。但是欧洲债务问题的普遍性和严重性均超出其他地区，其根源值得思考。一般认为，欧洲主权债务危机发生的原因主要在于两个方面。

第一，危机国自身宏观经济结构发展失衡。欧洲产业空心化和生产率低下的问题由来已久，尤其是希腊等国，其资源、技术和地缘都不占优，所以在参与国际分工过程中"夹层效应"显著，受到亚洲低成本产品生产国（中国、印度）的冲击和欧元区内部竞争力强国（法国、德国）的挤压，国际竞争力不断下滑，经常账户逆差不断扩大。在经济增长乏力的同时，部分欧洲国家的社会福利却表现出刚性特征。截至2016年年末，欧盟平均社会福利开支已接近GDP的38.83%，远高于美国的14.6%和日本的18.2%。希腊的养老福利即使在经济合作与发展组织（OECD）的30个最富有的国家里也是名列前茅。增长乏力与高企的福利制度矛盾使国内财政压力越来越大。

第二,欧元区财政政策与货币政策的"二元结构矛盾"。欧元区最大的制度特点就是实行统一的货币政策和相对自由的财政政策,这样在政策运用上就形成了"重财政、轻货币"的"二元结构矛盾"。由于各国货币政策使用能力受限,因此各国都尽可能地把财政政策运用到极致,这必然会造成大量的财政赤字和公共债务,如果经济预期向好,尚能勉强维持,一旦遭遇外部冲击,国家就会陷入债务危机难以自拔。

此外,投资银行和评级机构在危机的发生发展过程中也起到了推波助澜的作用。

为避免债务危机进一步恶化,2010年5月10日,欧洲紧急出台总额达7 500亿欧元的救助机制,这是欧洲有史以来最大规模的救援行动。其中4 400亿欧元是欧元区政府承诺提供的贷款;600亿欧元将由欧盟委员会依照《里斯本条约》从金融市场筹集;IMF也将提供2 500亿欧元。同时,为避免国债价格下跌,到2010年5月末,欧洲中央银行已购买近400亿欧元的欧元区债券,包括希腊、西班牙、葡萄牙和爱尔兰的政府债券,其中250亿欧元为希腊主权债务。此外,欧洲中央银行还进行公开市场操作,通过各种措施,如降低欧洲中央银行贷款的抵押标准,增加向货币市场的流动性注入。美国联邦储备局则宣布将重开与其他中央银行的换汇额度,以确保其他中央银行能获得充足的美元。一系列的救援计划暂时缓解了债务危机,但是救助并不能从根本上解决这些国家长期积累的问题。2010年11月21日,爱尔兰政府正式请求欧盟和国际货币基金组织提供救助,成为欧元区新一波债务危机的策源地。当然,爱尔兰发生债务危机的原因与希腊有许多不同,希腊是政府大把花钱引发公共债务危机,爱尔兰债务危机是由房地产泡沫与银行大胆放贷导致的坏账成堆引发的。尽管陷入债务危机的诱因不同,却都是因债务而起,最终都将由国家托底,进而演化为主权债务危机。

债务危机的教训表明,国际资本的流动在客观上能够起到调节国际收支失衡的作用,但在主观上受市场机制的驱动,资金在一般情况下只流向高收益、低风险的国家或地区。一旦投资利润受到威胁,私人贷款资金会立即撤离和转移,从而加剧国际收支失衡。显然,这些都是国家今后参与国际资本流动应当引以为戒的教训。

19.4.3　货币危机

短期国际资本流动是货币危机的根源。自20世纪80年代以来,随着世界经济一体化进程的加快,国际资本流动的规模日益增大,流动速度越来越快,蕴含的风险也越来越大。大量基本不受各国货币监管当局和国际金融组织监控的私人短期资本,被熟练地运用到各种创新金融工具和交易方式中,在国际金融市场上游荡,千方百计地寻求获利机会。金融动荡因此频繁发生,并且冲击的潜在力度和持续时间不断增加。

1994年以来中国跨境资金流动情况

沿用2014年《中国跨境资金流动监测报告》的做法,我们将经常项目和直接投资的合计差额视为稳定性较高且与实体经济关系较大的跨境资金流动(即基础国际收支交易),将非直接投资资本流动(主要包括证券投资、其他投资和净误差与遗漏)视为波动性较大的跨境资金流动。同时,将经常项目、直接投资、证券投资、其他投资与净误差与遗漏的合计差额视为总体的跨境资金流动。

自 1994 年外汇管理体制改革以来，中国跨境资金流动存在较明显的顺周期性特征。1994~2003 年，中国经济增长比较平稳，GDP 增长率平均为 9%，同时由于受到亚洲金融危机的冲击，年均跨境资金流动金额较低，除 2003 年外均低于 1 000 亿美元，合计净流动近 3 800 亿美元，占同期外汇储备的 21.59%。2004~2010 年，中国经济总体呈现高速发展势头，GDP 增长率平均为 11%，人民币单边升值预期且预期有所强化，跨境资金流动逐年递增，呈现显著的上升趋势，跨境资金流动额年均 3 592.91 亿美元，总额共计 25 150 亿美元，为 1994~2003 跨境资金流动总额的 6 倍多。虽然跨境资金流动在金融危机爆发后受到了一定冲击，但下降幅度较小，并未显著影响国外资金向中国的流入，表明随着中国经济体量的扩大，抵御资本流动冲击的能力得到了进一步增强。但是，2010~2016 年，中国跨境资金流动呈现波动性的下降趋势，甚至在 2015 年和 2016 年变为负值，表明中国资金向国外流出的额度高于国外对中国投资的额度，中国跨境资金呈现出显著的双向流动趋势。2017~2018 年，中国跨境资金由降转增，跨境资金流动额分别为 912.54 和 256.09 亿美元，表明 2018 年的贸易战确实对跨境资金流动产生了影响，但由于中国经济结构和经济增长方式的转变，中国对境外资本仍具有一定的吸引力。其中，稳定性较高、与实体经济关系较大的跨境资金净流入共计 55 017.57 亿美元，波动性较大的跨境资金净流出达 -22 521.57 亿美元，跨境资金流动总额与 GDP 总额之比为 2.63%（见图 19-3）。稳定性较高和波动性较大的跨境资金对外汇储备增长的贡献率分别为 182% 和 -74.54%。从 1994~2018 年的较长时期来看，中国外汇储备增长主要来源于与实体经济相关的贸易投资活动，外汇储备增长基本可以用经常项目与直接投资差额来解释。随着中国经济实力提高和对外开放扩大，跨境资金流动对储备积累和经济发展的影响越来越小。

图 19-3　1994~2018 年中国跨境资金及其与 GDP 之比

从长期来看，中国跨境资金流动仍将面对诸多不确定和不稳定的因素。从较确定的方面看，与实体经济相关的外汇流入依然保持稳定：中国外需将继续缓慢恢复，但进口继续受制于内需平稳增长和大宗商品价格回落，货物贸易顺差有可能进一步扩大，推动经常项目顺差反弹；经济增速虽有所回落，但仍将继续处于世界较高水平，这将有利于维持中国对长期资

> 本的吸引力。从不确定的方面看，虽然中国货物贸易持续较大顺差，人民币利率继续高于主要国际货币，但由于影响因素日趋多样化和复杂化，中国跨境资金流动仍可能出现较大波动。从国内看，市场还可能会对经济增长和金融风险等问题产生担忧，本外币利差收窄将加速企业资产负债的币种结构调整。从国际看，美国加息、美元强势和中美贸易战可能推动资本回流美国市场，新兴经济体还会面临经济下滑、地缘政治冲突、大宗商品价格下跌等更多挑战。总体而言，在未来的一段时期内，中国将继续呈现跨境资金有进有出、双向振荡的格局，为外汇储备规模保持总体稳定提供了坚实的基础。

在所有短期资本中，最具代表性的当属投机资本（俗称游资），它是短期国际资本流动中所占比重最高的一种，通常以间接投资形式出现，主要流入一国境内的证券市场、衍生产品市场和短期信贷市场，从事高风险、高预期收益的金融交易。

投机资本的显著特征表现为"三高"，即高风险性、高杠杆性和高流动性。投机者都是风险偏好型的，他们随时捕捉价格可能发生波动的资产，有时还会采取一些手段来扩大这些资产的价格波动幅度，以牟取更高的利润。有相当多的投机交易是借助衍生金融产品进行的，它们充分利用了衍生产品的杠杆效应，总是以较少的资本来买卖大规模的金融合约。为了不断寻找获利机会，投机资本不断从一国流向另一国，从一个市场流向另一个市场，它们的活动规律难以把握，国际社会因此将其比作烫手的热钱（hot money）。

投机者的基本交易准则是，根据对汇率变动、利率变动、有价证券的价格变动、黄金等贵金属的价格变动或特定商品（如石油等）价格变动的预期，卖空那些他们认为价格将要下降的资产，买进那些价格将要上升的资产，通过影响其他资产持有人的信心与预期，使有关市场价格面临更大的变动压力或导致市场价格更加不稳定，接下来在该项资产价格下降（或上升）时，再以较低（高）的价格买入（卖出）那些资产，从中获利。由此可见，投机者对资产价格的预期决定了投机资本的流动方向及其收益状况。

当投机者决定冲击某个国家的市场时，他们通常会先在该国的货币市场借入大量的该国货币。为了增加获利机会和降低风险，投机资本常常在外汇市场、资本市场和货币市场上同时出击，投机手段的日益复杂，使投机的冲击面更广。1998年量子基金和老虎基金等国际投机资本在香港的活动比较典型地显示了投机资本的常用手段。1998年8~9月，国际投资者在中国香港货币市场大量借入港元，然后在外汇市场抛售远期港币，买入美元，同时大量卖出香港的股票指数期货。这种"双向操盘"的原意是要保证投机者至少在一个市场上获利：香港政府如果要维持港元与美元联系汇率的稳定，必然要加息，这样就会打击股市，使股票价格下挫，于是他们可以在股票市场上获利；如果香港政府放弃稳定港元，大量的港元卖盘会造成港元汇率下跌，他们可以在外汇市场上获取利益；如果港元汇率的剧烈波动引起其他投资者恐慌性地退出香港市场，那么，港元汇率下跌将伴随着股市下跌，投机者可以两头获利。但是在此次投机战役中，投机者最终以损失离场，损失的直接原因是，他们对香港政府行为的预期是错误的，他们没有预计到香港政府会选择高调地进入股市，支持股价，市场对香港政府的干预行为表现出了一定的信心，没有出现大规模的资本撤离。于是，港元的汇率保持了稳定，同时股市未跌反升。

但是，并非所有遭受投机资本冲击的国家或地区都有中国香港的"幸运"，东南亚金融风暴中的泰国等国家为维持本币汇率稳定做出的努力都以失败告终，投机活动最终引发了货币危机。

货币危机（currency crisis）的含义有广义与狭义两种。从广义上看，一国货币的汇率变动在短期内超过一定幅度（有的学者认为该幅度为 15% ~ 20%）时，就可以称之为货币危机。就狭义来说，货币危机是与对汇率波动采取某种限制的汇率制度相联系的，它主要发生于固定汇率制下，是指市场参与者对一国的固定汇率失去信心的时候，通过外汇市场抛售等操作导致该国固定汇率制度崩溃，外汇市场持续动荡的事件。在研究中，有的学者对货币危机与金融危机的概念不加区分。但人们一般认为这两者是存在区别的：前者主要发生在外汇市场上，体现为汇率的变动；而后者的范围更广，还包括发生在股票市场和银行体系等国内金融市场上的价格波动，以及金融机构的经营困难与破产等。当然，货币危机可以诱发金融危机，而由一系列经济及非经济事件引发的金融危机也会导致货币危机发生，两者存在一定的联系。为了便于分析，我们在这里及下文所说的"货币危机"和"金融危机"指的是狭义的货币危机及其引发的金融危机。

西方对货币危机研究的起步较晚，直至 20 世纪 70 年代末才形成比较成熟的理论。按照时间划分，货币危机理论可分为四个阶段。

1. 第一代货币危机理论——克鲁格曼危机理论

研究始于 20 世纪 70 年代后期的拉美货币危机时期，克鲁格曼于 1979 年提出了关于货币危机的第一个比较成熟的理论。克鲁格曼认为，货币危机产生的根源在于政府的宏观经济政策（主要是过度扩张的货币政策与财政赤字货币化）与稳定汇率政策（如固定汇率）之间的不协调，即财政赤字的货币化政策导致本币供应量增加，本币贬值，因此投资者在这种情况下合理的选择是持有外币，使用本币购买外币。而固定汇率制要求中央银行按固定汇率卖出外币，以保持汇率的稳定。因此，随着赤字的货币化，中央银行的外汇储备将不断减少，当外汇储备耗尽时，固定汇率机制自然崩溃，货币危机随之发生。然而当存在货币投机者时，汇率崩溃不会等到中央银行的外汇储备耗尽才发生。如果本币贬值或者中央银行的外汇储备耗尽，持有本币的投机者就不得不承受巨大的损失。正是因为考虑到这种情况，精明的投机者预测到中央银行的外汇储备将不断减少，为了避免资本损失或从中牟利，他们会在中央银行的外汇储备耗尽前提前抛售本币购入外币。只要市场存在这种贬值的预期，投机者的冲击就在某种程度上使危机爆发的时间提前了。结果，当外汇储备下降到一定的关键规模时，大规模的投机将会在很短的时间内耗尽中央银行的所有外汇储备。当中央银行意识到一味地捍卫固定汇率制度将无济于事时，它就可能会被迫放弃固定汇率制度。

在相当长的时期内，国际上发生的货币危机大都属于这一类型。第二次世界大战之后，比较有影响的危机有 20 世纪 70 年代以来墨西哥的三次货币危机以及 1982 年的智利货币危机等。但是，自 20 世纪 90 年代以来，投机性资金流动对宏观经济的冲击越来越大，往往在经济基本面还比较健康时也会引发货币危机。于是，第二代货币危机模型应运而生。

2. 第二代货币危机理论——预期自我实现型危机

第一代货币危机理论提出了这样的假定：只有在基本面出现问题时，投机者才会对一国的货币发起攻击。第二代货币危机理论的提出者奥波斯特菲尔德（Obstfeld）则提出了崭新的思路。他认为，投机者之所以对货币发起攻击，并不是由于经济基础的恶化，而是由贬值预期的自我实现导致的，因此这种货币危机又被称为"预期自我实现型货币危机"（expectations self-fulfilling currency crisis）。该理论强调了危机的自促成性质，即投机者的信念和预期最终可能导致政府捍卫或放弃固定汇率。

投机者对一国货币的冲击步骤往往是首先在该国国内货币市场借入本币，然后在外汇市场对本币进行抛售。如果这一攻击能取得成功，投机者会在本币贬值后再用外汇购回本币，归还本币借款。这样，投机者攻击的成本是由本币市场上的利率所确定的利息，预期收益则是在持有外汇资产期间外国货币市场上的利率所确定的利息收益以及预期本币贬值幅度所确定的收入。只要预期投机攻击成功后，该国货币贬值幅度超过该国提高利率后两国利率之间的差幅，投机者就会进行投机攻击。从理论上讲，当投机攻击爆发后，政府可以通过提高利率加大高投机者进行投机攻击的成本，以抵消市场的贬值预期，吸引外资获得储备来维持平价，并从中获得收益，包括消除汇率自由浮动会给国际贸易与投资带来的不利影响；发挥固定汇率的"名义锚"的作用，遏制通货膨胀；从对汇率的维持中获得政策一致性的"名声"。但是，在这一过程中，政府也要付出相当的成本：如果政府债务存量很高，高利率会加大预算赤字；当利率上升时，社会上会有更多风险大的借款人愿意接受贷款，使其风险变得更大；高利率意味着经济紧缩，会带来高失业率与经济衰退等问题。当提高利率维持平价的成本大大高于维持平价所能获得的收益时，政府就会被迫放弃固定汇率制，这时货币危机就爆发了。

因此，政府在面临投机冲击时，是否提高利率维持固定汇率实际上是对成本和收益的权衡过程。当维持固定汇率的收益超过其成本时，政府就应将其维持下去，反之，则放弃。也就是说，政府只能将利率提高到一定限度，如果为维持固定汇率制度而将利率提高到超过这一限度，则政府宁肯选择放弃对投机攻击的抵御，任凭汇率自由浮动。

第二代货币危机理论较好地解释了1992~1993年欧洲货币危机和1994年墨西哥比索危机。该理论更注重行为主体的主观心理，强调经济主体的预期和心理对危机发生的关键作用。然而，市场预期和人们的心理变化不可能完全是空穴来风，货币危机与基本经济面和政府的宏观经济政策之间确实存在一定的联系，在经济的基本因素和经济政策那里仍可以找到危机的根源。

3. 第三代货币危机理论

第一代和第二代货币危机理论解释了以前的一些货币危机现象，但它们未能更好地解释自1997年东南亚金融危机以来的危机事件。近年来，许多经济学家研究发现，金融危机发生时，与其相伴随的现象是金融自由化、大规模的外资流入与波动、资产泡沫化，以及金融中介资本充足率低、缺乏谨慎监管、信用过度扩张与过度风险投资等，这一切表明金融中介特别是银行业在导致金融危机中起到了重要作用。面对不同的危机背景、表现形式及特征，一些经济学家打破传统的分析框架与思路，不再局限于汇率机制和宏观经济政策等宏观经济分析范围，而是从企业、银行和外国债权人等微观主体的行为分析危机产生的根本原因及其演绎机理与路径，初步建立了第三代金融危机理论与模型。这些模型从不同侧面分析了资本充足率低、缺乏谨慎监管的银行业及其信用的过度扩张，以及由此产生的过度风险投资和资产（特别是股票和房地产）泡沫化，最终导致银行业危机并诱发货币危机,而这两种危机的自我强化作用进一步导致严重的金融危机爆发。自 1997 年东南亚金融危机爆发以来,第三代金融危机理论与模型的建立尚有许多争议,目前主要形成了以下几种不同的分析思路。

(1) **过度借款综合征**。新兴市场国家普遍存在政府担保或隐含担保借款活动的现象,而且政府官员与各种金融活动之间往往保持千丝万缕的裙带关系。因此,银行体系表现出严重的道德风险问题:一方面不断扩大外债规模,另一方面无所顾忌地大量投资于高风险(也可能是高回报)的非生产部门。过度的风险贷款导致了资产价格膨胀,进而粉饰了银行的资产负债表。经济泡沫由此产生,并且日益严重。但脱离实体经济的金融泡沫不可能永远持续下去,当出现某种外来扰动时,泡沫破灭就会通过支付链条传导到整个金融体系。于是,资产价格急剧下跌,银行不良债权激增。当危机发展到一定程度时,政府可能被迫撤销其隐含担保,使得银行对外融资能力进一步下降,于是银行破产并停止运营,金融资产价格再度下跌。这种恶性循环便是金融危机。

(2) **宏观经济稳健运行假象说**。通过政府隐含担保和政治家裙带关系而产生的过度借款和过度投资,往往具有隐蔽性。这意味着尽管导致危机的因素早就产生并且已经逐步积累,但是宏观经济运行仍有可能表现得相当稳健。在经济分析中,隐含的政府担保作为一种或有债务(contingent liabilities),其实是隐蔽的财政预算赤字。所以,银行负债(或者银行的不良债权)实际上代表了政府债务。这样看来,危机前亚洲一些国家的预算平衡和宏观经济政策稳健不过是表面现象。在表象背后,事实上政府正在从事着风险极高且不可持续的赤字支出,发生危机只是早晚的问题。

(3) **金融脆弱性的危机强化效应**。金融机构或者整个金融体系充满了内在脆弱性,即在信息不完全且不对称的情况下,任何不利传言都可能引发恐慌,存款人的挤提行为将迫使金融机构提前清算未到期的长期资产,从而蒙受资产损失。而任何损失都将加剧银行债权人的担心,制造出更大的恐慌,所以金融恐慌带有明显的"自我实现"特点。在封闭经济下,中央银行可以通过"最后贷款人"功能来消除恐慌,挽救金融机构。但是在实行固定汇率制的开放经济下,中央银行外汇储备有限,要为大量举借外债的银行提供流动性,就可能与固定汇率目标发生矛盾。这样,很可能是既爆发银行危机,又导致货币危机。所以在宏观经济暗含纰漏且资产价格极度膨胀的情形下,金融体系的内在脆弱性只能使危机发生得更快,影响范围更广,造成的危害更大。

4. 第四代货币危机理论

全球对货币危机问题的广泛讨论,并没有让危机与 20 世纪一起离我们远去。新世纪伊始,土耳其金融危机和阿根廷金融危机相继爆发,在学术界和各国政府间引起高度关注。这两个国家都曾经有货币和经济动荡的历史,更重要的是它们在经济重建安排中都接受了"华盛顿共识",并被视为成功案例而一度得到普遍赞许。两国都致力于平衡财政收支,推动私有化进程,采取稳定汇率政策,实现贸易和金融自由化。其中,为了平抑国内的恶性通货膨胀,阿根廷采取了以美元为基础的货币委员会制度,土耳其选择了爬行钉住包括美元和德国马克在内的货币篮子。尽管两个国家都经历了稳定后的短暂繁荣,但宏观经济的脆弱性还是非常显著,分别于 2002 年和 2001 年放弃稳定的汇率制度。21 世纪之初的这两次危机无疑对货币危机理论提出了更多的挑战,并促使人们重新思考一直以来关于新兴市场经济发展的指导思想是否恰当。

华盛顿共识

以华盛顿为总部所在地的国际货币基金组织和世界银行等国际金融组织向广大发展中国家及经济转轨国家硬性推出的一套经济改革政策,包括财政紧缩、私有化、固定汇率、自由市场和自由贸易等内容。这种政策建议得到了美国财政部和华尔街的大力支持,并于20世纪80年代末首先在拉丁美洲得到推广。

在危机理论发展方面,克鲁格曼等人在第三代模型的基础上提出了"资产负债表效应假说",从企业和金融机构资产负债表的期限不匹配与币种不匹配等问题入手,强调在开放经济条件下,银行或企业的流动性危机很容易转化为货币危机。也有人基于信息不对称的分析,强调银行体系的脆弱性最终将导致银行和货币的双重危机。尽管第四代危机理论模型还没有正式提出,但是学术界已经形成了这样的共识:如果一国宏观经济已经出现了某种程度的内外不均衡,那么国际短期资本流动所形成的巨大冲击很容易成为最终引起银行危机、货币危机和金融危机全面爆发的导火索。这也是金融全球化背景下新兴市场国家发生金融危机的一个共性特征。正因为如此,我们对于国际资本流动的认识必须是全面且深刻的。

美国次贷危机引发全球金融海啸

自2007年4月以来,美国在全世界范围内引爆了一场严重冲击金融信用的新一轮金融危机,即次贷危机,并最终演化成全球金融海啸。美国次贷危机由次级抵押贷款引发,最初表现为贷款银行流动性危机,之后迅速演化为银行信贷危机;随着金融机构相继倒闭,证券价格大幅下跌,银行信贷危机进一步演化为金融系统性危机;随着制造业(汽车产业)濒临破产,美国失业人数激增,GDP增速转为负值,危机侵入了实体经济,美国金融危机演化为经济危机;金融全球化和世界经济一体化使欧洲、日本和大多数新兴市场化国家难逃美国金融危机的冲击波,日、欧经济已陷入衰退,标志着美国经济危机已升级为全球性的经济危机。

研究者对于次贷危机发生的原因的解释主要有以下8个方面。

(1)全球流动性的泛滥。为促进美国经济持续增长,美联储采取宽松的货币政策,导致流动性过剩,降低了融资成本,房价快速上升,从而产生房地产泡沫,最终引发了金融危机。

(2)隐性的政府担保。美国政府设立的房利美和房地美公司,虽为私人持股的企业,却享有政府隐性担保,从而放大了金融机构的道德风险,为危机的发生留下了隐患。同时,政府降低贷款发放标准,为长期贷款提供补贴,鼓励甚至放任表外融资,扭曲了金融体系的正常运行。

(3)雷曼兄弟突然破产。雷曼兄弟破产是造成全球性金融危机的直接导火索。雷曼兄弟破产造成了巨大的"交易对手风险",使银行间市场流动性迅速萎缩,导致大量银行不能及时获得流动性而破产,从而将美国的信用危机升级为全球性系统金融危机。

(4)"有毒"的金融产品。大量复杂的金融衍生品被创造出来,这些金融衍生品被误认为可以分散风险,但事实上风险仅仅是被转移了,随着风险的重新集中,危机终于爆发。

(5)信用评级机构的失职。由于评级方法存在缺陷,信用评级机构给予不同类别的金融证券的评级结果都是 AAA 级，使投资者低估了以次级贷款为抵押的金融工具的信用违约风险。

（6）过快的金融自由化。金融自由化大力推进了金融机构的混合经营，但相应的风险管理却没有跟上，各经济体忽视了尾部风险，从而低估了整个风险敞口。

（7）滞后的金融监管。监管部门没有及时发现金融机构的潜在风险、市场的流动性问题和系统性风险，特别是没有对金融衍生品市场和投资银行进行严格的监管。

（8）庞大的影子银行系统。在全球金融体系中，除了受到严格监管的传统银行外，还有一个产品复杂、规模巨大、不受监管且实行场外交易的影子银行系统。

从国际金融危机中我们可以得到以下启示：一是要坚持合理的金融创新；二是要坚持科学的金融监管；三是要改革国际金融体系。

本章小结

本章主要介绍了汇率、外汇市场、国际资本流动与金融危机的相关内容。

1. 外汇是指外国货币或以外国货币表示的能用来清算国际收支差额的资产。汇率就是两种不同货币之间的折算比价，有直接标价法和间接标价法两种表示方法。

2. 在金币本位制度下，汇率决定的基础是铸币平价，汇率波动的幅度被严格控制在黄金输送点内；在纸币本位制度下，纸币所代表的价值量是决定汇率的基础，实际汇率受国际收支、相对通货膨胀率、相对利率、总需求与总供给、心理预期、财政赤字和国际储备等因素的影响而发生变动。同时，汇率的变动又会对一国的进出口贸易、国际资本流动、国内物价水平以及生产结构和资源配置带来不同的影响。

3. 购买力平价学说是历史最悠久、最有影响力的汇率决定理论，其基本思想是，货币的价值在于其购买力，因此不同货币之间的兑换率取决于其购买力之比。购买力平价学说是在一价定律的基础上发展起来的。一价定律是指不同地区的同质可贸易商品的价格应该相同，否则地区间的差价就会引起商品套利行为。

4. 汇率制度是指一国货币当局对本国汇率变动的基本方式所做的一系列安排或规定。按照汇率变动的幅度，汇率制度被分为两大类型：固定汇率制度和浮动汇率制度。

5. 汇率制度的演进是同国际货币体系的发展紧密相连的。国际金本位和布雷顿森林体系时期实行的是固定汇率制度，牙买加体系时期实行的是多元汇率制，包括放弃独立法定货币的汇率制度、货币局制度、传统固定钉住制度、稳定化安排、爬行钉住制度、类似爬行制度、水平带内的钉住制度、浮动汇率制度、自由浮动汇率制度和其他有管理的安排。

6. 固定汇率可以消除微观主体的汇率风险，防止各国通过汇率战或货币战等恶性竞争破坏正常的国际经济秩序，但同时可能损害国家的金融安全，使国家丧失货币政策的独立性，自动输入国外的通货膨胀等。浮动汇率对国际收支出现不平衡后内外均衡的恢复具有自动调节机制，可以有效提高经济政策的独立性，防止国际游资的冲击，使经济周期和通货膨胀的国际传递减少到最小限度，但浮动汇率可能给国际贸易和国际投资带来极大的危害，在宏观经济政策方面也受到很多批评。

7. 外汇市场是指专门进行外汇交易的市场。主要的外汇交易方式包括即期外汇交易、远期外汇交易、掉期外汇交易，以及外汇期货、期权等衍生交易。

8. 国际资本流动是指资本从一个经济体向另一个经济体的运动。在国际收支平衡表中，国际资本流动的主要情况反映在资本与金融账户中。根据资本的使用期限的长短，国际资本流动主要分为长期资本流动和短期资本流动。

9. 长期资本流动主要包括国际直接投资、国际间接投资（国际证券投资）以及中长期国际信贷这三种金融活动。由于其在资金的让渡与偿还之间存在着相当长的期限，所以这一流动机制的核心问题是清偿风险。它既为一国经济创造了在封闭条件下不具备的有利条件，又蕴含了难以偿还外部负债，即发生债务危机的可能性。

10. 短期资本流动的主要形式是投机性资本流动，投机资本的显著特征是高风险性、高杠杆性和高流动性，强烈的投机资本冲击将引发货币危机。

习 题

一、名词解释

1. 间接标价法　　　　2. 一价定律　　　　3. 固定汇率制度
4. 即期外汇交易　　　5. 外汇期货　　　　6. 第二代货币危机理论
7. J曲线效应　　　　8. 金本位制　　　　9. 布雷顿森林体系
10. 牙买加体系　　　 11. 货币局制度　　　12. 远期外汇交易
13. 掉期外汇交易　　 14. 第一代货币危机理论　15. 华盛顿共识
16. 特里芬难题

二、简答题

1. 简述外汇期货与远期外汇业务的不同之处。
2. 什么是外汇市场？外汇市场有哪些参与者？他们分别在外汇市场中扮演怎样的角色？
3. 简述汇率变动如何影响经济的运行。
4. 简述中长期国际资本流动对流入国和流出国的积极意义。
5. 阐述固定汇率制度和浮动汇率制度的优缺点。
6. 阐述影响外汇供求的经济因素。
7. 阐述第一代、第二代、第三代和第四代货币危机理论的金融学原理。

本章思维导图

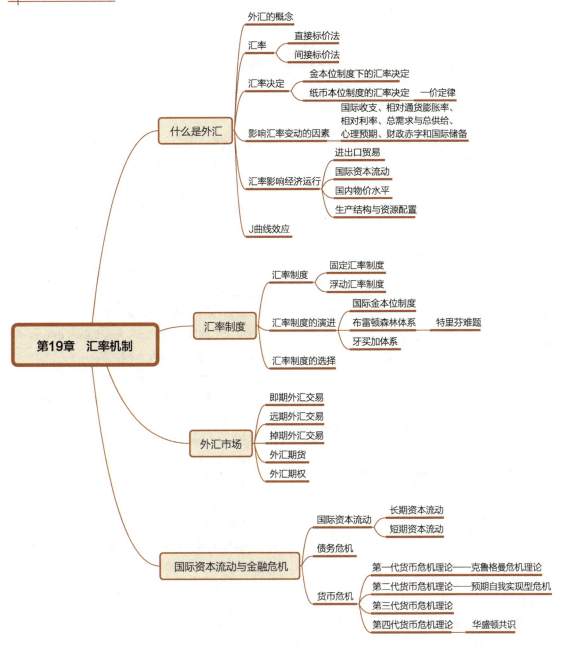

术语表

β系数　beta coefficient　299
MM定理　MM theorem　363
安全边际　margin of safety　175
半强式有效　semi-strong form efficiency　36
包销　firm underwriting　212
保险公司　insurance company　57/59
背书　endorsement　170
被动投资策略　passive strategy　36
本票　promissory note　168
变异系数　coefficient of variation, CV　295
标准差　standard deviation　294
标准合约　standard contract　244
标准交割时间　standard delivery time　243
标准普尔股票价格指数　Standard and Poor's composite index　226
表外业务　off-balance sheet activities, OBS　113
禀赋效应　endorsement effect　41
不动产信用控制　control of credit on real estate　87
不可分散风险　undiversifiable risk　298
不满足性　insatiability　302
财产保险公司　property insurance company　52
财富乘数　wealth multiplier　22
财务杠杆　financial leverage　363
财务公司　financial company　56
财务顾问及投资顾问　financial consultation and investment advisor　127
财务困境成本　financial distress cost　367
财政赤字　financial deficit　412

参照利率　reference rate　240
操作指标　manipulative targets　90
偿债能力　debt paying ability　212
场内市场　floor trading market　210
场外交易市场/场外市场　over the counter (OTC) market　192/210/215
超额准备金　excess reserve　110
超级可转让支付命令账户　super negotiable order of withdrawal account　109
沉没成本误区理论　sunk cost fallacy theory　43
成长型基金　growth fund　268
承兑　acceptance　170
承诺类表外业务　off-balance sheet commitment business　114
承销商　underwriter　142
持仓　hold a position　243
持有期　holding period　291
持有期收益率　holding-period return, HPR　188/291
冲击性失衡　shock disequilibrium　389
出票　issue　170
初始保证金　initial margin　243
储备资产　reserve assets　384
储蓄存款　saving　108
储蓄贷款协会　savings and loan association　52/59
储蓄机构存单　thrift CD　172
储蓄银行　saving banks　59
传统固定钉住制度　conventional fixed peg arrangements　419
传统折中理论　the traditional theory　369
窗口指导　window guidance　88

创业投资基金　venture capital fund　277
存放同业存款　due from banks　110
存放中央银行款项　deposit in the central bank　110
存款　deposit　107
存款乘数　deposit multiplier　20
存款机构　depository institution　52
存款性金融机构　deposit financial institution　58
存款准备金　deposit reserve fund　18
错误与遗漏账户　errors and omissions account　384
大额可转让定期存单　large-denomination negotiable certificates of deposits，CD　171
大型跨国公司兴办的财务公司　multinational corporation owned financial company　124
代表性偏差　representative bias　40
代理类业务　agent service　113
代理理论　the agency theory　370
代理推销　best efforts　129
代销　best effort underwriting　212
带式期权　strap　349
贷款承诺　loan commitment　114
担保类表外业务　off-balance sheet guarantee business　114
担保债务凭证　collateralized debt obligation，CDO　140
单利　simple interest　27
单一式中央银行制度　single central bank system　78
单一银行制　unit banking system　104
单因素模型　single-factor model　329
到期期限　time to maturity　185
到期日　maturity date　240
到期收益率　yield to maturity，YTM　187
道德风险　moral hazard　51
道琼斯股价指数　Dow Jones index　226
道义劝告　moral suasion　88
等效债券收益率　equivalent bond yield　180

抵押贷款权益　collateralized loan obligation，CLO　140
抵押债券权益　collateralized bond obligation，CBO　140
第三市场　the third market　216
第四市场　the fourth market　216
掉期外汇交易　swap transaction　423
蝶式价差期权　butterfly spread　349
盯市　mark to market　244
定期存款　time deposit　108
独立的专业性投资银行　independent professional investment bank　124
独资企业　sole proprietorship　14
短期利率期货　short-term interest rate futures　246
短期资本流动　short-term capital flow　425
短缺单位　deficit units　3
对冲基金　hedge fund　270
多头　long position　239
多因素模型　multi-factor model　331
多元增长市盈率模型　multi growth P/E model　223
二板市场　the second board　210
二叉树模型　binomial tree　351
二级市场　secondary market　130/155/209
二项式期权模型　binomial model　351
二元式中央银行制度　dual central bank system　78
发行者名称　name of issuer　186
法定存款准备金　required deposit reserve　86
法定平价　official parity　410
法定准备金　required reserve　110
方差　variation　294
方差－协方差矩阵　variance-covariance matrix　296
房地产贷款　real estate loan　111
房屋抵押贷款证券　mortgage-backed securities，MBS　140
放弃独立法定货币的汇率制度　exchange ar-

rangements with no separate legal tender 418
非竞争性招标 non-competitive bidding 178/179
非系统风险 nonsystematic risk 298
非银行金融机构存款 non-bank financial institution deposit 83
费雪假设 Fisher hypothesis 28
费雪效应 Fisher effect 28
分散风险 risk diversification 264
分业经营 separate business 62
分支银行制 branch banking system 104
风险 risk 294
风险的价格 price of risk 326
风险套利 risk arbitrage 131
风险投资 venture capital investment 136
风险厌恶 risk aversion 302
风险溢价 risk premium 297
风险中性定价 risk neutral pricing theory 350
风险资本 venture capital, VC 136
封闭式基金 close-end fund 267
服务人 servicer 142
浮动汇率制度 floating exchange rate regime 415/420
负债成本 cost of debt 363
附息债券 coupon bond 196
复合式中央银行制度 compound central bank system 78
复利 compound interest 27
杠杆收购 leveraged buyout, LBO 134
戈登模型 Gordon model 219
个人贷款 personal loan 111
工商业贷款 business loan 111
公开市场业务 open market operation 87
公开市场招标业务/要约收购 tender offer 134
公募 public placement 211
公募发行 public offering 128
公司 corporation 14

公司金融 corporate finance 5
公司型基金 corporate type fund 266
公司债券 corporate bond 186
共同基金 mutual funds 52/60
供给调节政策 supply adjustment policy 392
购买力平价学说 theory of purchasing power parity, PPP 410
股价指数 stock price index 224
股价指数期权 stock index option 251
股票 shares 205
股票定价 stock pricing 217
股票发行 stock issuance 210
股票基金 equity fund 269
股票期权 stock option 251/340
股票上市 listing 212
股票市场 stock market 209
股票指数期货 stock index futures 247
股权分布程度 equity distribution 212
股息收益率 yield to dividends 217
固定汇率制度 fixed exchange rate regime 414
国际储备 international reserve 393/413
国际基金 international fund 269
国际间接投资 international indirect investment 425
国际金融 international finance 4
国际金融市场 international financial market 156
国际清偿力 international liquidity 393
国际收支 balance of payments 381/412
国际收支平衡表 balance of international payments 382
国际收支自动调节 auto adjustment of balance of payments 390/391
国际直接投资 foreign direct investment, FDI 425
国际资本流动 international capital flow 425
国库券 treasury bill 177
国内存单 domestic CD 171

国内基金　domestic fund　269
国内金融市场　domestic financial market　156
国有控股商业银行　state-owned holding commercial bank　54
国债回购　government securities repurchase　176
过度自信理论　over confidence theory　44
海外基金　overseas Fund　270
行为金融学　behavioral finance　38
合伙企业　partnership　14
合同货币　contract currency　240
合同金额　contract amount　240
合同利率　contract rate　240
合同期　contract period　240
荷兰式招标　Dutch bidding　179
核准制　approval system　276
盒式价差期权　box spread　348
宏观金融学　macro finance　5
互换合约　swap　257
互助储蓄银行　mutual savings bank　52
黄金储备　gold reserve　394
黄金市场　gold market　154
回购协议　repurchase agreement　174
汇率　exchange rate　408
汇率制度　exchange-rate system　414
汇票　bill of exchange　168
会计风险　accounting risk　300
混业经营　universal business　63
活期存款　demand deposit　107
货币-价格机制　money-price mechanism　390
货币风险　currency risk　300
货币供应量　money supply　93
货币互换　currency swap　259
货币局制度　currency board arrangement　418
货币期权　currency option　251
货币时间价值　time value of money　26
货币市场　money market　153
货币市场存款账户　money market deposit account　109
货币市场共同基金　money market mutual funds　52
货币市场基金　money market fund　269
货币危机　currency crisis　433
货币性失衡　monetary disequilibrium　389
货币银行学　money and banking　4
货币政策　monetary policy　86
货币政策委员会　Monetary Policy Committee, MPC　61
基本分析　fundamental analysis　36
基础货币　base currency　94
基础资产的收益　yield to fundamental assets　253
基础资产价格的波动性　volatility of fundamental assets　253
基金的基金　funds of funds, FOF　270
基金分离定理　fund separation theorem　319
基金管理费　fund management fee　280
基金托管费　fund custodian fee　280
基金托管业务　fund trusteeship business　114
基金组织的储备头寸　reserve position in fund　397
即期价格　spot price　234
即期外汇交易　spot foreign exchange transaction　422
集合投资　collective investment　264
几何平均收益率　geometrical average rate of return　281
技术分析　technical analysis　36
加权股价指数　weighted-average stock price index　225
加权平均资本成本　weighted average cost of capital, WACC　363
夹层融资　mezzanine finance　126
夹层资本　mezzanine capital　126
间接标价法　indirect quotation　408
间接金融市场　indirect financial market　155
间接清算　indirect liquidation　243

简单收益率 simple rate of return 281
简单算术股价指数 simple arithmetic stock price index 225
建仓 open a position 243
交割价格 delivery price 239
交易标的 object of transaction 242
交易成本 transaction cost 50
交易单位 trading unit 242
交易日 dealing date 240
交易商 dealers 53
交易型开放式指数基金 exchange traded fund, ETF 273
结构性失衡 structural disequilibrium 389
结算金 settlement sum 240
结算日 settlement date 240
借款 loan 109
金本位制度 gold standard 409
金平价 gold parity 409
金融 finance 3
金融工程 financial engineering 127/159
金融工具 financial instruments 150
金融公司 financial corporation 52
金融管理机构 financial regulatory institution 54/58
金融机构 financial institution 50
金融机构贷款 loans to financial institution 111
金融控股模式 financial holding company 65
金融全球化 financial globalization 157
金融市场 financial market 149
金融市场价格 price of financial markets 151
金融市场主体 entities of financial market 149
金融体系 financial system 49
金融学 finance 4
金融衍生工具 derivative instruments 156
金融衍生业务 financial derivatives business 115
金融债券 financial bond 186

金融账户 financial account 383
金融中介 financial intermediary 150
金融资产 financial assets 149
金融租赁公司 financial leasing company 57
尽职调查 due diligence 128
经常账户 current account 382
经常账户收支差额 balance of payments of current account 387
经纪商 broker 130
经济风险 economic risk 300
净收益理论 the theory of net profit 368
净现值 net present value 28
净营业收益理论 the theory of operation profit 368
竞价交易机制 bidding transaction mechanism 131
竞争性招标 competitive bidding 178
久期 duration 198
开放式基金 open-end fund 267
看跌期权 put option 250
看涨-看跌平价公式 put-call parity 345
看涨期权 call option 250
可得性偏差 availability bias 40
可分散风险 diversifiable risk 298
可行集 feasible set 310
可转让定期存单 negotiable certificate of deposit 108
可转让支付命令账户 negotiable order of withdrawal account 109
空头 short position 239
控制理论 the control rights theory 372
库存现金 vault cash 109
跨国中央银行制度 multinational central bank system 79
宽跨式期权 straddle 349
框架效应 framing effect 41
垃圾债券 junk bond 191
类似钉住制度 peg-like 419
类似爬行制度 crawl-like arrangement 415

离岸基金　offshore fund　270
利率　interest rate　93/252
利率风险　interest rate risk　300
利率风险管理　interest rate risk management　119
利率互换　interest rate swap　259
利率机制　interest rate mechanism　391
利率期货　interest rate futures　245
利率期权　interest rate option　251
利率最高限　interest rate ceiling　88
两因素模型　two-factor model　330
临时性失衡　temporary disequilibrium　388
零售式发行　retail distribution　172
零息债券　zero-coupon bond　195
零增长市盈率模型　zero growth P/E model　223
流动性比率管理　liquidity ratio management　88
流动性风险　liquidity risk　300
流动性风险管理　liquidity risk management　118
路演　road show　128
伦敦金融时报指数　Financial Times ordinary shares index　227
伦敦银行同业拆借利率　London interbank offered rate，LIBOR　165
绿鞋期权　green shoe option　129
麦考利久期　Macaulay duration　199
锚定效应　anchoring effect　41
贸易收支差额　balance of payments of trade　387
每日结算制度　daily settlement system　244
每日最高波动幅度　maximum daily fluctuation　242
美国联邦储备体系　The Federal Reserve System　96
美国式招标　American bidding　178
美式期权　American option　250
纳斯达克指数　Nasdaq's index　227

内在价值　intrinsic value　251
逆回购协议　reverse repurchase agreement　174
逆向选择　adverse selection　51
年化收益率　annualized rate of return　282
牛市价差期权　bull spread　347
农村信用合作社　rural credit cooperatives　56
农业贷款　agricultural loan　111
欧式期权　European option　250
欧洲美元存单　eurodollar CD　171
爬行钉住制度　crawling pegs　419
派生存款　derivative deposit　18
批发式发行　wholesale distribution　172
票据发行便利　note issuance facilities　115
票面价值　face value　185
票面利率　coupon rate　185
平仓　liquidate　243
平衡型基金　balanced fund　268
平价发行　issued at par　208
平价期权　at-the-money option　251
普通股股票　common stock　205
普通提款权　general drawing rights　397
普通银行　ordinary bank　58
期货合约　futures contracts　241
期货期权　future option　251
期货市场　futures market　156
期权　option　249
期权费　premium　249
期权市场　options market　156
期权有效期　option period　252
其他非银行金融机构　other non-bank financial institution　56
其他金融机构　other financial institution　58
其他投资　other investment　384
其他杂项贷款　other miscellaneous loan　111
其他有管理的安排　other managed arrangement　420
企业　enterprise　13
企业并购　mergers and acquisitions,

M&A 132
契约型储蓄机构 contractual savings institution 52
契约型基金 contractual type fund 266
前景理论 prospect theory 42
强式有效 strong form efficiency 36
桥水基金 bridgewater fund 271
权益成本 cost of equity 363
全额包销 firm commitment 128
全能型银行 universal bank 124
全能银行模式 universal banking 66
确定日 fixing date 240
人力资本 human capital 9
人寿保险公司 life insurance company 52
日本银行 Bank of Japan 57
日经指数 Nikkei stock average 227
熔断机制 circuit breaker 242
融资（金融）公司 finance company 60
融资决策 financing decision-making 374
融资政策 financial policy 392
弱式有效 weak form efficiency 35
商业票据 commercial paper 167
商业银行 commercial bank 52
商业银行拥有的投资银行 commercial bank owned investment bank 124
上海银行间同业拆放利率 Shanghai interbank offered rate, SHIBOR 165
上市型开放式基金 listed open-ended fund, LOF 274
社会养老保险基金 social pension insurance fund 52
申购费 subscription fee 279
升水 premium 423
时间加权收益率 time-weighted rate of return 281
时间价值 time value 252
实物资产 real assets 149
实值期权 in-the-money option 251
市场价格 market price 252

市盈率 price-earnings ratio, PE 222
收购约束 acquisition restriction 31
收敛性 convergence property 244
收入机制 income mechanism 390
收入型基金 income fund 268
收入性失衡 income disequilibrium 389
首次公开招股 initial public offerings, IPO 128
受托管理人 trustee 142
赎回费 redemption fee 280
水平带内的钉住制度 pegged exchange rates within horizontal bands 419
税盾效应 tax shield 366
私募 private placement 211
私募股权投资基金 private equity investment fund 277
私募基金 private fund 277
私募证券投资基金 private securities investment fund 277
算术平均收益率 arithmetic average rate of return 281
套利 arbitrage 34/130
套利定价理论 arbitrage pricing theory, APT 329
套利者 arbitrageur 236
套利组合 arbitrage portfolio 332
套期保值 hedging 234
套期保值者 hedger 235
特别提款权 special drawing rights, SDR 397
特定机构和私人部门存款 specific institutions and private sector deposits 83
特雷诺指数 Treynor Index 282
特里芬难题 Triffin dilemma 417
特殊金融机构 special financial institution 58
特殊目的机构 special purpose vehicle, SPV 141
特种存款 special deposit 83

提交文件　submit the document　128
条式期权　strip　349
调整净现值法　ANPV　376
贴水　discount　423
贴现　discount　28/170
贴现率　discount rate　28
通货膨胀定标规则　inflation target rule　95
同业拆借　inter-bank lending/borrowing　164
同业借贷　inter bank lending　166
同质预期　homogeneous expectation　325
头寸拆借　position lending　166
投机　speculation　130/234
投机者　speculator　236
投资基金　investment fund　264
投资型机构　investment intermediary institution　52
投资学　investments　5
投资银行　investment banks　53
投资组合选择　portfolio selection　309
凸性　convexity　200
外国存款　foreign deposit　83
外汇　foreign exchange　408
外汇储备　foreign exchange reserve　394
外汇期货　foreign exchange futures　245/423
外汇期权　foreign exchange options　424
外汇市场　foreign exchange market　153/422
微观金融学　micro finance　5
委托代理成本　agency cost　33
稳定化安排　stabilized arrangement　419
稳定增长市盈率模型　stable growth P/E model　222
无差异曲线　indifference curve　307
无风险的表外业务　risk-free off-balance sheet activities　113
无风险套利　riskless arbitrage　131
无风险资产　riskless asset　313
无套利分析方法　arbitrage-free analysis method　35
无信息投资者　uninformed investor　37

吸收合并　merger　132
系统风险　systematic risk　298
夏普比率　Sharpe ratio　297
夏普指数　Sharpe index　283
现货市场　spot market　156
现金流贴现法　cash flow discount method　195
线性规划法　linear programming　116
相对利率　relative interest rate　412
相对通货膨胀率　relative inflation rate　412
相关系数　correlation coefficient　295
项目融资　project finance　126
消费者信用控制　consumer credit control　87
销售服务费　sales and service fee　280
协定价格　contract price　252
协方差　covariance　295
协议价格　striking price　249
心理预期　psychological expectation　412
心理账户理论　mental accounting theory　43
新设合并　consolidation　132
信托投资公司　trust and investment corporation　56
信息不对称　asymmetric information　32/50
信用创造　credit creation　17
信用风险　credit risk　300
信用风险管理　credit risk management　117
信用合作社　credit cooperatives　59
信用配额　credit allocation　88
信用评级　credit rating　142/190
信用社　credit union　52
信用增级　credit enhancement　142
熊市价差期权　bear spread　348
修正久期　modified duration　199
虚值期权　out-of-the-money option　251
需求调节政策　demand adjustment policy　391
衍生工具　derivatives instruments　232
衍生市场　derivative market　156
鞅　martingale　351

鞅定价方法　martingale pricing technique　351
扬基存单　yankee CD　171
羊群效应理论　herding behavior theory　44
一级市场　primary market　128/155/209
一价定律　the law of one price　410
一元式中央银行制度　unit central bank system　78
溢价发行　issued at premium　208
银行承兑汇票　bank's acceptance bill　169
银行控股公司制　bank-holding company system　105
银行母公司－非银行子公司模式　bank of parent-non-bank subsidiary　66
银行折现（收益）率　bank discount yield　180
英格兰银行　Bank of England　61
盈利能力　profit ability　212
盈余单位　surplus units　3
营运资本管理　working capital management　14
应收账款融资租赁　accounts receivable finance lease　111
拥有信息投资者　informed investor　37
优惠利率　favorable interest rate　87
优先股股票　preferred stock　206
优先与劣后　priority and inferiority　126
有风险的表外业务　risk off-balance sheet activities　114
有效集　efficient set　310
有效年收益率　effective annual yield　181
有效市场假说　efficient market hypothesis, EMH　35
余额包销　standby commitment　129
预缴进口保证金制度　prior import deposit　88
原始存款　primary deposit　17
远期股票合约　equity forwards　239
远期合约　forward contract　239
远期利率协议　forward rate agreements, FRA　239
远期外汇合约　forward exchange contract　239
远期外汇交易　foreign exchange forward transaction　423
再贴现　rediscount　86/170
在华外资金融机构　China-based foreign financial institution　57
增发募股　secondary offerings　128
债券　bond　185
债券发行　bond issue　188
债券基金　bond fund　268
债券评级机构　bond rating agency　190
债券信用等级　bond credit grade　191
詹森指数　Jensen index　284
战略规划　strategic planning　13
长期利率期货　long-term interest rate futures　246
长期资本流动　long-term capital flow　425
折价发行　issued at a discount　208
真实出售　true sale　142
正回购协议　repurchase agreement　174
证券承销　securities underwriting　128
证券公司　securities company　56
证券交易所　stock exchange　53/213
证券交易业务　securities transaction　130
证券经纪人　securities brokers　53
证券市场的信用控制　security market credit control　87
证券市场线　security market line, SML　328
证券投资　portfolio investment　383
证实偏差　confirmation bias　42
政策委员会　The Policy Board　57
政策性金融机构　policy financial institution　58
政策性银行　policy bank　54
政府存款　government deposit　83
支付结算类业务　payment settlement category business　113

支票　check　168
支票存款　check deposit　107
直接标价法　direct quotation　408
直接干预　direct intervention　88
直接金融市场　direct financial market　155
直接投资　direct investment　383
纸币本位制度　paper standard　410
指数基金　index fund　269
中介指标　intermediary targets　90
中央银行　central bank　73
中央银行的资产负债表　balance sheet of central bank　81
中央政府债券　central government bond　186
中长期国际信贷　medium and long-term international credit　425
周期性失衡　cyclical disequilibrium　389
主板市场　main board　210
注册制　registration system　276
铸币平价　mint parity　409
专家理财　professional financial management　265
转贴现　transfer discount　170
准备金　reserve　94
准备金存款　deposit reserve　82
准中央银行制度　quasi-central bank system　78
啄序理论　the pecking order theory　370
咨询顾问类业务　consulting service　114
资本　capital　3
资本成本　capital cost　362
资本和金融账户差额　balance of payments of capital and financial account　387
资本结构　capital structure　212/361
资本结构决策　capital structure decision-making　13
资本利得收益率　yield to capital gains　217

资本漏出　leakage of capital　3
资本配置线　capital allocation line，CAL　314
资本市场　capital market　153
资本市场线　capital market line，CML　326
资本与金融账户　capital and financial account　383
资本预算　capital budgeting　13
资本账户　capital account　383
资本资产定价模型　capital asset pricing model，CAPM　324
资本总额　total capital　212
资产管理　asset management　127
资产证券化　asset securitization　140/159
资产支持商业票据　asset-backed commercial paper，ABCP　140
资产支持证券　asset-backed securities，ABS　140
资产组合　portfolio　293
资金转换法　capital conversion method　116
资金总库法　the pool of fund approach　116
自动转账服务账户　automatic transfer service account　109
自营商　dealer　130
自由浮动汇率制度　free floating exchange rate regime　420
自有资本　equity capital　106
综合账户差额　overall balance　388
总供给　total supply　412
总需求　total demand　412
租赁业务　leasing business　113
组织承销团　underwriting syndicate　128
最小变动价位　minimum price change　242
最终目标　final targets　90
做市商　market maker　130
做市商机制　market-maker mechanism　131

参考文献

[1] Frederic S M. The Economics of Money, Banking and Financial Markets [M]. Pearson Education, Inc., 2004.
[2] Keith Pilbeam. International Finance [M]. 3ed. Palgrave Macmillan, 2006.
[3] Peter Rose. Commercial Bank Management [M]. McGraw Hill, 2002.
[4] 克鲁格曼. 国际经济学（第六版下册，国际金融部分）[M]. 北京：中国人民大学出版社，2008.
[5] 陈信华. 金融衍生工具 [M]. 2版. 上海财经大学出版社有限公司，2009.
[6] 陈雨露，汪昌云. 金融学文献通论（宏观金融卷）[M]. 北京：中国人民大学出版社，2006.
[7] 陈雨露. 国际金融 [M]. 3版. 北京：中国人民大学出版社，2008.
[8] 戴国强. 货币金融学 [M]. 2版. 上海财经大学出版社，2006.
[9] 戴国强. 商业银行经营学 [M]. 北京：高等教育出版社，2007.
[10] 单忠东，等. 国际金融 [M]. 北京大学出版社，2011.
[11] 杜金富. 金融市场学 [M]. 北京：中国金融出版社，2007.
[12] 米什金，埃金斯. 金融市场与金融机构（原书第5版）[M]. 张莹，刘波，译. 北京：机械工业出版社，2008.
[13] 米什金. 货币金融学（原书第8版）[M]. 钱炜青，高峰，等译. 北京：清华大学出版社，2009.
[14] 傅元略. 金融工程：衍生金融产品与财务风险管理 [M]. 上海：复旦大学出版社，2007.
[15] 侯高兰. 国际金融 [M]. 北京：清华大学出版社，2005.
[16] 黄达. 金融学 [M]. 2版. 北京：中国人民大学出版社，2009.
[17] 霍文文. 金融市场学教程 [M]. 上海：复旦大学出版社，2005.
[18] 姜波克. 国际金融新编 [M]. 4版. 上海：复旦大学出版社，2010.
[19] 姜礼尚. 期权定价的数学模型和方法 [M]. 北京：高等教育出版社，2008.
[20] 弗朗西斯，伊博森. 投资学：全球视角 [M]. 胡坚，等译. 北京：中国人民大学出版社，2006.
[21] 雷仕凤，等. 国际金融学 [M]. 北京：经济管理出版社，2010.
[22] 李成. 货币金融学 [M]. 北京：科学出版社，2004.
[23] 刘红忠，蒋冠. 金融市场学 [M]. 上海财经大学出版社，2006.
[24] 刘晓峰. 金融市场学 [M]. 北京：科学出版社，2007.
[25] 惠利. 衍生工具 [M]. 胡金炎，等译. 北京：机械工业出版社，2010.
[26] 马君潞，陈平，范小云. 国际金融 [M]. 北京：科学出版社，2006.
[27] 门明. 金融衍生工具原理与应用 [M]. 北京：对外经济贸易大学出版社，2008.
[28] 彭兴韵. 金融学原理 [M]. 3版. 上海：格致出版社，2008.
[29] 沈悦. 金融市场学 [M]. 2版. 北京：科学出版社，2008.
[30] 史建平. 金融市场学 [M]. 北京：清华大学出版社，2007.
[31] 伊肯思. 金融学 [M]. 成都：西南财经大学出版社，2005.

[32] 钱斯,布鲁克斯. 衍生工具与风险管理(原书第7版)[M]. 丁志杰,等译. 北京:机械工业出版社,2010.
[33] 汪昌云. 金融衍生工具[M]. 北京:中国人民大学出版社,2009.
[34] 王兆星,吴国祥,张颖. 金融市场学[M]. 4版. 北京:中国金融出版社,2006.
[35] 夏普,亚历山大,贝利. 投资学(原书第5版)[M]. 北京:中国人民大学出版社,2003.
[36] 邬瑜骏,黄丽清,汤震宇. 金融衍生产品:衍生金融工具理论与运用[M]. 北京:清华大学出版社,2007.
[37] 吴念鲁. 商业银行经营管理[M]. 北京:高等教育出版社,2004.
[38] 吴晓求. 证券投资学[M]. 3版. 北京:中国人民大学出版社,2009.
[39] 夏德仁,王振山. 金融市场学[M]. 大连:东北财经大学出版社,2004.
[40] 谢百三. 金融市场学[M]. 北京大学出版社,2004.
[41] 谢群,等. 国际金融[M]. 北京:经济科学出版社,2010.
[42] 徐荣梅. 投资银行学[M]. 广州:中山大学出版社,2004.
[43] 许文新. 金融市场学[M]. 西安:陕西人民出版社,2007.
[44] 杨惠昶. 金融学原理[M]. 北京:科学出版社,2006.
[45] 杨有振. 商业银行经营管理[M]. 北京:中国金融出版社,2003.
[46] 俞乔,邢晓林,曲和磊. 商业银行管理学[M]. 上海人民出版社,1998.
[47] 赫尔. 期权、期货及其他衍生工具(原书第7版)[M]. 北京:机械工业出版社,2009.
[48] 张亦春,郑振龙,林海. 金融市场学[M]. 3版. 北京:高等教育出版社,2008.
[49] 张元萍. 金融衍生工具教程[M]. 北京:首都经济贸易大学出版社,2007.
[50] 赵胜民. 衍生金融工具定价[M]. 北京:中国财政经济出版社,2008.
[51] 中国证券业协会. 证券市场基础知识[M]. 北京:中国财政经济出版社,2009.
[52] 中国证券业协会. 证券投资分析[M]. 北京:中国财政经济出版社,2009.
[53] 中国证券业协会. 证券投资基金[M]. 北京:中国财政经济出版社,2009.
[54] 朱新蓉. 金融市场学[M]. 北京:高等教育出版社,2007.
[55] 博迪,默顿,克利顿. 金融学(原书第2版)[M]. 北京:中国人民大学出版社,2009.
[56] 博迪,凯恩,马库斯. 投资学(原书第7版)[M]. 北京:机械工业出版社,2009.